高校思想政治理论与实践教学分析

袁凌新　秦大伟　刘明建　主　编

中国纺织出版社

图书在版编目（CIP）数据

高校思想政治理论与实践教学分析 / 袁凌新，秦大伟，刘明建主编 .--北京：中国纺织出版社，2019.1

ISBN 978-7-5180-3559-5

Ⅰ. ①高… Ⅱ. ①袁… ②秦…③刘… Ⅲ. ①高等学校－思想政治教育－教学研究－中国 Ⅳ. ①G641

中国版本图书馆 CIP 数据核字（2017）第 091637 号

责任编辑：汤　浩　　责任印制：储志伟

中国纺织出版社出版发行

地址：北京市朝阳区百子湾东里 A407 号楼　邮政编码：100124

销售电话：010－67004422　传真：010－87155801

http：//www. c-textilep. com

E-mail：faxing@e-textilep. com

中国纺织出版社天猫旗舰店

官方微博 http：//www. weibo. com/2119887771

北京虎彩文化传播有限公司印制　各地新华书店经销

2019 年 1 月第 1 版第 1 次印刷

开本：787×1092　1/16　印张：24.875

字数：350 千字　定价：99.00 元

前　言

随着经济全球化的发展以及网络时代的来临，我国的高校思想政治教育工作遇到了前所未有的机遇和挑战。我国的高校思想政治教育是一项有目的、有计划的教育活动，这项活动的主要目的是帮助大学生树立正确的“三观”，强化高校学生的理想信念和民族精神，深化高校素质教育水平，实现大学生的全面发展。因此，我们可以认为，高校思想政治教育工作是实现中华民族伟大复兴的一项重大战略任务。当前高校思想政治教育的主要任务是改革和完善高校思想政治教育工作，从而摸索出一条增强科学性和实效性的教育途径。

当前，我国参与国际事务的能力不断增强，与国际社会的交往十分频繁，不同国家的价值观念和生活方式涌入我国，打破了计划经济时代单一的意识形态环境，在一定程度上冲击着我国的民族文化体系和社会主义核心价值。与此同时，互联网也为他国进行思想文化渗透和意识形态传播提供了一个渠道。特别是大学生群体在面对大量互联网不良信息时，因价值判断标准尚未形成，信息甄别能力不强，若不能够以正确的意识形态为导向，则极易造成淡漠国家主权意识、淡化民族归属感、忽视民族精神和爱国主义精神等问题。其次是大学生心理压力增大带来的挑战。随着市场经济的发展，社会竞争非常激烈。大学生不仅面临着自己学习、生活、就业等各方面的压力，还要面对复杂的人际关系、家庭经济困难、交往障碍、情感危机、考试焦虑以及恋爱带来的种种压力，由此引发的心理问题明显增多。这些都要求高校思想政治教育的内容应更加生动丰富，教学方法也应善用网络的效率和优势。

大学生思想政治教育工作是自改革开放以来我国高校教学工作的重要内容之一。全国高校思想政治教育工作者致力于教学内容及教学方法的改善，使思想政治教育课程更富有针对性和感染力。然而，我们必须意识到，面对全球化竞争的时代背景和网络技术的发展，人们的交往方式、生活方式发生了巨大改变，思想观念和精神领域也受到了冲击，主流意识形态正面临边缘化的危机。

基于此，我们编写了《高校思想政治理论与实践教学分析》一书，本书分为四个部分，开篇首先对思想政治教育学科的发展历史、取得的成果以及发展中的问题进行了简要分析。第二部分着重介绍高校思想政治教育相关理论，包括高校思想政治教育的范畴、本质、价值与功能、过程与规律等方面内容，为此后的教学活动奠定相应的理论基础。第三部分是高校思想政治教育的实践指导，具体分析了几个当前高校思想政治教育的教学热点，包括“中国梦”教育、社会主义核心价值观教育、中国精神教育以及就业指导等方面的内容，还涉及了心理教育、高校社团与高校传媒等新兴的德育内容。最后一部分对高校思想政治教育的师资队伍建设以及教学效果评估作了简要介绍，至此，建立起一个完备的高校思想政治教育体系。

本书由袁凌新、秦大伟、刘明建任主编，刘中俐、张百霞、常青青、万庆、周春蕾、张家菖任副主编，编写分工如下：

袁凌新（郑州航空工业管理学院）第四章、第五章、第六章、第十二章、第十三章；

秦大伟（成都师范学院）第十六章、第十七章第一节、第十九章；

刘明建（重庆医科大学）第七章、第十章、第十七章第四节；

刘中俐（川北医学院）第九章、第十八章；

张百霞（唐山学院）第十四章、第二十章；

常青青（郑州科技学院）第三章、第十一章；

万庆（新乡学院）第一章、第八章；

周春蕾（河南中医药大学）第十五章、第十七章第二三节；

张家菖（新乡学院）第二章；

最后由袁凌新、秦大伟、刘明建进行串编、统稿与定稿。

为使本书内容更加完善，在编写的过程中我们参考和引用了大量的参考文献和研究成果，在此对这些作者表示由衷的感谢，并感谢对本书给予支持的各界人士。由于编者的水平有限，书中难免会出现错误和瑕疵，敬请各位专家和读者提出宝贵意见，以便日后修订和完善。

编　者

2017 年 12 月

目 录

第一章　我国思想政治教育学科的发展历程回顾

第一节　高校思想政治教育学科的创立与发展

思想政治教育学科创立发展至今，已经有了丰富的实践经验。多年来，思想政治教育学科发展迅速，成效显著，已经成为我国哲学社会科学一个富有特色和充满活力的重要新兴学科。回顾学科发展的历程，总结学科发展的经验，展望学科未来发展的趋势，对于加强和改进思想政治教育学科建设，提高思想政治教育的科学化水平，将不无裨益。

多年来，我国思想政治教育学科经历了一个从建立、发展到深化、繁荣的过程。具体说来，思想政治教育学科主要经历了以下三个发展阶段。

一、学科创建阶段（1984—1995 年）

这一阶段从 1984 年创立思想政治教育本科专业开始，到逐步建立思想政治教育硕士点和酝酿建立思想政治教育博士点，在思想政治教育科学研究不断深化的基础上形成了比较完整的思想政治教育学科专业人才培养体系。思想政治教育学科创立的标志是 1984 年思想政治教育学科本科专业的建立。

20 世纪 80 年代初，为了反对“左”的和“右”的错误思潮，加强和改进思想政治教育，推进思想政治教育科学化进程，全国开展了一场思想政治工作科学化的讨论。这场讨论首先从军队开始。1980 年 4 月 18～30 日，全军政治工作会议在北京召开，中共中央政治局委员、人民解放军总政治部主任韦国清在讲话中提出：“政治工作也是一门科学，有其专门的知识。……每个政治干部都要朝着政治工作专门家这个目标，奋发努力。”一场关于思想政治工作科学化的讨论很快波及全国。紧接着，1980 年 5 月 27 日至 6 月 6 日，第一机械工业部和全国机械工会联合召开了思想政治工作座谈会。原一机部副部长孙友余以“把在社会主义企业中发挥人的积极性的工作建成为一门现代科学”为题，做了长篇发言，他说：“我曾提议，把社会主义制度下研究发挥人的积极性的这门科学叫作思想政治工作学。”在这次座谈会上，孙友余对什么是思想政治工作科学化以及如何促进思想政治工作科学化发表了看法，座谈会就此展开了热烈的讨论。1980 年 8 月 11 日，《光明日报》刊登了题为《思想政治工作是一门科学》的文章，并刊发了这次座谈会的主要内容和基本经验，充分肯定了思想政治工作科学化的提法，还在《光明日报》上开辟专栏，在全国范围内组织开展了一场思想政治工作科学化的大讨论。著名科学家钱学森也加入了这场讨论，他明确指出“要尽早建立马克思主义德育学”，提出了创立思想政治教育学科的设想，并对马克思主义德育学在自然科学、社会科学、思维科学和人学构成的科学体系中的定位进行了探索。钱学森所说的“马克思主义德育学”，其实是广义的德育学，是马克思主义关于人的思想道德形成发展规律和思想政治教育规律的科学。这也是我国关于思想政治教育学的科学内涵和学科定位的最早、最有价值的探讨，它有力促进了我国思想政治教育科学化的探索和思想政治教育学科的创立。这场关于思想政治工作科学化的讨论，形成了很多深刻的见解和重要的成果，最后结集成书，由孙友余等著，山西人民出版社 1981 年 8 月出版，书名就叫《论思想政治工作科学化》。

1982 年 11 月，中组部、中宣部联合召开了全国党员教育工作会议，时任中央书记处书记的宋任穷在报告中充分肯定和重申了“思想政治工作是一门科学”的论断。他说：“要逐步形成这样一种观点，思想政治工作是一门科学，是一门治党治国的科学。在这个岗位上的几百万干部要努力钻研这个专业，造就大批思想政治工作专家，完成新时期赋予我们的任务。”

1983 年暑期，教育部为了落实上述精神，召开了政工专业论证会。会议确定学科名称为“思想政治教育学”；学科建设和人才培养所依托的专业名称为“思想政治教育专业”；初步议定专业的课程设置，委托复旦大学、武汉大学等编写《思想政治教育学原理》《思想政治教育方法论》等部分主干课教材，并决定 1984 年即开始招生。

1984 年 4 月，教育部发出《关于在十二所院校设置思想政治教育专业的意见》（以下简称《意见》），决定采取正规化的方法培养大专生、本科生和第二学士生等各种规格的思想政治工作专门人才。首批批准南开大学、武汉大学、复旦大学等 12 所院校增设思想政治教育专业，设本科学制，进行试点。《意见》指出，当年这个专业招生“主要为高等院校培养思想政治工作人员，同时摸索兴办这类专业的经验”。同年 6 月，教育部又发出《关于在六所高等院校开办思想政治教育专业第二学士学位班的意见》，批准清华大学等 6 所高校开设思想政治教育专业第二学士学位班，培养高校思想政治工作的骨干。

1986 年 5 月，国家教委作出了《关于加强高等学校思想政治工作的决定》，指出“要认真办好思想政治教育专业，包括第二学士学位和研究生班，为正规化培养从事思想政治工作的专门人才走出一条新路”。

1987 年 5 月 29 日，中共中央在《关于改进和加强高等学校思想政治工作的决定》（以下简称《决定》）中，明确指出思想政治教育是一门学问，并提出要为高校政工干部评职称。《决定》指出，要充分认识加强思想政治工作的极端重要性，从招生、培养到就业的各个教育环节都要深化改革，以保证培养出社会需要的合格人才。《决定》还指出，“思想政治教育是一门以马克思主义理论为基础、综合性和实践性都比较强的科学”，要求高校办好思想政治教育专业，“创造条件培养这方面的硕士和博士研究生，为造就从事思想政治教育的专门人才开辟一条新路”。

1987 年 9 月，国家教委又印发了《关于思想政治教育专业培养硕士研究生的实施意见》的通知，决定从 1988 年开始培养思想政治教育专业硕士研究生。从 1988 年 9 月起，全国有复旦大学、南开大学、武汉大学等 10 所院校以思想政治教育专业的名义首批独立招收硕士研究生，从而标志着学科和专业建设取得进一步的进展。

1988 年 9 月 30 日，党的十三届三中全会原则通过了《中共中央关于加强和改造企业思想政治工作的通知》，明确指出：“思想政治工作是一门科学。”这是我党第一次在党的全会通过的中央文件中肯定“思想政治工作是一门科学”这个科学论断，表明了对建立这门新兴学科的认可。

1990 年，国务院学位委员会第九次会议通过了《授予博士硕士学位和培养研究生的学科专业目录》，在法学门类政治学一级学科下正式增设“马克思主义理论教育”“思想政治教育”两个硕士授权学科专业。这一时期，全国高校获得这两个二级学科硕士学位授予权的学科点各有35个。

1994年8月31日，中共中央在《关于进一步加强和改进学校德育工作的若干意见》中再次强调指出“思想政治教育是一门科学，有其自身的规律”，揭示了思想政治教育学是研究思想政治教育特有规律的科学，明确提出“要把思想政治教育作为人文社会科学的重点学科加强建设”。这是中央首次提出把思想政治教育科学作为重点学科加强建设。根据这一精神，筹建和发展思想政治教育学科的博士点被提上了重要议事日程。

由此可见，正是由于我们党具有一贯重视思想政治教育的优良传统，由于20世纪80年代适应改革开放新时期思想政治教育发展的需要，由于我们党高度关注和积极推进思想政治教育的科学化进程，才有力推动了思想政治教育科学化的探索，促进了思想政治教育这一新兴学科20世纪80年代在中国的诞生。

二、学科发展阶段（1996—2005年）

这一阶段从1996年建立马克思主义理论与思想政治教育学科博士点开始，到建立马克思主义理论与思想政治教育的国家重点学科和酝酿建立独立的思想政治教育博士点和国家重点学科，思想政治教育学科进入了作为人文社会科学的重点学科加以建设和通过融合稳步发展的阶段。马克思主义理论与思想政治教育博士点和国家重点学科的建立是这一阶段的主要标志。

经过博士点申报，国务院学位办经过严格的学位授权审核，1996年4月29日国务院学位委员会批准武汉大学取得“马克思主义理论与思想政治教育”博士学位授权学科、专业点，并于1996年5月13日颁发［学位（1996）12号］文件予以正式公布。同年，中国人民大学“科学社会主义原理”博士点的“马克思主义原理”研究方向免于申请，直接转为马克思主义理论与思想政治教育博士点。是年秋，清华大学也获得“马克思主义理论与思想政治教育”博士学位授权学科。这三个博士学位学科授权点为我国第一批马克思主义理论与思想政治教育博士学位学科授权点。

1997年6月，国务院学位委员会和国家教委颁布的新修订的《授予博士硕士学位和培养研究生的学科专业目录》正式将“马克思主义理论教育”和“思想政治教育”两个二级学科整合为一个“马克思主义理论与思想政治教育”二级学科，隶属于政治学一级学科。在本学科培养目标上要求博士能“胜任与本专业相关的高层次的教学、科学研究、宣传和党政工作”，硕士能“胜任与本专业相关的教学、科学研究、宣传和党政工作”。专业调整后的马克思主义理论与思想政治教育专业获得了迅速发展。在1996年中国人民大学、武汉大学、清华大学被正式批准获得“马克思主义理论与思想政治教育”博士学位授权点的基础上，1998年，东北师范大学、中山大学、南京师范大学3所大学又获得马克思主义理论与思想政治教育博士点，至此，全国马克思主义理论与思想政治教育博士点达到6个。2000年，北京大学、华中师范大学、复旦大学3所高校获得包括马克思主义理论与思想政治教育二级学科博士点的政治学一级学科博士点，北京师范大学、浙江大学、南京解放军政治学院、华南师范大学4所高校获得马克思主义理论与思想政治教育二级学科博士点。2003年，吉林大学、中共中央党校2所高校获得政治学一级学科博士点，南开大学、山东大学、南京大学等13所高校获得马克思主义理论与思想政治教育二级学科博士点。截止到2003年，全国马克思主义理论与思想政治教育的博士点达到28个（含军校），硕士点达到160余个。

2001年，国家又批准设立了马克思主义理论与思想政治教育国家重点学科，中国人民大学、武汉大学、中山大学成为马克思主义理论与思想政治教育国家重点学科首批设立单位。马克思主义理论与思想政治教育学科专业博士点及国家重点学科的建立，为思想政治教育学科乃至整个马克思主义理论学科的进一步发展创造了条件，积累了经验，奠定了基础。

2004年，中共中央、国务院下发了《关于进一步加强和改进未成年人思想道德建设的若干意见》和《关于进一步加强和改进大学生思想政治教育的意见》，进一步提出了加强和改进思想政治教育学科建设的明确要求，为思想政治教育学科的建设和发展提供了重要依据和动力。

思想政治教育学科在这一阶段获得了积极稳步的发展。主要表现是：一是实现了学科融合。马克思主义理论与思想政治教育相结合，实现了马克思主义理论与思想政治教育的有机融合。在马克思主义理论与思想政治教育学科点的建设过程中，思想政治教育学科既注重加强马克思主义理论基础，坚持以马克思主义理论作为思想政治教育的指导思想与核心内容，又注重探索思想政治教育的特点与规律，为马克思主义理论的科学传播提供重要的依循。二是实现了学科升级。在这一阶段，不仅建立了马克思主义理论与思想政治教育的博士点学科，形成了一批具有较高理论素养与研究能力的思想政治教育博士生导师队伍，提高了思想政治教育研究的专业化、科学化水平，培养了大批思想政治教育的博士生，还建立了马克思主义理论与思想政治教育的国家重点学科，使思想政治教育真正成为国家人文社会科学重点建设的学科，得到了国家的政策支持和有力保障，做到了重点学科重点建设，进一步提升了思想政治教育的学科层次和地位，实现了思想政治教育学科由低层次到高层次的发展。

三、学科繁荣阶段（2006年至今）

这一阶段从建立马克思主义理论一级学科开始一直到现在，是思想政治教育学科大繁荣、大发展的阶段。马克思主义理论成为一级学科之后，思想政治教育上升为独立的二级学科，产生了马克思主义理论一级国家重点学科和思想政治教育二级国家重点学科，思想政治教育学科获得了发展的更大空间和平台。这一阶段以马克思主义理论一级学科的建立和思想政治教育二级学科博士点和重点学科的建立为标志。

2005年年初，《中宣部、教育部关于进一步加强和改进高校思想政治理论课的意见》文件指出："思想政治理论课教育教学所依托的学科是我国特有的一门政治性、科学性和实践性很强的学科，只能加强，不能削弱。设立马克思主义一级学科，开展马克思主义理论体系研究，开展马克思主义发展史、马克思主义中国化研究，开展思想政治教育研究，为推进党的思想理论建设和巩固马克思主义在高等学校教育教学中的指导地位，为加强高校思想政治理论课建设，培养思想政治教育工作队伍提供有力的学科支撑。"这一文件第一次明确规定增设马克思主义理论一级学科，阐明了马克思主义理论一级学科包括思想政治教育二级学科对党的思想理论建设、高校思想政治理论课、大学生思想政治教育等重要工作的支撑作用。这不仅为思想政治理论课教师、思想政治教育工作者明确自己从事职业的学科依托提供了政策依据，而且也为马克思主义理论一、二级学科的学科定位提供了科学依据。

2005年12月23日，国务院学位办和教育部印发了《关于调整增设马克思主义理论一级学科及所属二级学科的通知》，决定增设马克思主义理论一级学科及所属二级学科。新增设的马克思主义理论一级学科，设置于"法学"门类内，下设五个二级学科，即马克思主义基本原理、马克思主义发展史、马克思主义中国化研究、国外马克思主义研究、思想政治教育。2008 年 4 月又增设中国近现代史基本问题研究二级学科。

2005 年，国家正式启动了马克思主义理论一级学科以及相关二级学科独立申报审核的工作。2006 年 1 月 25 日，国务院学位委员会下发学位〔2006〕3 号文件《关于下达第十批博士和硕士学位授权学科、专业名单的通知》，公布第 10 批学位点申报审核结果：到 2006 年 1 月，第 10 批学位点申报审核工作结束，全国共有 21 个马克思主义理论一级学科通过审核，获准首批设立，另有 34 个思想政治教育二级学科通过审核，成为新增的思想政治教育博士点学科。

从此，思想政治教育成为马克思主义理论一级学科下属的一个独立的二级学科。思想政治教育专业名称在本科、硕士、博士三个层次得到第一次统一。思想政治教育学科从原来隶属于政治学一级学科变为隶属于新设立的马克思主义理论一级学科，学科门类有了转变，学科地位有了实质性的提升。

2008 年，经过评审认定，国家批准中国人民大学设立了第一个马克思主义理论一级国家重点学科，并批准武汉大学、华中师范大学、南京师范大学、南京政治学院设立马克思主义基本原理二级国家重点学科，中山大学、东北师范大学设立思想政治教育二级国家重点学科，武汉大学思想政治教育和中山大学、复旦大学马克思主义基本原理设立国家重点培育学科。这标志着思想政治教育的学科建设进入了一个新的发展阶段。

根据国家有关文件精神，马克思主义理论学科还启动了博士后流动站的评审工作。经过两次评审，马克思主义理论学科设置了 34 个博士后科研流动站。2007 年批准了中国人民大学、北京大学、武汉大学、中山大学、中国社会科学院马克思主义研究院等 18 个单位设立博士后流动站。2009 年又批准了南京大学、南开大学、山东大学、中共中央党校等 16 个单位设立博士后流动站。

马克思主义理论与思想政治教育由原来的二级学科上升为马克思主义理论一级学科，上了一个新台阶，思想政治教育上升为独立的二级学科，并获得了思想政治教育博士点、国家重点学科和博士后流动站，学科建设获得了跨越式发展。

思想政治教育的学科建设经过多年的发展，由半独立走向独立，由非重点学科走向重点学科，由低层次走向高层次，取得了重要进展和成就。迄今为止，我国思想政治教育学科已经发展成为学科结构比较合理、学科层次逐步提升的新兴学科，为提高思想政治教育的科学含量、促进思想政治教育实践的科学化提供了重要的学科支撑。

第二节　高校思想政治教育学科发展的成就与经验

经过 30 余年的建设与发展，思想政治教育学科取得了一系列成就，积累了重要的经验，认真总结思想政治教育学科建设发展的成就和经验，是思想政治教育学科进一步发展的基础。

一、高校思想政治教育学科取得的主要成就

多年来，思想政治教育学科主要取得了以下几个方面的成就。

一是学科体系逐步完善。目前，思想政治教育学科已经形成了思想政治教育原理、方法论、发展史、比较等多个体现规律性、前瞻性的研究领域。在合理融合政治学、教育学、哲学、社

会学、心理学、伦理学等相关学科的理论、知识和方法的基础上，思想政治教育学科为自身的规范化和科学化发展夯实了理论基础，并逐步凝炼了一些有特色的研究方向，产生了一大批有影响的思想政治教育的研究成果，探索和形成了具有自身特色的研究范式和话语体系。值得提出的是，思想政治教育学基础理论研究、思想政治教育应用研究、思想政治教育历史研究、思想政治教育比较研究、思想政治教育前沿问题研究等分支学科和研究范围逐步得到规范，深化了思想政治教育分支学科、新兴学科和交叉学科的研究，这些分支学科、新兴学科和交叉学科正在共同构建一个内容完备、结构合理、动态开放的系统化的思想政治教育学科体系。

二是人才培养日趋优化。人才培养体系的建构及其实现是衡量学科发展水平的重要标准。作为一门综合性、实践性很强的应用学科，思想政治教育的人才培养以理论与实践相统一为重要指向，培养的专门人才在从事教学、科研工作的同时，还要能够从事与思想政治教育实践密切相关的宣传思想工作和党政工作。30 多年来，思想政治教育人才培养的规格、层次、目标等不断得到完善和拓展，形成了从本科、硕士点到博士点乃至博士后流动站的完整的人才培养体系。人才培养的目标、内容、结构也在进一步深化、细化、优化，研究方向和专业设置更加符合思想政治教育学科的内在逻辑，人才培养质量不断提升。思想政治教育学科建设与人才培养是相互促进的，学科的发展将提升专业人才培养的数量和质量，而专业人才的培养又进一步推动了学科的不断发展。

三是队伍建设不断加强。思想政治教育学科建设的根本是人才。30 多年来，思想政治教育学科的队伍建设不断加强，逐渐培养、凝聚和形成了一批由思想政治教育学科带头人和学术带头人、中青年学术骨干组成的老中青结合的思想政治教育学科的学术团队。通过加强思想政治教育学科带头人、学术带头人和中青年骨干的培养，造就了一批有深厚的学术底蕴、深邃的学术眼光和深广的学术胸怀的思想政治教育的学科带头人和学术带头人，涌现了一批全国有影响力的思想政治教育学科发展的领军人物，产生了一大批成为思想政治教育学科中坚力量的学术新锐和中青年骨干，保证了思想政治教育学科后继有人和可持续发展。

四是学科支撑日益强化。作为一门具有突出实践性的应用型新兴学科，思想政治教育学科承担着为高校思想政治理论课和大学生思想政治教育提供学科支撑和理论支撑的重任。多年来，特别是 2004 年《中共中央关于加强和改进大学生思想政治教育的意见》颁布以来，思想政治教育学科为《思想道德修养与法律基础》等思想政治理论课、建设和加强以及改进大学生思想政治教育发挥的学科支撑和理论支撑作用日益凸显。高校思想政治理论课是大学生思想政治教育的主渠道，日常思想政治教育是大学生思想政治教育的主阵地。思想政治教育学科通过探讨思想政治理论课中的重点、难点问题和大学生日常思想政治教育中的突出问题，招收、培养从事思想政治理论课教学和大学生思想政治教育的博士、硕士生，加强大学生辅导员的系统培训，促进“主渠道”和“主阵地”的相互配合，为进一步加强和改进大学生思想政治教育提供了重要的理论支撑、人才支撑和学科支撑。以辅导员队伍建设为例，2006 年教育部颁发《普通高等学校辅导员队伍建设规定》，全国依托思想政治教育学科建立了 21 个教育部高校辅导员培训和研修基地，广泛开展辅导员岗前培训、专题培训、国内外考察等活动，加快了辅导员队伍的专业化进程，有效推动了思想政治教育实践的科学化发展。

二、高校思想政治教育学科获得的主要经验

回顾思想政治教育学科多年来的建设与发展，主要有以下经验：

第一，坚持以马克思列宁主义、毛泽东思想和中国特色社会主义理论体系为指导。思想政治教育学科是一门体现我国政治优势、具有中国特色的新兴学科。这一学科从一开始就具有鲜明的特点，即以马克思主义为指导。思想政治教育学科的建立和发展，始终坚持以马克思主义特别是中国化的马克思主义为指导，这是多年来我国思想政治教育学科建设发展的一条基本经验。

马克思主义理论既是思想政治教育学科建设的指导思想，又是思想政治教育的核心内容。在学科建设中，思想政治教育与马克思主义理论一度融合成一个二级学科，即马克思主义理论与思想政治教育学科。在马克思主义理论升格为一级学科、思想政治教育成为独立的二级学科之后，思想政治教育的马克思主义学科属性和定位更加明确，思想政治教育学科姓“马”，是马克思主义的思想政治教育学科。思想政治教育学科始终把马克思主义科学理论的指导贯穿于学科建设的全过程，既注重以马克思主义为指导，研究和探索中国共产党的思想政治教育实践，总结、凝炼中国共产党的思想政治教育的基本经验，揭示中国革命、建设和改革中思想政治教育的特殊规律，又注重以马克思主义为指导，研究和探索其他国家的思想政治教育，包括资本主义国家的思想政治教育，分析思想政治教育的普遍现象和共同本质，揭示思想政治教育的普遍规律。

同时，思想政治教育学科始终把马克思主义作为思想政治教育的核心内容，注重教育和引导学生，深入学习和钻研马克思主义理论，提高马克思主义理论素养，掌握马克思主义世界观和方法论，自觉运用马克思主义的立场、观点、方法，分析解决思想政治教育实践中的突出问题，包括解决人们尤其是大学生思想中的一些深层次的观念认识问题，以马克思主义理论和社会主义核心价值体系引领多样化社会思潮和价值观念，引导和帮助人们尤其是大学生牢固确立正确的政治方向和价值取向。

第二，坚持正确的政治方向。坚持正确的政治方向是思想政治教育学科建设的首要任务。能否自觉坚持坚定正确的政治方向，直接关系到思想政治教育学科的性质和方向，关系到思想政治教育学科建设的成败。30 多年的学科建设实践表明，思想政治教育学科若坚持了正确的政治方向，就能取得巨大的成效；若偏离了正确的政治方向，就会遭受巨大的挫折，给党的事业带来重大损失。

回顾思想政治教育学科 30 多年的发展建设，无论在学术研究还是在人才培养方面，都始终坚持正确的政治方向。进入改革开放新的历史时期，由于“左”的和右的错误倾向同时存在，相互交织，困扰不断，严重误导了一些大学生的思想，影响了高校和社会的稳定，邓小平明确强调，“解放思想，也是既要反‘左’，又要反右”，在注重克服“左”的错误影响的同时，明确强调要坚持四项基本原则，反对资产阶级自由化。思想政治教育学科在这一过程中，面对重重困扰，做了大量的工作，始终注重把引导人们尤其是大学生坚持坚定正确的政治方向放在思想政治教育学科建设的首位，既坚持学术研究的政治导向，又注重人才培养的政治导向，引导大学生全面理解和贯彻党的“一个中心，两个基本点”的基本路线，反对偏离党的基本路线的“左”的或右的错误倾向，引导大学生坚定不移地走具有中国特色的社会主义道路，为维护学校

和社会稳定、确保大学生健康成长作出了重大贡献。

第三，坚持以实践发展为基础。思想政治教育学科是以思想政治教育实践为基础而形成的一门应用性很强的新兴学科，它是在实践中诞生的，也是在实践中发展的，坚持以改革开放和中国特色社会主义现代化建设的伟大实践为基础，坚持面向实际开展思想政治教育学科建设，是多年来思想政治教育学科建设的一条非常重要的经验。

思想政治教育实践既是社会实践的重要组成部分，又是其他社会实践活动的中心环节。加强思想政治教育，凝聚人们的思想共识，提高人们的思想道德素质，促进人的全面发展，调动人们的积极性、主动性、创造性，推动人们在改造主观世界的基础上改造客观世界，促进社会实践的发展，是思想政治教育的根本任务。思想政治教育实践是适应社会实践发展的需要产生和发展起来的，思想政治教育学科则是适应思想政治教育实践发展的需要产生和发展起来的。因此，思想政治教育实践及其赖以产生的社会实践是思想政治教育学科产生发展的基础、源泉和动力。思想政治教育学科坚持以实践作为发展的基础、源泉和动力，主要在于实践不断产生问题、提出问题，需要思想政治教育学科坚持以实践中产生的重大问题为导向，不断进行回应和解答，而正是在这一回应实践、解答问题的过程中，思想政治教育学科获得发展的不竭动力。如思想政治教育心理学，就是在回应改革开放新时期社会深刻变革、社会竞争加剧的情况下，如何在思想政治教育中运用心理咨询和心理健康教育，缓解人们日益增大的心理压力，保持人们的心理健康而产生的一门思想政治教育新兴分支学科。网络思想政治教育，就是在回应信息化时代互联网成为多种思想、文化交锋的主战场的情况下，如何占领网络阵地，引导网络舆论，引领价值取向，帮助人们尤其是青少年解决面对多样价值的选择困惑，减少网络对人们的消极影响而产生的一门思想政治教育新兴分支学科。没有实践的牵引和推动，就不可能有这些思想政治教育新兴分支学科的产生。

实践还是思想政治教育学科建设成效的检验标准。思想政治教育学科建设的效果大小，主要体现在对思想政治教育实践的专业化、规范化、科学化水平的提高上，思想政治教育学科对思想政治教育实践发挥的学科支撑、理论支撑作用越大，对思想政治教育实践的专业化、规范化、科学化产生的促进作用越大，思想政治教育学科建设的成效也就越大。事实证明，思想政治教育实践是检验思想政治教育学科建设成效的根本标准。通过实践检验，思想政治教育学科建设的成绩和不足得以显现和反馈，成为思想政治教育学科进一步调整、改善和发展的依据，从而不断推动思想政治教育的学科建设和发展。

第四，坚持以相关学科为借鉴。思想政治教育是一门既具有自主性、独立性，又具有综合性、交叉性的新型学科。思想政治教育学科在过去多年的发展过程中，在自主探索发展的基础上，始终坚持以相关学科为借鉴，促进自身发展，这是思想政治教育学科快速健康发展的一条重要经验。

首先，思想政治教育解决问题的多维性、复杂性和综合性，需要坚持以相关学科为借鉴。思想政治教育学科所面对的问题具有多维性和交叉性，思想政治教育研究的领域包括思想教育、政治教育、道德教育和心理教育等诸方面，思想政治教育要解决人们的理想信念、人生道路和价值取向等重大问题，往往需要多学科的相关理论、知识和方法。因此，要解决思想政治教育学科面对的错综复杂的问题，就必须在马克思主义理论指导下，充分借鉴和吸收政治学、教育学、伦理学、心理学、管理学、社会学、人才学、文化学、行为科学等学科的理论和方法，利用“他山之石”攻“学科之玉”，构筑思想政治教育学科大厦。其次，推进思想政治教育学科创新发展，需要坚持以相关学科为借鉴。思想政治教育学科的创新发展是一个从无到有、从弱到强的过程，离不开多学科借鉴和交叉，学科借鉴与交叉是思想政治教育学科建设的重要源泉。相关学科能够为思想政治教育学科提供广阔的学术视野、多维的思考方式、坚实的内容支撑、多样的途径方法等，在促进思想政治教育学科借鉴和交叉中，汲取营养，转换思维，扬长避短，不断创新。

第五，坚持以服务育人为根本。多年来，思想政治教育学科建设始终坚持以服务育人为根本，紧紧围绕培养造就适应社会主义现代化建设需要的德才兼备的思想政治教育高级专门人才，开展思想政治教育学科建设，这是思想政治教育学科能够健康成长和快速发展的重要经验。实践证明，坚持以服务育人为根本，才能不断增强思想政治教育学科建设的实际成效，充分体现思想政治教育学科建设的根本价值。

思想政治教育学科建设坚持以服务育人为根本，就是通过思想政治教育提高人的思想道德素质，进而提高人的科学文化素质和身心健康素质，促进人的全面发展和健康成长，为整个社会发展提供重要的人才支撑。在学科建设实践中，一是加强思想政治教育专业的高级专门人才培养，注重根据思想政治教育实践的需要，完善思想政治教育的课程体系与课程结构，努力优化思想政治教育专业学生的知识结构，引导学生既坚持正确的政治方向，又提高从事思想政治教育的业务能力，既注重掌握好马克思主义理论和思想政治教育的专业理论基础，又注重掌握思想政治教育相关学科的专业知识，既加强思想政治教育的理论教学，又加强思想政治教育的实践锻炼，着力培养厚基础、宽口径、强能力、高素质的思想政治教育的高级专门人才。二是始终把为思想政治理论课和大学生思想政治教育提供学科支撑和理论支撑作为实现自身价值的重要途径。思想政治教育学科注重满足大学生德智体全面发展的需要，尤其是大学生思想道德和精神文化发展的需要，坚持从大学生的全面发展和精神文化需要出发，开展思想政治教育，千方百计满足大学生日益增长的精神文化需要，在为满足大学生日益增长的精神文化需要服务中实现自己的学科价值。思想政治教育学科在满足大学生的精神文化生活需要中体现出不可替代的重要作用。三是思想政治教育学科不断拓展学科建设的视野和思想政治教育的服务范围，把促进全社会成员的思想道德素质和综合素质的提高作为实现自身价值的有效途径。通过不断研究和改进马克思主义大众化、社会主义核心价值体系建设、网络思想政治教育和心理健康教育等，不断推进思想政治教育学科的创新发展，提高思想政治教育实践的科学化水平，为加强和改进社会变革时期的思想政治教育、转变人们的思想观念，提高人们的思想道德素质和综合素质，为社会主义市场经济发展和社会主义现代化建设奠定团结奋斗的共同思想基础。

事实说明，思想政治教育学科建设只有始终坚持以服务育人为根本，注重为培养和造就社会主义现代化建设事业需要的合格建设者和可靠接班人，提供学科支撑、理论支撑和人才支撑，才能不断实现和凸显思想政治教育学科的独特价值。

第三节 今后高校思想政治教育学科的发展趋势分析

值此思想政治教育学科成立 30 周年之际，不仅需要回顾思想政治教育学科的发展历程，总结思想政治教育学科建设的成就和经验，更要在此基础上分析、把握思想政治教育学科的发展趋势。这是引领和促进思想政治教育学科进一步科学发展的需要。

一、借鉴与自主：更加注重自主发展

思想政治教育学科是以实践为基础，充分吸收和借鉴哲学、政治学、伦理学、心理学、教育学、社会学、管理学、行为科学等其他社会科学相关成果，建立和发展起来的一门新兴的综合性的应用学科。“他山之石，可以攻玉。”在发展的过程中，思想政治教育始终坚持在学科借鉴、交叉和综合中，不断借鉴相关学科的理论成果和研究方法，经过加工、改造和转化，汲取知识、智慧和营养，逐步形成了思想政治教育学科的基本概念和理论体系，这种学科借鉴与吸收有效地促进了思想政治教育学科的建设与发展。同时，思想政治教育更加注重自主发展，注重立足思想政治教育实践开展创造性研究，彰显自身的学科特性。思想政治教育学科有自己特殊的科学研究领域和对象，有专门的科学探索和人才培养任务。思想政治教育学科的借鉴、交叉与综合，建立在保持思想政治教育学科独立自主的发展基础之上。脱离自主发展，就是脱离思想政治教育的学科属性和特色，就是否定思想政治教育学科独特存在的根据和价值，乃至否定思想政治教育学科本身。“任何运动形式，其内部都包含着本身特殊的矛盾。这种特殊的矛盾，就构成一事物区别于他事物的特殊的本质。这就是世界上诸种事物所以有千差万别的内在的原因，或者叫作根据。……科学研究的区分，就是根据科学对象所具有的特殊的矛盾性。因此，对于某一现象的领域所特有的某一种矛盾的研究，就构成某一门科学的对象。”思想政治教育也有自己的特殊矛盾和特殊本质，深入探索和揭示思想政治教育领域的特殊本质和规律，形成思想政治教育研究的创新成果，并运用这些研究的创新成果培养思想政治教育的专门人才，注重学科发展的专门性，从而形成思想政治教育学科的特色，发展思想政治教育学科的优势，强化思想政治教育学科的独立地位，使思想政治教育学科成为一门在哲学社会科学的学科体系中独立存在和发展的学科，既是思想政治教育科学研究的根本任务，更是思想政治教育学科发展的重要趋势。

二、传承与创新：更加注重创新发展

思想政治教育学科在发展过程中，正经历一个由注重思想政治教育的学科传承向注重思想政治教育的学科创新的转变，这是思想政治教育学科发展呈现的又一重要趋势。

思想政治教育学科发展离不开传承，没有传承，就不可能有思想政治教育学科的发展。思想政治教育学科在建立发展的初期，十分注重学科的传承。这种传承，体现为对党的思想政治教育的优良传统和实践经验的总结与传承。通过总结、概括党的思想政治教育的优良传统和实践经验，揭示党的思想政治教育的特点和规律，把经验上升为科学，创立和发展思想政治教育学科，还体现为对成熟学科以及思想政治教育学科建设经验的凝练与升华。思想政治教育学科上升为马克思主义理论一级学科的独立二级学科之后，不仅依然注重学科传承，而且更加注重学科创新。思想政治教育学科固然要注重总结思想政治教育的科学经验，但不能也没有停留在思想政治教育的经验总结上，而是更加注重思想政治教育学科独立的探索、建设与发展，创新和形成思想政治教育具有自身特色的理论体系和方法，推动思想政治教育学科在探索创新中获得真正的发展。

思想政治教育学科的创新发展，是思想政治教育学科建设获得质变和飞跃的必然选择。思想政治教育学科的创新发展，主要体现为原创性创新、集成性创新和转化性创新，努力在思想政治教育理论与实践的重点、难点问题研究上，有所创新和突破，获得一批原创性的思想政治教育理论成果。只有适应思想政治教育学科创新发展的要求，从以上三个方面不断推进思想政治教育的理论创新和实践发展，才能逐步建构富有中国特色的思想政治教育科学体系，不断发展思想政治教育的学科优势，开创思想政治教育学科建设的新局面。

三、分化与整合：更加注重整合发展

当前，思想政治教育学科建设面临的一个突出问题就是要解决好学科分化与整合发展的问题。学科分化是指学科在发展过程中分门别类地进行研究和建设，不断产生新的分支学科；学科整合是指学科在分门别类研究和分化发展基础上的学科间的交叉、渗透与融合，体现为学科整合与整体发展。按照学科建设的一般规律，一个学科产生以后，首先是对该学科进行总体研究，然后逐步深入、分化，进入学科内部分门别类地研究。形成独立的研究成果后，逐渐分化产生新的分支学科，再在此基础上推进学科间的交叉研究和综合研究，形成新的综合研究成果，促进学科的整体发展。这一过程既是一个由合到分再到合的过程，也是一个由低级到高级的发展过程。学科发展的这一规律也反映了科学研究的规律和趋势，现代科学发展就是高度分析与高度综合相结合，一方面，不同学科的分析研究越来越深入，另一方面，不同学科的综合研究也越来越深入，两者紧密联系，相互作用，有力促进了现代科学的发展。学科建设一定要适应科学发展的规律和学科自身发展的规律，做到在学科分化的基础上实现学科的整合发展。思想政治教育学科发展更是如此。

思想政治教育学科发展在分化与整合的关系上，当前尤其要注重思想政治教育学科的整合发展。思想政治教育学科的分化与整合，既涉及思想政治教育学科与马克思主义理论一级学科的关系，也涉及思想政治教育学科与新的分支学科的关系。马克思主义理论一级学科建立后，思想政治教育成为马克思主义理论一级学科的一个二级学科，马克思主义理论一级学科与思想政治教育二级学科之间的关系是整体与部分之间的关系，思想政治教育二级学科的发展必须依托马克思主义理论一级学科，以马克思主义理论一级学科为平台；马克思主义理论一级学科的整体发展也必须在思想政治教育及马克思主义理论的其他二级学科发展的基础上进行成果综合和学科整合。没有思想政治教育及其他二级学科的发展，没有对思想政治教育及其他二级学科研究成果的概括和综合，没有包括思想政治教育在内的马克思主义理论各二级学科之间的交叉与融合，马克思主义理论学科不可能获得整体发展。思想政治教育学科还要注重处理好思想政治教育学科与所属思想政治教育新兴学科、分支学科的关系。思想政治教育学科作为独立的二级学科，如果把它看成一个整体，它也包含若干新兴学科、分支学科，如思想政治教育原理、思想政治教育方法论、思想政治教育发展史、比较思想政治教育、思想政治教育心理学、网络思想政治教育等。思想政治教育学科也要在加强自身分支学科建设上下大功夫，力争在此基础上加强各分支学科之间的交叉、渗透与融合，努力促进思想政治教育的学科整合和整体发展。

四、内涵与外延：更加注重内涵发展

思想政治教育学科在发展过程中，正在经历由注重思想政治教育的外延发展向注重思想政治教育的内涵发展的转变，这是思想政治教育学科发展的又一重要趋势。

改革开放以来，特别是进入 21 世纪以来，我国思想政治教育学科呈现出繁荣发展的局面。思想政治教育的学科规模急剧扩大。目前，全国思想政治教育学科博士学位授权点达到 75 个，思想政治教育学科硕士学位授权点达 300 个左右，从事思想政治教育教学和研究的教师、学生的数量也达到了相当规模。思想政治教育学科的繁荣发展是党和政府高度重视和大力支持的必然结果，是思想政治教育实践发展的迫切需要，也是思想政治教育专业专家学者长期辛勤努力、共同奋斗的结果。思想政治教育学科的繁荣发展，为加强和改进大学生思想政治教育，充分发挥思想政治理论课作为思想政治教育主渠道作用提供了重要的学科支撑。但是，我们应该清醒地看到，在繁荣发展的背后，还存在着不少隐忧。思想政治教育学科博士点虽然多达 75 个，但专门从事思想政治教育教学和研究的人员还十分欠缺，不够稳定，有的教师学科定位还不够明确，同时在几个博士点上从事教学研究，研究方向也不够清晰，缺乏长期稳定的思想政治教育研究方向，缺乏深入扎实的学术研究，缺乏有深度、有影响、有建树的学术成果。思想政治教育学科专业从本科、硕士到博士层次的人才培养质量仍有待提高。凡此种种，充分说明思想政治教育学科的繁荣发展目前主要还停留在规模扩张的外延发展阶段，它虽然为我们今后的发展奠定了重要的基础，但要真正使思想政治教育学科发展成为成熟的学科，还必须向内使劲，必须更加注重思想政治教育学科的内涵发展。

思想政治教育学科坚持内涵发展，就是要不断提高思想政治教育学科建设的质量和水平，要把思想政治教育学科建设的重点由扩大学科规模转向重点提高学科建设质量上来。注重凝练学科方向，组建学术梯队，明确学科任务，加强集体攻关，瞄准思想政治教育理论与实践的前沿，把思想政治教育理论与实践面临的突出问题作为思想政治教育科学研究的重大课题，组织思想政治教育的专家学者和实际工作者开展协同研究，努力产生一批重大的、有影响的、高质量的标志性学术研究成果。只有从这几个方面持续努力，思想政治教育学科才会在内涵发展的基础上，取得新的突破，不断提高自身的质量和水平。

第二章　高校思想政治教育学科基本范畴研究

第一节　高校思想政治教育学范畴与基本范畴

范畴是认识世界的过程中的梯级，是帮助我们认识和掌握自然现象之网的网上纽结。它既是反映事物本质联系的思维形式，各个知识领域的基本概念，又是学科体系的基础。作为某一学科领域的研究进入理性阶段的重要标志，范畴反映了学科发展与成熟的程度。思想政治教育学基本范畴是思想政治教育学科形成与发展的前提与基础，是认识和把握思想政治教育规律的基本要素，是建立思想政治教育学科体系的历史与逻辑起点。因此，在思想政治教育学科化的道路上，厘清思想政治教育学基本范畴具有重要意义。学术界对范畴的研究给予了高度的重视，同时，由于思想政治教育对象的特性、关系及思想政治教育自身特性、关系的丰富多样性，决定了思想政治教育学的基本范畴也是丰富的。值得注意的是，在术语的使用上，很多著作和学术论文使用“范畴”“主要范畴”“基本概念”表达“基本范畴”的含义，也有专门使用“基本范畴”的。在这里，我们是本着“意义”和“逻辑”相统一的原则大范围搜集资料以完成学术史梳理的。

经过对相关文献的资料检索，到目前为止，关于思想政治教育学范畴和基本范畴研究方面最为系统的专著是徐志远的《现代思想政治教育学范畴研究》（人民出版社 2009 年版）。他对现代思想政治教育学范畴进行了整体、系统的考察，阐发了现代思想政治教育学范畴的含义、类型及内在关系；现代思想政治教育学范畴体系的逻辑特征和逻辑功能；现代思想政治教育学一般范畴的建构原则及内在联系；现代思想政治教育学一般范畴的逻辑内容；推进现代思想政治教育学范畴及其体系的理论创新。除此之外，目前未发现有关思想政治教育学范畴和基本范畴研究方面的其他专门著作。但是范畴作为思想政治教育学的一个基本研究问题和重要研究领域，在很多思想政治教育学专著和教材中都会有专门的章节进行探讨。最早的是罗洪铁的《思想政治教育学专题研究》，这是第一部把范畴独立成章进行研究的专著。在范畴部分，它提出了以下有价值的观点：一方面论述了范畴对于学科发展具有重要性。范畴是对思想政治教育本质关系认识的思想结晶；范畴是在思想政治教育实践活动中形成的；范畴的丰富程度是学科发展是否成熟的重要标志。另一方面提出了思想与行为，教育者与受教育者，教育与管理，个体和群体，自教与他教，物质鼓励与精神鼓励，理论与实践 7 对范畴。这其中的大部分范畴后来都被理论界所采纳。此外还有二十余部著作与教材都研究了范畴与基本范畴问题。

在学术论文方面，资料显示，最早发表于学术期刊上的对思想政治教育学范畴和基本范畴研究的成果，是张成存、臧树华的《试论思想政治教育工作学的基本范畴》（《思想政治工作研究》1986 年第 5 期），这篇文章论述了思想政治教育学有两对基本范畴：思想和行为，教育和组织。截止到 2014 年年初，据不完全统计，在中国知网学术文献中以“思想政治教育”与“范畴”和“思想政治教育”与“基本范畴”为双重关键词共同检索出的论文共有253篇，其中核心期刊占90篇，摘除内容重复及相关度不高的文献，可用期刊不及此数。

我们以“思想政治教育学基本范畴”为主题，具体将对范畴与基本范畴的关系，思想政治教育学基本范畴的内容与逻辑结构，基本范畴的功能与特征和基本范畴构建原则与构建方法四个部分，对学术界相关研究成果进行梳理，并做出简要述评。

马克思指出：“……抽象的范畴，虽然正是由于它们的抽象而适用于一切时代，但是就这个抽象的规定性本身来说，同样是历史条件的产物，而且只有对于这些条件并在这些条件之内才具有充分的适用性。”范畴是学科的基石，学科的分析框架，也是学科的话语体系和叙事方式，它的固化可以培养人的思维方式。思想政治教育学的范畴与基本范畴，是在思想政治教育实践中形成的，反映了思想政治教育活动与规律的特质。

一、关于思想政治教育学范畴和基本范畴的定义

关于思想政治教育学范畴与基本范畴的定义，学界有深度不同的表述。从下面的记录可以看出，“范畴”与“基本范畴”的内涵与外延并不相同，但是很多学者并没有刻意去区分这两个概念，只有在做特殊研究诸如范畴类型、各类范畴功能、学科构建等领域才会做出比较清晰的划分。

关于思想政治教育学范畴的定义。有学者认为：“思想政治教育学的范畴，也是思想政治教育学的基本概念。它们是人们在思想政治教育实践的基础上形成的带有规律性的认识成果，反过来又成为人们进一步认识思想政治教育对象的属性、特征以及思想政治教育活动特性的工具。”也有学者指出：“思想政治教育学的范畴就是对本门科学所研究的特殊对象的普遍的本质联系的反映，它是在思想政治教育的实践基础上产生的，反过来又对思想政治教育的实践起指导作用。”还有学者认为：“所谓思想政治教育学范畴，是思想政治教育学的基本概念，是认识和掌握思想政治教育‘现象之网的网上纽结’。它是在大量思想政治教育实践基础上概括出来的基本概念和理性符号，是人们认识和把握思想政治教育理论和实践的工具。”

上述定义从不同角度厘定了思想政治教育学范畴的科学含义，在理论研究和具体的思想政治教育实践中确实也起到了指导意义。其中，前两个定义，也就是对于基本范畴的解释。关于思想政治教育学基本范畴的定义，学界在使用上是比较统一的。概括起来就是，思想政治教育学基本范畴是由思想政治工作本质决定的，是具有特定含义的，它是思想政治教育学范畴体系的重要组成部分但不是它的全部。它反映和概括思想政治教育学所研究的特殊领域中各种现象之间最本质、最稳定、最普遍的特性和关系的范畴。因而其内容是客观的，这是范畴问题上的唯物论；同时，作为对思想政治教育领域矛盾运动的反映，思想政治教育学基本范畴是流动的、运动发展的、辩证转化的，它不仅是思想政治教育实践和认识活动的产物，而且是思想政治教育实践和认识活动的思维工具，同时又要在思想政治教育实践中接受检验并得到丰富和发展，这是范畴问题上的辩证法。这两个方面的辩证综合，构成了思想政治教育学范畴论的基本观点。作为思想政治教育基本规律的具体反映，思想政治教育学基本范畴的数量相对较少。

二、关于思想政治教育学范畴的类型

对思想政治教育学范畴与基本范畴的厘定与区分，学术界也有不同的看法。

目前，对思想政治教育学范畴的研究有两类。

一类是未区分层次的，只是泛泛地讨论思想政治教育学有哪些范畴。

有研究指出，思想政治教育学的范畴有六对：思想与行为，教育者与受教育者，内化与外化，疏通与引导，教育与管理，物质鼓励与精神鼓励。

有学者认为思想政治教育学的“主要范畴”有三对：思想和动机、主体和客体、动机和行为。

还有学者在范畴研究中仅对思想与行为、群体与个体两对范畴进行分析。他们虽然没有使用“基本范畴”的概念，但从这些章节在全书的地位和逻辑关系中看，“范畴”在意义上就是指思想政治教育学的“基本概念”“基本范畴”了。

另一类是认为范畴应当按照不同的标准区分层次的，如要区分出思想政治教育的基本范畴、重要范畴、具体范畴、主要范畴等。一部分学者认为大致可以将范畴分为两大类。有学者指出：“可以将思想政治教育范畴分为两大类，即核心范畴和基本范畴。”其中，核心范畴即“思想政治教育”，基本范畴则包括四对：个人与社会、主体与客体、思想与行为、内化与外化。有学者认为思想政治教育学的范畴分为两大类，即基本范畴（个人与社会，思想与行为，内化与外化，教育主体与教育客体，教育与管理）和一般范畴（著者只提到应宽泛些，没有具体罗列）。还有学者提出思想政治教育学的范畴有广义和狭义之分，其中，广义的思想政治教育学范畴是指反映和概括思想政治教育学所研究的特殊领域的各种现象及其特征、关系、方面等的本质的基本概念；狭义的则是指思想政治教育学的基本范畴，如思想与行为、教育主体与教育客体、内化外化等。

另有一部分学者认为可以将基本范畴划分为三大类。

有学者指出，思想政治教育学的范畴是有层次性的，可以分为高中低三个层次：高层次范畴、中层次范畴和低层次范畴。其中，高层次范畴是基本范畴或核心范畴，主要有两对：思想和行为、教育和组织；中层次范畴是重要范畴，是指在思想政治教育过程中起着主导作用的，并能揭示思想政治教育学中的一些基本规律的，而又能为准思想政治教育学的理论体系创造一定条件的那些范畴，它主要包括主体与客体、手段与内容、内因与外因三种情况；低层次范畴即具体范畴，是指思想政治教育学中可以直接用来分析和解决思想政治教育工作的具体问题，并直接反映思想政治教育工作这一具体现象的本质的那些范畴，包括以下十对：个性与共性、积极因素与消极因素、动机与效果、教育与自我教育、理论与实际、疏导与禁堵、理想与现实、虚与实、爱与严、继承与创新等。

此外，还有学者认为，思想政治教育学的范畴根据不同标准可以有不同的分类方法。按存在的性质与状态的不同，可以分为实体范畴、属性范畴和关系范畴三类，其中实体范畴包括思想、政治、政治思想、政治思想工作、政治工作、思想政治工作、思想政治建设、思想政治教育、思想政治教育的理论基础、思想政治教育的形成和发展、思想政治教育的基本矛盾、思想政治品德形或发展过程、思想政治品德形成发展机制、思想政治教育结构、思想政治教育过程、思想政治教育过程的结构、思想政治教育过程的基本要素、思想政治教育过程的阶段、思想政治教育过程的基本环节、思想政治教育过程的特点、思想政治教育过程的基本矛盾、思想政治教育过程的具体矛盾、思想政治教育的战略地位、思想政治教育环境、思想政治教育对象、思想政治教育目标、思想政治教育内容、思想政治教育原则、思想政治教育的求实原则、思想政治教育方法、思想政治教育的心理咨询法、思想政治教育机制、思想政治教育载体、社区思想政治教育、思想政治教育评价、思想政治教育评价的指标体系、思想政治教育队伍建设、思想政治教育队伍成员的素质、思想政治教育的领导机制、思想政治教育的科学管理、思想政治教育发展等；属性范畴包括思想政治教育的性质、思想政治教育目的性、思想政治教育实践性、思想政治教育超越性、思想政治教育学的历史性与阶级性、思想政治教育学科学性与价值性、思想政治教育学理论性与应用性、思想政治教育学综合性与创造性、思想政治教育过程的社会性与可控性、思想政治教育环境的广泛性、思想政治教育对象的层次性、思想政治教育目标的方向性、思想政治教育效果表现形式的多样性、思想政治教育评价的对比性、思想政治教育为实现党的基本路线服务的指导方针、思想政治教育的疏导方针、思想政治教育的灌输原则、思想政治教育的价值、思想政治教育的导向功能、思想政治教育的育人功能、思想政治教育的激励功能、思想政治教育环境的感染熏陶和潜移默化功能、思想政治教育队伍的组织功能等；关系范畴又可以分为三类，包括对应范畴（如思想与行为、教育主体与教育客体、内化与外化）、联结范畴（如个别—特殊——一般、先进—中间—后进）和综合范畴（如思想与行为、内化与外化）。

此外，按照思想政治教育学范畴的高低层次不同，还可以分为核心范畴（思想政治教育）、基本范畴（思想与行为、教育主体与教育客体、疏通与引导、言教与身教、物质鼓励与精神鼓励、教育与管理、内化与外化、个人与社会）、一般范畴（思想、政治、政治思想、政治思想工作、政治工作、思想政治工作、思想政治建设、思想政治教育的性质、思想政治教育学的历史性与阶级性、思想政治教育学科学性与价值性、思想政治教育的理论基础、思想政治教育的基本矛盾、思想政治品德形成发展过程、思想政治教育结构、思想政治教育过程、思想政治教育过程的结构、思想政治教育为实现党的基本路线服务的指导方针、思想政治教育的灌输原理、思想政治教育的价值、思想政治教育机制、思想政治教育载体、社区思想政治教育、理论与实际、说服教育与严格法纪、以理服人与以情感人、教育与自我教育、教育与组织、形式与内容、内因与外因、表扬与批评等）和具体范畴（其余均为具体范畴）四类。这些对思想政治教育学范畴类型的划分都有可取之处，提炼出了思想政治教育学科的基本范畴，并将基本范畴与其他各类范畴相区分。

三、关于思想政治教育学基本范畴与其他范畴的内在关系

基于思想政治教育范畴不同层次的划分，才有了关于思想政治教育学基本范畴和范畴间内在关系的研究。厘清整个思想政治教育学范畴体系中的基本范畴与其他范畴的关系，也是为了更好地突出基本范畴的重要性与基础性。

张耀灿教授在研究思想政治教育学范畴体系的内在逻辑关系时指出，基本范畴、一般范畴和具体范畴之间的内在逻辑不是固定不变的、封闭的体系，片面夸大任何一个层次的范畴都是错误的，思想政治教育学的范畴网络既有纵向层次，隶属宝塔式结构，又有横向重叠、交叉、彼此渗透的网络式，还有空间晶体结构的点阵式，等等。因此，我们只有多层次、多角度、多侧面、立体地和动态地揭示思想政治教育学的范畴体系，才能真实地反映思想政治教育现象之网的网上纽结，才能共同组成一幅关于思想政治教育学的内部联系和变化发展的辩证图景，勾画出思想政治教育学的普遍联系和全面发展的总轮廓。”具体来说，学术界关于思想政治教育学

基本范畴与其他范畴内在关系的研究主要有以下几种观点：

（一）密切联系论

有学者认为，思想政治教育学范畴之间“不是彼此孤立的，它们不仅是在思想政治教育过程中最常见的，而且是紧密联系的。首先，它们都是思想政治教育系统与社会大系统或与平行系统之间，或者是思想政治教育系统内在各要素之间，相互联结的特点的反映……其次，它们之间相互渗透、相互交叉……再次，它们各自的辩证运动，无不决定或影响着思想政治教育的环境、任务、内容和原则，也都统一于思想政治教育的实践之中。最后，它们之间的地位又不是等量齐观的，无不从属和受制于个人与社会这对最重要的范畴”。

（二）高低层次论

有学者认为，思想政治教育学范畴体系包含的基本范畴、重要范畴、具体范畴这三个层次之间不是孤立存在的。它们之间是相互联系、相互制约、不断运动变化和发展的有机整体……也就是说思想政治教育学范畴体系，是从高层次的基本范畴出发，到达到低层次的具体范畴而结束，终点又回到了出发点，使最初规定和最后规定重新拍合。这就形成了范畴形态的整个范畴层次运动的全部过程。思想政治教育学的范畴体系正是在这种相互联系、相互影响、相互促进和相互制约并在不断运动过程中完善和发展的，从而构成一个层次分明、严密而科学的范畴体系。

（三）纵横关系论

有学者提出，思想政治教育学基本范畴与一般范畴、普遍范畴之间具有纵横相间的五种关系。第一种，主从关系。这是指思想政治教育学范畴体系中基本范畴与非基本范畴之间存在的一种关系。基本范畴统率和指导着非基本范畴，非基本范畴则依赖、从属于基本范畴。第二种，组合关系。在思想政治教育学范畴体系中，存在着一个范畴由众多范畴合成，研究一个范畴往往涉及一组范畴的情形。以思想政治教育过程的基本要素及基本矛盾为例，讲到这个问题就要涉及教育主体与教育客体这对基本范畴和形式与内容、内因与外因两对一般范畴。第三种，连锁关系。这是指思想政治教育学范畴之间存在的一种顺序关系。某个范畴的运行及作用要在另一个或几个范畴的运行及作用实现以后才能显现出来。例如，思想与行为这对基本范畴的运行及作用要在教育主体与教育客体、形式与内容、内因与外因三对范畴的运行及作用实现后才能实现。第四种，互补关系。这是思想政治教育学范畴之间存在的一种相互促进、相互补充、相互丰富的关系。用疏通与禁堵这对具体范畴，理论与实际这对一般范畴来揭示思想政治教育的方针和原则。第五种，矛盾关系。“研究思想政治教育学范畴的矛盾关系，在于弄清每对范畴之间的相互联系和相互作用，即弄清它们之间的对立统一关系。形而上学的思维方法在于割裂成对范畴之间的关系，在绝对不相容的对立中思维”。这五种关系的表述形式，也得到了学术界其他研究者的认同。

（四）对应—关联关系论

有研究指出思想政治教育学基本范畴与一般范畴在不同的逻辑层次上反映了思想政治教育发展的同一逻辑进程，两者在不同层次的同一逻辑结点上呈对应—关联的关系。具体来说，首先在范畴的分类上使用的是思想政治教育学范畴按照高低层次不同，可以分为核心范畴、基本范畴、一般范畴和具体范畴。思想政治教育学的基本范畴主要包含教育主体与教育客体、思想与行为、疏通与引导、言教与身教、教育与管理、物质鼓励与精神鼓励、内化与外化、个人与社会八对对偶范畴。对思想政治教育学一般范畴的研究，采用的是徐志远所论述的五个“维”（基础理论维、价值认识维、教育过程维、对偶范畴维和方法载体维），故而阐述对应——关联关系。

第二节　高校思想政治教育学基本范畴的内容与逻辑结构

通过第一部分关于思想政治教育学范畴的类型划分，我们可以比较直观地看出思想政治教育学基本范畴在思想政治教育范畴体系的特殊性。马克思在阐述政治经济学理论体系的形成过程时，有个精辟的概括：“在第一条道路上，完整的表象蒸发为抽象的规定；在第二条道路上，抽象的规定在思维行程中导致具体的再现。”这里说的抽象的规定，就是最基本的范畴。理论体系无非是从最抽象的范畴开始，将对象的丰富具体性充分展开而已。具体来讲，思想政治教育学基本范畴都包括什么内容，这些内容之间有什么样的逻辑关系，是这一部分的主要叙述目标。据现有资料可知，关于思想政治教育学的基本范畴内容的分歧并没有得到一致的见解。

一、关于思想政治教育学基本范畴的内容

思想政治教育学的基本范畴应该有多少，由于各自的研究角度不同，学者们提出的基本范畴的内容也各不相同，意见分歧较大。有学者认为基本范畴是思想政治教育学范畴体系中最基本、最稳定、最本质的范畴，宜少不宜多。但也有学者认为，基本范畴因为要涵盖思想政治教育全过程，必然造成多数的存在。

在宋锡辉《思想政治教育学元理论研究》一书中有非常详细的梳理。本文在这本书的基础上，又增补了最新的论文成果，综合看来有八类不同的观点。

（一）一元说

有学者认为作为思想政治工作学的基本范畴，应该体现党的思想政治工作的基本特征和基本要求，应该对思想政治工作学中其他范畴具有统率和指导的作用。他们提出，思想政治教育学的基本范畴只有一个，即思想与行为。

（二）二元说

有学者认为思想政治工作学的基本范畴是思想政治工作理论化的第一篇思想政治教育学科基础理论研究问题，包括两对：即思想和行为，教育与组织。

（三）三元说

有学者认为思想政治教育学作为独立的学科，灌输与互动、理解与激励、内化与外化等范畴理应成为思想政治教育学的基本范畴。

（四）四元说

有学者认为，思想政治教育学科的基本范畴较少，包括思想政治教育者和思想政治教育对象、思想政治教育目标和思想政治教育内容、思想政治教育原则和思想政治教育方法、思想政

治教育环境和思想政治教育载体。

（五）五元说

五元说的代表比较多。有研究认为思想政治教育学最基本的五对辩证关系概括为五对范畴，他们是超越性和现实性、规范性和个性、理性和非理性、认识和价值、思想和行为。有学者提出思想政治教育学范畴包括起因范畴（个人与社会）、主体范畴（教育者与受教育者）、客体范畴（教育环境、教育目标、教育内容、教育方法）、过程范畴（内化与外化）和终点范畴（思想与行为）。有研究认为思想政治教育学的基本范畴包括个人与社会、思想与行为、教育主体与教育客体、内化与外化、教育与管理。还有学者提出思想政治教育学的基本范畴包括起点范畴（思想与行为）、中心范畴（教育主体与教育客体）、中介范畴（疏通与引导、言教与身教、物质鼓励与精神鼓励、教育与管理）、结果范畴（内化与外化）和终点范畴（个人与社会）。

（六）六元说

有研究指出，思想政治教育学的范畴有六对，即思想与行为、教育者与受教育者、内化与外化、疏通与引导、教育与管理、物质鼓励和精神鼓励。

（七）七元说

有学者认为，思想政治教育学的基本范畴应该包括七对，即思想与行为、教育者与受教育者、教育与管理、个体和群体、自教与他教、物质鼓励与精神鼓励、理论与实践。还有学者提出思想政治教育学的基本范畴有教育者与受教育者、教育与组织、疏通与禁堵、理论灌输与自我教育、情与理、身教与言教、政治与业务七对。

（八）八元说

有学者提出八对基本范畴，它们是思想与行为、教育主体与教育客体、疏通与引导、言教与身教、物质鼓励与精神鼓励、教育与管理、内化与外化、个人与社会。还有学者提出，思想政治教育学的基本范畴有：思想政治教育和社会经济关系、思想和政治、教育者和被教育者、教育、调节、灌输、疏导、激励等。另有学者也提出了八元说的基本范畴观，即思想与行为、服从与服务、继承与创新、主体与客体（对象）、灌输与转化、取向与导向、疏通与引导、环境与系统。

二、关于思想政治教育学基本范畴的逻辑结构

鉴于学界对思想政治教育学基本范畴内容的不同理解，自然也会对这些基本范畴的逻辑结构加以分析。基于不同的视角，不同学者对这一问题的认识有不同的理解，形成了不同的逻辑结构图式。但都有其学理上的依据与意义。概括起来有如下三类：

起点—中心—中介—结果—终点结构。主要有两位学者的代表性观点。一位学者认为，“思想政治教育学基本范畴的理论体系，应当是一个由相互联系、相互作用和从简单到复杂、从抽象到具体的起点范畴、中心范畴、中介范畴、成果范畴和终点范畴构成的逻辑结构”。他对思想政治教育学的基本范畴做了些规定，其中，起点范畴是思想与行为，中心范畴是教育主体与教育客体，中介范畴有四对，即疏通与引导、言教与身教、物质鼓励与精神鼓励、教育与管理，结果范畴是内化与外化，终点范畴是个人与社会。另一位学者也是按照上述逻辑关系排列的，

只有细微的差别，他认为内化与外化叫成果范畴。

起因—主体—客体—过程—终点结构。有学者提出，不论如何划分思想政治教育学基本范畴的逻辑结构或体系，它总是在思想政治教育实践过程中，通第一篇思想政治教育学科基础理论研究过人们的主观的创造活动形成的辩证思维的逻辑形式，最终目的都是为了将非本质的、偶然的、个别的方面舍弃，而抓住本质的、必然的、一般的方面，从而更有助于思想政治教育学科体系的建设，更好地指导思想政治教育实践。因此，他从思想政治教育的发生机理和思想政治教育的运行机制、发展过程的角度对思想政治教育学的基本范畴体系提出新的划分方法，即起因范畴是个人与社会，主体范畴是教育者与受教育者，客体范畴是教育环境、教育目标、教育内容、教育方法，过程范畴是内化与外化，终点范畴是思想与行为。这一划分与上一结构模式有根本的不同，即思想与行为在上一模式中是起点，个人与社会是终点，而这一结构却截然相反。

第三节　高校思想政治教育学的功能与特征

目前，国内学者关于思想政治教育学范畴的研究正逐步深入并走向成熟，学界已取得的这些研究成果对思想政治教育学范畴问题的进一步研究提供了有益指导和借鉴。这里，不乏从多种角度对思想政治教育学科范畴的特征、功能等提出创见的力作。可以看出，思想政治教育学范畴的理论研究正不断深入。

一、关于思想政治教育学基本范畴的功能

思想政治教育学基本范畴的特殊功能决定了其在思想政治教育学学科层面中的意义，也决定了其成为思想政治教育学全过程的核心。有研究认为，思想政治教育学的范畴体系在思想政治教育学科体系中占中心位置，它是思想政治教育学成为一门学科的基本理论标志。还有学者认为，思想政治教育学基本范畴是思想政治教育学学科形成与发展的基础和前提，是认识和把握思想政治教育规律的基本要素，是建立起思想政治教育学科体系的历史起点和逻辑起点。

学界关于这个问题的认识，基本是一致的。研究指出，思想政治教育学的范畴体系“构成一个对思想政治教育本质及规律的认识之网，是区别于其他学科的根据，它还为运用思想政治教育学提供理论依据、分析工具和方法论的指导”，这些功能具体化为三种功能：

第一，认识功能。

认识和把握思想政治教育理论和实践，认识和把握思想政治教育学基本范畴系统的整体及思维从抽象上升到具体的方法。

第二，方法功能。

思想政治教育基本范畴作为思维方法在认识思想政治教育现象和范畴自身升华中的作用。

第三，构建功能。

构建、补充和完善思想政治教育学科理论体系及规律认识的功能。这一提法受到学界很多学者的认同。

此外，还有学者指出，思想政治教育学的范畴所反映的是党的思想政治教育的本质特征，依靠这些范畴去认识党的思想政治教育固有的性质和规律，从而把思想政治教育学与一般的教

育学、管理学等学科区别开来。这样的视角不仅突出了思想政治教育学基本范畴的学科特殊性，也在一定意义上指导我们从其他学科基本范畴的确定过程中吸取进行本学科基本范畴研究路径的有益经验。

二、关于思想政治教育学基本范畴的特征

什么样的范畴可以称为思想政治教育学的基本范畴，这需要厘定基本范畴的基本特征。根据资料统计，学界对基本范畴的基础性、抽象性、发展性的认识是一致的，在具体分析上略有不同。

有学者认为，思想政治教育学范畴的规定性主要体现在客观和主观的统一、实践和认识的统一、抽象和具体的统一、相对和绝对的统一、整体性和层次性的统一五个方面。随后，其对五个统一进行发展和凝练，认为思想政治教育学范畴主要具有客观性、流动性、抽象性和阶级性四个特点。这之后其又提出，现代思想政治教育学范畴的基本逻辑特征应该是客观性、辩证性、抽象性和阶级性。

有学者认为，思想政治教育学基本范畴，一是要符合思想政治教育学学科的特点，具有动态联系性；二是要符合思想政治教育学的分析方法，具有层次梯级性；三是要有思想政治教育学专业知识的特点，反映思想政治教育的本质规律性；四是要合乎思想政治教育学的学科规范要求，具有现实指导性。

有学者指出，范畴是反映和概括思想政治教育学研究领域中普遍的本质联系的思维方式，是思想政治教育学科理论体系的基本概念，因此应当具备内容上的客观性、过程中的辩证发展性、特征上的抽象性和鲜明的阶级性。内容上的客观性是因为思想政治教育基本范畴反映着思想政治教育固有的本质和规律，具有不以人的意志为转移的客观实在性。过程中的辩证发展性表现为范畴的内容数量会随着思想政治教育实践的发展有所变化。特征上的抽象性表现为对具体思想政治教育实践的抽象概括。鲜明的阶级性本于思想政治教育本身的阶级性。有的学者详细阐发了思想政治教育学范畴的逻辑特征，即坚持科学性与学科性相统一、坚持思维抽象性与现实指导性相统一、坚持相对独立性与系统整体性相统一、坚持稳定与发展相统一。

有学者指出，范畴作为学科的基石该具备客观性与主观性、独特性与普适性、抽象性与具体性、涵盖性与精到性的特征，充分反映思想政治教育学的学科特性、理论特点与具体实践要求。还有学者提出，客观抽象性、逻辑推理性、辩证发展性等本质特征规定着现代思想政治教育学的基本范畴，体现了范畴对思想政治教育活动特有的实践观照性，使其完成了在理论体系构建中的思辨价值。

这些研究开启了对思想政治教育学范畴本质的研究之路，在一定程度上反映了范畴体系的本质，对于试图探索并不断接近思想政治教育学范畴的规律具有一定的理论观照和实践价值。但是，基本范畴特征研究起步较晚，现有研究成果能否将思想政治教育基本范畴与范畴相区分，还有待进一步探究。

第四节　高校思想政治教育学的构建原则与构建方法

构建科学完整的范畴体系是一门学科发展成熟的重要标志，学科范畴的研究对思想政治教育学科的科学化、系统化影响深远。有学者认为，目前范畴建设尚处在起步阶段，其突破口和

生长点集中在范畴内涵和种类的扩张与统一、范畴逻辑与体系的构建、范畴的学理应用实现程度上。有学者认为，中国共产党的思想政治教育的整体性存在是构建思想政治教育范畴的根本视角和实践基础。构建思想政治教育范畴体系需要深入党的思想政治教育的历史深处和社会生活实践系统，揭示思想政治教育与执政规律、人的自由全面发展规律之间的内在关系。目前，学科范畴理论研究的数量总体上还很少，远未达到规范化、系统化的程度，也尚未对其作出明确、严格、公认的科学界定和解释。

一、关于思想政治教育学基本范畴的构建原则

树立明确的构建原则是构建思想政治教育学基本范畴的重要依据。研究也都特别突出了基本范畴的学科特性与科学性。

有学者提出，开展思想政治教育学范畴研究，有助于促进现代思想政治教育学的科学化进程，有助于揭示思想政治教育的规律，有助于构建现代思想政治教育学科理论体系，有助于增强思想政治教育的实效性和科学性。

也有学者提出，要以学科范畴体系的规范性和逻辑性来佐证思想政治教育的科学化，就是要按照精确化、规范化的标准来创造和提升思想政治教育学的新范畴。因此，构建思想政治教育学基本范畴就显得更为重要。如何构建，必须遵循什么原则，学术界的看法尚莫衷一是。

（一）一原则说

思想政治教育基本范畴构建需要遵循历史唯物主义与辩证唯物主义相统一的原则。思想政治教育的宏微观体系突破了思想政治教育学长期存在的一个平面层次的框架，变革了思想政治教育学范畴的前提性制约结构，使思想政治教育核心范畴必须重新进行设置。思想政治教育的核心范畴必须遵循历史唯物主义与辩证唯物主义的基本原则进行设置，从而建构宏观范畴的需要在交往、过渡范畴的内化以及微观范畴的实践与对象化五个范畴。具体说来，在思想政治教育学和思想政治教育的基本范畴的设置上，必须体现思想政治教育宏观与微观两个层次中各种现象之间最本质和最重要的特性和关系，“历史唯物主义要求思想政治教育的范畴设计必须符合时代要求与时代特征，范畴并不是没有任何历史内涵的、没有任何历史意指的词汇，而是必须具有鲜明的马克思主义中国化、大众化、时代化特征的思想政治教育的逻辑结点。同时，按辩证唯物主义的要求，任何一门科学都必须要有自己严密的逻辑结构，这是学科专业程度的标志和表现，也是学科必要的科学本性。思想政治教育也同样需要专一个各个范畴和原理之间勾连极其严密的逻辑结构，这表现为思想政治教育的范畴是开放的、动态的、不断丰富的”。

（二）三原则说

三原则说有多种表述，有学者提出思想政治教育学范畴体系的建构应该遵循三条原则：一是客观反映思想政治教育活动，体现现实抽象性的原则；二是必须依据辩证逻辑学中辩证范畴理论的指导，体现逻辑和历史相统一的原则；三是必须反映思想政治教育学特殊实践性，内含思想政治教育学特殊矛盾、基本规律，能够推演出整个思想政治教育学的学科体系。也有学者认为，现代思想政治教育学基本范畴系统，是反映现代思想政治教育学基本范围整体的及整体与其要素、层次之间的相互联系和运动的思维形式系统。构建现代思想政治教育学的基本范畴及其系统，必须遵循以下的方法论原则。逻辑与历史一致的原则、从抽象上升到具体的原则以

及辩证法、认识论和逻辑学三者同一的原则。另有学者认为，思想政治教育学基本范畴要与思想政治教育学科研究对象相统一，要与思想政治教育过程构成的基本要素相符合，要与思想政治教育原理的理论体系相一致。此外，还有学者提出，思想政治教育学范畴构建正在从借鉴走向自主发展。党的思想政治教育的整体性存在是构建思想政治教育学范畴的根本视阈和实践基础。构建思想政治教育学范畴体系需要深入党的思想政治教育的历史深处和社会生活实践系统，审视和阐明党的思想政治教育的历史性、社会性和结构性，揭示思想政治教育与执政规律、人的自由全面发展规律之间的内在关系。

（三）四原则说

有学者认为，思想政治教育学范畴体系的构建，应该坚持实践性原则、全面性原则、开放性原则与创新性原则。所谓实践性原则是指在研究和建构思想政治教育学范畴体系时，必须将它的完善和发展建立在思想政治教育实践的基础上。全面性原则是指必须从整体上全面地考察其纵向发展和横向联系，即对其作多方面、多角度、多侧面、多方位的考察。开放性原则指必须充分认识范畴同社会环境系统的相互联系、相互作用，正确处理两者之间的辩证关系。创新性原则是指必须具有敢于破旧立新、推陈出新、追求独到和最佳的精神，具有独创性、新颖性、开拓性的思维方式。

（四）五原则说

有学者提出，构建思想政治教育学基本范畴及其系统要坚持五个原则，即客观全面性原则、实践求是性原则、动态开放性原则、创新前瞻性原则和系统综合性原则。具体来说，客观全面性原则就是要坚持客观性与全面性相统一，既要实事求是，又要全方位、多角度地考察。实践求是性原则就是要通过思想政治教育实践，经历从感性的到理性的规定，又从抽象的规定上升到思维中理性的具体的辩证过程，实事求是地反映客观现象，从中引出固有的而不是臆造的思想政治教育规律性，以获得真理性认识。动态开放性原则是要坚持时代性、全面性与联系性，把思想政治教育学范畴体系的构建看作一个动态的不断变化、发展的过程。创新前瞻性原则就是要具有独创性、新颖性、开拓性的思维方式，立足现实、着眼未来，依据思想政治教育的发展规律预测思想政治教育的发展趋势和未来状况，使范畴成为人们认识能动性的先导工具。系统综合性原则就是要用系统的方法来思考和解决问题，将范畴系统看作一个由相互联系、相互作用、不可分割的要素构成的有机整体，对各要素综合考察，使分析与综合在同一思维过程中同步进行。从大致的意思上看，五原则说与四原则说有很大的相似之处。

二、关于思想政治教育学基本范畴的构建方法

除提出了如何构建思想政治教育学基本范畴的原则之外，学界关于如何构建思想政治教育学基本范畴的方法，从宏观到微观，也有很多建议。

着眼于思想政治教育话语体系建构的角度。有学者提出，目前思想政治教育话语研究对“话语”范畴的界定存在不确定和混乱的问题。“思想政治教育话语”范畴应实现从“语言学话语”到“思想政治教育学话语”的拓展。构建“思想政治教育话语”范畴将有助于从哲学高度来分析、解决当前思想政治教育话语的诸多困境，进一步完善思想政治教育学的范畴体系。首先，话语内涵的拓展是马克思主义唯物史观语言与意识关系的直接反映和要求。其次，“思想政

治教育话语”还包含以言行事的哲学思想。最后，拓展“思想政治教育话语”范畴还将进一步发展和完善思想政治教育学的范畴体系，如思想与行为、内化与外化。

着眼于党的思想政治教育整体研究的角度。有学者认为思想政治教育学范畴得以抽象的前提和基础乃是“党的思想政治教育”，因此，构建思想政治教育范畴体系需要深入党的思想政治教育的历史深处和社会生活实践系统。党的思想政治教育是最发达的和最多样性的历史的存在样态。只有在把党的思想政治教育作为一个整体来考察的时候，思想政治教育范畴得以抽象的前提和基础才得以澄清明了，所构建的思想政治教育范畴体系才有坚实的实践基础，所建立的思想政治教育分析框架才获得可靠保障。党的思想政治教育是思想政治教育学术研究和学科建设的基本视阈，需要考察党的思想政治教育的内部结构，考察党的思想政治教育在社会结构中的方位。

着眼于思想政治教育学科建设与创新的角度。有学者提出，推进思想政治教育范畴及其体系研究要进行理论创新，实现思想政治教育的学科化、科学化、现代化和民族化。还有研究认为，近年来，理论界对思想政治教育学范畴的含义、体系、功能，以及基本范畴的构成等进行了多角度的探讨，但对基本范畴的认定还有较大分歧，研究的系统性还有待增强。为此，我们应紧密结合思想政治教育学理论体系，规范现有范畴，凝炼基本范畴，并深入研究范畴体系的内在关系，以推进思想政治教育学范畴研究的深化。也有学者提出，在思想政治教育学建设中，范畴建设具有重要的学科价值，对该学科的科学化和学科多年发展研究报告科化、独立性和发展性、综合化和体系化意义重大。目前范畴建设尚处在起步阶段，其突破口和生长点集中在范畴内涵和种类的扩张与统一、范畴逻辑与体系的构建、范畴的学理应用实现程度上。加强范畴建设，要侧重加强范畴理论研究、实现交叉后综合创新、提升范畴的理论应用能力与转化水平。

着眼于现代思想政治教育学范畴研究方法的角度。有学者提出现代思想政治教育学范畴研究的方法：第一，辩证的矛盾分析法；第二，逻辑与历史相统一的方法；第三，从抽象到具体的方法；第四，分析和综合的方法。

也有学者提出如下学科范畴研究应坚持的研究思路与方法：第一，多元分析法。学科范畴课题研究应充分运用多学科的方法，进行综合研究。例如，运用思想政治教育、马克思主义哲学、教育学、社会学、统筹学和管理学等基本原理作为理论支撑，并借助交叉学科的研究方法来探讨学科范畴问题。第二，文献法。学科范畴课题研究中应对有关思想政治教育范畴方面的文献进行查阅、分析和整理，收集资料的范围涉及思想政治教育、教育学、社会学、哲学等许多学科领域，在已有的有关文献资料中汲取营养，批判地继承在思想政治教育学范畴方面有独到见解的各位专家、学者的优秀研究成果，并在此基础上进行新的研究。此外，还应就学科范畴研究的重点、难点与创新点加以阐释，重点和难点是对核心理论、基础理论、管理理论和方法理论体系进行梳理。

第五节　高校思想政治教育学简要评析

思想政治教育学科的创立，是马克思主义与思想政治教育理论和实践发展的必然要求。思想政治教育从一开始就是为了解决现实问题，学科理论的研究如何推向深入、不断完善是从事思想政治教育研究的理论工作者和实际工作者们一直思考和实践的问题。厘清思想政治教育学基本范畴，构建思想政治教育学范畴体系，是思想政治教育学科规范化、科学化的必经之路。纵观30多年，思想政治教育学范畴理论研究方面取得了丰硕的成果，成绩斐然。

一、思想政治教育学范畴理论研究取得的成绩

（一）思想政治教育学基本范畴的主要问题达成共识，并有突出成果

目前学术界对思想政治教育学基本范畴的研究在诸多问题各有言说的情况下，依然就一些主要问题达成了共识。首先，在思想政治教育学基本范畴的概念方面，学界共同认为思想政治教育学的基本范畴就是反映和概括思想政治教育学所研究的专业领域中各种现象之间最本质、最稳定、最普遍的特性和关系的范畴，是在思想政治教育实践中形成和总结出来的带有规律性的认识成果。其次，在思想政治教育学基本范畴的内容方面，尽管学界有一元说到八元说的分歧，但在研究中还是对教育者与受教育者、思想与行为、内化与外化、教育与管理、个人与社会等范畴给予了普遍认可。再次，在思想政治教育学基本范畴的特征方面，大多数学者认为抽象性、阶级性、基础性、发展性、客观性等特征反映了思想政治教育基本范畴的内涵，符合思想政治教育的本质与规律。最后，在思想政治教育学基本范畴的体系构建方面，学界普遍认为目前范畴建设尚处在起步阶段，学科范畴体系的规范性和逻辑性必将随着思想政治教育的科学化不断增强。

（二）基本范畴理论研究不断深化，初步建立起基本范畴的逻辑框架与体系

基本范畴的研究本来就是一个动态的过程。30多年来，思想政治教育学基本范畴研究逐步踏上深入与系统化的轨道。纵向上来看，基本范畴的研究经历了最初的艰难探索到重新建构，从需要借鉴其他学科高水平的理论成果与学术资源，走向力争在借鉴过程中升华出本学科高水平的理论成果，推动学科逐渐走向科学化、规范化、精准化。横向上来看，一方面，关于思想政治教育学基本范畴的研究领域不断深化，重要范畴的研究也不断出新。特别是进入现代思想政治教育学领域，随着网络化、信息化和思想政治教育生活化的发展，诸如认同、交往、评价、网络思想政治教育也逐渐进入思想政治教育学重要范畴的研究视野。另一方面，现有基本范畴的理论研究不断走向深化，针对某一个基本范畴的学理论证也呈增长趋势，如主客体关系、教育者与受教育者、内化与外化等。

（三）研究视域不断拓展，学术视野更加开阔

思想政治教育本身的发展就是一个从无到有的过程，思想政治教育学基本范畴的研究也经历了从单学科到多学科交叉借鉴的阶段。在思想政治教育形成阶段，基本范畴的研究局限于本学科，立足于党的思想政治教育实践，立足于高校思想政治教育活动，不论从内容上还是价值上，都不够丰富。在思想政治教育学科多年发展研究报告教育发展阶段，基本范畴的研究，一方面开始摆脱学科边界的约束，有意识地去学习借鉴其他学科，诸如教育学、伦理学、心理学、管理学等，在范畴研究领域的经验与成果，充分利用它山之石，既丰富了研究资料，又开拓了学术视野。另一方面，从理论探索向具体思想政治教育实践倾斜，大力吸取广大思想政治教育一线工作者的实践经验，然后再回归到理论研究，实现基本范畴研究的理论与实践相统一。

（四）对基本范畴本身的研究不断推动思想政治教育学科向科学化、规范化的方向发展

范畴是学科的基石，并由此构成学科的理论硬核，范畴对于学科的重要性而言应该既是基

础的又是核心的，两者是统一的。关于思想政治教育基本范畴的研究，自学科成立之始，便不曾止息。就理论层面而言，研究思想政治教育学基本范畴是深化思想政治教育基础理论的需要。基本范畴是学科科学化的根本标准，是人的思维对学科现象与本质的反映。什么是思想政治教育学的基本范畴，是思想政治教育区别于其他学科的关键问题，是推进思想政治教育学科化的要求。就实践层面而言，研究思想政治教育学基本范畴是发展思想政治教育实践。基本范畴是在思想政治教育的实践基础上产生的，反过来又对思想政治教育的实践起指导作用。它本身的认识功能、方法功能和构建功能就是判断思想政治教育活动科学性、提升思想政治教育有效性的重要指针。

二、思想政治教育学基本范畴需要深入研究的几个问题

思想政治教育学科多年来取得的成果虽是喜人的，但仍存在不足，就思想政治教育学基本范畴的研究领域而言，主要存在以下有待提升的空间。

（一）现有基本范畴研究牵涉面过大，部分范畴不够精确，未能聚焦思想政治教育学学科的本质与特点

思想政治教育的科学化是指在现代思想政治教育学理论及实践中贯穿和体现的真理性、规律性，其科学化的重要标志是在理论形态上要求有一个各个范畴和原理之间具有必然内在联系的极其严密的科学体系。正如有的学者指出的，“现在有相当一部分人不承认思想政治教育是科学，其中一个极其重要的原因就是，其范畴不够精确、不够规范，结构不够合理，层次不够清晰，体系不够严密”。现代思想政治教育学基本范畴确立的依据是什么？判断它是否为基本范畴的标准是什么？必须经过严格考察方可确定。思想政治教育学基本范畴是要反映思想政治教育的本质与规律的，因此，不能把思想政治教育环节与具体方法都放到基本范畴研究里面来，也不能把所有思想政治教育所涉及的概念都拿来当基本范畴。特别是范畴与概念的问题，就联系看，两者都是作为人们的认识工具和思维反映形式而存在。就区别看，两者概括事物的本质属性和普遍联系的程度与范围有差别。范畴通常涵盖面更广、概括性更强、抽象性更高，它是反映事物本质属性和普遍联系的基本概念，表征着同类事物中最大的分类或最宽泛领域的边界。因此，只有那些在社会生活与思想政治教育实践活动中日益显示出强劲的解释力和渗透力，能够把一系列相关性概念融合成一个有序整体和理论框架，并且有助于促成人们形成社会常识或公理性认识的范畴与概念，才可能构成理论硬核（范畴）。

（二）现有基本范畴内容尚不能够完全凸显思想政治教育学的学科特性，在对待“借鉴还是移植”问题上的处理与把握还不够成熟

一般而言，任何一个学科的建设都会经历一个从不成熟到成熟的过程，也都会面临“借鉴还是移植”的问题。思想政治教育学科的建设不仅需要借鉴其他学科高水平的理论成果与学术资源，也要力争在借鉴过程中能够产生出本学科高水平的理论成果。现有研究表明，思想政治教育学科在对待“借鉴还是移植”问题上的处理与把握还不够成熟，存在很多不足。以思想政治教育学基本范畴的定义为例，它是反映和概括思想政治教育学所研究的特殊领域中各种现象之间最本质、最稳定、最普遍的特性和关系的基本概念，但是在实际的理论研究中，这些范畴并没有将思想政治教育学与教育学、伦理学、德育学、心理学等学科分开。又如，教育主体与

教育客体，这是哲学、教育学、心理学等众多学科都会涉及的基本要素。又如，内化与外化，这是社会影响与个人知情信义行相互作用的必经途径。

思想政治教育学基本范畴研究经历了从单学科发展向多学科借鉴的阶段，这是学科发展的必然趋向，也是思想政治教育基本范畴研究的内在要求。如何在借鉴中避免移植，在多学科探索中保留学科特性，事关一个学科自身能否获得真正的内涵式发展，甚至涉及一个学科的生死存亡问题。

（三）基本范畴研究的继承性明显，交锋与争鸣比较少见

研究本身是一种学术平台，有争议的探讨活动更有利于激发思想活动，推进学科发展。近十年来，学界从不同的视角出发构建了各具特色的思想政治教育学科范畴体系。同时，由于学者们的研究出发点和论述依据各不一样，因而也就形成了各执一词的研究现状。但是，值得注意的是，在这样的研究氛围中，学者们的研究虽有共识成分，但并没有针对不同观点的讨论与交锋。相关研究即使有不同观点，也仅仅是对自己观点进行分析说明，并不对其他相关观点进行“质问”。比如，基本范畴内容不统一，从一元说到八元说不等于哪些范畴应当归属于思想政治教育学基本范畴并没有形成统一认识，对新加入的基本范畴还缺少学理论证与分析。在理论研究中，我们并不苛求有标准答案，也不希望各执一词，而是希望营造一种可以讨论、需要争鸣的学术环境。

（四）现有基本范畴的宏观研究较多，微观研究不足

就检索到的学术期刊来看，可能是基于思想政治教育学基本范畴本身内容的不统一，出现了如下情况。

一方面，基本上都是针对基本范畴的内容、构建原则等领域的宏观研究，针对某一对或某几对基本范畴的研究较少，针对新出现或新加入的基本范畴的逻辑论证与说明较少。而事实需要是，每一个范畴都应该加以更详细的研究。

另一方面，对思想政治教育学基本范畴体系构建方面，原则性的研究较多，具体路径与方法的研究较少。如前所述，关于如何构建思想政治教育学基本范畴体系，学术界也提出来很多原则方面的论点，从一原则说到五原则说不等，但缺少关于构建思想政治教育学基本范畴体系的核心思想与切实有效的措施，在理论阐发方面也存在较多的重复。

因此，针对思想政治教育现有基本范畴还需进一步梳理、提炼和总结，特别是关于范畴不够精确、不够规范，结构不够合理，层次不够清晰，体系不够严密的情况，需要理论工作者之间多些交流与探讨，围绕现有范畴，把理讲明。

在分析与证明中积淀成绩，在交锋与碰撞中总结共识，强化学科意识，积极回应学科建设难题。

任何学科的建设都会经历一个从不成熟到成熟的过程，任何学科在发展过程中都存在主导与多样的发展矛盾，不可能完全相同。虽然思想政治教育基本范畴研究尚有不足之处，但是它为理论后续的发展注入了活力，提供了有益的启示。因此，希望有更多的人能够到思想政治教育范畴领域耕耘，紧紧抓住思想政治教育的特殊性做更多深入的研究，出更多高质量的成果。只有持之以恒，才能更好地促进思想政治教育学的早日成熟。

第三章　当前高校思想政治教育的学科定位

第一节　思想政治教育学科定位问题的提出与思路

思想政治教育学科定位问题是随着思想政治教育的形成和发展而提出来的，是学科建设必须要解决的问题。学科定位问题，不单纯是一个理论问题，而是理论和实践互动的结果。一方面，思想政治教育理论的发展有赖于实践活动的推进，是实践活动提出的要求；另一方面，思想政治教育实践要求与之相适应的理论指导，要求理论不断发展，并为理论发展指明方向。

一、思想政治教育学科定位问题的提出

从学科发展的一般规律来说，学科定位问题是伴随着学科的建立而提出的，思想政治教育也不例外。

（一）学科定位问题的提出过程

在思想政治教育尚未产生之际，自然谈不上它的学科定位。所以，思想政治教育的学科定位与思想政治教育的形成是统一的过程。

思想政治教育的产生可以追根溯源到1848年2月。《共产党宣言》的发表，标志着马克思主义正式诞生，也标志着无产阶级思想政治教育的新起点。这在人类思想史上是一次里程碑式的思想变革。从它所发挥的作用来说，对一个处于发展壮大中的进步阶级起到了思想启蒙作用。恩格斯曾经指出："《宣言》的历史在很大程度上反映着现代工人阶级运动的历史；现在，它无疑是全部社会主义文献中传播最广和最具有国际性的著作，是从西伯利亚到加利福尼亚的千百万工人公认的共同纲领。"列宁评价说："这部著作以天才的透彻鲜明的笔调叙述了新的世界观，即包括社会生活在内的彻底的唯物主义、最全面最深刻的发展学说辩证法以及关于阶级斗争、关于共产主义新社会的创造者无产阶级所负的世界历史革命使命的理论。"它对马克思主义学说"作了完整的、系统的、至今仍然是最好的阐述"，"这本书篇幅不多，价值却相当于多部巨著；它的精神至今还鼓舞着、推动着文明世界全体有组织的正在进行斗争的无产阶级"。由此可见，《共产党宣言》所起到的思想政治教育作用是伟大的，它对一代代共产党人和他们领导下的无产阶级及广大人民群众的思想变革意义重大，使无产阶级由一个自发的阶级转变为自觉的阶级，使无产阶级革命由自发转变为自觉。

无产阶级革命时期，共产党人的主要任务是进行革命活动，革命活动的最高形式是武装斗争，一切革命理论的建设是急需的，但是，在具体的思想领域，理论形式的发展可能不充分。就思想政治教育来说，无产阶级思想政治教育活动与革命活动交织在一起，思想政治教育理论寓于马克思主义经典著作之中，构成革命理论的有机组成部分，尚未以独立的学科形态分离出来。但是，不能以此否认思想政治教育有着相对独立的理论内容及其内在的发展变化规律。在

长期的革命活动进程中，无产阶级理论家在革命理论方面进行的艰苦探索和建设，内在地含有关于如何进行思想政治教育的相关主题，随着思想政治教育方面的理论积累逐渐丰富，最终促成思想政治教育获得了相对独立的学科形态。

（二）思想政治教育历史进程的考察

思想政治教育学科的历史进程可以从两个角度进行考察。其一是国际共产主义运动的一般进程；其二是中国共产党领导的中国革命和建设的行程。

1. 国际共产主义运动的一般行程

从国际共产主义运动的一般历史进程看，马克思和恩格斯、列宁分别代表了前后相继的两个时代。马克思和恩格斯携手在长期革命斗争生涯中进行了开创性的艰苦卓绝的理论研究。最终的目的和意义是什么呢？我们可以引用列宁的话对马克思和恩格斯的工作做出最好的诠释，列宁说："马克思和恩格斯对工人阶级的功绩，可以这样简单地表达：他们教会了工人阶级自我认识和自我意识，用科学代替了幻想。"列宁的这个总结，把握住了思想理论斗争的实质。换句话说，马克思主义最重要的意义就是对以工人阶级为核心的革命阶级进行意识形态教育，唤醒无产阶级的思想政治觉悟。为无产阶级摆脱受奴役、被压迫地位的革命斗争提供科学的理论武器。从这个角度来看，马克思主义的学说就是进行思想政治教育的理论武器，是最高形态的"思想政治教育"。

进行思想政治教育工作，不是马克思和恩格斯革命工作的全部，也不是无产阶级革命的最重要的部分，却是无产阶级革命必不可少的部分。列宁有一个著名的论断："没有革命的理论就没有革命的行动。"以革命的、科学的理论教育群众是革命成功的必要条件，也是巩固和完善社会主义的需要。1917 年，俄国十月革命胜利后，在新政权建立了政治教育总委员会，负责进行政治教育。列宁还针对青年的思想政治教育，在理论上进行创新，提出了"共产主义道德"的概念，并对共产主义道德的本质、特点及共产主义道德教育的原则、方法进行了深刻的论述。思想政治教育思想在列宁主义里占有重要的地位。斯大林也非常重视思想政治教育，他提出了"政治思想工作"的概念。还专门论述了用马列主义教育党员和党员干部的问题。在理论建设方面，思想政治教育理论往往是寓于教育学、伦理学、政治学、心理学、社会学等学科之中，还没有创造独立的思想政治教育学科。斯大林去世以后，苏联逐渐放弃了马列主义在意识形态领域的指导地位，加之其他方面的原因，最终导致了苏联解体及东欧剧变。这件事对我们党和国家有着很好的教益，促使我们反思如何加强和改进思想政治教育，并必须给予思想政治教育理论建设以足够的重视。

2. 中国共产党领导的中国革命和建设的行程

囿于时代限制和历史的原因，真正学科意义上的思想政治教育，在社会主义国家苏联并没有建立起来。但是，苏联进行社会主义革命和建设过程中的思想政治教育实践对我们来说有着很好的教益。我们国家在思想政治教育领域虽然历经波折，但是走出了一条比较成功的道路，无论在思想政治教育实践，还是在理论建设方面均取得了很大的成就。

随着思想政治教育的发展和思想政治教育实践的向前推进，对思想政治教育进行重新定位的问题引起我们党和教育界的重视。中宣部、教育部在 2005 年作出《关于进一步加强和改进高等学校思想政治理论课的意见》，明确指出："学科建设是加强和改进思想政治理论课的基础。

思想政治理论课教育教学所依托的学科是我国特有的一门政治性、科学性和实践性很强的学科，只能加强，不能削弱。设立马克思主义一级学科，开展马克思主义理论体系研究，开展马克思主义发展史、马克思主义中国化研究，开展思想政治教育研究，为推进党的思想理论建设和巩固马克思主义在高等学校教育教学中的指导地位，为加强高校思想政治理论课建设，培养思想政治教育工作队伍提供有力的学科支撑。”

后来，国务院学位委员会和教育部印发了《关于调整增设马克思主义理论一级学科及所属二级学科的通知》，正式宣告马克思主义理论一级学科的设立。其中，思想政治教育被确定为该一级学科所属的5个二级学科中的一个。至此，我们党和国家在思想政治教育领域的探索历程又向前推进了一步。这一举措对于深化思想政治教育学科定位的认识，明确思想政治教育的学科定位，做好思想政治教育的学科建设具有根本性的指导意义。

二、思想政治教育学科定位的思路

思想政治教育产生和发展的过程是我们对它进行定位的基本依据，逻辑和历史相一致是学科定位遵循的基本原则。根据上述对思想政治教育的形成过程的梳理，可以看出，我们党和国家对思想政治教育及其定位的认识是不断发展和深化的。从“前学科形态”的思想政治教育（具体的名称有“政治工作”“政治教育工作”“政治思想工作”等）发展为“半独立学科形态”，即马克思主义理论与思想政治教育的“学科联姻”状态。当前，思想政治教育被确立为马克思主义理论一级学科下独立的二级学科。这是新形势下思想政治教育学科定位的根本原则。

有学者认为，对思想政治教育进行学科定位，其关键在于科学确定定位的坐标参照系。毋庸置疑，思想政治教育作为一个二级学科，首先必须放到马克思主义理论一级学科中进行定位，找准其在马克思主义理论一级学科中的学科方位。其次，思想政治教育作为一门学科也是众多哲学社会科学学科中的一门具体学科，应该放到哲学社会科学学科群中进行定位。最后，思想政治教育担负着捍卫马克思主义理论在我国意识形态领域中指导地位的学科使命，应该从社会主义意识形态的视角进行定位。

也有学者认为，思想政治教育学科定位主要是解决两个方面的问题：一是学科认识问题，澄清一些认识上的困惑。事实上对于思想政治教育这样一个新兴学科，人们对它的认识特别是对它的学科属性的认识还是比较模糊的。本学科领域内学者们的意见并不一致，而在社会上人们对此更是存在着一些误解。因此，要解决人们对思想政治教育学科属性等的认识问题。二是学科清理问题，解决学科建设中的一些实际问题。也有学者强调，要正确判定思想政治教育这一学科定位，就必须把它放在马克思主义理论一级学科的全局中，正确认识和处理以下几个关系：其一，马克思主义与思想政治教育的关系；其二，为高校服务与为社会服务的关系；其三，马克思主义理论一、二级学科建设与高校思想政治理论课建设的关系。

对于政治教育的学科定位，一方面，应把思想政治教育放在马克思主义理论、哲学社会科学的学科背景下进行学科定位，深入探讨和厘清四个基本问题：思想政治教育的学科属性、思想政治教育的功能、思想政治教育的学科特色、思想政治教育学科定位的目的和意义。同时，应把思想政治教育放在社会生活诸领域中进行定位，思想政治教育是一门实践性很强的学科，它与人们的社会生活息息相关、密不可分。

第二节 哲学社会科学学科群视野中的思想政治教育学科定位

思想政治教育是马克思主义理论一级学科下的二级学科，同时，也是众多哲学社会科学学科群中的一门具体学科，因此，它既有哲学社会科学学科一般的共性，也有其个性，与哲学社会科学学科群中的其他学科构成“学科生态”关系。所以，对思想政治教育进行学科定位，还应将其放到哲学社会科学学科群观野中加以审视。从哲学社会科学学科群的视野来看，思想政治教育学科是以马克思主义为指导的、综合运用多学科理论与方法而发展起来的一门特殊而具体的哲学社会科学学科，它是一门具有相对独立性、内容综合性、学科归属明晰的学科。

一、思想政治教育的学科独立性

作为理论形态的思想政治教育，成为一门独立学科的根本依据在于：它有确定无疑的明确的研究对象和任务。恩格斯在谈到科学分类时曾经指出：“每一门科学都是分析某一个别的运动形式或一系列相关联和互相转化的运动形式的。因此，科学分类就是这些运动形式本身依据其内部所固有的次序的分类和排列，而它的重要性也就在这里。”毛泽东也指出：“科学研究的区分，就是根据科学对象所具有的特殊的矛盾性。因此，对于某一现象的领域所特有的某一矛盾的研究，就构成某一门科学的对象。”我们在思想政治教育学科建设过程中，对这个根本的问题是如何认识的呢？

思想政治教育是运用马克思主义理论与方法，专门研究人们思想品德形成、发展和思想政治教育规律，培养人们正确世界观、人生观、价值观的学科。学科研究范围是：思想政治教育的性质、规律、功能、内容、方法研究，中国共产党思想政治工作史与基本经验研究，马克思主义理论教育研究，中国化马克思主义教育研究，思想政治教育创新与发展研究，新时期世界观、人生观、价值观教育规律与特点研究，经济全球化条件下爱国主义教育与民族精神培养研究，思想政治教育案例研究，高校学生思想政治教育与管理工作研究，大学生职业道德教育研究，未成年人思想道德建设研究，干部与群众思想政治工作研究。由此我们可以看出，我们对思想政治教育的研究对象、研究范围的认识是清晰的、明确的。毫无疑问，思想政治教育在哲学社会科学学科群中并没有迷失自我，它有着独立的个性和确定的学科边界。基于这一点，我们应该认识到思想政治教育不能淹没在其他学科中，也不能被其他学科所替代。

二、思想政治教育的学科综合性

理论形态的思想政治教育获得学科独立性之前是融合在其他多种哲学社会科学学科中，在它取得独立性之后也不会与其他学科断绝关系，相反，我们看到，它的独立化的过程是在马克思主义指导下综合运用多门学科的理论成果，在总结思想政治教育实践经验的基础上完成的。所以，它是一门综合性很强的应用学科。它以马克思主义的基本原理为学科的理论基础，同时又吸收教育学、政治学、伦理学、心理学、社会学、管理学、西方行为科学等学科的知识，而且借鉴和运用其他学科的最新理论成果，形成以马克思主义为指导的完整学科体系。

准确把握思想政治教育学科的定位，推进思想政治教育学科发展，必须处理好其与相关学科的关系。在处理它们的关系时，要坚持的基本原则有：其一，要大胆吸收、借鉴相关学科的理论与方法，把本学科的发展立足于相关学科长期的发展所形成的丰厚的学科知识积淀之上，做到为我所用，坚决反对理论研究和学科建设中的“闭关自守”。其二，重视融会贯通，理论创新。要反对教条主义地搬用相关学科的范畴、简单迁移相关学科的理论成果、机械套用相关学科的思维框架等错误做法，反对在理论研究中失去独立品性，使本学科缺乏独有的范畴、逻辑和思维范式。总之，思想政治教育学科发展与相关学科既要依托，但又不依赖；既积极借鉴，但又不简单搬用；既明确边界，但又不划界而治。

尤其需要注意的是，当代中国包括思想政治教育在内的所有哲学社会科学学科都必须接受马克思主义的指导。2004 年，中共中央下发的《关于进一步繁荣发展哲学社会科学的意见》指出：哲学社会科学是人们认识世界、改造世界的重要工具，是推动历史发展和社会进步的重要力量，哲学社会科学的研究能力和成果是综合国力的重要组成部分，建设中国特色社会主义离不开以马克思主义为指导的哲学社会科学的繁荣发展。思想政治教育作为一门马克思主义的学科，是以马克思主义理论为理论基础的，所以，在坚持马克思主义的指导地位问题上，任何时候都要做到毫不含糊、旗帜鲜明。

三、思想政治教育的学科归属问题

思想政治教育的综合性也给人们理解它的学科归属带来争议，在思想政治教育学科建设发展的整个历史过程中，就一直存在着对学科归属问题的争论。争论产生的根本症结在于：考察学科归属的出发点，是从纯粹学术的角度还是从纯粹政治的角度，还是二者兼顾。有学者认为，思想政治教育是中国共产党对人民群众进行意识形态教育的科学，具有鲜明的政治性和党性，应该归属于政治学。也有学者认为，思想政治教育的关键是教育，它要遵循教育学的基本规律和原则，属于教育学属下的应用性学科。产生分歧的原因很明显，前一种代表性的观点突出了政治性，但忽略了这门学科承担的其他功能；后一种代表性的观点强调理论学科的学术性，忽视了思想政治教育的政治性、阶级性特质。正确的做法是确定这门学科的归属，既要看到它作为一门理论学科要遵循科学原则，又要看到它的宗旨和内容的特殊性，抓住事物最根本、最本质的方面。

马克思说：“统治阶级的思想在每一时代都是占统治地位的思想。这就是说，一个阶级是社会上占统治地位的物质力量，同时也是社会上占统治地位的精神力量。”思想政治教育是作为无产阶级实现思想统治的理论工具而存在的，意识形态性是它最本质的方面，因此，把它归属于马克思主义理论一级学科是毫无疑义的。如果把思想政治教育学科从马克思主义理论一级学科中剥离出来，那就意味着思想政治教育学科属性的改变和学科使命的淡化，那不仅是一个关系到学科归属的学术问题，而且是一个重大的政治问题。

四、马克思主义理论一级学科视野中的思想政治教育学科定位

思想政治教育与马克思主义理论相结合，是从近代中国革命运动开始的。在长期的思想政治教育实践中，中国共产党创造性地运用马克思主义理论，形成了有中国特色的思想政治教育传统与政治优势。思想政治教育与马克思主义理论相结合的过程，既是思想政治教育逐步获得现代理论形态的过程，也是中国共产党坚持以马克思主义为指导，不断探索、创新、实践的过程。

（一）思想政治教育作为马克思主义理论学科的依据

思想政治教育从学科属性上说是马克思主义性质的，这一属性是历史地形成的。

1. 思想政治教育作为马克思主义理论学科的实践依据

马克思主义发起于西欧，扩及俄国，后在中国得以广泛地传播，对中国革命产生深远的影响。思想政治教育主要是关于运用马克思主义理论教育人民群众的问题。

（1）思想政治教育在西欧和俄国的实践

马克思主义在西欧的发生和在俄国的成功实践，是马克思主义传入中国，并与中国革命相结合的前提和历史契机，也是无产阶级思想政治教育产生、发展的初始阶段。

19 世纪三四十年代的西欧，资本主义经济发展迅速，资本主义社会的两大基本阶级——资产阶级和无产阶级之间的矛盾日益尖锐，以英、法、德三国最为突出。阶级矛盾的激化致使工人运动风起云涌，其中影响较大的有 1831—1834 年的法国里昂工人起义、1836—1848 年的英国宪章运动、1844 年的德国西里西亚纺织工人起义。这些工人运动的出现，标志着无产阶级作为一支独立的政治力量登上历史舞台，世界无产阶级开始觉醒了。

工人运动的进行，迫切需要科学的革命理论指导。当时对工人运动产生重大影响的有批判的空想社会主义和共产主义以及形形色色的社会主义思想流派。这些理论已经不能适应工人革命发展的需要，在这样的情势下，马克思、恩格斯自觉地将思想转向无产阶级革命运动，成了无产阶级的理论家和思想家。他们深入了解工人阶级的生活和斗争状况，进行了艰苦卓绝的科学研究，创立了指导无产阶级革命的理论武器，即科学共产主义理论，并且亲自参与和领导了国际共产主义运动。

1846 年，马克思、恩格斯在比利时的布鲁塞尔建立了共产主义通讯委员会，把工作重点放在改造“正义者同盟”上。由于卓有成效的思想宣传和斗争，“正义者同盟”中最杰出的成员都逐渐抛弃了错误的思想，转而接受科学共产主义，主动邀请马克思、恩格斯帮助改组“正义者同盟”。1847 年 6 月在伦敦召开的同盟代表大会接受了马克思、恩格斯的建议，将“正义者同盟”改名为“共产主义者同盟”，因此，这次大会也是“共产主义者同盟”的第一次代表大会，大会用“全世界无产者，联合起来”的战斗口号代替了“正义者同盟”原来的“人人皆兄弟”的口号。同年 11 月，“共产主义者同盟”在伦敦举行的第二次代表大会上委托马克思、恩格斯起草一个准备公布的详细的理论和实践的党纲，这就是 1848 年 2 月问世的《共产党宣言》。

共产主义者同盟的建立和《共产党宣言》的发表，是无产阶级革命运动发展的结果，标志着无产阶级政党的成立和马克思主义的正式诞生，为无产阶级进一步开展思想政治工作奠定了组织基础和理论基础。如马克思、恩格斯在《共产党宣言》中指出：“共产党一分钟也不忽略教育工人尽可能明确地意识到资产阶级和无产阶级的敌对对立。”换言之，马克思主义的形成也标志着无产阶级思想政治教育的正式产生。

从实践层面上看，马克思、恩格斯和列宁在领导国际工人运动的革命活动中不断丰富关于无产阶级思想政治教育的思想和方法，形成了无产阶级政党重视思想政治教育的优良传统。

第一，在第一国际期间同各种错误思想的斗争。

第一国际从 1864 年成立以来，在马克思的领导下，和各种机会主义进行坚决的斗争。其中与无政府主义——蒲鲁东主义者的斗争是一次规模较大、影响深远的斗争。

法国蒲鲁东主义者在第一国际代表大会上公开兜售蒲鲁东反对罢工、反对妇女解放、反对无产阶级革命、反对民族解放运动的谬论，竭力鼓吹通过建立合作社等和平方式使无产阶级获得解放的这一蒲鲁东主义的教条。马克思和恩格斯对第一国际代表大会的各项活动作出指示，主要内容是：提出了8小时工作制的口号；确定了工会和合作社的发展方向和革命任务；主张吸收妇女和少年儿童参加社会生产劳动；支持民族解放斗争等，并明确指出合作制度“决不能改造资本主义社会”，必须依靠无产阶级掌握武装，进行暴力革命。在这次思想较量中，最终拥护国际路线的代表以马克思主义的指导为武器，通过了各项正确的决议，否决错误主张。

第二，第二国际期间同各种错误思想的斗争。

第二国际从开始建立起，内部就有马克思主义、无政府主义和改良主义三个派别。在前期活动中，马克思主义派坚决同无政府主义派进行斗争，批驳了无政府主义者否定议会斗争和争取社会改良、主张进行个人恐怖活动、用总罢工来反对战争等错误观点。第二国际后期，通过了关于夺取政权、党的统一、党与工会的关系、党与合作社的关系、反对殖民政策、反对军国主义、反对帝国主义战争等决议，尤其是巴塞尔大会的反战宣言，对于欧美工人阶级的斗争起了很大的动员作用。

第二国际前期活动中，由于对改良主义派批判不力，以致这种思潮日益滋长，进而发展为从理论上系统修改马克思主义革命原理的修正主义派。在第二国际内部，因对时代和无产阶级革命的认识分歧而形成三派：右派，即修正主义派，以伯恩施坦为代表；左派，即坚决反对修正主义的马克思主义派，以列宁、卢森堡和李卜克内西为代表；中派，即对修正主义采取调和折中态度的中间派，以考茨基为代表。修正主义派在第二国际几个主要政党领导机构中日益占据上风。第二国际使社会主义运动由西欧、北美扩展到东欧、拉美和东亚。在第二国际中最强有力、最有影响的是德国社会民主党。第一次世界大战爆发后，社会民主党在议会中投票赞成战争拨款，支持政府“保卫祖国”，促使各交战国无产阶级互相残杀，从而背叛了无产阶级国际主义原则。在德国社会民主党带头之下，第二国际大多数政党纷纷表态支持本国帝国主义政府，这标志着第二国际瓦解。修正主义在国际工人运动中占据了主导地位以及第二国际的瓦解从反面说明无产阶级占领思想阵地的重大意义。

第三，列宁在领导俄国共产党革命时期进行思想政治教育的开创性工作以及在第三国际的思想斗争。

共产国际即第三国际，是列宁领导创建的世界各国共产党和共产主义团体的国际联合组织。第一次世界大战爆发后，第二国际破产，十月革命的胜利促成了各国共产党的建立，客观形势要求建立新的国际组织。1919年3月2日在莫斯科召开了国际共产主义代表会议，大会通过了《告国际无产阶级宣言》《共产国际行动纲领》《关于资产阶级民主和无产阶级专政的提纲》等文件，宣告第三国际成立。它的任务是宣传马克思主义，团结世界各国工人阶级和广大劳动人民，为推翻资产阶级的统治、建立无产阶级专政、消灭剥削制度而斗争。

第三国际在捍卫马克思主义，推动国际工人运动和亚非拉民族解放运动，反对法西斯主义和帝国主义战争，促进国际共运发展等方面作出了重要贡献。它在欧洲、美洲、亚洲帮助各国先进工人建立了马克思列宁主义政党，协助他们培养了一批革命骨干，加速了各国共产党的成长。1922年7月，中共二大决定参加共产国际，成为它的一个支部。之后，在很长一段时间里，第三国际成了中共的实际领导者。中共也从第三国际获取援助。但是，第三国际在工作中也有许多失误，特别是长期受斯大林大国沙文主义错误的干扰，给国际共产主义运动带来过消极影响，其高度集中的组织形式曾影响了各党的独立自主和各党之间的平等关系。第二次世界大战爆发后，为了有效地组织反法西斯的斗争，经各国共产党同意，共产国际于1943年6月宣告解散。

纵观国际工人运动史，在无产阶级革命的每一个阶段，都存在着思想路线战场上激烈的没有硝烟的斗争。马克思主义与形形色色的非马克思主义思想必须争夺群众的思想阵地，只有用马克思主义的科学理论武装群众的头脑，革命运动才能顺利地进行，才能使无产阶级革命不断地取得胜利。在马克思主义者不懈的思想斗争的长期过程中，形成了无产阶级思想政治教育的优良传统，同时，为中国共产党教育群众、发动无产阶级革命提供了宝贵的经验借鉴。

(2) 中国共产党的成立和中国共产党思想政治教育的开展过程

近代中国民族民主革命磨难重重，举步维艰。革命的进程曲折反复，中国人民付出了极大的代价。十月革命的炮声，给中国革命送来了马克思主义，马克思主义与中国工人运动相结合，诞生了中国共产党，自此，中国革命的面目焕然一新。中国革命之“新”的根源在于有了科学的革命理论指导。但是，一种先进的理论不会自动地进入群众的头脑，所以革命的重要问题是教育群众，正如列宁所说：“十分艰巨的工作是重新教育群众。”中国共产党成立前后，十分重要的问题是开展思想政治教育，以先进的革命理论武装群众。从历史发展的角度，中国共产党的思想政治教育实践大致可以分为这样几个历史阶段：第一，1921年7月～1935年1月为初创和形成时期；第二，1935年1月～1945年8月为成熟时期；第三，1945年8月～1957年2月为发展时期；第四，1957年2月～1978年12月为曲折发展和严重挫折时期；第五，1978年12月至今为拨乱反正和发展的新时期。

综上所述，建党九十多年来，中国共产党领导广大人民群众，在长期的革命和建设实践中，开展了卓有成效的思想政治教育，形成了有中国特色的思想政治教育优良传统。这个传统有一个一以贯之的红线：始终坚持马克思主义理论和发展着的马克思主义——列宁主义、毛泽东思想、邓小平理论、“三个代表”重要思想和科学发展观的指导。这条红线是21世纪我们进行思想政治教育的根本指导原则，是我们构建思想政治教育学科的根本指导思想。

2. 思想政治教育作为马克思主义理论学科的理论依据

思想政治教育的基本立场、观点、方法是马克思主义的。马克思主义理论是思想政治教育的理论基础，是它的直接理论来源。这应该从两个层面来认识：一是要始终坚持马克思主义完整理论体系；二是要始终坚持发展着的马克思主义即列宁主义、毛泽东思想、邓小平理论、“三个代表”重要思想和科学发展观，尤其是在学科建设上要坚持毛泽东思想、邓小平理论、“三个代表”重要思想和科学发展观的指导。

第一，思想政治教育以马克思主义理论体系为指导。

马克思主义理论体系是一个完整严密的科学体系。马克思主义哲学是马克思主义全部学说的基础，是我们进行一切学科研究的根本指导思想，为思想政治教育学科建设提供世界观和方法论的指导。马克思主义哲学实现了哲学史上的革命性变革，是对人类哲学思维中的唯物主义和辩证法传统的批判继承和创造性发展。是无产阶级和广大劳动人民认识世界和改造世界的理论武器，实践的观点是马克思主义首要的观点，是马克思主义的建构原则。唯物史观是马克思主义的最伟大的创见之一，它关于社会存在和社会意识的辩证关系的原理，关于人的本质、人的价值、人的全面发展的哲学理论，为思想政治教育理论建设提供正确的世界观和人生观依据。我们坚持马克思主义哲学的指导，就是要学习和运用唯物辩证法和辩证唯物论的基本观点，分析和解决思想政治教育中的现实问题，在实践的基础上建设思想政治教育学科的科学理论体系。

马克思主义政治经济学在劳动价值论的基础上创造了剩余价值学说，科学地揭示了资本主义社会资本家对工人进行剥削的秘密，找到了资产阶级和无产阶级对立的经济根源。揭示了资本主义社会的基本矛盾，论述了生产力和生产关系的辩证统一的原理，并发现了资本主义社会化大生产和生产资料的资本主义私有制之间的对抗性矛盾，得出了资本主义必然灭亡的结论，为工人革命指明了前途和方向。马克思主义政治经济学至今仍然是我们分析社会现象的最好理论工具。世界政治经济学学会副会长、美国麻省理工学院教授大卫·科茨认为："看起来自相矛盾，却很真实的是，在大部分发达国家，包括美国，其占主导地位的经济理论都是非常不发达的。在我看来，马克思主义政治经济学是分析和理解当今世界最重要的经济问题的最好工具。马克思主义政治经济学同时也指出了解决世界经济问题的长期方案：向真正的社会主义过渡。"

科学社会主义理论是马克思主义根据人类社会历史发展客观规律作出的最重要的科学结论，是马克思主义理论革命性、科学性、统一性、完整性、彻底性的集中表现，是马克思主义理论核心中的核心，灵魂中的灵魂，是马克思主义的精髓。因此，我们又可以用"科学社会主义"来概括马克思主义。掌握"科学社会主义"基本原理，就是抓住了马克思主义最本质的东西，就基本掌握了马克思主义。不懂"科学社会主义"，就是丝毫不懂马克思主义。所以，以科学社会主义理论为指导，真正搞清楚社会主义的本质，是我们建设有中国特色社会主义的思想前提。以科学社会主义理论为指导，是保证我们的思想政治教育学科建设坚持社会主义方向的必要前提。

第二，思想政治教育要以发展着的马克思主义为指导。

马克思主义是开放的、批判的、发展的学说。要坚持马克思主义的指导，就必须发展马克思主义；要发展马克思主义，就必须坚持马克思主义。只有坚持才能发展，只有发展才能做到更好地坚持。要做到坚持中的发展和发展中的坚持相统一。恩格斯说："马克思的整个世界观不是教条，而是方法。它提供的不是现成的教条，而是进一步研究的出发点和供这种研究使用的方法。"列宁创造性地成功运用马克思主义指导俄国革命的实践，为我国运用、坚持、发展马克思主义提供了典范。列宁主义、毛泽东思想、邓小平理论、"三个代表"重要思想和科学发展观的普遍真理是我们从事各项事业的指南。正确的做法是把马克思主义的普遍真理和各项事业的具体实际相结合，做到理论与实际、主观与客观的具体的历史的统一。思想政治教育，从学科建设角度来说，既是马克思主义的，又植根于中国文化的土壤之中，必然地带有中国特色。毛泽东在1938年召开的党的六届六中全会上指出：离开中国特点来谈马克思主义，只是抽象的空洞的马克思主义。他还说："洋八股必须废止，空洞抽象的调头必须少唱，教条主义必须休息，而代之以新鲜活泼的、为中国老百姓所喜闻乐见的中国作风和中国气派。"

（二）思想政治教育学科与马克思主义一级学科下其他二级学科的关系

2005年，国务院学位委员会决定正式设立"马克思主义理论"一级学科。新设立的马克思主义理论一级学科，包括马克思主义基本原理、马克思主义发展史、马克思主义中国化研究、国外马克思主义研究和思想政治教育五个二级学科。2008年又增加了"中国近现代史基本问题研究”。这六个方面或方向的学科建设将会更加深入地揭示马克思主义理论的本质，从不同的侧面深化对马克思主义的认识。这六个方面从六个不同的角度深化和发展马克思主义理论，它们从根本上说是一致的，但是，在研究内容、研究方法、研究目的等方面各有侧重，从而形成六个二级学科之间的区别。

第一，研究内容的区别。

马克思主义基本原理侧重于对马克思主义原理本身的研究，是要深入研究马克思主义的基本原理，深入研究马克思主义的立场、观点和方法，在此基础上，努力建设具有时代特征的马克思主义基础理论的学科体系。马克思主义发展史把马克思主义作为一个整体来研究其发展历史和发展规律，具体研究自马克思主义诞生以来，马克思、恩格斯、列宁、斯大林等是怎样根据发展变化着的实际情况，不断坚持和发展马克思主义的，总结这方面的基本规律和基本经验。马克思主义中国化是研究马克思主义中国化历程和规律的学科，主要内容是：研究近代以来特别是中国共产党成立后，马克思主义在中国广泛深入地传播；研究马克思主义中国化的历史进程、基本规律和基本经验；研究马克思主义中国化的三大理论成果；研究在当代中国马克思列宁主义、毛泽东思想、邓小平理论和“三个代表”重要思想是一脉相承而又与时俱进的科学体系；研究马克思主义中国化在全面建设小康社会进程中的新进展、新成果。国外马克思主义研究的内容是：“二战”结束以来的半个多世纪马克思主义在中国之外其他国家的历史命运，国外马克思主义的各种流派、各种思潮。思想政治教育的研究对象是人类的思想政治教育现象，特别是社会主义国家的思想政治教育现象，并着力揭示人的思想政治品德形成发展的规律和对人们进行有效的思想政治教育的规律。中国近现代史基本问题研究内容为：中国历史发展和中国人民选择马克思主义、中国共产党和社会主义以及中国特色社会主义道路的历史进程、历史规律和历史经验，梳理和阐释中国共产党领导中国人民进行革命、建设和改革，实现民族独立和人民解放、国家的繁荣富强和人民的共同富裕之两大历史任务，实现中华民族的伟大复兴与和平崛起的历史进程、历史规律和历史经验，梳理和阐释中国共产党领导中国人民在探索中国新民主主义革命规律、社会主义改造和社会主义制度建立规律，探索共产党执政规律、社会主义建设规律、人类社会发展规律的历史进程、历史规律和历史经验，梳理和阐释中国共产党领导中国人民在探索中国历史发展中举什么旗、走什么路、由谁来领导等中国近现代史的基本问题方面的历史进程、历史规律和历史经验。有学者指出，这六个二级学科大体可以分为马克思主义理论学科和思想政治教育学科两大部分，从而突出了思想政治教育与马克思主义一级学科下其他二级学科的区别。

第二，研究方法的区别。

思想政治教育学科研究需要科学的方法，这些方法包括思想方法、学科研究方法以及技术性方法等。长期以来，学界在理论研究上比较看重思想方法与一些学科研究方法，对技术性方法则不够重视。但是思想政治教育这门学科是以人为中心的，为了更好地把握人的思想心理和行为活动的规律，需要大量细致持续的研究工作，其中包括调查、实验等手段。其他二级学科，如马克思主义基本原理、马克思主义发展史、马克思主义中国化研究、国外马克思主义研究、中国近现代史基本问题研究等在研究方法上一般情况下不需要调查、实验等方法。

第三，研究目的的区别。

思想政治教育学科的研究目的在于为我们党和国家的思想政治教育实践活动提供理论依据

和理论指导。在马克思主义理论统摄下其他二级学科的研究直接目的虽各不相同，但是与思想政治教育相比较而言，有较大的一致性，它们分别从不同的角度透视马克思主义理论，目的是为了我们能更准确、更全面、更完整地把握马克思主义理论的科学体系。

从不同的视角来分析六个二级学科之间的区别，会得出不同的结论和认识，在此只是从一种可能的角度作基本的区分。另外，六个二级学科之间本身是不可分割的马克思主义理论的有机组成部分，它们之间存在相互交叉、相互渗透的密切关系。概括地说，研究马克思主义理论的原理与历史，不能不研究马克思主义关于教育的理论与理论史；研究思想政治教育，不能离开马克思主义理论孤立地研究，必须研究在马克思主义指导下以马克思主义为教育内容的思想政治教育。马克思主义基本原理学科的建设，可以为思想政治理论课课程设置方案中的“马克思主义基本原理”提供直接的学科支撑。马克思主义发展史、国外马克思主义研究两个学科可以为思想政治理论课的教育教学提供更深刻的历史借鉴和宽广的学科基础。

总之，六个二级学科研究侧重点不同、分工不同，但作为学科在理论研究上相互交叉、相互渗透，在人才培养目标上彼此趋同、相互一致。这就要求我们必须从整体上把握、规划马克思主义理论一级学科的建设，在建设各二级学科时，注重相互之间的依托与支撑，而不能划界而治。

（三）从“二级学科”到“一级学科”的根本性变化

从“马克思主义理论与思想政治教育”二级学科到“马克思主义理论”一级学科的学科设置改变。思想政治教育专业成为马克思主义理论一级学科下的一个独立的二级学科，反映出学科定位上发生了根本性变化。学科设置和定位的变化反映了我们对思想政治教育认识的变化，在理论建设上，一方面提高了马克思主义理论的学科地位，也相应地提高了思想政治教育的地位；另一方面厘清了马克思主义理论与思想政治教育的关系。对这一重大调整可以从不同的角度来理解。

1. 调整的根本原因

这一变化从根本上说是建设中国特色社会主义实践的客观要求。既是精神文明建设发展提出的加强马克思主义理论研究的要求，也是由思想政治教育工作深入开展对科学理论指导的需要决定的。

实践决定理论的发展，理论必须随着实践的发展而变化。我国社会主义建设的实践发展到今天，最根本的一点是始终坚持马克思主义理论的指导思想。苏联解体和东欧剧变，使我们更加清醒地认识到坚持马克思主义、发展马克思主义的重要性和必要性。坚持马克思主义首先要真正弄懂马克思主义，在这个问题上我们党曾经走过弯路。加强马克思主义研究是当代社会主义建设实践提出的客观要求，提升马克思主义理论的学科地位是当然之举。随着时代的发展，党的思想政治教育工作对理论建设提出了新的要求。此前，作为思想政治工作直接理论指导的思想政治教育，处在与马克思主义理论“学科联姻”的关系中。这种学科定位不明晰的情形，既影响了马克思主义理论的研究，也影响了思想政治教育学科建设的发展。思想政治教育学科定位不明确、学科归属不清晰、学科特色不突出阻碍了思想政治教育的发展。鉴于此，我们增设马克思主义理论一级学科，把思想政治教育作为其下属的二级学科。这一调整改变了马克思主义理论整体性研究和思想政治教育没有适当学科地位的状况，反映了我国学科体系发展完善的必然趋势和客观要求。

2. 调整的理论意义

在理论建设方面，把马克思主义理论放到了与其指导思想地位相适应的位置。在我国马克思主义理论是居于统治地位的意识形态，是中国共产党的指导思想，是我们建设有中国特色社会主义的理论武器。长期以来，学科定位上一直把它放到二级学科的地位，并且与思想政治教育混同在一起，这是与它的意识形态地位不一致的，如此也限制了马克思主义理论自身的发展。现在把马克思主义理论提升为一级学科，对于发展马克思主义、实施马克思主义中国化的理论建设工程均会起到积极的推进作用。

3. 调整的深远影响

“马克思主义理论”一级学科，是一门从整体上研究马克思主义基本原理和学科体系的学科设置。它研究马克思主义基本原理及其形成和发展的历史，研究它在世界范围内的传播与发展，特别是研究马克思主义中国化的理论与实践，同时把马克思主义研究成果应用于马克思主义理论教育、思想政治教育和思想政治工作。通过强化理论方面的建设和党内外开展的思想政治教育，有利于我国坚持四项基本原则，有利于我国社会主义制度的完善和发展，巩固党的执政地位，抵制西方的和平演变图谋；有利于为建设社会主义和谐社会提供精神动力和思想保障；有利于加强和改进大学生思想政治教育工作，为思想政治理论课建设提供有力的学科支撑；有利于我们当前更好地贯彻和落实科学发展观。

总之，学科设置的改变不仅开辟了坚持马克思主义、发展马克思主义的新局面，而且将会对未来我国社会主义现代化建设产生积极而深远的影响，这一变化对我们党的指导思想和思想政治工作具有根本性的意义。

第三节　社会主义意识形态视野中的思想政治教育学科定位

思想政治教育是一门学科，它具有科学性；同时，作为一门为特定阶级服务的学科，与一般知识性的学科不同，它具有意识形态性。因此，思想政治教育是科学性和意识形态性的统一。准确把握思想政治教育学科定位，要把它放在意识形态视野中做科学的考察，谈论意识形态却离开了科学的基点，是很危险和有害的。同样，离开意识形态性，把思想政治教育作为纯粹的学术研究，则是脱离了它的本质，是不可取的。

一、思想政治教育学科的意识形态性

马克思主义语境下的意识形态是指社会意识中构成社会观念上层建筑的部分，包括政治法律思想、道德观念、宗教、艺术和哲学。思想政治教育学科理论体系包括人生观、价值观，包括政治思想、道德思想、心理健康等多方面、多层次的内容。其中，政治思想方面的教育是坚定正确政治方向的教育。在当今时代，包括社会主义、集体主义、爱国主义主旋律的教育，党和国家的指导思想、重大路线方针的教育，总是第一位的。也就是说，思想政治教育学科是为特定的阶级，为维护特定的政治统治服务的。它具有极强的意识形态的属性。有些人之所以反对马克思主义理论和思想政治教育是学科，就是因为他们认为它是意识形态，是宣传而不是学术研究，不是科学。

事实上，马克思主义和思想政治教育的意识形态性与科学性是能够统一的，也是应该统一的。因为，没有科学性，马克思主义和思想政治教育学科就失去了存在的必然性；否定其意识形态属性，马克思主义和思想政治教育学科就失去了存在的真正意义。我们党近三十年来进行思想政治教育学科建设的直接目的，是为我国社会主义意识形态服务，为巩固马克思主义在我国意识形态领域的指导思想地位服务，为对广大人民群众特别是青少年进行社会主义“四有”教育服务。为了更好地服务于社会主义精神文明建设的需要，坚持思想政治教育的科学性是必要的，但是不能把这门学科的科学性和意识形态性对立起来。

在现实中，有些人主张淡化思想政治教育的意识形态性，认为意识形态性与科学性是不相容的，一门学科可能出于服务意识形态的需要，刻意剪裁理论，牵强附会，以满足统治阶级进行阶级统治的需要。这种观点是有历史依据的。无产阶级专政之前，剥削阶级的政治统治在意识形态领域常常表现为以种种虚幻的完善理论欺骗人民群众。例如，资产阶级取得统治地位之后，继续宣扬“自由、平等、博爱”的口号。但是时过境迁，这个口号在现实中已经失去了它在进步阶段所含有的实质内容，成为资产阶级维护反动统治、欺骗人民群众的思想工具。无产阶级则是根本不同的，它是社会中的大多数，是人民群众的主体。共产党人和无产阶级是一致的，正如马克思在《共产党宣言》中指出的：“共产党人不是同其他工人政党相对立的特殊政党。”“他们没有任何同整个无产阶级的利益不同的利益。”马克思主义理论不会为了某种特定利益而美化、伪造自己的理论内容，马克思、恩格斯坦诚地谈到了这一点：“共产党人的理论原理，绝不是以这个或那个世界改革家所发明或发现的思想、原则为根据的。”“这些原理不过是现存的阶级斗争、我们眼前的历史运动的真实关系的一般表述。”还指出：“任何一个时代的统治思想始终都不过是统治阶级的思想。”“共产党人不屑于隐瞒自己的观点和意图。他们公开宣布……”基于此，我们有理由相信，我们的思想政治教育是建立在科学的理论基础之上的，具有完整的科学性。

在社会主义市场经济体制下，有人主张少一些政治教育，多一些道德教育；少一些马克思主义理论教育，多一些非马克思主义的多元化的思想引介。尤其是随着我国改革开放的深入，西方文化在中国的传播和影响不可忽视。客观地说，当代中国已经介入全球化的潮流，在这种情势下，全方位、多层次的国际交往对我国的意识形态提出了挑战。这种挑战具体表现在诸多方面。

（一）西方强势文化对我国马克思主义主流意识形态的影响和冲击

国际竞争中文化力量愈益受到关注，尤其是自 1993 年夏季号《外交》季刊发表哈佛大学著名教授塞缪尔·亨廷顿的《文明的冲突》一文后，文化力作为一种软实力成为衡量一个国家综合国力的重要因素。在国家之间的文化较量中，强弱已经是泾渭分明的客观事实，以美国为首的西方国家凭借其在国际社会物质层面、制度层面和思想文化层面的强势地位，在推进资本扩张的同时，加强了文化扩张和意识形态渗透。在国际社会，从政治霸权主义向文化霸权主义发展；霸权主义获得了完整的表现，从经济层面到政治层面，再进到文化层面，其触角伸向民族国家的深处。文化霸权主义在内容上表现为，大肆鼓吹和美化资产阶级的民主主义、个人主义、各色的思想理论和价值观念、生活方式，同时攻击社会主义意识形态，“妖魔化”社会主义国家。文化霸权主义在形式上花样翻新，一改“冷战”时期的遏制、对抗、军备竞赛、军事干涉、发动侵略战争等政治霸权行径，转而采用对话、渗透、和平演变、培植亲西方势力等隐蔽的、温和的策略，不搞直接的意识形态对抗。但其目的仍然是消解和颠覆社会主义的思想文化基础，颠覆社会主义制度，动摇人们对马克思主义的信念和对社会主义的信心。

（二）现代科技社会对意识形态控制力的弱化

现代社会一个突出的特征是以电子计算机技术为主导的信息技术的发展和广泛应用，最重要的表现是世界范围内互联网的建立和应用，极大地改变了人们的认知方式和生活方式。它一经产生，就迅速成为各种意识形态和价值观传播和斗争的新阵地。在这场新的意识形态之战中，我们面临着多方面的挑战：其一，由于我国的互联网技术发展相对滞后，对互联网的控制力和信息的屏蔽能力还很弱，一些西方敌对势力利用其在网络上的优势，宣传资产阶级的政治思想文化，对我们进行意识形态的渗透。我们在这个战场上，从技术层面上落后于资本主义国家，难以让互联网信息受众免受不良信息的影响。正如有学者指出的："网络的延伸和扩展不仅扩大和提升了受众接受信息的自主权和主动权，同时也拓展了受众对信息的发布扩散能力，大大突破了政府对媒体的控制范围和能力，使社会舆论导向控制和管理难度加大。"其二，互联网信息的丰富性、多样化加大了受众信息选择的难度，可能给某些抱着特定政治目的的人提供可乘之机，混淆视听，使某些群众会受到伪善理论的蛊惑。其三，互联网的虚拟性、方便快捷和难以监控的特点，对严肃的意识形态引导舆论、传播健康思想文化、充分发挥文化的功能带来了挑战。虚拟性降低了人们对知识信息的信任度，加上西方国家的强势形象，容易使某些受众尤其是青年人的批判力受到歪曲，产生对西方国家的盲目追捧和幻想。方便快捷和难以监控使得互联网上的信息鱼龙混杂，法律和道德在互联网上难以形成有效的约束力，大量披露的未经证实的社会生活消极面、阴暗面的信息，可能是虚假信息，却极有可能消解人们思想中的社会主义、共产主义价值观，加大了我们进行思想政治教育的难度。

西方发达资本主义国家意识形态领域进行斗争的形式更隐蔽、更多样化。东欧剧变后，西方国家的资产阶级思想理论家提出了"意识形态冲突的终结论"的论调，其代表人物如弗朗西斯·福山、塞缪尔·亨廷顿。1992 年，福山在东欧剧变后不久写了《历史的终结和最后的人类》一书。他在书中指出：随着"冷战"的结束，人类的历史将终结在西方的自由民主价值观和市场经济模式在全球的普及，作为人类意识形态发展的终极方向，自由民主将成为人类管理自身和规范社会的最完美方式。福山预言，在 21 世纪，第三世界国家也将不可避免地向着这一方向发展。这样，世界都已大同，意识形态也已发展到终极，意识形态的冲突当然也不复存在。作为对福山世界大同"欣慰症"的反驳，亨廷顿先是于 1993 年在《外交》季刊发表《文明的冲突》，1996 年又出版了《文明的冲突与世界秩序的重建》，提出了著名的"文明冲突论"。他的基本观点就是：未来世界的国际冲突根源将主要是文化的而不是意识形态的和经济的；文明冲突是未来世界和平的最大威胁，建立在文明基础上的世界秩序才是避免世界战争的最可靠的保证；全球政治格局正在以文化和文明为界限重新形成，并呈现出多种复杂趋势；文化，西方文化，是独特的而非普遍适用的；文化之间或文明之间的冲突，主要是目前世界七种文明的冲突，而伊斯兰文明和儒家文明可能共同对西方文明进行威胁或提出挑战；等等。如果说福山是一厢情愿想直截了当地以西方文化的胜利来终结意识形态之争，那么亨廷顿则是以迂回曲折的方式消解了当今国际社会资本主义国家对社会主义制度的敌视事实，仿佛在当今世界的思想领域马克思主义已经是寿终正寝不值一提了。由此看来，意识形态终结论的实质是异质文化终结论，文明冲突论的实质是西方文化扩张论，其共同的本质是文化殖民主义和文化霸权主义。

总之，在当前的新形势下，我们对意识形态领域出现的新动向、新趋势要有清醒的认识。思想政治教育如果缺乏意识形态的引导，极有可能丧失在思想领域的统治地位，而一个民族国家如果占统治地位的思想不是统治阶级的思想，那是不可思议的。东欧剧变的教训足以让我们引以为戒。

二、思想政治教育学科的中国特色

马克思主义传入中国以来，中国才开始真正意义上的思想政治教育，经过中国共产党长期艰苦曲折的探索，在如何运用马克思主义理论与本国实际相结合方面，创造了继苏联之后的又一个成功的范例。在中国共产党漫长的革命和建设生涯中，不断总结经验和教训，不断开拓创新，在思想政治教育方面形成了我们党的优良传统和政治优势。以此为基础建设起来的思想政治教育既是马克思主义的，又是中国风格、中国气派的，概言之，中国共产党领导下的思想政治教育及其理论成果具有鲜明的中国特色。

（一）坚持马克思主义与发展马克思主义的统一

思想政治教育坚持马克思主义的指导，建立在马克思主义理论的基础之上，这是我们党的思想政治教育的本质特征，是区别于形形色色的资产阶级思想政治教育的根本标志。迄今为止，只有中国共产党才真正始终如一地做到了科学地对待马克思主义理论，做到了坚持马克思主义和发展马克思主义的有机统一，这构成了中国共产党思想政治教育的突出特色。从毛泽东思想到邓小平理论，再到“三个代表”重要思想，一以贯之、一脉相承，贯穿其中的“一”和“脉”就是马克思主义。思想政治教育坚持的马克思主义是不断丰富和发展而形成的完整马克思主义理论体系，马克思主义理论构成我们思想政治教育的主体内容，是思想政治教育的理论硬核。这一点区别于其他任何形形色色的资本主义国家。

（二）思想政治教育的实践基础和研究对象的独特性

思想政治教育的实践基础和研究对象是中国共产党的思想政治教育活动，这是独一无二的。思想政治教育的研究对象是完全中国的，它是以中国共产党成立前后一百多年来思想政治教育实践活动的历史和现实为研究对象，以马克思主义为指导，以哲学社会科学群的其他学科为借鉴，揭示进行党内思想政治教育和党外教育人民群众的一般规律的科学，其目的是为了把自马克思、恩格斯、列宁以来开创的共产主义伟大事业向前推进。

当然，共产主义的理想与现实有着很大的距离。尤其是东欧剧变使世界范围内的共产主义运动再次陷入低谷。总结共产主义运动的经验和教训，使我们清醒地认识到，党内外的思想政治教育要常抓不懈。思想政治教育实践需要科学的思想政治教育理论指导，思想政治教育理论建设是建设有中国特色社会主义事业提出的客观要求。

思想政治教育的文化底蕴是中国五千多年文明的德治文化传统。中国古代的“德”经过了一系列演化发展阶段，至先秦大体上经历了初民社会的图腾概念、殷商时期的上帝崇拜、西周时期的周王政行懿德、春秋时期的伦理道德等阶段。其产生之初，并不仅是作为调整人与人之间的行为规范，而且直接指向“德政”。从尧、舜、禹时代的初始形态的德政——禅让制，到殷、周之际“以德配天”“敬德保民”，进到春秋战国时代的“为政以德”（孔子）的明确主张、“仁政”理论（孟子），奠定了此后中国漫长的封建社会“德治”政治的图景。在“德政”彰显的时代，人民群众创造了历史上一个又一个繁荣的时代。“德治”在中国有着悠久而深厚的传统，而德政的重要的治理方式就是要对人民群众进行“教化”。用现代话语来说，就是进行意识形态的教育。绵长的五千余年德治历史的沉淀，是我们进行思想政治教育的重要文化资源。

第四节　思想政治教育学科定位对学科建设的意义

思想政治教育学科定位是学科建设中亟须解决的一个重大的问题，只有这个问题解决好了，才能为学科建设扫清障碍，使学科建设的系统工程得以顺利进行。所以，学科定位是学科建设的前提，对学科建设具有重大的意义，同时，也对学科建设提出了更高的要求。

一、马克思主义一级学科下的二级学科定位为学科建设明确了方向

思想政治教育学科建设需要一个导向，需要明确这个学科缘何建设，指导如何进行学科建设，阐明学科建设基本价值取向等问题。思想政治教育学科定位就是解决学科建设的导向问题。马克思主义一级学科下的二级学科定位，廓清了思想政治教育与马克思主义理论的关系。它是马克思主义理论一级学科下的一个相对独立的二级学科，这一定位既明确了马克思主义理论对思想政治教育的根本指导地位，又肯定了思想政治教育取得独立理论形态的合法性。这就从根本上解决了此前“马克思主义理论与思想政治教育”法学门类下二级学科定位的模糊性和争议性。一方面，思想政治教育的理论基础是发展着的完整的马克思主义理论，坚持以马克思主义为价值导向，在内容上，马克思主义理论构成其基础和主体部分；另一方面，思想政治教育是对马克思主义理论的拓展和延伸，为马克思主义理论体系增添新的活力。

二、在哲学社会科学学科群视野中的学科定位为学科建设拓展了视野

思想政治教育从学科形成上看，是一门交叉性的、边缘性的、综合性的应用性学科，把它放在哲学社会科学学科群来中考察，从理论来源上拓展了学科视野，同时有助于划清学科边界，把它确立为哲学社会科学学科群中一个相对独立的新兴学科。

在学科建设上，思想政治教育的建设，一方面离不开其他社会科学的理论支持，需要从其他学科中借鉴相关的理论成果；另一方面，不能简单地堆积其他学科知识，而是在思想政治教育的理论框架内，有选择性地加以利用。

三、意识形态性学科定位昭示了学科建设的重大社会意义

思想政治教育具有鲜明的意识形态性，这是它的本质属性。马克思说：“只有在没有阶级和阶级对抗的情况下，社会进化将不再是政治革命。而在这以前，在每一次社会全盘改造的前夜，社会科学的结论总是：不是战斗，就是死亡；不是血战，就是毁灭。在当前的国内外形势下，是世界范围内的无产阶级和资产阶级之间的对立和斗争还将长期存在，意识形态领域的斗争是长期的。邓小平在20世纪80年代末反思改革开放的经验教训时也曾指出：“十年来，我们的最大失误是在教育方面，对青年的思想教育抓得不够。”思想政治教育的重大社会意义恰恰是由于

它的意识形态性，由于它为统治阶级的思想统治服务。在我国。思想政治教育就是要用马克思主义教育广大人民群众，为建设有中国特色的社会主义事业服务，培养“四有”新人，培养社会主义事业的接班人。

综上所述，从三个层面对思想政治教育的学科定位在根本上是一致的。思想政治教育学科是在马克思主义指导下建立起来的，是马克思主义一级学科下的二级学科。思想政治教育学科是一门社会科学，是以思想政治教育实践为基础创立的社会科学理论。思想政治教育学科和马克思主义理论在党性原则上是一致的，自从它产生之初就公开宣称自己的党性原则，从不掩饰自己的意识形态属性。

第四章　高校思想政治教育学科的本质理论

第一节　关于思想政治教育本质的争论

思想政治教育本质是思想政治教育的元问题和元理论之一。30 多年来，思想政治教育本质研究取得了丰硕的成果。据不完全统计，1984 年以来，有关思想政治教育本质研究的论文近 673 篇，著作 22 本。专题对思想政治教育的本质进行研究的论著共计 166 篇（部）。其中代表性的论文有（按发表时间顺序）：《论思想政治教育的本质及其发展》（郑永廷）、《思想政治教育新解》（邱柏生、张怡）、《论马克思主义灌输论与思想政治教育本质的契合》（韦冬雪）、《关于思想政治教育本质的探讨》（孙其昂）、《解读思想政治教育本质的四个维度》（李辽宁）、《思想政治教育的本质规定及其把握》（石书臣）、《思想政治教育本质认识分歧探源》（李辉）、《思想政治教育本质认知理路探析》（李中军）、《论思想政治教育的本质——坚守"灌输论"的缘由》（刘书林）、《思想政治教育本质在于思想掌握群众》（骆郁廷）、《思想政治教育本质新论》（褚凤英）、《思想政治教育本质问题再探讨》（王学俭、郭绍均）、《对思想政治教育本质的再认识》（李合亮、李鹏）、《思想政治教育本质：政治价值观的再生产》（宇文利）等；代表性的著作有李合亮的《思想政治教育探本——关于其源起及本质的研究》和《解析与重构：当代中国思想政治教育的哲学反思》等。

当前，关于思想政治教育本质的观点众说纷纭。（见表 4-1）通过对相关文献的研读、分析，发现大多数论文作者都对思想政治教育本质持一元本质观点，但表述各不相同，相对独立的观点就多达 13 种。

表 4-1

序号	观点	论文数	主题词
1	教育论	21	教育工程、教育活动、价值观教育、造就论、个体化、培养人、信仰教育、影响
2	实践论	21	实践活动、实践性、精神生产实践、精神交往实践、精神动力
3	灌输论	17	灌输
4	意识形态论	13	意识形态性、意识形态控制
5	引导论	10	引导、价值导引、价值引导
6	政治性论	11	政治性、政治价值观的再生产
7	社会化论	8	（人的）社会化、融合论、政治社会化
8	转化论	7	转化、思想转化
9	认同论	5	认同、价值认同、理念认同、政治认同
10	传播论	5	传播特定的意识形态、劝服性传播、宣传
11	互动论	5	思想互动、交往（艺术创造）

续表

序号	观点	论文数	主题词
12	接受论	4	接受
13	其他理论	17	人的全面发展、做人的工作、一种特殊的管理、思想管理、解决利益矛盾、阶级利益性、“精神服务”或“思想服务”、一种人文关怀、人的一种特殊的生活形式、实现人与社会的和谐、促进人生存与发展的价值化存在、解放人的思想、启迪人的智慧、思想掌握群众、权利与义务的教育、社会精神生产

对思想政治教育本质的研究除了上述一元论的观点，还存在二元论、三元论、四元论等诸多观点。

“二元论”观点主要有7种：工具性和目的性，政治性与科学性，意识形态性与非意识形态性，社会思想个体化和个体思想社会化，政治文化和道德文化，社会政治属性和经济管理属性，规范性与发展性。

“三元论”观点主要有：政治目的性、内容历史性、手段多样性，实践性、阶级性和目的性。

“四元论”主要观点认为思想政治教育的本质是政治性、服务性、工具性和启蒙性。

1984年以来，论及思想政治教育与思想政治工作本质的论文数量呈逐年上升态势。30多年来，关于思想政治教育本质的探讨，年平均发表论文20篇左右，且已有李合亮《思想政治教育探本——关于其源起及本质的研究》和《解析与重构：当代中国思想政治教育的哲学反思》两本著作对其进行了专门探讨，这说明学界越来越重视对思想政治教育本质的研究。

第二节　思想政治教育本质讨论的代表性观点

30多年来，关于思想政治教育本质的研究，呈百花齐放、百家争鸣态势，形成了十多种各具特色的代表性观点。

一、“意识形态论”

这种观点认为，思想政治教育的本质是意识形态性，也可以进一步解释为阶级性和政治性。

思想政治教育具有意识形态性和非意识形态性两个方面属性，而意识形态性是它的本质属性。思想政治教育以一定的意识形态为指导，意识形态性贯穿于思想政治教育的全过程，并充分发挥意识形态的功能。也有学者认为，意识形态的核心是阶级性和政治性，因而，也可以说思想政治教育的本质是阶级性和政治性。

石书臣认为，“一般而言，思想政治教育具有意识形态性和非意识形态性两个方面性质，而思想政治教育的本质规定主要在于思想政治教育的意识形态性”，并提出三点论证。首先，意识形态性是思想政治教育现象中共同具有的最一般、最普通、最稳定的属性。世界上的思想政治教育现象千差万别，但意识形态性是各种思想政治教育普遍具有的属性。由于阶级性是意识形态的本质特征，因而，不同的阶级有不同的意识形态，没有阶级性的意识形态是不存在的。所以，人们在某种意义上也把意识形态性叫作阶级性。其次，意识形态性是思想政治教育不同于其他教育活动的特有属性。思想政治教育的意识形态性本质决定了其主要任务在于进行统治阶级的意识形态教育。最后，意识形态性是思想政治教育根本矛盾所决定的根本属性。并认为，思想政治教育本质的意识形态性，是由上述三个基本条件共同规定的。这三个方面是一个有机整体，缺一不可。

黄世虎认为，思想政治教育是以一定的意识形态为思想和方法论指导，其内容和功能也表现出很强的意识形态性，可见，意识形态性是思想政治教育的本质属性。其论文提出以下论证：首先，思想政治教育总是以一定的意识形态为指导。其次，思想政治教育内容具有强烈的意识形态性。最后，意识形态功能是思想政治教育的根本功能。

二、“政治价值观再生产论”

这种观点认为，思想政治教育是一种生产劳动。

就其内涵和侧重点而言，思想政治教育是偏重于思想启蒙、观念生产、创造意识和价值观的实践活动，因而属于马克思和恩格斯所谈论的精神生产。在思想政治教育过程中，人们从事的是一种创造具有特定政治意蕴的精神产品和精神价值的劳动，但这种劳动的目的并不止于个体乃至社会思想、观念和精神追求的改变，最终是为了实现对物质世界的改造。基于此，思想政治教育成效的大小将取决于它所包含的劳动的精神价值的创造程度和物质价值的获得程度。思想政治教育的本质就是以受教育者思想政治素质的养成为指向的政治价值观再生产。其中，政治价值观是思想政治教育所涉及的思想教育、政治教育、道德教育和法律及心理教育等诸多教育内容的核心，也是综合各种形式的教育之后得出的思想政治教育活动价值的精髓。而再生产是基于并服务于社会劳动的特定实践类型，政治价值观的再生产既包含了涉及教育者和受教育者双方但以受教育者为观察人群的思想改造与价值更新，也包含了以创造精神成果为代表、融具体劳动和抽象劳动于一体的社会生产劳动，这种社会生产劳动的最终结果是在一定程度上带来的对人们的思想世界和物质世界的改造。

三、“价值引导论”

这种观点认为，思想政治教育是一种价值建构和价值教育实践活动，其本质是价值性。

持这种观点的研究者认为，产生和推动思想政治教育发展的内在矛盾是社会价值体系与个体价值观之间的矛盾，因而，思想政治教育本质上是一种价值建构、价值教育和传播实践活动。谢宏忠认为，现代思想政治教育本质上是一种价值引导活动。张正瑞认为，人是按照人所希望世界成为的样子去改造世界，而不是按照世界的本来面目去适应世界。尽管改造的结果常常不尽如人意，但改造的动力是为了迎合目的。从这个意义上讲，思想政治教育这种精神生产实践是一种理想价值的构建，思想政治教育的这种本质也就是这种理想的价值观教育。侯丹娟认为，思想政治教育的本质是价值观教育，它是一定阶级、政党或集团用社会价值体系对社会成员施加一定影响，从而促使他们形成符合该社会价值体系要求的个体价值观的实践活动。综上所述，思想政治教育的本质应界定为人类以满足自身和社会需求为目的，以价值审视、价值选择为内容，以构建理想价值为目标的精神生产实践活动。

四、"超越论"

这种观点认为，思想政治教育有为社会、为阶级服务的一面，也有为人的发展服务的一面，但从根本上说是为人的全面发展服务，并将培养人的全面发展看作思想政治教育本质的回归。思想政治教育的超越性，就是其面向未来的发展性及对社会实践活动和人的行为的先导性。思想政治教育的目的性、实践性，内在地包含着思想政治教育的超越性。思想政治教育的本质就是要使人们的思想认识超越现有水平。同时，思想政治教育不只是解决现有的思想矛盾和已经发生的问题，更重要的是要把人们在思想政治方面的长处、优势和积极因素充分发挥出来，引导、提升到更高程度，并尽可能有效预防可能发生的问题，这就是由思想政治教育的超越性所要求的主动性、预防性。

郦平认为，思想政治教育应以自己特有的方式，紧密围绕培养全面发展的人这一根本任务，将自身固有的能促进学生全面发展的功能充分发挥出来，以精神关怀为出发点，并使其作为思想政治教育本质的回归。

张艳新认为，思想政治教育的问题从根本上讲是人的问题，现代思想政治教育是一种促进人自身全面发展的、具有超越性的独立实践活动。

李合亮认为，作为一种教育活动或教育形式，思想政治教育本质自然体现、内含教育的本质，但思想政治教育毕竟是一种独特的教育活动，有其自身的特性。探讨思想政治教育的本质，既应看到思想政治教育为阶级、为社会服务的一面，也应该看到它作为一种教育活动有其"建设人自身"的根本属性。"建设人自身"，正是思想政治教育超越性本质的体现。

五、"灌输论"

这种观点认为，思想政治教育的本质是灌输。坚持这一观点是遵循列宁提出的关于"灌输论"的教导，是发展思想政治教育基本理论的需要。

刘书林认为，列宁提出的"灌输论"具有丰富的思想内容，是无产阶级政党进行思想建设的长期有效的纲领性文献。在今天，列宁提出的"灌输论"不但没有过时，而且越来越显示了其精辟的准确性。根据列宁提出的"灌输论"，我们认识到，历史和现实中的思想政治教育的本质都是一定的社会意识形态的教化和灌输。其他的社会科学学科也从某一个方面涉及"灌输"性质的工作，但是思想政治教育是在正面直接体现和揭示这一本质的学科。这一概括是符合实际的，经得起历史考验的。以前有的研究没有作出明确的归纳，今天不应该继续回避这一主要问题，而应该继往开来、与时俱进，不留缺憾。"灌输"既是思想政治教育学的一个主要的范畴，又准确揭示了思想政治教育的本质。坚持思想政治教育的本质是灌输，对于思想政治教育学科的发展具有重要的理论意义和现实意义。侯爽认为，意识形态的灌输就是思想政治教育的本质；灌输不是思想政治教育的一种原则，更不是具体的方式方法。灌输理论是马克思主义理论的重要组成部分，无论在无产阶级革命时期还是在社会主义现代化建设时期，都是重要的思想武器；意识形态的灌输与思想政治教育有着天然的、密不可分的联系，否定意识形态的灌输，就是否定思想政治教育。在新的形势下，马克思主义的灌输论非但没有过时，而且更加显现出其重要性。否定灌输，就是否定或放弃思想政治教育。然而，必须明确马克思主义理论不是僵化的模式和教条，灌输理论也应该是生动而鲜活的、与时俱进的。无论是形式还是方法都应该随时代的变化而不断地丰富和发展，这样才能在新形势下实现更为有效的意识形态的灌输。

六、“思想掌握群众论”

这种观点认为，思想政治育的本质是思想掌握群众，是一定的阶级或集团，运用反映本阶级或集团根本利益的思想意识，影响和掌握群众的社会实践。

骆郁廷认为，思想政治育的本质是思想掌握群众，就是一定的阶级或集团，运用反映本阶级或集团根本的政治目的和经济利益的理论化、系统化的思想意识，自觉地影响和掌握群众的思想，指导和推动群众的社会实践，以实现本阶级和集团根本的政治目的和经济利益的过程，这也就是一定的思想为群众所掌握、一定阶级或集团的思想对象化、群众化、实践化的过程。思想政治教育的本质之所以是思想掌握群众，还在于思想掌握群众反映了思想政治教育的根本属性。思想政治教育的本质就是思想政治教育固有的、深刻的、一贯的和稳定的方面，是思想政治教育的根本属性，是一切思想政治教育所具有的共同属性。思想掌握群众符合思想政治教育本质的规定，体现了思想政治教育的共同的根本的属性。

他还指出，思想掌握群众是一切思想政治教育活动的普遍本质。他说，思想掌握群众是贯穿一切思想政治教育活动的根本属性。思想政治教育活动，不仅封建社会存在，资本主义社会存在，社会主义社会也存在；不仅当代中国社会存在，当代西方社会也存在；不仅统治阶级当中存在，被统治阶级当中也存在。不论哪一种思想政治教育活动，都是一定阶级运用本阶级的思想影响和掌握本阶级内部和本阶级外部群众的活动。思想政治教育的本质是思想掌握群众，凸显了思想政治教育同其他社会实践活动的本质区别……思想掌握群众，既是运用一定阶级的思想掌握本阶级群众的活动，也是运用一定阶级的思想影响和掌握其他阶级群众的活动，而中共的思想政治教育是先进思想掌握群众的活动。思想掌握群众集中而充分地体现了思想政治教育的本质特征。

七、“人的社会化论”

这种观点认为，思想政治教育的本质是人的社会化，是将一个不适应或不完全适应社会发展需要的人，培养成为能够适应一定社会发展需要的合格社会成员。

正如陈秉公所认为的，思想政治教育的本质“是人的思想品德和心理素质的社会化，是将一个不适应，或不完全适应社会发展需要的人，培养成为能够适应一定社会发展需要的合格社会成员。”并提出三点论证：“第一，从思想政治教育过程的基本矛盾看……思想政治教育过程的特殊矛盾就是它的基本矛盾，即社会发展需要的思想品德和心理素质与受教育者现有水平的矛盾。思想政治教育的全部任务都在于解决这个矛盾……这项工作本质正是人的社会化。”“第二，从马克思关于人的本质的论述看……思想政治教育塑造人的本质，就是在促进人的社会化；思想政治教育塑造人的本质的过程，就是实现人的社会化的过程。”“第三，从思想政治教育的职能和内容看……塑造人格的实质是培养社会发展所需要的人。这个根本性社会职能的本质就是人的社会化。”

陈百君认为，一定阶级通过思想政治教育向社会成员传递本阶级的政治观念、道德意识和行为规范，目的在于使社会成员能够成为本阶级所需要的人。因此，思想政治教育从本质上可以说是社会成员逐步实现社会要求的过程。

高珊也认为，思想政治教育，本质而言是以促进受教育者政治社会化为主要目的的社会实践活动……无论过去、现在和将来，也无论本土和异国，都曾经是，而且必将永远是思想政治教育这一特殊存在现象的永恒主题和发展主线，是思想政治教育永恒希求的目标。

八、“社会治理论”

这种观点认为，思想政治教育的本质是一种特殊的社会治理活动，是一种社会管理机制或组织监管策略。

王学俭认为，思想政治教育本质必定是一种特殊的治理活动。它应当是人类进入阶级社会以后，特定社会共同体（诸如阶级、政党、集团、群体）所开展的有目的性、有计划性、有组织性的特殊治理活动——对属于国家统治地位的共同体而言，它是一种政治统治或社会管理的机制；对处在非统治地位的共同体而言，它是一种政治运作或组织监管的策略。这样的治理活动以相应共同体在一系列特殊的情境因素和条件状况中所认同并选择的上层建筑为基本依据，它通过转化或调控特定个体成员的思想意识、价值信念并且训导或形塑特定个体成员的人格心理、行为表现而贯彻实施并履行实现的。他还认为，思想政治教育本质是“立体”的，可以划分为四个质级。这就是，第一个质级是对共同体成员对象的引导和塑造。第二个质级是对共同体上层建筑的确证和维系。第三个质级是对共同体运行秩序的规约和整合。第四个质级是对社会发展状况的干预和调控。

也有人认为，思想政治教育的本质是训导，是思想管理，思想政治教育本质的核心是思想管理的软控性。如王皓认为，思想管理的本质是对思想外化的软控；思想教育的本质是训导，即对思想内化的定向性影响；掌控性和训导性是思想政治教育的本质属性，并指出思想政治教育的本质就是思想管理，思想政治教育本质的核心是思想管理的软控性。他还认为，思想管理的本质就是对思想外化的软控。因为软控是指人们通过彼此间直接或间接的思想交往发生作用，以协调、控制和监督人们的思想；它与以暴力、外在强制力为本质属性的硬控性或强制性相对应，主要诉诸沟通、引导、说服、激励、控制和监督等方式、途径，进行思想教育、思想武装和理论指导，或顺于民心、合乎民意、引导时代发展潮流，从而得到人们的同情、理解、支持和信赖；或违抗民心、逆时代发展潮流而动，从而失去人们的认同、拥护、支撑和忍耐。

九、“二重本质论”

这种观点认为，思想政治教育的本质不是一重的，而是二重的，是二重本质的对立统一。例如，人性与党性、目的性与工具性、政治性与非政治性的统一等。

刘军、汪玉峰认为，思想政治教育的本质是党性和人性的有机统一，思想政治教育的党性是指阶级性、政治性和意识形态性。党性是阶级性的集中体现，是阶级斗争发展到高层次的产物。自其诞生的那一天起，思想政治教育就是党的工作的一个重要组成部分，是为党的政治任务服务的，它自然具有很强的党性。思想政治教育的“人性”是指以人为本，反映和满足人的需要，提升人的精神境界，促进人的全面发展。人性与党性在思想政治教育中的关系表现为：人性是思想政治教育的基础和前提，人性伴随着个体成长过程的始终，人性决定党性；党性离不开人性，党性能够提升人性。从思想政治教育价值目标的角度来看，人性与党性最终都在于人的精神的培养和提升，思想政治教育的本质是党性和人性的有机统一。

李合亮认为，政治维护与思想建构都是思想政治教育的本性，虽然有时可能会因条件、任务的变化二者表现出不同的强势，但相对而言，政治维护具有工具性，思想建构具有目的性，两者的有机统一共同形成了思想政治教育的整体与本质。

陈志华认为，思想政治教育的本质属性在于政治性与科学性的有机统一。政治性贯穿思想政治教育始终，决定着思想政治教育的性质面貌，科学性是思想政治教育发展的内在规定性。任何离开科学性的思想政治教育必然反映着占统治地位的剥削阶级的政治意志，具有极大的欺骗性；而任何离开政治性的思想政治教育企图追求人类“共有价值观的教育”只会使我方主动丧失意识形态的主导地位，却正好满足资产阶级政治文化传播的需要。

王秀阁认为，思想政治教育的本质是以正确分析和把握社会要求与个人思想品德差距为基础，在实践的过程中，通过不断完善社会要求和个人思想品德，实现个人与社会的良性互动和有机统一。也有学者认为，思想政治教育的本质是价值性与科学性的辩证统一、政治性与管理性的辩证统一等。

十、“多重本质论”

这种观点认为，思想政治教育是一种具有多种属性、多重因素的特殊实践活动，因此，具有多重本质或多重本质属性。

郑永廷认为，我们可以对思想政治教育的性质作如下概括：思想政治教育是一种有目的性、具有超越性的实践活动。这种实践活动随着社会的发展和人们的主体性的增强，其作用越来越重要。思想政治教育在社会生活中，是一种多属性、多因素的特殊活动。

秦在东、方爱清认为：思想政治教育的本质特征是以实践为基础的政治性、思想性、科学性和教育性的统一，突出政治性、体现思想性、把握科学性、彰显教育性是现代思想政治教育给我们提出的时代要求。思想政治教育在充分运用和把握科学性的基础上，通过突出政治性保证人们对主流意识形态的认同，通过体现思想性实现个人、群体、社会与国家意志的思想统一，通过彰显教育性完成人们必要的政治社会化、道德社会化和培育健全的人格，通过实践基础上的政治性、思想性、科学性、教育性的统一，为整个同家、社会的正常运转与发展提供智力支持、思想保证与精神引导，从而实现社会管理的良性运行和协调发展。

李辽宁认为，思想政治教育的本质不是单一的，而是多维度立体的。研究思想政治教育的本质，可以从政治维度、伦理维度、社会维度和个体维度等进行综合考察。这既是思想政治教育本质的逻辑展开，也是提高思想政治教育的现实需要。多维立体说认为对于思想政治教育的本质不能只从一个方面来认识，而是需要从多维视角来解读，认为思想政治教育具有阶级性、服务性、工具性、启蒙性的本质属性，从这四个维度对思想政治教育的本质进行解读是基于这样的认识：本质具有历史性，它不是固定不变的；本质是多维立体的而不是单维的。

十一、“相对本质论”

这种观点认为，思想政治教育无一般本质，只有相对本质。思想政治教育本质是相对的、变化的。

张艳新、程爱华认为，人的本质是随着实践的变化而不断变化的，人的本质的不断变化必然导致思想政治教育本质的变化，关于思想政治教育的本质强调这样三点：

①思想政治教育的本质不是永恒的、静态的，而是历史发展的、不断生成的。不存在亘古不变、绝对同一的思想政治教育本质，我们只能寻求一个相对稳定时期的那个思想政治教育的本质。

②思想政治教育的本质是以客观事实为基础的，它重点回答“思想政治教育应该是什么”的问题。对本质的判断应着眼于它对实践问题的解决适合与否，而不只是用不同的方式来解释和考证。

③思想政治教育应该是什么，这是一个仁者见仁、智者见智的问题。哪一种认识更应该、更可取，最终取决于它对实践的作用，而实践的发展是具体的、历史的，从这个意义上讲，思想政治教育的本质不是“一”，而是“多”。因而，要考察思想政治教育的本质，就需要从思想政治教育活动与思想政治教育主客体即人的发展之间的内在特殊关系上来探究，不仅要科学回答“思想政治教育是什么”的问题，而且还要理性地回答“思想政治教育应该是什么”的问题，从而实现思想政治教育合规律性与合目的性的辩证统一。其中，“思想政治教育是什么”的探究是前提和基础，“思想政治教育应该是什么”的探究是重点和目的。

第三节　关于深化思想政治教育本质研究的思考与探索

由于思想政治教育的本质问题在整个思想政治教育理论大厦中的基础性作用，学界普遍认为是当前思想政治教育学科建设、理论建构亟须解决的重点难点问题之一。因此，诸多学者都在思考和探索如何进一步深化思想政治教育本质研究的问题。

一、深化思想政治教育本质研究，首先要解决认识思路的问题

深化思想政治教育的本质研究已经成为推进学科发展的内在要求，大家都认识到准确界定思想政治教育本质是思想政治教育学的立论之本，有利于在学科建设中坚持正确的导向，避免认识上的混乱，推进思想政治教育学科科学发展。然而，只有沿着正确的认识思路才有可能找到思想政治教育的真正本质。

（一）必须对“本质”“思想政治教育”和“思想政治教育本质”进行科学区分

有学者提出，“本质”的内涵是首要的前提。对思想政治教育本质的认识分歧往往是由于对“本质”的不同理解及其相应运用，因而需要首先清楚地理解“本质”的内在含义。

其次，“思想政治教育”的界定是必要的铺垫。如果不对“思想政治教育”作出明确界定，那么在探析思想政治教育本质的时候就会给人的认识造成“捉摸不定”的混乱。

最后，“思想政治教育本质”的概念是重要的基础。既然要解答思想政治教育本质的具体要义，那么就无可辩驳地应将考究视角的选择和探索思维的推理与“思想政治教育本质”这一专业术语紧密地联系起来。

（二）要科学把握思想政治教育本质认知的逻辑起点

有学者提出，人们对思想政治教育本质认知的逻辑起点，大致可分为以下三类：

一是将人作为思想政治教育本质研究的逻辑起点，这种观点将人的现实需要、人的成长与全面发展作为研究本质问题的出发点。

二是将国家或统治阶级作为本质研究的逻辑起点，这种观点将符合社会发展需求和统治阶

级统治作为研究本质问题的出发点。

三是将思想和行为作为思想政治教育的逻辑起点，这种观点以人的思想活动的表现关系作为本质研究的出发点。

由于逻辑起点是事物研究最原始、最基本的范畴，因此就单一事物本质的研究而言，逻辑起点也应是唯一的。前两种观点将“人”和“国家或统治阶级”作为本质的认知起点，虽然都是具有思想政治教育领域特点的最大抽象规定，但单纯将“人”或“国家或统治阶级”作为逻辑起点，都不能满足“具有对象领域全部矛盾的抽象规定”的要求，即它们都无法涵盖思想政治教育领域内的一切矛盾。思想政治教育不但具有贯彻主流意识形态的政治功能，还具有培养公民道德和健全人格的人文功能。因此，单纯将“人”或“国家或统治阶级”作为逻辑起点，都无法全面、完整地揭示思想政治教育的本质。

有研究者主张将“思想与行为”作为思想政治教育的逻辑起点，尽管它包含了思想政治教育领域的重要矛盾范畴，但不是全部矛盾的“胚芽”。思想政治教育过程包含很多矛盾，如思想与行为、教育者与受教育者、教育与管理、内化与外化、个人与社会等，“思想与行为”作为众多矛盾中的一项基本范畴，它既无法涵盖其他范畴所代表的特殊矛盾，也不能成为思想政治教育本质认知的逻辑起点。由此，有人认为，“价值”作为思想政治教育领域“最原始的基本关系”，应成为思想政治教育本质认知的逻辑起点。其理由是：

第一，“价值”是思想政治教育领域中最基础、最普遍、最抽象的范畴。

第二，“价值”是具有思想政治教育领域特点的规定。

第三，“价值”是思想政治教育发展的基本矛盾的集中体现。因此，我们必须以“价值”为认知起点来揭示思想政治教育的本质。

二、要科学认识和把握思想政治教育本质，必须正确区分三种本质观

关于事物是否有本质，学界主要持三种观点：

一是本质主义。

本质主义相信任何事物都存在一个深藏着的唯一本质，并把人类认识，特别是现代以来所谓科学认识的任务规定为透过现象揭示事物的唯一本质，认为事物的唯一本质不能通过直观或自然观察来把握，只有通过概念的思辨或经验的证实才能把握，而一旦揭示了事物的本质，就把握或占有了真理。

二是反本质主义。

反本质主义批判了本质主义对于事物本质的信念或假定，认为本质概念是微不足道的，或者我们永远不能阐明一事物的哪些性质是本质的或偶有的。

三是马克思主义本质观。

对于本质的存在形态，马克思主义认为事物的本质并不是一成不变的，而是随着事物主要矛盾的变化，逐渐完成量变向质变的转化。当事物质的规定性发生了变化，事物的本质也就发生了改变，这一过程是循环往复不断发展的。

从本质主义的立场和观点出发，思想政治教育本质是客观存在并且是唯一的、永恒不变的。这种机械的观点无疑会使思想政治教育本质研究陷入僵化、绝对、片面的误区。从反本质主义的立场和观点出发，思想政治教育本质乃至一切事物的本质都是“不存在”或“无意义”的，

这将使思想政治教育本质这一重大理论问题变为一个伪命题，把人们对思想政治教育的认知引向“怀疑主义”和“不可知论”。可见这两种观点都无法真正破解思想政治教育本质问题。

按照马克思主义本质观，思想政治教育本质是思想政治教育活动内部具有的稳定而普遍的根本性质，它不但客观存在，并且作为根本依据贯穿在思想政治教育产生和发展的历史进程之中。但思想政治教育本质绝不是唯一的、一成不变的，而是多层多维并不断变化发展的。

三、深化思想政治教育本质研究，必须坚持科学的方法论指导

从思想政治教育的实践运行来考虑。思想政治教育是一项现实的社会实践活动，具有很强的现实性、社会性和政治性。深化思想政治教育本质研究，必须坚持马克思主义的基本立场与方法，科学运用多种思维方式，积极化解理论困扰，克服研究中出现的一些错误倾向。

（一）深化思想政治教育本质研究，必须综合运用多种思维方式

一是“主体性思维方式”。思想政治教育是一项根植于人类社会之上，由人主导并参与其中的社会实践活动，对思想政治教育本质的认识无法离开现实的、具体的、实践的人。而马克思主义实践本质论作为一种主体性思维方式，为思想政治教育本质认知提供了主体性依据。

二是“多向的思维方式”。思想政治教育是一项处于复杂社会关系中的特殊实践活动，其自身也具有多个层次维度。因此，对思想政治教育本质应从关系性思维进行把握。马克思主义实践本体论将人与世界、主观与客观的相互关系看成是多面的、多维的、多元的，这种多向的思维方式为思想政治教育本质认知提供了现实基础。

三是“变革的思维方式”。思想政治教育是一项产生于社会实践、面对现实、立足需要、不断解决社会问题的教育活动。思想政治教育本质认知也要根据历史发展和时代需求，将“是什么”与“怎么做”结合起来，不仅要形成对本质的科学认识，更要以其推动思想政治教育的实践变革和科学发展。马克思主义实践本体论将本体论指向了现实世界，这种变革的思维方式为思想政治教育的认知提供了不竭的精神动力。

（二）要化解意识形态和去意识形态的两难困扰

思想政治教育本质讨论的纠结点是意识形态和去意识形态。由于社会上存在着不同的价值观和文化，这需要一种共同价值观和主流文化统领人们的精神世界，从而产生了社会主导。李辉认为，“事实证明，社会越开放，文化越多样化，对主导性的要求就越强烈。思想政治教育是进行一定社会主导性价值观教育的实践活动。同时，思想政治教育也是培育人的精神世界的育人活动。坚持前者，就坚持了思想政治教育的党性原则；坚持后者，就坚持了思想政治教育的教育品质。任何割裂二者关系的做法，都只能片面地理解其本质。”

（三）要克服研究过程中存在的两点不足

学界对思想政治教育本质的回答方式多种多样，有的是用“定义”来阐释，有的是用“属性”来描述，有的是用“功能”来说明。但总体上仍有以下两点不足：

一是把社会要求静态化、理想化。目前学界在概述思想政治教育本质时，都认为思想政治教育开展的前提是存在社会所要求的思想观念、政治观点、道德规范。这是普遍承认的也是正确的。但仔细推敲起来，却很难说是准确的，这一点正是导致思想政治教育本质出现社会本位和个人本位分歧的根源之一。它以两个并非充分的假定作为前提：一是把社会要求看成即成的、

不变的，二是把社会要求看成最理想、最正确的。事实上，社会要求和个人的道德品质都是在实践中不断生成和发展的。而如今的思想政治教育本质说只是因为社会要求在一定时期内相对稳定，就忽略社会要求的生成性。

二是割裂了社会与个人的关系。思想政治教育本质出现“社会本位说”和“个人本位说”，正是因为割裂了社会和个人之间的联系，把个人和社会二重化的结果。虽然有学者已提出了思想政治教育本质应该是社会和个人的统一，但他们的思维逻辑仍然把社会和个人割裂开了。事实表明，思想政治教育本质既不是从人出发，也不是从社会出发，既不是单纯为了社会，也不是单纯为了个人，更不是从社会出发附带考虑个人或者从个人出发附带考虑社会。

（四）科学把握思想政治教育本质研究中的若干重要关系

近年来，众多学者就思想政治教育本质问题进行了深入探讨，形成了丰富的理论成果。但总的来说，由于思维方式、研究向度、研究方法不同，导致人们对思想政治教育本质的认识常常出现分歧。应该解决这些分歧，需要在加强学术交流、争鸣的过程中，处理好一些重要的关系问题，从而促进思想政治教育本质研究的深化。

一是正确认识阶级性与科学性的关系。

思想政治教育政治性的实质是阶级性。这从根本上规定了思想政治教育的价值取向。这是政治关系在思想政治教育中的体现。

二是科学把握一元性与多样性的关系。

思想政治教育的政治本质只有一个，即为统治阶级的根本利益服务，这是思想政治教育政治本质的一元性。同时思想政治教育的本质又具有多样性的特点。原因在于，思想政治教育是一个系统，它有多个侧面，有多个层次，在具体形式方面是十分丰富多样的。

三是科学把握不变性与变动性的关系。

政治是社会的一部分，它是长期不变的，但政治的内涵、形式、作用范围等在不同的社会条件下会有变化。由于社会发展及其政治的上述特点，“政治性”同样仍然是新形势下思想政治教育的本质，但其内涵、形式、作用范围等有了新的变化。

四是科学把握思想政治教育本质与思想政治教育现象的关系。

我们既要防止误把一些思想政治教育现象当作思想政治教育本质，特别是以思想政治教育假象冲击思想政治教育的真正本质，也要防止把思想政治教育本质降低为思想政治教育现象，而忽视或淡化思想政治教育本质。

五是科学把握思想政治教育本质属性与思想政治教育一般属性的关系。

思想政治教育的本质属性是思想政治教育属性中规定着思想政治教育性质和发展方向的根本属性。这个根本属性就是阶级性或意识形态性，它规定着思想政治教育的根本性质和方向，是思想政治教育的主导属性。而社会性或非意识形态性虽然也是思想政治教育的属性，但不是本质属性，它受本质属性的影响和制约。

六是科学把握思想政治教育本质规定与思想政治教育时代要求的关系。

思想政治教育的本质是随着社会客观条件的变化而发展变化的。从思想政治教育本质的角度讲，开发人力资源（主要是非智力资源）、推进人的精神生活和思想道德的全面发展、促进人的和谐发展等内容理应成为现代思想政治教育的本质。

第五章　高校思想政治教育的价值与功能理论

第一节　高校思想政治教育的价值理论

一、思想政治教育是中国共产党的真正优势

思想政治教育是伴随着国际共产主义运动的发生、发展，伴随着无产阶级政党的创立逐步形成和发展起来的，是马克思主义与工人运动相结合的产物。以马克思主义为指导的思想政治教育一产生，就成为无产阶级及其政党动员、组织人民群众推翻剥削制度，建立社会主义社会的有力武器。一百多年来的国际共产主义运动的实践证明，正是因为无产阶级政党充分运用了思想政治教育这个有力武器，社会主义才由理论变为现实，社会主义革命才能由一国胜利到多国胜利。而如果忽视、削弱甚至取消以马克思主义为指导的思想政治教育，国际共产主义运动就会遭受挫折。

中国社会主义革命是国际共产主义运动的一个组成部分。90 多年来中国社会主义革命和建设的实践说明，以马克思主义为指导的思想政治教育是中国共产党的传家宝，它在党的事业中居于极其重要的地位，是党的工作的一条重要战线，发挥着巨大的作用。中国共产党自 1921 年成立之日起，就十分重视思想政治教育。中国共产党和中国革命的发展壮大，可以说与思想政治教育密不可分。没有思想政治教育对马克思主义的传播，中国的工人运动就难以发展；没有马克思列宁主义与中国工人运动的结合，就不会产生中国共产党。在我们这样一个农民占人口绝大多数的国家里，能够把党建设成为一个坚强的、富有战斗力的政治集团，就在于党特别重视通过思想政治教育向党员及群众传播马克思列宁主义，着重从思想上建党，经常注意以无产阶级的思想来改造和克服各种非无产阶级思想，并把思想政治教育作为团结全党和全国人民完成各项任务的中心环节。土地革命战争时期，党首先在红军中建立了政治工作制度，坚持用无产阶级革命思想教育部队，启发官兵的革命觉悟，在极其艰苦的条件下，创建了革命根据地，成功地坚持了武装革命斗争。在随后进行的抗日战争中，党通过多种形式开展思想政治教育，保证了党及其所领导的军队在抗日战争中的独立性和抗日战争的顺利进行。在解放战争中，思想政治教育在提高干部战士的思想觉悟、动员广大群众参加革命战争方面发挥了巨大作用，为推翻反动统治、建立新中国做出了巨大贡献。中华人民共和国成立后，在社会主义建设实践中，思想政治教育又有了新的发展。通过理论教育、学习英雄模范人物和群体等多种形式的思想政治教育，人民群众的思想道德素质普遍得到提高，建设社会主义的积极性得到充分发挥，人际关系和谐，社会风气清正。所有这些，极大地促进了社会主义建设事业的发展。进入社会主义现代化建设的新时期，党中央进一步加强了对思想政治教育的领导，颁发了多个有关思想政治教育和精神文明建设的文件，促使思想政治教育向高水平发展。新时期的思想政治教育在提高

人们的思想道德素质、引领人们与时俱进、调动人们参加现代化建设的积极性，保证改革开放和社会主义和谐社会建设的顺利进行等方面，都发挥了不可替代的重要作用。

由此可见，中国革命之所以能够在极其艰难困苦的条件下战胜强大的敌人取得胜利，中国特色的社会主义之所以能够克服困难排除障碍不断发展，取得令世人瞩目的巨大成就，除了党的坚强领导和党的路线、方针、政策的正确外，强有力的思想政治教育也是不可或缺的重要因素。思想政治教育是中国共产党的政治优势和优良传统。正如邓小平所说："过去我们党无论怎样弱小，无论遇到什么困难，一直有强大的战斗力，因为我们有马克思主义和共产主义的信念。有了共同的理想，也就有了铁的纪律。无论过去、现在和将来，这都是我们的真正优势。"邓小平所强调的马克思主义理论指导、共产主义理想和信念、铁的纪律这种优势，显然不是自发形成的，而是长期培育的结果。它的形成和发展，同党的思想政治教育密不可分。始终不渝地对党员干部和广大群众进行思想政治教育，是中国共产党党建工作和群众工作的一大特色，在任何时候都必须坚持，在现阶段更不能松懈。在建设社会主义市场经济和和谐社会的新时期，我们必须牢牢把握以马克思主义为指导的思想政治教育这个传家宝，继承和发扬党的思想政治教育的优良传统，以保证我国社会主义现代化建设不断向前发展。

二、思想政治教育为社会经济基础所决定又为其服务

思想政治教育作为客观存在的一种社会活动，并不是孤立存在的，它与整个社会以及社会生活的各个领域有着紧密的内在联系。因此，只有将思想政治教育置于一定的社会结构中加以考察，才能科学地认识思想政治教育的地位。

任何社会都是一个完整的统一体。马克思、恩格斯站在人类历史发展的高度，以人的社会实践为基础，深刻地揭示了社会系统的宏观结构，科学地说明了生产力与生产关系、经济基础与上层建筑、社会存在与社会意识之间的辩证关系。马克思主义认为，人类社会是由生产力、生产关系（经济基础）和上层建筑所构成的，其中，生产力决定生产关系，经济基础决定上层建筑；而生产关系对生产力、上层建筑对经济基础又具有反作用。在这个结构体系中，思想政治教育占有一个什么位置呢？简单地说，思想政治教育是社会上层建筑的有机组成部分，是经济基础以及上层建筑其他部分的反映，为经济基础和上层建筑的其他部分所决定；同时，又反作用于经济基础和上层建筑的其他部分，为其服务。与社会结构的其他部分相比，思想政治教育直接作用于人的思想道德素养，这样一个功能性的地位是社会结构的其他部分无法取代的。

生产力是整个社会系统结构中的一个决定性因素，而在生产力诸要素中，人是能动的、主导的因素。也就是说，人是有思想动机、有主体能动性的，这是生产力具有最革命、最积极特征的依据。马克思主义经典作家十分重视人的精神因素在社会发展中的作用。恩格斯曾指出："历史是这样建造的：最终的结果总是从许多单个的意志的相互冲突中产生出来的，而其中每一个意志，又是由于许多特殊的生活条件，才成为它所成为的那样。这样就有无数互相交错的力量，有无数个力的平行四边形，由此就产生出一个合力，即历史结果，而这个结果又可以看作一个作为整体的、不自觉地和不自主地起着作用的力量的产物。因为任何一个人的愿望都会受到任何另一个人的妨碍，而最后出现的结果就是谁都没有希望过的事物。所以到目前为止的历史总是像一种自然过程一样地进行，而且实质上也是服从于同一运动规律的。但是，各个人的意志——其中的每一个都希望得到他的体质和外部的、归根结底是经济的情况（或是他个人的，

或是一般社会性的）使他向往的东西——虽然都达不到自己的愿望，而是融合为一个总的平均数，一个总的合力，然而从这一事实中决不应做出结论说，这些意志等于零。相反地，每个意志都对合力有所贡献，因而是包括在这个合力里面的。”恩格斯在这里肯定了人的意志（即人的思想意识、行为动机）在历史发展中的作用，实际上也就肯定了转变人的思想、激发人的行为动机的思想政治教育在历史发展中的地位和重要作用。有鉴于此，思想政治教育就要努力培养人们良好的思想动机，促使人们积极参加社会主义现代化，促进我国生产力获得更大的发展。

生产关系反映的是人们在生产实践中的相互关系。在迄今为止的社会里，每一社会形态中的生产关系都不是单一的，社会形态的性质是由占主导地位的生产关系决定的。一般说来，有什么样的生产关系，就有什么样性质的思想政治教育；而不同性质的思想政治教育，总是为一定的生产关系服务的。阶级社会的历史发展表明，统治阶级总是竭力用代表本阶级利益和意志的思想体系来教化人民，以便巩固本阶级的统治地位。正如马克思、恩格斯所说：“统治阶级的思想在每一时代都是占统治地位的思想。这就是说，一个阶级是社会上占统治地位的物质力量，同时也是社会上占统治地位的精神力量。支配着物质生产资料的阶级，同时也支配着精神生产资料，因此，那些没有精神生产资料的人的思想，一般的是隶属于这个阶级的。”马克思、恩格斯在这里明确指出，在阶级社会里，意识形态具有鲜明的阶级性。作为传播社会主导意识形态重要手段的思想政治教育当然也具有阶级性，思想政治教育要为占主导地位的生产关系服务，当然就必须以与之相适应的主导意识形态为主要内容。就我国而言，在国际国内环境极其复杂的今天，思想政治教育无疑应该旗帜鲜明地坚持以马克思主义为指导的社会主义意识形态教育人民，为社会主义生产关系的巩固和发展服务。这是由思想政治教育的地位所决定的，也是思想政治教育的历史责任。

上层建筑为经济基础所决定又对经济基础有巨大的反作用。上层建筑可分为政治上层建筑和思想上层建筑，前者是指国家机器、国家政权、政治结构等；后者主要是指社会意识形态，包括政治观念、法律观念、道德观念、宗教、艺术、哲学等以及这些思想意识观念的教育等。思想政治教育是思想上层建筑即社会意识形态的重要组成部分之一，它不仅为经济基础所决定并且为其服务，而且也受制于上层建筑的其他部分并对其产生重要的反作用。这一地位决定了我国思想政治教育必须大力倡导社会主义的政治、法律、道德观念等先进的思想意识，为我国社会主义经济发展服务，为社会主义民主法制建设服务，为建设社会主义和谐社会服务。

三、思想政治教育是社会主义精神文明建设的中心环节

以马克思主义为指导的社会主义精神文明是社会主义社会的重要特征，是社会主义制度优越性的重要体现。邓小平指出：“我们要建设的社会主义国家，不但要有高度的物质文明，而且要有高度的精神文明。所谓精神文明，不但是指教育、科学、文化（这是完全必要的），而且是指共产主义的思想、理想、信念、道德、纪律、革命的立场和原则，人与人的同志式关系，等等。”《中共中央关于社会主义精神文明建设指导方针的决议》据此把社会主义精神文明建设的内容概括为教育科学文化建设和思想道德建设两个方面，并指出这两方面内容是互相渗透和互相促进的。由此可见，精神文明虽然以物质文明为基础，但它又有自己独立的结构体系，是由教育科学文化和思想道德两大内容要素组成的统一体。随着人类社会的不断发展，精神文明的内容将越来越丰富，相对独立性将越来越强。这不仅表现在它在同物质文明系统相互交换能量

的过程中，具有能动的反作用，而且表现在它一经形成，其发展、变化便具有了自身的继承性，且其内部诸因素之间呈现相互渗透、相互作用、相互促进、相互制约的态势。而思想政治教育则处于社会主义精神文明建设的中心环节地位。

教育科学文化建设指的是教育、科学、文学艺术、新闻出版、广播影视、卫生、体育、文物、图书馆、博物馆等各项文化事业的发展和人民群众科学文化知识水平的提高。教育科学文化既是物质文明建设的重要条件，也是提高人民群众思想道德水平的重要条件。精神文明建设的实践表明，教育科学文化建设离不开一定的思想指导，必须保持与主导意识形态相一致的政治方向。由于教育科学文化建设的核心问题，是培养适应社会主义现代化建设要求的“四有”新人，因而文化建设的方方面面最终都必须围绕着人来展开。教育有一个培养什么人的问题，科学和文学艺术有一个为什么人服务的问题，新闻出版、广播电视网络等有一个如何引导人的问题。而培养“四有”新人是思想政治教育的根本任务，因此，社会主义教育科学文化建设内在地包含着思想政治教育，离不开思想政治教育的作用。教育科学文化建设既是我国思想政治教育的重要载体，也要靠思想政治教育保障其发展方向。思想政治教育在教育科学文化建设中的重要地位由此可见一斑。

思想道德建设的主要内容，是要向全体人民传播马克思主义思想体系、共产主义理想信念、集体主义价值观、社会主义法制观和道德观等，以培养有理想、有道德、有文化、有纪律的“四有”新人。社会主义精神文明建设的性质，是由思想道德建设的内容决定的，思想道德建设是社会主义精神文明建设的核心内容。要保证我国精神文明建设的社会主义性质，就必须坚持以马克思主义为指导，大力加强思想道德建设。而马克思主义思想必须经过强有力的思想政治教育，才能内化为人民群众的思想意识，思想道德建设的基本途径则是思想政治教育。可见，思想政治教育是思想道德建设的中心环节和基础工程。加强思想道德建设，就是要坚持向广大人民群众进行思想政治教育，大力倡导社会主义核心价值体系，帮助人们树立以马克思主义为指导的科学的世界观、人生观、价值观和建设中国特色社会主义的共同理想，形成以爱国主义为核心的民族精神和以改革创新为核心的时代精神，确立社会主义荣辱观等。由此可见，思想政治教育是思想道德建设的基础工作，是帮助人们形成良好的思想道德素质的基本途径。由此可见，无论是在教育科学文化建设中，还是在思想道德建设中，思想政治教育都占有重要地位，起着重要作用。以马克思主义为指导的思想政治教育是社会主义精神文明建设的一项主导工程、基础工程，我们应该科学地把握思想政治教育在精神文明建设中的地位，充分发挥其在社会主义精神文明建设中的作用。

四、思想政治教育学科建设的重要意义

思想政治教育实践是党的优良传统之一，是新民主主义革命与社会主义革命和建设取得胜利的重要保障。高度重视思想政治教育的地位，积极发挥思想政治教育的作用，是我党和社会主义的优良传统和政治优势。开展思想政治教育学的研究，是社会发展的需要，也是科学发展的必然和思想政治教育科学化的迫切要求。在当前的社会主义现代化建设新时期，积极探索思想政治教育的规律，合理构建思想政治教育学的科学理论体系，加强思想政治教育学科建设，具有重要的理论意义和实践价值。

（一）思想政治教育学科建设的理论意义

加强思想政治教育学科建设，有助于促进思想政治教育学的体系化、规范化、科学化，搞好思想政治教育的理论建设，增强其理论性。在我国长期的社会主义革命与建设过程中，党在思想政治教育工作中积累了丰富的经验，这些经验需要不断提炼概括以形成科学的理论，以便能够在以后的思想政治实践中更好地指导实践，这需要不断推进思想政治教育的学科建设与发展。思想政治教育学作为一门新兴学科，目前还处于理论建设的初级阶段。为了使思想政治教育学这门新兴学科不断地得到充实和完善，必须根据中国的具体实际，吸收国外的好经验，对思想政治教育的研究对象、研究领域、理论基础、基本规律、基本范畴、运行机制、队伍建设、组织管理、效果检测等进行深入细致的研究和探讨，以期建立一个适合改革开放需要的、具有中国特色的思想政治教育的理论体系。

（二）思想政治教育学科建设的实践价值

总的来说，加强思想政治教育学科建设，有助于正确运用思想政治教育学基本原理，科学地开展思想政治教育工作，提高思想政治教育的工作效率，增强思想政治教育的客观效果。思想政治教育学是一门以马克思主义为理论基础和指导思想的学科，它从理论的高度，运用辩证唯物主义与历史唯物主义研究思想政治教育的本质及其发展规律的一般问题，揭示思想政治教育领域中最普遍的规律，解决思想政治教育工作中带有普遍性和根本性的问题。在理论与实际相结合的过程中，注意克服思想政治教育的主观随意性和片面性，不断探索新时期思想政治教育的客观规律性，自觉地按客观规律办事。因此，加强思想政治教育学科建设，有助于我们提高对思想政治教育学的科学认识，有利于我们掌握开展思想政治教育的理论，在科学理论的指导下，提高思想政治教育的实际工作能力，以顺利地实现培养和塑造社会主义新人政治、思想、道德素质的目标。

对于中国共产党来说，加强思想政治教育学科建设，有助于更好地继承和发扬党在思想政治教育方面的优良传统。在新民主主义革命时期，我们党依靠强有力的思想政治教育，动员了广大人民，特别是农民群众，投入推翻三座大山的伟大革命斗争中，夺取了新民主主义革命的伟大胜利，建立了中华人民共和国。新中国成立后，我们党又不断加强思想政治教育，调动了全国人民的积极性、主动性、创造性，取得了社会主义革命和建设的伟大胜利，把一个“一穷二白”的国家建成了初步繁荣昌盛的国家。中国共产党正是在社会主义革命和建设实践中感受到了思想政治教育的重要性，因而长期以来非常重视思想政治教育，并对思想政治教育的经验做了高度概括与提炼，逐步形成了一套优良的传统。但是，一段时期以来，我们对思想政治教育这一优良传统没有进行认真、深入地发掘、概括和总结，没有加以理论化、系统化、科学化。随着时间的推移，一些优良传统逐渐被淡化了，影响了现实中思想政治教育的效果。党的十一届三中全会后，我国在改革开放中取得了举世瞩目的伟大成就，但也出现了一些失误。邓小平曾指出：“十年最大的失误是教育，这里我主要是讲思想政治教育，不单纯是对学校、青年学生，是泛指对人民的教育。”因此，在当前非常需要对我们党在思想政治教育方面的优良传统进行科学的总结和概括，并结合改革开放的新形势、新特点，增添新内容，使之更加理论化、系统化和科学化。同时，把老一辈革命家经过几十年总结概括出来的好经验、好传统传授给年青一代，使之更好地为改革开放服务。加强思想政治教育学科建设，有利于形成全党更加重视思想政治教育工作的局面，充分发挥党在社会生活中的政治优势。中国共产党是中国特色社会主义事业的领导核心，而思想政治教育则是实现党的领导的根本保证。加强思想政治教育学科建设，可以提高我们对思想政治教育的理性认识，自觉开展思想政治教育活动，向人民群众灌输科学的社会主义、共产主义思想体系，宣传党的奋斗目标，提高人们贯彻党的路线、方针、政策的自觉性，从而在政治生活、社会生活、经济生活、文化生活诸方面充分实现党的领导，保证各项事业的社会主义方向。

对于广大人民群众来说，加强思想政治教育学科建设，有助于人们正确认识思想政治教育的历史地位与作用，提高人们积极开展思想政治教育的自觉性，增强人们开展思想政治教育工作的能力。同时，有助于提高人们对思想政治教育的科学认识，自觉抵制各种非无产阶级思想的腐蚀，提高人们的思想觉悟和进行社会主义现代化建设的积极性和创造性。当前我国处于社会主义初级阶段，剥削阶级作为一个阶级已经被消灭，但一些腐朽思想仍在一定范围内存在。我国实行改革开放以来，西方的优秀成果被吸收进来，同时一些不良思想也渗透进来，尤其是社会主义市场经济体制建立后，人们的观念发生了一系列嬗变。社会主义市场经济的推行，给我国经济注入了活力，使人们的观念有了进步。但是，市场经济是以利益最大化为原则的，容易引发个人主义、利己主义和拜金主义，容易把等价交换原则应用到道德和政治生活领域，导致权钱交易、贪污盗窃、受贿索贿等腐败现象。在这种情况下，加强思想政治教育学科建设，从理论的高度提高广大群众和干部的觉悟，从理论和实践结合两方面抵制各种腐朽现象的侵蚀，对人民群众进行马克思主义教育，帮助人们树立科学的世界观和方法论，不仅有助于人们提高思想认识和思想觉悟，而且有助于人们提高自己的马克思主义理论水平和分析问题的能力，从而自觉地抵制各种非无产阶级思想的侵蚀，坚定社会主义、共产主义信念，积极投身于社会主义现代化建设事业。

第二节　高校思想政治教育的功能理论

思想政治教育的地位和作用是一个问题的两个方面，它们既有区别又紧密相连，不可分割。把思想政治教育放到适当的地位，是思想政治教育发挥其作用的前提条件。一般而言，“有位”是为了“有为”，“有位”才能“有为”，“有位”要求“有为”。同时，“有为”才能“有位”，只有思想政治教育发挥出自己应有的作用，才能体现和落实“有位”，才不会有名无实。因此，在充分认识思想政治教育重要地位的基础上，还应全面了解思想政治教育的功能。

一、思想政治教育功能的特点及分类

思想政治教育的功能是指思想政治教育对教育对象和社会生活所能发挥的积极的有利的作用或影响。思想政治教育的特殊性，决定其功能有如下特点。

第一，客观性。

思想政治教育是人类特有的社会现象，自进入阶级社会以来，思想政治教育便是一种客观存在并伴随着人类社会的发展而发展变化，在社会生活中表现出自身的价值。思想政治教育实践的客观性决定了思想政治教育功能的客观性。思想政治教育对人的成长和社会发展的影响和作用是客观存在的，人们只能影响这种功能发挥的水平和程度，而不能无视它或人为地消灭它。

思想政治教育功能的发挥还会受到一定的环境因素和物质设施等客观条件的制约，这也是思想政治教育功能客观性的一种表现。

第二，多方面性。

思想政治教育功能不是单一的，而是多方面的，这是由思想政治教育对象的复杂性、教育内容和教育方法的多样性所决定的。就对教育对象的影响而言，思想政治教育的功能就各不相同，比如当教育对象不了解某种思想观念而需要向其进行灌输和说明时，思想政治教育就表现为解释功能；对于有错误思想认识和行为偏差的人，思想政治教育对其作用主要就表现为转化功能；而要做好一个心灰意冷、缺乏进取心的人的思想工作，思想政治教育就要发挥它的激励功能等。此外，时间不同，场合不同，教育的重点不同，思想政治教育所需要发挥以及所能发挥的功能也会有所不同。认识到思想政治教育功能的多方面性，对于全面发挥思想政治教育的功能，使其更好地促进人的发展和社会的发展，具有十分重要的意义。

第三，层次性。

思想政治教育功能的层次性是由思想政治教育所作用的对象的层次性所决定的。思想政治教育既作用于人（包括个人和群体），也作用于政治、经济、文化等社会生活领域，因而其功能既表现为个体性功能，也表现为社会性功能。个体性功能又可分为个体生存功能、个体发展功能、个体享用功能等；社会性功能又可分为政治功能、经济功能、文化功能等。这些不同层次的功能是既有区别又有联系的，在开展思想政治教育时，要注意使其相互联系，相互补充，相互加强，从而使思想政治教育功能得到最大限度的发挥。

第四，发展性。

思想政治教育的功能不是固定不变的，随着社会的发展变化，思想政治教育的功能也会不断发生变化。一方面它的某些功能会得到强化和发展，另一方面还可能出现新的功能。在社会主义市场经济建设与和谐社会建设进程中，这种情况表现得尤为突出。发展性是思想政治教育功能的重要特点，也是思想政治教育保持旺盛生命力之所在。

明确思想政治教育功能的上述特点，无疑有助于教育者更自觉地从事思想政治教育工作，也有助于更好地全面发挥思想政治教育的积极作用。

关于思想政治教育的功能，有许多不同的论述角度，由此分出的功能类别也各不相同。我们认为，总的来说，思想政治教育的功能由个体性功能和社会性功能两部分构成。所谓个体性功能，是指思想政治教育在促进受教育者全面发展方面的作用和影响，表现为个体生存功能、个体发展功能和个体享用功能。个体性功能是思想政治教育活动直接目的的表现，可以看作思想政治教育的本体功能。社会性功能是指思想政治教育对社会发展所能发挥的积极作用，具体地说，就是指思想政治教育对社会政治、经济、文化、生态环境等发生的政治功能、经济功能、文化功能和生态功能等。一般说来，个体性功能是社会性功能的基础，因为思想政治教育直接的作用就是促进人的发展，其社会性功能必须通过个体性功能的提升和外化才能实现，即思想政治教育是通过“人的发展”这个中介来影响社会生活，促进社会政治、经济和文化发展的。而思想政治教育的社会性功能又是衡量个体性功能的重要尺度，因为只有当思想政治教育在很大程度上促进了社会的全面进步，个体性功能才算是得到了很好的发挥。

二、思想政治教育的个体性功能

（一）思想政治教育的个体生存功能

思想政治教育的个体生存功能是指思想政治教育在引导人类个体遵循客观规律、服从生存原则以便求得更好的生存状态的过程中所发挥的作用。马克思认为："一个种的全部特性、种的类特性就在于生命活动的性质"，判断一个种的存在方式就是看其生命活动的形式。人的生命活动不同于动物的本能活动，人是能动的社会存在物，实践是人类不同于动物的社会生命的特殊运动形式，是人类的存在方式。正是在实践过程中，人才成为一种自我创造的主体性存在。一般说来，每个人既生活在物质世界中，也生活在意义和精神世界中。首先，人与动物的生存一样，都由一定的生理构成，为了活着，为了生存下去，就必须满足基于这种生理需要的各种欲望。人如果不能作为自然生命载体而生存，意义世界就失去了现实的基础。从这方面说，活着就是一种意义。作为思想政治教育主体的"人"，其内在的尺度首先表现为人的需要，而现实的人的需要又多种多样，大致可分为生理需要（属于基本需要）和心理需要（属于高层次需要）两大类。一般说来，人的基本需要是人的高层次需要的基础，因为没有健康的生命，崇高的道德精神就没有了现实的物质前提，也就是说，对德行的追求离不开个体生命的物质需要的满足。可见，物质需要的满足既是人性的要求，也是人的全面发展的基础。马克思、恩格斯指出："我们首先应当确定一切人类生存的第一个前提，也就是一切历史的第一个前提，这个前提是：人们为了能够'创造历史'，必须能够生活。但是为了生活，首先就需要吃喝住穿以及其他一些东西。因此，第一个历史活动就是生产满足这些需要的资料，即生产物质生活本身"。就个体而言，自身的生存需要，决定了其对物质利益的追求。思想政治教育应尊重和理解人的这种追求，通过促进物质文明的极大发展，不断改善人的生活条件，提高人的生活质量，最大限度地满足人们日益增长的物质生活需要。

然而，马克思主义关于人的本质观告诉我们，人既有自然属性，又具有社会属性，人的物质需要固然十分重要，但人又具有追求精神生活充实的欲望，这是人的社会性的鲜明特征。人的社会属性决定了人是一种超越性的存在，人就是在这种超越中不断从动物性存在提升到人性存在，不断提高自己的生存质量，不断地提升人性发展的层次和境界。因此，思想政治教育对人的需要的尊重，不能仅仅停留在人的物质需求的层面上，而是应引导人们实现从功利物欲到精神境界的升华，使人们执着于崇高的精神追求。换句话说，人的意义世界绝不限于自己"活着"或是"活动物质丰富一点"，人所追求的应是比自己"活着"更有意义的意义，并用这样的意义世界去引导和规约他的物质世界。

人的生理需要满足的方式不是自发形成的，它需要通过教育才能习得。意义世界的建构，更离不开教育的作用。而真正的教育应是一种既教人以生存手段和技能，使人能很好地把握物质世界，又教人以生存的意义和价值，使人能自主建构自己的意义世界、精神世界的活动。教育是这两方面活动的协调与统一。如果只重前者而放弃后者，那么由人的知识和能力所创造的物的世界，就可能因为缺乏正确的引导和规约而给人们带来灾难和困惑，造成人类的生存危机。因而人的意义世界、精神世界的建构就是十分必要的，是人类生存的内在要求。而思想政治教育在人的意义世界的建构中承担着重要的职责，发挥着重要的作用。首先，思想政治教育有助于人的物质生活的顺利进行。思想政治教育的核心任务是要帮助人们形成科学的世界观、人生观、价值观以及道德原则和行为规范等，这些观念、原则、规范看起来似乎是约束个体的异己力量，然而正是这些异己的东西才能够使个体在社会性（即现实性）的生活中生存下去，也正是这些东西赋予个体以力量，从而使其最大限度地完或特定任务。其次，思想政治教育是人的精神生活的一种方式。在人的精神生活中，思想政治教育可以作为人的生存和发展中的一种沟通方式，这种沟通方式强调主体与自然、人与社会、人与自我之间的交流和对话，注重从人的内部精神生活来适应和认同客观外部世界。在社会生活中，人们往往追求社会和个人的功利性需要，而人特有的反思性品质会使自己不断地反思自己的生命与某种精神性世界的内在联系，并努力建立这种联系。如果一个人相信自己已经建立了这种联系，那么，他便能在情感和理性的平衡中寻找到生存和发展的意义。思想政治教育正是促使人的这种反思的重要力量，也是这种反思的重要方式。

（二）思想政治教育的个体发展功能

思想政治教育的个体发展功能是指思想政治教育对塑造人的品德、促进人的发展所起的积极作用。马克思主义关于人的全面发展的学说是我们认识和研究思想政治教育个体发展功能的理论前提。根据马克思主义关于人的全面发展的一般规定，结合我国当前的实际和未来社会对人的素质的要求，思想政治教育应以自己特有的方式，紧紧围绕培养社会主义“四有”新人这一根本任务，将自身固有的对人的全面发展的作用充分发挥出来。具体来说，思想政治教育对人的品德的塑造和人的发展的作用体现在以下几方面。

第一，引导政治方向。

就是运用启发、动员、教育等方式，把人们的思想和行为引导到符合社会发展要求的正确方向上来，这是思想政治教育的目的性、超越性本质的体现。在社会发生巨大转型、人们价值观取向多样化的新形势下，如何把人们的思想引向积极健康的方向，是当前思想政治教育理论研究和实践工作面临的一个重要课题。从思想政治教育的基本职能来看，它最重要的任务就是通过多种方式以及丰富多彩的活动，提高人们的思想政治素质和道德素质，促使人们保持坚定正确的政治方向。一般来说，发挥思想政治教育的导向作用可从如下三方面进行：一是目标导向，即规定具体的奋斗目标，引导人们向目标奋进；二是政策导向，主要是通过宣传党的路线、方针、政策来疏通引导人们的思想，以提高人们的认识，规范人们的行为；三是舆论导向，即利用赞赏、激励、批评、监督等手段，营造良好的舆论氛围，以正确的舆论调节和规范人们的思想行为，对人们形成一种强大的约束力和导向力。通过这几个方面的工作，思想政治教育就能较好地引导人们的思想朝社会要求的方向发展。

第二，约束规范行为。

就是指通过思想政治教育，帮助人们理解并认同社会规范，使人们的行为符合一定的社会规范。思想政治教育通过向人们传导社会规范，通过肯定、褒奖符合社会规范的行为，否定、批评背离社会规范的行为，来实现对人的行为的约束和规范。思想政治教育的方向性和规范性是不可分割的，如果把两者割裂开来，方向性就会成为飘忽不定的想象和意愿，规范性也会成为没有一定取向的框框与条律。如果思想政治教育仅仅停留在一种抽象的思想观念上，而没有明确的规范要求，就很难把人们的思想和行为引导到正确的轨道上来，就有可能出现思想道德失范、行为越轨的情况。俗话说："不入轨的车厢不能导之以行。"思想政治教育的重要任务之一就在于使人遵循一定的社会道德规范，用以规范和约束自己的行为。一个社会如果缺乏统一的行为规范，社会生活就会处于无序的状态，每一个人的发展就会受到损害。思想政治教育对人的行为的规范约束性是否会阻碍人的发展呢？回答是否定的，因为当思想政治教育对人的行为所具有的规范性得以正确发挥时，它本身就是对人的自由发展的一种促进。在现实生活中，人的自由发展必定是在一定社会规范的基础上进行的。思想政治教育是人掌握世界的一种方式，它使人懂得怎样正确处理人与自然、人与社会、人与人之间的关系，使这种关系更有利于人自身的发展，也更有利于周围的自然和社会的发展。由此可见，思想政治教育对人的行为规范约束的过程就是人获得自由发展的过程。思想政治教育对人的行为的规范，只要是合理的，就应当视作人自身发展的需要。

第三，激发精神动力。

激励，就是激发、鼓励，即通过各种形式的外部刺激，使人们奋发向上，积极进取。思想政治教育的激励功能体现为运用多种手段，充分调动人们的积极性、主动性和创造性，为人们努力参加社会主义现代化建设提供强大的精神动力。

积极性是指人的一种自觉的、能动的心理状态，是人在行为活动过程中显示出来的主动自觉、认真负责、勇敢顽强的进取精神。人的积极性来源于人的需要，需要越强烈积极性就越高。人的需要包括物质需要和精神需要，相应地，激励也就可分为物质激励和精神激励两大类，它们对人的激励作用都是不可或缺的。忽视或否定物质利益原则，不注意发挥物质力量在推动社会主义现代化建设中的作用是错误的。马克思说过："人们奋斗所争取的一切都同他们的利益有关。"邓小平也明确指出："如果只讲牺牲精神，不讲物质利益，那就是唯心论。"因而思想政治教育要坚持物质利益规则，引导人们理性地追求经济利益。但是仅仅依靠物质激励手段，信奉"金钱万能"，忽视或否定精神力量的作用，也是极端错误的。因为人的物质需要和精神需要是相辅相成的，物质决定精神，精神对物质具有反作用，因而精神激励又是绝对不可缺少的。激发人们的社会主义积极性，既要靠合理的物质激励，又要靠有效的精神激励，要靠思想政治教育。

思想政治教育激励人的手段和方法是多种多样的，其中主要的有：其一，民主激励，即让激励对象行使主人翁的权利，广泛参与重大问题的决策和管理，对领导者进行监督和质询，以此来调动人们的积极性。其二，榜样激励，即通过先进典型示范，以激励人们提升自己的思想品德水平，规范自己的行为。榜样教育会促进先进分子更上一层楼，同时也会触动后进分子，促使他们对照先进找差距，激励其上进心。其三，情感激励，即通过人们情感需要的满足来激发人的积极性。情感需要是人们最基本的心理需要，注意人的情感的满足，关心、理解、尊重、信任广大人民群众，公正、公平、公开地处理问题，为人民群众多办实事，是激发人们积极性的有效手段。其四，奖惩激励，即通过奖励或惩罚来激励人。通过奖励手段，可大大强化人们的合理动机和正确行为，使之发扬光大。而通过惩罚手段，则可中止人们的不良行为，并使其不合理的动机消退。在运用上述方法时，应根据不同对象、不同情况，或单独使用某种方法，或综合使用几种方法，以形成有效的激励机制，最大限度地调动人民群众的积极性。

第四，塑造个体人格。所谓人格，是指人的性格、品格及资格的总和。

从心理学意义上讲，人格是人的性格、气质等特征的总和；从伦理学意义上讲，人格即人的品格，体现人在一定社会中受教育和自我修养的文明程度；从法学意义上看，人格是指人的能作为权利、义务主体的资格，它体现了人在一定社会中的地位和作用、权利和义务的统一。国际 21 世纪教育委员会提出 21 世纪人才素质的 7 条标准：一要有积极进取的开拓精神；二要有高尚的道德品质和对人类的责任感；三要在急剧变化的竞争中，有较强的适应能力和创新能力；四要有宽厚扎实的基础知识，有广泛联系实际、解决实际问题的能力；五要有终身学习的本领，适应科学技术综合化的发展趋势；六要有丰富多彩的健康个性；七要具有和他人协调和进行国际交往的能力。这七条标准中，非智力因素的标准占据了大部分，大都与思想政治教育所要培养的健全人格密切相关。在竞争性、开放性、速变性、复杂性日益增强的当代社会，人们只有不断树立新的思想观念，注意自觉提高自身素质，才能适应社会发展的要求。而思想政治教育的重要功能就在于塑造个体健全的品格，使社会成员形成崇高的精神境界和健康的心理品质，以满足不断发展的社会的需要。通过思想政治教育，可以更好地引导人们认识自己作为物质世界和社会历史创造者的主体地位，认识自己的历史使命和社会责任，从而唤起人们的主体意识；可以更好地帮助人们树立远大的目标和崇高的理想，正确地认识社会，认识人生，认识自己，提高人们适应和改造客观环境的能力；可以更好地帮助人们摆脱传统文化中的依附性、保守性、被动性的束缚，时刻保持一种对生活的积极参与和主动创造的精神，自强不息，百折不挠，从而充分挖掘自身的潜能，实现自身人格的完善。由此可见，思想政治教育是人自我发展和自我完善的一种特殊精神力量，在个体人格塑造中发挥着重要的作用。

需要指出的是，马克思主义关于人的全面发展的学说，不但不排斥人的个性发展，而且把人的个性发展置于十分重要的地位，将其看作社会历史演进的最重要尺度。事实上，人的个性发展与人的全面发展不是对立的，而是辩证统一的。所谓全面发展，说的是在德、智、体、美诸方面都得到发展，不出现欠缺，即个性的全面发展；而个性发展是指德、智、体、美等素质在个体身上的特殊结合，是富有个性特色的发展，而不是与他人一样的发展。因此，人的全面发展就不能不是个性的全面发展，人的全面发展过程正是个体的个性形成发展过程。然而，长期以来，不少人对马克思主义关于人的全面发展学说的理解存在着片面性，认为思想政治教育只是铸造共性，只是按社会需要的统一模式生产“标准件”，而与个性无缘，视个性为禁区，因而只是千篇一律地开展工作，这种观点和做法显然是错误的。根据马克思主义人的全面发展的学说，思想政治教育应当重视人的个性的发展，致力于塑造个体人格。为此，要坚持实事求是的原则，努力做到具体问题具体分析，因人而异，鼓励人们合理地选择适合于自己发展的形式，通过各种健康的渠道实现自己的人格价值。思想政治教育不仅要注意尊重和保护人的个性，而且还要有意识地为其发展创造出一种既有纪律、又有自由，既有统一意志、又有个人心情舒畅、生动活泼的适合于个性发展的良好的氛围，有意识地引导人们摆正个性发展与群体发展、社会发展的关系，划清个性发展与资产阶级个人主义的界限，从而使人们在一个更广阔的背景上理解和把握个性发展的意义和价值，提高个性发展的自觉性和主动性，促使个性获得更好的发展。只有这样，思想政治教育对于个性发展的积极塑造、培养和引导作用才会更充分地表现出来。毫无疑问，思想政治教育是个性发展的极其重要的手段和途径，而生机勃勃、健康积极的个性发展，也应当成为衡量思想政治工作成效的重要标志。

（三）思想政治教育的个体享用功能

所谓思想政治教育的个体享用功能，是指通过思想政治教育能使每个个体实现其某种需要和愿望（主要是精神方面的），并从中体验满足、快乐和幸福，从而获得精神上的享受。在全面建设小康社会的今天，正确认识思想政治教育的这一功能有着重要的现实意义。因为小康社会既包括物质生活的“小康”，又包括精神生活的“小康”。

思想政治教育的基本任务是要提高人们的思想政治觉悟，发展和完善受教育者的道德品质。个体思想道德品质的发展和完善具有多方面的功能。从社会的角度看，它可以使个体与他人、个体与群体、个体与社会等各种关系都得到协调发展，从而构建和谐的人际关系环境，促进社会的稳定和发展，为社会主义和谐社会建设提供必要的条件。从个体的角度看，它有助于个体各方面的发展，有助于个体精神需要得到更好的满足，从而保证个体的学习、工作、生活的顺利进行。可见，个体思想品德的发展和完善是社会发展的内在要求，是人的一种内在的精神需要，而思想政治教育正是满足这种需要的一个主要途径。

思想政治教育的个体享用功能是客观存在的，它植根于思想政治教育本质之中，是思想政治教育过程的必然效应。思想政治教育通过发展和完善人的思想道德品质，从一个方面满足人的精神需要。而人的良好思想品德是一种把握现实世界的能力，它的特点是从人的善恶观念，也就是从一种内在尺度上把握现实世界。人的良好思想品德对世界的把握不仅表现在对善恶是非的识别上，更主要的还表现为对自我、他人、社会等的致善上，即表现为道德价值世界的建构方面。人的致善活动也就是主体良好思想品德的对象化、外化活动，通过这些活动，人创造构建了一个更善的外部世界，从这个由他参与创造的外部世界中，他必然会获得幸福。马克思曾在《青年在选择职业时的考虑》一文中指出：“那些为大多数人带来幸福的人，经验赞扬他们为最幸福的人”。马克思的论述告诉我们，一个没有德行的人，一个不能造福于他人的人，是根本不会懂得何为幸福的人，当然也谈不上享用这种幸福。以“助人为乐”为例，著名心理学家马斯洛从心理学的角度将这种来自“为他人增加快乐的快乐”，理解为人类所具有的认同体验（心理学上也称之为移情体验），当人的这种体验达到最高峰时，可以使整个身心处于一种超越自我的境界，从中获得一种幸福的终极体验。此外，思想政治教育有助于受教育者逐渐形成高尚的人生意境，处于这种意境之中，人们就可以以一种审美心态去感悟人生，从中获得审美的愉悦。

马克思主义关于人的全面发展的学说告诉我们，人的精神活动能力的多方面发展不仅包括创造精神产品的能力，而且也包括人对社会已有的精神财富的享受能力。马克思曾以音乐为例形象地指出：“对象如何对他说来成为他的对象，这取决于对象的性质以及与之相适应的本质力量的性质”，“对于没有音乐感的耳朵来说，最美的音乐也毫无意义，不是对象”。这就是说，一个人如果没有节奏感，没有鉴赏音乐的能力，就无法欣赏、享用世界上一切美妙的乐曲。同样，一个人如果没有一颗经教育培养而发展完善的道德心灵，他也就无从去体验人世间存在的一切善良和美好。只有不断发展和完善每个个体的德行，才能使他们体认与享用世界上一切美好的事物，而这正是思想政治教育个体享用功能的体现。

三、思想政治教育的社会性功能

（一）思想政治教育的政治功能

思想政治教育的政治功能是指思想政治教育通过培养具备特定思想政治素质的受教育者以

推动政治发展的作用。它在思想政治教育的诸种社会性功能中居于首要地位，起着主导作用。其内容涵盖传播政治意识、引导政治行为、造就政治人才、和谐政治关系等方面，一句话，它起着维护社会政治稳定、促进社会政治发展的作用。具体来讲，思想政治教育的政治功能表现为以下几方面。

第一，传导主流意识形态，调节社会精神生产。

马克思、恩格斯曾经指出："统治阶级的思想在每一时代都是占统治地位的思想"。统治阶级要使自己的思想成为占统治地位的思想，就必须加强对社会成员的思想政治教育，以传导主流意识形态，调节社会的精神生产。和社会的物质生产一样，社会的精神生产也是构成社会生产的一个重要组成部分。从根本上说，精神生产服从并服务于社会物质生产。在整个精神生产领域中，政治、法律、思想、道德、艺术、宗教和哲学等社会意识形态，即思想上层建筑起着指导和决定作用。而无产阶级政党就是通过思想政治教育使马克思主义意识形态成为我们社会占主导地位的意识形态，以此统一人们的思想，整合社会的精神生产要素，从而实现对精神生产的导向和调节。具体来讲，就是要以科学的理论武装人，以正确的舆论引导人，以高尚的精神塑造人，以优秀的作品鼓舞人，支持和倡导先进而健康的精神生产和精神产品。同时，还要揭露和批判与马克思主义意识形态相对立的思想，限制和取缔不健康的精神生产和精神产品，从而使精神生产和精神产品直接为我国社会主义的经济基础和政治制度服务。

第二，传播主导政治意识，引导人们的政治行为，再生产社会的政治关系。

思想政治教育历来被视为社会政治关系再生产的重要工具。政治关系是基于经济关系之上的诸种社会关系的集中、综合的表现，是从事一定政治活动的人们之间的内在的本质的关系。这种政治关系的再生产功能主要是通过促进受教育者尤其是青年的政治社会化，实现政治角色的认同实现的。思想是行动的先导，政治行动需要相应的思想观念支配。思想政治教育通过传播占统治地位的政治思想、道德观念和法律规范，有助于培养人们坚定正确的政治方向，提高人们的政治判断力、鉴别力和选择力，发展其政治参与的意识，形成较高的政治素养，从而更好地参与政治生活，形成和谐的政治关系。在建设社会主义和谐社会的进程中，思想政治教育要强化其政治功能，也就是要通过各种途径，系统地对人们进行主旋律的教育，包括共产主义理想教育，社会主义、爱国主义、集体主义教育以及社会主义法制观、道德观的教育等，以培养一代"四有"新人，为社会主义民主和法制建设创造根本的条件。

第三，沟通社会信息，确保社会的有机联系，促进社会政治的稳定和发展。

思想政治教育一方面要宣传社会主义意识形态和党的路线、方针、政策，并促使人们将社会主义意识形态内化，认同并贯彻执行党的路线、方针和政策；另一方面还要倾听群众的呼声，积极反馈来自群众的意见和建议，使之成为领导政治决策的依据。在纵向和横向的社会联系和交往中，思想政治教育扮演着重要的"沟通者"的角色，对于加强党和人民之间的联系、协调人际关系、化解社会矛盾、促进社会的稳定和发展、增强民族凝聚力，起着不可或缺的重要作用。当然，思想政治教育对社会政治稳定的维护，还应和社会的其他功能系统如法制建设等有机地结合起来，以形成立体的功能网络，从而达到维护社会稳定，促进政治发展的目的。

（二）思想政治教育的经济功能

思想政治教育的经济功能是指思想政治教育通过调动受教育者的积极性，促使其主动参与经济建设以促进经济发展的积极作用。它主要表现为提高人们从事经济建设的积极性；帮助人们掌握经济活动的行为规范，形成理性的经济行为；为经济建设营造良好的环境等方面。由于人是生产力中最关键的因素，因而，思想政治教育主要是通过影响人来实现对经济发展的推动作用的。概括地说，思想政治教育的经济功能主要表现为以下几方面。

1. 思想政治教育是经济建设坚持社会主义性质和方向的可靠保证

物质生产本身是没有阶级性的，但生产力总是同一定的生产关系相联系，经济基础总是同一定的上层建筑相联系，因而物质生产的发展也有一个方向问题。从人类文明发展史来看，任何一个社会的统治阶级，都会以自己的思想体系影响社会生产，制约经济的发展方向。今天我国的现代化建设，只能是社会主义现代化，思想政治教育的经济功能首先就表现在它要确保我国现代化建设的社会主义方向。毛泽东曾经指出："只要我们的思想工作和政治工作稍微一放松，经济工作和技术工作就一定会走到邪路上去。"可见，要不要以马克思主义为指导的思想政治教育，是关系到经济工作走什么路，坚持什么方向的一个原则性问题。在经济活动领域，思想政治教育通过帮助人们牢固树立建设中国特色社会主义的共同理想，提高人们的社会主义觉悟，提高人们贯彻执行党的路线、方针、政策的自觉性，就能有效地确保我国经济建设始终沿着社会主义道路前进。

2. 思想政治教育是推动社会生产力发展的精神动力

生产力是人们解决社会同自然矛盾的实际能力，是人类协调和改造自然使其适应社会需要的客观物质力量。总的来说，构成生产力的基本要素有两个方面，即物的要素和人的要素。物的要素主要是指劳动对象和以生产工具为主的劳动资料，人的要素则是指具有一定知识、劳动技能和生产经验的劳动者，即运用劳动资料作用于劳动对象的有一定劳动能力的人，两者在物质生产过程中是结合在一起共同起作用的。在一般情况下，物的因素是生产力的基础因素，但它只有被人所掌握，只有和劳动者结合起来，才能形成现实的物质生产力，因而人的因素是生产力中起主导作用的因素，是推动物质生产力发展的决定性因素。而人的因素又包括两个基本方面：一是人的科学文化素养和劳动技能，主要是指劳动者对生产、技术等规律的认识和掌握程度以及劳动者的各种业务能力，也就是劳动者的智力因素，它直接作用于生产资料；二是人的思想道德素养和劳动积极性，主要是指人的思想觉悟、劳动态度、事业心和责任心等，也就是人的非智力因素，它通过智力因素间接作用于生产资料。这两个因素相互影响，相辅相成，密不可分。人的科学文化素养和劳动技能是生产力发展的必要条件，也是提高人们思想道德素质和劳动积极性的重要智力条件。而人的思想道德素质和劳动积极性也是生产力发展的重要条件，是促进生产力发展和提高人的科学文化素养、劳动技能的精神动力。劳动者仅有良好的思想道德素质和较高的劳动积极性，而没有一定的科学文化素养和劳动技能，生产力是难以提高的；同样，劳动者仅有较高的科学文化素养和劳动技能，而没有良好的思想道德素质，缺乏劳动积极性和责任感，那他的科学文化知识和劳动技能也难以得到充分的发挥和运用，生产力水平也难以提高，他甚至可能利用科技知识去干危害人们利益和社会进步的事情，会损害生产力的发展。

由此可见，人的思想道德素质在生产力发展中起着非常重要的作用。而思想政治教育就是提高劳动者思想道德素质的工作，就是调动人们工作积极性和主动性的工作。思想政治教育扎实有效，就能更好地提高劳动者的思想道德素质，生产力就能得到更快的发展。由此可得出结论，思想政治教育是促进生产力发展的精神动力。生产力发展实践表明，人们经由思想政治教育和社会实践具备了良好的思想道德素质和较高的工作积极性和主动性，他们就会积极学习科学文化知识，就会自觉地提高劳动技能，就会努力改进生产工具，革新工艺，采用新技术，就会不断地变革劳动组织，创造性地进行生产管理，从而大大促进生产力的发展。可见，思想政治教育虽然没有直接创造物质财富，但它通过提高劳动者的素质间接创造物质财富，是物质文明建设不可缺少的重要因素。

3. 思想政治教育是营造经济建设发展所需和谐社会环境的重要手段

物质资料的生产是人类社会生存的基础，一部人类历史就是生产发展的历史。马克思说："为要从事生产，人们便发展一定的联系和关系；只有经过这些社会的联系和关系，才会有他们对自然界的关系，才会有生产。"为了维系人们之间的这种联系和关系，并使之处于和谐的状态，除了依靠政治和法律等强制的手段以外，还需要依靠思想道德的规范和调节。通过思想政治教育，化解矛盾，协调关系，理顺情绪，以保持人与人、人与社会之间正常的稳定的联系和关系，维护个人的心理平衡，就可为经济建设营造一个较好的社会环境，促进经济建设更好更快的发展。思想政治教育营造社会环境的作用是多方面的，其手段也是多种多样的，这里着重探讨思想政治教育通过对社会生活的调节以营造良好的社会环境的情况。

大致说来，思想政治教育对社会生活的调节主要通过以下途径来实现。

第一，心理调适。

从心理学的角度来说，人是自然、社会和心理三者活动的统一体，人的任何一种活动都伴随有心理现象，人的很多思想问题，也都和心理因素紧密相连。因此，对人们进行心理调适，是使包括经济活动在内的各种活动顺利进行、解决人们的思想问题、促进人的发展的必要手段。思想政治教育要善于运用心理调适的方法解决人们的思想问题，增进人们的心理健康，从而为经济建设创造良好的心理环境。

第二，人际关系调适。

在现实生活中，由于人们的社会地位、实践经验、知识水平、认识能力、个性特点等方面的差异，人与人之间的关系在很多时候必然会出现矛盾乃至冲突。一般而言，这些矛盾大都属于人民内部矛盾，但处理不好，也可能激化，因而必须对其进行协调。思想政治教育就是协调人际关系的重要手段。在对人们进行教育的过程中，对人际关系进行协调，正确处理人际间的矛盾，是思想政治教育的题中应有之义。在社会环境复杂、社会矛盾较为突出的今天，思想政治教育要充分发挥协调人际关系的功能，帮助人们化解矛盾，缓解人际冲突，着力建立团结、互助、友爱、平等的和谐人际关系，从而为经济建设营造一个良好的人际关系环境。

第三，情绪调控。

人们在现实生活中遇到矛盾和困难，情绪就会发生变化，甚至出现不满、怨恨和愤慨等负面情绪。这种负面情绪如果得不到缓解，不能及时予以消除，就可能造成矛盾激化，给经济建设带来障碍，给社会带来危害。因此，就必须及时对人们的情绪进行调节，而思想政治教育正是调节人们情绪的重要途径。通过思想政治教育，可以帮助人们化解矛盾、稳定情绪，疏通思想、宣泄情绪，创造条件、转移情绪，重定目标、升华情绪，从而使人们的情绪得到及时有效的调适，获得新的平衡。这样就能大大减少社会的不安定因素，使人们以饱满的热情投入社会主义现代化建设中。

第四，利益调节。

利益关系是人类社会生活中的一种基本关系，它表现了人类社会生活中本质的一面，对社会生活发生着重要的作用。因此，统治阶级十分注重对人们的利益关系进行调节，其手段是多方面的，除了法律、制度、政策等基本手段以外，思想政治教育也是其中不可或缺的一个重要手段。思想政治教育对人们利益关系的调节是一种微观调节，主要是指对由于一些具体的、特殊的原因造成的个人或群体之间的利益矛盾的调节。其主要做法是关心人民群众的疾苦，多为人民群众办实事，尽量满足他们对物质利益的合理需要；同时教育人们树立正确的利益观念，正确处理国家、集体、个人三者之间的利益关系；还要引导人们理性地追求个人利益，通过正当手段如诚实劳动、合法经营、科技致富等途径获得物质利益。思想政治教育对利益关系的这种调节，有助于在全社会范围形成一种公正、合理、和谐的利益关系，从而为社会主义现代化建设营造一个良好的社会环境。

（三）思想政治教育的文化功能

思想政治教育作为社会意识形态的组成部分，包含于文化之中，是社会文化的一个结构单位。思想政治教育的文化功能指的是它对社会文化结构及其各组成部分的影响。从文化的运行过程来看，思想政治教育的文化功能包括文化传播功能、文化选择功能、文化创造功能等。

1. 思想政治教育的文化传播功能

思想政治教育是指社会或社会集团用一定的思想观念、政治观点、道德规范对其成员施加有目的、有计划、有组织的影响，使他们形成符合一定社会或一定阶级所需要的思想品德的社会实践活动。所谓“思想观念、政治观点、道德规范”，都属于文化的范畴，是一种特殊形式的文化，即政治文化和伦理文化。从某种意义上讲，思想政治教育就是政治文化、伦理文化的传播过程，其目的是要实现个体的政治、道德社会化。在这个过程中，同时存在着两个方面的活动：一方面是社会通过思想政治教育等形式传播思想政治信息和主导意识形态，促使人们接受主流文化的价值观，形成符合社会要求的行为模式；另一方面是个体通过学习、模仿、社会实践等形式获得思想道德知识，形成一定的政治态度、政治信仰和政治情感。这两种活动在思想政治教育的过程中相互联系、相互作用，辩证地统一在一起。可见，思想政治教育传播政治伦理文化的过程，不是过去那种“我说你听，我打你通”的单向灌注过程，而是一种同为信宿、同为信源的双向信息交流和情感互动过程。

需要指出的是，思想政治教育传播文化的过程，也是社会文化得以保存和活化的过程。如果没有思想政治教育的传播，政治文化、伦理文化就只能表现为储存形态的文化，即依附于物品、文字等载体的形式，而不能被人们掌握和利用，难以在人们的政治生活和道德生活中发挥作用。只有通过思想政治教育，才能使储存形态的政治伦理文化转变为现实活跃形态的政治伦理文化，并直接转移到人这个载体上。也就是说，只有通过思想政治教育，才能使特定的政治伦理文化与人的观念、智慧、意志、情感建立起联系，使社会规范成为人们维持良好生活秩序的准则，使健康的审美情趣和民族风俗成为丰富人们生活的内容和方式，使政治文化呈现出参与社会生产和社会生活的巨大力量。

2. 思想政治教育的文化选择功能

思想政治教育对文化的传播，并不是对现有文化的原本照搬，而是一种选择的过程，它包含了对文化的撷取与吸收、排斥与舍弃。通过这种选择，在历史、当代、未来间建立起发展的链条，在东方文化与西方文化间建立起一座交流的桥梁，并据此去发展文化，推动历史进步。思想政治教育选择文化的功能主要是通过批判地吸收文化这一方式完成的。具体地说，就是思想政治教育根据一定社会的需要和思想政治教育的目的对传统文化与外域文化进行批判地吸取，使其符合我国社会发展的要求，符合我国文化发展的需要。要发挥思想政治教育的文化选择功能，首先，思想政治教育者必须树立正确的文化观，提高文化选择的自觉性；其次，要加强对中华民族传统文化的价值吸收和批判改造，加强对西方文化的合理借鉴和批判改造，即要积极主动及时地对各种文化进行科学分析、鉴别、筛选、利用；最后，要加强对人们进行文化选择的引导，让人们学会在文化交流和冲突中正确进行文化选择和合理吸收。

3. 思想政治教育的文化创造功能

20 世纪 50 年代以来，科学技术飞速发展，世界范围的文化交流日益加强，各民族文化的联系愈益紧密，竞争也越来越激烈。要提高我们民族文化的竞争力，使民族文化与时俱进，始终走在世界文化发展的前列，就必须培养一大批具有文化创新能力的人才，而这正是当代思想政治教育的重要责任。思想政治教育的文化创造功能主要就是通过培养具有创造精神和创造能力的人才来实现的。同时，思想政治教育在传播政治文化、伦理文化的过程中，不是一个机械的“传声筒”，而是不断地对其进行整理、组合，并以最恰当的方式进行传递，这一过程实际上也是文化的创造过程。由此可见，思想政治教育的文化创造功能是客观存在的。在文化竞争日益激烈的今天，思想政治教育一定要高度重视创新型人才的培养，并创造性地传播政治文化和伦理文化，以充分发挥其文化创造功能。

将思想政治教育的功能分为个体性功能和社会性功能两个方面进行分析，在理论上讲是完全必要的。但在实际上，这两方面的功能是紧密联系在一起的。个体性功能的实现不能脱离社会性功能去空谈，社会性功能也需要个体性功能为其实现的中介。我们应该使这两种功能有机地统一起来，从而最大限度地发挥思想政治教育的功能。

第六章　高校思想政治教育的特点与目标理论

第一节　高校思想政治教育的特点分析

大学思想政治教育既具有一般思想政治教育的特点，还具有体现大学生这个特殊群体的特点，具体有以下几点：

一、科学性与价值性的统一

价值从来都具有阶级性，不同阶级的思想政治教育具有不同的价值。对立阶级的思想政治教育，其价值观也是根本对立的。有中国特色的现代思想政治教育学，因其以唯一科学的世界观和方法论——马克思主义为指导，代表最广大人民群众的利益，符合历史进步的总趋势，所以，具有科学性的特点。而剥削阶级的思想政治教育以唯心史观为指导，代表剥削阶级的利益，阻碍社会的进步，尽管它们在形式上常常显得非常精巧，有时似乎效果也不错，但就其内容和实质而言却是不科学甚至是反科学的。剥削阶级的思想政治教育理论与实践，其价值性与科学性常常是背离的。而现代思想政治教育学在马克思主义指导下，是中国共产党思想政治教育丰富经验的理论升华，不仅具有科学性，反映了思想政治教育的客观规律，而且具有价值性，在它指导下的思想政治教育实践，能够满足社会全面进步的需求和人的全面发展的需求，它的科学性与价值性是高度一致的。

二、理论性与应用性的统一

现代思想政治教育学是一门新兴的综合性的应用学科，它具有应用性的特点，即可操作性强，对思想政治教育实践具有很强的指导意义。但它又不是思想政治教育的一般经验总结，更不是思想政治教育的具体计划和方案；它是在思想政治教育实践中反复出现的丰富经验的理论抽象，它透过现象抓住了最本质的东西，反映了新时期思想政治教育的客观规律，对思想政治教育实践具有普遍指导意义，即具有理论性的特点，它是应用学科中的基础理论，它的理论性是和应用性高度一致的。

三、综合性与创造性的统一

现代思想政治教育学的综合性特点表现是多方面的。

第一，它要综合应用多学科知识。如前所述，它在马克思主义指导下，既要吸收、应用政治学、教育学、伦理学、心理学、社会学等学科的理论和方法，又要吸收、借鉴现代西方行为科学和企业文化理论等相关学科中的有益成分，融会提炼，为我所用，自成一家。

第二，它要综合协调多方面的力量。思想政治教育是一项社会系统工程，需要在党的领导下，动员各行各业共同来做，需要党、政、工、团以及新闻媒体各个方面齐抓共管，需要学校、家庭、社区协同一致、互相配合，才能增强思想政治教育的主动性、针对性和实效性。因而，思想政治教育学的研究，除了专门人员外，也需要社会方方面面的思想政治工作者的广泛参与。

第三，思想政治教育具有全程性。它贯穿在社会主义现代化建设的各个时期、各个阶段。思想政治教育学就要研究不同时期思想政治教育面临的不同情况、不同问题，研究基本原理如何结合新的实际创造性地加以运用和发展。

第四，思想政治教育具有全员性。社会主义社会里，人人都需要接受教育，不断进步；人人也都是教育者。思想政治教育学就是要研究如何使思想政治教育成为我们社会最广泛的自我教育实践活动。当然，现代思想政治教育学综合应用多学科的理论知识，绝不是使自己变成大拼盘、大杂烩，而是吸取多学科的知识和方法，用来研究思想政治教育问题，揭示思想政治教育固有的规律，提炼思想政治教育学特殊的原理、原则、内容和方法，构建独立的思想政治教育学的学科体系。科学发展到今天，既深度分化，又高度综合，这一学科发展的客观趋势表明，任何一门现代科学（包括现代社会科学）都是在综合应用多学科知识基础上发展起来的横向学科。从这个意义上可以说，综合就是创造。现代思想政治教育学的创造性特点也是鲜明的，而且，综合性与创造性也是高度一致的。

四、时代性与民族性相结合

大学生群体，是一个富有朝气与活力的群体，他们追新求异，紧跟时代步伐，是历史的弄潮儿。因而，大学生思想政治教育要追踪社会发展，赋予鲜明的时代性。同时，大学生思想政治教育受民族文化影响，必须体现民族性。

市场经济体制、经济全球化、政治民主和社会信息化，是影响大学生思想政治教育的现实因素。市场经济改变了人与人之间的关系，利益关系从各种社会关系中凸显出来，成为影响社会导向和个体选择的重要因素。经济全球化条件下加强了国家和区域间经济利益关系的联系，人们从相对封闭的环境走进了日益开放的空间，思想观念的互动更加直接。政治民主化增强了学生的公正意识和平等意识，也增强了学生的政治参与意识。社会信息化形成了以国际互联网为平台的信息生产、交流与共享，人的活动从物理空间拓展到网络空间，从现实领域延伸到虚拟领域。人与人的交往超越了空间距离而实现了近距离接触；在网络交往中主体间的平等性增强，视野开阔，主体性提高。这些正在不断发展的现实条件，以实际与理论相结合的方式直接影响学生的思想与行为，是思想政治教育必须正视和运用的时代内容与实际内容。

民族是一种自然的历史存在，是人类社会性存在的一种形式。各民族由地域和血缘关系的不同而形成，并在长期的生存和发展中，不同民族内部形成了诸如共同语言、宗教、生产和生活习惯等凝聚性因素，这些因素以民族感情和民族意识等精神文化的形式影响着民族的发展与民族成员。中华民族在几千年的历史发展中形成了稳定的民族情感和丰富的民族文化。一方面，多民族的文化传统个性鲜明，在语言、风俗习惯和交往方式等方面呈现出差异性，并长期保持着各自的文化特色；另一方面，不同民族之间经过长时期的历史融合，在对中华民族的认同上是一致的。

我国的民族特性集中表现为民族文化性质与社会主义性质。这一特性主要是从这样几个方面来体现的：一是重德治德教的伦理文化传统，二是重整体主义、集体主义的价值取向，三是重世俗的社会理想、民族信念，四是重和平和谐的发展追求，五是重以民为本、以人为本。以上这些特性，是由传统文化与社会主义文化来体现的。

体现时代性与民族性的结合是大学生思想政治教育的重要特征。一方面，大学生思想政治教育的内容是与时俱进的。马克思主义的生命力和说服力就在于它与中国革命和建设实际相结合而不断发展。大学生思想政治教育的内容也体现了民族性，中国优秀文化传统一方面是大学生思想政治教育的内容，内在于中国历史教育和世界观、价值观教育之中；另一方面也体现在马克思主义理论教育之中。马克思主义中国化的进程也就是不断与中国传统文化结合的过程。在这个过程中，马克思主义通过中国传统文化实现了本土化。因此，离开了时代性与民族性的统一，大学生思想政治教育的内容就容易偏离现实与历史，进而偏离受教育者的需要。

五、历史性、现实性与理想性相结合

大学生思想政治教育要在历史性、现实性与理想性相结合的统一过程中进行，这是因为：

首先，大学生由于年轻，往往缺乏社会实践经历与历史文化积淀。他们渴望了解自己所处社会的来龙去脉，使自己植根于深厚的民族文化之中。因而，中华民族历史文化教育，既是大学生所必需的，也是大学生感兴趣的。除了进行古代优秀文化传统教育外，更要进行党的优良传统教育。党的优良传统是我们党在我国特定历史时期，经历几十年艰苦卓绝的革命和建设所创造的精神资源和政治优势。这些传统包括解放思想、实事求是的精神，紧跟时代、勇于创新的精神，知难而进、一往无前的精神，艰苦奋斗、务求实效的精神，淡泊名利、无私奉献的精神等。这些精神是大学生思想政治教育的宝贵资源，需要一代代的继承下来。正如邓小平所强调的："要教育全党同志发扬大公无私、服务大局、艰苦奋斗、廉洁奉公的精神，坚持共产主义思想和共产主义道德。我们要建设的社会主义国家，不但要有高度的物质文明，而且要有高度的精神文明。所谓精神文明，不但是指教育、科学、文化（这是完全必要的），而且是指共产主义的思想、理想、信念、道德、纪律，革命的立场和原则，人与人的同志式关系，等等。学习和培养这些革命精神，并不需要多么好的物质条件，也不需要多么高的教育程度。我们不是靠马克思主义的科学理论和上述的革命精神参加革命到现在吗？从延安到新中国，除了靠正确的政治方向以外，不是靠这些宝贵的革命精神吸引了全国人民和国外友好人士吗？"

其次，大学生处在迅速成长过程中，其强烈求知欲望不仅表现为对书本知识的大量获取，而且表现为对现实社会各种现象、事件的关注、敏感与探究。他们在学习过程中，受阅历与经验有限的局限，会经常提出现实社会中的许多问题、矛盾，希望得到解答与引导。如果教育者忽视他们提出的问题，或者对他们提出的问题不能做出令他们信服的回答，他们往往会感到迷茫困惑，甚至影响思想情绪与精神状态。因此，思想政治教育必须紧密联系实际，特别是要联系学生的思想实际与生活实际，及时帮助他们释疑解惑，解除成长过程中的障碍，引导他们顺利成长。

再次，大学生由于具有年龄优势，他们拥有美好的前途与广阔的发展空间，憧憬未来、富有理想、渴望成才既是他们的突出特点，也是他们的发展需要。因此，思想政治教育必须根据他们的特点，结合学生的实际，引导他们进行正确方向和价值选择，特别要帮助他们逐步确立远大的理想信念，避免方向与价值选择的犹豫不决，克服满足眼前利益、忽视长远目标的自发展倾向。

大学生思想政治教育的历史性、现实性与理想性，是相互贯通、相互转化的，是把一个尚不成熟的年轻人培养成为一个成熟的成年人所必需的教育，也是学生成长成才所需要的教育。

第二节　高校思想政治教育的根本目的

思想政治教育的根本目的，就是反映思想政治教育最基础、最本质的愿望和要求，体现一定社会发展的目标，它是思想政治教育的出发点和最终归属，概括地说就是要提高人们认识世界与改造世界的能力，在改造客观世界的同时改造主观世界。

一、提高认识世界与改造世界的能力

思想政治教育最根本的目的是什么？毛泽东在《实践论》一文中进行了精辟的阐述，认为无产阶级和革命人民改造世界的任务，就是“改造客观世界，也改造自己的主观世界——改造自己的认识能力，改造主观世界与客观世界的关系”。他还预言：“世界到了全人类都自觉地改造自己和改造世界的时候，那就是世界的共产主义时代。”思想政治教育用科学的理论武装人、用正确的思想教育人，就是为了帮助和引导人们认识、改造客观世界与主观世界，提高改造客观世界与主观世界的能力。胡耀邦曾概括思想政治教育的根本目的是：提高人们对世界的认识和改造的能力。这是在哲学层面对思想政治教育目的所做的最高层次的理论概括。

我们知道，无产阶级是彻底革命的阶级，共产党人是彻底的唯物主义者。它不像任何其他剥削阶级和政党，歪曲甚至违背社会历史发展的客观规律，需要进行思想政治上的掩饰和欺骗，而是始终不渝地坚持从实际出发，引导无产阶级和广大人民遵循自然界和人类社会发展的客观规律，进行改造世界的伟大斗争，坚信自己的前途和根本利益同历史发展的客观规律是一致的。无产阶级的革命理论——马克思主义，是无产阶级和广大人民认识世界和改造世界的科学总结，是人类智慧和正确思想的结晶，是最科学的世界观和方法论，它正确地揭示了人类社会发展的客观规律。

正如列宁所指出的，马克思的学说十分完备而严整，它给予人们一个绝没任何迷信、任何反动势力，任何为资产阶级压迫所做的辩护相妥协的完整世界观。我们进行马克思主义的宣传教育，就是要帮助人们正确掌握马克思主义的立场、观点和方法，科学地认识世界，并激发人们改造客观世界的信心、热情、毅力和斗志，去夺取革命和建设的胜利。所以，马克思主义不是教条而是行动的指南。因此，进行思想政治教育，不是为教育而教育；学习革命理论，也不是为学习而学习，而是为了用正确理论指导行动。离开认识世界和改造世界，思想政治教育就成了装点门面的工作，马克思主义理论也只会是教条。这种情况，在我们党的历史上是有过沉痛教训的。毛泽东在延安整风时期，邓小平在拨乱反正阶段，都曾对思想政治教育的教条主义倾向进行过深刻的分析和批评。

同时，我们也应当看到，虽然思想政治教育的对象是人，它的任务是要解决人们的思想问题，提高人们的主观能动性，不能用思想政治教育代替人们改造客观世界的活动。但是人们的思想、观点一旦形成，就绝不会只停留在主观认识上，总要表现在人们的行动中。正如毛泽东所说的，思想是主观的东西，做或行动是主观见之于客观的东西，都是人类特殊的能动性。这种能动性，我们称之为“自觉的能动性”。人的自觉能动性，或叫主观能动性，表现在知与行、

认识世界和改造世界的统一过程中。人越是能在认识客观世界的基础上规定自己的目的，就越能利用客观世界的规律来达到这个目的，而他的主观能动性也越大。

另外，我们还应当看到，思想政治教育只有立足于提高人们认识世界和改造世界的能力，才能有效实现由物质到精神、由精神到物质的飞跃，取得实际成果。思想政治教育既要提高人们认识世界的能力，更要提高人们改造世界的能力。因为无产阶级认识世界的目的，只是为了改造世界，此外再无别的目的。只有改造世界，才能取得实际成果。如果思想政治教育只讲认识世界，不讲改造世界，不动员群众去实现这个改造，那么，就是坐而论道，只讲空话，不会获得什么实际效果。

我们各条战线在各个时期所做的大量思想政治教育，尽管内容不同，方法各异，但其根本目的和任务是一致的，就是通过反复的教育、实践，使我们的认识不断深化，改造世界的能力不断提高，这就是我们以改造世界为己任的党的思想政治教育的根本目的和任务。

认识世界和改造世界，在不同的历史时期，内容和形式是不相同的。在民主革命时期，党的思想政治教育就是要以马克思列宁主义、毛泽东思想为指导，帮助无产阶级和广大人民群众认识中国革命的性质和任务，掌握革命的特点和规律，坚持革命的正确道路，鼓舞和动员广大人民群众英勇投入革命斗争，为夺取革命政权，解放全中国而奋斗。我们党紧密围绕着民主革命时期的总任务，在长期的革命斗争实践中，坚持用社会主义思想体系教育广大党员和群众，培养了一批又一批叱咤风云、能够驾驭中国革命发展趋势的革命先驱；培养了一代又一代不怕牺牲、推动历史向前发展的革命战士。他们以拯救中华、改造中国为己任，不仅具有无私无畏、敢于压倒一切敌人和战胜一切困难的精神，而且具有能征善战、克敌制胜的本领。正是靠着他们艰苦卓绝的奋斗，才使中国发生了翻天覆地的变化，迎来了新中国的诞生。思想政治教育也正是在认识中国、改造中国的伟大实践中逐步发展起来，成为我们党的优良传统。

在社会主义时期，特别是在党的工作重点实现转移之后的新的历史时期，我们党的最主要任务是进行社会主义现代化建设，把我国建设成为高度文明、高度民主的社会主义国家。这是新时期全党的最大政治，是全国各条战线为之奋斗的目标。毫无疑问，思想政治教育必须服从于和服务于这个总任务。这就要求党的思想政治教育，必须坚持毛泽东思想、邓小平理论和“三个代表”重要思想，贯彻执行科学发展观和党的路线、方针、政策，深入贯彻习近平总书记系列重要讲话精神，联系我国的实际，帮助人们认清我国国情，走中国特色社会主义道路，掌握现代化建设的特点和规律，动员亿万群众满怀信心地投入社会主义现代化建设，为实现国民经济发展和中国特色社会主义的宏伟目标而奋斗。

21世纪，我国进入了全面建设小康社会和加速推进社会主义现代化的新的发展阶段。全面建设小康社会、建设中国特色社会主义和实现中华民族伟大复兴是一项伟大事业，是党领导下的全国各族人民的伟大实践。这场伟大的实践，以其前所未有的复杂性、丰富性、多样性、艰巨性展现在每个人面前，更需要富有时代特征的思想政治教育引导人们提高认识世界和改造世界的能力，以适应、推进社会的进步与发展。

二、在改造客观世界的同时改造主观世界

在认识和改造客观世界的过程中不断地认识和改造主观世界，通过不断认识和改造主观世界不断地深化对客观世界的认识和改造，是思想政治教育的基本要求。

改造客观世界与改造主观世界是辩证统一的实践过程。改造客观世界，需要有正确的世界观和方法论认识纷繁复杂的客观事物，把握事物发展的规律，而改造主观世界的目的，在于不断认识、改造客观世界，在改造客观世界的过程中，也会不断促进关于事物发展规律的认识。在我们党领导建设中国特色社会主义这一前无古人的事业中，如果没有正确的世界观，不能以科学的态度认识客观事物，就不可能避免实践偏差，更不可能站在时代前列，团结带领广大群众推进我们的事业。

坚持改造客观世界和改造主观世界相结合，既是推动党的事业向前发展的规律，也是思想政治教育的规律。在中国共产党所走过的历程中，它所领导的事业、所从事的实践和取得的成就，大都是在几乎看似不可能的情形下最终成为现实的。而这些成就之所以能取得，就在于我们党善于在改造客观世界的过程中加强主观世界改造，并把这种改造的成果运用于改造客观世界的实践中。

无论是在革命战争年代，还是在改革开放的新时期，广大共产党人和进步人士，能够既经得起生与死的考验，也能够在对外开放和市场经济条件下抵御风险与诱惑，重要的原因在于坚持改造客观世界和改造主观世界相结合。坚持改造客观世界和改造主观世界相结合，要求我们深入认识我们所面临的一系列新情况、新问题。

改造主观世界，既是在改造客观世界的过程中进行的，也要受到客观世界的各种影响。在改革开放和市场经济条件下，思想的解放、理论的创新等，在促进人们思想意识、价值观念贴近实践发展、把握时代脉搏的同时，多重性、多样化的思想意识，包括各种消极的思想观念、价值取向也影响着人们。现实生活中利益的驱动，集体、群众与个人利益存在矛盾时可能产生的某种得失比较和心理失衡，往往会使一部分人出现信仰上的动摇、价值取向上的偏移，由此使主观世界的改造面临着更为艰巨的任务。在具体的工作实践中，改造客观世界的实际结果具有较强的显示性。而改造主观世界的成效，不容易很快在实际的工作中显现出来。加之我们在相应制度规范上，以及制度规范在执行上缺乏相应的要求，就容易使一些党员干部忽视主观世界的改造，一些人甚至为了赢得某种评价而热心于政绩工程、面子工程等，结果给党和人民的事业造成不应有的损失。因此，在改造客观世界与改造主观世界的过程中，我们面临着许多新情况、新问题，需要探索实现改造客观世界与改造主观世界相结合的新思路与新方式。

习近平总书记多次在讲话中提到，理想信念是共产党人的精神之“钙”，必须加强思想政治建设，解决好世界观、人生观、价值观这个“总开关”问题。他说：“没有理想信念，理想信念不坚定精神上就会‘缺钙’，就会得‘软骨病’。”并进一步强调：“一些党员干部出这样那样的问题，说到底是信仰迷茫，精神迷失。”他说：“石可破也，而不可夺坚；丹可磨也，而不可夺赤。”必须毫不放松抓好思想政治建设，点亮党员、干部心中的明灯，教育引导党员、干部筑牢思想防线，坚持“革命理想高于天”，保持蓬勃朝气、昂扬锐气、浩然正气。

改造客观世界，是主观见之于客观的行动。要达到改造客观世界的目的，就必须使主观的思想符合客观的规律。要在改造客观世界中形成强大的力量，就必须下功夫改造主观世界。在改造客观世界的进程中，主观世界可以得到磨炼和提高。只有使主观世界不断得到改造，才能更好地推动客观世界的改造。改造客观世界与改造主观世界相统一的过程，是与时俱进的过程，它是改造整个世界必须要掌握的科学的辩证途径和方法。

客观世界及其发展是无限的，自然界和社会的任何一个具体的过程都不是凝固不变和静止不动的。因而，人们在改造客观世界的同时改造自己的主观世界，也是一个循环往复以至无穷的过程，不可能“一次完成”，也不可能“一劳永逸”，特别是对规律的认识和掌握，更需要反复经历由感性到理性的飞跃过程，也需要思想政治教育下真功夫、苦功夫、长功夫不断跟进，用改造主观世界的成效来推进客观世界的改造。

第三节　高校思想政治教育的培养目标

思想政治教育的培养目标就是要坚持全面发展观，促进人的自由全面发展。生活在一定条件下的人，需要拥有生存与发展的物质条件、丰富的社会关系、充实的精神生活，并在这几个方面的发展取向上，既坚持全面又有所侧重，既发展特色又互不替代，以全面方式发展自己，才是坚持全面发展观。

一、促进人的自由全面发展

所谓人的全面发展观，就是按照人应有的本质，以一种全面的方式，也就是说，作为一个完整的人，占有自己的全面的本质。在不同历史时期，全面发展的内涵是不同的，全面发展观是相对于片面发展观而言的。在历史发展进程中，由于受生产力水平和社会政治制度的制约，人往往呈现片面发展状态。

在我国古代，儒家伦理主导社会发展，人的发展侧重于道德，人成为“道德人”。西方中世纪，神本价值主导一切，使人成为“神性人”。资本主义社会条件下人对物的依赖性，使人成为“经济人”。随着现代科技地位的不断提高和作用的不断强化，当代西方国家有人把科技作为“神”加以顶礼膜拜，又使一些人成为“工具人”。从历史发展过程看，人类社会在不同时期、不同社会条件下具有不同的主导价值取向，形成了各自不同的文化特征和人不同侧重的发展趋向，而社会和人在发展价值取向上的替代，则造成了人的片面发展。马克思系统分析了古代人在“人的依赖关系”状况下的片面发展，深刻分析了资本主义社会的人在“物的依赖”状况下的片面发展，提出人的全面而自由的发展是未来社会和人的发展目标。

思想政治教育的目的，反映了人的能动性特点和人的发展要求。人区别于动物的根本特征，是人具有主观能动性或自觉能动性。人的主观能动性就是人的活动的目的性。人的这种能动性特点，决定了人在活动中必定受一定的意识、思想的支配，不受意识、思想支配的活动，不是人的活动。但是，支配人的意识、思想，有先进与落后、科学与经验、系统与零散之分，正是这种受不同思想支配的区分，使人面临两种发展选择：一是以落后的、经验的、自发的意识、思想为指导的自然、自发状态下的发展，也就是拒绝用先进的、科学的思想政治教育进行指导的发展；二是自为的、自觉状态下的发展，也就是不断接受先进的、科学的思想政治教育，在有目的的思想政治教育活动作用下的发展。人们的现实存在以及在自然、自发状态下发展的结果，必定是十分缓慢的、曲折的，这种发展状况既不适应社会发展的需要，也不能满足人自身发展的要求。世界不会满足人，人决心以自己的行动来改变世界。人的行动是受目的支配的，因而，从古至今，人总是通过确立、发展并追求理想信念，来改变人的现实存在，实现人的自觉、全面的发展。

当然，人的发展的全面性，也并不是人的发展取向与各种素质的平均性，即发展取向的无侧重性。在不同时期和不同条件下，不同的人发展重点是不同的，即发展取向有主次之分、强弱之别。坚持人的发展的全面性，既要反对发展取向的替代性，也要克服发展取向的平均性。这两种发展取向是人的发展的两个极端，虽然表现形式不同，但对社会和人的发展造成的危害一样。

在我国社会主义初级阶段，由于多方面的原因，致使片面发展倾向还会长期存在。在市场经济条件下，社会主体在市场竞争中受物质利益驱动，往往不同程度地引发盲目性与自发性，其价值取向也容易发生偏差，发生价值取向上的抑制或替代。如有些人在生活上仅仅满足于物质需求，理想信念淡漠，工作中过分追求物质利益，忽视人自身的价值和意义；人际交往中推崇物的有用性原则，抛弃人情观念和精神关怀。从社会层面来看，有些地方在经济发展中偏重于物质文明建设，忽视政治文明与精神文明建设。同时，物质价值取向对于其他价值取向的抑制或替代的表现也是多种多样的。从政治上看，有些人或热衷于经济，以“不问政治”为口头禅，轻视政治的作用和价值；物质交换原则引入政治活动，为了满足个人私欲玩弄政治权术，以权谋私，大搞钱权交易。在经济领域，一些人滋长享乐主义和利己主义，迷信金钱至上，交易活动中的假冒伪劣等德行失范现象屡见不鲜。在学术领域，一些人重科技轻品德，为了私利甚至营私舞弊、剽窃他人成果。这些现象都是以物为本的价值取向对社会政治、道德、教育等领域的冲击，也是经济主导价值观单一化而导致的对其他社会价值观的替代性现象。

在改革开放和现代化发展的过程中，我们要吸取历史上的经验和教训，确立科学发展观，谋求社会和人的协调、全面发展。马克思提到的“个人全面发展”指的是个人劳动能力（包括体力的和智力的）的充分自由发展，是人的才能与品质的多方面发展，是人的社会关系的丰富和发展，以及个人与社会的协调发展。

马克思、恩格斯把人的全面发展作为社会主义和共产主义的根本目标。《“十三五”规划建议（讨论稿）》由习近平总书记向全会做说明，这表明：“十三五”规划已经超越了政府行政层面，而上升到执政党的高度，与其执政使命、治国理念和治国方略紧密地结合在一起。“十三五”规划中经济和社会发展，最终目的是为了“实现每个人的全面而自由的发展”。

习近平总书记在联合国“教育第一”全球倡议行动一周年纪念活动的视频贺词中，强调中国将坚定实施科教兴国战略，始终把教育摆在优先发展的战略位置。要把提高人才培养质量作为教育现代化的核心，将促进人的全面发展和适应社会需要作为衡量教育质量的根本标准，着力增强学生的社会责任感、创新精神和实践能力。为全面推进我国改革开放和现代化建设，促进人的全面发展指明了方向。

第一，人的全面发展是人民群众根本利益的内在要求和实现基础。马克思主义关于人的全面发展理论，是以逐步改变旧式社会分工为基础的，是由生产力与生产关系的全面性所决定的从而，把人的全面发展同人民现实的物质文化生活需要一样，提升到了社会主义现代化建设的目标高度。

第二，在我国改革开放和社会主义现代化建设的新时期，习近平同志说，教育是提高人民综合素质、促进人的全面发展的重要途径，是民族振兴、社会进步的重要基石，是对中华民族伟大复兴具有决定性意义的事业。也就是强调人的主体性的最充分发挥，人的内在潜能的最大限度的发掘。这是实现知识创新、科技创新、制度创新的内在要求和动力源泉，也是人的全面发展的更高目标。

第三，我们可以从两个方面认识现代社会条件下人的发展与社会发展的辩证关系。一是人的发展与社会发展互为前提和基础。一方面，人的发展是社会发展的前提。社会是由人构成的社会，离开了人的发展就谈不上社会的发展。所以，要全面推进改革开放和现代化建设，必须努力推进人的全面发展。现在和将来，社会发展将越来越依赖人的素质的提高和人的全面的发展，另一方面，社会发展为人的发展提供条件和手段。二是人的发展与社会发展相互促进、共同发展。也就是说，人的全面发展与社会发展应协调统一地发展。人们既要考虑个人的发展，又要适应社会发展的要求，遵循社会的法纪、道德以及社会发展的规律，在行为上依法行事和依德行事。

第四，人的全面发展是物质生活发展与思想和精神生活发展的统一。实现中华民族伟大复兴的中国梦与提高公民道德素质有着密切关系。中国梦是强国梦，要实现国家富强，就要不断增强包括公民道德素质在内的国家软实力。习近平同志指出，伟大时代呼唤伟大精神，崇高事业需要榜样引领，并强调要高度重视和切实加强道德建设，推进道德教育，倡导基本道德规范，培育良好风尚。把我国社会主义的各项事业，我们进行的一切工作，与人民现实的物质文化生活需要和人民素质的提高、人的全面发展紧密联系在一起，从而赋予人的全面发展以物质生活发展与思想和精神生活全面发展，即外在发展与内在丰富的时代特征。同时，人的全面发展是人与自然、社会的协调发展。自然界是人类及其社会赖以生存和发展的外部环境。人类及其社会存在和发展所必需的一切物质和能量，最终都来源于自然界。习近平指出："强调可持续发展，实现经济发展和人口、资源、环境相协调，走生产发展、生活富裕、生态良好的文明发展道路。"习近平同志强调："自然界内部、人与人、人与社会、人与自然之间以及社会内部诸要素之间实现均衡、稳定、有序，相互依存，共生共荣。这是一种动态中的平衡、发展中的协调、进取中的有度、多元中的一致'纷乱'中的有序。"

从人与自然、社会三位一体协调可持续发展的角度分析人的全面发展与可持续发展的关系，在可持续发展中，关键因素是人。人既是可持续发展的目的，即可持续发展归根结底是为了现代人和未来人的长远利益；又是实现可持续发展的决定性因素，即经济发展、环境质量、生态平衡归根结底是由人决定的。所以，可持续发展，实际上是以人为中心的人—社会—自然三位一体的全面发展，可持续发展的实质是人的可持续发展和全面发展。

构建社会主义和谐社会与促进人的全面发展是内在统一的，社会的和谐发展，不断地为实现人的全面发展开辟宽广道路，提供前提条件；而人的全面发展，又不断为建设社会主义和谐社会注入内在活力，提供强大动力。建设社会主义和谐社会与促进人的全面发展的统一，深刻体现着社会主义的本质要求。

二、人的自由全面发展的实现

实现人的自由全面发展的前提，是要使人真正成为自然和历史的主人，成为社会发展的主体，人在社会发展中居于主体地位，发挥主体作用。这就要实现人的解放，克服人对人的依赖，即人丧失独立人格，成为依附性的人；也要克服人对物的依赖，即对金钱、物质的依赖。以往的社会使人成为物的奴隶，成为为物而存在的人，是见物不见人。恩格斯在《反杜林论》中指出，改变这种状况，就要消灭或改革一切阻碍人健康发展的奴役人的制度，消灭私有制。恩格斯认为，只有在摆脱了私有制的共产主义社会中，人们才能真正成为自然和历史的主人，从而成为真正自由的人。

马克思认为，人的自由全面发展的实现必须以“发达的生产力为基础”。因为，在消灭了私有制后，只有生产力的高度发展，才能保证“人的体力和智力获得充分的自由发展和运用”；只有通过生产力的发展才能促进生产关系的调整和变革，实现社会制度、社会形态的完善和更替，使人的社会关系全面生成和高度丰富起来；也只有生产力的高度发展，才能消灭旧社会的生存条件，消灭旧的社会分工，实现“自由个性”的发展。生产力包括科学技术，科学技术的出现、发明及其运用，必然是劳动时间的缩短和“自由时间”的延长，而这正是人的全面自由发展的重要条件。

实现人的自由全面发展的途径：一是社会生产力的发展，它是人的全面发展的现实前提和基础。二是需要进行制度改革。人在历史上的发展，归根结底取决于生产力的发展程度，但社会关系即社会制度起直接作用。马克思指出，人类的文明发展“虽然在开始时要靠牺牲多数的个人，甚至靠牺牲整个阶级，但最终会克服这种对抗，而同每个个人的发展相一致”。三是实现人的全面发展还要求构成社会“活的有机体”各要素，包括经济、政治、文化、生态等的综合协调发展。

人的自由全面发展，是一个长期的历史过程。只有在马克思主义产生之后，共产党人才能自觉地明确地把实现人的自由全面发展的基本目标写在实践的旗帜上。在不同的时代和不同的历史条件下，共产党人面临着不同的社会环境，面对着不同的社会问题，会提出和解决不同的历史任务。每一代人都要在继承既有的生产力的基础上，在所处的特有的历史条件和社会背景下，面对和解决关系人的发展的特有的经济、政治、文化和社会问题，提出和完成实现人的自由全面发展的具体的特殊的历史任务。

社会主义制度为人的全面发展创造了条件。改革开放以来，我们党制定了“一个中心，两个基本点”的基本路线，把发展经济、发展生产力、发展科技作为社会的基础与中心明确起来，把社会主义现代化作为社会主导取向明确起来，把社会主义现代化建设作为当今中国的最大政治明确起来，从而广泛调动了人民群众的积极性，推动了经济的快速发展。为了避免历史上社会价值取向的片面性，我们党及时提出了加强社会主义精神文明建设的指导方针，反复强调物质文明建设和精神文明建设“要两手抓，两手都要硬”；要实现经济与政治的统一，在经济快速、多样发展的过程中一定要“讲政治”；要落实科教兴国战略和可持续发展战略，保证社会健康而长远的发展；要贯彻“三个代表”重要思想，开展物质文明、政治文明、精神文明建设，保证社会全面协调发展；要创造条件，保证人们思想与精神生活全面发展以及人与自然、社会协调发展；要坚持全面、协调、可持续的科学发展观；深入贯彻习近平总书记系列重要讲话精神，树立社会核心价值观，要坚持经济建设、政治建设、文化建设、社会建设、生态文明建设“五位一体”的总体布局，所有这些推进社会和人全面协调发展的理论与方针，对促进人的全面发展提供了指南和保证。

思想政治教育要培养全面发展的人，就是要引导人们切实坚持以人为本，坚持科学发展观，克服以物为本、以神为本和以工具为本的局限，真正按照人的本质实现人的物质与精神、科技与人文、政治与道德、生理与心理、知识与能力等方面的全面发展，真正成为“完整的人”。

马克思还根据社会关系的历史发展和人的发展的内在联系，并结合共产主义社会人的发展的社会理想，把人的发展过程概括为三个基本的历史阶段：第一个阶段是人的依赖关系占统治地位的阶段；第二个阶段是以物的依赖关系为基础的人的独立性的阶段；第三个阶段是建立在个人全面发展和他们共同的社会生产能力成为他们的社会财富这一基础上的自由个性的阶段。在第三阶段，人们将在自觉、丰富、全面的社会关系中获得自由、全面的发展，成为具有自由个性的人，这就是未来的共产主义社会。

三、新时期的思想政治教育目标构建

在改革开放和社会主义现代化建设的新时期，邓小平十分重视精神文明建设和思想政治工作，对人才培养的问题作了深入思考，提出了培养“有理想、有道德、有文化、有纪律”的社会主义新人的目标，为新时期思想政治教育指出了方向。

（一）“四有”新人目标模式的提出

“四有”新人的提出有一个过程。大体上可以说，它酝酿于20世纪70年代末，初步提出于80年代初，经过表述上逐步演化的几年，到80年代中期定型。这期间，“四有”的表述经历了三种形态。

70年代后期是邓小平“四有”新人思想的酝酿时期。在70年代的最后几年，邓小平就相继零星地谈到过“四有”中的某些内容或要素。在1978年4月22日全国教育工作会议上，邓小平认为人才培养的质量标准，就是毛泽东提出的德智体全面发展的、有社会主义觉悟的有文化的劳动者。这说明邓小平在社会主义建设人才培养目标上还没有形成自己的提法。但他在解释和进一步阐述这一人才培养标准时，却比较集中地提到了理想、品德、纪律这些要素。他说：“学校要大力加强革命秩序和革命纪律，造就具有社会主义觉悟的一代新人，促进整个社会风气的革命化……革命的理想，共产主义品德，要从小开始培养。”而且正是在这次讲话中，邓小平对把青少年培养成什么样的人，从思想政治品德方面作了概括：“我们要大力在青少年中提倡勤奋学习、遵守纪律、热爱劳动、助人为乐、艰苦奋斗、英勇对敌的革命风尚，把青少年培养成为忠于社会主义祖国、忠于无产阶级革命事业、忠于马克思列宁主义和毛泽东思想的优秀人才，将来走上工作岗位，成为有很高的政治责任心和集体主义精神，有坚定的革命思想和实事求是、群众路线的工作作风，严守纪律，专心致志地为人民积极工作的劳动者。”当然，在这里“四有”的内容是以单个要素的形式提出来的。

80年代初是邓小平最早提出“四有”的时期，也是“四有”第一种表述形态的时期。1980年5月26日，邓小平书赠《中国少年报》和《辅导员》杂志，“希望全国的小朋友，立志做有理想、有道德、有知识、有体力的人，立志为人民做贡献，为祖国做贡献，为人类做贡献。”这是关于“四有”的最早提法，也是“四有”表述的第一种形态。虽然这个提法与后来的规范提法有所不同，但四个要素已经具备了三个。接着，邓小平又对这“四有”作了实质性的丰富和发展。

1980年12月25日，他在一次讲话中再次提出这“四有”时，又多说了几句，把“守纪律”也在同一段话中提出来了。他说：“要努力使我们的青少年成为有理想、有道德、有知识、有体力的人，使他们立志为人民做贡献，为祖国做贡献，为人类做贡献，从小养成守纪律、讲礼貌、维护公共利益的良好习惯。”这里面也反映了邓小平对人才培养目标的独特思考。其中讲到的“有知识”，不是随意讲的，而反映了邓小平对知识的重视。他的名言“尊重知识，尊重人才”，把“知识”提到很高的位置。当然后来的“有文化”比“有知识”范围更为广泛了。值得注意的是，尽管在这个“四有”中没有讲有纪律，但是在上述第二段话中，却明确地提出了“守纪律”。而且，在这同一篇讲话中，邓小平概括了社会主义精神文明建设的内涵，他指出：“所谓精神文明，不但是指教育、科学、文化（这是完全必要的），而且是指共产主义的思想、理想、信念、道德、纪律，革命的立场和原则，人与人的同志式关系，等等。”在这段话中，理想、道德、文化、纪律四个方面都有了。

“四有”的第一种形态向前发展的下一步就是在表述上把“守纪律”列进去。这有一个逐步摸索的过程，其间也有过稍许不同的表述形式。比如1982年2月25日，邓小平在讲到要提倡精神文明时说，要教育我们的后代有理想、有道德、讲礼貌、守纪律。在这里，“守纪律”是列入其中了，但第三项又由“有知识”变为“有礼貌”。在同一天的另一次讲话中，邓小平明确提出，要提倡人民有理想、有道德、有纪律。这里也是没有讲到第三项。这个过渡阶段的情况说明，邓小平主要是把思想道德方面的内容不断展开。到此，理想、道德、纪律三项已经齐备。

1982年5月4日，中共中央宣传部、共青团中央在“全民文明礼貌月”活动总结会议纪要中，总结群众实践经验，提出要使全国各族人民“都成为有理想、讲道德、有文化、守纪律的人”。同年5月28日，中共中央的转发通知中不仅肯定了这一表述，而且指出“这是社会主义精神文明建设的目标”。同年7月4日，邓小平在一次讲话中说：“搞社会主义精神文明，主要是使我们的各族人民都成为有理想、讲道德、有文化、守纪律的人民”。同年9月，党的十二大报告提出，“使越来越多的社会成员成为有理想、有道德、有文化、守纪律的劳动者”。这“三有一守”是“四有”模式表述的第二种形态，也可以说是过渡形态。在这种表述中，理想、道德、文化、纪律都列入其中，而且其顺序也已规范化。问题只在于语言形式上，在字面上还没有成为“四有”。

“四有”第三种形态即规范形态首次出现于1985年3月7日邓小平关于《一靠理想二靠纪律才能团结起来》的著名讲话，该讲话强调“教育全国人民做到有理想、有道德、有文化、有纪律”。这里把“守纪律”改为“有纪律”，至此“四有”的规范提法最后形成了。此后，“四有”在党的文献中固定下来。

在“四有”的表述形式上，有人从语法角度提出一个问题：“有理想”“有道德”“有文化”，这几项在语法上比较讲得通，语感上也比较顺，但“有纪律”似乎不那么顺口，语法上也似乎没有这种讲法。因为理想、道德、文化这些都可以是主体的素质，而“纪律”则是外在的方面。从语法上只能讲某人“有纪律观念”“有纪律意识”或“有纪律性”，而不说他“有纪律”。所以，似乎是为了凑齐“四有”而人为地把“守纪律”改为“有纪律”，导致语感上有点别扭。这种疑问当然有一定的道理，但这是只知其一，不知其二。其实，语法上也有一种法则，就是当几个词联在一起时，前面几个词的用法的惯性本身就可以使排在后面的一个词由不顺变为顺。比如，在解放战争时期，毛泽东提出过一个重要的口号：“坚决、彻底、干净地消灭敌人。”在这三项中，“坚决”地消灭敌人或“彻底”地消灭敌人，句法上都比较顺，但“干净”地消灭敌人则不那么顺。但既然它们三个排在一起，那么就可以这样用了。类似的情况也有一些。汉语的口号式的表述本身就具有这种特点，有时为了求得整齐一致，而在语言上有所变异，这应该是允许的，正常的。

从上述“四有”目标的提出过程，可以得到三个结论：

第一，“四有”目标的提出是对毛泽东有关思想和提法的继承和发展。邓小平提出的“四有”明显地受到毛泽东“两有”的影响，可以说是从“两有”发展而来的。毛泽东在“两有”中提出“有社会主义觉悟”和“有文化”，而邓小平实际上是把毛泽东讲的“有社会主义觉悟”具体化了，分成三个基本的方面即理想、道德和纪律。

第二，“四有”目标的提出，是总结新时期群众性精神文明建设活动经验的结果。当时提出“四有”的背景就是“五讲四美三热爱”“全民文明礼貌月”以及军队的“四有三讲两不怕”等群众性活动。所以邓小平在开始论述“四有”的时候，经常是把它与“五讲四美”等相提并论的。比如在1982年7月的一次讲话中，邓小平说：“搞社会主义精神文明，主要是使我们的各族人民都成为有理想、讲道德、有文化、守纪律的人民。当然还有‘五讲四美’，军队叫‘四有三讲两不怕’。精神都一样，都是对的。”

第三，邓小平对“四有”新人的目标模式作了最充分的阐述。关于“四有”的四个方面的内容，邓小平都有论述，特别是关于“四有”中的重点内容，即有理想和有纪律，以及关于这两个方面的联系，邓小平都结合自己的革命实践经验，作了充分的论述。这至今仍然是最好的阐述。

（二）“四有”新人目标模式的基本内涵

邓小平提出的“四有”新人的目标模式不只是四个词而已，它具有丰富的内涵。只有揭示出其内涵，才能深刻地理解邓小平这一光辉思想及其重大意义。

这一目标模式包括四个基本方面。其中每一个方面都有特定的内容，邓小平都做过论述和阐释。

关于有理想，邓小平有一些提法。他曾提到“革命的理想”，这是他比较早期的提法，可以说是一个比较传统的提法。这个提法高度概括，因为“革命”一词含义甚广，邓小平讲的干部四化标准“革命化、年轻化、知识化、专业化”中，“革命化”一词就概括了干部在思想政治品德方面的要求。邓小平在后来的诸多论述中，对“革命理想”作了更为具体的界定，明确提出这个有理想就是有共产主义的理想。比如他说：“我们这些人的脑子里是有共产主义理想和信念的。要特别教育我们的下一代、下两代，一定要树立共产主义的远大理想。”邓小平不仅从远大理想的角度讲有理想，而且也从共同理想的角度来讲理想。他说：“我们共产党人的最高理想是实现共产主义，在不同历史阶段又有代表那个阶段最广大人民利益的奋斗纲领。因此我们才能够团结和动员最广大的人民群众，叫作万众一心。”他还说：“理想就是社会主义现代化。很多人只讲现代化，忘了我们讲的现代化是社会主义现代化。”

值得注意的是，邓小平讲的理想包括信念在内。理想、信念、信仰是同一类现象，在中国共产党人的语言中，理想就是一个概括此类现象的正面的概念。邓小平在论述此类问题时，往往把这些概念当作基本相同的概念来使用。当他单讲理想时，其中包括了信念在内。当他单讲信念时，也包括理想在内。有时候单讲信仰，但里面包含着理想和信念在内。在很多情况下，邓小平是把理想和信念同时并提、相提并论的，把它们当作两个不可分割的概念来使用。比如他说：“我们一定要经常教育我们的人民，尤其是我们的青年，要有理想。

为什么我们过去能在非常困难的情况下奋斗出来，战胜千难万险使革命胜利呢？就是因为我们有理想，有马克思主义信念，有共产主义信念。”他还说：“马克思主义，另一个词叫共产主义。我们过去干革命，打天下，建立中华人民共和国，就因为有这个信念，有这个理想。”最重要的是人的团结，要团结就要有共同的理想和坚定的信念。把理想与信念讲在一起，是有道理的。如果对于自己所追求的理想的正确性、正义性和实现的必然性没有坚定的信念和必胜的信心，他的理想就不成其为理想。同样，信念或信仰如果不集中到一个理想目标上，也会成为空洞的东西。

关于有道德，邓小平也有许多阐述。他认为，在我们社会主义国家，人们形成共同的道德是可能的，并认为这是社会主义优越性的一个方面。他说，社会主义经济是以公有制为基础的，生产的目的不是剥削，而是最大限度地满足人民的物质文化需要，因此，“我国人民能有共同的政治经济社会理想，共同的道德标准。以上这些，资本主义社会永远不可能有。资本主义无论如何不能摆脱百万富翁的超级利润，不能摆脱剥削和掠夺，不能摆脱经济危机，不能形成共同的理想和道德，不能避免各种极端严重的犯罪、堕落、绝望。”他认为，共产党员要身体力行共产主义道德。不论有何功劳和职位，都不允许违反党章、法律和共产主义道德。在邓小平讲的有道德中，集体主义原则占有很重要的位置。他说，“在社会主义制度之下，个人利益要服从集体利益，局部利益要服从整体利益，暂时利益要服从长远利益”，这是小道理服从大道理。但提倡和实行这些原则，绝不是说可以不注意个人利益，不注意局部利益和暂时利益。在社会主义制度下，归根结底，个人利益和集体利益、局部利益和整体利益、暂时利益和长远利益，都是统一的。他还讲了为人民服务，讲了道德规范。

“有文化”作为“四有”的一个方面，具有自身的特点。如果说理想、道德、纪律都是属于思想政治道德素质方面的，那么有文化则是属于科学文化素质方面的。“有文化”涵盖了人的科学文化素质方面。对此我们可以从科学知识与科学精神两个方面来分析。邓小平讲“知识”讲得很多，非常重视科学知识的学习和掌握，但这并不说明他只重视科学知识而忽视科学精神的培养。其实，邓小平经常讲的“科学态度”和“求实精神”也就是科学精神。他在讲到文艺工作时指出，文艺作品“要塑造四个现代化建设的创业者，表现他们那种有革命理想和科学态度、有高尚情操和创造能力、有宽阔眼界和求实精神的崭新面貌。要通过这些新人的形象，来激发广大群众的社会主义积极性，推动他们从事四个现代化建设的历史性创造活动”。邓小平的这段话对我们有很大启示，它使我们看到了邓小平心目中的“新人”的形象。这个形象不仅具有“革命理想”和“高尚情操”（以及“守纪律精神”），而且具有文化素质，这个文化素质实际上在此主要分为两个方面，一是“科学态度”和“求实精神”，二是“宽阔眼界”和“创造能力”。邓小平这段话虽然是他在1979年讲的，但却非常具有现代性。其中对“创造能力”的强调是很突出的。

对“有文化”进行内容上的分析，还可以分为自然科学的文化素质和人文社会科学方面的文化素质。邓小平讲自然科学知识比较多，比较集中，这是毫不奇怪的。因为“文化大革命”中我国自然科学研究和教育方面受到很大冲击，科学技术人才严重缺乏，在这样的情况下，邓小平对于发展我国的科学技术忧心如焚。他讲的科学技术是第一生产力，主要讲的是自然科学及技术。但是，邓小平讲的有文化绝不只是仅仅具有自然科学方面的知识和素质就够了，而是包括社会科学方面的文化素质。他明确地说过“科学当然包括社会科学”。他很重视哲学社会科学的研究和发展，以及这些科学对人们的教育作用。

“有纪律”是“四有”之中最能突出邓小平特色的一个方面。虽然在革命战争年代，以毛泽东等为代表的老一辈革命家都非常重视纪律和纪律教育的问题，但是在和平建设年月里，如此重视守纪律的问题，却是反映了邓小平的特点和独特思路。在改革开放之前，特别是在“文化大革命”之中，我们讲革命理想和革命热情讲得很多，而对于维护社会秩序和遵守法纪则讲得不多，而且许多时候正好相反，大讲让人们冲破束缚，甚至“砸烂公检法”。这在很大程度上导致了社会的混乱和巨大破坏。邓小平总结这些经验教训，从一复出走上领导岗位，就大讲秩序和纪律，所以他提出“守纪律”绝不是偶然的。尤其具有特点的是，邓小平把有理想和有纪律联系起来，把它们看作“四有”中的重点内容。认为“一靠理想二靠纪律才能团结起来”。把纪律提到这样的高度，使它与理想相互补充，这确实是邓小平的一大创造。

（三）“四有”新人目标模式的特点

“四有”新人的目标实际上是一个模式，其中涉及四个基本方面及其相互关系。由此形成一系列重要特点。考察这些特点，对于进一步揭示“四有”新人的内涵，把握其性质，具有重要意义。

1.“四有”新人目标具有全面性

“四有”新人目标模式体现了马克思主义历来所主张的人的全面发展的思想。马克思早就讲过，共产主义就是能够使人得以全面自由充分地发展的社会制度。全面地发展自己的体力和智力，全面地开发自己的各种潜力和才能，丰富自己的个性和社会联系，是人的全面发展的基本内涵。马克思也从教育领域，特别是青少年劳动技术教育方面谈论过人的全面发展，但总的来说，马克思讲人的全面发展，理论层次很高，并不局限于教育或某些方面的教育，而是从更高的角度，从社会形态和整个社会的高度来谈的。后来，比如在毛泽东那里，人的全面发展的思想在教育方针上得到集中体现，他把德、智、体几个方面的全面发展作为教育的目标，把实现这一目标作为教育的任务和方针。其实，在毛泽东那里，人的全面发展也不只是教育和学校的事情，而是整个社会的事情。毛泽东曾提出把解放军办成“大学校”的重要思想。军队当然不是学校（军校是另一回事），其任务是训练和打仗，但是毛泽东提出军队要培养人，使军人永葆“人民子弟兵”的本色。而且他还提出全国人民学习解放军，由此想把全社会办成培养人，特别是培养人的思想政治和道德素质的大学校。这样的思想是非常有意义的。尽管由于“左”的指导思想上的错误，那时的一些做法违背了各行业自身的特点和规律，某些方面也违背了教育和思想政治教育本身的规律，但这种在全社会范围内和全民族利益的高度上看待人的全面发展，看待人的培养和教育，是值得借鉴的。

邓小平继承了马克思主义关于人的全面发展的思想，特别是毛泽东关于教育方针的思想，提出了“四有”新人目标。这个目标具有全面性：首先，在“四有”中，包含了思想政治道德素质和科学文化素质两个基本方面。这两个性质不同的方面是人的全面素质中最基本的两个方面。其次，在人的思想政治道德素质方面，邓小平提出了全面性的要求，包括理想、道德、纪律三个基本方面。这是对人的思想政治道德素质方面的比较全面的展开，也是对人思想政治道德素质的各种更具体的表现的全面概括。最后，邓小平把理想与纪律联系起来考虑，体现了对人进行鼓舞和约束、奔放和收敛相结合的全面性，体现了自律与他律相结合的全面性。

需要注意的是，对于“四有”目标的全面性不能作机械的理解。所谓“全面”，就是指没有片面性，它是一种性质上的要求，而不是一种数量上的要求。“四有”毕竟是一种高度概括的表述，它不可能也没有必要把人的方方面面的所有素质都列举一遍。比如，身体素质也是非常重要的素质，而且是其他素质的基础，但在“四有”中并没有提，这是很自然的。因为这里不是从学校教育目标的角度来提问题的，而是从全社会的角度，从精神文明建设的角度来提问题的。如果单从学校教育的角度来提，当然应该包括体育。事实上，改革开放新时期的学校教育的目标中，很清楚地包括“体育”在内。现在的提法是“德、智、体、美等方面全面发展”。而且身体素质是人的思想道德素质和科学文化素质的基础，它是作为后两项基本素质的前提而存在的，实际上已经内涵于“四有”之中了。邓小平最初提出“四有”时，其中一项就是“有体力”，这说明邓小平并没有忽略这个方面。后来讲的“四有”都是人的精神层面，实际上讲的是人的精神健康（当然不只是病理意义上的，更是社会意义上的），它以人的身体健康和心理健康为基础，也应该能够内在地把身体健康和心理健康作为前提包含在其中。再比如，现在要进行法律教育，培养人们的法制意识和观念，这当然也是思想政治教育的重要内容和任务，但也没有必要在“四有”中增加“有法律”一项。因为，从“四有”的精神实质来看，它已经把人的约束性的方面包含于其中，不只是狭义的纪律，实际上也包括法律意识在内。可见，对“四有”的全面性不能只是从要素上理解，而要从功能上、从整体要求上去理解。其他方面的情况也是一样，我们完全可以列举出更多方面的素质，但不能因此而否认“四有”的全面性。关键是我们对于这一目标的全面性要掌握其精神实质，并以此为指导来贯彻这一目标的实施。

2. “四有”新人目标具有重点性

“四有”目标在内容上是全面的，但这个全面性是有重点的全面性。重点性是比全面性更深入一步，更接近于实际操作领域的特点。因为人们在实际活动中，总是有重点有步骤地工作的。如果在工作中不能正确地找出重点，抓住和解决好重点问题，就不能把工作做好，那么工作的全面性也就无从达到。“四有”目标的全面性表现在两个基本方面：一方面，“四有”本身就是一个重点，是从许多“有”中挑选出来的，是最根本、最重要的四个方面。另一方面，在“四有”当中还有重点。我们在不忽视第一个方面的情况下，更应该注意考察第二个方面的重点性。

考察“四有”目标模式中的重点内容可以从三个不同的层次进行：

首先，在思想道德素质和科学文化素质两个基本素质之中，邓小平强调的是思想道德素质这个重点。在“四有”中，其中三个“有”是属于思想政治道德素质方面的，而只有一个“有”是属于科学文化素质方面的。这说明邓小平在构思“四有”新人目标模式的时候，更多的是从思想道德建设和思想政治教育的角度考虑问题的。之所以如此，当然并不是因为邓小平不重视科学文化建设，事实上没有谁比邓小平更明白科学文化对一个国家的重要意义，正是邓小平使中国的教育、科学和文化事业走上了迅速发展的轨道。但是，邓小平也一再提出，要把德育、把坚定正确的政治方向放在第一位。在社会主义精神文明建设中，思想道德建设是核心，它决定着社会主义精神文明的性质和方向。因此，在“四有”中，邓小平重点展开的是思想道德素质。

其次，在“四有”中的思想道德素质方面，邓小平更强调的是理想和纪律这两个重点。他明确地说过：“这四条里面，理想和纪律特别重要。”还说：“我们历来提倡有理想、有道德、有文化、有纪律，其中最重要的是有理想、有纪律。”理想与纪律是两个不同的东西，从某种意义上说它们的特点恰好相反。理想是与热情、激情、想象等相联系的，而纪律则是与冷静、严峻、一律相联系的；理想是使人的精神和精力奔放的方面，纪律是使人收敛的方面。正是由于二者有不同的特点，它们才可以相互为用，缺一不可。如果说“四有”目标是一个椭圆，那么理想和纪律则分别是该椭圆的两个焦点。

最后，在有理想与有纪律中，有理想又是特别重要的。邓小平在1986年11月《用坚定的信念把人民团结起来》的讲话中指出：“现在中国提出‘四有’，有理想、有道德、有文化、有纪律。其中我们最强调的，是有理想。”理想之所以是最重要的，是因为理想信念（信仰）是人的灵魂，是人的精神世界的深刻核心。在“四有”中理想排在最前面是毫不奇怪的，它对后面的三项起着统领的作用。而且，理想的重要性还从它与纪律的关系中表现出来。邓小平每次在把理想与纪律并提的谈话中，总是首先并主要地讲“有理想”的重要意义。他认为我们讲的纪律不是纯粹外在的纪律约束，而是具有内在自觉性的纪律。这样的纪律之所以形成并发挥作用，就是因为首先具备了共同的理想信念这个前提。他说过，有了理想，也就有了铁的纪律。归根结底，理想是最为重要的。

3. “四有”新人目标具有层次性

层次性其实也是一种全面性，是一种从纵深的角度来看的全面性。对于“四有”目标，我们不能只是从平面上去看，而是要把它看作一种立体的目标。事实上这个目标具有丰富的层次性，沿着这些层次可以展开极为丰富和多样化的内容。从“四有”目标的整体上看，它本身带有层次性。比如我们有时候讲“四有”新人，有时候讲“四有”公民。“新人”与“公民”有所不同。“新人”应该说要求更高一些，它是相对于社会主义的标准而言的，即“社会主义新人”。而“公民”则相对来说要求低一些，它是相对于国家成员的标准而言的，指的是合格的国家公民。虽然我们是社会主义国家，作为我们国家的公民在思想政治道德水平上应该比资本主义国家更高一些，但是公民的资格不是由思想政治道德水平所决定的，不能因为这方面的原因而失去公民资格。

这一目标的层次性更具体地体现在其中的每一“有”当中。在“有理想”方面，有最高理想与阶段性理想之分。对于共产党人和先进分子来讲，“有理想”就是有共产主义的远大理想。而对于广大普通群众来讲，“有理想”主要是指建设有中国特色社会主义这一“共同理想”。而且在作为社会理想的“共同理想”中，还包括每个人的个人理想。个人理想与社会理想是不同的层次，个人理想离不开社会理想，只有社会的进步才为个人发展提供更好的条件；同样，社会理想也不能离开个人理想，它必须具体地化为每个人自身的理想追求，才能实现。在“有道德”方面也有共产主义道德与社会主义道德的层次之分，以及社会主义道德不同层次之分。在“有文化”方面更是有不同的文化程度层次。“有纪律”也是如此，它既包括国家法律和法规，也包括党内的纪律，以及各行各业自身所要求的纪律等。

4. “四有”新人目标具有总体性

“四有”目标还具有整体性、和谐性等，其中的不同内容和不同层次，都相互联结，各安其位，共同构成这一目标模式。“四有”目标是一种总体要求，宏观要求，它在不同的领域中会有不同的具体要求。邓小平并不认为“四有”是唯一的要求，而是认为不同的行业和领域应结合自身的特点，提出自己的要求，这些要求或者是作为“四有”的具体展开，或者是与“四有”相补充，都有着共同的精神，都是正确的。他在1982年7月军委座谈会上说：“搞社会主义精神文明，主要是使我们的各族人民都成为有理想、讲道德、有文化、守纪律的人民。当然还有‘五讲四美’，军队叫‘四有三讲两不怕’。精神都一样，都是对的。军队有军队的特点。”在这里，他认为“四有”是“主要”的，但此外还有“五讲四美”“四有三讲两不怕”等。

第四节　高校思想政治教育的主要任务

思想政治教育的目的或目标，是通过各个阶段、各项思想政治教育的任务来实现的。各项思想政治教育实现的是具体目标，只有不断实现具体目标，才能实现思想政治教育的根本目的或长远目标。

一、理想信念教育是核心

党的十八大后，习近平总书记多次发表系列重要讲话，谈到坚定理想信念。他认为，理想和信念是相辅相成的统一体，理想是人们追求的目标，信念是人们朝着这个目标前进的意志和定力。理想崇高，才能信念坚定；信念坚定，才能坚守理想。总体来说，理想，是与奋斗目标相联系的有实现可能的信念；是人类所特有的一种精神现象，是对客观现实的一种反映，是人们对美好未来的追求。信念是建立在认识和情感基础上的一种思想意识，是人们在社会实践中形成的、自己认为正确并坚信不疑的观念。理想和信念是相互依存的关系：理想的实现依靠信念的力量，信念的坚定基于理想的选择，二者同属于精神范畴；崇高的社会理想和科学信念都是一种巨大的精神力量，它们对个体乃至群体的实践活动都具有重大的指导作用。

1848 年 2 月，马克思、恩格斯在《共产党宣言》中，运用唯物史观分析资本主义社会的基本矛盾，阐明资本主义必然灭亡，社会主义必然胜利是人类社会发展的规律。《共产党宣言》的问世，标志着马克思主义的诞生，从此共产主义成为一切共产党人前仆后继并为之奋斗的共同目标。在一个半世纪的共产主义运动实践中，马克思主义不仅深入人心，成为激励世界各国人民斗志的理论武器，而且武装和造就了一代又一代具有本国特色的马克思主义者。中国共产党是以马克思主义为指导思想，以实现共产主义为奋斗目标的无产阶级政党。实现共产主义是中国共产党的最高纲领，也是中国共产党人的力量源泉、精神支柱。中国共产党八十多年的奋斗历程表明了这样一个浅显而又质朴的道理：马克思主义信仰和共产主义信念，是中国革命和建设的精神动力，没有这样的信仰和信念，就没有凝聚力，就没有一切。正如邓小平所总结的那样：“为什么我们过去能在非常困难的情况下奋斗出来，战胜千难万险使革命胜利呢？就是因为我们有理想，有马克思主义信念，有共产主义信念。”面对中国现代化建设的繁重任务和国内外深刻变化的复杂形势，要建设中国特色社会主义，必须牢固树立共同的理想信念和精神支柱。如果忘记了党的最高纲领，动摇了马克思主义的信念，淡薄了共产主义远大理想，就动摇了共产党人的根本立场，也就不可能取得中国特色社会主义的胜利。2013 年 3 月 17 日习近平《在第十二届全国人民代表大会第一次会议上的讲话》中说道：“中华民族具有 5000 多年连绵不断的文明历史，创造了博大精深的中华文化，为人类文明进步做出了不可磨灭的贡献。经过几千年的沧桑岁月，把我国 56 个民族、13 亿多人紧紧凝聚在一起的，是我们共同经历的非凡奋斗，是我们共同创造的美好家园，是我们共同培育的民族精神，而贯穿其中的、更重要的是我们共同坚守的理想信念。”可见，是否有坚定的马克思主义信念和共产主义理想，是事关革命和建设事业能否胜利并继续推向前进的核心问题，是培养人才的基本标准，也是判断真假马克思主义者的基本尺度。

理想信念作为一种观念形态，是人类特有的精神现象。就其本质而言，理想信念是人们对未来的向往和追求，是一个人的世界观和立场在奋斗目标上的集中体现，是确立人生价值取向的最高准则。理想和信念辩证统一、相辅相成。理想以信念为支撑，理想的追求和实现体现并折射着信念的坚定性；信念以理想为方向和内容，有什么样的理想就有什么样的信念。理想信念一旦形成，就成为支配人们行动的持久的精神动力。

习近平同志指出："对马克思主义的信仰，对社会主义和共产主义的信念，是共产党人的政治灵魂，是共产党人经受任何考验的精神支柱。"所以说，坚定社会主义理想信念，是思想建设的核心内容，是思想政治教育的根本任务。中国共产党人在革命战争年代已解决的"理想信念问题"，在中国革命胜利后，在改革开放、全面建设小康社会的今天，遇到了新的情况，面临着新的考验。

随着改革开放的深化，市场经济体制的建立，各种经济成分、利益主体和社会生活方式日趋多样化，给人们包括党员的思想观念、行为方式带来了影响。面对许多前所未有的新矛盾、新问题，一些人包括一些党员感到迷惘困惑。迷惘困惑现象，其表现是面对一些复杂的社会现象不知所解，面对多变的社会状况不知所向，面对多样的社会因素不知所选，其实质是缺乏明确而坚定的理想信念与价值标准。同时，在我国社会转型，分配关系和利益关系发生变化的过程中，极少数党员和党员干部的理想信念动摇了，先锋模范作用弱化了，有的对马克思主义的信仰出现危机，对共产主义理想信念淡化，对社会主义缺乏信心；有的意志衰退，忘记了党的宗旨；有的个人私欲膨胀，违背党的纪律，贪污受贿，腐化堕落等。

发生这些现象的根本原因，是远大理想信念缺乏或改变。崇高信仰、坚定信念不会自发产生，习近平总书记指出，要练就"金刚不坏之身"，必须用科学理论武装头脑，不断培植我们的精神家园。因此，思想政治教育要适应新形势发展的要求，采取切实措施加强理想信念教育，并把理想信念教育贯穿在马克思主义理论教育、社会主义道德教育、爱国主义教育等多种教育之中，渗透于学习、生活、工作之中，使思想政治教育紧紧围绕我国主导价值取向进行。

社会主义、共产主义理想信念，是无产阶级和共产党人对人类社会发展规律和自身历史使命的自觉意识的集中体现，是人类历史上最崇高的理想境界。九十多年来，中国共产党就是用这种理想信念凝聚人心，战胜国内外敌人，克服前进道路上的艰难险阻，赢得了国家的独立，建立了社会主义制度，推进着中华民族的伟大复兴。正如邓小平所说："我们过去几十年艰苦奋斗，就是靠用坚定的信念把人民团结起来，为人民自己的利益而奋斗。没有这样的信念，就没有凝聚力。没有这样的信念，就没有一切。"一位诗人曾这样写道："理想是石，敲出星星之火；理想是火，点燃熄灭的灯；理想是灯，照亮夜行的路；理想是路，引你走向黎明。"一位哲人说过，人不是为失败而活着，也不是为胜利而活着，而是为理想而活着，为希望而活着。这正是理想的价值所在。

坚持以理想信念教育为核心，就是要大力开展爱国主义、集体主义和社会主义教育，引导广大人民群众树立正确的世界观、价值观和人生观；就是要坚持建设中国特色社会主义的共同理想，为实现富强、民主、文明的社会主义现代化国家努力奋斗。这是实现国家统一、民族振兴的根本所在。正如邓小平所说：我们这么大的一个国家，怎样才能团结起来，组织起来呢？一靠理想，二靠纪律。2015 年 1 月 19 日，中共中央办公厅、国务院办公厅印发《关于进一步加强和改进新形势下高校宣传思想工作的意见》。该《意见》强调指出，意识形态工作是党和国家一项极端重要的工作，高校作为意识形态工作前沿阵地，肩负着学习研究宣传马克思主义，培育和弘扬社会主义核心价值观，为实现中华民族伟大复兴的中国梦提供人才保障和智力支持的重要任务。可见，加强理想信念教育始终具有时代性，是一项迫切的任务。

二、爱国主义教育是重点

爱国主义是中华民族的光荣传统，是蕴涵最为深厚的历史情感，是全国各族人民共同的精神支柱，鼓舞和激励着全国各族人民万众一心，团结奋斗。在当前全面建设小康社会，大力推进社会主义物质文明、精神文明、政治文明，促进经济社会全面协调可持续发展的今天，弘扬和培育爱国主义精神是增强民族凝聚力、提高国家竞争力和个人思想道德素质的需要。习近平曾指出："以爱国主义为核心以爱国主义为核心的伟大民族精神是中国人民抗日战争胜利的决定因素。古往今来，任何一个有作为的民族，都以自己的独特精神著称于世。"爱国主义是中华民族民族精神的核心。中国是一个有着深厚爱国传统的国家，"滴水之恩，当涌泉相报"已成为千年垂训；古代有屈原、毛遂等人报答养育他们国度的典范，顾炎武"天下兴亡，匹夫有责"的呼喊振聋发聩，林则徐"苟利国家生死以，岂因祸福避趋之"的感慨掷地有声。伟大的无产阶级革命家邓小平更是以"我是中国人民的儿子，我深情地爱着我的祖国和人民"的真情，表达了一代伟人的崇高情怀。一切具有民族自尊的优秀分子，无不以报效祖国为荣。爱国主义历来是中华民族最具凝聚力和号召力的旗帜。

在新的形势下，具备爱国情怀、报答祖国的养育之恩应体现在以下三方面的行动之中。一要关注祖国的政治命运、发展方向，这是爱国主义思想的中心内容。二要以国家的兴衰为己任，具有为国、为民分忧的责任感和实际行动，这是爱国主义的集中体现。三要继承、弘扬中华民族的优秀文化传统，这是爱国主义发展的思想纽带，也是加强民族凝聚力、向心力的精神支柱。中华民族的爱国主义精神，既激起了为国家和民族抗争、独立、振兴的激情，也孕育了变革社会、建设国家的伟大创举，形成了爱家爱国、团结统一的优良传统。

爱国精神的培养是一个能动的过程，是受主体社会生活实践经验和认识能力的发展水平所制约的，有一个不断自我概括、内化和拓展的过程。爱国主义信念的确立，要随着年龄的增长，对祖国情感孕育增多、知识积累、了解历史，才能逐渐实现由爱国情感向爱国主义信念的升华。所以，在青少年阶段，是培养爱国情感、进行爱国主义教育的好时机。青少年学生在从对父母、家庭的依赖中走出来以后，在面向社会发展的过程中，需要寻找新的归属，包括对群体、他人的归属，对民族、国家的归属。作为有知识的一代青少年，受教育的机会多，知识积累多，对祖国的历史与现状了解多，就会对他所处的环境、民族、国家和民众认识深刻，自身的责任感也会不断增强，归属感也就越强烈，爱国的情感也越加深厚和自觉。就每一个体而言，爱国主义表现为个体的政治立场、思想觉悟和道德品质，而它的心理构成要素不仅仅包括情感因素，还包括爱国的思想、爱国的志向和爱国的行动。所以，新时期的爱国主义教育内容不能仅仅停留在归属需求的认识和感受上，应有更丰富的内涵。青少年的爱国主义教育，应把握好这一内在的心理动力，把学校的课堂教学、校园文化、校外社会实践等多个途径紧密结合起来，使这一内在心理需要得到升华。

一是从社会心理升华为爱国信念。社会心理是在特定时代和群众中流行的没有经系统加工的精神状态、风土人情和审美情趣，它是对社会存在的以感性为主的经验性的反映形式。民族心理，以及每个人对本民族传统的风俗习惯、行为方式、独特的文化艺术等，都有一种认同意识和喜爱，这些都是爱国主义的基础。所以，爱国情怀总是渗透于人们的日常生活之中，是一种广泛的精神资源，它是国家统一、民族亲和的纽带。但我们不应让它停留在这种社会心理的层面，因为社会心理属于情感范畴，带有经验性、个体性与多变性。爱国主义教育的任务，就是要以爱国心理为基础，对青少年进行系统的中国历史，特别是中国近现代史教育，帮助青少年从历史逻辑的高度，认识和把握中华民族发展的规律与趋势。同时，要站在面向世界的高度，对青少年进行中国化马克思主义理论教育，引导青少年认识中华民族的历史命运与中国化马克思主义理论的本质关联，从理论上升华朴素的爱国情感。只有这样，才能把感性的、分散的、不稳定的爱国心理，上升到理性的、集中的、坚定的爱国信念。

二是要把爱国思想转化为爱国行动。思想政治教育的重要任务，是要培养青少年的爱国情感、爱国思想与爱国信念，但这还不是思想政治教育的最终任务。思想政治教育最终所要达到的目的，是要把青少年的爱国情感、爱国思想与爱国信念，切实转化到他们的学习、生活与工作中去，具有为祖国和人民勤奋学习、研究的良好习惯，形成有为祖国和人民做贡献的态度与能力，成为推进我国现代化建设的积极力量。只有这样，爱国主义教育才符合思想政治教育的根本目的，才能把爱国情感、爱国思想与爱国信念转化为物质财富。同时，青少年爱国情感、爱国思想与爱国信念的形成与发展，是一个主观与客观、理论与实践、认知与情感的综合化过程，理论教育固然重要，在学习、生活、工作中的体验、感受也不可缺少。因而，青少年的学习、生活、工作，也是进行爱国主义教育的基础与条件，绝不能脱离青少年的实际生活空洞地进行爱国主义教育。特别是在经济全球化与信息社会条件下，青少年受到社会各个领域、各种信息的影响，如何有效利用积极影响，针对不良影响，主导爱国主义教育，把思想启迪与行为引导结合起来，这是新形势下爱国主义教育的艰巨任务。

爱国主义是激励一个民族不断前进的精神力量，是凝聚一个国家团结一致的向心力。习近平指出，爱国主义是中华民族精神的核心。爱国主义精神深深植根于中华民族心中，是中华民族的精神基因，维系着华夏大地上各个民族的团结统一，激励着一代又一代中华儿女为祖国发展繁荣而不懈奋斗。5000多年来，中华民族之所以能够经受住无数难以想象的风险和考验，始终保持旺盛生命力，生生不息，薪火相传，同中华民族有深厚持久的爱国主义传统是密不可分的。中华民族五千年的历史充分证明，爱国主义作为一种美德和传统，经过长时期的聚集、沉淀，已经成为中华民族精神中不可分割的重要组成部分，成为民族之魂、国家之魂。

因此，爱国主义是我国社会的精神主题，爱国主义教育是思想政治教育的重点。特别是在经济全球化与开放社会背景下，我国面临着激烈的国际竞争，面临着发达国家强势经济与科技的挑战。我国要在竞争中取得主动，保持稳定、快速发展，必须继续发挥我国的政治优势，增强民族凝聚力。为此，爱国主义教育要紧密结合当代的国际、国内形势，对人们，特别是青少年，进行面向世界、维护国家政治稳定、维护国家根本利益、增强国家竞争力的教育；进行继承中华民族优良传统、坚持社会主义道路、维护中华民族文化与社会主义意识形态安全的教育，切实用爱国主义这面旗帜，把人们动员起来、凝聚起来，形成中国特色社会主义现代化建设的强大动力。与此同时，正如习近平所讲，中国人讲的爱国主义也具有国际视野和国际胸怀。随着国力不断增强，中国将在力所能及的范围内承担更多国际责任和义务，为人类和平与发展作出更大贡献。

三、道德教育是基础

道德品质是一定社会、一定阶段的道德原则和规范在个人思想与行为中的体现和凝结，是一个人在一系列道德行为中表现出来的比较稳定的特征和倾向，同时是一个人在处理自己和他人及社会、集体之间利益关系时所形成的道德行为习惯。《礼记·中庸》记载："知仁勇三者，天下之达德也。"知、仁、勇即是道德品质的具体要求。可以说，良好的道德品质不仅是国家社会对个人的期望和要求，也是个体自身健康成长的内在需求，它对每个人的学习、生活、工作产生着深刻而广泛的影响。

道德品质培育是一个人道德品质形成和完善的过程，它包括提高道德认识、陶冶道德情操、锻炼道德意志、树立道德信念、养成道德习惯。要培育健康的道德品质，特别是青少年道德品质的形成与发展，思想政治教育是不可缺少的。因为道德既是一种社会性、全局性的规范，也是人们共同的价值取向。而人们自己的思想与行为，往往受个人动机与利益的支配，而与社会的规范和价值取向发生矛盾。特别是青少年，他们对历史、社会全局需要了解，社会生活经验有待丰富。这种了解、学习、丰富的重要过程，就是道德学习、道德教育的过程，说到底就是学会做人的过程。做人与做事，做人更重要，做人不好，做事更难。学会做事需要智育，学会做人需要思想政治教育。因此，思想政治教育是社会，特别是青少年的经常性需要，是道德教育、道德建设的基础性活动。

道德品质的形成发展，是在道德教育、道德建设、道德实践过程中，道德主体内在心理要素和外在激励要素的统一，知与行的统一，道德意识和道德实践的统一。它需要经过两个飞跃：一是外在的社会意识内化为个体的道德意识，从而实现从社会意识到个体意识的飞跃；二是实现从个体意识到道德行为实践的飞跃。实现这两个飞跃的桥梁和纽带是道德品质形成、发展内化和外化的运行机制。只有在该运行机制的作用下经过上述两个飞跃，才能够形成个体道德行为相对稳定的特质和倾向。

优良道德品质的形成是一个由不成熟走向成熟的过程。成熟的道德品质以主体的自觉自愿、自主抉择为基础，而不是主体对社会生活的被动适应。

如果一个人在善性上表现出品德上的成熟，就意味着他具有了这样一种习惯：他总是从社会、他人的角度出发行事，总会考虑对社会和他人造成的影响。他的态度和兴趣与社会和他人实现了有效整合，不可分解，他已经进入了以他人快乐为快乐，以他人痛苦为痛苦的高尚境界。成熟的品质还具有一种较高层次上的开放性，主体会不断接受新的道德理念，排除旧的道德干扰，并在品德发展的过程中表现出自己的创造个性。一个人在品德上达到成熟阶段，就表明社会道德不仅已经内化成了个体的内在法则，而且转化成了自己的价值追求。只有这样，道德主体履行道德义务才会呈现出"从心所欲"的状态，成为自觉的价值追求，并会在实践过程中不断体会、理解和深化道德，形成稳定的道德素质。正是这种素质，使人能够在全新的伦理关系和道德活动中表现出道德意志的坚定性。

思想政治教育培育道德品质的任务，不是一个单一的理论教育问题，而是一个综合化过程，这个过程包括：首先是明理。明理就是要懂得、遵循一定的道理，这是培养道德品质的前提。思想政治教育要努力提高人们的文化知识、理论水平，帮助人们以学习、探究真理为己任。个人理论修养是一个重要基础，而道德修养也是以认知和理论修养为前提的。自觉学习理论，掌握道德原则，用正确理论指导道德实践。其次是重行。就是注重进行道德实践，这是培养道德品质的关键。明理是前提，重行是归属。重行就是要做到知行统一、言行一致、表里如一，自觉地用道德原则规范行为。

开展道德教育，要按照我国颁布的《公民道德建设实施纲要》的指导思想、方针原则、主要内容进行，坚持以为人民服务为核心，以集体主义为原则，以爱祖国、爱人民、爱科学、爱劳动、爱社会主义为基本要求，以社会公德、职业道德、家庭美德为着力点，使道德教育既坚持社会主义的主导方向，又具有多样性。

习近平指出，要把树立社会主义荣辱观作为一项重大而紧迫的任务切实抓紧抓好，教育引导广大干部群众以实际行动牢固树立和实践社会主义荣辱观。即坚持以热爱祖国为荣、以危害祖国为耻，以服务人民为荣、以背离人民为耻，以崇尚科学为荣、以愚昧无知为耻，以辛勤劳动为荣、以好逸恶劳为耻，以团结互助为荣、以损人利己为耻，以诚实守信为荣、以见利忘义为耻，以遵纪守法为荣、以违法乱纪为耻，以艰苦奋斗为荣、以骄奢淫逸为耻。“八荣八耻”是《公民道德建设实施纲要》内容的深入、系统的发展，它准确地体现出道德教育与道德建设的内容，同时也将“五爱”（爱祖国、爱人民、爱科学、爱劳动、爱社会主义）等提法完全包容进来，形式鲜明，具有鲜明的时代特征，很容易被群众接受。它对荣耻的界定，对是非的判断，对美丑的区分，立足中国的现实国情，着眼现代化的发展要求，体现了继承与创新的统一。它是贯彻落实科学发展观、构建社会主义和谐社会的客观要求，是形成良好社会风尚的迫切需要，是培育新时代社会主义“四有”新人的根本要求。它为社会主义先进文化建设和精神文明建设树立了一面鲜明的旗帜，也为道德教育指明了方向。学习贯彻习近平系列重要讲话精神，牢固树立社会主义荣辱观，是道德教育的重大任务。

四、培养科学的思维方式

习近平总书记的系列重要讲话，贯穿了科学的思维方式，体现了战略思维、历史思维、辩证思维、创新思维和底线思维等科学的思想方法。

我们处在一个变革的时代，社会生活的方方面面都在发生激烈的变化。适应和推动这种变化，帮助人们转变观念、冲破旧的思维模式的束缚，培养和建立新的、现代化的科学思维方式，也是思想政治教育的重要任务。

所谓思维方式，是指主体思考和解决问题的思路、方法，是一种思维的整体程序与特定的思维活动形式。思维方式是具有高度概括性的哲学范畴，是内化于人脑中的世界观和方法论的理性认识方式、思维样式。由于受主客观条件的影响，一定的思维方式总是一定历史时代的产物，是在一定实践基础上形成和发展的。

正如恩格斯所指出的：每一时代的理论思维，从而我们时代的理论思维，都是一种历史的产物，在不同的时代具有非常不同的形式，并因而具有非常不同的内容。历史上，没有一成不变的理论思维，没有僵死固定的思维方式。思维方式是人的理性认识的方式，归根结底，它是在人们的社会实践中形成和发展起来的，因而思维方式要受主客观两方面因素的影响。客观方面的因素主要包括思维对象的状况、思维的物质技术手段与工具、社会的物质生活条件等；主观方面主要包括思维主体的思想观念、知识结构、经验与经历、传统文化的积淀、情感意志、语言、习惯等。

思想政治教育培养科学的思维方式，需要从主、客观两方面着手。

一是要引导人们面向生活实践，一切从实际出发，实事求是。人类的任何认识都是对客观存在的反映，并随着客观存在的发展而发展。坚持在实践中认识和发展真理，提高认识能力，是马克思主义认识论的基本原理。生活中不断提出新的、深刻的、大量的问题，迫切需要我们去思考解决。面向生活，深入生活，就可以保持我们思维方式的灵活与畅通，保持我们思维的开放性和与时俱进的品格，从而保持我们思维的勃勃生机与生命力。

二是要引导人们转变观念特别是价值观念。价值观念是人的思维方式的控制器和方向盘。比如，一个人是形成以自我为中心的思维方式，还是形成以集体为中心的思维方式，主要取决于他确立的是什么样的价值观。一个人如果树立正确的世界观、价值观，凡事出于公心，将小我融入大我，他就会“心底无私天地宽”，就会思路开阔、思维畅通；相反，如果凡事都从自我出发，自我中心主义，他的思路就只会在自我的圈子里打转转，就会为自我费尽心机、绞尽脑汁、焦虑不安、心事重重，哪还有宽广的胸怀、开阔的思路呢？

三是要培养科学精神，为形成合理的思维方式营造良好的精神氛围。科学精神就是主体在思维和认识过程中所体现的风范以及所遵循的规范，体现主体的一种重要的精神状态。这种精神状态对主体科学思维方式的形成、运作施加重大的影响。对传统和已有知识敢于批判怀疑，不盲从迷信，破除思维定式的消极影响，如此等等，凡是具备这些科学精神特征的，他的思维方式就不会固化，就会灵活畅通、游刃有余，就会保持旺盛的生命力和创造力；反之，如果他唯书唯上，不敢越雷池一步，或抱残守缺，对已有的任何东西甚至是陈旧过时、错误的东西也顶礼膜拜，或随大流，人云亦云，或陷入传统的、惯常性的思路而不能自拔……凡此种种违背科学精神的行为特征，都会使他的思维方式走向保守落后、僵死教条。

科学的思维方式具有对信息的选择、组织和解释的功能，是信息处理和转换的内在机制。思维活动本质上是一个信息的加工、处理和转换的过程，外界的信息经过一定的思维方式的处理而变成有序的观念产品。在这一过程中，不同的思维方式规范着主体对思维材料的不同取舍、加工处理和解释，决定着信息的运行和转换结果。从主体这个角度来说，培养和掌握科学的思维方式，具有重要的作用和多方面的意义。它不仅事关思维和认识发展，而且事关其他诸如各种社会关系的协调、完美人格的塑造、幸福人生的追求等许多重要的方面，对此必须给予充分的认识。

第七章　高校思想政治教育的过程与规律理论

第一节　高校思想政治教育过程概述

思想政治教育过程论，是探讨思想政治教育本质和规律的基本理论。它是确定思想政治教育原则的理论基础，是开展思想政治教育活动的基本依据，也是一个关系到思想政治教育全局的研究领域。正确地认识和把握思想政治教育过程理论，有助于我们更好地开展思想政治教育活动，提高思想政治教育的自觉性、科学性和有效性。

思想政治教育过程的理论非常丰富，涉及很多方面。本章将着重讨论思想政治教育过程的特征、思想政治教育过程与人的思想政治素质的形成和发展、思想政治教育过程的环节、思想政治教育过程的规律等问题。

一、思想政治教育过程的概念

思想政治教育过程是教育者根据一定社会的思想政治要求和受教育者思想政治素质形成发展的规律，对受教育者施加有目的、有计划、有组织的教育影响，促使受教育者产生内在的思想矛盾运动，以形成一定社会所期望的思想政治素质的过程。这一过程的实质就是把一定社会的思想观念、价值观念、道德规范转化为受教育者个体的思想政治素质。

对思想政治教育过程这一概念的理解，应包含如下三方面：

第一，思想政治教育过程是一种活动过程，是思想政治教育活动的展开、运行、发展的流程。活动是思想政治教育过程的基础，思想政治教育过程可以看作由教育活动或单独或先后衔接或横向呼应所构成的。

第二，思想政治教育过程是一种有目的的活动过程。与一般的活动特别是自发活动不同，思想政治教育活动是根据教育目的即依据一定的社会要求和受教育者精神世界发展的需求及其思想实际所确定的思想政治教育目标组织起来的。思想政治教育过程就是教育者和受教育者借助一定的教育手段、方式进行互动，实现思想政治教育目标的过程，也就是通过教育，使受教育者在思想政治、道德规范上逐渐达到社会要求的过程。

第三，思想政治教育过程是教育者和受教育者共同参与、相互作用的过程。教育者和受教育者是思想政治教育过程的两个主要因素，无论离开了哪一方面，教育过程都不能成为完整的过程。过去在对思想政治教育过程进行研究时，人们常常强调教育者的主导作用，这无疑是正确的，今后也还要继续强调；然而因此而忽视受教育者在这一过程中的主体能动性，却是不对的。因为教育者施加的教育影响，只有在受教育者发挥主观能动性予以积极接受的情况下，才能真正产生作用。因而在思想政治教育过程中，应特别重视教育者的组织、引导、教育，与受教育者能动的认识、体验和践行相结合，使之成为内在的统一过程。

为了更好地认识思想政治教育过程，将其与人的思想政治素质形成过程和环境影响过程进行比较是必要的。

思想政治教育过程和思想政治素质形成过程是两个不同的概念，两者的关系实际上是教育活动和素质发展的关系。如前所述，思想政治教育过程是教育者按照一定的社会要求有目的地影响受教育者思想政治素质形成的过程，属于教育活动的范畴；它是从外部对受教育者施加积极影响的过程，也是教育者和受教育者相互作用的过程。而思想政治素质的形成过程则是指人们思想政治方面的、道德方面的认识、情感、行为，从简单到复杂、从低级到高级、从量变到质变的矛盾运动过程，属于人的发展的范畴；这是一个在外界影响作用下，受教育者主体内部矛盾运动的过程，也是一个受教育者主体与外界各种影响相互作用的过程。思想政治教育是有意识地促进人的思想政治素质形成的过程，但它只是影响思想政治素质形成的一个因素；除此之外，还有多方面的社会因素对思想政治素质的形成产生影响。马克思指出，人的本质在其现实性上，“是一切社会关系的总和”。这一思想告诉我们，受教育者的思想政治素质是在人们相互间经济的、政治的、思想的、文化的、道德的关系中，通过家庭、学校、社会等各方面的综合影响而形成的。在这些影响因素中，校内和校外的、正式和非正式的、可控制和不可控制的因素相互交错，互相制衡。人们的思想政治素质就是在这众多因素的影响及其交互作用下，在主体的实践活动过程中形成的。

当然，思想政治教育过程与思想政治素质形成过程又有着密切的联系。思想政治教育过程是为了帮助人们形成良好的思想政治素质而展开的，它是思想政治素质形成的重要外因，其效益最终要体现在人的思想政治素质形成过程中并接受它的检验。在现代社会里，人的思想政治素质的形成过程离不开思想政治教育过程的作用；思想政治教育过程是思想政治素质形成过程正确的发展方向的重要保证，思想政治素质形成过程在某种意义上讲是思想政治教育过程的微观表现。由此可见，两者有着紧密的联系。我们既要注意其区别，也要看到其联系，从而更好地组织思想政治教育过程，促进人的思想政治素质形成过程朝社会要求的方向顺利发展。

对思想政治素质的诸多影响因素，可分为教育影响因素和环境影响因素两大类。是否具有明确的目的性是区别自觉的教育影响和自发的环境影响的根本标志。凡是为实现既定的思想政治教育任务有目的地对受教育者施加教育影响的过程，都是思想政治教育过程。一般地说，党和政府、学校以及其他社会组织和团体、大众传播媒介等有计划地对人们施加的影响，是可控制的正式的影响，因而这些影响过程是有目的的教育过程，其影响从总体上讲是积极的。而凡是自发的、盲目的影响，都属于环境影响。这种影响无疑也会作用于受教育者的思想政治素质，但其作用则是非常复杂的，既可能是积极的，也可能是消极的，而且这种影响难以控制。弄清这两者的区别，有助于我们更好地理解和把握思想政治教育过程的概念，也有助于我们更好地利用和调控环境因素的影响。

二、思想政治教育过程的特征

思想政治教育过程作为一种相对独立的教育过程，有自己的特点，这已成为研究者们的共识。但它又是一个非常复杂的教育过程，具有多方面的属性，因而研究者们对其特点的概括就呈现一种仁者见仁、智者见智的局面，认识很不一致。近几年出版的论著对思想政治教育过程的论述，大致提到以下一些特点：社会性和可控性、集体性和实践性、严格要求与个性发展、教育与自我教育、长期性和反复性、多端性、同时性和全面性、渐进性等。这些提法从不同的侧面描述了思想政治教育过程的属性，对我们认识思想政治教育过程有一定帮助。但是这些属性是否都是思想政治教育过程所特有的，值得进一步研究。我们认为，不加区别地将思想政治教育过程的所有属性都罗列出来，对认识这一过程意义不大；只有抓住其特有的表征，才能更深入、更准确地把握思想政治教育的过程。

思想政治教育的特殊矛盾是一定社会的思想政治要求与受教育者实际的思想政治素质之间的矛盾，思想政治教育过程就是要解决这一矛盾，以促进人的思想品德向社会要求的方向发展，进而促成人的全面发展。相对于影响人的思想政治素质及其全面发展的其他因素以及影响方式而言，思想政治教育过程具有以下明显的特点。

（一）明确的计划性和鲜明的正面性

与一般的社会环境的影响相比，思想政治教育过程对人的思想政治素质的影响具有明显的计划性和正面性的特征。

如前所述，一般社会环境对人的思想政治素质的影响，往往是自然、无序、多向度的，很难加以有效控制。而思想政治教育则是人们根据一定的社会要求和受教育者精神世界发展的需求及其思想政治素质发展的实际，自觉开展的教育活动，是一种有目的、有组织、有计划的教育影响过程，具有可控性和针对性。这一特点要求教育者在实施教育影响时，一定要精心组织有利于人们思想政治素质发展的教育内容，营造良好的环境氛围，使思想政治教育过程更有成效。

与计划性密切相关的另一个特征是正面性。所谓正面性是指思想政治教育影响总是选择积极的价值内容和最有利于受教育者发展的教育方式。思想政治教育要促进社会的全面进步和人的全面发展，其价值内容体系必然是由既有利于社会发展又有利于个人生活幸福的部分所组成。在思想政治教育过程中，我们坚持用马克思主义理论、共产主义理想和集体主义价值观教育人民、引导人民，培育有理想、有道德、有文化、有纪律的公民，就集中体现了我国思想政治教育的积极的、正面的思想道德价值。教育内容的正面性是区别一般环境影响和思想政治教育影响的又一个重要标志，舍此便无所谓思想政治教育。因此，在思想政治教育过程中，应始终旗帜鲜明地坚持积极的、正面的思想政治、道德价值的选择和引导。

至于思想政治教育方式的正面性，历来为我国所重视。说理引导、榜样示范、情感陶冶、实践锻炼等方法在思想政治教育中的广泛运用，大力优化育人环境等举措，都是思想政治教育方式正面性的重要体现。对人们尤其是青年进行正面的思想政治教育具有重要的意义。在我国社会发生巨大变革、社会环境极其复杂的条件下，思想政治教育必须坚持影响方式的正面性及其创新，坚持创设积极健康的育人氛围，这是由思想政治教育过程的根本属性所决定的。

（二）突出的复杂性和广泛的社会性

思想政治教育是一种教育实践活动，它和智育、体育、美育等有着密切的联系；同时又有明显的区别。与智育、体育、美育等教育过程相比较，思想政治教育过程有什么特征呢？学者们一般认为，复杂性和社会性是其重要特征。

相比较而言，智育、体育、美育过程较为单纯，它们的主要任务是向受教育者传授一定的知识、技能，发展其智力和身体素质以及审美意识、审美情操等；而思想政治教育过程则较为复杂，其任务主要是通过解决受教育者思想政治素质发展现状和社会要求之间的矛盾，促使受教育者观念、态度的改变和行为习惯的养成，有时甚至涉及对个体利益的调整。因此，思想政治教育过程的影响因素、影响过程、影响结果都具有复杂性。就影响因素而言，党组织、工会、共青团等群众组织，学校、工厂、家庭、社区以及各种非正式组织，包括报刊、书籍、广播、电视、网络在内的大众传播媒介等都对受教育者发生作用；这些作用有时是一致的，有时则不尽一致甚至相冲突，需要整合。就影响过程而言，思想政治教育过程不是简单的教与学的过程，受教育者在接受思想政治教育内容时，会受到自己已形成的观点、态度、志向、习惯、爱好等的影响，因而会有不同的选择；思想政治教育的影响过程极为复杂，其影响机理还需深入探讨。就影响结果而言，思想政治教育活动的效果有时是即显的，有时则是潜在的；有时是直接的，有时则是间接的；同一思想政治教育活动有可能产生不同的结果，等等。这种复杂性，要求在思想政治教育过程中，要实现教育者和受教育者在多方面的协同，实现教育和自我教育的统一。

复杂性的另一个表现是思想政治教育过程的多端性。一般来讲，智育主要是从认知出发，美育主要从情感出发，体育主要从行为出发开始教育过程。而思想政治教育则可以从知、情、意、信、行任何一端开始进行教育。也就是说，根据特定的受教育者的实际情况和教育因素的变化等条件，思想政治教育既可以从传授思想、政治、道德知识开始，也可以从陶冶情感开始，还可以从磨炼意志或训练行为习惯开始。这种多端性特点，要求思想政治教育要开辟多种渠道，因人、因时、因势确定教育开端，有的放矢地使受教育者在知、情、意、行等方面都得到相应的发展，从而取得更好的教育效果。

与智育、美育、体育相比，思想政治教育过程的社会性特征在我国也表现得极为突出。首先，在我国社会的各个领域都存在思想政治教育过程，其对象具有广泛性，涉及老、中、青以及儿童等各个年龄群体，涉及社会的各个阶层、各种群体。其次，思想政治教育的主体也具有广泛的社会性。也就是说，思想政治教育的主体不限于学校等教育组织中的教师及其他教育者；党组织，工会、共青团、妇联等人民团体，工厂以及其他各种社会组织、家庭等都具有一定的思想政治教育的职能，其中的很多人在一定条件下、在一定的场合都是思想政治教育主体。总之，无论是领导干部还是一般职工，无论是教师还是家长，都是直接或间接的教育者。正因如此，《中共中央关于加强和改进思想政治工作的若干意见》强调，思想政治工作必须坚持在党的领导下，依靠全社会共同来做；要在党委统一领导下，充分调动社会各方面的积极性，形成职责明确、齐抓共管、覆盖全社会的工作机制。

（三）积极的引导性和明显的长期性

从思想政治教育过程和个体思想政治素质形成过程关系的角度，可概括出思想政治教育过程的引导性和长期性特征。

当代思想政治教育特别注重发挥受教育者的主体能动性，因为非如此就不能有实质性的教育效果。因此，思想政治教育过程应充分注意实现受教育者主体的思想、道德建构与思想政治教育主体的思想、道德价值引导的统一。然而，如果将思想政治教育过程与个体思想政治素质形成发展过程本身进行比较，我们就应该承认，是否存在“思想、道德价值引导”是两者的一个重要区别所在。现代思想政治教育理论认为，在思想政治教育过程中，存在教育者和受教育者两个主体，只有发挥两个主体的主体能动性，教育才能取得好的效果。这并不是说两个主体的地位是一样的，作用是相同的。事实上，虽然思想政治教育者主体性发挥的出发点和最终归宿都是为了更好地发挥受教育者的主体性，但是受教育者思想政治素质塑造所需要的价值内容和最佳环境毫无疑问需要教育者去精心组织和安排，教育者在教育过程中起着重要的引导作用，舍此同样无所谓思想政治教育。引导性特征要求教育者在进行思想政治教育时，要考虑到受教育者的整体思想政治素质发展水平，既不提出超越受教育者发展实际的教育要求，也不做其发展的尾巴；而是确定适宜的发展目标，引导受教育者的思想向社会主义现代化所要求的方向发展。如果说引导性特征反映了思想政治教育过程与人的思想政治素质形成过程的区别，那么长期性特征就反映了两者之间的紧密联系。人的思想政治素质是在教育的作用和社会环境因素的影响下，在长期的生活实践过程中逐渐形成的，无论是思想观念、政治和道德意识的形成，还是情感的发展，或是行为习惯的养成，都需要长期的积累过程。因而思想政治教育过程就是一个不断循环往复无限发展的过程，一个过程的完结，就是一个新过程的开始。同时，由于人的思想是非常复杂并且不断变化的，有时会出现反复，因此，思想政治教育不可能一蹴而就，不能企望“毕其功于一役”，而要反复进行。这种反复性也是思想政治教育过程长期性的重要表现。当然，反复教育并不是内容的简单重复，而是要根据新的情况，结合受教育者思想品德的变化发展状况，不断地更新教育内容，使受教育者受到长期反复的教育、感染、陶冶、磨炼，从而不断提高思想政治素质。

长期性的另一个重要表现是思想政治教育过程的渐进性。人的思想政治面貌，从根本上讲是可以通过教育和环境影响并经受教育者在实践中的主观努力来改变的，但需要一个过程。绝不是一经教育，就一定“立竿见影”，受教育者就会发生思想政治素质突变。早在两千多年前，荀子就注意到这一点，提出了“积善成德”这一重要命题。他说：“积土成山，风雨兴焉；积水成渊，蛟龙生焉；积善成德，而神明自得，圣心备焉。故不积跬步，无以至千里；不积小流，无以成江河”。在他看来，只有持续不断地努力，循序渐进，才能达到既定目的。这个思想给我们以启示：一个人的思想政治素质要达到较高水平，必须经过多次教育，日积月累，循序渐进；即使思想政治素质的质变，也是在渐进的量变的基础上产生的。因此，思想政治教育者绝不能操之过急，而必须按照循序渐进性这一特点，坚持不懈地进行思想政治教育，从而引导受教育者向思想道德的较高境界迈进。

第二节　高校思想政治教育过程的环节

一、思想政治教育过程的要素

思想政治教育过程是教育者根据一定社会的思想品德要求和受教育者思想品德形成发展的规律，对受教育者施加有目的、有计划、有组织的教育影响，促使受教育者产生内在的思想矛盾运动，以形成一定社会所期望的思想品德的过程。这一过程的实质就是把一定社会的思想观念、价值观点、道德规范转化为受教育者个体的思想品德。对思想政治教育过程概念的理解，应包含如下三方面：

第一，思想政治教育过程是一种活动过程，是思想政治教育活动展开、运行、发展的流程。活动是思想政治教育过程的基础，思想政治教育过程可以看作由教育活动或单独或先后衔接或横向呼应所构成的。

第二，思想政治教育过程是一种有目的的活动过程。思想政治教育过程就是教育者和受教育者借助一定的教育手段和方式进行互动，实现思想政治教育目的的过程，也就是通过教育，使受教育者在思想道德上逐渐达到社会要求的过程。

第三，思想政治教育过程是教育者和受教育者共同参与、相互作用的过程。教育者和受教育者是思想政治教育过程的两个主要因素，无论离开了哪一方面，教育过程都不能成为完整的过程。因而在思想政治教育过程中，应特别注意使教育者的组织、引导、教育与受教育者能动的认识、体验、践行相结合，使之成为内在的统一过程。

在某种意义上讲，思想政治教育过程等同于思想政治教育活动。这一过程或活动所必备的要素有哪些呢？关于这一问题，有许多不同的意见，其中较为大家认同的一种观点认为思想政治教育过程的要素包括：教育主体（教育者）、教育客体（受教育者）、教育介体、教育环体（教育环境）。我们认为，思想政治教育是一个系统，其运行过程是由该系统的诸多要素相互联系、相互作用构成的，也就是说，是教育者和受教育者在一定教育目的的指导下，借助于一定的形式相互作用的过程。如果把教育目的、内容、方法、活动形式等联系教育者和受教育者之间的纽带看作一个整体因素，那么，思想政治教育过程的基本因素就是：教育者、受教育者、教育介体。至于教育环境，则是思想政治教育系统之外的因素，不能将其看作思想政治教育过程的要素，而应将其作为环境因素加以考虑。关于思想政治教育过程的要素，为了行文的方便，这里再稍做简要说明。

教育者，即教育主体，是指在思想政治教育过程中有目的地对受教育者施加教育影响的个人或群体。教育者是一定社会所要求的思想品德规范的传授者，是思想政治教育过程的组织者和引导者，在思想政治教育过程中处于主导地位，发挥主导作用。离开了教育者的活动，思想政治教育过程就不复存在。

受教育者，即教育客体，是指在思想政治教育过程中教育者施加教育影响的对象。受教育者是教育活动的依托者，是思想政治教育效果的直接体现者。离开了受教育者，也就无所谓思想政治教育过程。必须指出，在思想政治教育过程中，受教育者不仅是教育活动的客体，而且在某种意义上讲也是教育活动的主体——自我教育的主体，具有主观能动性，不仅完成自身从知到行的转化，而且反作用于教育者和教育介体。

教育介体，是指在思想政治教育过程中，教育者用来影响受教育者的一定社会所要求的思想品德规范以及教育活动的各种方式与手段，如教育内容和教育方式、方法等。教育内容是进行思想政治教育活动的客观依据，教育方式、方法是思想政治教育过程最终取得良好效果的保证和条件；要把特定的教育内容有效地传授给受教育者，必须要有适当的教育方式、方法。可见，教育介体是联结教育者和受教育者的纽带，因而也是思想政治教育过程的一个基本要素。

在思想政治教育过程中，这三个要素紧密相连、互相制约、互相依赖，整个教育过程就是不断解决这几个要素之间矛盾的无限循环过程。在把握思想政治教育过程时，要防止对这三个基本要素联系的割裂，反对片面强调某一因素的作用的倾向；要从三个要素相互制约的关系出发，来规定思想政治教育的目标、任务、内容、途径、方式、方法等。总之，在处理思想政治教育过程基本要素关系时，既要注意克服不顾受教育者的思想现状而过分强调社会要求的倾向，或过分突出教育者的控制作用而忽视受教育者的主动性的倾向，又要注意克服不顾社会要求、放弃教育控制而过分强调受教育者的思想现状的倾向。

二、思想政治教育过程的环节

思想政治教育过程的环节是指思想政治教育过程相互关联的若干阶段。一般来讲，这些阶段有先有后，教育者开展教育活动，必须一个阶段一个阶段地进行。因此，思想政治教育过程的环节，也可以看作教育者对受教育者施加教育影响所必须遵循的一般工作程序。对这一程序，可从总体上分为制订方案、实施、评估三个阶段。

（一）思想政治教育方案的制订

思想政治教育方案的制订是指教育者根据受教育者思想品德的发展状况以及思想政治教育的实际情况，为达到一定目标，遵循一定的原则和程序，制订出各种行动方案并从中选出最优方案的过程。制订方案是思想政治教育的起始阶段，对整个教育活动的成效有决定性的影响。这一阶段由下列基本步骤所组成。

一是搜集信息，发现问题。制订方案，目的是要解决思想政治教育现存的或潜在的某一问题。而要解决问题，就要发现问题，因而发现并正确地分析问题是制订方案的前提。教育者要善于在纷繁复杂的问题或矛盾中，把握关键的问题，找出一定时期受教育者思想品德和思想政治教育中所要解决的主要矛盾，针对这些主要矛盾和关键问题制订方案。要发现和提出问题并抓住主要矛盾，教育者除了提高自身的马克思主义理论水平、分析和解决问题的能力以外，还必须充分收集受教育者思想品德的有关信息资料。教育者要具备明确的信息观念，通过多种途径、方式，深入了解受教育者思想品德和思想政治教育的现状、特征及变化发展趋势，了解影响他们的各种复杂的社会环境因素，充分掌握相关信息，为正确制订思想政治教育方案奠定坚实的基础。

二是确定思想政治教育目标。在发现问题并进行系统分析以后，就要确定解决问题所要达到的结果，也就是确定思想政治教育的目标。确定目标是制订思想政治教育方案的关键环节。只有确定准确的目标，才能提出实现目标的教育内容、措施、方法，并根据目标的要求，选择教育的时机、人员。

三是拟订思想政治教育方案。拟订方案就是制订思想政治教育计划，明确“怎么做”的问题。思想政治教育者要拟订出相当数量而又质量高的可行性方案，以便下一步从中选出满意的方案作为最后确定的行动计划。拟订备选方案一般可分两步进行：构思轮廓，即从不同角度设计出多种思想政治教育的可行性方案（计划）；设计细部，即在提出各种可能的思想政治教育方案后，进行初步对比与筛选，淘汰掉一些优越性不大的方案，对余下的方案精心设计，确定方案的细节，估计方案的实施结果。

四是优选思想政治教育方案。根据思想政治教育目标拟订出各种备选方案后，接着就要对其进行综合评价，即对它们进行比较、权衡和论证，然后决定对它们的取舍。对方案进行评价和选择是制订思想政治教育方案的关键步骤。怎样才能从各种可行性方案中选择出最优方案呢？依据什么标准选择方案呢？在决策理论中，有人提出了评价与选择最优方案的三个标准，这三个标准用来评选思想政治教育最优方案也是适用的。一是价值标准。主要是看某种方案所带来的效果是否符合思想政治教育目标的要求。在备选方案中，最能对症下药地实现所定教育目标的方案就是最佳方案。二是总体最优标准。即从思想政治教育目标的总体要求出发，综合评价和衡量某一方案的最佳效果，从中选出最优方案。三是最优损益平均值标准。即对思想政治教育方案执行结果各种可能性出现的大小以及每种可能性的具体效果进行评估，然后用各种可能情况下的平均效果作为评价的标准。平均值效果越高，越是利多弊少，方案就越可取。在根据上述标准对思想政治教育方案进行综合评估和选择时，如果备选方案都令人满意，就可从中选择一个最优方案；如果几个备选方案都不理想，那就要放弃这些方案，重新拟订方案；如果备选方案各有长短，就需要吸取各种方案的优点和长处，综合出一个新的更符合思想政治教育特定目标的最佳方案。

（二）思想政治教育方案的实施

关于思想政治教育方案的实施，有许多内容需要讨论。这里仅就实施的准备和教育活动的开展做一点讨论。

在确定方案以后，就进入思想政治教育的实施阶段。在此阶段，首先，要制订一个方案的实施计划，以保证方案的顺利实施。其次，要预先对方案的潜在问题进行分析，同时要准备某些防范和应对措施，以减少那些潜在问题出现的可能性和危害性。

实施阶段是思想政治教育过程的中心环节。其主要任务就是把方案付诸思想政治教育实践，对受教育者实施全面的教育影响，并促使受教育者在活动的过程中接受教育影响。从总体上说，这一环节的基本任务是要完成思想品德认知到品德行为的转化。具体运行过程在第三节有详细阐述。

（三）思想政治教育的评估

教育方案付诸实施，并不等于思想政治教育工作过程的完结。教育活动的目的是要使受教育者形成良好的思想品德，是否达到了这一目的，需要进行科学的评估。评估是思想政治教育过程的内在要求和重要环节。

思想政治教育评估是依据一定的标准，运用测量和统计分析的方法，对思想政治教育过程及其实际效果进行质的评判和量的估价的活动。评估的内容包括某一教育过程的目标是否达到，教育内容是否合适，教育者所运用的方法是否适当，教育者和受教育者的互动是否正常，受教育者的思想品德水平是否提高等。

所有这些方面最终都集中地、综合地体现为教育效果，因而思想政治教育评估的核心内容是对教育效果的评估。而这也正是思想政治教育评估最为困难的一环。对教育效果的评估之所以困难，是因为思想政治教育效果的表现形态非常复杂。它既表现为显性效果，又表现为隐性效果；既表现为直接效果，又表现为间接效果；既表现为近期效果，又表现为远期效果。这就要求我们用辩证的思维方式，多角度、多方位、多层次地对思想政治教育效果进行评估，把显性效果和隐性效果、直接效果和间接效果、近期效果和远期效果的评估结合起来、统一起来，从而对思想政治教育效果做出全面的客观地评估。同时，还应将阶段性评估和总结性评估有机结合起来，以及时有效地对思想政治教育过程进行调控，并深入总结教育活动的经验教训，探求教育活动中带规律性的东西，更好地开展思想政治教育活动。

作为思想政治教育过程的一个环节，评估本身具有重要的思想政治教育功能。通过教育者和受教育者的分别评估以及他们之间的相互评估，能使教育和受教育者的自我教育更好地结合起来。在评估活动中，肯定受教育者的成绩和进步，会使受教育者受到鼓励，提高参加教育活动的自觉性、积极性，强化已获得的新品质；对受教育者缺点和不足的批评、分析以及受教育者的自我批评，会促使他们纠正错误的、片面的认识，改变不良习惯。因此，教育者应重视评估环节，努力组织好评估工作，充分发挥评估活动的思想政治教育功用，使评估成为诊断、调整、激励和提高的重要手段。思想政治教育是一项艺术性很强的工作，其运行过程的组织具有灵活性、多样性的特点，没有固定的程式。但上述程序反映了思想政治教育过程各个环节的内在联系。这些环节相互渗透、循序渐进、逐步深入，任何一个环节出了问题，都会影响思想政治教育目标的实现，降低教育活动的水平。因此，教育者应重视每一环节的运作，并注意各环节之间的联系，以推动思想政治教育过程不断向前发展。

第三节　高校思想政治教育过程的运行

思想政治教育过程的运行，主要是指思想政治教育的施教和受教过程，即教育者和受教育者直接的相互作用过程。从根本上讲，思想政治教育过程的运行应当遵循受教育者思想政治素质形成发展的规律，因而其程序应根据思想政治教育过程内部的运行情况来设计。从总体上讲，思想政治教育过程运行包括以下几个环节。

一、思想政治教育活动的准备

思想政治教育活动的准备由于具体活动要求不一而具有不同的内容，但总的来看，主要包括以下两方面内容。

一是教育者和受教育者建立关系，这是教育者施教的前提。在具体的思想政治教育过程中，存在着特定的教育者和受教育者，他们之间必然要建立某种关系，这是开展教育活动的基本条件。教育者和受教育者之间的关系是一种职业关系，这种关系具有明确的目的性、兼容性和非对等性等特征。所谓目的性，是说建立这种关系的目的是帮助受教育者解决精神世界发展中的某些问题，促进其全面发展。所谓兼容性，是说这种关系是兼具工具性和情感性的关系。工具性是指这种关系是一种工作关系，即建立这一关系是要达到思想政治教育的目标；情感性是指这一关系带有浓厚的感情色彩，关系的维持和发展离不开教育者和受教育者双方情感的正常交流与表达。在理想的教育关系中，这两种属性并不矛盾，并不互相排斥，而是有机统一在一起的。所谓非对等性，是说在教育关系中，教育者要向受教育者提供各种帮助和服务，而受教育者则不必如此。这并不意味着在思想政治教育中教育者可以不讲民主、平等，可以居高临下、颐指气使，而是说教育者更应具备奉献精神，更应努力为受教育者的全面发展服务。

由此可见，教育者和受教育者之间建立关系，是为了使思想政治教育活动取得更好的成效，使受教育者得到更好的发展。因而在思想政治教育过程中双方建立良好的教育关系，对教育活动的顺利进行关系重大。良好的教育关系会使教育者在一种轻松、愉快、信任、温暖的人际氛围中更自如地开展工作，其所传导的观念、规范更易为受教育者所信赖、所接受。影响教育关系的因素是多方面的，如双方的人格因素、行为方式的不同、个性的差异以及教育者所运用的教育方法等，都对教育关系的建立产生程度不同的影响。因此，建立良好的教育关系有赖于教育者和受教育者多方面的努力。然而由于教育者处在组织教育活动的地位上，因而在建立良好的教育关系的过程中，他们负有比受教育者更大的责任。教育者自身具有高尚的品德情操和强烈的敬业精神，以身作则，对受教育者采取接纳、尊重、关心、同情、理解的态度并深入了解受教育者的情况，又能恰当地运用教育方法，就更容易和受教育者建立密切的教育关系，思想政治教育过程就会更有成效。

二是受教育者的心理准备，这是受教育者接受教育影响的前提。所谓心理准备，就是使受教育者形成积极的、良好的心理状态，也就是形成接受教育、提高自己思想道德境界的精神需求和信任、尊重教育者的态度。有了这种需求和态度，受教育者就有可能更顺利地接受思想政治教育目标，更自觉地接受教育影响。

在这两方面的内容中，教育者和受教育者的关系对受教育者的心理准备有着重要的影响；建立良好的教育关系从根本上讲也是为了实现受教育者积极的心理准备。因此，思想政治教育活动准备的出发点和归宿都是受教育者思想政治动机的发动。

二、思想政治教育活动的开展

思想政治教育活动的开展是指直接进行的活动过程，包括教育者通过各种途径和形式（课堂讲授、会议、做报告、个别教育等）对受教育者传输社会要求的思想政治观念和受教育者对此的学习；所组织的各种含有思想政治教育意义的实践活动，如学习英雄模范活动、“为您服务”活动、“五好家庭”活动、“讲文明、树新风”活动、“青年文明号”活动；在教育者指导和影响下个体进行的思想道德实践，等等。从总体上说，这一环节的基本任务是要完成思想道德认知到道德行为的转化。完成这一任务的具体步骤包括：

（一）传导思想政治观念，提高受教育者的思想政治认识

在教育活动和交往的基础上，向受教育者传授社会要求的思想观念、政治观点、道德规范，提高他们的思想政治认知水平，是思想政治教育很重要的一环。人的思想政治素质的各要素既相互联系又独立发展。在教育的过程中，某一阶段可以着重培养某一方面的品质。但一般来说，思想政治认识是思想政治情感及其行为的基础和内在动力。没有正确的认识，就难以产生正确的品德行为。在现实生活中，常常见到有些人尤其是青少年做了违反社会规范甚至危害社会利益的事而不自知，这说明有些人的违规行为往往是缺乏正确的思想政治认识所致。因此，进行思想政治教育，首先要提高人们的思想政治认识，帮助人们明辨是非，掌握行为标准。

提高人们的思想政治认识，需要灌输一定的思想观念、政治观点、道德规范，使人们的情、意、行建立在可靠的、坚实的科学基础之上。这就要求教育者在内容上要注意系统性、针对性；在方式上要力避单纯的“注入”，而注意通过讨论、调查研究、参观访问等形式生动活泼地进行，使人们在一种主动的状态中掌握社会要求的思想道德观念和规范，以便为提高受教育者的政治鉴别力、道德判断力以及行为的选择能力奠定良好的基础。

（二）引导受教育者实现从品德认识到行为的转化，培养人们的品德践行能力

从知到行的转化是思想政治教育中最基本也是最困难的一环。思想政治教育的基本问题，就是如何促使人们把思想政治认识转化为相应行为及其习惯的问题。因此，在思想政治教育过程中，必须着力抓好这一环节的诸多具体工作。

第一，重视思想政治情感和信念的培养。由思想政治认识转化为相应的行为，需要经过情

感和信念这两个中间环节。情感是认识转化为行为的“催化剂”，对人的行为的方向和强度都产生重要的影响。因而培养受教育者鲜明的社会主义思想政治情感，对促进其认识向行为的转化具有重要作用。在人的认识向行为转化的过程中，信念也是一个重要的驱动因素。信念是深刻的认识和强烈的情感的有机统一，只有当认识与有关的情感体验结合时，信念才会产生。因此，要特别注意通过实践使受教育者获得思想政治行为的经验和富有感情色彩的体验，以促使他们形成符合社会要求的思想政治信念。为此，要重视创设良好的思想政治教育情境，注意以情育情，以境育情。

第二，提出行动要求，并促使受教育者将其内化，变成自己的行动动机。提出要求是由思想政治教育过程的引导性特征所决定的，没有要求就没有思想政治教育。因此，在思想政治教育过程中，教育者应该明确地向受教育者提出明确的行动要求。行动要求必须合理、适当，就像有人所比喻的，摘树上的桃子，既要“蹦一蹦”才能摘到，又要“蹦一蹦”就能摘到。也就是说，行动要求既要适当高于受教育者目前的接受能力，有思想政治水平提升的可能，以激励受教育者奋发进取，开拓向上；又要切实可行，经过一定的努力可以达到。过低或过高的要求都难以为受教育者所理解和接受，难以起到引导的作用。总之，行动要求只有与受教育者的思想政治需要相协调，才能更好地内化为他们的行动动机。

促使受教育者将社会要求转化为内在动机的一个重要工作，就是要引导受教育者通过实践取得正面的经验和积极的体验，避免获得反面的经验和消极的体验，以进一步理解教育要求的正确性、合理性。为此，要大力加强思想政治教育的物质文化和精神文化条件的建设，大力优化社会环境，使受教育者通过思想政治教育接受的思想观念、价值观点、道德规范在各种层面的现实生活中都得到肯定和强化。强调这一点在今天有重要的现实意义。一段时期以来，思想政治教育过程的效果不尽理想，一个重要的原因就是我们传导给受教育者的思想政治观念往往被实际生活所否定，这种负强化极大地妨碍了受教育者把社会要求内化为他们的行为动机。因此，在促使受教育者将社会要求内化的过程中，必须十分注意思想政治教育小环境氛围的营造及大环境的建设和优化。

第三，指导受教育者选择行为方式，锻炼品德意志。有了良好的愿望，但如果不懂得恰当的行为方式，还是难以顺利地将思想政治认识转化为相应的行为。因此，需要对受教育者进行行为方式的指导，包括对道德行为方式的意义、适用情境等的说明，对典型的道德行为方式的分析，对道德行为行动步骤的讨论，对道德行为方式榜样的展示，对受教育者道德行为方式进行训练，等等。通过这种指导，使受教育者懂得控制和调节自我行为，辨别不同情境下应采取的行为方式，逐步形成正确、独立、理智地选择道德行为方式的能力。

在思想道德动机转化为行为的过程中必然会遇到各种困难，没有坚强的意志，受教育者在行为的过程中就有可能犹豫徘徊、畏缩不前，被困难吓倒，被挫折搞得灰心丧气。因此，培养受教育者的道德意志对动机向行为的转化意义重大。要采取不同的锻炼措施促使受教育者产生意志锻炼的愿望，有意识地进行意志磨炼，从而用道德的动机战胜非道德的动机，克服各种障碍，把道德动机转化为行为。

第四，组织各种实践活动，培养受教育者的道德行为和习惯。在前述各个环节的基础上，要及时组织各种活动，促使受教育者把思想道德认识付诸实践。如受教育者在经过教育后，更努力地工作，更刻苦地学习，更好地参加公益活动，更自觉地遵纪守法等，都是认识转化为行为的表现。教育者要引导受教育者通过反复的实践，巩固这些道德行为，使之形成习惯，即形成稳固的、自动的、愉快的行为模式。为此，教育者要创设重复良好行为的教育情境，消除不良行为的重复机会。同时，在培养受教育者良好的行为习惯时，还要注意改变受教育者的某些不良习惯。

三、思想政治教育活动效果的强化

在思想政治教育过程经过一段时间的运行取得一定成效后，需要及时对教育效果进行强化，以推动思想政治教育过程更好地运行。对教育效果的强化是思想政治教育过程运行的内在要求，是思想政治教育过程运行中的一项重要工作。

对思想政治教育效果进行强化的主要手段是与广义的奖惩（如表扬、批评等）相联系的评价。评价在这里主要是指对思想政治教育运行过程以及教育活动的结果所做的价值判断，它是思想政治教育过程最后的也是很重要的一个环节。根据不同的标准，可以将评价分为不同的类型。从思想政治教育过程发展时段的角度，可以将其分为阶段性评价（对教育过程某一阶段状况的评判）和总结性评价（对整个教育过程状况及其结果的评判）两种；从评价的向度，可以将其分为正评价（对教育过程状况及其结果的肯定）和负评价（对教育过程状况及其结果的否定）两种；从评价主体的角度，可以将其分为教育者的评价和受教育者的评价两种，等等。

无论是哪一种评价，都对教育者和受教育者以及思想政治教育过程的运行有重要意义。恰当的评价对思想政治教育过程中的教育者和受教育者的活动会产生一种刺激作用，使他们继续或中止某种行为，从而起到强化效果的作用。及时的评价也有利于教育过程围绕着教育目标正常运行。要实现既定的思想政治教育目标，完成思想政治教育任务，就必须适时有效地调整教育过程，而对思想政治教育活动评价的结果就是这种调整的依据。因而在思想政治教育过程中应经常及时地组织教育活动的检查和评价，注意把阶段性评价和总结性评价、正评价和负评价、教育者的评价和受教育者的评价结合起来，并利用评价反馈的信息，加强和改善对思想政治教育过程的调控。

作为思想政治教育过程的一个环节，评价本身还具有重要的思想政治教育功能。通过教育者和受教育者的分别评价以及他们之间的相互评价，能使教育和受教育者的自我教育更好地结合起来。在评价活动中，肯定受教育者的成绩和进步，会使受教育者受到鼓励，提高参加教育活动的自觉性、积极性，强化已获得的新品质；对受教育者缺点和不足的批评、分析以及受教育者的自我批评，会促使他们纠正错误的、片面的认识，改变不良习惯。因此，思想政治教育者应重视评价环节，努力组织好评价工作，充分发挥评价活动的思想政治教育功用，使评价成为诊断、调整、激励和提高的重要手段。

上述三方面的工作相互联系、相互衔接，每一方面的工作对思想政治教育过程的运行、对受教育者思想政治素质的形成都是不可或缺的。思想政治教育者应注意抓好每一方面的工作，使其功能得到充分发挥；同时更应注意使这三个方面的工作有机地衔接起来，以便使思想政治教育过程的运行更顺利。

第四节 高校思想政治教育过程的具体规律

一、思想政治教育过程的矛盾

规律是事物发展过程中各内外因素之间的本质联系及其矛盾运动的必然趋势。要科学地揭示思想政治教育过程的规律，首先就必须把握思想政治教育过程的矛盾。

思想政治教育过程是教育者、受教育者、教育介体等诸多因素相互作用的复杂的运动过程，这个过程充满着各种各样的矛盾。其基本矛盾是：一定社会的思想品德要求与受教育者的思想品德水平之间的矛盾。这一矛盾是思想政治教育存在的内在根据，贯穿于思想政治教育过程的始终，推动着它的发展，同时规定和制约着思想政治教育过程的其他具体矛盾。思想政治教育过程的基本矛盾通过一系列具体矛盾表现出来，或者说表现为许多具体的矛盾形态，这些具体矛盾主要包括以下几种：

（一）教育者与思想政治教育的客观要求之间的矛盾

在思想政治教育过程中，社会的思想品德规范要求一般是通过教育者传达给受教育者的。因此，教育者对社会要求的正确理解和把握，对于思想政治教育就具有特别重要的意义。在一般情况下，多数教育者对社会要求是能正确理解、把握和践行的，因而与社会要求是一致的，但有时也会与社会要求不一致，产生矛盾。第一，教育者由于自身思想水平、认识能力、思维方式与实践经验等因素不能全面完整地把握社会要求，甚至曲解社会要求。第二，教育者内心并不真正认同教育要求，仅仅是出于职业要求而例行公事式地开展教育活动。思想政治教育的基本活动是教育者向受教育者传导社会要求的思想品德规范，而上述情况无疑会减轻这一传导的力度，从而影响思想政治教育的效果，因而必须采取措施解决这一矛盾：一是要提高教育者的思想政治觉悟，使他们更好地认同社会要求；二是通过各种途径提高教育者的理论水平和认识能力，不断更新观念，使他们能全面准确地把握社会要求。

（二）教育者与受教育者之间的矛盾

教育者和受教育者是思想政治教育过程的两个基本因素，他们之间的关系是否协调对于教育活动能否顺利进行至关重要。在思想政治教育过程中，两者之间的矛盾是经常出现的一对矛盾。这一矛盾的成因复杂微妙，表现形式也多种多样。一是人格因素引发的矛盾。如教育者不能以身作则，或受教育者屡教不改，其中任何一种情况都可能导致两者之间的摩擦和冲突。二是人际关系处理不当引起的矛盾。教育者对受教育者之间关系或自身与受教育者之间关系处理不当都可能引起两者之间的不协调。此外，两者行为方式的不同、个性的差异等，也都可能引起两者之间的矛盾，对思想政治教育过程产生一定的影响。一般情况下，这类矛盾的主要方面在教育者一方。如果教育者言行不一，或在处理各种人际关系时亲疏有别，或行事怪异，性格褊狭，不能宽容地对待受教育者，那他就势必会与受教育者发生矛盾乃至冲突。因此，解决这一类矛盾，最重要的是要提高教育者的人格修养，改进其工作方法。

（三）思想政治教育要求与受教育者本人思想行为之间的矛盾

这是思想政治教育基本矛盾的直接表现。在现实生活中，个人的思想及行为很难完全符合社会的客观要求，总会有一定的距离，这就是矛盾。对于大多数人来讲，他们的思想行为与社会规范之间总是基本一致又不完全一致，这就决定了这类矛盾是普遍存在的，也是长期存在的。一是社会要求与受教育者的发展需求之间的不一致。思想政治教育要为人的全面发展服务，人的全面发展强调个性的正当发展。然而很多时候尤其是在过去，思想政治教育的要求却往往忽视人的个性发展，强调整齐划一，这就势必引起个人正当的发展需求与社会要求之间的冲突。当然，个人不合理的需求也可能导致个人与教育要求的冲突。解决这一矛盾，一方面应尽可能创造条件，满足受教育者精神世界发展的需求；另一方面也要帮助人们改变过分需求状态，培养人们合理的需求，使之与思想政治教育的要求相一致。二是社会要求与个人经验之间的矛盾。个人经验对社会要求的内化起着重要的作用。如果个人的生活经验与社会要求一致或比较一致，个人就较易接受社会要求；如果不一致，个人就可能固守自己的生活经验，排斥社会要求，这就会产生两者之间的冲突，使个人在选择上产生困惑。这种矛盾在很大程度上讲是一种认识矛盾，解决这一矛盾的重点，就是要帮助受教育者扩大视野，提高其理性思维能力，使其正确对待个人经验，既不固执，也不排斥个人经验，而是在实践的基础上，吸取思想政治教育的精神养料，使个人经验与社会要求统一起来，从而获得源源不断的前进动力。三是教育要求与受教育者完成这些要求的实际可能性之间的不一致。在过去乃至目前的思想政治教育中，教育者对受教育者提出的要求往往都有偏高的倾向。本来，高要求是对的，但要求高到大多数受教育者经过努力也难以达到的程度，就不仅没意义，而且会导致受教育者与社会要求之间的冲突。因此，思想政治教育的要求，尤其是具体要求一定要适度，既要高于受教育者实际的思想品德水准，又确实能使其经过一定的努力而达到。

总体来说，当个人思想行为与社会要求发生矛盾时，就个人来讲，可以有两种解决方式：一是积极顺应社会发展的客观要求，逐渐缩小个人思想品德与社会要求之间的距离；二是由于个人利益、认识以及情感等原因，对社会要求产生抵制心理，距离逐渐扩大，有的甚至走向对立。思想政治教育的重要任务就是要通过教育引导，促成前一种情况的出现，而力求避免后一种情况的出现。

（四）思想政治教育的客观要求与社会环境之间的矛盾

人的思想品德同时受到思想政治教育和社会环境的影响。在一个健康有序的社会里，这两种影响往往是一致的，互为补充、互相强化，这是一种较为理想的状态。然而在现实生活中，环境影响在很多时候往往与教育影响不一致，存在矛盾；在我国社会发生巨大变革的今天，这种情况尤为突出。这就会减轻教育者所传授的社会要求的分量，造成青少年在选择社会行为规范时产生矛盾和困惑，使他们有可能采取“随大流”的态度而置社会要求于不顾。解决这类矛盾，从社会来讲，应加强和谐社会建设，加大反腐败力度，确实扭转大气候，在全社会造成遵守社会规范光荣，受人尊敬和赞扬，违反社会规范可耻，被人鄙视、遭人谴责的气氛；从思想政治教育来讲，既要进行社会主导的价值观的教育，又要敢于揭露社会生活中的矛盾和问题，使人们尤其是青少年在现实生活中有充分的心理准备，以便做出正确的行为抉择。

（五）受教育者内在精神世界发展的需要与满足需要的方式（条件）之间的矛盾

在思想政治教育过程中，教育者对受教育者实施教育影响，必须借助一定的活动方式和互动手段。没有这些“中介”因素，教育活动就无法进行。在某种意义上讲，思想政治教育过程就是不断创造各种方式，以满足受教育者精神世界发展需求的过程。因此，只有运用恰当的方式方法，使受教育者乐于接受教育，才能收到良好的效果。在现实思想政治教育活动中，教育的方式方法与受教育者需求之间的矛盾是经常存在的。解决这一矛盾的一个重要方面，就是要不断改进思想政治教育的方式方法，以更好地满足受教育者精神世界发展的内在需求。只有不断地以恰当的方式方法作用于教育对象，才能增强思想政治教育的有效性，促进人们良好思想品德的形成。

二、思想政治教育过程的规律

对思想政治教育过程规律的研究是思想政治教育理论研究的一个基本内容，受到研究者们的普遍重视，有关的意见也很多，认识很不一致，还需要进一步深入探讨。

规律是事物发展过程中的本质联系和必然趋势。思想政治教育过程的规律是指思想政治教育过程各要素之间的本质联系及其矛盾运动的必然趋势，如存在于教育过程中的教育者和受教育者之间的联系及其互动趋势，社会要求的思想品德规范和受教育者个体思想品德之间的联系及其相互作用的方向等。研究思想政治教育过程的规律，就是要探求这一过程中各要素之间是如何联系的，其相互作用的趋势如何。根据这一理解，我们认为，思想政治教育过程的规律可作如下概括：

（一）教育要求与受教育者思想品德发展之间保持适度张力的规律

这一规律的基本内涵是指：在思想政治教育活动中，教育要求与受教育者思想品德之间应保持一种动态的平衡关系，即教育者所提出的教育要求要适当超越受教育者目前的思想品德基础，有提升其思想品德水平的可能，同时这一超越又不能高到受教育者经过努力也难以达到的高度。虽然不同时期以及同一时期不同层次教育对象的思想品德基础不同，外界环境也不一样，因而不同时期的教育要求以及对不同教育对象的教育要求应有区别，但教育要求与受教育者思想品德发展之间保持适度的张力在任何时期、任何条件下都是必要的。这是由思想政治教育培育人的根本性质所决定的。

如前所述，一定社会的思想品德规范要求与受教育者的思想品德水平之间的矛盾是思想政治教育过程的基本矛盾，“张力”规律正是对这一基本矛盾的反映。受教育者的思想品德总是处在“它现在怎么样”与“社会希望它怎么样”的矛盾运动之中，思想政治教育的基本任务就是要解决这一矛盾，推动受教育者的思想品德向社会要求的方向发展。为此，教育者就应根据这一矛盾的具体情况，对受教育者提出适当的思想品德方面的要求，并通过多方面的教育活动，促使这一矛盾的解决，以提升受教育者的思想道德水平。在某一具体矛盾解决以后，又会产生新的矛盾，又需要针对新矛盾，提出新的教育要求，以解决新的矛盾。整个思想政治教育过程就是不断解决这一矛盾，推动受教育者的思想品德不断向社会要求的方向发展的过程。由此可见，“张力”规律揭示了教育过程中教育要求和受教育者思想品德发展之间的本质联系以及它们之间的矛盾运动的基本趋势，是思想政治教育过程的重要规律。

（二）教育与自我教育相统一的规律

教育者和受教育者是思想政治教育过程中的两个基本要素，在某种意义上讲，两者的相互影响、相互作用就构成思想政治教育过程。教育与自我教育相统一的规律就是揭示两者之间的联系及其互动趋势的一个规律。

教育者是一定社会思想品德要求的表达者和体现者，是教育活动的设计者和组织者，是教育影响的施加者和调控者，在思想政治教育过程中居于主导地位，起着主导作用。受教育者是思想政治教育的对象，是教育影响的接受者和教育效果最主要的体现者。在思想政治教育过程中，受教育者既是教育的客体，也是教育的主体。当他作为教育者施加教育影响的对象时，他是教育的客体；当他接受教育影响进而进行自我教育时，他便是教育的主体。受教育者即使作为教育客体时，也并不是完全消极被动地接受教育影响的，而是积极主动地对教育影响进行理解、筛选和吸收，也就是说，他也在教育影响下不断地进行着自我教育。可见，教育和自我教育在整个教育过程中同时并存且辩证地统一在一起。没有教育者的教育引导作用，就谈不上思想政治教育，受教育者思想品德的发展就缺乏外在的积极强化。而教育作用的实现，又离不开受教育者的自我教育；没有受教育者自我教育作用的发挥，教育者所传授的教育内容就不可能为受教育者所真正认识和接受。从这个意义上讲，没有自我教育，就没有真正的教育。可见，在一个有效的思想政治教育过程中，教育与自我教育是相辅相成、相得益彰而有机统一在一起的。这是人们对教育过程中教育者的教育和受教育者的自我教育两种作用的规律性认识。根据这一规律，在思想政治教育过程中，既要注意调动教育者的主观能动性，确实发挥其主导作用，又要注意调动受教育者的自觉性、积极性和主动性，充分发挥其自我教育的作用，更要注意使两者统一起来，使思想政治教育取得更好的效果。教育者的主导作用发挥得越充分，受教育者的主动性、积极性就越能得到充分发挥；而受教育者越能发挥主动性，就越能体现教育者的主导作用。只强调某一方面作用的做法，是违反思想政治教育规律的。

（三）协调与控制各种影响因素使之同向发挥作用的规律

在思想政治教育过程中，存在着两大方面因素的影响：一是教育者所施加的自觉影响，包括直接的间接的教育者个体和群体所施加的影响。在正常情况下，不同教育主体施加的教育影响是一致的，有相互补充、相互强化的作用；但由于不同教育主体的思想水平和认识能力等存在差异，他们所施加的教育影响也可能出现不协调音；而在社会发生巨大变革时期，不同教育主体施加的教育影响就更容易出现差异，甚至相互对立和冲突。这就要求我们对不同教育主体的影响进行自觉地协调，努力避免其相互抵触，使之同向发挥作用，形成正合力。二是社会环境因素的自发影响。思想政治教育过程不是一个封闭孤立的过程，而是处在纷繁复杂的社会环境之中。各种环境因素对人的思想品德和思想政治教育过程都在自发地产生影响，这些影响既有积极的、正面的，也有消极的、负面的。在现实生活中，消极的、负面的影响在严重地抵消着思想政治教育的自觉影响，这也是现阶段思想政治教育效果不佳的重要原因，值得特别注意。环境因素影响的复杂性，要求教育者在开展教育活动的过程中，要注意抑制和消除社会环境因素中的消极影响，利用并强化其中的积极影响，使之与思想政治教育主体的自觉影响协调统一起来，从而形成良好的思想政治教育氛围，促使受教育者的思想品德朝着社会要求的方向发展。

在实际工作中，上述两大方面的各种因素的影响作用是紧密联系在一起的，积极因素的影响和消极因素的影响也是糅合在一起的，很难截然分开。这种情况表明，在思想政治教育过程中，教育者不仅要积极主动地施加教育影响，而且要注意对影响人的思想品德和思想政治教育过程的各种因素加以分析，并尽最大努力对各种因素加以调控，使之向社会要求的方向发挥作用。这是当代思想政治教育者的重要责任，也是思想政治教育过程顺利发展的内在要求。

以上在吸收、借鉴已有研究成果的基础上，对思想政治教育过程的规律做了浅显的探讨。希望借此引起更多的人关注，以深化思想政治教育过程规律的研究。

第八章　高校思想政治教育的原则与方法理论

第一节　高校思想政治教育方法论的结构与体系

思想政治教育方法论，是关于思想政治教育方法的理论，是思想政治教育基本原理的具体运用，是思想政治教育学科理论体系的基本组成部分。思想政治教育目标的实现、效果的好坏，都离不开科学方法论的指导，离不开方法的正确运用。现代思想政治教育，面临着与以往完全不同的时代背景与条件，面对着人们已然深刻改变了的思想活动特点与思想道德实际，唯有在科学理论的指导下，坚持与时俱进，坚持方法及方法论的创新发展，才能始终保持生机与活力，发挥出应有的功能，充分实现其价值。因此，正确把握思想政治教育方法论的科学内涵、体系结构以及思想政治教育方法的现代发展与运用原则，对于完整地理解现代思想政治教育的基本原理，不断提高从事思想政治教育工作的能力与水平，具有十分重要的意义。

对思想政治教育方法论的思考与研究，无疑与思想政治教育方法有着密切的关系。但是，思想政治教育方法论并不局限于对个别的一个个具体方法的描述与阐释，它更多地致力于对方法与方法之间有机联系的探询，致力于从整体上认识和把握思想政治教育方法体系的合理结构与科学建构。掌握思想政治教育方法论的科学内涵，了解思想政治教育方法论的体系结构，是开启思想政治教育方法论大厦之门的金钥匙。

一、思想政治教育方法论的内涵

我们一般认为，方法是人们为了认识世界和改造世界，达到一定目的所采取的活动方式、程序和手段的总和。但方法不是某种实体工具或实体因素，它总是与人的活动紧密地联系在一起，离开了人的认识或实践活动，方法就失去了存在的基础与价值。方法是人们在长期的实践活动和认识活动中形成、发展的关于人的自身活动的法则，就其本质而言，是人对客观规律的科学把握与自觉运用。

作为人的自身活动的法则，方法首先表现为人的活动（认识活动或者实践活动）的中介因素，是人们渡河的“船”、过河的“桥”。方法是人们达到预期目的的一种手段、工具、途径、技术和范式，作为活动主体的人与作为活动客体的具体对象，正是通过方法才得以在活动中相互联系、相互作用。因此，方法要随着主、客体的具体情况的变化而变化，而且随着主、客体相互作用的过程即人的活动过程的消失而消失。其次，方法服务于人的目的、活动的目的，总是和任务联系在一起的。不同的任务，不同的目的，就要求有不同的方法；目的达成，任务实现，方法的使命也就此终结。再次，方法与理论是联系在一起的，无论是实践经验上升到理论，还是理论指导、运用于实践，都要靠一定的方法来完成。就理论指导实践而言，人们在某一具体实践活动中所采用的方法，不仅会同与这一具体实践活动直接相关的理论有关，还要直接或间接地受到人们的世界观、社会观、政治观及其相关的理论知识的影响。最后，方法是人类思维活动的产物，人们在认识活动、实践活动中积累的方法经验一旦上升为思维方式，就变成了可以传承的科学性方法。方法和人的思维方式联系在一起，以特定的思维结构、思维方式为基础，随人的思维方式的变动而变化，从而保持其既相对稳定又不断发展的知识体系。

方法论比方法具有更广泛的内涵，而且对这个概念的理解和使用往往比较含糊。“方法论”，有时候被人们在哲学层面上定义和使用，有时候是在科学学、科学认识活动的层面上来定义和使用，有时候则把它看作对方法的理论研究。其实，这正是方法论研究的三个层次——哲学方法论、科学方法论以及方法学，分别满足人们认识活动、实践活动不同层次的需要。由于方法和方法论之间的天然联系，它更经常地指人们关于认识世界、改造世界的根本方法的理论，简言之，在没有加以专门说明的情况下，方法论就是指有关方法的理论。它以方法为研究对象，揭示方法产生、变化、发展的规律，以及方法的性质、作用、特点、功能等内容。

思想政治教育方法，就是为了实现教育目标、传递教育内容，是教育者对受教育者所采取的思想方法和工作方法。在这里，思想方法就是思想政治教育认识活动（如认识对象、认识环境等）的方法，工作方法就是具体实施思想政治教育活动、促进受教育者思想政治品德形成发展的方法。思想政治教育方法论，就是关于思想政治教育方法的理论，它是思想政治教育理论的具体运用。具体来说，思想政治教育方法论是运用辩证唯物论和唯物史观的基本理论，研究和揭示人们的思想形成、发展、转化的规律，实施思想政治教育的规律，以及运用这些规律提升人们思想政治水平和思想道德素质的方法的总和。

思想政治教育方法，对于实现思想政治教育目标、完成思想政治教育任务以及保证思想政治教育的实际效果具有重要意义。具体说来，可以概括为以下三个方面。

第一，思想政治教育方法是实现思想政治教育目的的重要手段。人与动物的区别之一，在于人具有意识与自我意识，在于人的全部活动都具有明确的目的性，在于人具有选择合适的方法去实现自己的目的的能力。“我们不但要提出任务，而且要解决完成任务的方法问题。我们的任务是过河，但是没有桥或没有船就不能过。不解决桥或船的问题，过河就是一句空话。不解决方法问题，任务也只是瞎说一顿。”毛泽东的这一形象比喻，生动具体地说明了方法的属性及其对实现人的目的的重要性。能否自觉选择和运用思想政治教育的科学方法，是能否实现思想政治教育目的、完成思想政治教育任务的关键。在思想政治教育过程中，不会选择和运用方法，不讲方法的科学性与有效性，实现思想政治教育目的就无从谈起，完成思想政治教育任务也就成了一句空话。

第二，思想政治教育方法是教育者与受教育者互动联结的纽带。在思想政治教育过程中，教育者与受教育者是人的因素，方法是中介因素。思想政治教育过程的有效运行、发展，既取决于教育者的教育活动，又取决于受教育者在教育者指导下的学习接受活动，也就是以教育者与受教育者之间良性协调的互动为基础。只有选择那些合乎人的身心发展特点以及思想品德形成发展规律，合乎思想政治教育一般特点以及现代活动规律的科学方法，才能使教育者和受教育者之间建立起良性协调的互动关系。也就是说，思想政治教育活动的科学组织、有效运作以及预期效果的获得，都不能缺少思想政治教育方法的这种纽带联结作用。

第三，科学的思想政治教育方法是保证思想政治教育效果的重要条件。科学的思想政治教育方法，是思想政治教育规律的体现，它揭示受教育者的思想道德现状和活动特点，能针对受教育者生活世界中的具体因素对人的思想品德发展以及思想政治教育活动施加影响。因此，在思想政治教育的实践中，方法一经选择，就预示着思想政治教育活动的方向，为思想政治教育获得实效提供条件和保证。思想政治教育目的的实现和任务的完成，要通过思想政治教育的实际效果来体现，而有效的思想政治教育是靠科学的方法来达成的。如果不能对方法进行科学选择，思想政治教育就可能事倍功半，甚至劳而无功；如果采用了错误的方法，更只会事与愿违，不仅谈不上思想政治教育的有效性，甚至会造成思想政治教育的严重失误。因此，选择和运用好思想政治教育方法，是不断增强思想政治教育有效性的关键因素。

二、思想政治教育方法论的层次结构

方法论的体系结构，与人的活动（认识的或实践的活动）所提出的任务相关，与人的活动对象的性质相关，也与方法所使用的基本工具相关。依照这样三个维度，我们可以把人们所掌握的全部方法划分为不同的层次，从而构建起方法论体系的立体层次结构。这个体系的第一层次是哲学方法，它是认识事物共同规律、一般特性的方法，是适用于自然科学、社会科学、思维科学的最普遍、最一般的方法，是包括历史的方法、辩证的方法、逻辑的方法等的方法体系。第二层次是通用方法，它是在一定范围内普遍适用，为各门具体科学所共有的方法，是认识某一类或各类事物某一方面规律与特性的科学方法（前者如自然科学方法、社会科学方法、科学学方法等，后者如数学方法、系统论方法、控制论方法、信息论方法等）。第三层次是具体方法，它是人类活动各专门领域的专有方法，依活动目的、任务的不同以及活动对象的特性不同形成不同的方法与方法组合，是方法体系中层次最丰富、最富有变化的部分。方法体系的三个层次是一般、特殊与个别的关系，它们是密切联系而非彼此分割的。

思想政治教育方法论，主要不是研究哲学方法和通用方法，而是重点关注哲学方法、通用方法在思想政治教育中的运用问题以及思想政治教育实践活动中的具体方法问题。思想政治教育方法作为一种专门方法体系，其所属方法因其适用范围的不同而形成不同的层次。第一，思想政治教育的原则方法，包括实事求是的方法、群众路线的方法、理论联系实际的方法以及科学性与方向性相结合、精神鼓励与物质鼓励相结合、思想政治教育与业务工作相结合等方法。这些方法实际上是思想政治教育的根本理念、指导原则，在思想政治教育全过程中起指导作用。由于思想政治教育原则方法具有规定其他方法的方向、准则和要求的功能，所以在思想政治教育方法体系中，它具有特殊地位和特殊作用。第二，思想政治教育的具体方法，包括思想信息收集方法、思想分析方法、思想政治教育决策方法等思想政治教育认识方法，思想政治教育基本方法、综合方法、特殊方法等在内的思想政治教育实施方法以及思想政治教育反馈调节、总结评估方法等。这些方法是思想政治教育原则方法在思想政治教育过程中的具体运用，在思想政治教育工作的各个环节上起主导作用。第三，思想政治教育的操作方式，是思想政治教育具体方法在思想政治教育实践中的实际运用，是具体方法适用于不同范围、不同条件时的特殊方法形态，也是人们在长期运用思想政治教育具体方法过程中对这些具体方法的程序化总结。在思想政治教育方法体系中，这些操作方式数量最多，应用最广泛，可操作性最强，最便于思想政治教育工作者学习掌握和直接运用。在思想政治教育实践中，我们选择、运用思想政治教育方法，更多的是选择和运用思想政治教育方式。第四，思想政治教育方法的运用艺术和技巧，是思想政治教育方法的运用方法。这些方法就其属性可以说是思想政治教育工作者运用方法的能力，是思想政治教育实践经验的长期积累，具有鲜明的个性特征与个人风格。因此，在思想政治教育方法体系中，它处在比较微观的层面上，但却具有高度的灵活性、具体性、生动性、创造性，对思想政治教育效果产生最直接的影响。思想政治教育工作者要提高自己的方法修养和工作能力，取得思想政治教育的良好效果，应该更多地在这方面下功夫。

以上这些方法，虽然分属不同的层次，但都有着各自的特点、适用范围和特殊作用，它们互相衔接制约，形成一个比较完整的一般、特殊与个别的层次结构体系。在思想政治教育实践中，它们之间不可相互替代，而是相互联系、相互转化的，低层次的方法必须合乎高层次方法的规定与要求才具有科学性，高层次的方法要转化为低层次方法才能实际运用、具有现实的可操作性。比如，思想政治教育具体方法和操作方式要以原则方法为指导，思想政治教育原则方法也只有转化为思想政治教育的具体方法、操作方式，成为思想政治教育工作者的方法技巧、工作能力，才能真正发挥其功能、实现其价值。

三、思想政治教育方法论的横向结构

思想政治教育方法论的体系结构，除了可作一般、特殊与个别的层次划分外，还可依据思想政治教育方法形成、发展的历史线索建构起方法论体系的纵向发展结构，也可根据方法之间的横向联系确立思想政治教育方法论体系的横向结构。思想政治教育方法论的纵向发展问题，我们将在后面专门讨论，这里只对思想政治教育方法论的横向结构作一简要分析。

随着思想政治教育方法论研究的不断深入，我们发现思想政治教育方法之间的横向联系是非常普遍的一种联系方式，研究者们在思想政治教育方法论横向结构的建构方面进行了诸多尝试，但目前认同最高的还是郑永廷在《思想政治教育方法论》中所提出的一种结构模式。即以马克思主义认识论为指导，按照思想政治教育运行过程建构起来的方法论体系。这个体系以人们“认识—实践—再认识—再实践”这一认识规律、活动规律为基础，按照思想政治教育实践从掌握情况、认识对象、明确目标入手，继而组织开展具体的思想政治教育活动，经过总结、提高之后再进入一个新的实践流程这样一个运行程序，通过思想政治教育认识活动、实施活动、调节评估活动找到了思想政治教育方法之间的有机联系，从而构建起由思想政治教育认识方法、思想政治教育实施方法和思想政治教育调节评估方法三大方法系统组成的方法论体系。

（一）思想政治教育认识方法系统

思想政治教育的认识方法，就是指教育者在认识教育对象和教育环境的过程中所采用的思想方法。认识教育对象是进行教育活动的首要的前提条件。正确地认识和分析不同时期教育对象的思想特点和相关因素，才能做到一切从实际出发，有针对性地开展思想政治教育。认识教育的环境，实际上是找出影响教育对象思想形成的客观因素，只有把握这些客观因素，才能从根本上解决人们思想上的问题。然而，怎样科学地认识教育对象和教育环境，却是一个关键问题。思想政治教育认识方法系统，主要包括三个方面的方法：一是通过观察、调查、预测的方式掌握教育对象思想道德信息的思想政治教育信息获取方法；二是对思想道德信息进行分析研究、掌握其实质并预测其发展趋势的思想信息分析方法；三是根据人们的思想道德实际以及发展趋势制订具体教育方案与计划的思想政治教育决策方法。收集信息—分析信息—科学决策，在思想政治教育实际工作中是三个连续的环节，构成一个完整的认识活动过程。这三个方面的方法则呈现出一种逻辑递进关系，形成有机联系的完整方法体系。

（二）思想政治教育实施方法系统

思想政治教育的实施方法，就是教育者面对教育对象，在教育过程中采取的改造教育环境以及针对教育对象思想状况施加教育影响的方法，这些方法也叫作思想政治教育的工作方法。思想政治教育的实施方法是思想政治教育认识方法向实践方面的必然发展，是直接影响和转变教育对象思想、改造与建构教育环境的方法，在思想政治教育方法论体系中处于中心地位。思想政治教育实施方法主要有四类。

1. 基本方法

基本方法是指在思想政治教育基本活动形式中所运用的方法。思想政治教育的基本活动形式有理论教育、实践教育和批评与自我批评，思想政治教育的基本方法因此也就包括了理论教育方法、实践教育方法和批评与自我批评的方法。

2. 一般方法

一般方法主要包括情感教育法、说理教育法、个性教育法、典型示范法、行为规范养成法等。

（1）情感教育法

思想政治教育工作是做人的工作，而人是有思想、有情感的。要做好思想政治教育工作，首先，必须做到尊重人、关心人和理解人。实践证明，要使思想政治教育取得良好的效果，就必须动之以情。情感的投入、情感的教育，是思想政治教育的一种行之有效的方法。一个人的成长过程，要受到家庭、学校、社会多方面的影响。在童年时期，父母的思想、行为及父母的关爱，对子女养成好思想、好品德影响很大。父母是孩子的第一任老师。其次，对青少年影响最大的是学校教师。青少年大部分的时间是在学校度过的，教师（包括专业课和思想政治教育课的教师）不仅传授知识，而且以自己的行为和情感影响学生，若能在思想上、政治上、生活上关怀并体贴学生就能建立起深厚的师生情谊，这对青少年学生养成好思想、好品德能起到潜移默化的作用，它是单纯的说教所达不到的。青少年思想政治素质的提高，还离不开社会的关爱。为了青少年的健康成长，不少地方修建了少年宫、青少年科技园，建立了青少年教育基地，还有个人和团体资助贫困学生上中学、上大学。这些都是社会对青少年学生的关爱，这种关爱激发了他们积极向上、勤奋学习、学好本领报效祖国、报效社会的斗志（特别是贫困学生更是如此）。这就是情感教育法的力量。然而，有少数教师，在教育过程中不注意情感的投放，不尊重学生的人格与尊严，结果适得其反。他们往往因袭传统的教育观念和教育方式，照样采用“我讲你听，我说你服”的老办法；尤其是当学生提出一些现实生活中的敏感问题或某些与“正统”要求不相吻合的问题时，有的教师不是耐心地分析和说服，而是斥责多于宽容和理解，批评多于分析和思考，禁止多于疏导和开启。结果导致教师与学生在感情上的对立、心理上的隔离，教育的效果之差可想而知。

（2）说服教育法

所谓说服教育，就是用事实和马克思主义科学的原理说服人、教育人，做到以理服人。在解决人们的思想认识问题时，坚持理论联系实际的原则，采取民主的方法、讨论的方法及摆事实、讲道理的方法，使人心悦诚服，而不能采用空洞的、教训式的说教，更不能采用压制的方法、行政命令的方法。做到以理服人，应注意两点：第一，要因人施教，提高思想政治教育的效果。由于青少年的发展阶段不同、身心成熟程度不同，因此，对其思想政治教育的方式方法也不同，说理的层次也有所区别。如前所述，对于小学和初中学生，主要是对他们进行行为规范教育和品德教育，让他们认识到哪些行为是符合规范的，哪些行为是违反校规校纪的，初步具有一些分辨好坏、善恶、是非的标准。对于高中生则应进行较为系统的法制教育，进行马克思主义政治常识、经济常识和哲学常识的教育，使他们初步了解到马克思主义有哪些基本原理、原则和方法。而对大学生和研究生则应结合现实生活实际，结合思想史和现代西方哲学流派，进行比较对照，将马克思主义基本原理、基本方法讲清讲透，让学生真正明理。第二，要用事实和道理说服人。说理是打开人的心扉的钥匙。说理透彻，把道理讲清楚，才能让人心悦诚服。例如，给学生讲授社会主义本质时，不仅要让学生了解是什么，更要让学生知道为什么。只有把这些道理分析透彻了，学生才能深刻地把握社会主义的本质。又如，给学生讲唯物辩证法，如果只是列举一些实例去说明某一规律、某一范畴，就不可能使学生在理论上较为透彻地理解唯物辩证法。因为辩证法并不是实例的简单相加。

（3）个性教育法

青少年学生由于家庭背景不同、所接触到的社会影响不同，以及个性心理特征不同，因此所形成的矛盾或思想问题也不同。对青少年学生的思想政治教育要做到有针对性和实效性，就必须把握青少年学生思想品德的个性特征，对症下药，一把钥匙开一把锁。依据人的个性特征开展思想政治教育，这是矛盾的特殊性规律所要求的。

开展个性教育有三个方面应当注意：一是摸清问题，找准矛盾。只有摸清了思想脉络才能有的放矢，因人施教。二是掌握“性格”。人的性格是个性的核心，是一个人处事待物的基本心理特征。性格不同，对相同的问题往往会有不同的认识和态度。比如，对待他人，有的人性情坦率，富有同情心，有的人思想隐蔽，待人冷漠；对待自己，有的人自尊自重，谦虚谨慎，而有的人则自高自大，盛气凌人。所以，掌握人的性格，对于有效地开展思想教育工作特别重要。三是了解“气质”。在现实生活中，人的气质是不同的，待人接物的态度和表现形式是有很大区别的。例如，有的人脾气暴躁，容易冲动，粗鲁任性，往往把好事办坏；有的人兴趣广泛，认识敏捷，易于接受新事物；有的人沉默寡言，多愁善感，观察问题细致、敏感、多疑，但其意志比较柔弱，不耐挫折。对待不同气质的人，思想政治教育工作不能采取同一模式。个性教育的具体做法是多种多样的，一般说来，对于小学生和初中生，以个别谈心为好。教师和学生以民主的方式共同分析问题，讨论问题，以求得问题的解决，从而达到教育学生转变思想的目的。对于高中生、大学生和研究生，除了个别谈心之外，还要引导学生阅读资料、书籍或进行社会调查，使复杂问题得到解决，思想觉悟得以提高。

（4）典型示范法

抓典型、树榜样，发挥先进典型的示范作用，是党的思想政治教育的一个好传统、好方法。先进典型（包括先进集体和先进个人）的先进思想、优秀品质和模范事迹，反映着新事物的本质，体现着新时代的风貌，代表着社会主义事业发展的方向。这种先进典型，不仅社会上有，而且学校也有，不仅有先进的教师，也有先进的学生，他们代表着我们国家方方面面的先进集体或先进个人。抓典型、树形象应注意做好以下几个方面的工作：首先，要善于发现典型，实事求是地宣传典型。先进人物的先进事迹、先进思想、模范行为，是他们在生产、工作、学习和生活中产生的。只有深入实际、深入群众，才能发现典型，树立典型。典型树立起来之后，就要实事求是地宣传典型，以先进典型来影响和带动群众。在宣传上，一定要坚持原则，力戒浮夸，不讲过头话，先进典型也不是十全十美的，因此也不能护短。其次，要教育人们正确地对待典型。先进典型树立起来之后，就要教育群众虚心向先进人物学习，逐步形成一个支持先进、尊重先进、争当先进、赶超先进的好风气。学习英雄模范人物，学习先进集体，主要是学习他们高尚的精神、崇高的品质，以激励自己的进步，而不只是简单地模仿，搞形式主义。最后，除了学习社会上的先进典型之外，还要在各类、各级学校树立自己的先进典型，如先进班集体、先进教育工作者、模范教师、优秀少先队员、共青团员，等等，宣传这些典型对青少年学生的教育效果更好，更有针对性。因为这些先进典型就在他们身边，先进典型的言论与行动，他们听得着，看得见，对他们更具吸引力，更有实效性。

（5）行为规范养成法

实践证明，思想政治教育不能仅仅停留在口头上，而不落实在行动中。不能只重视思想认识教育，而忽视行为规范的养成。青少年学生的好思想、好品德、好习惯，不可能只是依靠单纯地“说教”、简单地“灌输”或自上而下的行政命令就能形成，还必须在日常生活、学习和社会活动、社会交往过程中，用人们共同遵守的基本行为规范和社会公德、职业道德、家庭美德来启迪与引导，使不文明的习惯转化为文明习惯，使非道德行为转化为道德行为，从而提高青年学生的思想、政治、道德素质。行为规范养成教育，其内容与形式是多种多样的，如倡导校园文明、班组文明、宿舍文明的养成教育，这种教育包括引导学生自觉地遵守校规校纪，自觉地养成“五讲”“四美”“三热爱”风尚。在行为规范养成教育过程中，教师的模范行为极为重要。身教重于言教。要求学生不要随地吐痰、乱丢果皮，而教师自己则不遵守；要求学生不讲脏话，做到语言美，而有的教师却脏话连篇。这种口是心非、言行不一的行为和作风，是有违师德的，这对青少年学生的好思想、好品德的养成是有百害而无一利的。

以上这些方法在青少年思想政治教育过程中的功能是各不相同的。无论哪种方法都必须渗透以下基本原则：动之以情，晓之以理，激之以志，导之以行。

3. 特殊方法

特殊方法是在思想政治教育的特别情况下和特殊情境中所采用的特殊方法。如引导人们抵制不良诱惑、规避风险、顺利发展的预防教育方法，针对教育对象的思想困惑、心理障碍所采用的心理咨询方法，解决个人之间、个人与社会之间矛盾冲突的冲突缓解方法等。另外，还有思想政治教育综合方法，就是在解决各种复杂问题时综合运用多种方法而形成的方法组合。

思想政治教育是一种复杂的人类实践活动，其面临的问题、环境和所要解决的问题往往不是简单问题，而是极其复杂的问题。因此，在思想政治教育具体实践中，常常并不是运用某些单一方法就能解决问题，完成任务，实现目标，而是需要多种方法的综合运用。

（三）思想政治教育调节评估方法系统

思想政治教育的反馈调节、检测评估、总结提高，是思想政治教育的一个基本环节，思想政治教育管理部门和教育者在这个环节中运用的各种方式方法就构成思想政治教育的调节评估方法系统。它包括对一定阶段和过程的思想政治教育实践活动的效果进行反馈、检测、评估、调节的反馈调节方法、检测评估方法和总结提高方法。这些方法的运用，对于思想政治教育工作者及时掌握教育的动态、驾驭教育过程、调整教育方案、优化教育结构、保证教育目标的实现具有重要的意义。这些方法作为思想政治教育的重要手段，在科学判定思想政治教育的实际效果和社会价值，正确总结经验教训，有效改进思想政治教育的措施方法，不断增强思想政治教育的实际效果，逐步提高思想政治教育的科学化、现代化程度等方面，发挥着非常重要的作用。

第二节　高校思想政治教育的原则、方法及体系

思想政治教育的原则方法，也可以叫作思想政治教育的一般方法。它既是思想政治教育的客观规律的体现，也是思想政治教育的实践经验的总结，对思想政治教育的全过程起指导作用。在思想政治教育方法论的体系中，规定着其他层面方法的方向、准则和要求，起着导向和规范的作用。因此，学习和研究思想政治教育方法论，必须把原则方法的学习和研究作为重点。

一、思想政治教育的基本原则

重视思想政治教育，依靠思想政治工作，是中国共产党的优良传统与政治优势。在党的思想政治教育理论与实践发展中，创造了一整套科学的原则与方法体系。这些原则方法经过长期的实践检验被证明是正确的，在新的历史条件下仍然具有现实的价值，成为思想政治教育的基本原则、基本方法。

（一）疏与导相结合的原则

疏，就是疏通，就是广开言路，畅所欲言，集思广益。导，就是引导，就是在疏通的基础上对正确的意见和思想观点，加以肯定和支持，促使其进一步发展。同时，对于不正确的意见和思想观点，通过民主讨论、说服教育、批评与自我批评的方法，将其引导到积极、健康、正确的方向上来。疏通与引导密切联系、不可分割，疏通是引导的前提，引导是疏通的目的。疏与导相结合的原则，是人们思想、行为活动规律的反映。人们的行为是由思想动机支配的，只有了解人们的内在思想动机，才能把握和预测人的思想发展的特点与趋势，有针对性地做好教育引导。人的思想具有隐蔽性，如果没有思想疏通，教育对象的思想状况难以全面展现出来，引导就没有根据，教育就缺乏针对性。相反，如果没有引导，教育对象显示出来的思想和观点任其发展，并且相互影响，就有可能导致人的发展失去正确方向，甚至错误的思想观点泛滥，干扰思想政治教育目标的实现。因此，在思想政治教育实践中，必须又疏又导，疏导结合。疏与导相结合的原则，既强调发扬民主，在群众中疏通民主渠道，又注重以理服人，进行教育引导。

坚持疏与导相结合的原则，首先，要发扬民主，畅通言路，创造畅所欲言的气氛。这样，才能使思想政治教育者更多地了解教育对象的实际情况，更好地把握教育对象的思想活动特点，找到合适的具体引导办法和引导的角度。其次，要坚持正面引导和说服教育为主，在教育的过程中一方面坚持用马克思主义立场、观点和方法，进行必要的灌输和正面的引导；同时，也要正视教育对象思想认识上存在的偏差，诚恳地指出问题，激发他们的自信心，调动他们的积极性，促进思想的转化和提升。最后，教育者要以身作则、言行一致，用自己的实际行动和人格

力量去影响群众、感召群众和带动群众。只有做到身教与言教的统一，教育者才能在群众中树立威信，疏通才有基础，引导才有力量。

（二）科学性与方向性相结合的原则

思想政治教育的科学性，要求思想政治教育遵循人们思想活动的规律性，遵循思想政治教育的客观规律性，遵循社会历史发展的规律性，克服盲目性与随意性。思想政治教育的方向性，是指思想政治教育应始终坚持正确的政治方向不动摇，实际上是强调思想政治教育的价值性与合理性。社会主义的思想政治教育，就要坚持以马克思主义为指导，坚持社会主义方向，坚持集体主义的价值取向，批判和抵制各种错误思潮。马克思主义是人类历史上最先进的科学理论，朝着社会主义、共产主义迈进是人类社会发展的必然趋势。社会主义思想政治教育坚持以马克思主义为指导，反映了思想政治教育的本质要求和基本规律，体现了科学性与方向性的高度统一。如果不坚持社会主义的正确方向，就会脱离人类社会发展的正确轨道，难以与各种错误思潮以及形形色色的宗教、迷信、有神论划清界限，思想政治教育也就失去了科学性基础；同样，没有科学性，不遵循客观规律，思想政治教育就难以把握社会历史发展的正确方向，难以把握人们思想发展变化的正确方向，也就谈不上正确的方向性。

坚持科学性与方向性相结合的原则，首先，要求思想政治教育始终坚持马列主义、毛泽东思想、邓小平理论、“三个代表”重要思想和科学发展观的指导地位，深入贯彻落实党的十八大和十八届二中、三中全会精神，深入贯彻落实习近平总书记系列重要讲话精神，把坚定正确的政治方向放在首位，不允许散布和传播反马克思主义的奇谈怪论或歪理邪说，保持社会主义思想政治教育的本质特色。其次，思想政治教育过程以及具体教育活动的组织，必须针对人们的思想实际，合乎人思想道德活动规律和思想政治教育规律的客观要求。同时，要把方向性要求贯穿在思想政治教育的全过程和思想政治教育的具体活动中，坚持弘扬爱国主义、集体主义、社会主义主旋律，鲜明地体现出社会主义思想政治教育的价值选择，做到科学性与方向性相结合，合规律性与合目的性、价值性相统一。最后，在具体的教育实践中，要以正面教育为主，强调在教育的过程中坚持用马克思主义的理论进行必要的灌输，同时注意做到实事求是，坚持群众路线，自觉运用科学有效的教育引导方法，引导人们思想观念的转化和思想道德水平的提升。

（三）理论与实际相结合的原则

理论与实际相结合是党的思想政治教育的优良传统。在各个不同的历史时期，既强调掌握革命的理论，又强调与具体的实际情况相结合，思想政治教育有力地促进和保证了革命和建设事业走向成功。没有革命的理论，就不可能有革命的运动；同样，没有科学理论的指导，也就不可能有任何持久的进步行为。理论与实际相结合的原则，反映了理论与实际的正确关系，反映了改造主观世界与改造客观世界的关系，揭示了理论教育与实际教育互为条件、不可分割的关系。现代思想政治教育，要引导人们用科学的方法认识世界、认识社会、认识他人、认识自我，形成正确的思想认识和思想观念，不断提升自己的思想道德水平。这既要求坚定不移地坚持理论教育，用科学理论武装人们的头脑，又要从实际出发，实事求是，针对人们的思想实际，结合时代背景和现实国情，开展思想政治教育。具体地说，就是要求在思想政治教育中弘扬优良学风，既要注重马克思主义理论教育，又要重视理论联系实际，在社会实践中提高思想觉悟和认识能力，实现知行统一。

坚持理论与实际相结合的原则，首先，在思想政治教育中既要注重理论教育，又要注重实践教育，强调行为养成，实现知行统一。通过有目的、有计划地向受教育者进行马克思主义基本理论的教育，引导和帮助他们树立科学的世界观、人生观、价值观，这是非常重要的。但理论来自实践又应用指导实践，只有在实践中才能充分表现出其价值与魅力。通过组织人们参加社会实践活动，就能进一步加深对理论的认识，巩固和强化理论教育的成果，真正提高思想觉悟和认识能力。其次，要做到理论教育法与实践教育法有机结合，灵活运用。理论教育要结合实际进行，要有实践环节相配合；实践教育要有明确的教育目的，要以理论为指导。系统的理论教育和具体的实践教育如何结合，则要考虑教育内容的特点与性质，考虑教育对象的实际思想状态，在时间和空间上整合好。最后，具体的教育内容和教育方法要贴近实际，贴近生活，贴近群众。现代思想政治教育在活动方法和组织形式上必须结合人们的实际生活和业务工作进行，不必另搞一套，也不可能另搞一套。思想政治教育工作者要积极探索融入人们实际生活和业务工作中去的有效方法，真正做到理论与实际的有机结合。无论是进行理论教育还是开展实践活动，都要联系国内外政治、经济、文化发展变化的实际和人民群众的思想实际，勇于面对现实，勇于面对现实生活中大量存在的理论与实际脱节的现象，勇于回答现代社会发展和人的发展过程中出现的一系列复杂问题，避免假、大、空的说教，防止形式主义。

（四）解决思想问题与解决实际问题相结合的原则

社会存在决定社会意识，人们思想认识上产生的问题往往与他们的生存环境和生活条件有关。思想政治教育只有关心人们的实际生活，从解决人们面临的实际问题入手，才能收到解决思想问题的实效。革命战争时期是如此，社会主义现代化建设时期也是如此。坚持解决思想问题与解决实际问题相结合的原则，实际上就是坚持马克思主义的物质利益原则。马克思主义认为，物质利益是人类生存和发展的根本条件，人们的物质需要是人们进行生产和其他活动的基本动因。中国共产党是中国人民根本利益的忠实代表，解决群众中存在的实际困难，是党的优良作风与传统。随着我国进入全面建设小康社会，社会结构和社会生活将发生更加深刻多样的变化，社会多样化存在导致的人们之间在物质利益上的差距将仍然是影响人们思想和行为的重要因素，因此，现代思想政治教育仍然必须坚持解决思想问题与解决实际问题相结合的原则。

坚持解决思想问题与解决实际问题相结合，首先尤为重要的是，正视而不是回避人们当前关心的具体问题和面临的实际困难。人们关心自己的物质利益，希望通过诚实劳动、合法手段获得个人生存发展的条件，这是无可厚非的，也是应该得到支持和保护的。如果群众意见大，反映强烈的现实生活、生产问题长期得不到合理的解决，势必影响人民群众对社会主义的看法和对党的领导的看法，甚至会酿成严重的后果。因此，思想政治教育者要贴近群众生活，正确认识群众所关心的热点问题和生产生活中的实际困难，要分清性质，并善于引导和帮助人们从政策上、法律上寻找解决的办法。只有把这些问题解决好了，思想政治教育才会有比较坚实的群众基础。其次，在帮助人们解决实际问题的同时，要引导人们正确面对这些实际问题，正确认识自己的根本利益和长远利益，调动人们内在的积极性，培养团结互助精神，用集体主义的精神和力量战胜困难，解决问题。最后，思想政治教育要善于抓住时机，适时适地开展教育活动。当人们面临共同问题时，思想问题往往比较集中，此时抓住思想热点问题组织相关主题的教育活动，针对性强，参与热情高，容易收到好的效果。当群众反映强烈的某些实际问题得到解决时，人们对党和政府、社会组织以及具体的工作人员信任感会有所增强，彼此的沟通、交流有较好基础，抓住这一有利时机进行教育引导，群众易于发动，有利于增强思想政治教育的实效性。

（五）教育与自我教育相结合的原则

所谓教育，就是教育者通过自己的言行，把一定的政治观点、思想体系和道德规范转化为教育对象的自觉行动的实践活动。所谓自我教育，就是教育对象自己教育自己，自觉接受积极的影响，完善自己的思想品德和个性特点的自主建构活动。教育与自我教育相结合的原则要求，在思想政治教育过程中，既注重发挥教育者的主导作用，又注重发挥教育对象的能动作用，将教育与自我教育有机地统一起来。教育和自我教育是互相联系、互相促进的两个方面。一方面，人们的思想政治水平的提高靠学校、社会、家庭的教育；另一方面，思想政治教育的效果，最终还是要通过人们自身的思想矛盾运动来实现。教育只是提高人们思想政治素质的外因，自我教育才是提高思想政治素质的内因。中国自古以来就有重视道德教育的传统，形成了注重社会教化的同时注重个人道德修养的成功经验。党的思想政治教育实践也表明，人们的思想政治觉悟的提高离不开组织的培养和思想政治教育工作者的引导，但教育的效果最终还是要通过人们自身的学习、内省、思想矛盾运动来实现。教育与自我教育的结合，就是既重视由外部进行灌输的社会教育，又重视内省修养的自我教育，从内外两个方面实现思想政治教育的目的。这就要求，在思想政治教育过程中，教育者与受教育者之间应该建立起平等互动、互相尊重、互相学习的新型关系，通过有效的行动上的交流和行动的积极参与，调动教育者实施教育与受教育者接受教育两个方面的积极性，以收到理想的教育效果。“教是为了不教”，自我教育既是衡量教育是否有效的一个标志，又是思想政治教育最终落实的归宿。教育者要注重启发教育对象的自我教育意识，引导他们通过自主的学习、自觉的参与以及反省、反思、自我思想改造等自我修养途径，不断提高自己的思想道德水平。现代思想政治教育，要充分发挥社会舆论的作用，树立良好的风气，使教育对象受到感情的感染。强有力的舆论影响和良好的社会风气是一股无形的力量，它有利于激发教育对象自我教育的自觉性，也有利于教育影响作用的强化、教育与自我教育效果的巩固、教育与自我教育的高效结合。

二、思想政治教育原则方法的新发展

经济全球化浪潮的强势推进，西方文化的强势渗透，现代科学技术的强劲发展，社会主义市场经济体制的逐步完善，构成了现代思想政治教育的现实环境。要适应环境的新变化，解决实践领域中的新问题，思想政治教育面临着全面创新发展的重大任务。随着实践的不断发展和理论研究的不断深入，思想政治教育原则方法也在与时俱进，不断发展，产生了一些鲜明地体现思想政治教育时代气息的新原则、新方法。

（一）面向世界与立足民族发展相统一的原则

毫无疑问，经济全球化对当代社会的影响是深刻而深远的，它触及并改变着世界经济、政治、文化格局，构成当代世界每个民族、每个国家乃至每个人发展的新的环境，使面向世界成为社会与个人现代发展的基本向度。在如此时代背景之下，思想政治教育必须坚持面向世界的发展路径。但是，在经济全球化过程中，西方发达国家以强大的科学技术和经济实力，主导着世界的游戏规则，它们打着“人权高于主权”的幌子向广大发展中国家输出其价值观、推行文化霸权、干涉别国内政，造成了所谓的“文明冲突”。作为应对全球化挑战的基本策略，世界各国尤其是发展中国家，为了维护国家的主权和独具特色的民族文化，继续坚持民族化发展的现代化取向。民族化发展，实际上是在经济全球化浪潮中立足本民族发展的过程和状态。全球化与民族化是当代社会发展（现代化）的两个基本趋势，民族化是全球化发展的基础，全球化是民族化发展的条件。因而全球化可以带动民族化发展，民族化可以促进全球化发展的进程。过分强调全球化发展趋势，就会演变成搞全球一体化、模式化、美国（西方）化，走向极端就是要否定民族特色，阻碍民族化发展步伐。但过分强调民族化发展趋势，就会否定全球化强势推进的发展事实，错失民族化发展的良机，甚至走向封闭主义和狭隘的民族中心主义。

全球化和民族化竞相发展的态势，尽管构成一个生动丰富的辩证发展过程，但二者在某些领域和层面上的矛盾与冲突实际上难以避免。思想政治教育的发展是在全球化发展与民族化发展的潮流中进行的，这是现代思想政治教育发展的现实历史条件，因而必须正确把握二者的关系，把二者结合起来，坚持面向世界与立足民族发展相统一的原则。

坚持面向世界与立足民族发展相统一的原则，首先，要坚持和发展主旋律教育，培养面向现代化、面向世界、面向未来的高素质人才。经济全球化的本质就是生产、科技、贸易、投资、金融的全球整体联系和相互影响的增强，但并不等于全球一体化。经济全球化使思想政治教育的内容遇到了新的挑战。我们实行的主旋律教育即爱国主义、集体主义、社会主义教育，在西方的“人权大于主权”、霸权主义的冲击下，必须做出新的回应与对策。我们一方面积极参与经济全球化的过程，另一方面也要强调维护社会主义国家的安全、国家利益、国家主权。这样的主旋律教育才能更加体现时代性。在以和平与发展为主题的开放时代，全球化与民族化既分化又整合的发展趋势，要求思想政治教育必须立足民族，面向世界，高扬爱国主义、社会主义、集体主义教育的主旋律。

其次，思想政治教育必须坚持和发展改革开放、面向世界的教育。党的十一届三中全会确立的改革开放政策有力地推动了中国现代化进程，推进了中国特色社会主义事业的发展，不改革就没有出路已成为绝大多数中国人的共识。现代思想政治教育应该加强进一步改革开放的教育，引导人们树立世界眼光，培养开放意识，提高在全球化浪潮中面向世界、自主发展的能力。

最后，思想政治教育必须坚持和加强中华民族优秀传统文化教育。中华民族拥有自己极富特色的优秀文化，其中如“天人合一”“己所不欲，勿施于人”等文化理念已经成为当今世界解决人类生存与发展面临的诸多共同问题的重要法宝。坚持和加强中华民族传统文化教育，不仅可以进一步弘扬本民族的优秀文化，更重要的是可以增强民族凝聚力，提升我国综合国力和民族核心竞争力，这是实现国家富强、人民富裕的基本条件，也是在全球化进程中有所作为的基本前提。

（二）主导性与多样性相统一的原则

主导性与多样性是一个古老的哲学命题，是任何事物发展的基本样态。研究主导性与多样性相统一的原则，实际上是研究普遍性与特殊性、绝对性与相对性、一致性与差异性的辩证关系问题。现代世界是一个文化多元的世界，我们尊重人类的多种文明成果和形式，主张维护世界的多样性。但是，在信息社会化和文化多元化的环境中，仅主张多样性而不坚持主导性就容易迷失方向。坚持思想政治教育的主导性和多样性相结合的原则，是克服教育内容单一化、简单化，缺少针对性和层次性的弊病，把主导内容的方向性与针对丰富多彩的现实生活和思想特点的灵活性相结合的方法。

思想政治教育的主导性要求包括：第一，在意识形态领域要坚持和维护社会主义意识形态的主导地位。我们生活在一个资产阶级意识形态影响十分强大的世界上，西方资产阶级的意识形态会无孔不入地进入我们的思想理论领域，对人们的思想产生一定的影响。在这种情况下，必须旗帜鲜明地坚持思想政治教育的主导性，坚持社会主义意识形态的主导地位。否则，就很容易迷失方向。第二，坚持思想政治教育内容的主导性，把马克思列宁主义、毛泽东思想、邓小平理论、“三个代表”重要思想和科学发展观作为思想政治教育的中心内容，深入贯彻落实党的十八大和十八届二中、三中全会精神，深入贯彻落实习近平总书记系列重要讲话精神，特别是要用中国化马克思主义理论武装人们的头脑。第三，坚持爱国主义、集体主义、社会主义教育的主旋律。

思想政治教育的多样性就是要根据教育对象的要求，丰富和发展主导性的要求，更好地配合和发挥主导性的作用。多样性的要求包括以下内容：第一，内容选择的多样性。这包括与主导性内容相关、相容的其他必要的辅助教育内容。比如，优秀传统文化教育，西方进步的学者和思想家的成果，现代科学文化成果，中国人民和共产党人革命传统教育的内容等。这些内容与针对性内容配合起来，充实了各方面的思想营养，有利于更好地进行思想政治教育。第二，针对不同教育对象和教育环境实施教育。这是从教育对象的具体情况出发，有效实施思想政治教育的原则。由于人们所接受的社会影响不同，受教育群体的思想实际是划分为层次的，思想政治教育必须针对教育对象的各种不同类型、不同层次和个体差异，把先进性要求与广泛性要求统一起来，选择不同的教育内容和方法，克服思想政治教育一般化、表面化、形式化的倾向，确保取得理想的教育效果。

当前，一些人不同程度地存在着政治信仰迷茫、理想信念模糊、价值取向扭曲、诚信意识淡薄等问题，很大程度上是在多样化社会存在条件下主导性发挥不够，也就是理想信念教育跟不上时代发展的需要造成的。因此，坚持主导性与多样性相统一的原则，最重要的就是发展和强化理想信念教育。发展和强化理想信念教育，就要深入开展科学的世界观、人生观和价值观教育。

理想是人的价值意识的最高形态，是人们在社会实践中形成的具有现实可能性的对未来价值目标的向往和追求；信念则是人们对某种观念和理想坚信不疑并身体力行的精神状态。理想信念是人们的世界观、人生观和价值观在奋斗目标上的集中体现，是建立在实践基础上具有神圣性和崇高性的价值追求。社会主义制度在我国的确立，决定了我国的意识形态必须以马克思主义为主导，坚持社会主义的性质和方向。因此，发展理想信念教育，就是要坚持社会主义的主导价值观，引导人们正确认识社会发展规律，认识国家的前途和命运，认识自己的社会责任，确立建设中国特色社会主义道路的共同理想和坚定信念，并使一部分先进分子率先树立共产主义的远大理想。

（三）自主性与社会化相统一的原则

社会主义市场经济体制的建立，改变了计划经济体制下人的依赖性，增强了人的自主性与竞争性，这是我国社会发展的一个巨大进步。但是，市场经济本身是一种规范性经济，具有社会化与合作性的一面，它要求人们在商品交换中遵纪守法，讲究道德和诚信。然而，目前市场上违法乱纪、缺乏诚信的现象，严重背离了社会主义市场经济的运行规则。思想政治教育要注意研究个体自主性和社会主义、集体主义所强调的整体性、全局性的深刻内涵，引导人们正确认识自主性与社会化、竞争性与合作性、自由性与规范性的关系。不能只注重市场经济的自主性、竞争性、个体性，而忽视社会化、合作性，甚至出现个人中心主义和新的自我封闭现象。

思想政治教育坚持自主性和社会化相统一的原则，就是要通过加强自主性、竞争性教育，增强人们的主体性；通过加强社会性、合作性教育，提高人们的社会化程度。要实现这一目标，重要的就是要加强和改进道德教育与法制教育。要以社会主义义利观为指导，正确把握经济、科技与道德之间的内在联系，把握服务与为利的辩证关系，深化市场经济条件下的道德与法制教育。同时，要引导人们正确认识在现代社会条件下，经济与政治、科技与道德间新的关系、新的矛盾、新的平衡，帮助人们认识人的需要的层次性与丰富性，在指导人们追求正当合理的物质利益的同时，构建超越物质利益的价值理想，真正树立起共同理想和远大的社会理想。此外，还要加强遵纪守法、遵守社会道德规范的教育，引导人们科学地处理个人与他人、社会和自然之间的矛盾，在行为上自觉接受法律规范，并不断提升个人行为的自律能力。

第三节　高校思想政治教育教学方法创新研究

人类的历史就是一个不断地从必然王国向自由王国发展的历史。在社会生活的各领域，人类总得不断地总结经验，有所发明，有所创造，有所前进。随着社会环境的变化和人们思想的发展，新的情况不断出现，新的思想特点也不断出现。思想政治教育的方法必须有新的发展，才能适应变化了的新情况。

一、思想政治教育方法在继承中发展

思想政治教育方法论是思想政治教育理论体系的重要组成部分。它有一个不断发展的历史过程。一定的思想政治教育方法，是教育者在实践中适应一定的社会环境和人们特定时期的思想特点而创造出来的。当这一套方法适应思想政治教育实践的需要时，它就会具有较强的说服力和感染力，产生较好的教育效果；反之，当这一套方法被历史抛到后面，不适应思想政治教育实践时，就会失去说服力和感染力，被实践所抛弃。在这一不断发展推进的过程中，仍然有一些历经考验的教育方法，经过改进和完善，能够同新的教育实践相结合，具有新的生命力。因此，思想政治教育方法的现代发展，就是在科学分析、正确对待、选择继承中国古代传统教育方法和中国共产党思想政治教育方法的基础上，不断创新发展的过程。

我国古代具有重视德治与德教的传统，形成了一套具有我国民族特色的道德教育的理论与方法体系。尽管这些理论与方法是为古代社会服务的，但我国历史上讲道德、重修身的传统美德，在今天全面建设小康社会的进程中，是应当而且需要继承和发扬的，尤其是古代道德教化与修身养性方法所具有的现代价值，更值得我们去研究、开发。

中国古代道德教化的主要方法有：①正面灌输。灌输是教化的基础，儒家为了进行道德灌输，将道德规范设计成仁、义、礼、忠、恕、孝、悌、勇、恭、宽、信、敏、惠、友、敬、慈、

爱、温、良、俭、让等二十多个道德条目，要求人们在道德实践中遵循。封建统治者把儒家著作奉为“经”书，要求世人诵读，还采取编写蒙书的方式向普通民众灌输，使之家喻户晓，妇孺皆知。②身教示范。身教重于言教，是中国古代道德教育的一条重要原则。孔子说：“其身正，不令而行；其身不正，虽令不从。”他认为作为国家的官吏，要以身作则，先“正己”，后“正人”，起到表率作用。荀子也明确提出：“夫师以身为正仪，而贵自安者也。”强调教师必须起典范作用。③礼乐结合。传统礼教的目的，就在于维护人际关系和社会结构的和谐与稳定；乐教则在于对受教育者进行道德教化和在潜移默化中陶冶情操。孔子认为道德修养“兴于诗，立于礼，成于乐”。礼乐结合，就是要把社会对人的道德规范内化于人的情感、意志之中，从而转化为人们的自觉行动。④化民成俗。中国古代化民成俗的方法很多，一是在群众生活和生产过程中规定了许多特定礼俗，并在这些礼俗中融进了儒家道德的要求；二是制定乡规民约、家法族规，对违反封建礼教和道德规范者给予相应的处罚；三是发现、树立道德典范，通过加官晋爵、树立牌坊、修建祠堂等方式，表彰孝子贤孙、贞女义妇和济贫救灾、施善乡里的人和事，倡导社会的道德风尚。⑤环境陶冶。中国古代道德教育重视环境对人的品格形成的作用，要求教育者创造良好的教育环境，使受教育者能够健康成长。荀子说：“蓬生麻中，不扶自直；白沙在涅，与之俱黑。”⑥因材施教。中国古代教育，尤其是道德教育，十分注意选择不同的内容和方法，针对不同的教育对象进行教育。孔子是因材施教的典范，他在回答学生关于伦理问题的提问时，总是针对不同的人予以不同的回答。

在重视道德教化的同时，中国古代教育家也主张“为仁由己”，强调自教自律的修身方法。中国古代的修身方法主要有：①提倡学思并重，主张学习、继承前人道德，并通过自己的思考转化为自己的品质。孔子曰：“学而不思则罔，思而不学则殆。”②注重反省内求，做到“自省”“自讼”“见贤思齐焉，见不贤而内自省也”，通过反思领悟道理，从自身求取善良美德的本性，提高自己的道德修养。“求其放心”“反求诸己”“反身而试”“择善而从”等，都属于反省内求的自我教育方法。③奉行积善成德，即通过学习和实践优良品德，实现扬善除恶，进入高尚的道德境界。荀子说：“积土成山，风雨兴焉；积水成渊，蛟龙生焉；积善成德，而神明自得，圣心备焉。”④主张身体力行，即在道德实践中要按照道德准则和规范行事，躬行笃行，不断提高道德修养水平。孔子始终强调把“躬行”放在首位，认为“力行近乎仁”，主张“君子欲讷于言而敏于行”，经常教育学生要多干实事，少说空话，要言行一致。荀子甚至提出“知之不若行之”的见解。⑤要求“慎独”，做到高度的道德自觉。“莫见乎隐，莫显乎微，故君子慎其独也。”慎独，体现了严格要求自己的道德自律精神，是指一个人独处时也要谨慎地注意自己的内心和行为，防止有违背道德的思念或不符合道德要求的行为。中国古代自我修养的思想和方法值得我们认真研究和吸取，教育者要在不断改进思想政治教育方法的同时，注意激发教育对象自我修养的意识和欲望，从而有效地促进思想道德教育的接受和内化过程。

重视思想政治教育，依靠思想政治工作，是中国共产党的优良传统与政治优势。党在长期领导革命与建设的过程中，创造了一整套科学的原则与方法体系。如实事求是的方法、群众路线的方法、言教与身教相结合的方法以及疏与导相结合的原则、理论与实际相结合的原则、解决思想问题与解决实际问题相结合的原则、教育与自我教育相结合的原则等。这些原则和方法经过长期的实践检验被证明是正确的，在新的历史条件下仍然具有现实的价值，我们必须坚持、继承和发展。

继承党的思想政治教育的原则和方法，首先，坚持在继承的基础上进行改革和发展。党的思想政治教育方法，主要是教育的方针、原则方法和一般方法，是以马克思主义为指导，在实践中概括出来，并经过长时间的检验，证明是科学的。这些方法，反映了思想形成、发展、变化的规律，以及思想政治教育的规律。因此，对于这些方法，需要在继承的同时，结合新情况，加以创造性改造，使之更加适应现代思想政治教育的实际要求。其次，坚持在改革的过程中赋予思想政治教育方法以新的内容。党的思想政治教育的原则与方法，是经得起历史考验的基本方法，但随着社会历史条件的变化和党的工作重点的转移，一些过去十分有效的教育方法也不能简单地生搬硬套，只有不断充实新经验、新内容，才能进一步显示其旺盛的生命力。

二、思想政治教育方法在借鉴中发展

思想政治教育因其阶级特性和意识形态特色，具有相对性、差异性的一面。但任何时代、任何国家都不会放弃对人们进行思想、政治、道德教育，就人类社会的发展进程而言，思想政治教育又具有绝对性的一面。研究其他国家和地区思想政治教育的传统与经验，学习思想政治教育学科以外其他学科的理论与方法，可以为现代思想政治教育方法的发展提供有益的借鉴。借鉴其他国家和地区思想政治教育的方法，是发展思想政治教育方法的重要途径。如前所述，其他国家，特别是西方发达国家，虽然没有思想政治教育这个概念，但政治工作、思想教育与道德教育是绝对不可缺少的。他们根据本国的性质以及社会发展与个体发展的要求，也建构了类似于我国思想政治教育的一整套工作体系与工作方法，其中有些方法，如政治社会化技术、政治与道德的传播与接受方法、法规自律方法、咨询服务方法、民主自治方法、隐性教育方法等，在西方国家政治工作与思想、道德教育中已形成特色，富有成效，值得我们借鉴。

西方国家还把政治工作与思想、道德教育较早纳入各个不同学科进行研究，形成了与这些工作相关的学科和理论，尤其是关于道德教育的理论与方法十分丰富。例如，科尔伯格的道德认知发展理论与方法、拉斯思等人创立的价值澄清理论与方法、班杜拉等人提出的社会学习理论与方法，在西方道德教育实践中发挥了重要作用，至今也还能为现代思想政治教育方法的发展提供诸多的启发。此外，社会学、心理学、学习学、传播学、管理学等学科的知识、理论与方法，大量地被运用于西方社会对人的教育、引导、管理、开发实践中，广泛地吸收这些理论知识，借鉴西方国家的成功做法，对思想政治教育方法的现代化发展便能发挥作用。还有其他人文社会科学，如伦理学、教育学、系统科学等学科的知识与方法，也需要加以借鉴。总之，只有广泛学习、借鉴其他国家和相关学科的方法与知识，思想政治教育方法才能适应面向世界和激烈竞争的社会环境，才能在比较和鉴别中取长补短，促进发展。

三、在思想政治教育实践中探索新方法

思想政治教育方法的发展，“从总的发展趋势上看，是一定的时代内容、理论内容、环境内容决定一定的方法”。我国政治、经济、文化和科学技术的迅速发展，深刻地改变了人们的思想观念、行为方式与思想政治工作的目标、内容，思想政治教育方法必须与时俱进，在实践中探索和创造新的方法。

（一）探索满足主体多样性发展的咨询辅导方法

随着市场经济体制的发展与完善，竞争和创新已经成为推动我国社会发展的基本方式，也

成为人们生存与发展的基本方式。但是，竞争有机遇也会有风险，创新能成功也可能失败。帮助人们把握机遇，避免风险，明确努力的方向，已经成为现代思想政治教育的重要任务。

竞争，顾名思义就是在竞赛中争胜，在现代社会生活中表现为精神追求的较量与物质利益的争夺。因此，只要有竞争，就会有主动与被动、优胜与劣汰的差别。人们如何在竞争中争取主动和优胜，避免被动与淘汰呢？与时俱进，不断创新，是通向成功与胜利的唯一途径。“人无我有，人有我优，人优我廉”体现了企业生产的创新策略，是企业产品参与市场竞争的规律。而人们在面临生存与发展的竞争时，权衡各种利益关系，分析各种参照因素，进行创新性思考与创造性活动，选择自己优势最强的方面予以突破，就能在竞争中使能力发挥最充分、价值体现最大、利益获取最多，赢得竞争的胜利。竞争和创新，已经成为人们时常需要面对的人生课题。现代思想政治教育必须发展适应竞争与创新的理论，将思想政治教育预测、决策等工作方法转化成教育方法，用以指导人们适应竞争环境、参与创新活动，满足社会发展和个人发展的需要。

现代人的发展，是富有个性、创造性与多样性的发展，给现代思想政治教育提出了诸多新的要求。第一，社会主义市场经济体制促进了人的主体性发展，凸显了创造性与个性化色彩。为了谋求更快、更好的发展，他们需要社会提供多样化的思想道德教育以满足个体主体性、个性化要求。第二，社会的多样化存在形式和多元化的价值取向，增加了人们适应社会环境的难度，仅凭个人的知识和经验已经难以解决个人发展中的许多复杂问题。为了更好地适应社会，顺利发展，需要寻求专业咨询人员的帮助，听取合理、正确的意见和建议。第三，改革开放的深入发展，推进了社会的民主化进程，传统思想政治教育的权威模式受到挑战，人们普遍要求民主、平等、相互交流的工作与教育方式。第四，现代社会变化节奏加快，社会竞争性加剧，人们之间利益关系的复杂程度增加，容易引起人们的心理震荡、精神苦闷、思想困惑，增加心理负荷，导致心理不平衡、心理障碍甚至心理疾病的发生。总之，人们面向未来的发展是多取向、多层次、多路径的，每个人的发展都面临大量不确定因素，这就需要思想政治教育工作者能够针对个体发展的不同需求，运用科学的预测决策方法，提供个性化的咨询辅导服务，开拓新的咨询方法领域，满足不同主体特殊性、多样化的发展需求。

（二）发展与现代传媒相协调的隐性教育方法

现代思想政治教育越来越明显地受到来自现代大众传媒的挑战。这是因为，由于电视、VCD和DVD机、计算机网络等现代大众传播媒介在我国迅速普及并进入家庭，人们越来越习惯于依赖现代大众传媒来满足自己的信息需求，但大众传媒所传播的思想观念、价值标准、时尚风貌并不一定与思想政治教育相一致。因此，发展隐性教育方法，与现代传媒相适应、相竞争，成为现代思想政治教育方法创新的课题。

参与激烈竞争、日新月异的现代社会生活，需要大量社会信息的支持。伴随我国现代化进程中多层面、多样化的社会变迁过程，社会成员的活动方式和组织形式正在发生变革，越来越多的“单位人”向“社会人”转变，人们所依赖的信息渠道也由单位转向无处不在的大众传媒。在这种情况下，依托行政组织体系开展思想政治教育的传统模式越来越难以奏效。因此，根据现代传媒向时空扩张、呈网络发展的趋势，突破固定的行政组织框架，探索隐性教育的方式方法成为思想政治教育方法创新的突破口。

隐性教育方法主要包括渗透式教育方法、陶冶式教育方法和实践体验教育方法。渗透式教育方法，即教育者运用科学的方法将教育的内容渗透到受教育者可能接触到的一切事物和活动中，潜移默化地对人们产生影响的方法。众多专家认为，隐性教育的内容应当广泛渗透在优秀的科任教师、进步的课程设置、积极的学校精神、先进人物的榜样示范和良好的社会环境之中。自觉运用渗透式教育方法，要选择合适的载体，这些载体包括活动载体、文化载体、管理载体和传媒载体等。陶冶式教育方法，即营造一个健康、乐观、向上的文化氛围和教育环境，开展喜闻乐见的文化艺术活动，使人们在耳濡目染中受到思想道德熏陶的方法。简言之，就是寓教于境、寓教于情、寓教于乐。这里的教育环境既包括有形的自然景观、文化景点，也包括无形的文化氛围和社区人际关系。实践体验教育方法，即组织人们自觉参与群众性精神文明创建活动以及社区的管理和建设，自愿参与各种生产劳动和社会服务活动，丰富实践体验，提高思想道德素质的方法。近年来，思想政治教育工作者根据市场经济条件下人们主体性增强的特点，大力发展群众性的主动参与、共创共建的各种活动，如开展“文明社区”“文明单位”“文明班组”“文明校园”建设，实施面向社会弱势群体的“帮贫助困”工程，组织参加青年志愿者和“三下乡”等活动，都收到了良好的教育效果，体现了体验教育的巨大作用。

（三）推广符合民主法制要求的管理评估方法

党的十一届三中全会以后，党的中心工作转移到经济建设上来，思想政治教育适应这一新的转变，主动与业务工作、管理工作结合，彻底改变“两张皮”的现象，为经济发展和社会进步服务。管理，涉及社会生活的各个领域，自觉运用管理评估方法，将思想政治教育的基本内容与基本要求转化为管理评估的具体指标渗透到管理活动中，能够实现思想工作与业务工作的有机结合，有利于思想政治教育虚功实做，取得实效。

现代管理评估已经不再仅仅是衡量好坏、优劣的手段，它更重要的职能是目标激励、促进发展。自觉运用管理评估方法，可以通过相互比较，激发人们的积极性。这是因为，管理评估的标准，反映了社会对业务工作以及人员思想素质、业务能力的要求，起着“指挥棒”的作用，一旦被人们认同就会变成他们努力奋斗的目标，激发强大的内在精神动力。同时，评估是正常竞争的必然要求，管理评估过程为人们提供了相互比照、知己知彼的机会，有利于形成比学赶帮、相互促进、共同提高的良好局面。由于管理评估的结果能够客观地反映单位工作和个人发展的现实状况，通过把实际表现同评价标准两相对比，就能找出单位工作和个人发展中存在的问题和不足，明确今后努力的方向。

另外，自觉运用管理评估方法，有利于加强思想政治教育制度化、规范化建设。在以经济建设为中心的新的历史时期，现代思想政治教育具有相对稳定的目标内容与任务要求。把这些内容与要求以评估指标体系的形式确定下来，周期性地进行评估检查，体现了思想政治教育工作的建设意识，可以使日常思想政治教育做到经常化、制度化、规范化。

重视评估方法的实际运用，开发管理评估的思想政治教育功能，是思想政治教育理论研究与实践探索长期受到关注的一个问题。但效果还众说纷纭，应用范围也还比较有限，关键是在具体操作方法上还有诸多问题亟待解决。研究思想政治教育与业务工作有机结合的机制与方法，摸索对人的思想行为进行定性定量考察的可行办法，提高思想政治教育评价活动的科学性，增强通过管理评估促进人们思想道德素质提高的有效性，进一步推广符合社会走向民主化、法制化要求的管理评估方法，是现代思想政治教育方法发展的又一重要任务。

（四）创新思想政治教育的网络载体

因特网是全世界最大、覆盖面最广的计算机互联网络。它采用统一的通信语言把众多的局域网和广域网连成一片，构成一个现代的信息超级市场。只要轻点鼠标，进入网络，人们就被卷入了信息的海洋。网络中拥有极其丰富的信息资源，是信息的现代载体，对人类社会的政治、经济、文化以及人们的思想行为发生着重要的影响作用。

计算机网络的出现，拓展了人类的生存空间，发展了人们的社会交往关系，丰富了人的本质的内涵。同时，为人类的实践活动提供了新的手段与工具，极大地推动了社会政治、经济、文化的发展，也拓展了思想政治教育的空间和渠道，为思想政治教育运用网络载体提供了可能。第一，网络上丰富的共享信息和多种多样的信息形式，为开展思想政治教育提供了可资利用的巨大信息资源。利用这些信息资源，教育者不仅可以提高自身素质，及时更新教育内容，还可以选择那些与人们工作、学习、生活、就业相关的信息，为教育对象提供服务，增强思想政治教育的服务功能。第二，网络的开放性、交互性、及时性等特点，有助于迅速、准确地了解人们的思想情绪和他们关心的热点问题，增进相互沟通，增强工作的针对性。第三，网络参与的平等性和非强制性，有助于人的主体性的发挥，对于网上的思想政治教育信息，人们能够自主地根据自己的需要主动点击、浏览、下载。在这个过程中，淡化了教育者和被教育者的身份界限，克服了思想政治教育中经常出现的逆反心理，增强了思想政治教育的亲和力，为思想政治教育和人们的自我教育提供了有效平台。第四，网络以图、文、声、像等形式形象、生动、逼真地表现教育内容，增强教育内容的感染力和吸引力。心理学研究表明，人们在认识某一事物时，只用听觉能够认识事物15%的特征，只用视觉能够认识事物20%的特征，而视觉、听觉并用则可以认识事物65%的特征。运用网络的超媒体特点，可以最大限度地调动人的视觉、听觉感官参与活动过程，促进人们对思想政治教育信息的感知与接受，从而提高思想政治教育的有效性。

总之，运用网络载体进行思想政治教育不仅是可能的，而且还具有一些其他载体所不具有的优势，为现代思想政治教育带来了新的展现方式，促进了方法的发展和创新。当前，我们要根据“积极发展，充分运用，加强管理，趋利避害”的原则，积极推进思想政治教育进网络工程，充分发挥网络载体的思想政治教育功能。一是积极抓住我国网络建设的大好时机，加强与政府、新闻单位、社会组织网站建设的协调，充分利用社会网络资源，建立多种形式的网上思想政治教育阵地。二是努力探索思想政治教育进网络的规律，组织丰富多彩的网上教育活动。利用网络资源，组织网上教育活动；针对热点问题组织网上讨论；利用网络开展文化活动；利用网络方式开展咨询服务活动等。三是加强网络道德教育和网络行为规范教育，逐步规范网络秩序与网络行为。四是提高队伍的网络思想政治教育水平。为了适应思想政治教育进网络的要求，需要建设一支有较高的政治理论水平、熟悉思想政治教育，又了解网络文化特点，能比较有效地掌握网络技术，在网上进行思想政治教育的工作队伍。提高思想政治教育工作者的网络知识和技能水平，帮助网络技术保障人员学习必要的思想政治教育理论与方法，使这支队伍能够更好地适应思想政治教育进网络的需要。

第四节　选择思想政治教育方法的要求

在思想政治教育的过程中，要根据教育目标的不同要求、教育内容的不同特点，以及教育对象思想问题的性质、存在方式及其产生的原因等情况，选择适当的方法。在选择思想政治教育方法过程中，需要遵循以下准则和要求。

一、针对性

针对性就是从实际出发，有的放矢，用不同的方法完成不同的任务，解决不同的问题。选择方法必须注意针对性，强调的是针对不同教育任务，针对不同对象，选择不同的教育方式方法。其实质是要求思想政治教育方法的运用合乎思想政治教育过程的客观规律，合乎人的思想品德形成发展的客观规律，是现代思想政治教育科学性的体现。选择方法的针对性要求，实际上也就是实事求是的原则在思想政治教育方法选择过程中的运用。俗话说“一把钥匙开一把锁”“对症下药”，讲的就是针对性。思想政治教育主要应该针对思想政治教育的内容、教育对象的特点和思想实际状况来选择适合的方法。

选择思想政治教育方法，讲究针对性，具体要做到以下几点：

第一，根据思想政治教育的目标任务和具体内容选择方法。方法是人们完成任务、实现目标的工具和手段，是为目标任务服务的，受到目标任务的制约。在思想政治教育过程中也是如此，一定的目标任务总是需要某些特定的方法来完成，一定的方法也总是在适应某些特定的目标任务时才会表现出显著的效果。根据思想政治教育的目标任务选择方法，正是目标任务与具体方法之间辩证关系的要求，体现了思想政治教育方法的合目的性特征。我们知道，思想政治教育的目标任务往往以具体的教育内容来体现，目标清晰、任务明确，教育的内容也就随之清晰、具体。因此，在思想政治教育过程中，根据思想政治教育的目标任务选择方法这一针对性要求，在这里也就转换成了根据教育内容的性质和要求来选择适当的教育方法。

第二，针对教育对象的具体特点选择方法。教育对象有个体和群体之分，年龄、职业、党派、所处社会地位各不相同。在选择思想政治教育方法时，这都是需要考虑的内容。对个体的人进行教育，必须考虑教育对象的文化知识状况、个人经历、家庭环境、个性特点等。比如，教育对象的性格不同，有的豪爽，有的细腻；有的活泼热情，有的孤僻冷淡。还要考虑不同人在思想道德水平方面的差异和思想道德活动特点方面的不同。选择思想政治教育方法时，这些都是不可忽视的因素，方法的运用只能因人而异。

第三，针对具体思想热点问题选择不同的方法。一定时期表现出来的思想热点问题，是人们思想发展变化的反映，往往为思想政治教育提供了重要的教育时机。但教育方法的选择一定要正确把握思想热点的性质，准确判断思想的影响范围和程度，深刻分析引发思想问题的原因，针对思想热点问题的性质、影响程度及其原因采用不同的教育方法。解决思想跟不上形势、一时产生的思想困惑与模糊认识等一般认识问题，和解决违反四项基本原则、坚持资产阶级自由化等政治立场问题，就应该采取不同的方法。属于全局性、普遍性、长远性问题采用解决局部性、个别性、暂时性问题的方法就难以使问题得到真正解决，而解决局部性、个别性、暂时性问题若运用解决全局性、普遍性、长远性问题的方法也未必有效，不仅浪费人力物力等思想政治教育资源，甚至会引起人们的反感、抵触情绪，引发其他新的问题。同样，针对问题形成的原因选择适当的方法也很重要，比如，针对实际生产生活困难引发的思想问题，就要先从解决实际生产生活问题入手，然后再进行思想教育；而针对认识片面引发的思想热点问题，就要加强理论教育，提高思想认识，着重从思想方法的角度进行引导。

二、综合性

一方面，现代社会影响人们思想的因素很多、很复杂，变化又快，思想政治教育不能指望靠单一的方法解决问题，而要综合运用各种方法。另一方面，社会环境对人的思想影响的作用加大，思想政治教育因而具有反复性，要克服这种反复性，强化和巩固思想政治教育的成效，也必须采取多种手段。选择思想政治教育方法的综合性要求，就是根据现代社会发展和人们思想活动的特点而提出的。所谓综合性的要求，就是指思想政治教育者在实施思想政治教育的过程中，要综合分析思想政治教育体系内部各要素的特点以及环境因素影响的复杂性特点，同时或先后选择一种以上的教育方法运用于教育过程，并在把握不同教育方法各自特点及共同趋向的基础上，进行有效的协调综合，有机地构成为共同教育目标、工作任务服务的统一性方法体系，形成整体性优势和综合性效果。

现代思想政治教育之所以强调方法运用的综合性，主要是因为：第一，影响人们思想行为发展变化的因素是复杂的、综合的，要应对这些互相联系、互相制约的主客观条件和各种复杂因素的影响，唯有选择多种教育方法加以综合运用，才能保证产生实效。第二，人们参与的社会活动是多方面的，接触的人物、事物是多方面的，接受的信息是多方面的，因此需要思想政治教育者了解和引导的内容和方法也必然是综合性的。只有跟上时代潮流的变化，能够从各个方面引导教育对象，才能适应现今社会对思想政治教育者的要求。第三，随着现代科技的迅速发展，社会各项工作和研究领域都出现了社会化和综合化的倾向，单一的学科、单一的工作，已经让位于学科的互相渗透和交叉与工作的综合联系。现代思想政治教育应该适应这种整合发展趋势，多兵团作战，多方法配合，以系统科学的思维方式构建思想政治教育工作体系与方法体系，强化方法的系统运作、整体协调，形成教育合力和综合优势，不断增强方法运用的有效性。

思想政治教育方法的综合性运用，其实质是，多种方法在思想政治教育过程中如何构成协调、有序的关系，形成教育合力，产生综合效果。根据在具体教育过程中所构成的不同关系，思想政治教育方法的综合运用形成了多种具体的综合方式。主要有主从式综合方式与并列式综合方式，协调式综合方式与交替式综合方式，渗透式综合方式与融合式综合方式。选择思想政治教育方法的综合性要求，就是要根据不同的教育任务、教育内容以及教育对象、教育环境条件的不同特点选择具体的综合方式。

三、创造性

方法的创造性发展，是人的认识能力、实践能力得到发展的具体体现。思想政治教育方法的发展史，就是随着思想政治教育实践的不断发展，古今中外思想政治教育工作者对思想政治教育方法继承和创新的过程。现代思想政治教育工作者，更应该不断研究新情况，创造性地运用传统的教育方法，总结和探索新的教育方法。

方法是联系理论与实践的桥梁，是理论与实践相互转换的中介。理论具有普遍性，而人的实践活动具有特殊性，一般性的理论能解决特殊性的实践问题，靠的就是方法的创造性运用。思想政治教育作为人类的一种实践活动，以人的思想活动为其工作对象、实践领域，较之一般的实践活动更具有特殊性和复杂性。因此，对方法选择运用的创造性要求更高。不仅如此，现代社会发展变化的速度越来越快，人们的思想道德领域新情况、新问题层出不穷，现成的教育方法往往难以直接解决，只有克服教条主义和经验主义，对已有方法进行创造性改造，才能适应思想政治教育的现代发展步伐。我国正在进行的改革开放，是一场深刻的社会变革。人们生活环境的变化，引起了人们的生活方式、思维方式、行为方式和思想观念的巨大变化。思想政治教育必须根据这些新情况，实现思想政治教育方法的创新。如果无视历史条件的变化，把特定历史条件下产生的具体方法绝对化，拒绝研究新情况，就会导致思想方法僵化，在新的历史条件下被淘汰。

选择思想政治教育的方法的创造性要求，具体表现为以下几个方面。第一，坚持解放思想、实事求是、与时俱进的思想路线，以增强思想政治教育的实效性为基本要求，自觉研究新情况，解决新问题，探索新方法。现代社会发展的丰富内容和复杂情况，要求人们勇于开拓和创新，注重效果和效益，运用系统的思维方式，通过方法的创新，从整体上思考问题，预见问题，解决问题。现代思想政治教育的对象和环境都在不断地发生着变化，试图用过去曾经发挥过积极作用、取得过良好效果的方法，来解决现代思想政治教育面临的新任务、新课题，只能是幼稚的幻想。不重视方法选择运用的创造性，必定跟不上社会进步和思想政治教育发展的步伐，也难以适应教育对象和教育环境的新要求。第二，吸取和运用现代科学研究成果，创新思想政治教育方法。思想政治教育方法不仅以马克思主义理论为指导，也以哲学、心理学、教育学等学科理论为基础，这就需要不断综合运用这些相关学科所取得的新的研究成果，丰富和发展适应现代化要求的思想政治教育的科学方法论体系。第三，运用现代科学技术成果，实现教育手段的现代化。家庭电脑的出现和不断改进，多媒体技术的普及应用，互联网信息的迅速发展，为思想政治教育提供了更加丰富的载体和条件。在这样的新的基础上，思想政治教育必须掌握这些新的手段，改进和更新方法，以取得理想的教育效果。

在选择思想政治教育的方法时，必须具有这样的创新意识，才能把握和运用适合现代化需要的教育方法。

第九章　高校思想政治教育的教学内容构建理论

第一节　高校思想政治教育的基础内容与主导内容

明确大学生思想政治教育的内容，是做好大学生思想政治教育工作的基本前提。思想政治教育内容是大学生思想政治教育目标的具体体现，思想政治教育内容的构建直接关系到思想政治教育目标的实现。

一、大学生思想政治教育的基础内容

根据中央有关文件的规定，当前大学生思想政治教育的基本内容应包括：世界观、人生观和价值观教育，中国精神教育，公民道德教育和素质教育。在这四个基本内容中，世界观、人生观和价值观教育是先导，中国精神教育是基础，公民道德教育是重点，素质教育是核心。

（一）世界观、人生观、价值观教育的内容

1. 世界观教育

世界观是人们对整个世界的根本看法和根本观点。马克思主义世界观是以整个世界为研究对象，是研究自然界、人类社会和人类思维的发展规律所得出的结论，是人类认识世界、改造世界的锐利武器。

马克思主义世界观教育是思想政治教育内容中带有根本性的教育，是思想政治教育的核心内容，主要体现于辩证唯物主义教育、马克思主义认识论教育和历史唯物主义教育之中。

（1）辩证唯物主义教育

马克思、恩格斯创立的辩证唯物主义是唯物主义和辩证法的有机结合。辩证唯物主义的基本观点是世界统一于物质性，意识是对物质世界能动的反映，物质世界是普遍联系和永恒发展的，对立统一规律是宇宙的根本规律等。进行辩证唯物主义教育，就是帮助人们掌握辩证唯物主义的基本观点并利用这些观点去认识问题和处理问题，最主要的就是帮助人们正确把握物质和意识的关系，坚持解放思想、实事求是的辩证唯物主义原则，教育人们用联系的、发展的、全面的观点看问题，掌握矛盾分析法这一最根本的认识方法。进行辩证唯物主义教育，可以使人们树立辩证唯物主义的基本观点，从而提高人们认识世界和改造世界的能力。

（2）马克思主义认识论教育

马克思主义认识论是将实践观点引入认识论，科学揭示人类认识和思维发展规律的科学。马克思主义认识论的基本观点有：物质世界是不以人的意识为转移的客观存在；实践是认识的来源、目的、动力，认识是人脑对客观世界的能动反映；认识不仅反映客观世界，而且能动地反作用于客观世界。因而，进行马克思主义认识论教育，最主要的是要自觉坚持实事求是的思想路线，在实践中检验真理和发展真理，使无产阶级和劳动民众的主观认识与客观实践保持具

体的历史的统一。

（3）历史唯物主义教育

历史唯物主义即社会历史观上的辩证唯物主义。它解决了社会历史观的基本问题，揭示了社会生活的客观性和社会发展的辩证法。历史唯物主义为研究社会生活和社会历史，为分析和考察社会生活中的各种错综复杂的现象及揭示其本质，提供了科学的理论基础和方法论指导。进行历史唯物主义教育，最主要的是帮助人们正确认识社会发展的基本规律，坚定社会主义信念，积极投身于社会主义现代化建设事业。

2. 人生观教育

人生观是指人们对人生目的和意义的总的看法和根本态度。马克思主义人生观是以实现共产主义崇高理想为人生最高理想、以全心全意为人民服务为人生的最高目的的人生观，因而它是人类历史上最科学、最进步的人生观。列宁指出："我们的主要目的是锻炼严整的革命人生观"。人生观教育主要包括人生理想教育、人生目的教育和人生态度教育三个方面。

（1）人生理想教育

马克思主义人生观是以实现共产主义为社会理想的。共产主义理想作为共产主义人生观的精神支柱，是大学生坚定人生信念、明确人生发展方向的力量源泉。因此，进行人生观教育，最核心的就是要进行共产主义理想教育，引导大学生明确人生的奋斗目标，帮助大学生树立共产主义理想。在人生理想教育中，要注意层次性，既激励大学生胸怀远大理想，把理想和现实结合起来，为共产主义理想的实现积极创造条件，又把社会理想和个人理想结合起来，引导大学生在为实现崇高的社会理想而奋斗的过程中实现自己的个人理想。

（2）人生目的教育

人生目的是指人们在社会实践中关于活动的对象性的根本看法。以全心全意为人民服务为人生目的，是马克思主义人生观的核心，它主要包含站在人民的立场上立身处世、以人民的利益为言行的宗旨和尊重人民的主人翁地位三大基本内容。进行人生目的教育，就是要对大学生进行全心全意为人民服务的教育。具体来说，就是要教育大学生正确处理个人和集体、个人利益和集体利益的关系，一切从人民利益出发，以个人服从集体、个人利益服从集体利益为思想行为准则；要引导大学生尊重人民群众的主人翁地位，支持人民群众的首创精神，虚心向人民群众学习，坚持走群众路线。

（3）人生态度教育

人生态度就是人们对人生问题所持有的较为稳定的评价和倾向。人生态度是多种多样的。马克思主义认为，对人生应持有积极进取的态度，才能使人生发展获得成功。例如，斯大林说过，列宁的人生态度是革命胆略和求实精神相结合的典范。因此，进行人生态度教育，就是要教育和引导大学生确立积极进取的人生态度，选择与人民群众和社会实践相结合的正确人生道路，把正确的人生观念转化为积极的人生实践；要始终保持坚定的生活信念和顽强的革命斗志，经得起苦乐、成败、荣辱以至生死的考验，自觉地在艰苦奋斗中磨炼自己，在社会主义革命、建设和改革的伟大事业中创造出无愧于时代的人生价值。

3. 价值观教育

价值观是指人们对人生目的和实践活动进行认识和评价时所持的根本观点和看法。作为一个历史范畴，不同社会、不同阶级的人们，具有不同的价值观；即使是同一社会、同一阶级的人们，也会有不同的价值观。因此，对价值观应当具体地、历史地分析。进行价值观教育，就是要教育和引导大学生明确人生价值，努力为社会尽责，对社会作出应有的贡献。一般而言，价值观教育主要包括人生价值目标教育、人生价值评价教育和人生社会责任教育三个方面。

(1) 人生价值目标教育

人生价值目标是人生的社会目标、道德目标、职业目标、成就目标和生活目标的统一体。其中社会目标是根本目标，决定和影响着其他目标。崇高的人生价值目标，不仅起着科学的人生定向定位作用，而且具有鼓舞斗志、焕发内驱力和升华人生价值的巨大效能。因此，进行人生价值目标教育，关键是要教育和引导人们正确选择人生价值目标。人生价值目标的最优选择，必须符合事物发展的客观规律。人生价值目标的选择，还应当是责任和权利的统一、义务和权利的统一，这正是马克思主义人生价值目标的基本内涵。可见，进行人生价值目标教育，归根结底就是要教育和引导大学生树立马克思主义价值目标，坚持责任与权利、义务与权利的有机统一。

(2) 人生价值评价教育

人生价值评价是指人们依据一定的人生价值标准，通过社会舆论和个人的心理活动，对他人或自己同社会的行为关系作出有无积极意义和意义大小的判断。马克思主义认为，衡量人生价值的主要标准是对社会的贡献，完成时代任务是实现人生价值的主要舞台；一个人只有树立起无私奉献的人生价值观，才能有壮丽的事业和人生。因此，进行人生价值评价教育，关键在于教育和引导大学生处理好贡献和索取的关系。总的来说，一个人的贡献应大于他的索取，才有社会价值，社会才能发展。也就是说，只有当一个人的贡献大于他的索取，他才既有社会价值又有自我价值，人类社会才能不断进步。

(3) 人生社会责任教育

人生行为的本质规定就在于它是作为体现一定的社会关系而存在的，现实生活中的每一个人都要对他人和社会履行一定的义务、承担一定的责任。人生社会责任就是指人在社会关系中所应承担的扮演不同社会角色的职责和任务，具有明确的规定性、一定的强制性、与物质利益的相关性和与精神生活的联系性等特点。因此，进行人生社会责任教育，既要教育和引导大学生强化自己的社会责任感，热切关注祖国的前途命运，又要教育和引导大学生勇于斗争、敢于创新，在艰苦奋斗中实现人生的社会责任。只有教育大学生正确认识和处理好个人奋斗与集体奋斗的关系，才能真正实现人生的社会责任。

(二) 中国精神教育

人是要有一点精神的，一个国家和民族更是这样。一个国家要立国强国，一个民族要繁衍发展，不可不有厚重而强大的精神力量。当今时代综合国力的竞争越来越体现在文化软实力的较量上，越来越体现在民族凝聚力、向心力、创造力的较量上，因此各国都更加关注本国文化的发展，都更注重在民众中弘扬国家精神。中国精神作为一种国家精神，生发于中华文明传统、积蕴于现代中华民族复兴历程，特别是近些年中国快速崛起中迸发出来的具有很强的动员与感召效应的精神及其气象，是中国软实力的重要显示。在新的历史时期，我们党适时提出实现中华民族伟大复兴的"中国梦"的奋斗目标，2013 年 3 月 17 日，第十二届全国人民代表大会第一次会议的闭幕会上，习近平在讲话中指出，实现"中国梦"必须弘扬中国精神，这就是以爱国主义为核心的民族精神，以改革创新为核心的时代精神。

中华民族拥有五千年的文明史，形成了强大的民族精神和时代精神，激励一代又一代人不懈奋斗。实现中华民族伟大复兴的梦想，大力弘扬中国精神，需要我们进一步挖掘、阐释、提升中国精神的丰富内涵。

（三）公民道德教育

社会主义道德建设是发展社会主义先进文化的重要内容。大学生群体对推动社会主义道德建设有着极为重要的表率和示范作用。当前，我们在大学生中提倡和贯彻以社会公德、职业道德、家庭美德为着力点的社会主义道德教育，对于形成良好的社会道德风尚，促进物质文明与精神文明协调发展，全面推进建设中国特色社会主义伟大事业，具有十分重要的意义。

1. 社会公德教育

社会公德又称为公共生活规则，它是人们在一定经济条件下，在经济活动与一般社会生活中应当遵守的起码的道德规范和行为准则，是法律得以正常运作的一种有效的支持和补充。社会公德是在人类公共生活的实践中产生，由人们世代相传并得到不断补充和发展的，它的任务在于保证整个社会生活的正常进行，防止危害公共生活的不良道德现象的产生和泛滥。它覆盖了人与人、人与社会、人与自然之间的各种关系，是社会工作、学习、生活能正常进行的重要条件和重要保证，是一个国家和民族文明程度和道德风貌的显著标志，也是培养社会主义精神文明和造就社会主义建设者的重要内容。在社会主义市场经济条件下，我们要在大学生群体中大力倡导以文明礼貌、助人为乐、爱护公物、保护环境、遵纪守法为主要内容的社会公德，鼓励他们在社会上做一个好公民。当前，加强对大学生进行社会公德教育，主要要从以下几个方面开展工作。

（1）营造良好的舆论氛围

人是社会动物。一个人从出生到成年，会形成一定的思想道德观念，并且都要受到社会舆论氛围的各种影响。大学生群体正处于对外界影响触觉最为敏锐的年龄阶段，要对大学生开展社会公德教育，营造良好的舆论氛围是不可少的重要条件。在工作中重视校园舆论工具的作用，发挥报纸、电台、电视台等媒体的作用，尤其是重视网络建设和监督管理，以正面宣传为主，弘扬正气，为社会公德建设创造良好的舆论环境。

（2）建立有效的激励机制

加强大学生社会公德教育很重要的一个方面就是要使社会公德行为发扬光大，成为社会的主导行为。大学要从制度上采取相应的措施来保护和鼓励有良好社会公德行为的大学生，建立有效的激励机制，保证他们在经济生活、政治生活、文化生活上得到应有的待遇，在人格方面得到应有的尊重。

（3）教育大学生“从我做起，从小事做起”

“从我做起”，就是要努力提高个人素质，不断增强社会公德意识，自觉地同违反社会公德的不良行为作斗争。“从小事做起”，就是要践行“不以恶小而为之，不以善小而不为”的古训，从身边一点一滴的细节开始，严格要求自己。只有切实做到“从我做起，从小事做起”，才能真正地使大学生的社会公德意识转化为外在的行为。

2. 职业道德教育

职业道德是所有从业人员在职业活动中应该遵循的行为准则，涵盖了从业人员与服务对象、职业与职工、职业与职业之间的关系。随着现代社会分工的发展和专业化程度的增强，市场竞争日趋激烈，整个社会对从业人员职业观念、职业态度、职业技能、职业纪律和职业作风的要求越来越高。大学生是社会主义各项建设事业的后备力量，可以说，他们的职业道德水准直接决定着我国各项建设事业的未来。因此，我们要在大学生群体中大力倡导以爱岗敬业、诚实守信、办事公道、服务群众、奉献社会为主要内容的职业道德教育，鼓励他们在工作中做一个合格的建设者。结合当前大学生群体的实际情况，要从以下几个方面对大学生进行职业道德建设。

（1）培养大学生形成正确的职业价值观念

培养大学生形成正确的职业价值观念是大学生职业道德教育的重要前提。通过大学生喜闻乐见的各项活动，如专家讲座、知识竞赛、演讲比赛、辩论赛等方式，结合社会实际情况，使大学生树立“职业无贵贱”的基本价值观，进而形成“爱岗敬业、诚实守信、办事公道、服务群众、奉献社会”的职业道德。

（2）通过实践提升大学生的职业道德素质

大学生职业道德教育不能局限于学校课堂的空泛说教，要走向社会实践。比如，公益劳动、社会调查、社会服务、勤工助学、专业实习等，都是职业道德教育的好形式，通过组织这一系列社会实践活动，充分发挥学生的主观能动性，将他们引到社会的现实中去感受，寻找自我价值实现与社会需求的结合点。

（3）注重发挥榜样的激励作用

在职业道德的教育过程中，学校可以邀请社会上一些爱岗敬业、服务群众、奉献社会的优秀毕业生、成功人士做生动的报告来激励大学生，激发他们学习先进典型，自觉加强职业道德修养的积极性，也为他们日后走上工作岗位奠定良好的思想基础。

3. 家庭美德教育

家庭美德是每个公民在家庭生活中应该遵循的行为准则，涵盖了夫妻、长幼、邻里之间的关系。家庭是社会的细胞组织，家庭成员之间的良好的道德关系，是建立整个社会良好道德关系的基础，也是建设社会主义和谐社会的基础。家庭美德的内容渗透在家庭生活的各个方面，以尊老爱幼、男女平等、夫妻和睦、勤俭持家、邻里团结为主要内容，鼓励人们在家庭里做一个好成员。家庭美德是整个社会主义道德体系的重要组成部分，它是保证人民幸福生活，促进社会健康文明发展的保障，对于构建社会主义和谐社会具有重要意义。

（1）以人为本，重视情感教育

家庭生活是一个人人生的重要组成部分，也是重要的情感港湾。大学生家庭美德教育要结合大学生的年龄特点，以人为本，体现人文，在情感教育中渗透家庭美德教育。所谓情感教育，就是要让学生去体验诸如交往、信念、尊敬、同情、悲哀、快乐、爱和互动等情绪、情感的教育。这样的教育将人的情绪、情感汇合在一起形成一种“情感文明”。学生们形成情感文明，就等于有了多样的生活体验，从而有了自我独立判断和选择的能力，学会自己面对人生，创造生活。一个具有丰富情感和情操的人，会自觉坚守人伦之初的家庭美德。

（2）重视和发挥传统美德的积极作用

中华民族的传统美德是中华民族几千年积淀的优秀道德遗产，是精神文明的精华。传统的家庭美德在促进人与人之间的和睦团结和社会的和平稳定中发挥了重要作用，是维系中国社会发展和民族文明长期存在的巨大精神支柱。在社会主义市场经济条件下，尊老爱幼、勤劳俭朴、互谅互让等传统美德依然具有强烈的现实意义，要引导大学生回归传统精华，对大学生进行中华民族传统美德教育。

（四）素质教育

素质教育是以社会和人的发展需要为依据，以人的全面发展为目标，以提高人才素质作为重要内容的教育。在人才培养上，素质教育更加重视学生人文精神的培育，人格的健全和完善，能力的提升和素质的提高。

从重视传授知识到既重视传授知识又重视培养能力、发展素质是教育思想的一大突破，素质教育是思想政治教育理念的创新，在教育理论与实践的发展中具有划时代的意义，是社会发展的需要。在科学技术竞争日趋激烈的形势下，应当具备丰富的知识，而缺乏能力和素质的人才不能被称为健全的人才。从人才培育的角度讲，知识的传授固然重要，人才素质的提高更不容忽视。素质教育是集知识传授、能力培养、人格塑造为一体的综合教育。加强大学生素质教育。有利于充分挖掘受教育者的潜能，有利于大学生迎接社会化、一体化等发展趋势。

二、大学生思想政治教育的主导内容

所谓主导性内容，是指体现思想政治教育的方向和性质，在思想政治教育中居于核心地位、起主导作用的内容，大学生思想政治教育的主导性内容包括思想理论教育、法纪教育、形势政策教育等。

（一）思想理论教育

思想理论即指导思想和基本理论，我们所说的思想理论是马克思列宁主义、毛泽东思想和中国特色社会主义理论体系。在思想政治教育中起着基础性的、导向性的作用。

马克思主义是无产阶级认识世界和改造世界的世界观，同时也是方法论。它属于无产阶级的意识形态，是科学的思想理论体系。马克思主义是社会主义主流价值观的灵魂，是中国共产党的理论基础，同时它还是中国特色社会主义建设的指导思想。

马克思主义理论教育既包括马克思主义哲学、政治经济学和科学社会主义理论的教育，又包括毛泽东思想、邓小平理论、“三个代表”重要思想、科学发展观与习近平总书记系列重要讲话精神的教育。我们始终坚持理论联系实际，实事求是，具体问题具体分析的方法，科学地将马克思主义同我国具体实践相结合，进而形成了一系列马克思主义中国化的理论成果，包括：毛泽东思想、邓小平理论、“三个代表”重要思想、科学发展观与习近平总书记系列重要讲话精神。这些体系是一脉相承又与时俱进的科学体系。毛泽东思想是被实践证明了的中国革命与建设的理论与经验总结，是马克思列宁主义在中国的运用与发展，作为中国共产党的指导思想，是中国共产党集体智慧的结晶，是中华民族最为宝贵的财富。毛泽东思想活的灵魂，是贯穿于毛泽东思想各个组成部分的立场、观点和方法，它们有三个基本方面，即实事求是、群众路线、独立自主。其中，实事求是是毛泽东思想的精髓，群众路线是中国共产党的根本路线，独立自主是中国革命和建设的基本立足点。以邓小平为代表的中国共产党人在坚持毛泽东思想的基础上，创立了建设有中国特色的社会主义的理论，开辟了马克思主义在中国的发展，即邓小平理论。邓小平理论是科学的理论体系，它第一次比较系统地回答了中国社会主义的发展道路、发展动力、发展阶段、政治保障、外部条件、根本任务、战略步骤以及党的领导、依靠力量和祖国统一的问题。“三个代表”重要思想是对马列主义、毛泽东思想以及邓小平理论的继承与发展，是我们党的立党之本、执政之基、力量之源。“三个代表”重要思想是推动中国特色社会主义事业发展的强大的理论武器，反映了当代世界和中国的发展变化条件下党和国家的工作要求。“三个代表”重要思想是我们党必须长期坚持的指导思想。科学发展观是以胡锦涛为核心的第四代中央领导集体，在总结我国历史发展经验并借鉴国外发展经验的基础上立足于我国社会主义初级阶段的基本国情基础上提出来的。科学发展观，第一要义是发展，核心是以人为本，基本要求是全面协调可持续，根本方法是统筹兼顾。科学发展观是马克思主义中国化的最新理论成果，是关于发展的世界观和方法论的集中体现，是发展中国特色社会主义必须坚持的重大战略思想，同时是我国经济社会发展的重要指导方针。习近平总书记系列重要讲话有“一个中心、两个基本点”。“一个中心”即实现“中国梦”，“两个基本点”即全面深化改革和坚持群众路线。习近平总书记系列重要讲话是一个不断发展的、开放的理论体系，学习贯彻讲话精神是一个持续推进、逐步深化的过程。

（二）法纪教育

1. 民主法制教育

民主法制教育是大学生思想政治教育的重要内容。它既是和谐社会的标志、条件和构建和谐社会的推进器，也是消除社会不公平和社会矛盾、促进社会公平正义的根本保障。提升国民的民主法律素质，特别是对大学生进行民主法制教育是构建民主法治的社会主义和谐社会的关键。

大学生是和谐社会的重要实施者和建设者，其民主法律素质直接关系到社会主义和谐社会建设的进程。对大学生进行民主法制教育，必须将两者结合起来。民主、法制是辩证统一的，民主是出发点，是法制的基础和价值体现，法制是民主的保障和手段，是民主的体现。同时，要以培养民主精神为主线，体现平等、助人和自由精神以及以法律信仰为核心，使自己懂法守法。在社会主义社会建设中，民主是实现社会和谐的重要条件，社会主义民主是社会主义和谐社会的制度之源，法制是社会和谐的基本保障。民主法制意识对大学生的政治观、价值观、行为模式的养成具有现实的指导作用。青年学生只有在提高文化素质的同时，提高民主法律素质，增强民主法制观念和社会责任感，提高民主决策和监督管理的意识，培养体现民意、保障民权的观念，提高依法办事、遵守纪律、清正廉洁的素质，才能成长为具有民主作风、法制观念和清廉之风的新一代后备力量。

2. 权利义务观念的教育

权利和义务是从法律规范到法律关系再到法律责任的逻辑关系的各个环节的构成要素。权利和义务是法律规范的核心内容。权利义务的规定性是法律内容的主要表现。它规定人们可以做什么，必须做什么，不能做什么。加强大学生权利义务教育，可从通过理论说服教育和行为规范教育来进行，通过思想政治理论课的法律专题教学，有针对性地对大学生进行正确的权利义务教育，培养大学生理性的权利和责任意识，教育大学生履行遵守法律、法规、学校的管理制度、行为规范、社会公德及尊敬他人、努力学习、缴纳学费等义务。我国现行法律和新修订的《普通高等学校管理规定》等不仅规定了大学生的权利，也规定了大学生应承担的义务和责任。例如，明确规定了缴纳学费及有关费用，按时偿还国家或学院为其提供的贷学金及助学金等义务，未按学校规定缴纳学费的不予注册（家庭经济困难的须办理手续后注册）等。

大学生树立正确的权利义务观，有利于良好行为习惯的形成，从而推动文明学风和校风建设。正确地认识权利、义务可使大学生懂得自己与他人、集体与社会的关系，认识到自己享有权利的同时也承担着对他人、社会和国家的义务，而享受权利的前提是履行义务，只有尊重他人的权利，自己的权利才能得到尊重和实现，认识到社会稳定发展与自身发展的关系。

3. 人人平等观念的教育

1982 年 8 月，邓小平在中央政治局发表的《党和国家领导制度的改革》中也指出：公民在法律和制度面前人人平等不仅是“人人有依法规定的平等权利和义务，而且谁也不能犯法。谁犯了法，都由公安机关依法侦查，司法机关依法办理，任何人不允许干扰法律的实施，任何犯了法的人都不能逍遥法外”。

法律面前人人平等是我国宪法明确规定的基本原则之一，也是社会主义法治观念的核心内涵之一。大学生价值观中，平等观念非常强烈，具体体现为平等竞争、平等就业及教师对待学生的平等意识，教师要尊重学生的主体意识等。人人平等，是社会进步的标志；追求平等，保护平等是每位大学生的职责；树立平等意识是人文精神的重要内容；平等观念也是维护人与人和谐共存的前提。

（三）形势政策教育

形势政策教育是思想政治工作的一项经常性内容。形势是社会发展的态势，政策是党和国家为实现一定时期的路线、方针、政策而制定的行动准则。形势是制定政策的依据，政策是引导人们行动的指针，能够影响形势的发展。

形势政策教育的基本要求是：第一，加强党的基本路线、基本纲领、基本经验教育，使学生学会正确分析国际国内形势，科学理解党的政策及其可行性。第二，针对人们关注的热点、焦点问题及时开展教育，使学生及时了解重大事件及其产生的影响，帮助学生形成正确的政治立场、政治态度，增强大学生社会主义现代化建设的决心和信心。第三，使大学生掌握认识形势与政策问题的基本理论和基础知识，如马克思主义的形势与政策观、科学分析形势与政策的方法论、政策的产生和发展、政策的本质和特征等基础知识。

形势政策教育为大学生们形成正确的形势政策观提供理论和方法指导，有利于学生科学的形势政策观的形成，为以后独立把握好形势政策的发展趋势和大局，积累经验和智慧。

三、大学生思想政治教育的创新内容

历史经验反复证明，社会转型和社会变革之时，也是意识形态活跃和发展的时期。当前，我国的社会思想处于多元并存状态，在多种思想文化相互交织、相互激荡的复杂背景下，部分大学生开始出现了意识冷漠、信仰模糊、信念动摇、信心不足、信任下降的状况，社会开始面临着严重的信仰危机。这客观上要求我们必须高度重视，通过内容创新，开展卓有成效的大学生思想政治教育，不断增强意识形态的自我强化功能，为巩固和发展中国特色社会主义事业服务。

（一）生命教育

1. 生命教育的含义

生命教育有广义与狭义两种：狭义的生命教育指的是对生命本身的关注，包括个人与他人的生命，进而扩展到一切自然生命；广义的生命教育是一种全人类的教育，它不仅包括对生命的关注，而且包括对生存能力的培养和生命价值的提升。

生命教育的内容包括：第一，生存意识的教育。正确理解生命、生存和生活的内涵，也就是尊重生命、珍惜生命的教育。具体又包括生命安全的教育、生活态度的教育以及死亡体验的教育；第二，生存能力的教育。主要在于对环境的适应能力、抗挫能力以及安全防范和自救能力的提高；第三，生命价值升华教育。要重视培养大学生端正人生态度，认真生活，快乐学习和工作，还要注重大学生的审美教育，让大学生在审美的过程中体验人生的价值和意义。

生命教育属于思想政治教育的范畴，然而，在我国大学生思想政治教育工作中它却一直是一个盲区。随着我国市场经济体制的建立和迅猛发展，近些年来，大学生在学习、就业、情感、人际关系等方面出现了众多问题，犯罪、自杀现象时有发生并有上升趋势，大学生心理问题日渐凸显，人们开始对生命教育的认识提起重视。如何有效地在大学生中开展生命教育是学校教育特别是大学生思想政治教育的一项崭新课题。对大学生进行生命教育，目的是帮助大学生学会尊重生命，欣赏生命，珍惜生命，提高生命质量，创造生命价值，并将自己的生命融入社会主义现代化建设事业之中。

2. 大学生生命困境

生命不是以突兀的形态存在的，她需要一个永恒的归宿点，使其得到安歇；她需要一个向善的理由和可能性，以摆脱生命价值的虚无；她需要一个良好的导引机制，以使其能顺利成长。对大学生生命困境的各种镜像进行归纳，可以归结为生命价值观的偏离、生命抗压能力的脆弱、生命情感世界的危机等。

（1）生命价值观的偏离

生命观主要包括生命价值观、生命质量观、幸福观、死亡观等内容，其中，生命价值观是生命观的核心要素。只有树立了正确的生命价值观，人们才会正确地看待人生中的诸多问题。我国大学生对生命的主流价值观基本上是正确和积极的。但实际上又存在着不容忽视的价值观偏离现象，如对人生目标模糊、生命幸福感偏低、生命神圣感缺失、生活缺乏乐趣和意义、生命价值取向功利化、生命交往趋向封闭，对其他生命体缺乏信任、对未来缺乏信仰，自我中心主义严重，等等。

大学生生命价值观的偏离，很大程度上源于大学生自我同一性建构的缺失。自我同一性是指生命个体将“理想的我”和“现实的我”“主观的我”和“客观的我”相统一的过程，表现为个体的生命主观感受和外界客观评价一致的程度。人的一生都在寻求这种同一性，这种寻求即不断“自我追问”的过程。大学生正处于自我同一性形成的关键时期，如果这一时期自我的同一性不能恰当地统合和构建，就非常容易产生自我的迷失感，甚至失去人生的动力和奋斗的目标。自我同一性对生命价值观的形成和正确生命行为的择取具有统合和引导作用。因此，如何才能引导青年大学生形成正确的自我同一性是生命教育的重要内容。为此，需要引导学生确立人生理想，尝试各种可能，积极与人沟通，寻求支持系统，并保持自我发展的开放性和灵活性，从立体和多维的角度看待个体生命行为的绵延。

（2）生命承压能力的脆弱

大学生的压力与焦虑产生的最直接渊源便是人生的挫折。人生不如意之事常十之八九，每个人在人生的道路上总会遇到这样或那样的挫折。大学生面临的人生变化和选择相对较多，因而挫折感也更加强烈。不同的人经受同一强度的挫折，会有不同的反应。就像巴尔扎克所说的，挫折就像一块石头，对弱者来说是绊脚石，让你却步不前；而对强者来说，却是垫脚石，使你站得更高。这与他们的抗挫折能力有关。挫折承受力是指个体适应挫折、抵御和对待挫折的一种能力。挫折承受力低的人，往往一遇到挫折就会陷入不良情绪的困扰中不能自拔，而不是积极地排解失败感，寻求解决的途径。大学生抗挫折能力普遍比较脆弱。一些无足轻重的小小的挫折和打击，在他们眼里往往成为洪水猛兽。他们无力应对，难以承受，精神崩溃，意志消沉，自暴自弃，有的甚至对人生失去信心，误入歧途而放弃生命。因此，大学生的挫折承受力会影响他们对生活的体验和信心，从而影响他们健康生命观的建立。

（3）生命情感世界的危机

首先，情感具有两极性。即人们在一定情境中表现出的情感具有对立性——积极性和消极性。积极的情感能够激励人们去顽强拼搏，创造辉煌，而消极的情感则使人的意志消沉，对生活失去信心，降低人的正常活动能力。其次，情感具有稳定性。情感不是一种被动的内心体验，而是主动地调节积极和消极情感而达到一种稳定的平衡状态。长期处于一种过于亢奋或消沉的不平衡状态中并不利于人的正常发展。大学生已经有能力去调节自己的情感以使其保持稳定。再次，情感具有社会性。大学生情感可分为社会情绪和社会情操两部分。社会情绪是指大学生对社会现实和社会现象带有共同倾向的态度和行为反应，是大学生的感性认识；社会情操则是大学生在其社会化过程中逐步形成的对社会的深层次的情感体验，是大学生的理性行为。最后，情感具有感染性。

情感危机指当个体的高级需要长期得不到满足、突然被撤销或客观事物虽满足了个体的某种需要却与另一需要相矛盾，而造成个体一段时间内的混乱或不平衡的一种心理危机。大学生的情感需求可概括为爱与被爱（对父母的依赖、对教师的依赖、对异性的交往需要）和在社会中得到尊重与自我实现的需求，所以，个体情感体系包括：亲情、爱情、友情、师生情和自我实现的情感。大学生情感危机是一个综合的概念，体现了大学生情感体系的无序和混乱状态。调查显示，大学生情感问题体现为亲情比较淡漠；渴望友情，但不会珍惜；责任感缺失；心理承受能力较弱。所以，大学生情感危机的内容可概括为：亲情危机、爱情危机、友情危机、师生情危机和自我实现的危机等。此外，还有自卑、闭锁、抑郁、虚荣等心理问题，既是容易导致大学生情感危机的原因，又是其表现。

3. 加强大学生生命观教育的对策

（1）汲取家庭和社会资源，打造生活教育课程

生命来源于也归根于生活，生命教育就是一种生活教育。日常生活的世界是大学生们充分展现其生命活动的场所，也是他们体验生命存在价值和寻求生命意义的舞台。大学生的日常活动场所包括家庭、学校和社会，由于大学生已经长大成人，走出家庭并逐渐走向社会，因此，社会生活对大学生生命教育的影响越来越深刻。大学生作为家庭、学校以及社会的一分子，必须在群体生活中找到自己的位置，在社会实践活动中追寻生命的价值，不断增强自己的社会责任感和使命感。因此，家庭生活和社会生活都是大学生生命教育最广泛的课程资源。大学生生命教育必须积极开发家庭生活和社会生活中的教育资源。如果大学生命教育课程局限于学校封闭或半封闭的状态，脱离外部的实际环境，将无法满足生命主体的实际需要。所以，生命教育需要学校、家庭和社会形成三位一体的格局和育人模式，其中任何一方都无法唱“独角戏”。

①校本资源的设计与开发。生命既是一个完整的统一体，又是各具特色的个体。生命课程既要从生命的整体需要出发，设计共性的课程；又要适应生命的个性化需要，设计多样化的生命教育课程。学校是学生生活、学习和活动的主要场所，相对于生命课程系统而言，它是一个大的生态系统，相对于家庭和社会庞大的生命教育体系而言，它又是一个小的生态系统。因此，学校生命教育系统具有中介系统和转化系统的性质，链接着社会的宏观需求和学生的微观世界，它过滤和整合来自家庭和社会生活的资源信息，开发适合自身需求的校本课程，最终作用于学生的生命成长。因此，学校才是汲取家庭和社会尤其是社会资源的主体。因此，学校可以因地制宜开发适用于所有学生的统一课程，不同学科专业可以根据自身的实际情况，开设具有本专业特色的生命教育课程。我国城市和农村、东部和西部在经济、文化等方面存在显著差异，各个学校的社区环境、办学条件以及师生文化等方面也存在差别，因此，学校需要对影响课程实施的各种因素进行全面的、系统的思考，合理高效地利用社会资源，实现大生态系统内的各个生态因子的协同发展，关注课程生态系统的整体利益。

②家庭资源的互动与配合。生命教育不同于其他学科的教育，它更多的是一种综合性的教育活动。生命来自家庭并回归家庭，家庭伴随生命一生，不离不弃；家庭给生命以温暖和慰藉，是生命赖以存在和发展的亲情土壤和温情环境。家庭是最直接、最深刻、最丰富的和最触动心灵的生命教育资源。家庭教育可以使人更直接地体验亲情与责任，是人的个性和人格形成的首要条件和重要因素。因此，家庭与学校的积极互动与密切配合是很重要的，引导家庭参与生命教育，在家庭中营造生命教育氛围，可以巩固学校生命教育的成果。学校生命教育课程内容的选择应该是结合学生生命个体独特的家庭生活经历，与学生的日常生活建立直接的联系，理解学生的心路发展历程，从而引导学生超越家庭的自然亲情，正确理解生命共同体的内涵，做到由人及己和由己及人。大学生生命教育应重视家庭生命教育的力量，加强与学生家庭的沟通和联系，及时反馈学生成长的相关信息，从家庭寻求学生生命发展问题的根源因素，共同营造生命教育的氛围，做好生命教育的家校衔接，保护学生生命安全，促进其健康发展。

③社会资源的支持与保障。任何个体的发展都离不开社会环境。大学生命教育同样离不开社会大环境的支持，很多国家的生命教育最初都是先由社会或宗教团体推动建立的。社会人士的热心和积极介入是生命教育得以发展的重要推动力。

（2）开发生命教育人力资源，形成生命教育对话机制

教育是人与人的精神契合，是人对人的交流活动。生命教育是生命对生命的理解，更是生命对生命的碰撞。因此，与所有教育形式一样，生命教育典型地体现了教育“人为”和“为人”的属性。因此，生命教育内容的实施、课程的开发、实践活动的开展，离不开生命教育人力资源，即生命教育者（在学校表现为教师队伍）的投入。没有生命教育者的执着追求和坚定信念，就不会有生命教育的显著成效。生命教育者和受教育者之间，只有形成平等和谐的对话关系，才能触动生命的灵魂，激发生命的光彩，因此，生命教育的对话机制是生命教育顺利实施的重要保障。

①生命教育师资队伍的建设。目前，由于生命教育在我国教育领域还是一个新生事物，它的教育对象众多，内容涉及面广，方法灵活多样，所以要在高校开展生命教育，需要一定数量、相对稳定的教师队伍。同时教师的专业素质直接影响到生命教育的成效，因此，必须建立一支高素质、具有人格魅力的生命教育师资队伍。

当前，学校开展生命教育，研究的多，实施的少，喊的多，做的少；对生命突发事件和生命乱象，依赖心理学分析的多，依靠生命教育的少，批评的声音多，建设性的言论少。因此，在学校里，生命教育教师基本上呈现出匮乏的状态，没有形成专门的师资队伍，即便有，也是兼职，其知识体系和能力结构都无法满足实施要求，这就急需培养生命教育的师资队伍。首先，建立生命教育师资培训机制。对专业任课教师、生命教育相关学科教师和学生管理人员，除了进行专业培训之外，还要进行生命教育基本理念和实践意义的培训，使他们具有生命意识、生命智慧和生命关怀等思想，并将之融入课程教学和学生管理的各个环节，实现教育的生命化。其次，参照心理咨询师的培训、考核和认证的方式，建立生命教育教师专业资格认证制度，培养和培训出更多的高水平生命导师。

②形成生命教育的对话机制。生命只有在不断地碰撞交融中才能激发出新的活力，才会有一种不断再生的充盈的生存状态。生命间的对话能极大地拓展人的精神生命的空间，使人回到本真的生命状态，给人的生命样式提供多种多样的规定性和可能性。

教育是人与人精神的契合，是人对人的主体间交往活动。教师与学生是不同性质的个体，具有各自不同的生活背景、情感体验、知识结构和认知水平，也会有不同的价值取向和伦理规范，并各自与周围的环境构成生存的小环境。因此，教师与学生、学生与学生之间总会发生形式各异的冲突，阻碍教学的顺利开展和师生关系的和谐生成，只有展开师生平等对话并在此基础上共同体验、理解和实践，才能在生命培育上形成合力，不断构建新的生命意义，实现生命的共同成长，进而建立一种整体和谐、充满人性的人际生态环境。

因此，从生命的角度来看课程实施中的教师，是以课程实施为途径对自身生命及学生生命进行创造的主体。教师应致力于将生命教育课程变成生命与生命对话的过程，引导生命关系走向完整、和谐的过程。

（3）推进教育管理方式的变革

开展好生命教育，还需要我们为生命教育活动做好各项支撑性工作，需要紧密融合教化的内在精神，实现管理育人，以具有生命关怀情结的管理方式实现对生命秩序的调控。

①提高管理者的素质。首先，管理者与教育者要尊重学生的个性，在教育管理过程中，要注意引导生命、感化生命，以良好的观念、态度服务于学生成长活动。其次，在管理制度和教育教学制度的制定中，要充分融合生命教化的思想，实现管理制度育人的功能，而不是通过对生命的压制实现对生命的控制，不能为了所谓的秩序、管理效率而抛弃了对生命的人文关怀。在大学生思想政治教育过程中，“人性化”制度最终要代替“枷锁式”制度。再次，管理者需要在学校文化和社会文明建设中，塑造包括风景、课程、礼仪等内容的生命依托要素，使生命教育在日常生活中，以潜移默化的形式发挥作用。最后，管理者需要建立畅通的沟通机制，实现与教育对象的沟通交流，不断完善改变生命教育中的不足，促进教育者向引导者、倾诉者和合作者角色的转变。

②规范教学管理。在以知识为核心的课堂中，教学目标、教学程序都是预设的，教师在教学中倾向于采用结构化、封闭化和权力化的控制方式。生命教育尊重学生，充分意识到学生生命的本质特征，提倡教学民主，提倡师生的互动和对话。这样就打破了传统的秩序和控制，从而成为开放的、动态的、生成的教育。学校应当积极设计生活化、融入式的生活教育课程，包括教材、活动及资源等。积极推进探索性或研究型教学；积极改变传统的以教师为主体的单向

灌输式教学，转向以学生为主体的参与式教学；改变传统的程式化、群体式教育而忽视个体教育的模式，采取个体教育，把群体教育与个体教育结合在一起进行。

③加强实践活动。生命的逻辑展开不是理论性的，而是实践性的，生命自身不会呈现意义、实现价值的，只有通过自身的体验、感悟，才能认识到生命的意义与价值。因此，教育管理者要让学生更多地走进生活、走向社会。变“封闭管理”为“开放管理”。通过实践才能思考、判断和体验，使生命获得感动、震撼。

（二）廉洁教育

1. 大学生廉洁教育的意义

对大学生进行廉洁教育是全民廉洁教育的一部分，其目的在于培养大学生的廉洁意识，提高大学生的素质，自觉抵制腐败并举报腐败，从而使腐败无处藏身。

（1）有利于净化社会环境

一个廉洁的社会的构建，既需要公务人员廉洁自律，也需要社会其他成员遵守道德规范，严格要求自己。

干部廉政教育对抑制公职人员的腐败动机具有重要作用。一些公职人员拥有一定的权限，面对种种诱惑，极易走向腐败堕落。在众多腐败案件中，不健康的社会关系等外部因素是加剧领导干部思想蜕变的重要原因。腐败交易通常存在需求和供给两方面，而且两者之间经常互相激发。所以，只对公务人员进行廉洁教育是不够的，还应从社会环境的净化入手，在全社会树立以贪为耻、以廉为荣的社会氛围，提升整个社会的免疫力。

高校是社会环境的重要组成部分，大学生是未来廉洁社会的主要建设者。在大学生中进行廉洁教育，意义尤为重大。没有廉洁的社会，清廉政治、廉洁政府也就无从谈起。

（2）有利于高校培养目标的实现

人才对于一个国家来说是最宝贵的资源，是保持一个国家综合国力和核心竞争力的决定性因素。高素质人才甚至决定一个组织、一个国家、一个民族的兴衰。我国历来重视人才的培养，为了不断加强和改进大学生的道德教育，提高其道德素质，把他们培养成为合格建设者和可靠接班人，我国政府把大学生的培养及高等教育改革提到了重要的议事日程。对大学生开展廉洁教育是我国政府综合分析国际、国内形势，为培养全民的廉洁意识所作出的重要决策之一。

高校着力培养德智体美全面发展的社会主义新型人才，要求在校大学生不仅要有健康的体魄，还要有优良的心理素质和道德品质。要实现这个目标，一方面要求大学生要掌握好扎实的专业知识，另一方面要求大学生要自觉砥砺自身品质，不断提高自身素养，自觉抵制社会不良现象的侵蚀。

（3）有利于大学生健康成长

大学生正处于世界观、人生观、价值观形成的关键时期，其思想容易受到外界不良社会现象的侵蚀。尽管当前大多数大学生把人类和社会的贡献作为衡量自身社会价值的标准，具有崇高的理想，积极规划人生道路，不断提高自己、完善自己。但也有一些大学生看到贪腐给一个人带来的眼前的、短浅的利益，思想观念出现扭曲，内心崇尚这种不正当的牟利手段。所以，高校要通过廉洁教育使大学生深刻认识腐败的危害性、国家对腐败的打击力度，使大学生形成正确的价值观，扫除自身信仰上的迷茫，理想信念上的模糊。

具体到大学生的日常生活，也存在一定的腐败隐患，如论文抄袭、迟到旷课、考试舞弊、毁坏图书资源、偷窃公私财物、借钱高消费、违反校规校纪等不诚信现象，这些现象成为侵蚀大学生品质的不良因素。

大学生要走向社会，成为党政机关、企事业单位的有用人才。对大学生进廉洁教育，是大学生思想政治教育不可或缺的内容。

当前，大学生廉洁教育在思想政治教育中还处于薄弱环节，学校廉洁教育还没有形成体系，进行廉洁教育的经验还较少，廉洁教育活动还应进一步开展。所以，高校一方面要重视廉洁教育的作用，另一方面要开展廉洁教育理论研究，逐渐丰富完善大学生廉洁教育的内容体系，组织社会实践活动，提高教育的时效性。

2. 大学生廉洁教育的主要内容和途径

大学生廉洁教育的内容既要有别于公务员廉洁教育，又要有别于社会廉洁教育。大学生的廉洁教育应主要集中在了解腐败的有关理论，了解我国反腐倡廉的治国方略、大政方针，了解中外的反腐经验以及《联合国反腐公约》等法规条约，认识社会发展趋势，培养廉洁意识和服务人民的思想。其主要包括四方面的内容：一是有关腐败的基本知识和理论，如腐败的概念、腐败产生的根源、腐败的类型、腐败的危害等。二是中国及外国防止腐败的有效经验。通过中外反腐经验的比较，可以找到我们反腐工作中的优缺点，从而为改进我们的工作服务。大学生是社会的知识精英，他们毕业之后很有可能在公共管理部门、工商部门和事业单位工作，有的甚至会成为各个部门的领导者。所以，在大学阶段掌握预防腐败的措施对他们今后的工作有帮助。三是有关全球合作反腐问题。随着经济的全球化，腐败不再是一国问题。只有全球联合起来，才能建立一个廉洁的社会、廉洁的地球村。四是要通过腐败理论知识的学习来加强大学生的自身修养，这是进行大学生廉洁教育的最终目的。要把廉洁教育的内容落实于行动，要思考以后的职业选择，要思考整个国家和民族的命运，要遵守规则和程序，不仅自己不能通过不正当手段谋取利益，同时还要积极主动地监督公职人员的行为。换句话说，大学生廉洁教育的目的在于教育大学生不但要管好自己，避免成为国家廉政建设的阻力和负担，而且还要成为反腐败的带头力量。

与上述目的相对应，大学廉洁教育的内容应当侧重于腐败及反腐败战略理论等方面的知识学习。在内容设计方面，应尽可能地把国内外有关腐败或廉政方面的共同知识等作为廉洁教育的内容，从而建立起既有鲜明中国特色，又能与全球接轨的大学生廉洁教育体系。高校在利用这个教程进行大学生廉洁教育的同时，可开展其他廉洁教育实践活动与之配合。可采取下列活动形式，如参观纪检监察、检察院等部门，参加研讨会、辩论、演讲以及政府、私营企业、学者和大学生共同参与的会议、反腐报告会等。各专业院系还可从实际出发，结合本专业特点，开展有声有色的活动，如土木工程学院、设计学院、建筑学院、电气学院、机械学院等工科院系可开展“腐败与工程建设”研修活动；新闻学院可开展“腐败与新闻界”研修活动；政治与公共管理学院可开展“腐败与政府”研修活动；财经类院系和工商管理学院可开展“腐败与工商企业”研修活动；法学院可开展“腐败、法制与法治”研修活动；文学院可开展“腐败与文化”研修活动；其他院系可开展“腐败与学术”研修活动，等等。

（三）生态道德教育

生态道德也称环境道德，是调节人与自然之间关系的行为准则总和。生态道德教育的核心在于引导受教育者正确认识和处理人与自然的关系，培养人的生态意识、生态智慧和生态德行，形成生态良知、生态审美、生态责任等生态人格。生态道德的萌生和建构，是新时代人类处理环境问题的新视角，是重建人与自然和谐关系的新理念，是人类在自然界领域里思想道德的升华和文明进步的新成果。

开展生态道德教育，一是要提高大学生的生态道德意识。生态道德意识和观念是人们在生态环境问题上对是非、善恶、荣辱的认识、判断和评价。大学生应正确认识人与自然的关系，树立生态危机意识、生态善恶意识、生态平衡意识和生态审美意识，培育生态伦理精神。二是培养大学生生态道德情感。即要培育大学生热爱自然、敬畏自然、善待自然、保护自然的感情。要把人与自然的关系纳入道德关怀的视野，自觉承担起对自然环境的道德责任，培植大学生生态善恶感、生态正义感、生态良知感和生态义务感。三是锤炼大学生生态道德意志。生态道德意志是人们为实现一定的生态道德行为所作出的践行生态道德原则与规范的坚韧精神与顽强决心。教育大学生要珍惜和善待生命，特别是濒危动物生命，引导大学生树立适度、绿色、节俭、和谐的消费观念和消费行为，养成健康的生活方式和良好的生活习惯等。总之，生态道德教育是一项复杂的系统工程，要使这一教育目标得以实现，需要将道德教育、规范约束和社会实践有机结合起来，以不断推进生态道德教育的发展。

第二节　高校思想政治教育内容的创新研究

学科创立三十多年来，学界围绕思想政治教育内容所开展的研究，主要涉及思想政治教育内容的内涵与特征特性、思想政治教育内容的具体构成、思想政治教育内容的体系构建、思想政治教育内容的创新发展、思想政治教育内容的中外比较等多个方面。

一、关于思想政治教育内容的内涵把握研究

什么是思想政治教育内容，如何理解思想政治教育内容，这是思想政治教育内容研究首要的基本理论问题。对于思想政治教育内容的内涵理解，学界大致有这样几种观点。

（一）立足思想政治教育内容与目标的内在关联予以理解和把握

有的研究者在研究中，立足思想政治教育内容与目标的内在关联予以理解和把握，强调思想政治教育内容是思想政治教育目标的具体化。比如《思想政治教育学原理》教材的界定是：思想政治教育内容是思想政治教育目标的具体化，是党和国家对社会成员实施思想政治教育时在思想、政治、道德、心理诸素质方面的要求，是决定民族素质的重要方面。也有研究者指出，思想政治教育内容是思想政治教育目标的具体化，是为实现思想政治教育目标而选择的思想、政治、道德方面的知识、理论、思想、观点、准则、规范等的总称。还有研究者在《党的思想政治教育内容整体构建研究》中把党的思想政治教育内容界定为：“按照党的思想政治教育目标要求而确立的，用于教育广大人民的一定的政治、思想观点和道德、法纪观念及其思想体系。”这些界定都是立足于思想政治教育目标的内在关联在理解和把握思想政治教育内容。

（二）立足思想政治教育内容的质的规定性予以理解

有的研究者立足于思想政治教育内容的质的规定性予以理解，强调思想政治教育内容的意

识形态信息特性。如有研究者提出："思想政治教育内容是根据一定的社会要求和针对受教育者的思想实际，经教育者选择设计后有目的、有步骤地输送给受教育者的思想意识、价值观念和道德规范等信息。"有研究者在研究学校思想政治教育内容体系整体构建时，把思想政治教育内容界定为："教育者根据一定的阶级、社会、组织或群体的目的要求，针对社会发展和教育对象的思想品德实际选择、设计后，有计划、有组织地传输给教育对象的思想观念信息。"也有研究者提出思想政治教育内容是指思想政治教育主体通过教育实践活动，作用于客体的理论化、系统化的意识形态体系，它由一定的思想观念、政治观点、道德规范等组成。

（三）立足思想政治教育内容在思想政治教育实践中的地位作用综合理解其内涵

有的研究者立足于思想政治教育内容在思想政治教育实践中的地位作用综合理解其内涵，强调思想政治教育内容的中介性特征。有研究者在研究思想政治教育内容有效性时曾指出，思想政治教育的内容，即在思想政治教育活动中教育者所意欲传递给教育对象的思想政治观念，是连接思想政治教育者和教育对象的信息纽带，是构成思想政治教育关系的基本要素，是蕴含教育目的的载体，其表现形态分为两个层面。

上述几种观点的差异在于把握和理解思想政治教育内容的角度和侧重有所不同。笔者以为，综合的视角有助于完整系统地把握思想政治教育内容。

二、关于思想政治教育内容的特征特性研究

关于思想政治教育内容的特征特性，学界目前的研究主要有两种路向，一是对思想政治教育内容的特征特性作整体概括，以从特征特性上深化对思想政治教育内容的认识；二是对思想政治教育内容的特征特性作具体阐发，深入地探讨思想政治教育内容某个方面的特性。

对于第一种研究路向，有研究者提出思想政治教育内容的内在属性，是指在思想政治教育内容生成和发展中具有稳定性、根本性、普遍性的特质，集中表现为导向性与科学性、系统性与层次性、时代性与稳定性的有机统一。有研究者认为，思想政治教育内容一般具有三种特性：一是内容的共同性，二是内容的特殊性，三是内容的交叉性。也有研究者强调思想政治教育内容随着具体教育目标的变化而变化，随着国内外形势的发展而发展，随着被它保证的各项工作的深入而充实，带有极大的具体性、丰富性和变化性。从总体上讲，大家普遍认为思想政治教育内容具有鲜明的阶级属性、民族色彩和时代特征，既有各民族、各个时代共同相通的一面，也有其差异区分的一面，既有在相承相继中连续稳定的一面，也有随着时代变迁不断发展变化的一面。还有学者提出，思想政治教育的内容有两个特征，一是知识性和教育性的统一，二是理论性和实践性的统一。思想政治教育的内容，不仅要体现知识性、理论性，还要体现教育性、实践性，是二者的完美统一。这在一定意义上是立足于思想政治教育内容的实践运用在概括其特点。

对于第二种研究路向，一些学者对思想政治教育内容的某一方面具体特征进行了分析和研究。例如，关于思想政治教育内容有效性，有研究者提出思想政治教育内容的有效性，体现在两个层面，即一定社会或阶级所要求的思想政治教育内容一要具有真理性、真实性和先进性，为教育者在具体教育实践中所组织编制的思想政治教育内容；二要具有精确性、透彻性和契合性。也有研究者提出有效的思想政治教育内容要还原社会要求，把社会要求作为思想政治教育

的基础内容；要明确国家意志，把贯彻国家意志作为思想政治教育的核心或灵魂的内容；要嵌入对象需要，把教育对象的需要作为思想政治教育的重要内容。也有研究者探讨思想政治教育内容的合理性，提出思想政治教育要有效实现自身的功能价值，其在内容的设定上必须具有合理性。这一合理性包括形式合理性和实质合理性两个向度。形式合理性的主要表征是满足社会的价值期待、符合具体的国情、具有完整性与和谐性。获得实质合理性的关键是要处理好权利和义务、自由和责任、实现个人价值和满足社会价值期待、内在美德和外在行为的关系。还有研究者研究思想政治教育内容的科学性，提出思想政治教育内容只有实现真理与价值的融合，才具有科学性。

三、关于思想政治教育内容的具体构成研究

思想政治教育内容究竟包括哪些方面，由什么样的内容组成，这是思想政治教育内容研究必须明确的问题。关于这一问题，研究者们一方面探讨思想政治教育的具体内容，另一方面研究思想政治教育具体内容之间的逻辑关系。这方面的成果主要体现在学科不同时期的教材及相关文献之中。归纳起来，学界的研究主要有这样几种情况。

第一种情况是把思想政治教育内容概括为几个方面。2001 年版的教材《现代思想政治教育学》提出思想政治教育的基本内容包括思想教育、政治教育、道德教育、心理教育四个方面。还有研究者撰文将法纪教育纳入其中，认为思想政治教育内容包括思想教育、政治教育、道德教育、心理教育、法纪教育“五要素”。有研究者进一步指出，“思想政治教育内容是一个集合概念，它是政治教育、思想教育、道德教育、法纪教育、心理教育相互联系、互相渗透，互为条件、互相制约构成的统一体。”至于各教育内容之间的关系，学界的认识是比较一致的，普遍认为思想教育是先导，政治教育是核心，道德教育是重点，心理教育是基础。同时还提出，由于思想政治教育的重点不同，思想政治教育内容在具体实施运用过程中其结构关联方式也不同，大致可以区分为政治主导型、思想主导型、道德主导型、心理主导型等几种类型。

第二种情况是具体罗列包括些什么样的思想政治教育内容。学科最早的教材《思想政治教育学原理》提出思想政治教育内容主要包括世界观、政治观、人生观、道德观、法制观五个方面，这五个方面内容相互联系、相互渗透、相辅相成。1999 年刘书林、陈立思主编的《青年思想政治教育学原理》和 2001 年陈万柏、张耀灿主编的《思想政治教育学原理》，坚持了这一观点。对于这一观点，学界还有不同方式的表达，如 1999 年由邱伟光、张耀灿主编的《思想政治教育学原理》教材把思想政治教育内容概括为：世界观、人生观、价值观“三观”教育，爱国主义、集体主义、社会主义“三大主义”的教育，社会公德、职业道德、家庭美德“三德”教育，及坚持集体主义价值导向，反对个人主义、享乐主义和拜金主义。陈秉公专著的教材《思想政治教育学原理》则概括为：世界观教育、政治观教育、人生观教育、道德观教育、发展观教育、创造观教育、健康心理教育，与其他相关教材比较增加了创造观教育和心理健康教育内容。其他版本的教材在罗列思想政治教育的具体内容时，观点都大同小异。在这一类研究中，研究者们普遍强调各方面的内容是相互联系、相互渗透和相辅相成的，但对内容之间的关联状况缺乏深入细致的分析。

第三种情况是从不同层面把握思想政治教育内容。有学者研究思想政治教育有效性，提出可以把思想政治教育内容区分两个层面：第一个层面即特定的社会和阶级所要求、所确定的思

想政治教育内容一，第二个层面即在具体的思想政治教育实践活动中，思想政治教育者根据相应的思想政治教育目的，按照思想政治教育规律的要求，对思想政治教育内容一进行组织、编制，以直接用于思想政治教育活动的思想政治教育内容二。思想政治教育内容一具有给定性，更多表现为一种思想理论体系，思想政治教育内容二则是对思想政治教育内容一加工、组织的结果，更多表现为由这种理论体系加工而成的教育信息体系。在思想政治教育具体实践中，内容一需要向内容二转化，其转化情况直接关系到内容一的实践运用。

第四种情况是明确规定特定对象思想政治教育的内容。如2004年下发的《中共中央国务院关于进一步加强和改进大学生思想政治教育的意见》提出大学生思想政治教育“四以”的主要任务，明确了大学生思想政治教育的主要内容。其中，理想信念教育是核心，爱国主义教育是重点，基本道德规范教育是基础，大学生全面发展是目标。2010年新修订颁布的《中国人民解放军思想政治教育大纲》也明确规定，军队思想政治教育的主要内容包括党的基本理论和路线、方针、政策，人民军队性质、宗旨和优良传统，我军历史使命和军人职责、法制纪律和道德规范、形势政策教育等。强调要以学习马克思主义特别是马克思主义中国化最新成果为根本，以我军历史使命教育、理想信念教育、战斗精神教育和社会主义荣辱观教育为重点，把建设社会主义核心价值体系和培育当代革命军人核心价值观融入思想政治教育的全过程。

四、关于思想政治教育内容的体系构建研究

科学、有效的思想政治教育内容，不应该是零散、碎片性的内容，而应该具有整体性、系统性。因此，思想政治教育内容体系构建研究，构成思想政治教育内容研究的一个重要方面，关于这个问题学界主要进行了如下研究。

（一）研究思想政治教育内容体系建构的依据

有学者研究青年思想政治教育内容的宏观规划，提出要依据青年思想政治教育的目标，教育对象的思想实际、时代的特点和形势的要求。有研究者研究党的思想政治教育内容整体设计，提出党的思想政治教育内容确立的客观依据既有外在的思想政治教育目标及形势发展要求，又有内在的受教育者身心发展规律和思想品德发展规律等。也有研究者提出，思想政治教育内容的整体建构受社会发展规律、教育内在规律和受教育者身心发展规律所制约，要以马列主义、毛泽东思想和中国特色社会主义理论体系为指导思想和理论基础，依据阶级社会对其成员的根本要求、时代条件发展变化的客观要求、思想政治教育内容的历史资源、人的思想品德全面发展的需要、思想政治教育的内在要求等予以构建。还有研究者提出学校思想政治教育内容体系确立的依据有：“特定社会要求的必然反映、思想品德结构整体性要求、思想品德发展规律的需要、思想政治教育目标的规定”。总体来讲，研究者们在思想政治教育内容建构依据问题上的认识是比较一致的，普遍认为思想政治教育内容建构有其理论依据、时代依据、实践依据、对象依据等，即是说建构思想政治教育内容首先要坚持科学的理论指南，在当代中国无疑是要以马克思主义科学理论为指导；其次要紧跟时代，把握时代发展的要求；再次要立足实践，从实践中挖掘智慧源泉，尤其是要准确把握思想政治教育目的；最后要贴近对象，构建符合对象需要的内容体系。

（二）探讨思想政治教育内容体系建构的原则

思想政治教育内容体系建构的原则，实质上就是思想政治教育内容建构的实践准绳，从根

本上是回答如何构建的问题。有研究者探讨党的思想政治教育内容整体构建，提出内容整体构建的原则应包括科学性与主体性相结合的原则、现实性与理想性相结合的原则、社会本位与个人本位相结合的原则、整体性与层次性相结合的原则。有研究者提出要坚持导向性、科学性、系统性、层次性、时代性、稳定性原则，按照系统论的整体性、有序性和动态性要求建构思想政治教育内容体系。另有研究者对思想政治教育内容体系整体建构没有具体谈及依据和原则，但是提出了建构的基本思路。如郑敬斌提出学校思想政治教育内容体系整体建构的基本思路：保证内容要素完整是学校思想政治教育内容整体设计的基础，实现内容结构和谐是学校思想政治教育内容整体设计的根本，引导学段层次衔接是学校思想政治教育内容整体设计的关键，确保实施形式整合是学校思想政治教育内容整体设计的支点。这实际上也明确了思想政治教育内容建构的原则。从中可以看出，研究者们普遍认为，思想政治教育内容的实践建构不是随心所欲的，要在遵照规律性的前提下遵循一定的原则予以实践建构，努力使所构建的内容体系具有科学性。

（三）提出思想政治教育内容体系建构的内容

关于思想政治教育内容体系，最早由王兰垣于 1990 年在《新时期思想政治教育内容体系》一书中论及，提出思想政治教育内容体系包括十二个方面，但严格意义上讲作者提出的内容体系还不具备鲜明的体系性，更多的是内容的列举。迄今，探讨思想政治教育内容体系建构的观点主要有以下几种：一是武汉大学熊建生提出思想政治教育内容体系由基础性内容、主导型内容、拓展性内容三大板块构成。其中，基础性内容包括传统美德教育、公民道德教育、爱国主义教育、艰苦奋斗精神教育；主导性内容包括思想理论教育、理想信念教育、民族精神和时代精神教育、荣辱观教育、形势政策教育；拓展性内容包括诚实守信教育、心理健康教育、公民意识教育、民主法治教育、创新精神教育、生命伦理教育、生态道德教育国际意识教育。二是西南大学张维薇提出的大学生思想政治教育内容体系由内容体系一和内容体系二构成。内容体系一由理论性内容、实际性内容、时代性内容、借鉴性内容构成；内容体系二包括立足不同途径实施教育的内容体系、立足对象特殊性实施教育的内容体系、立足大学生生涯关键节点实施教育的内容体系。三是郑敬斌提出的学校思想政治教育体系设想：“小学阶段的思想政治教育内容体系：注重生活体验，培养良好习惯；中学阶段的思想政治教育内容体系：引领学生感悟，提高品德水平；大学阶段的思想政治教育内容体系：侧重理论传达，引导思想进步。”

（四）研究思想政治教育内容体系的实践优化

学界基于思想政治教育内容是一种系统存在和结构体系，它不是预成的，而是生成的，不是固定不变、一劳永逸的，而是与时俱进、辩证发展的，提出思想政治教育内容要不断优化。有研究者提出优化内容体系要以马克思主义为指导，坚持“三个面向”，立足实践主动适应社会经济政治文化的发展变化，合理继承中国传统思想道德教育资源，有效借鉴国外思想道德教育优秀成果，遵循思想政治教育内容发展的内在规律。优化内容体系，要尊重历史以打牢深厚的历史基础，关注现实以体现强烈的时代气息，着眼未来以彰显鲜明的超越指向，力求使思想政治教育内容各要素协调一致、形成合力，使内容系统达到最优化状态。具体来讲，要把先进性内容与广泛性内容相结合，政治性内容与生活性内容相融合，民族性内容与世界性内容相关联，科学性内容与人文性内容相匹配。也有研究者提出思想政治教育内容结构应从以下方面加以优化：第一，突出思想政治教育核心内容；第二，完善思想政治教育内容体系；第三，实现思想政治教育内容更新。

五、关于思想政治教育内容的创新发展研究

思想政治教育内容需要伴随着实践和时代的发展而不断发展，努力推进实践创新。思想政治教育内容的创新发展，也是学界研究思想政治教育内容的重要方面，归结起来主要开展了以下研究。

（一）回顾思想政治教育内容创新发展的历程与成绩

研究者们分别选择改革开放以来、党的十六大以来、中国共产党成立以来等一些标志性的时间节点回顾思想政治教育内容创新的历程及成就。如有研究者回顾改革开放以来大学生思想政治教育内容的发展，提出改革开放以来大学生思想政治教育内容在继承中创新、在改革中发展，体系日趋完备，结构更加合理，课程设置更趋科学。始终体现鲜明的政治方向、始终结合社会发展的新要求、始终立足大学生思想发展的新实际，始终依托马克思主义中国化的新发展，是改革开放以来大学生思想政治教育内容历史发展的宝贵经验。有研究者把党成立以来思想政治教育内容的发展历程划分为六个时期，并指出其发展历程表现出这样几个特点：第一，不断坚持用马克思主义思想作指导，尤其注重用马克思主义同中国实际相结合而产生的最新理论成果，用中国化了的马克思主义指导思想政治教育的实践和内容。第二，思想政治教育的内容紧紧围绕党和国家的中心任务展开，在服务中心工作中创新，在创新中得到发展。第三，积极宣传党的方针政策，弘扬时代主旋律，引领思想文化思潮，建构时代精神。第四，坚持解放思想，实事求是，紧扣时代主题，推动社会文明进步和人的全面发展。研究者们通过对思想政治教育内容发展的实践回顾普遍发现，不断创新发展在一定意义上是思想政治教育内容的重要品质。

（二）研究思想政治教育内容如何在迎接挑战中创新发展

思想政治教育内容创新，归根结底在于实践的发展和时代的进步，实践和时代发展提出的新要求和挑战推动着思想政治教育内容创新。30 年来，研究者们总是结合实践和时代的新发展、新变化研究探讨思想政治教育内容创新。如有研究者探讨思想政治教育内容适应现代社会需要的现代转型问题，提出思想政治教育内容现代转型绝不意味着“去政治化”，相反，要自觉回应中国社会现代转型的时代要求而“再政治化”，实现思想政治教育内容从“传统政治”向“现代政治”的转型。有研究者探讨如何在推进大众文化发展的背景下实现思想政治教育内容创新，提出在当代中国大众文化语境下，思想政治教育应构建主流文化与大众文化相契合、时代性内容与稳定性内容相结合、民族性内容与世界性内容相融合、政治性内容与生活性内容相耦合、思想性内容与审美性内容相整合的教育内容体系，并在内容创新中增强思想政治教育的主动性、科学性、针对性和实效性。也有研究者探讨经济全球化背景下的思想政治教育内容创新，提出面对经济全球化趋势，思想政治教育要增加与全球化发展相适应的教育内容，包括开放意识教育、进取意识教育、竞争意识教育、国际法律法规教育、“国际人”观念教育、全球意识教育等。还有研究者探讨构建和谐社会背景下的思想政治教育内容创新，提出站在建设和谐社会的角度审视思想政治教育，应进行社会主义和谐社会理论、科学发展观、社会主义核心价值体系、心理健康、生态文明和人文精神的教育等，丰富和发展了思想政治教育内容。

（三）研究如何以社会主义核心价值体系统领思想政治教育内容创新

社会主义核心价值体系是社会主义意识形态的本质体现，是兴国之魂，建设社会主义核心价值体系，是党在思想文化建设上的一个重大理论创新。用社会主义核心价值体系创新思想政治教育内容，是深刻总结历史经验，推进思想政治教育科学发展的必然要求。有研究者提出，社会主义核心价值体系的提出以体系性的内容丰富了思想政治教育的现有内容体系，实现了思想政治教育内容创新。社会主义核心价值体系把思想政治教育内容统摄为以马克思主义指导思想为灵魂，以中国特色社会主义共同理想为主题，以民族精神和时代精神为精髓，以社会主义荣辱观为基础的有机整体，把马克思主义理论与中华民族优秀传统文化结合在一起，把远大政治目标与日常行为规范结合在一起，把时代精神与历史经验、世界眼光与民族传统联系在一起，构成一个既有全球视野又有历史眼光、既立足现实又面向未来、既恪守原则又海纳百川的体系，实现了思想政治教育内容的体系创新。也有研究者提出，以社会主义核心价值体系创新思想政治教育内容，要突出思想政治教育的主导性内容、坚持思想政治教育的特色性内容、增强思想政治教育的时代性内容、吸纳思想政治教育的兼容性内容等。另有研究者提出要突出政治教育的核心内容，优化思想教育、政治教育、道德教育、心理教育之间的内容结构；要拓宽覆盖面，考虑各个社会群体，涵盖各方面的内容，完善内容体系；要处理好继承与创新的关系、坚持创新的指向、明确创新的目的、坚持把人的全面发展和社会的文明进步作为创新的动力，切实推进内容创新。

第三节　高校思想政治教育内容研究述评

综上所述，30 年来，与学科建设和实践发展相伴随，思想政治教育内容研究不断深化，取得了重要进展，为进一步深化研究奠定了扎实基础。学界在诸多方面都有一定的共识，尤其是在思想政治教育内容的重要价值、基本特性、内容构成、内在关联、实践创新等方面，学界形成了普遍共识。一致认为，加强思想政治教育内容研究，无论是对于深化思想政治教育实践规律性的把握，推动实践发展，还是对于深化思想政治教育学科建设规律性的认识，推动学科发展，都具有重要意义。思想政治教育内容十分丰富，包括思想教育、政治教育、道德教育、心理教育等多个方面，其中政治教育是根本和核心，各种教育内容有紧密的内在关联。思想教育内容不断发展，随着时代和实践的发展，不断有新的时代性的内容添加进内容体系，思想政治教育内容需要实现与时俱进的发展。深化对思想政治教育内容的认识，需要不断加强理论研究和实践探索，努力构建符合教育实际和实践规律性的内容体系，推进思想政治教育内容体系的优化和发展。但是，对于不少的问题学界也还存在一定的认识分歧。比如，思想政治教育内容究竟应该由哪些内容构成，其内容构成的边界到底在哪里，各种教育内容究竟构成什么样的体系关系，如何在教育实践中科学有效地利用教育内容开展教育，如何实现思想政治教育内容的创新发展，如何构建具有中国特色的思想政治教育内容体系，等等，学界还有不同的认识，观点不尽一致。

内容问题常研常新，还有不少方面需要进一步强化研究、深化认识，这些方面构成了思想政治教育内容研究的前沿课题，梳理起来主要有以下方面：一是如何科学构建针对不同教育对象的思想政治教育内容体系。教育对象不同，对教育的内容要求不同，教育内容也应随之有所不同，比如对大学生、军人、农民等开展教育，无疑不能用完全一样的内容去教育他们，如何依据对象的特点构建科学可行的内容体系，提升教育的科学性、针对性和实效性，这是一个需要深入研究的重大问题。二是如何科学把握思想政治教育内容的教育实践规律性。运用一定的思想政治教育内容开展教育，蕴含着特定的教育规律性。然而在现实中，“在内容和形式之间，当前的思想政治教育理论研究更关注形式而忽视内容，即更关注‘为何教育’‘如何教育’的研究而相对忽视对‘教育什么’的深层研究。”形式离不开内容，内容也离不开形式。探讨思想政治教育内容及其实践应用的规律性，实现思想政治教育内容与形式之间的匹配和吻合，这是思想政治教育理论研究不应也不能回避的问题。这里所讲的内容运用的实践规律性，既包括一般意义上的整体规律性，也包括教育内容实践运用的具体规律性。三是如何实现思想政治教育内容的整体衔接问题。思想政治教育内容因其丰富性而蕴含体系性，这种体系性不仅体现在不同思想政治教育内容横向之间的衔接上，而且体现在思想政治教育内容纵向的衔接上。长期以来，思想政治教育实践没有处理好内容的整体衔接问题，如中小学教育与大学时期的教育，学校教育与社会教育、家庭教育等在内容上都存在没有处理好衔接问题，没有实现彼此之间的整体协同。高校思想政治理论课各门课程之间也没有处理好内容的整体构建问题，存在一定程度的简单重复等，这在一定程度上影响到思想政治教育的实效，需要通过加强研究和探索予以有效克服。四是如何实现思想政治教育内容与时俱进的科学发展。在不同的时代条件下，伴随着中国特色社会主义事业和思想政治教育实践的进步与发展，一些新的时代性的内容需要被纳入思想政治教育内容体系，如何有效实现内容体系与时俱进的科学发展，便成为一个时代性的课题。如社会主义核心价值体系、社会主义核心价值观提出以后，如何以核心价值体系、核心价值观统领思想政治教育内容，如何实现思想政治教育内容的创新发展，则是需要深化研究的问题。五是如何有效借鉴思想政治教育内容发展与应用的外域经验。不同阶级、不同国家、不同社会制度下的思想政治教育内容具有差异性，国外思想政治教育的实践发展，尤其是西方发达国家在思想政治教育中的有效探索所取得的经验值得我们去借鉴，这需要开展思想政治教育比较研究。其中，一个重要方面就是要开展思想政治教育内容的比较研究，把握国外在思想政治教育内容的确立及运用中的实践经验和理论智慧，以利于立足我国国情加以批判借鉴。

第十章　高校思想政治教育的环境分析理论

第一节　高校思想政治教育环境概述

思想政治教育环境是构成思想政治教育过程的要素之一，是思想政治教育系统的外部条件，是人的思想品德形成和发展的客观基础。一定的思想政治教育总是与一定的环境联系在一起并形成互动。在传统社会，环境的同质性、稳定性和封闭性比较突出；在现代社会，环境的多维性、复杂性和开放性进一步增强，并出现了媒介环境、虚拟环境和竞争环境等新的环境因素。与思想政治教育其他要素比较而言，环境影响的功能正在不断强化。因此，研究思想政治教育环境理论不仅对现代思想政治教育学，而且对当前的思想政治教育实践都具有重要意义。

一、思想政治教育环境的特点与功能

思想政治教育环境，是指影响人的思想品德形成和发展，影响思想政治教育活动运行的一切外部因素的总和。相对人的主观世界和思想政治教育系统而言，它是思想政治教育所面对的外部客观存在。由于思想政治教育环境是一个复杂的综合系统，人们可以从不同的角度对其做出不同的分类。多维性、复杂性和开放性是其主要特征。在现代社会，这些特征更加明显。

（一）思想政治教育环境及其类型

一般意义上，环境包括自然环境、社会环境和精神环境。人的生存和发展离不开地理位置、自然景观等自然环境，自然环境对人的思想政治品德也会产生一定的影响，所以人们把自然环境的建设作为思想政治教育环境建设的内容之一。但是相对于社会环境和精神环境而言，自然环境并不是起决定作用的因素，起决定作用的是社会环境。所以，这里讲的思想政治教育环境主要是指思想政治教育的社会环境。在这个基础上，思想政治教育环境可以从范围、性质、状态和内容进行划分。

1. 按其影响范围划分

思想政治环境按其影响范围划分可以分为宏观环境、中观环境与微观环境。

宏观环境又称为大环境，主要指占统治地位的经济、政治、文化和社会心理，是影响人的思想行为和思想政治教育的社会环境或国际环境。中观环境是指影响具体个人思想行为和思想政治教育的特殊阶段与其重要背景，包括人们必然经历的家庭社区、青少年组织、学校、企业等因素和对人的思想和行为产生广泛影响的大众传媒、国际互联网等因素。微观环境又称为小环境，一般是指与人们的活动直接相关的局部环境因素，比如儿童生活的家庭、学生生活的学校班级、职工活动的企业车间、军人活动的军营等。宏观环境、中观环境和微观环境的区分是相对的，随着人们活动空间的变化而变化。三者的关系表现为：宏观环境制约着中观环境和微观环境；中观环境直接影响微观环境并连接宏观环境和微观环境；微观环境是宏观环境发挥作

用的基础，对中观环境和宏观环境具有反作用。三者互相结合，共同影响着人的思想行为和思想政治教育的发展。

2. 按性质划分

思想政治教育环境按其性质，可以划分为良性环境和恶性环境。

良性环境是指对人的思想品德和思想政治教育有积极促进的环境。通常所说的“大课堂”“大家庭”“思想品德的摇篮”等即是指良性环境。相反，对人的思想品德和思想政治教育具有消极阻碍作用的环境就是恶性环境，比如通常所说的“大染缸”等。良性环境和恶性环境对人的思想品德的影响一直是教育者关注的课题，我国古代就有“入芝兰之室，久而不闻其香”“入鲍鱼之肆，久而不闻其臭”“近朱者赤，近墨者黑”等形象而深刻的描述。当然，由于人具有的主观能动性，可以以不同的态度和方式对待不同性质的环境，因而，同样面对良性环境和恶性环境影响，产生的结果可能也完全不同。有的人“出淤泥而不染”，有的人逆境中成才，有的人可能相反。所以良性环境与恶性环境对人们思想行为和思想政治教育的影响性质不是固定不变的，两者可以在一定的条件下相互转化，形成不同的教育效果。而在现代社会条件下，我国长期的社会稳定、经济持续的发展以及独生子女时代的到来，使逆境教育的重要性和迫切性日益凸显。

3. 按状态划分

思想政治教育环境按状态，可以划分为开放环境和封闭环境。

所谓开放环境是指思想政治教育活动能够与外界进行思想信息交流和行为交换的环境。开放按其程度不同又可以分为对外开放与对内开放、全面开放与局部开放、社会生活开放与观念心理开放，由此形成了程度不同的开放环境，也决定了开放环境的动态与变化。封闭环境是指教育活动不与外界进行思想信息交流和行为交换的环境。闭关锁国是国家范围的封闭；鸡犬相闻、老死不相往来是指日常生活的封闭；两耳不闻窗外事，一心只读圣贤书是说学校环境的封闭；心理闭锁是指个人思想和心理的封闭。封闭环境和开放环境的区分也是相对的，特别是在现代社会条件下，国际交往、地区交往和人际交往越来越密切，环境的开放程度得到了广泛的提高，客观而言，环境的封闭越来越难，所以就其本质而言，思想政治教育环境是一个开放环境。

4. 按内容划分

思想政治教育环境按内容划分，可分为社会物质环境和社会精神环境。

社会物质环境是指在人类社会生活中影响思想政治教育的各种物质因素的总和，包括自然界中的属人环境、社会中的经济环境等。精神环境是指影响思想政治教育各种精神因素的总和。精神环境又可以细分为制度环境、舆论环境、精神文化环境等。制度环境包括社会制度环境和单位制度环境。社会制度环境是由于社会阶级性质的不同而形成的环境，如社会主义国家的环境具有无产阶级性质，资本主义国家的环境具有资产阶级的性质。单位制度环境是由于不同的管理体制和局部文化而形成的环境，表现为严格有序或松散混乱。舆论环境包括社会舆论环境和大众传媒环境等。精神文化环境指以一定的共同价值观为指导的微观环境。

（二）思想政治教育环境的特点

思想政治教育环境各要素之间相互渗透、相互影响、相互作用，形成了思想政治教育环境的一般特征。这些特征把思想政治教育环境与其他领域和学科的环境区分开来。

1. 多维性

影响思想政治教育的环境是一个由多种要素构成的环境。环境要素可以从不同的角度进行划分是多维性的第一个表现。社会存在的多样性是导致环境多维度的客观原因，社会发展越复杂，环境的分化就越细。在以农业为主的传统社会，人类认识自然、改造自然的能力有限，人与人的关系、人与社会的关系也处于相对简单、相对稳定的状态，因而环境的多维性并不明显。在现代社会，随着科学技术的进步和生产力水平的提高，人化自然不断丰富，社会关系越来越复杂，环境的多维性也因之增强。此外，人的主观选择的多向度，是导致环境多维度的主观原因。人的主观选择是建立在需要的基础上的。需要的丰富程度决定了主观选择的丰富程度。在传统社会，特别是封建社会（包括西方的中世纪）禁欲主义抑制了人的需要，人的自主选择空间也受到了限制。在资本主义社会早期，对金钱的追求成为社会的主导价值观。资本家把追求剩余价值作为人生的唯一目的，工人为了生存也不得不被工资所钳制。无论是资本家还是工人，需要都具有单一性。在现代社会，特别是社会主义社会里，人的需要呈现出多样性和丰富性的特征。需要的丰富性推动了自主选择的多样性，进而增强了人们对社会环境认识多样化的过程。这个多样化的过程导致了人们对同一环境有不同的认识，从而形成了不同的分类视角。

2. 复杂性

从主观的角度而言，复杂性是一种思维方式，这种思维方式表现为非线性思维、整体性思维、关系性思维、过程思维等；从客观的角度而言，复杂性是世界存在的一种状态，这种状态既表现为事物客观存在的复杂性，也表现为客观存在对人的影响的复杂性。思想政治教育环境的复杂性主要表现在：第一，影响因素的广泛性。在社会生活中，凡是与人们的生活、学习、工作、交往有关的因素都可以影响人们的思想和行为，影响思想政治教育活动。第二，影响性质的多重性。环境的影响性质不是绝对的，其中良性与恶性、积极与消极、先进与落后等因素总是混杂在一起，同时影响人们的思想和行为。同时，不同的人对环境的选择和适应也存在着很大区别，同样的环境对教育对象和教育本身的影响往往存在很大的差别。第三，影响方式的多样性。环境对思想政治教育的影响一般有如下几种方式：教育与环境的相互影响，环境对教育的单一影响；直接的影响，间接的影响；广泛的影响，个别的影响；深入持久的影响，浅层的偶然的影响；真实的影响，虚假的影响，等等。同时，这些影响方式又是交织在一起的，从而进一步增强了思想政治教育环境的复杂性。

3. 开放性

思想政治教育环境是一种属人环境，而人又是在时间与空间上不断变化着的，因此，思想政治教育环境是开放的。其开放性主要表现在：第一，影响因素在空间上没有固定界限。思想政治教育是作用于人的思想的活动，环境影响的广泛性导致思想政治教育环境的范围很难界定，也不能完全封闭起来；思想政治教育的实践对象是人的思想品德。而影响人的思想品德产生、发展和变化的因素相当广泛。特别是在现代社会，科学技术的进步为人们跨区域、跨国界的交往提供了快速便捷的工具，以互联网和其他资讯工具为基础的现代信息交流，扩大了人与人交往的空间。这样，影响人的思想品德的环境在空间上已经没有了固定的界限。第二，影响因素在时间上没有严格的界限。人们的思想观念，相对于现实社会的发展并不是完全同步的，一方面可能预见未来社会发展，表现出超前性；另一方面也可能落后于现实社会的发展，表现出相对的滞后性。人的思想观念与现实社会发展的不同步性，从时间的纵向上打破了思想政治教育环境的封闭状态。第三，思想政治教育环境是一个动态的环境。整个世界处于不断的发展变化之中。在社会基本矛盾的推动下，社会环境的方方面面也在变化。思想政治教育环境的开放性又进一步推动了变化的速度，使思想政治教育环境呈现更加复杂的特征。这些变化主要表现在：一是随着思想政治教育对象学习、工作和生活的条件的变化而变化。二是随着教育对象的年龄的变化而变化。三是影响因素的主次关系发生变化。

（三）思想政治教育环境的功能

所谓功能，是指一定系统与外部环境相互联系和作用过程的秩序和能力。环境的功能是其要素相互作用的结果与表现。思想政治教育环境的功能主要体现在强化、导向、感染等几个方面。

1. 强化功能

强化是指外部刺激对人的主观认识的巩固与深化的过程。环境对人的思想品德的强化主要表现在三个方面：其一，反复强化。现代环境中，信息能够被储存起来，并可以通过传媒、网络等载体不断重复出现，增加与人们接触的频率。这样，同样的内容反复刺激人的感官，从而在人脑中留下了深刻的印象。其二，综合强化。一方面环境对人的作用是通过综合的方式进行的，是文字、图像、声音、动作等形式的共同作用；另一方面是通过内容和功能的综合而发挥作用。其三，累积强化。累积强化集中反映在信息环境对人的影响上，信息量的剧增，影响的持久性可以强化认知效果。除了上述三种强化方式之外，思想政治教育的强化功能还表现为舆论强化、制度强化、榜样强化等途径。舆论强化主要是通过媒介环境形成一定的舆论引导来强化人们对某一思想、行为的认识。大众传媒以其信息容量大、传播速度快、覆盖面广和吸引力强形成了对人们具有深刻影响的舆论环境；广播、电视和网络等媒体可以以不同的方式、不同的时间重复同样的主题，增强了强化的效果。制度强化是通过制度和法规建设，形成一种有利于社会秩序和谐和人们成长的环境。制度对人们的思想和行为具有直接的规范和引导作用，通过权威机制和利益引导调动人们的积极性和主动性。榜样强化是以一定的榜样为载体形成的形象强化。榜样具有明显的示范效应，特别是对正在成长的青少年具有其他方式无法替代的吸引力。构成榜样的前提条件是能够代表社会的发展方向，能够贴近人们的现实生活。

2. 导向功能

马克思认为，人是环境的产物，人的思想的形成和发展离不开一定环境的影响。因此，环境状况、特征等对人的思想道德素质的形成、发展和变化具有一定的导向性。从空间来讲，受教育者成长过程中所接触的家庭、学校、社会等环境，都程度不同地引导着其世界观、人生观和价值观的形成与变化。在现代社会，思想政治教育环境的导向作用主要是通过规范导向、舆论导向和利益导向实现的。所谓规范导向就是通过一定社会的法律制度和单位的纪律引导人们的思想和行为。规范导向具有较强的强制性。所谓舆论导向就是通过社会舆论引导人们的思想和行为，它主要通过大众传媒产生的媒介环境起作用，这种导向具有非强制性的特征。利益导向是人们在满足自己对物质利益的追求过程中形成的导向，经济环境是形成利益导向的外在动因，个体需要是形成利益导向的内在基础。在现实生活中，由于制度环境、媒介环境和经济环境同时存在，所以规范导向、舆论导向和利益导向也同时对人的思想政治品德产生影响。改革开放以来，我国的经济环境出现了巨大的变化，不同的利益主体可以面向社会、面向市场自主竞争，形成了多元的价值取向。但是合理的竞争必须遵循社会主义方向和社会主义根本原则，社会环境的主导方向与思想政治教育的方向是一致的，市场经济的利益导向与社会主义的价值导向并不是根本对立的。社会环境不仅能够从多层次、多角度生动具体地引导人们的价值选择，而且能够为思想政治教育的发展开辟新途径，提供丰富的新资源。

3. 感染功能

思想政治教育环境可以通过直接作用于人的感官，感染人、陶冶人。在现代社会，科学技术的发展为思想的形象化提供了丰富的素材；而生活节奏的加快又增强了人们对直观形象材料的需求。所谓思想政治教育环境的感染性就是间接影响，是通过暗示、模仿、从众、集群、舆论等群众心理的影响和作用约束和规范人的行为。

社会环境的感染主要表现为情绪感染、形象感染、群体感染。情绪感染是通过社会舆论和时尚潮流影响人们的情绪，形成对社会风尚和价值取向的选择。情绪是指个体受到某种刺激所产生的一种身心激动状态，社会环境的任何变化都会影响人的情绪，特别是一旦社会出现影响大的变化时，社会环境对人们的情绪的影响也特别突出。外族入侵，可以激起人民的爱国主义情感；自然灾害，可以激发人道主义情感；和平发展，可以促进人们致力于经济建设的情感。形象感染是受到生动、直观的事物形态和典型事例触发而引起的影响。直观的事物的具体形态比如实地考察、参观访问，形象的声音和图片等，能够直接地影响人的情感，诱发人们思考。另外，先进的或正面的典型以其具体的形象，易于被人接受和仿效，具有很强的感召力；消极的或负面的形象，如果任其发展，不加制止，也会起到消极的影响。群体感染是指在一个群体中个体之间相互作用、相互影响的状况。朝气蓬勃的集体使人精神振奋；死气沉沉的集体使人心情忧郁。

二、思想政治教育环境理论

思想政治教育环境理论，主要研究环境与人的思想以及环境与思想政治教育的关系。这一关系，在很大程度上是主观与客观的关系。对这一关系的不同理解，形成了不同的思想政治教育环境观点和理论。研究和探讨古今中外的思想政治教育环境理论，对于科学地把握马克思主义思想政治教育环境论具有积极的借鉴意义。

（一）我国古代思想政治教育环境论

在我国古代，思想政治教育的重要内容之一——道德教育是教育家关注的重要问题，从而留下了丰富的关于道德教育与环境关系的思想。我国古代教育家关于这方面的研究集中在如下几个方面：

1. 重视人际关系环境对人的品德形成的影响

春秋战国时期，出现了百家争鸣的思想活跃局面，产生了丰富的教育思想。其中以孔子和孟子为代表的儒家伦理教育思想最为系统。他们关于环境与教育的关系的论述也相当丰富。

一方面，孔子十分重视教育环境的作用。他说：“性相近也，习相远也。”“德之不修，学之不讲。”他说明了人的道德品质并不是先天形成的，人不能自我封闭，固执己见，一定要向人好学求教，才能去固解蔽，具有良好的道德品质和行为。同时，孔子还注意把人的成长和道德修养同社会环境紧密结合起来，他特别重视作为社会环境的组成部分的人际环境，如朋友关系、师生关系的作用。他认为，一个人“独学而无友，则孤陋而寡闻”。所以，他指出身居有道之邦的人所做的两件大事之一就是要与仁慈之士交朋友。他把朋友分为益友和损友，坚持“近君子，远小人”的交友原则。另外，他还主张一个人要随时向周围的人学习，“三人行，必有我师焉，择其善者而从之，其不善者而改之。”可见，孔子从人的道德品质的形成以及人受社会关系影响而在德行方面产生的差异，看到了客观环境的决定作用。但是，另一方面，孔子又承认有意志的“天”，并相信有天命的存在。他说“天生德于予”，把个人的德行看作先天生就的，而不是后天在客观环境中学习培养形成的，表现出孔子思想的矛盾性。

孟子继承并发展了孔子的教育环境论，一方面看到了客观环境在人的思想道德教育中的影响和作用，另一方面又否定客观环境的作用。孟子认为，人生有“不学而能”的“良知”。“人之所不学而能者，其良能也；所不虑而知者，其良知也。”孟子认为人天生有“恻隐之心”“羞恶之心”“辞让之心”和“是非之心”，即“四端”。它们发展起来就成为“仁、义、礼、智”四种道德。他把人性论作为道德产生的基础，否定了客观环境和教育的作用。虽然提出了内发的先验的教育观，但是他同样肯定环境的作用。他说：“富岁子弟多刺，凶岁子弟多暴，非天之降才疏也，其所以陷溺其心者然也。”这里，他承认富岁和凶岁的客观环境直接影响人的道德品质，承认了外在选择对人性所起的作用。同时，他也十分重视人际关系，提出了五伦关系原则，即“父子有亲，君臣有义，夫妇有别，长幼有序，朋友有信”。另外，孟子还提倡“乡田同井，出入相友，守望相助，疾病相扶持”，也就是说，建立亲睦友好的环境，以便相互帮助，发扬德行。他也主张向周围的人学习，提倡“闻过则喜”“见善则迁”，并要“与人为善”。他认为，一个人能够不固执自己的成见，舍己从人，就能够乐于取人，与人为善，就能够日迁于善。

孔子和孟子的思想道德教育思想一直主导着我国古代社会的思想道德教育活动。此后，秦汉时期的董仲舒，隋唐五代时期的韩愈，宋元明时期的程朱理学，更多地发展了孔孟的唯心主义的道德教育传统。

2. 重视主观思想与客观环境的关系

在我国古代，一些思想家不仅重视客观环境对思想道德教育的影响，而且能够看到主观认识的作用。代表人物有战国时期的荀子。他把环境的作用称为“渐”。他说：“蓬生麻中，不扶而直；白沙在涅，与之偕黑。兰槐之根是为芷，其渐（渍）之（溺），君子不近，庶人不服。其质非不美也，所渐者然也。故君子居必择乡，游必就士，所以防邪僻而求中正也。”这里，荀子非常明确地指出了客观环境对人的思想品德的决定作用，强调要在环境的积渐习染中选择积极因素，避免消极影响。荀子在强调环境的作用的同时，也注意到人的主观努力，他把这种努力称为“积”。他说：“积土成山，风雨兴焉。积水成渊，蛟龙生焉。积善成德而神明自得，圣心备焉。”他把人的善德看作在客观环境中通过教育而逐渐积累起来的，而不是天生就有的。而这种积累又取决于人们对环境的取舍。“肉腐生虫，鱼枯生蠹。怠慢忘身，祸灾乃作，强自取柱，柔自取束。”也就是说，环境对我们是发生积极作用还是消极作用，是由我们“自取”的。

荀子通过环境的“渐”和主观的“积”相结合，来说明人的主观思想与客观环境的关系，揭示思想政治教育对人的本性变化的作用。

总之，我国古代思想家对教育环境的思考为研究思想政治教育环境提供了丰富的资源。他们的思考集中在环境与人的浑然天成的统一的基础上。表现在天人关系方面，突出强调天人合一的哲学指导，尊重自然的至上性；表现在人我关系方面，突出个人与他人的和谐统一，强调人对人的依赖。

（二）西方思想政治教育环境论

在西方的文化传统中，环境和教育的关系一直是思想家关心的课题，从古至今，关于环境的研究没有中断过。其思想政治教育环境论发展的主要阶段可以划分为：自然经济条件下朴素的环境论；商品经济条件下理性主义的环境决定论；一体化时期进步主义的环境论和流派的形成三个时期。

1. 自然经济条件下朴素的环境论

早在古希腊时期，著名的思想家苏格拉底就开始关注环境对好公民教育的影响。他认为要使人民的教育制度培养出好公民，必须有一个好社会。著名思想家柏拉图同样关注教育与环境的关系。他认为一个人从他与环境的相互作用中学习。好的行为是一个好的本性倾向与好的环境接触的结果。他希望通过指导生育来保证好的子孙后代和保持好的环境。如果儿童在纯洁的环境中长大成人，就肯定有美好的生活。他认为国家是个学校，其中儿童要学习一辈子。他的家庭、街道，他遇到的人们，他访问的地方，他听到看到的一切，每一件事都给予同样的教育。所以，他对理想国给以严格的审查。请人们把贪欲的、欺骗的、狡猾的、不道德的偶像抛出城邦。只有勇敢的、强壮的、雄壮的音乐才允许存在，那些削弱意志、哄骗感觉的格调是不能容忍的。亚里士多德继承了他们的思想，并把环境影响与人的美德的形成结合起来。他认为美德不是遗传的，而是被环境的需要所塑造的。美德形成的途径就是养成习惯。当一个人在固定的环境中，他们的美德和品行就会得到强化，所以国家必须控制所有教育。

2. 商品经济条件下理性主义的环境决定论

在近代西方，关于环境与教育关系发挥较多的是卢梭。18 世纪是欧洲的过渡时期，人们称之为“理性时代”，一个人类以理性为向导和裁判的时代。这个时代是一个腐朽、崩溃、异端、放任自流的时代。

卢梭把儿童放在教育过程的中心，认为儿童有一种潜在的发展可能，而教育就是为儿童提供优良的环境，使其充分地实现这种可能。他认为，教师必须忘掉他试图来塑造儿童的那些成见、先见和理论，它们极可能把成长中的儿童歪曲成荒唐不堪的样子。教师的任务就是仔细研究儿童的天性、优缺点和发展的可能性，认真考虑如何创造环境以便使其能最大限度地发展自己的天性。他认为，万物由上帝初创时都是善的，一旦落入人的手中就开始变坏了。儿童出生时也是善的，教育的首要目的就是保护这种先天善的本性，发展儿童的潜能。实现的途径有两种：一是创造一个能够维护人类先天善的优良环境；一是努力教育儿童不受恶劣环境的歪曲。他在《爱弥儿》中设计了一个理想的环境。这样的环境与邪恶的环境隔离开来，避免受恶劣环境的影响，教育就是发展他们的独立性、判断力、理解力、鉴赏力，直到他们有能力抵抗邪恶为止。同时，他也分析了环境变化对教育的影响。他认为，社会与环境最重要的特征是变化，教育要预见儿童成人以后社会的变化，明确他们需要的技能和知识，教育者所掌握的知识是不够的，所以，他确定教育必须是一般性的，不要专业化。

3. 一体化时期进步主义的环境论和流派的形成

卢梭奠定了实用主义哲学和进步教育的理论基础。以后的裴斯泰洛齐、福禄培尔和杜威继承了他的许多思想。在现代影响最大的思想家莫过于杜威。在他早期的著作《学校与社会》一书中，他努力阐明了下列原则：在学校、家庭和社会之间建立紧密的联系；制定真正对孩子有意义的课程；从学习者的经验中导出学习信条；提供个别注意以使每一个孩子都能按自己的兴趣学习。他认为，就像每一个人在他的生物进化过程中会形成有机体一样，他也会形成理智。有机体进化的每一个阶段都和环境接触，并学习去控制客体的环境。所以，他说，理智和知识是应付生活环境的工具。为此，他提出“教育即生活”的著名论断。他认为，学校是一种和社会生活密切联系的特殊环境。教育不是为生活做准备，而是最完全的现实生活。他认为，儿童出生于社会和家庭，因为这种环境能根据他的成熟的程度向他提供要努力解决的问题情境，因此他能在其中学习。当他所处的环境从家庭发展到社会之后，这种学习能引导他进一步地学习。学校应通过发挥社会生活模式的作用来继续这种学习过程。学校仅仅是进一步学习的工具，它本身并不是目的。所以，他提出了另一个著名的论断：“教育即生长”。

除了上述思想家的观点外，在现代社会，关于环境与教育的关系，还形成了许多流派。主要有：

①对环境教育作用具有肯定倾向的流派和观点。主要代表是现代的行为主义学派和社会学习理论。行为主义是20世纪初产生于美国的一个流派，创始人是华生。行为主义者把人的道德和不道德的行为，都看作环境影响的结果，看作物理或化学性刺激引起的，甚至认为心理学的对象不能研究意识或心理，而应当研究由肌肉收缩或腺体分泌而引起的外部行为。社会学习理论是从行为主义心理学演变来的学派，代表人物是美国的班图拉。他认为，人与环境是一个互动体，人的行为是这个互动体的反应，人既能够对环境的刺激做出反应，也能够主动地解释并作用于情境；人的行为不仅可以被现实经验所规定，也受未来预测所影响。它的核心概念是观察学习。强调人可以从环境中直接学习，榜样示范是道德教育的主要手段。

②对环境教育作用具有否定倾向的流派和观点。主要代表是存在主义和精神分析学派。存在主义认为自我存在没有任何约束，可以处在无的境界中，人可以不顾周围的环境，自由地设计自己，创造自己。道德选择只能是人在当时、当地的具体环境下的一种内心的主观抉择，不应该考虑任何外在的条件。精神分析学派的核心是弗洛伊德提出的无意识理论。即人的原始性欲、各种本能和出生后被压抑的欲望。所以，道德是一种精神现象，不是客观环境的反映。

③对环境教育作用持折中性倾向的流派和观点。代表是基督教的境遇伦理学。它认为，伦理学应该是在现实社会发展变化的过程中形成的，应当正视伦理学面对的具体情境，解决实际问题。只有这样，伦理学才能把人们的道德能量释放出来，才能教育人“成为成熟的人，高尚地、自由地生活着，回答生活要求，并成为对生活负责的人”。

（三）马克思主义思想政治教育环境论

1. 马克思主义思想政治教育环境论

历史上的思想家提出了许多值得借鉴的环境理论，但是由于历史和阶级的局限，他们没有真正科学地揭示思想政治教育和环境的关系，为此马克思主义经典作家进行了全面深入的探讨，概括了科学的思想政治教育环境论。

首先，马克思主义关于社会存在与社会意识关系的原理，奠定了思想政治教育环境论的唯物论基础。

马克思主义认为，人的思想、观念的形成是外部客观环境影响的结果，“观念的东西不外是移入人的头脑并在人的头脑中改造过的物质的东西而已。”同时，“人们的观念、观点和概念，一句话，人们的意识，随着人们的生活条件、人们的社会关系、人们的社会存在的改变而改变”。所以，环境决定着人们的思想和观念，环境的变化影响到人们思想的变化。

在影响人们思想观念的环境因素中，起决定作用的是一定的经济关系。因为自古以来人们的生活就是建立在生产发展的基础上的，建立在一定的社会生产关系的基础上的，而每一既定社会的经济关系首先表现为利益。人们在认识和处理经济利益矛盾的时候，由于不同的社会地位和阶级立场，产生了不同的思想道德观念、情感和信念，形成思想和观念上的矛盾。这些矛盾归根结底根植于一定的经济利益。因此，恩格斯提出：“人们自觉地或不自觉地，归根结底总是从他们阶级地位所依据的实际关系中——从他们进行生产和交换的经济关系中，获得自己的伦理观念。”恩格斯这段论述揭示了思想品德观念产生于社会关系之中，产生于人与人的关系之中，从而把思想政治教育和人们的思想品德观念与人们所处的社会环境联系起来了。同时，恩格斯还从思想品德发展的角度论述了人们的思想品德观念是随着社会经济制度的变化而变化的。他指出：“我们拒绝想把任何道德教条当作永恒的、终极的、从此不变的伦理规律强加给我们的一切无理要求”，“相反地，我们断定，一切以往的道德论归根到底都是当时的社会经济状况的产物。”“善恶观念从一个民族到另一个民族、从一个时代到另一个时代变更得这样厉害，以致它们常常是互相直接矛盾的。”这样，马克思和恩格斯的论述使人们对思想政治教育环境的认识建立在唯物主义的基础上，建立在一定的经济关系和由此产生的经济环境变化的基础上，从而批判了唯心主义的道德永恒论，也克服了古代朴素唯物主义和近代机械唯物主义思想家关于环境论的不足。

其次，社会环境对人的思想道德品质的影响随着社会历史的发展表现出不同的特征，形成了性质不同的历史阶段。

马克思在 1857 年至 1858 年写的《经济学手稿》中说：“人的依赖关系（起初完全是自然发生的），是最初的社会形态，在这种形态下，人的生产能力只是在狭窄的范围内和孤立的地点上发展着。以物的依赖性为基础的人的独立性，是第二大形态，在这种形态下，才形成普遍的社会物质交换，全面的关系，多方面的需求以及全面的能力的体系。建立在个人全面发展和他们共同的社会生产能力成为他们的社会财富这一基础上的自由个性，是第三个阶段。第二个阶段为第三个阶段创造条件。”这就是人们熟知的人的依赖性社会、物的依赖性社会和个人全面发展的社会三个社会形态。马克思的这段论述揭示了人与环境联系的三个阶段，也是社会环境对人的思想道德品质形成影响的三个不同的阶段。在社会生产力极其低下的原始社会里，生存和发展的基础是人的自然力，然而，单个人所具有的自然力相当有限，所以把单个人的自然力联合起来形成群体力量则成为人面对自然界的挑战所必须作出的选择，从而形成了人对人的依赖关系。这种依赖关系形成了人的社会本质，所以，马克思强调：“自然界的人的本质只有对社会的人说来才是存在的；因为只有在社会中，自然界对人说来才是人与人联系的纽带，才是他为别人的存在和别人为他的存在，才是人的现实的生活要素；只有在社会中，自然界才是人自己的人的存在的基础。”人对人的依赖产生了思想道德意识中对人际关系和利益共存的重视，形成了人与社会原始的统一性。

当私有制出现以后，人与人的利益共同关系出现了分裂，特别是随着私有制发展到资本主义这样高级阶段的时候，特殊利益和共同利益的分裂更加突出，出现了以物的依赖性为基础的人的独立性。具体来说，一方面，社会生产力的发展使人相对于自然界而言表现出前所未有的独立性；另一方面，相对于社会生产关系而言，形成了利益对立的两大阶级——无产阶级和资产阶级。无产阶级生产的财富越多，就越贫穷；资产阶级不直接从事劳动，却占有大量的财富。人与环境的关系表现为通过对财富的占有方式的不同而表现为对物的依赖。社会关系表现出阶级关系的对立。所以只有在共产主义社会里，个人才能获得全面发展的手段，才能获得自由。人与环境的关系才能实现统一。

最后，马克思主义经典作家在对唯心主义思想政治教育环境论进行批判的同时，对机械唯物主义的环境论也进行了评析。

马克思说："关于环境和教育起变化作用的唯物主义学说忘记了：环境正是由人来改变的，而教育者本人一定是受教育的。环境的改变和人的活动或自我改变的一致，只能被看作是并合理地理解为革命的实践。"马克思这里所说的环境是从历史唯物主义的角度来讲的，指的是社会制度和社会环境，包括社会生活条件、生产方式、政治制度和人们所处的境况。所说的教育是广义的教育，包括思想政治教育和科学文化教育。这样，马克思在肯定了机械唯物主义者承认客观环境作用的同时，批判了它否定人对环境可以改造的一面，批判了它否定人的主观能动性的一面。肯定了它承认教育社会作用的一面，批判了它忽视教育者也要接受教育的一面，并提出了只有革命的实践活动，才能把环境的改造与人的活动有机地联系起来，把客观条件和人的主观认识统一起来。所以马克思说："既然人的性格是由环境造成的，那就必须使环境成为合乎人性的环境。""动物仅仅利用外部自然界，简单地通过自身的存在在自然界中引起变化；而人则通过他所做出的改变来使自然界为自己的目的服务，来支配自然界。这便是人同其他动物的最终的本质的差别"。

可见，马克思主义思想政治教育环境论，既是唯物的，又是辩证的；既是现实的，又是历史的。其基本要点可以概括为：环境决定人的发展，决定人的思想道德面貌。社会环境，特别是社会生产关系对人的发展起着决定作用；社会的政治制度、文化传统也影响和制约人的思想道德倾向。另外，人们接受环境的影响不是消极的、被动的，而是一个积极的能动过程。人在一定条件下都会作出自己独特的反映和选择。人在环境面前具有主观能动性。人可以通过实践活动改变环境，改变思想道德状况。人与环境的关系，在不同的历史时期表现出不同的特征，只有到共产主义社会，二者才能实现真正的统一。

2. 反对"环境决定论"和"生物决定论"

在人与环境的关系的问题上，存在着两种片面的理解。一些人片面强调"人创造环境"的能动作用。认为物质条件无关紧要，充其量不过是为主体活动提供消极的质料，决定作用完全来自主体方面。这种观点忽略了环境对人的制约作用，把人的主观能动性抽象地夸大了。另一些人则贬低主体的能动作用，片面强调人对环境的依赖关系，认为人在环境面前毫无能动性和自由可言，好似上帝用线从暗室里牵出来的傀儡。前一种理解必然陷入历史唯心论，后一种理解必然陷入机械决定论和历史宿命论。马克思主义思想政治教育环境理论从不同的角度批驳了这两种错误倾向，为科学地理解现代思想政治教育和环境的关系提供了强有力的理论基础。

（四）现代思想政治教育环境论

现代社会，国内和国际环境发生了复杂而深刻的变化。在国内表现为，经济成分和利益多样化、社会生活方式多样化、社会组织形式多样化、就业岗位和就业方式多样化的趋势日渐明显。在国际表现为，一方面，经济全球化步伐加快，国与国之间的经济合作关系越来越密切；另一方面，西方敌对势力不断加紧对我国的“西化”和“分化”，渗透和反渗透、颠覆和反颠覆的斗争长期存在。这样，思想政治教育的环境呈现出更加复杂多变的特征，思想政治教育和社会环境的关系也更加密切，发展思想政治教育环境理论也显得更加迫切。

1. 思想政治教育环境是个系统，思想政治教育环境的建设也是个系统工程

思想政治教育是个系统工程，思想政治教育环境不仅是思想政治教育过程的要素之一，也是整个系统的子系统，需要协调内部诸要素的联系。现代社会，随着系统科学理论的提出及其在各个领域的应用，系统观念已经深入人心，自然也推动了人们对思想政治教育环境的认识，促进了人们对思想政治教育环境的进一步研究。相对于一定的教育过程和受教育者而言，思想政治教育环境包括家庭、学校和社会三个现实的层次，其中社会环境又可以分为经济、政治、文化等几个部分。另外，由于环境的开放性，思想政治教育环境还伴随着社会的进步在向宏观、中观和微观三个维度扩展，宏观方面有国际环境、市场环境等，中观方面有媒介环境、网络环境等，微观方面出现了竞争环境、核心家庭环境、贵族学校环境等。这样，思想政治教育环境的扩大使思想政治教育系统内部各要素间的联系也越来越密切。只有用系统的眼光才能实现系统的最佳组合，提高思想政治教育的效果。思想政治教育环境的系统性决定了思想政治教育环境建设的系统性，正是在这个意义上，习近平在 2014 年 9 月 9 日年同北京师范大学师生代表座谈时的讲话中谈道：“当今世界，科技进步日新月异，国际竞争日趋激烈。特别是经历了历史上罕见的国际金融危机，各国纷纷调整发展战略，更加注重科技进步和创新驱动。当今世界的综合国力竞争，说到底是人才竞争，人才越来越成为推动经济社会发展的战略性资源，教育的基础性、先导性、全局性地位和作用更加突显。”两个一百年“奋斗目标的实现、中华民族伟大复兴中国梦的实现，归根到底靠人才、靠教育。源源不断的人才资源是我国在激烈的国际竞争中的重要潜在力量和后发优势。希望广大教师认清肩负的使命和责任，努力为发展具有中国特色、世界水平的现代教育，培养社会主义事业建设者和接班人做出更大贡献！”

2. 思想政治教育环境既是思想政治教育活动的条件，也是进行思想政治教育的内容

在这方面，现代教育和管理理论提出了许多值得借鉴的思想。美国教育学家杜威提出“教育即生活”。他认为，“一切能发展有效地参与社会生活的能力的教育，都是道德的教育。”因为，只要学校“与社会脱离，学校里的知识就不能运用于生活，因此，也无益于品德”的形成。让儿童参与社会生活的有效办法之一，就是把学校本身变成一种典型的社会生活。所以教育者不仅要有丰富的知识，而且要有关于环境条件形成实际经验的一般原理，知道哪些环境有利于引导学生的成长，哪些环境有利于形成学生的价值观。杜威的教育理论具有明显的相对主义的倾向，但是，他揭示了环境的教育意义，把环境的影响提高到构成教育内容的主要方面是值得借鉴的。

现代管理学运用系统动力学提出了学习型组织的理论。彼德·圣吉提出现代最成功的企业将会是“学习型组织”，因为全球企业正在形成一个共同学习的社会，真正出色的企业将是能够设法使各阶层人员全心投入，并有能力不断学习的组织。学习型组织需要依赖于个人与组织之间的相互承诺，需要以开放的心态容纳别人的想法。个人的潜能是提高在团体中学习而得到挖掘和提升的。在企业的管理中，和谐的人际关系不仅是企业发展的保证，也是个人发展的基础。

同样的道理也适用于思想政治教育。

除了对环境与人的关系的教育学分析、管理学研究以外，还有心理学的研究，出现了环境心理学。环境心理学的思想来源于海克尔生物环境关系论、洛克的经验论、行为主义心理学等学派。环境心理学主要研究环境知觉问题和环境与行为的关系问题。环境知觉问题提出了人与环境的不可分割性，强调人是环境中人，人应该了解环境、重视环境。环境和行为的关系问题应重点研究在现代社会条件下人们的交往原则和规范，在开放社会中的自教自律，以及在复杂关系中的适应问题。

可见，在现代社会条件下，人与环境的关系越来越引起研究者的关注，这为我们进一步思考思想政治教育环境论提供了有益的启发。

3. 环境建设和受教育者主体意识培养并重的思想

思想政治教育环境呈现出纷繁复杂的现代特征，而受教育者与环境的关系越来越密切，所以，在建设环境的过程中离不开受教育者主体意识的培养。所谓主体意识就是受教育者自主分辨能力、自主选择能力和自我控制能力的培养。思想政治教育环境的复杂性和开放性为优化教育环境带来了许多困难，作为教育者能够控制和把握的环境因素也越来越有限，这样，培养受教育者在复杂环境面前的主体意识的重要性更加凸显。培养受教育者的主体意识与素质教育观念的落实是一致的，体现了客观决定性与主观能动性的辩证统一关系。

第二节 宏观环境对高校思想政治教育的影响

宏观环境包括社会经济制度及经济生活条件、社会政治制度及现实政治状况、社会文化及各种文化活动、大众传播媒介等。之所以将它们看作宏观环境因素，是因为它们都是对思想政治教育总体活动及全体社会成员发生影响的因素。

一、经济环境对思想政治教育的影响

经济环境包括社会经济制度和经济生活条件。社会经济制度即生产关系的总和，包括生产资料所有制形式；由此产生的各种不同社会集团在生产中的地位及其相互关系，以及由以上两个方面所决定的产品的分配形式。我国的经济制度建立在生产资料公有制基础之上，全体劳动人民从根本上占有并使用生产资料进行生产，在生产的过程中逐步建立起平等、互助、合作的关系，并根据每个人的劳动付出获得报酬。社会主义经济制度为以共产主义思想为核心的思想政治教育奠定了经济基础，对人们思想品德的形成和发展以及思想政治教育的影响是极其深远的。当然，在社会主义初级阶段，我国的所有制结构呈现以公有制为主体，个体经济、私营经济和其他经济成分等多种经济成分共同发展的格局，这一格局特别是多种经济成分并存这一情况也会对人们的思想产生影响。同时，社会主义经济制度不是凝固不变的，它在不断地发展和完善；也不是抽象的，而是体现为一系列具体的经济法规、政策，在法规和政策制定和实施的过程中必然出现这样或那样的问题。所有这些都可能使我国的经济制度发生变化，从而对人们的思想发生影响。改革开放以来人们思想的巨大变化就说明了这一点。

由经济制度决定的经济生活条件尤其是个人的经济生活条件，对人们的思想品德会产生直接的影响。一般来讲，经济生活条件好或是生活不断改善，会使人们更好地认同社会主义经济

制度，更好地接受社会主义价值观念和行为规范，更有利于人们形成良好的思想品德。反之，则可能产生相反的作用。在现实生活中，人们的经济生活条件又与一定的分配方式紧密相连。人们往往是通过一定的分配方式来体验个人与生产资料所有制之间的关系以及自己在社会中所处的地位，由此产生个人对于社会的态度以及相应的行为。因此，在一般情况下，社会经济利益的分配方式和分配结果是否公开、公平、合理，是影响人们的思想和行为，影响思想政治教育效果的最敏感的经济因素。只有坚持以按劳分配为主体，其他分配方式并存，兼顾效率和公平的原则，合理调节社会利益分配，才能为思想政治教育的有序进行构建良好稳定的经济环境。

我国经济体制改革特别是社会主义市场经济建设，极大地促进了经济的发展，也对人们的思想和思想政治教育产生了广泛的影响。一方面，经济的发展为人们提供了更好的物质生活条件，从总体上促使人们的思想品德水平不断提高；也为思想政治教育奠定了更坚实的物质基础，提供了更多、更好的手段和载体，推动思想政治教育不断现代化。另一方面，经济的发展要求人们具有适应市场经济的自主意识、竞争意识、诚信意识、平等意识等，这在客观上改变着人的思想道德素质，也在客观上为思想政治教育的发展提供了动力。然而，在市场经济发展过程中，也存在着许多矛盾和错综复杂的问题。如改革旧体制和发展社会主义市场经济，直接涉及社会利益关系的调整，而这一调整并不总是那么顺利的，在一定的时期必然会出现突出的利益矛盾，从而对人们的情绪、心理、心态以至理想信念和价值取向等产生重大影响，也使思想政治教育面临更复杂的环境。凡此种种，都说明经济制度的变革会带来思想政治教育经济环境的变化。思想政治教育者对此一定要有充分认识，努力提高在复杂而变动不安的经济环境下有效开展思想政治教育的能力。

二、政治环境对思想政治教育的影响

政治环境包括社会政治制度与现实的政治状况。社会政治制度是建立在一定的社会经济基础之上的上层建筑的核心，是体现人们之间思想关系的物质手段，是阶级利益的集中表现。政治制度的核心是社会各阶级在国家中的地位，也就是由谁当家做主。因而政治制度对思想政治教育有着根本的影响和制约，决定着谁掌握思想政治教育的领导权。在我国，工人阶级和广大人民群众是国家的主人，国家的一切权力属于人民。这一根本规定无疑有助于人民群众主人翁责任感的形成，有助于人们的思想品德朝社会要求的方向发展，也有助于思想政治教育的顺利开展。

但是，社会主义政治制度基本确立以后，还有一个不断发展和完善的过程；制度特别是具体制度的规定和实施之间有可能出现一定的距离，会产生一些问题，由此形成的现实政治状况更直接地影响着人们的思想品德以及思想政治教育的实施。如在当前，社会主义民主和法制建设的状况、执政党的党风状况、党政领导干部的勤政廉政状况等，都在很大程度上影响着人们的思想行为，影响着思想政治教育的成效。特别是社会主义民主和法制建设的状况，在今天更成为影响思想政治教育最活跃的政治因素。由于长期的封建统治，封建主义思想在我国影响很深，民主思想的传播和民主与法制建设有很大的局限性，加上新中国成立后一个时期内对这方面工作有所忽视，民主制度还不健全，法制也不完善，人民的国家主人翁地位和当家做主的权利还没有得到充分体现。在现实社会生活中，存在许多严重违背民主和法制的现象，如有的地方人治色彩浓厚，权力高度集中于一人之身，长官意志、个人说了算；以言代法、以权压法、徇私枉法、以罚代刑、执法犯法之类的事常有发生，公民在法律面前一律平等的原则，在金钱权势之下，往往表现得刚性不足，法律权威受到严重践踏；以权谋私、权钱交易为核心的腐败之风愈演愈烈，用人唯亲、拉帮结派、政治腐败充斥着一些地方的党政部门等。所有这些问题，阻碍了我国社会主义民主和法制建设的进程，对思想政治教育及其对象的思想产生了严重的负面影响，值得高度重视。现实政治生活中存在的问题从反面告诉我们，只有发展和完善社会主义的政治制度，加强社会主义民主和法制建设，实现政治生活的有序化，才能为人们思想品德的发展和思想政治教育的发展创造良好的社会政治条件。

三、文化环境对思想政治教育的影响

一般来讲，文化这一概念具有广义和狭义之分。广义的文化是指人类所创造的物质财富和精神财富的总和，狭义的文化是特指社会意识形态以及与之相适应的制度和组织机构。文化以物质为基础，随社会物质生产的发展而发展，又反作用于社会物质生产。社会文化对思想政治教育有着广泛的影响，因为人的思想毫无例外都受到一定文化的深刻影响，思想政治教育也必定是在一定的文化氛围中进行的。因此，文化是思想政治教育的一个重要环境因素。

与思想政治教育环境系统中其他环境因素相比，文化环境对人的思想品德的形成和发展的影响具有下列特征。换言之，文化环境对人的思想品德及思想政治教育的影响是通过下列特征表现出来的。

第一，属人性。属人性是文化环境的根本特征。其一，人是文化的主体。文化是人创造的，是“人化”。人所创造的物质财富和精神财富的不断积累和传承积淀，就形成了文化环境，它体现着、孕育着人类的理想和超越自然的发展能力。其二，文化环境在本质上是指向人、塑造人的。文化一经形成，其因素就会以一定的结构形式形成系统，凝固成特定的文化模式，发展出独特的文化传统。这种文化模式和文化传统会通过各种社会形式和传播媒介介入人们的精神生活和物质生活中，潜移默化地影响着、改变着人们的行为方式、价值取向、思维特点，使人们的思想品德不知不觉地打上文化背景的烙印。文化各要素在三个层面上体现了这种属性：一是作为文化核心的世界观、人生观和价值观，首先是指向人的，是人在观察社会时所必须采取的基本观点；二是规范层面的社会风俗习惯、行为方式和交往规则起着规范人、引导人的生活方式和行为模式的作用；三是凝结文化观念和精神的文化产品可以感染人，是教育社会成员的巨大精神力量。

第二，社会性。任何一种文化都是特定社会文化圈的产物，反映着那个社会特有的历史和现实因素，与它所处的那个社会文化圈有着不可分割的内在联系。而每一个人都毫无例外地归属于一定的民族，置身于特定的社会文化背景之中，在其成长的过程中，他会逐渐适应“他所属的那个社群传统手把手传下来的那些模式和准则”，“不知不觉地打上了处于其中的文化背景的烙印”。也就是说，每一个人在思想品德形成发展的过程中都会不由自主地受制于这种社会文化背景。同时，在创造文化的过程中，他们必然将一定社会或一定阶级的理想及其相应的社会要求、社会人格对象化为某种文化，如一本著作、一个故事，或一种评价、一种舆论、一次活动，这些以语言符号或非语言符号为代表的文化显然具有明显的社会性特征，广泛地影响着人民群众的思想品德观念，对人们的思想品德产生重要影响。

第三，创造性。创造性是指文化环境可以由人根据一定社会的要求，有目的、有计划地选择、利用和改造，以形成符合培养合格社会成员需要的新文化环境的属性。任何文化环境都不是自然而然产生的，而是人类创造的产物。人作为特定文化环境的创造者，在社会生活中总是自觉不自觉地根据一定的社会要求来进行文化环境创造的，而文化环境一经形成，就会通过各种形式介入人们的精神生活，潜移默化地影响人，塑造人。然而，人在接受文化环境的影响时并不是消极的、被动的。人作为一个能动的认识主体，能够反作用于文化环境，即人可以积极地改造文化环境，把文化环境中的消极因素转化为积极因素，创造出符合培养合格社会成员需要的文化环境。宏观文化环境的创造往往要靠国家或社会的力量得以实现，而特定的微观文化环境完全可以根据教育的目标，有计划、有步骤地通过人们的主观努力去设计和创造。如企业文化环境、社区文化环境、军营文化环境、校园文化环境的创造，都是文化环境创造性特征的集中体现。

第四，时代性。任何一种文化都是特定时代的产物，反映着特定时代的要求，与它所处的时代有着不可分割的内在联系。文化的时代性，强调的是文化与其所处时代的密切关系，反映的是它在历史发展的某一阶段的意义和作用。比如新中国成立初期，社会主义文化所倡导的独立自主、自力更生、艰苦奋斗、建设新中国的精神，就反映了当时我国国内“百废待兴”，国外帝国主义对我国实行全面封锁、艰难困苦、一穷二白的时代特征。而在改革开放与建立社会主义市场经济体制的今天，我国文化所倡导的“解放思想、实事求是、积极探索、勇于创新、艰苦奋斗、知难而进、学习外国、自强不息、谦虚谨慎、不骄不躁、同心同德、顾全大局、勤俭节约、清正廉洁、励精图治、无私奉献”的 64 字创业精神，则体现着社会主义改革发展新时期的时代特征。不同时代的文化，对人的思想品德的影响不同。我们要注意文化环境的时代性特征，大力倡导社会主义先进文化，营造良好的文化环境，使其能更好地满足现代社会发展和现代人思想品德发展的需要。

第五，复杂性。文化是一个复杂的系统，其构成要素既包括观念文化，又包括制度文化，还包括物质文化，各个层面要素之间的关系纵横交错，错综复杂。从我国现实的文化形态来看，既有传统文化因素，又有现代文化因素，还有外来文化因素，这些文化环境因素之间也存在复杂的互动关系。文化的这种多元性决定了文化环境的复杂性，使其对人的思想品德及思想政治教育的影响呈现出非常复杂的情形。同时，影响人的思想品德形成与发展的文化因素的性质是多重的。在任何社会、任何国家或地区，文化环境的影响性质都不是绝对、单一的。在构成文化环境的诸因素中，积极与消极、先进与落后、良性与恶性的因素总是混杂在一起，从而使文化环境对人的积极影响和消极影响并存。复杂的文化环境会对人的成长造成某些困扰，也会对思想政治教育产生某些干扰。注意文化环境的复杂性，发挥文化环境中的积极因素，抑制其消极因素的影响，以引导人们朝社会要求的方向顺利发展，是思想政治教育的重要责任。

四、大众传播媒介对思想政治教育的影响

大众传播媒介是指多种形式的大众传播手段，可分为印刷媒介如报纸、杂志、书籍和电子媒介如电影、广播、电视、网络等。随着现代科学技术日新月异飞速发展，现代社会印刷技术和电子技术水平不断提高，大众传播媒介对人们社会生活的影响越来越大，正在潜移默化地改变着社会，改变着人们的工作和生活方式以及思想观念，对思想政治教育的影响也越来越大。对现代大众传播媒介，既可以将其看作思想政治教育系统的一个因素如载体加以运用，也可以

将其视作社会环境的一个因素加以考虑。

作为思想政治教育的环境系统的重要因素，大众传播媒介环境具有广泛性、复杂性、导向性等特征。这些特征使得大众传播媒介环境对人的思想品德的形成和发展以及思想政治教育具有广泛而复杂的影响。这种影响可以从以下两个方面进行分析。

第一，大众传播媒介形式与人们的生活紧密相连。现代社会的人们少有不接触报纸、期刊、广播、电视和网络的，每个人都不能离开它们，有的甚至依赖它们，与各种传播媒介“为伴”已成为人们的一种生活方式。这种情况使传播媒介对人们的生活方式、交往方式乃至思想观念产生深刻的影响，同时也对思想政治教育产生重要影响。例如，过去人们主要是通过文件、会议获得大多数有关思想政治方面的信息，而今天人们则可以事实上也更多地从大众传播媒介中接触思想政治信息。这就对思想政治教育提出了新要求，即要注意通过传播媒介传播思想政治道德知识和规范，以对人们施加广泛而有力的影响。

第二，大众传播媒介所传播的信息，会形成一种舆论环境。这种舆论环境对人的思想品德和思想政治教育都会产生重要影响。良好的舆论会强化思想政治教育的影响，促使人们形成社会发展所要求的思想品德；而不良的社会舆论则会削弱甚至抵消思想政治教育的影响，当然不利于人们思想品德的发展和思想政治教育的顺利开展。这一情况与大众传播媒介的信息筛选和解释功能相联系。“大众传播是通过自己对世界的‘理解’来影响受众对世界的感知和认识的，新闻媒介对事实的选择和解释就是这种理解的体现。媒介‘传播’的世界不是世界本身，而是已经被选择和解释过的世界。这个‘世界’很可能是扭曲的、变形的，但它总是被当作真实存在的世界传播给受众。在大众传播无孔不入的今天，人们自觉、不自觉地接受着媒介对世界的选择和解释。”思想品德信息本身属于价值信息范畴，大众传播媒介要传播哪一类品德信息，对这类品德信息作何种解释都鲜明地体现着宣传者的价值导向，而这种价值导向与大众传媒的传播强度和广度相结合就形成了强大的社会舆论环境。这种强大的社会舆论导向和舆论环境又使得生活于其中的“受众”，能够清楚地认识到，社会在提倡什么？限制什么？反对什么？这就形成了一种无形的选择压力，促使人们去选择和接受那些社会大力提倡、大力宣传的思想文化信息，从而影响人们思想品德的形成和发展。

第三节　微观环境对高校思想政治教育的影响

作为思想政治教育的对象，每个人都有自己特定的生活实践范围，在不同的生活范围中受到教育环境的不同影响。教育对象的生活实践范围在某种意义上可以说就是思想政治教育的微观环境，它包括家庭环境、学校环境、社会组织（工作）环境、社区环境、同辈群体环境。人们的思想、观念和对社会的态度无不是在现实的具体的社会关系中形成和发展起来的，思想政治教育的微观环境不同，对教育对象产生的影响就不同。

一、家庭环境的影响

家庭是具有婚姻关系、血缘关系或收养关系并且长期共同生活的小群体，是社会的基本生活单位。家庭至今仍是最基本的社会生活组织形式，是构成社会的细胞。家庭是人出生后的第一所学校，是个人成长的摇篮。家庭教育担负着对儿童传授文化知识、培养道德品质、指导行为规范、帮助自主谋生等责任。思想政治教育的家庭环境，主要指家长的思想素质和行为规范对家庭成员尤其是对子女思想品德的形成、发展的影响氛围。婴儿出世后逐步具有社会性，这主要是社会相互影响和社会学习的结果。父母的世界观、人生观以及他们待人接物的态度，往往给子女留下深刻的印象。儿童教育心理学研究表明，婴幼儿的意识具有极大的可塑性。他们富于模仿的特点，加上他们生活上、特别是心理上对父母的依赖和爱恋，使得家长的举止言行容易在他们幼小的心灵上打上深刻的烙印，在日后的成长和学习中也往往以此为基础并作为判断的参照系。因此，家庭的长期影响、教育，从某种意义上说，将决定一个人的性格、品行。当然，这并不是说，家庭环境好，子女的思想品德就一定好，因为影响子女思想品德形成的还有其他因素。但是，一般来说，亲切和睦、温暖、充满爱心、奋发向上的家庭环境有利于青少年健康人格的培育。反之，则会给青少年的成长造成障碍。大量统计数字表明，青少年犯罪往往与有严重缺陷的家庭环境密切相关。恩格斯早就揭露过资本主义制度摧残下工人家庭教育缺乏的悲惨状况，指出："忽视一切家庭义务，特别是忽视对孩子的义务，在英国工人中是太平常了，而这主要是现代社会制度促成的。对于这种在伤风败俗的环境中——他们的父母往往就是这环境的一部分——像野草一样成长起来的孩子，还能希望他们的后代成为道德高尚的人?"

由此可见，家庭环境对子女的思想品德行为的影响特别突出，这种影响具有以下几个特点：第一，家庭影响具有普遍性和长久性。一个人生活在一定的家庭中，受到家庭环境的影响是具体的、有限度的。但每个人都生活在家庭中，都无例外地受到家庭的影响，从这个意义上讲，家庭影响又是普遍的。同时，家庭是一个人在其中生活最早、最长久的群体。人一出生就在家庭中生活，一生中的大部分时间都在家庭中度过，人的一生都伴随着家庭，因而家庭影响又具有长久性。普遍性、长久性的特点要求我们要充分注意家庭环境的影响，尽可能创造条件，使家庭的影响和社会的思想政治教育影响相一致。第二，家庭影响具有渗透性。家庭环境的影响不仅体现在家庭教育中，而且也体现在家庭的日常生活中，这就使得家庭生活的多方面因素都会对人们起着潜移默化的渗透作用。如家长的日常言行、家庭成员之间的关系、家庭的氛围、家庭的生活习惯等，都会通过家庭成员的耳濡目染渗透到他们的思想意识中。这种影响虽然不一定是自觉的，但却如春雨润物般实实在在地作用于家庭成员。第三，家庭影响和教育具有针对性。俗话说："知子莫如父，知女莫如母。"青少年绝大部分时间都生活在家庭中，家长和子女长期共同生活，对子女最熟悉、最了解，不仅了解其学习工作情况，而且了解其志趣嗜好、性格特征。所以父母能根据子女的特点，有针对性地施加思想品德方面的影响。第四，家庭影响的主体具有血缘伦理的亲和性和权威性。一般来讲，家长在家庭生活中占主导地位，同时也是家庭教育的主体，因而家长是家庭影响的主体。在长期的共同生活中，父母对子女无微不至的关怀、爱护和教育，会使父母逐渐获得一种血缘伦理权威，这是一般教育者难以达到的。同时，青少年在成长时期，其经济上、生活上全靠父母供给、料理，这种依赖性也决定了父母对青少年影响的权威性。因此，子女、晚辈对父母、长辈的话比较相信，对他们的教育感到亲切，于是，父母的影响就借助于这种权威性更深地作用于子女。注意这些特点，对于正确认识家庭环境，充分发挥家庭环境的积极影响，克服消极影响，无疑具有重要意义。

二、学校环境的影响

学校是有目的、有计划、有组织地向受教育者传授文化知识、劳动技能、价值观念、政治观点、社会规范，以培养符合一定社会要求的公民的机构，是一种特殊的社会组织。从社会的要求看，学校是人们着意营造的培养人的环境，学校的活动更具计划性、目的性，因而对人们思想品德的形成更具有指导性。从总的方面看，学校的活动更有利于青少年的思想品德向社会要求的方向发展。但学校又是一个复杂的社会系统，除了有组织的活动之外，还存在一些自发的活动，因此，它对人们思想品德的影响也是复杂的。既有积极的，也有消极的；同时，校风不同，教师、干部的表率作用不同，班集体的状况不同等，都会给学生思想品德的形成发展以不同的影响。

学校环境对学生思想品德的影响，主要是通过教学活动、课外活动、教师榜样、校风等方面进行的，这种影响具有以下几个特点。

第一，全面性。学校是社会的一个窗口，社会文化、行为规范和人际关系都不难从这个窗口中窥视到和感受到，学生按学校的规章制度办事，便培养了他们遵守纪律的习惯；生活在一个人数众多的群体之中，便会使学生懂得人与人之间应该互相尊重、和睦相处，等等。因此，学校的任务，不仅是知识和技能的传授，而且更重要的是帮助儿童及青少年走向社会，懂得正确的自我成长道路和超越自我的标准。杜威在《民主主义与教育》一书中曾充分肯定教育的社会功能，认为学校是有意识地、审慎计划地教育年轻人而实际拥有的唯一方法。从时间上看，它覆盖了个体生命的全部历程，因而影响个体一生的道德社会化；从空间上看，社会环境包围着学校，并且渗透于受控制的学校德育，全方位地影响青少年的道德发展。

第二，阶级性。学校担负着对本阶级的青少年进行人格塑造的重要职责，承担着有目的、有计划、有组织地培养本阶级接班人的重要任务。在阶级社会里，任何统治阶级无不充分利用学校教育来巩固其政治、经济制度，进而维护本阶级的统治。因而学校在系统传授科学文化知识的同时，还十分重视按一定社会的要求对教育对象进行世界观、人生观、价值观的教育。阶级性在学校教育中表现得极为突出。

第三，渗透性。德里本认为："儿童所学到的东西中，来自他们在学校环境中的经验的东西，与教给他们的东西一样多。"这里所说实际上就涉及学校环境的渗透性。学校环境包括教学活动、课外活动，包括教风、学风、校风，包括人际关系、校园文化等，所有这些课内课外的活动、有形无形的因素就构成特殊的学校氛围。学生长期生活在这样一个氛围中，就会自觉不自觉地受到这一氛围的影响，使情操受到陶冶，意志得到锻炼，人格得以塑造。学校环境对学生影响的渗透性特征，要求学校思想政治教育者一定要注意调动各方面的力量，协调各种因素，以营造良好的学校环境氛围，促进学生思想品德的发展。

第四，导向性。学生一般都处于长身体、长知识时期，也是心理逐渐成熟，世界观、人生观逐步形成的时期。学校本身就是根据教育对象的特点，遵循一定的教育规律，向教育对象提供有针对性的指导教育的机构。因而从总体上讲，学校环境对学生的影响也具有明显的导向性，这种导向性无疑有助于学生思想品德的正向发展，可以帮助学生避免和减少成长过程中的盲目性和曲折性。

三、社会组织（工作）环境的影响

社会组织是指为执行某种社会职能、追求特定工作目标而组成的相对独立的社会群体，如政府机关、工矿企业、学校、商店等。人类生活离不开各行各业的各种社会组织，这是人类社会性的重要表现方式。各类组织都承担着思想政治教育的使命，如果忽视思想政治教育，就等于放弃组织的部分社会责任。从另外的角度看，没有思想政治教育维系的组织，也很难说是一个健全的组织。因此，从组织本身生存与发展的利益出发，也要求各级各类组织肩负起思想政治教育的使命。组织的特殊使命以及职工与组织的特殊联系，决定了组织是思想政治教育的重要环境因素，在影响职工思想品德的形成、发展方面具有重要作用。

社会组织环境对其成员的思想品德发展的影响可以从以下几个方面进行分析。

第一，社会组织效益。一个社会组织如果各方面的效益都比较好，那么它在社会上就会获得较高的地位和声望。在这样的组织里工作的职工也会因为自己的劳动价值得到较好的体现而心情舒畅，积极进取。在个人利益和组织效益直接相连的情况下，组织成员也会因自己的个人收益较高而情绪稳定，工作热情饱满，集体观念增强。相反，如果组织效益差，职工收入低，职工的思想就不稳定，工作热情就可能下降。这种情况必然导致组织成员的思想问题增多，增加思想政治教育的难度。

第二，社会组织风气。组织风气是一个组织的成员经过长期努力而形成的，体现在组织成员的工作、学习、生活等方面。它在本质上反映了一个组织的群体意识，即群体的精神状态。一个社会组织的风气一旦形成，就会对每个组织成员产生巨大的影响。一种文明和谐的组织风气可以激发组织成员的工作积极性，推进组织各项工作的顺利进行；反之，则可能使组织成员的思想发生混乱，组织运行会受到干扰。

第三，组织领导的形象。良好风气的形成和保持，同领导者的倡导与推广关系密切。领导者以自己模范的行为为表率，就能慢慢引起组织成员的效法，最后形成风气。领导形象不仅通过影响组织风气对组织成员产生影响，而且它本身也直接影响职工的思想情绪。如果领导者思想境界高、作风正派、廉洁奉公，那就必然会对群众产生良好的影响。

第四，组织内的人际关系。人际关系是一个人基本的工作环境。组织内的人际关系状况如何，对组织成员的思想情绪影响很大。如果组织内的人际关系和谐，组织成员就会心情舒畅，工作有劲头，进而对社会和人生持乐观态度。反之，则有可能使组织成员陷入人事纠纷之中，心理失衡，甚至对社会和人生持悲观态度。可见，正确处理组织内的各种人际关系，进而建立良好的人际关系，是组织成员健康成长、顺利发展的一个重要方面。

四、社区环境的影响

社区是指聚集在一定地域中并且在生活上互相关联的人群的生活共同体。绝大多数人都生活在一定的社区里，社区环境对社区的成员思想政治品德的形成、发展有很大的影响。

影响社区成员的思想品德的因素有以下几个方面：

第一，社区生活秩序和经济发展程度。社区生活安定，社会治安状况好，经济繁荣，人民安居乐业，就有助于人们形成正确的价值观念。

第二，社区风气。某种长期稳定的、起支配、主导作用的社区风气，对社区成员的思想品德的影响是十分明显的。社区风气包含社区成员的爱好、习惯、要求、行为等许多约定俗成的社会心理和社会行为。社区风气对生活于其中的每个成员起着潜移默化的作用，并直接影响青少年生活习惯的形成。

第三，道德规范。社区是一个比较松散的群体，协调和制约相互关系的主要手段是舆论以及相应的道德规范。个体在某社区中生活，必定先要遵守社区特定的道德规范，才能为该社区所容纳。所以，长期形成并带有该社区特点的道德规范对社区成员思想品德的形成、发展影响很大，在相当大的程度上影响着人们人格的形成。

第四，人际交往。人际交往具有协调作用，对人的思想品德和心理形成影响巨大。在人际交往过程中，社区的行为规范和风俗习惯以及社区风气，以信息传递和情绪感染的方式自觉不自觉地输送给每个社区的成员，从而促使人们的行为相互协调一致。由于时间、空间、生理、心理等因素的特殊性，青少年时期是人的一生中社会交往比较频繁的时期。所以，社区的人际交往对于青少年思想品德的形成、发展的影响特别大。因而我们应创造条件，积极引导青少年进行正常的人际交往，促使他们形成良好的思想品德。

20 世纪 90 年代以来，社区在我国社会生活中的作用增强，社区对人们生活和思想的影响也越来越大。因此，加强社区环境建设，努力发挥社区对人们的积极影响，是时代发展的要求，也是新时期思想政治教育的崭新课题。

五、同辈群体环境的影响

所谓同辈群体是指由家庭背景、年龄、爱好、特点等方面比较接近而形成的关系比较密切的群体。当儿童升入中学后，同辈群体的影响便日渐增强，也日益重要。从十五六岁到十八九岁，同辈群体的影响最为普遍深入。

同辈群体对思想政治教育和人的思想品德的形成和发展的影响具有以下几个特点：

第一，自由性。在学校和社会组织中，人们之间的互动一般要按正式规则进行，其言行都要受到一定限制，人们有时不得不做一些违心的事，去接触他们所不愿接触的人。而在同辈群体中，人们更容易按自己的条件和需要自由地选择交往对象，成员之间的交流也是自由的、不受束缚的。有些不便于在正式群体如学校和社会组织里讨论的问题，在这里可以进行自由讨论。例如，对某些政治问题的看法，对某些人物的评价，都可以在同辈群体里得到发挥，不受限制。这势必会对人们的思想品德产生广泛的影响。

第二，渗透性。学校、社会组织对人们品德的影响往往是有目的、有计划、有组织地进行的，而同辈群体对人们思想品德的影响往往是通过成员间的互动在无意中进行的，也就是说，这种影响是在潜移默化中实现的，人们受到影响有时是不知不觉的。

第三，独特性。学校和社会组织一般向人们传递主流的，即社会公认的价值标准和行为规范。而同辈群体却有自己独特的价值标准。这种价值标准可能与社会主导价值标准一致，也可能与其不符，有的甚至尖锐对立，背道而驰。同辈群体特有的思想观念、价值标准、行为规范对其成员会产生相当大的无形压力，导致同辈群体成员与之发生认同。这就决定了同辈群体对其成员的思想有较大影响。

上述特点决定同辈群体在人的思想品德形成发展的过程中起着其他环境因素起不到的作用。所谓“近朱者赤，近墨者黑”就是这种作用的生动写照。如能对同辈群体加以正确引导，使之与社会发展的要求大体一致，它就能对人们思想品德的发展起到非常积极的作用；如引导不力，它也有可能对人们的思想和行为起到消极的作用。因此，应加强对同辈群体的研究和积极引导，注意发挥它对人的思想品德的积极作用。

第四节　高校思想政治教育环境的优化研究

根据思想政治教育环境的特点和思想政治教育的目的，优化和开发思想政治教育环境是一项重要的工作。马克思主义思想政治教育环境论为思想政治教育环境的优化和开发提供了理论指导，社会主义和谐社会的发展为思想政治教育环境的优化提供了现实条件。

一、思想政治教育环境的优化

（一）思想政治教育环境优化的原则

第一，整体性原则。思想政治教育环境是一个整体，思想政治教育又是一个系统工程，因此，优化思想政治教育环境要坚持整体性原则。整体性原则要求把思想政治教育环境要素作为一个系统来优化和建设，重视各要素之间的相互关系、相互影响。整体大于部分之和是整体性原则的核心内容。坚持整体性原则，要重视思想政治教育环境与思想政治教育其他要素之间的关系，注意要素之间的有机统一；要重视思想政治教育环境内部诸因素之间的联系，形成学校、单位、社会和家庭之间，小学、中学、大学之间的有效衔接和功能互补。

第二，互利性原则。所谓互利性原则就是要努力选择有利的环境因素，避开或排除不利的环境因素；就是在选择、利用环境的同时，对环境建设和优化负责并有利，而不是损害环境和污染环境。互利性原则是思想政治教育和个人发展的共同要求。思想政治教育是为了提高人们的思想道德素质，促进人的全面发展，思想政治教育理所当然地要选择有利的环境内容教育人们，而对不利的环境内容进行排除，这是思想政治教育应尽的责任。对受教育者来说，应有自觉学好求善，发展提升自己的主观需要，不能因为社会上和某些人有问题就放弃学习和原则，更不能以社会不良风气为借口而接受不良影响。

第三，自主性原则。自主性原则的前提是要确立主体对环境的自主意识，克服依赖意识。所谓自主意识就是主体对环境的独立意识，而不是盲从意识；就是主体对环境的主人意识，而不是被动的奴役意识；就是主体对外界的驾驭意识，而不是屈从意识。主体要把环境作为自己生存发展的条件，既要承认它的决定作用，也要对它进行选择。主体如果丧失了对环境的自主性，主体就会在环境中漂泊不定，随波逐流，成为失去能动性的自发因素。自主性原则表现为自主选择、自主把握、自主分辨、自主取舍等几个方面。所谓自主选择，就是主体对环境变化的自主把握，对环境因素的自主分辨，对环境需要的自主取舍。自主把握是主体对环境发展变化的认识，以确立积极适应环境、支配环境的前提条件。自主分辨是指主体对复杂环境因素的分析与鉴别，是自主把握的要求。自主取舍是主体根据教育需要和自身发展的需要，对环境因素的接受和排除，是自主把握、自主分辨的结果。自主选择、自主把握、自主分辨、自主取舍是相互联系的，它充分体现了主体对环境的主观能动性。

（二）思想政治教育环境的优化方法

第一，环境选择实验法。环境选择实验法是根据培养某一方面思想道德和行为方式的需要而特意创造相应客观条件的方法。这种方法的特点是，环境设计逼真，形象具体，使受教育者有身临其境的感觉，有真实的体验，它比抽象的文字表述更富有感染力和教育性。环境选择实验，方式是多种多样的，已经实验并获得一定效果的方式有“生存训练”“模拟环境实验”“军事训练”等。

第二，环境选择隔离法。这是用相对封闭的手段选择环境的方法，它主要用于对不良环境因素的处理。我们坚持开放，面向社会，不能脱离社会主义现代化建设的实际去开展思想政治教育。但是教育环境也不能完全等同于社会，不能与社会没有区别。教育环境的优化也不能排斥对不良环境因素采取封闭、隔离的方法。环境隔离的方法有围墙隔离法、信息隔离法。

(三) 社会环境优化的措施

第一，优化传媒环境，为思想政治教育创造良好的舆论氛围。现代社会的大众传媒集新闻性、商业性、娱乐性和教育性于一体，没有差别地向全社会的各类成员传递信息。由于经济利益的驱动，必然通过各种感官刺激吸引受众，无限地追求扩大收视率和发行量。结果导致了娱乐性和商业性冲击教育性。为此，《中共中央国务院关于进一步加强和改进未成年人思想道德建设的若干意见》特别强调，各类大众传媒都要增强社会责任感，把推动未成年人思想道德教育作为义不容辞的职责，为加强和改进未成年人思想道德建设创造良好的舆论氛围。各级电台、电视台都要开设和办好少儿专栏或专题节目；各类报刊要热心关注未成年人思想道德建设，加强宣传报道；加强少年儿童影视片的创作生产；重点新闻网站和主要教育网站要组织开展各种形式的网上思想道德教育活动等。《中共中央国务院关于进一步加强和改进大学生思想政治教育的意见》也要求，宣传、理论、新闻、文艺、出版等方面要坚持弘扬主旋律，为大学生思想政治教育营造良好的社会舆论氛围，为大学生提供丰富的精神食粮。这些要求对优化媒介环境、形成良好的舆论氛围具有直接的指导意义。

第二，优化单位环境和相关的社区环境，为思想政治教育提供有效保障。单位环境是与受教育者直接联系的环境，其相对的独立性、可控性和选择性比较强，这给环境的优化提供了有利的条件。改革开放以来，单位环境的优化已经积累了较多的经验，取得了较大的成效，形成了校园文化、企业文化、军营文化等个性鲜明、行之有效的单位环境建设形式。社区环境虽然不是学校和单位可以控制的，但是其对思想政治教育的影响却越来越大，如何优化社区环境成为一个难题。《中共中央国务院关于进一步加强和改进未成年人思想道德建设的若干意见》要求，进一步优化校园周边环境，中小学校园周边 200 米内不得有互联网上网服务营业场所和电子游戏经营场所，不得在可能干扰学校教学秩序的地方设立经营性娱乐场所。《中共中央国务院关于进一步加强和改进大学生思想政治教育的意见》也强调，要依法加强对学校周边的文化、娱乐、商业经营活动的管理，坚决取缔干扰学校正常教学、生活秩序的经营性娱乐活动场所，严厉打击各种刑事犯罪活动，及时处理侵害学生合法权益、身心健康的事件和影响学校、社会稳定的事端。如果这些措施得到落实，社区环境的优化将取得长足进展。

第三，建设教育场馆和社会教育基地。思想政治教育环境的优化重在建设，其中一个重要的途径就是建设教育场馆和社会教育基地。比较发达国家思想政治教育环境建设的经验，我国在思想政治教育环境建设和使用管理等方面还很落后，也不适应思想政治教育社会化的要求，建设的任务相当艰巨。党和政府要求，各类博物馆、纪念馆、展览馆、烈士陵园等爱国主义教育基地，要创造条件对全社会开放，对大中小学生集体参观一律实行免票，对学生个人参观可实行半票。已有的未成年人专门活动场所，要坚持把社会效益放在首位，坚持面向未成年人、服务未成年人的宗旨，积极开展教育、科技、文化、艺术、体育等未成年人喜闻乐见的活动，各级政府和企事业单位要鼓励和支持面向大学生的公益性文化活动。

第四，加强党风廉政建设，提高社会综合治理的效果，形成良好的社会氛围。思想政治教育的核心内容是政治观教育，其效果直接受到党风状况的影响。在革命战争年代和社会主义建设初期，党内优良的风气感染了全社会的风尚，为思想政治教育效果提供了有力的保障。改革开放以来，贪污腐败等不良现象越来越严重，而且渗透到社会的各个行业和部门，严重地破坏了党在广大群众心目中的形象，削弱了一部分人对共产主义的信念和对共产党的信任，腐败已经成为提高思想政治教育有效性的直接障碍。所以，优化思想政治教育环境不能不加强党风廉政建设。此外，社会风气也是影响思想政治教育环境的重要因素。近些年，黄赌毒等丑恶现象沉渣泛起，一些地方社会治安差，一些人的社会公德意识淡薄，诸多的社会问题严重破坏了社会风气，侵害了社会机体的健康发展，阻碍了良好社会风尚和个体健全人格的形成。因此，扫除黄赌毒等社会丑恶现象，弘扬正气，是优化思想政治教育环境不可缺少的任务。

二、思想政治教育环境的建设

环境蕴含着丰富的教育资源，特别是现代社会，各种各样的教育信息蕴含在政治环境、经济环境、文化环境和媒介环境之中，渗透到人们的日常生活里。思想政治教育作为有目的、有计划的教育实践活动，如何利用环境，重视环境的教育价值，是值得探讨的课题。

马克思曾经说过："既然人的性格是由环境造成的，那就必须使环境成为合乎人性的环境。"如何使环境合乎人性就是环境的建设问题。一般而言，环境的教育价值是自发地起作用，同时由于环境的复杂性和开放性，环境的积极因素作用往往被环境的消极因素所消解，所以，如果要发挥环境的教育作用，必须开发环境的教育价值。

在现代社会里，环境的开发不仅被一些企业和学校所重视，而且也成为研究者重视的课题。彼得·圣吉在他的著作《第五项修炼》中，提出现代组织要创造出一种具有共同崇高理想和美好愿望并为之奋斗的组织群体，创造出开放、平等、和谐、奉献的健康组织环境，创造合理完美的心智模式以及洞察一切变化和反应灵敏的组织机制。环境开发有利于挖掘思想政治教育外在因素，实现外在因素向内在因素的转化，形成思想政治教育受教育者的自我教育；有利于把直接教育和间接教育协调起来，收到"随风潜入夜，润物细无声"的效果；有利于整合教育过程的诸要素的关系，形成思想政治教育的正合力。

现代社会条件下，开发思想政治教育环境的切入点就是建设本单位的精神文化。所谓精神文化是相对于物质文化和制度文化而言的，是一定群体的共同的理想信念、价值观念、道德风尚、合作精神以及传统习俗等的综合，是一定群体的灵魂，反映了该群体的个性。精神文化与物质文化、制度文化的关系可以概括为后者是前者的基础和保证，前者是后者的灵魂和核心。单位的精神文化作为一种主观存在，是通过单位的人际关系、舆论环境等载体表现出来的，是所有有形环境的精神凝聚。通常，人们把企业的精神文化称作经营哲学，把学校的精神文化称作教育理念。精神文化的价值表现为可以把群体的发展目标和个体的现实需要、把人的外在责任与内在的德行统一起来，形成群体和社会的共同价值观，形成推动社会进步的凝聚力，从而促进社会生产力的发展。

精神文化具有内生性的特征，也就是说，精神文化不能移植和复制，只能靠单位的全体成员共同创造。借鉴优秀的外来文化有利于充实和丰富本单位的精神文化建设，但是必须融合到本单位的精神文化之中，否则就无法长期地发挥作用。开发单位精神文化的措施包括：

第一，提炼和确立单位精神文化的内容，形成一定群体的共同价值观。由于单位的精神文化是内在于群体的活动之中，所以需要经过一定的时间的积淀才能够概括出来。而提炼和概括的过程就是精神文化的宣传和推广的过程。现实生活中的企业精神和校园精神的形成都是经过提炼和概括而产生的。

第二，把单位精神文化渗透到制度文化和活动方式中去。精神文化只有广泛地渗透到制度文化中，融入日常的各项活动中，才能与受教育者联系起来，实现其价值；才能在保证精神文化价值实现的同时，使之得到丰富和发展。如果单位的制度和日常活动没有单位的精神文化的暗含与指导，管理和活动的价值取向就会偏离单位发展的总体目标，甚至出现人心涣散、行为失范的状况。因此，单位精神文化向制度文化和日常活动的渗透是开发教育环境的基础。

第三，把开发富有特色的精神文化环境与提升受教育者的主体意识结合起来。教育环境的开发是为了提高受教育者的自我素质，而环境的建设又离不开受教育者的参与。从这个意义上讲，教育环境和受教育者是统一的，教育环境的建设与受教育者的主体素质的提升也是相互依赖的。提升受教育者的主体素质至少包括两个方面：一是提高受教育者面对复杂的社会环境时的辨别能力和自我控制能力，抵制不良环境因素的诱惑。二是增强受教育者主动参与环境建设的自觉意识，形成重视环境建设、从我做起的主人翁意识。

三、思想政治教育情境的创设

思想政治教育情境是在思想政治教育过程中，教育者予以规定和把握的环境。教育者可以利用情境把教育内容有效地传递给受教育者；在情境中，受教育者之间互相影响可以共同内化教育内容。因此，思想政治教育情境是一种文化的、精神的、心理的、内在的、主体的体验、气氛和人际互动。思想政治教育情境创设的基本思路如下：

（一）集体学习情境的创设

集体学习是诸教育主体之间在一个共同的环境内互动式的学习。儿童之间的游戏、教育者与学习者、学习者与学习者之间的讨论、建构主义的实践共同体等都是为集体学习所创造的情境。集体学习是教育过程中的主客体关系结构向主体间的关系结构转换的表现。集体学习的主要情境包括情趣环境、对话情境、学习型组织等。情趣环境是直接与人的兴趣和爱好联系的环境。在这种情境下，青少年的心智处于放松状态，有利于获得他们在今后的成长过程中所必需的经验和体验。对话情境是诸主体在平等的对话过程中生成意义的环境。哈贝马斯认为：“达到理解的目标是导向某种认同。认同归于相互理解、共享知识、彼此信任、两相符合的主体际相互依存。认同以对可领会性、真实性、真诚性、正确性这些相应的有效性要求的认可为基础。不难发现，理解这个词是含混不清的，它最狭窄的意义是表示两个主体以同样方式理解一个语言学表达；而最宽泛的意义则是表示在彼此认可的规范性背景相关的话语的正确性上，两个主体之间存在着某种协调；此外还表示两个交往过程的参与者能对世界上的某些东西达成理解，并且彼此能使自己的意向为对方所理解。”联合国教科文组织把这个过程也看作教育者角色转化的过程。“教师的职责现在已越来越少地传授知识，而越来越多地激励思考；除了他的正式职能以外，他将越来越成为一位顾问，一位交换意见的参与者，一位帮助发现矛盾而不是拿出真理的人。他必须集中更多的时间和精力去从事那些有效果的和有创造性的活动；互相影响、讨论、激励、了解、鼓励。”在思想政治教育实践中，课堂讨论、理论交流、民主生活会等形式都是对话的具体方式。学习型组织的价值是团体成员之间可以在工作过程中达到学习的目的，工作过程与学习过程是统一的。在学习型组织中，学习者之间的关系是平等的，对知识的探求是彼此的共同目标，没有领导与被领导的关系。因此，每个人的创造意识和创造能力都可以得到比较充分的发挥。

（二）认知情境创设

“情境认知的突出特点是把个人认知放在更大的物理和社会的情境脉络中，这一情境脉络是互动性的，包含了文化性建构的工具和意义。情境认知为不限于人的分析单位提供了相互交织的个人认识和社会行动。”也就是说，情境认知中的情境必须是丰富的，情境要素之间，情境对人的影响关系是互动的。思想政治教育认知情境包括教学过程中的认知情境、日常生活中的认知情境和大众传媒中的认知情境三个方面。课堂教学是学校思想政治教育的主渠道。以往思想政治理论课多重视讲授、讲解，忽视教学过程中的情境设置，导致理论的传授过程与受教育者的认知过程脱节。目前较多采用的认知情境有：以历史、个案等为背景资料的认知情境创设；情感认知情境的创设；多媒体电子手段的认知情境等。家庭、社区等都是日常生活的空间，生活、娱乐、交往等都是日常生活的内容。日常生活思想政治教育的突出特点是渗透性。日常生活情境的创设要重视父母、同辈人群体、校园文化等因素的影响。大众传媒是思想政治教育的重要载体，也是创设思想政治教育认知情境的途径之一。大众传媒中的认知情境建设可以区分为两个大的层面：一是社会上的大众传媒建设；二是一定的单位内部传媒环境的建设。

（三）人文感化情境的创设

人文教育为思想政治教育提供了丰富的文化背景，为思想政治教育利用更广泛的知识作为载体提供了可能。人文教育本身就蕴含了思想教育、道德教育、政治教育等内容，能够促进思想政治教育的发展。所以，人文教育是思想政治教育重要的感化情境。人文感化情境包括人文学科教育和心理关怀情境。人文学科教育是以人文社会科学的学科为基础进行的教育。哲学和历史学科的教育直接影响受教育者对一定世界观、人生观和价值观的认识。文化、艺术教育可以丰富受教育者的文化知识和审美水平，提升人们求真、求美的需要。培养人们对美感的追求、对健康精神生活的渴望，有利于科学的思想政治素质的形成。心理关怀充分体现了以人为本的教育理念，是减轻压力、缓解个人心理冲突的有效途径。

第十一章　高校思想政治教育的载体分析理论

第一节　高校思想政治教育载体概述

科学地界定思想政治教育载体这一概念，明确其含义、特征和功能，是有效选择运用适当的载体，充分发挥思想政治教育载体作用的理论前提。

一、思想政治教育载体的含义

载体本是一个科技术语，最早被使用于化学领域。《现代汉语词典》对载体的定义是：①科学技术上指某些能传递能量或运载其他物质的物质。如工业上用来传递热能的介质，为增加催化剂有效表面，使催化剂附着的浮石、硅胶等都是载体。②承载知识或信息的物质形体：语言文字是信息的载体。很明显，这一定义是载体的引申义。随着科学的综合化趋势的发展，载体概念被引入社会科学领域，为众多学科所广泛使用。但不同学科对载体概念内涵的界定及其运用是有很大差别的。

思想政治教育的载体，有其自身的特定含义。在我国现阶段，思想政治教育是党以马克思主义思想体系、共产主义信仰、社会主义道德教育人民，提高人们的思想道德素质，动员人们为建设中国特色社会主义而奋斗的实践活动。要实现提高人们的思想道德素质这一教育目的，教育者就要选择一定的教育形式开展教育活动。比如在学校思想政治教育实践中，为了提高学生的思想政治素质，各级各类学校都开设思想品德和马克思主义基本理论等课程，开展演讲、竞赛、辩论等校园文化活动，组织参观、调查、参与公益事业等社会活动，不断加强学校各项管理工作。学校的思想政治教育工作者运用这些形式传递思想政治教育信息，使学生们在参与这些活动中接受思想政治教育信息，使思想政治教育的主客体之间通过这些形式而相互作用。这些形式，就是学校思想政治教育的重要载体。

概括地说，所谓思想政治教育的载体，是指在实施思想政治教育的过程中，能够承载和传递思想政治教育的内容或信息，能为思想政治教育主体所运用，促使思想政治教育主客体之间相互作用的一种活动形式和物质实体。语言、文字、开会、谈话、理论学习、政治理论课程、大众传播、精神文明创建活动、文化建设、管理工作等，都可以是思想政治教育的活动形式，即思想政治教育的载体。

具体地说，作为思想政治教育的载体，必须同时满足如下三个基本条件：

第一，能够承载思想政治教育的目的、任务、原则、内容等信息。在社会生活中，有的载体可以作为许多活动的形式，如会议、大众传播、管理等，但只有当它们有了明确的思想政治教育目的的指向性、蕴含着思想政治教育的内容时，才能成为思想政治教育的载体。

第二，能够为思想政治教育者所运用和控制。思想政治教育是有目的、有计划、有组织的教育实践活动。思想政治教育主体通过各种教育形式，要达到传递信息给教育对象，并使之从中受到教育的目的，就必须有效地控制教育过程。因此，只有能够为思想政治教育主体所运用和控制的教育形式，才具有思想政治教育载体的价值。例如，社会环境中的电影、电视、广播、报纸等因素，因其能够承载并传递思想政治教育的信息，能够为思想政治教育者控制和操作，所以可以作为思想政治教育的载体运用；社会环境中的社会经济状况、社会风气状况等因素，因其内容庞杂，难以被教育者所运用和控制，所以一般不将其视为思想政治教育载体。

第三，能够联系教育的主体和客体，并且能够促使两者之间发生互动。思想政治教育过程不是教育主体单方面的活动过程，而是教育主体和教育客体共同参与、相互作用的过程。教育者和受教育者是思想政治教育过程的两个主要因素，无论离开了哪一方面，思想政治教育过程都不能成为完整的过程。作为这一过程综合组织形式的载体，能够提供教育者和受教育者相互作用的形式和空间。

作为思想政治教育体系的重要组成部分，思想政治教育载体与思想政治教育方法既有联系，又有本质区别。两者都是完成思想政治教育过程不可缺少的组成要素，都是联系主客体的纽带。思想政治教育方法的运用必须借助一定的载体，而且在一定程度上制约思想政治教育载体的选择。比如，思想政治教育主体选择了实践锻炼法，就在一定程度上决定了其运用的载体必然以活动载体为主。虽然两者联系密切，但它们之间有着本质区别，是两个不可混淆的概念。载体能够承载思想政治教育信息和内容，而方法则不能承载思想政治教育信息和内容。因此，在思想政治教育实践中，我们要注意它们之间的区别与联系，科学认识和把握思想政治教育载体的含义和实质。

二、思想政治教育载体的特征

所谓特征，是指一事物区别于它事物的显著的特点和标志。思想政治教育载体的特点主要表现在以下几个方面：

（1）承载性

这是指思想政治教育载体承载社会所要求的思想观念、政治观点和道德规范等思想政治教育信息的特性。思想政治教育信息，只有通过思想政治教育载体呈现在教育客体面前，才能为教育客体所感知，也只有通过思想政治教育载体作用的发挥，才能促进其自身的传播和交流，才能对教育客体产生影响。因此，承载性是思想政治教育载体的突出特征。

（2）中介性

这是指思想政治教育载体具有联系主体与客体、主观与客观、内化与外化的中介作用的特性。第一，思想政治教育载体是联系主体与客体的中介。思想政治教育过程中的主体与客体都是人，都是有思想、能思维的鲜活的个体生命，都有强烈的表达和交流思想的愿望和要求，思想政治教育载体作为承载、传递思想政治教育内容信息的物质手段，为思想政治教育主客体之间发生相互作用提供了阵地与平台。第二，思想政治教育载体是联系主观与客观的中介。在思想政治教育过程中，载体既能为主体所选择，也能为客体所选择，表现出一定的主观性色彩，但载体一旦被选定，就会反过来对主体和客体产生一定的客观影响。而且，载体本身既有客观性较强的有形的物质层面，又有主观性较强的无形的精神层面，还有二者统一的综合层面，它体现了主观性与客观性的统一。第三，思想政治教育载体是教育客体思想内化与外化的中介。

思想政治教育过程实质上是一个思想转化过程。教育主体将一定社会要求的思想品德规范，通过一定的思想政治教育载体传递给教育客体，帮助教育客体在比较、选择、消化、吸收后将其内化为自己的思想品德认识，进而再通过一定的思想政治教育载体，促使其内在的思想品德认识外化为思想品德行为，在实践中塑造优秀的思想品德。

（3）可控性

这是指思想政治教育载体能为主体所操作与控制的特性。思想政治教育的目的性，要求思想政治教育载体必须反映教育主体的主观意志，必须能被教育主体所运用，而且思想政治教育载体是外显的物质实体，也能够被人感知、认识和把握。教育主体对多种多样的思想政治教育载体的恰当选择，就是载体可控性的突出表现。

（4）目的性

这是指思想政治教育载体为教育主体所运用的指向性特征。思想政治教育载体是内容与形式、目的与手段的统一，它作为一种工具性手段是无目的的，但在其被运用、控制、操作时就会表现出明确的目的性，即服务于教育主体，帮助教育主体完成教育任务、实现教育目标。

（5）阶级性

这是指思想政治教育载体在阶级社会里能为不同的阶级利用和服务的特性，它是由思想政治教育主客体的阶级性和思想政治教育内容的阶级性所决定的。在阶级社会里，思想政治教育主体和客体都是有阶级性的，思想政治教育就是主体向客体传播符合本阶级利益的思想观念、政治观点和道德规范的过程，而且主客体选择、运用载体也是从各自阶级利益出发的，从而使载体具有鲜明的阶级色彩。比如，封建统治阶级利用各种载体鼓吹宗教神学和纲常礼教思想；资产阶级利用各种载体宣扬个人主义、享乐主义、拜金主义和资本主义的民主政治；无产阶级则利用各种载体倡导集体主义原则和社会主义民主政治。

三、思想政治教育载体的功能

载体作为能贮存、携带其他物体的事物，具有两种基本功能：一是贮存和携带其他的事物，二是促进其他事物之间的反应。思想政治教育载体作为载体的一种特殊形式，既具有这两种基本功能，又具有自己的特定功能。思想政治教育载体的功能主要表现在：

（一）思想政治教育信息的承载、传导功能

思想政治教育载体既能够承载思想政治教育信息，又能够传导思想政治教育信息。承载教育信息不是思想政治教育载体的目的，“承载”是为“传导”提供前提和条件，向受教育者传导社会要求的政治观点、价值观念、道德规范才是思想政治教育载体的目的和主要功能。思想政治教育是一个以载体为基本渠道，以传导思想政治教育信息为中心的过程。当载体承载着思想政治教育的各种因素并促使其相互作用时，就意味着传导的开始。也就是说，只有依托谈话、开会、品德课、管理过程、文化建设、大众传播以及各种活动等载体，思想政治教育者才能向受教育者传播各种教育信息，并引导其正确地接受这些信息。

（二）促进主客体相互作用的中介功能

教育应是教育者与受教育者之间交互作用的活动，它是教育者有目的、有意识、有计划地影响受教育者，变化其身心状态，促使其发展的实践活动。在教育过程中，不仅要考虑教育信

息的有效传递，更要考虑到信息被接收之后的“信息反应”。思想政治教育载体就是这种“信息反应”的催化剂，它能够促进教育主客体之间发生良性互动，还能够促进客体向主体转化，进行自我教育。要充分发挥这种催化剂功能，就必须选择运用恰当的教育载体。适当的载体可以帮助教育者更好地传递思想政治教育信息，促使受教育者乐于接受信息，并在载体所能达到的作用空间内不断被强化，内化融入自己的思想和行为中，实现既定的教育目标。比如，“红色旅游”这种载体，以革命战争年代所遗留的纪念地、标志物及其所承载的革命历史、革命事迹和革命精神为基本内容，以“缅怀前人、激励今人、教育后人”为目的，因而具有极强的思想政治教育的原则性和目的性。这种载体寓教于乐，符合受教育群体的心理特征，使他们在游中学，在学中游，使教育在潜移默化中进行，有利于促使思想政治教育的客体转化为主体，实现教育与自我教育的统一。“红色旅游”这种载体在对青少年进行思想政治教育过程中就发挥了“催化剂”的功能，既有效承载和传递了光荣革命传统、先进革命精神及优良民族品质等教育内容，使教育主体与教育客体之间形成一种良性的互动，又为思想政治教育活动的开展提供了轻松舒适的环境，最终使思想政治教育达到最佳效果。

（三）渗透教育内容的蕴含功能

任何一种思想政治教育载体都负载着思想政治教育信息，但这种信息往往不是直观而外显的，而是内含于各种载体的运作过程之中。每一种载体都依靠自己的运作机制和实施规范，把对受教育者的教育与载体的运作过程紧密结合起来，让受教育者在接受组织者的引导、共同参与的过程中接受教育信息，潜移默化地受到教育。比如，思想政治教育的文化载体本身蕴含着大量的思想政治教育信息，是一种潜在的巨大的教育力量，它不一定有明显的具体要求，却以深刻而持久的渗透功能，影响着人们的内心世界，有利于人们形成崇高的思想品质和积极向上的人格精神。

（四）导向与养成的功能

思想政治教育载体的运用具有明确的目的性，带有明显的价值取向，这种目的一旦实现，就会成为教育对象的思想指示器和行为的导向仪。但是它的实现不是一蹴而就的，只有不断反复地发挥载体的作用，促使教育客体多次亲身体验、不断践行，才能形成优秀的思想道德品质，养成良好的行为习惯。比如，作为思想政治教育载体的企业文化，反映了企业员工共同的价值观和共同的追求，能够产生一种感召力和环绕力，引导员工认同企业的经营理念、价值准则和追求目标，为企业的繁荣发展同心同德、努力奋斗。在目的性很强的企业文化活动中，企业员工经过一系列活动的“操练”，经过企业文化潜移默化的熏陶和影响，就能够逐步养成一种良好的行为习惯，并不断地提高人的精神境界。

第二节　高校思想政治教育载体的形态

思想政治教育载体的具体表现形态多种多样，从不同的方位、不同的角度审视，可以把它们分为多种不同的类型。目前，学术界关于思想政治教育载体的分类标准不一，仁者见仁，智者见智。有的学者根据载体的性质把载体划分为物质载体和精神载体；有的学者根据载体的形态把载体划分为有形载体和无形载体；有的学者根据载体的状态把载体划分为动态载体和静态载体；有的学者根据载体发挥作用的过程把载体划分为直接载体和间接载体，等等。本文认为，根据载体的基本物质样态和它的历史发展进行分类，既能比较全面地涵盖思想政治教育载体的范围，又能体现出载体的基本形式。

根据载体的基本物质样态来分类，可以把载体划分为语言载体与行动载体；根据载体的历史发展来分类，可以把载体划分为传统载体和现代载体。

一、语言载体与行动载体

从载体的基本物质样态来看，思想政治教育载体有语言载体和行动载体两种表现形态。

（一）语言载体

语言是人类最重要的交际工具，是人类形成和表达思想的手段，也是人类社会最基本的信息载体。语言的产生，使人类的信息传播摆脱了对具体对象的依赖，从而极大地拓宽了传播范围，丰富了传播内容。语言的发展不断地提高着人的认识能力，人的认识能力也在提高的过程中创造并发展着语言，使语言的抽象化程度不断加深。广义的语言包括口头语言（狭义的语言，或称为言语）和书面语言（文字）。

1. 口头语言载体（言语载体）

口头语言是通过人们的口表述出思想的口头语，也常常被说成是“言语”，它是人际传播的主要方式。它的优点主要表现在：第一，言语是最便捷、最普遍的思想政治教育载体。口头语言无须什么成本，仅靠人的发音器官，靠空气、声波，即可传播思想政治教育信息，因而是最便捷的。语言是人类社会的特有现象，有人的地方就有语言，因而也是最普遍的。“一个人只要他对别人讲话，他就是在做宣传工作。”第二，言语是最生动、最直接的思想政治教育载体。言语在传播时多数发生在直接面对面的场合，参与传播的主体和对象之间能够直接进行信息交流。而且在交流过程中，除了语言符号之外，语言的内容和语音的抑扬顿挫可以表达丰富的感情，表情、手势、姿态、动作、服饰等非语言符号，也在传递大量思想信息，因而能赋予言语载体以亲切生动、易于理解的优点，并从正面强化着言语传播的效果。不过，由于语言是一种听觉载体，信息传播具有即时性和共时性，受到特定时间、地点的限制，转瞬即逝，只能依靠记忆留存信息，致使信息传递得不远、不广、不准。在运用言语载体进行思想政治教育时，人们接受和传递思想信息的渠道都比较单一，使得传播效果非常有限。这正是言语载体的缺陷所在。因此，我们在选择它作为思想政治教育载体时，要注意克服它的这种缺陷，使用录音设备或文字记录等方式予以弥补。

2. 书面语言载体（文字载体）

书面语言是通过文字把言语记录下来形成的书面语。文字是记录和传达言语的书写符号，是扩大言语在时间和空间上的交际功能的文化工具，也是人们表达思想的又一重要工具。文字具有与口头语言不同的特征：第一，文字是一种延时载体，信息传播具有历时性。文字克服了口头语言稍纵即逝、只能依靠记忆留存信息的局限，从而打破了时空界限，使思想信息得以长期保存，传播也更为久远。第二，文字反映思想较准确、深刻。人们运用文字载体进行思想政治教育，必须进行深入的理性思考，才能透过事物的现象去揭示其本质规律。因此，与口头语言相比，运用文字传递思想信息就更为准确、深刻，不易产生歧义。但是，文字的传播速度不快、传播范围不广。言语传播简单易行，不要求有多少知识，人人皆会，而文字传播则要求传受双方都应有一定的文化知识，而且文字作品的生产与加工还有一个时间周期，这就严重制约着思想信息传播的速度与范围。

从以上对语言载体特点的分析，我们可以看出，它的优点是突出的，比如言语载体运用方便，反馈迅速，便于建立感情等，同时也因其特点局限了其作用的发挥。因此，我们在使用时要针对语言载体的特点，扬长避短，因时因地制宜地进行使用。

（二）行动载体

就物质形式而言，思想信息除了依托语言文字以外，还得依托行动来表现。从总体上看，行动与语言是一致的，都是对人的思想内容的一种反映，并与人的思想互为表里。与语言的不同之处在于，行动是一种动态载体，它表现在具体的实践过程中。行动载体的特点表现在：第一，具有客观现实性。行动是主体人运用客观物质条件和手段改造客观外部世界的过程。行动诸要素、行动后果都不依赖于人的意识而客观存在，行动的广度、深度和发展过程也受客观条件的制约和客观规律的支配。第二，具有自觉能动性。行动是人在思想支配下的一系列动作与作为。它是一种有意识的、有目的的自觉活动，它能创造出新的思想政治教育载体形式。人行动的目的性、主体性和创造性一起，共同体现了人的自觉能动性。第三，具有社会历史性。人总是在一定的社会关系中进行活动，人行动的条件和手段都要由社会来提供，因而任何人的行动都具有社会性。也正因如此，人的行动具有历史性。随着社会环境和社会条件的发展，人行动的内容和形式也会发生变化。

在思想政治教育过程中，行动比语言更有说服力。“行之以躬，不言而信。”思想政治教育者都应该做到“言传身教”，一个起表率作用的教育者，本身就是一个形象化、人格化的思想政治教育载体。我们在思想政治教育实践中要结合教育的内容，根据语言载体和行动载体的特点，有针对性地选择运用这两类载体，更好地发挥它们的作用，有效地进行思想政治教育。

二、传统载体和现代载体

从思想政治教育载体历史发展的视角来看，可以把思想政治教育载体划分为传统载体和现代载体两种表现形态。

（一）传统载体

传统载体是指在思想政治教育发展历程中早就产生并在继续发挥作用的载体，主要包括谈话、开会、理论教育等。

（1）谈话

谈话是思想政治教育者与一个或几个受教育者进行面对面的交谈，向其传导某种思想和观念，帮助其解决某种思想问题或认识问题的一种教育形式。谈话是个别思想政治教育或者说是微观思想政治教育常见的一种载体，也是最主要的一种载体，到目前为止，还没有一种载体可以取代或完全取代它。运用这种载体进行思想政治教育，教育者要把自己的个人风格、适当的教育方法和谈话对象的特点结合起来，才能保证谈话的效果。

（2）开会

开会就是通过各种会议向受教育者传导思想政治教育内容，以统一其思想，解决某些思想认识问题的教育形式。通过开会对人们进行思想政治教育是思想政治教育的传统方式，是思想政治教育一直使用的重要载体。在运用这种方式进行思想政治教育时，要注意会议的主题、时间的长度、组织安排等环节，以提高回忆召开的效用。

（3）理论教育

理论教育就是教育者通过课程、讲座、学习研讨等方式传达党和国家领导人的重要思想理论、重大决策等内容，以达到宣传教育目的的教育形式。理论教育在马克思主义理论学习研究中起着十分重要的作用。运用这种载体，必须注意教育内容的层次性、教育对象的层次性以及二者相一致的问题。

（二）现代载体

现代载体是指随着现代社会的发展而产生的具有时代特征的思想政治教育的新载体。在新的历史时期，思想政治教育在对传统载体进行扬弃的基础上，结合新的时代特征，创造和运用了许多新的载体，主要有如下四种基本类型：

1. 文化载体

广义上的文化概念，是指人类不断创造和积累起来的物质财富和精神财富的总和，涵盖除自然生成物以外的一切社会事物。狭义的文化概念，是指语言、科学知识、文学艺术及一切意识形态在内的精神产品。一般认为，文化主要是由符号和语言、价值观、规范、物质产品等因素构成，一定的价值观及其具体化规范是任何文化的核心。文化对人的影响具有全面性，既包括科学知识、专业技能的影响，又包括思想观念、道德规范的影响，也就是说，文化本身就蕴含着大量的思想政治教育的内容。它能潜移默化地影响着人们的思想和行为趋向，引导人们树立正确的价值观，进而在全社会形成符合现代化要求的价值观。作为思想政治教育的文化载体，是指思想政治教育者充分利用各种文化产品，将思想政治教育内容渗透于各项文化建设之中，让各种文化活动承担一定的思想政治教育功能。文化具有渗透性强、影响持久及形象、生动、直观等特点，将思想政治教育的内容寓于文化建设之中，会使思想政治教育更生动活泼，更具有吸引力，更易为人们所接受。

目前我们能够利用的文化载体，主要是指校园文化、社区文化、村镇文化、军营文化、企业文化、家庭文化等内容。运用这些文化载体开展思想政治教育，具有以下优势：第一，有利于增强思想政治教育的吸引力和渗透力，有利于思想政治教育作用的广泛实现；第二，有利于全面提高人们的思想道德素质和科学文化素质；第三，有利于形成与社会主义现代化相适应的价值观。

以文化为载体，就是将文化看作一个动态的过程，把思想政治教育的内容寓于文化建设之中。因此运用文化载体，关键是加强文化建设。党中央历来重视文化建设，把中国特色社会主义文化建设提到党的基本纲领的高度，尤其强调要搞好社区文化、村镇文化、企业文化、校园文化建设。加强文化建设，就是要保证文化建设的社会主义性质，充分发挥文化载体培养“四有”新人的作用。要提高文化建设的水平，满足人民群众日益增长的精神文化需求。要大力发展教育、科学、文学艺术、新闻出版、广播电视、图书馆、博物馆等文化事业，借助于这些载体，把思想政治教育落实到城乡的各个阶层。思想政治教育工作者要对受教育者进行认真分析研究，如学校可以结合自身的知识、智力优势，借助网络功能以及图书馆、课堂的便利条件，重点建设校园文化，提高全体人员的综合素质。总之，思想政治教育工作者应该充分发挥自己的优势，努力促进文化建设的发展，使思想政治教育与文化建设处于良性的互动之中。

2. 活动载体

人类的活动是多方面的，包括经济、政治、军事、教育、科技活动，作为思想政治教育载体的活动则主要指这些职业活动以外的一般社会活动，如文化活动、社会服务活动、各种群众性的精神文明创建活动等。随着社会的发展和生活多样化，人们闲暇时间的逐渐增多，职业活动以外的社会活动越来越丰富多彩，对于人们的生活和人的发展也越来越重要。这种情况要求思想政治教育者必须重视各种群众性活动的开展，善于寓思想政治教育内容于活动之中，学会运用各种活动载体进行思想政治教育。

活动载体是指思想政治教育者有意识地开展各种活动，将思想政治教育信息寓于活动之中，使人们在活动过程中受到教育，提高思想道德素质。把思想政治教育的内容有机地融入活动中，并积极组织广大群众参加各种活动，这本身就是教育的过程。在活动过程中，群众在受到感染、不知不觉地接受教育的同时，又学会自我鉴别、比较、判断、取舍，从而提高认识，使自己的思想品德向社会要求的方向发展，实现教育与自我教育的有机统一。能够成为思想政治教育载体的活动，必须是融思想性、科学性、趣味性、娱乐性为一体，令受教育者喜闻乐见的活动。这一类活动主要有：文化活动、社会服务活动、社会调查活动、参观访问活动、各种群众性的精神文明创建活动，能创造出新的思想政治教育载体形式。

把活动作为思想政治教育的载体，是思想政治教育的内在要求。良好的思想道德素质的养成，只有在社会活动中才能完成，这是符合思想道德素质形成发展规律的。把活动作为思想政治教育的载体，还是提高思想政治教育有效性的要求。因为社会活动的载体，能够使教育潜移默化地进行，能够实现教育与自我教育的统一，能够使思想政治教育的客体转化为主体，积极主动地接受教育。

把活动作为思想政治教育的载体，是党的思想政治教育的优良传统，在新时期群众性精神文明创建活动中又得到了继承和发展。群众性精神文明创建活动兴起于20世纪80年代初期，是由文明礼貌月和“五讲四美三热爱”活动发展而来的。经过二十多年的发展，新时期的精神文明创建活动除了学习英雄模范人物和一般的文体活动之外，又出现了“为您服务”“五好家庭”“志愿者服务”“青年文明号”等丰富多彩的活动，已经形成以“讲文明树新风”为主题，以文明城市、文明村镇、文明行业三大创建为主体，多种形式蓬勃发展的工作格局。这些活动蕴含了丰富的思想政治教育的内容，对于在新形势下加强和改进思想政治工作，培育“四有”公民，提高人的素质和社会文明程度，改善人与人之间的关系，形成良好的社会风气发挥了重要作用。这种载体作用主要体现在：第一，它是群众自我教育、自我提高的重要方式。多种形式的创建活动贴近群众，根植于群众，具有广泛的群众基础和广泛的群众参与。在这种方式下，社会主义思想道德教育的深刻内容，转化为一种简洁明快的群众语言，具体化为与群众日常工作生活密切相关的思想行为准则，提倡什么，反对什么，鲜明生动。通过开展活动，从大处着眼，从小处着手，从具体事抓起，启发群众的觉悟，使之在参与中受到教育，在实践中得到提高。第二，它是把“两个文明”建设任务有机结合落实到基层的有效途径。群众性精神文明创建活动具有综合性，从一开始就把“两个文明”建设的任务融为一体，把思想教育与业务工作紧密结合，体现了以经济建设为中心的思想，以文化为载体，就是将文化看作一个动态的过程，把思想政治教育的内容寓于文化建设之中。

为了更好地运用社会活动的载体，发挥活动载体在思想政治教育中的重要作用，就应努力在如下方面下功夫：第一，切实把思想道德教育摆在各项活动的首要地位，增强思想道德教育含量。要牢固树立教育意识，紧紧围绕精神文明建设的根本任务，始终把培养人、教育人的工作放在创建活动的首位。要紧密结合我国社会主义改革和建设、国际形势发展变化的新实际，加强对马克思主义的研究和宣传，坚持和巩固马克思主义在我国意识形态领域的指导地位。第二，精心设计活动载体，把群众吸引到活动中来，把深刻的教育内容寓于生动的活动形式之中。通过生动的活动形式，春风化雨，润物无声，耐心细致，潜移默化，把党的路线方针政策、社会主义的思想道德观念和法律知识、先进的科学文化知识，广泛地传播到全社会，为广大干部和群众所掌握。形式主义的东西必须坚决反对，但群众乐于接受、行之有效的形式一定要坚持。第三，加强对各种活动的指导，组织好各项活动。要指定专人筹划组织各种活动，对群众性、自发性的文体活动也要加以引导，在经费、场地、设施等方面为活动的开展创造条件。各项活动应该有明确的目的性，目的明确才能产生好的效果。活动要与经济建设的中心工作联系起来，实事求是，讲求实效，不可太多太滥，力避形式主义、走过场。活动应因地制宜、丰富多彩、有吸引力，力求形式多样，搞出特色来。活动应有阶段、有节奏，一个活动的目的达到后再开展一个新的活动，切不可一哄而上。选择活动载体时，应突出主旋律，弘扬时代精神，紧密结合当前实际，满足人们现实中的合理需求。

3. 传媒载体

大众传媒是指在现代社会中，通过特有的渠道和方式，向社会成员广泛传递信息并引起公众对信息反馈而形成的社会信息网络。它以公众化和潜移默化式的全新手段，把人类的一切文明、文化要素，重新整理、组织、加工，然后传播四方。大众传媒载体作为思想政治教育的有效载体，是指大众传媒向广大受众传播思想政治教育内容，使其在接受广泛信息的同时，受到思想政治教育。大众传媒载体主要包括以下几类：

（1）报纸、杂志、书籍等印刷类载体

报纸是以刊载新闻和时事评论为主要内容，以定期、连续、散页的方式向公众发行的出版物，它是最早的大众传媒。杂志，又称期刊，是一种定期出版物，有固定名称，用期号以连续不断的形式，间隔地、不断地出版。按出版周期的长短，杂志可分为：周刊、半月刊、旬刊、月刊、双月刊、半年刊、年刊。书籍则是为了传播知识、介绍经验、宣扬思想、阐述主张，经过思维创作而用文字图画或其他符号书写、刻、印在一定介质材料上的著作物。这类载体主要有如下优点：一是易深度化，信息量大。它们主要以文字符号传播思想信息，由于文字符号本身具有抽象性，表达清晰，准确性高，能对相关事件进行深度报道。这是它们的最主要优势。二是造价低廉，制作简便。三是便于选择与携带。对读者来说，他们可根据自己的需要、兴趣、习惯和能力，自由选择报、纸、杂志和书籍的种类与内容、阅读顺序与方式，享有对阅读速度、时间、地点的自主权，并可随意携带。四是便于保存，可反复使用。它们能将各种事实、数字等信息长期有效保存，能供人反复阅读，累积阅读率高。它克服了传统文字载体不易复制的缺陷，使思想信息不再为少数人所独享，从而在很大程度上扩大了传播范围。

它们的缺点主要表现在：一是时效性差。比如报纸出版的工序较为复杂，采写编辑、排版印刷、发行投递等环节缺一不可，对事件的反应速度远远慢于广播、电视。二是对受众的素质要求较高，传播不广。它们以文字符号传播信息，读者必须具有一定的文化水平，文化程度低则无法充分享用书籍、报刊所承载的多种思想信息，这也大大限制了传播范围。三是生动性和感染力弱。它们主要属视觉媒体，吸引读者的是想象、思维等理性因素，而不是感觉和情绪等感性成分，生动性和感染力比广播、电视要弱。它们的这些缺点在一定程度上被后来出现的广播、电视、网络载体所超越。

（2）广播载体

广播是指通过无线电波或导线传送声音、覆盖面最广的电子类大众传播媒介。广播的优势在于：一是传播速度快，覆盖面广。新闻广播播出的时间和收到信息的时间是同时的，而且还可以采取现场直播的方式，满足听众的愿望，增加真实感。此外，由于广播是由电波传送的，不受时间和空间的限制。二是收听对象非常广泛。文化程度低、视力不佳、行动不便者等都可以收听，甚至人们可以边干活边收听。广播的收听元独占性，其信息诉诸人的听觉，只要没有噪声的干扰，大家可以共享。三是声情并茂，感染力强。广播所运用的声音符号，如语言、音响、音乐等，都具有丰富的思想内涵，对听众有较强的贴近性和亲和力。四是成本较低。无论是筹建成本还是使用成本，广播都比其他大众传播媒介低廉，节目制作成本在大众传播媒体中也是最经济的。

广播的劣势在于：一是转瞬即逝，不易留存。广播以声音符号传播信息，而声音是转瞬即逝、看不见、摸不着、不留痕迹的。二是收听受到限制。收听时间受到限制，一方面，听众收听广播必须受电台播出时间的限制；另一方面，实际有效利用的电波频道是有限的，它不能像使用印刷类媒介那样，可以无限量地增加。三是选择性弱。广播按时间顺序安排节目内容，听众自主选择的程度不高，往往处于被动地接受状态。

（3）电视载体

电视是指运用电子技术手段同时传输图像、声音与文字的大众传媒，它是一种视听复合媒体。电视本身的特点有：第一，电视集文字、声音、形象于一身，诉诸人的听觉与视觉，使观众可以兼收声色之美和视听之妙，给观众以真实和亲切的感受。第二，电视以电波传递为媒体，传播速度快，在时间上具有播放和收视的同时性，在空间上具有播放与收视的跨越性。第三，电视博采各种大众传播媒介之所长，运用多种艺术手法，具有任何其他大众传播媒介都无法单独达到的独特功效。电视的社会作用表现为它已经成为家庭生活的一种方式。电视以家庭为单位进行集体收看，在轻松、自由、和谐的家庭气氛中可融洽亲情关系，增进家庭成员之间的思想交流与情感沟通。

电视的劣势在于：一是想象力弱。电视信息传播具有形象、直观、直接的特点，观众感知客观事物无须发挥多大想象力，无须调动多少生活体验和知识储备。这就极大地削弱了观众参与形象再创造的积极性。二是易流于表面化和浅薄化。电视属告知型媒体，不适于对信息进行分析、解释、说理，不适于表现深刻的事理和复杂的内容。三是观众的选择受到了限制，因为电视播放的时间和内容是固定的，观众处于被动的地位。由于技术设备的原因，观众对电视节目的选择常常受到客观条件的限制。

（4）网络载体

网络，即国际信息互联网络，简称互联网，是指集通信网络、计算机、数据库以及日用电子产品于一体的电子信息交换系统。由于互联网具有一些独特的技术特性如数字化、网络化、高速化、海量化、全球化、多媒体化、交互性等，因而其发展令人惊异。现在全世界已经有186个国家和地区的数亿人使用互联网，而且它还在以典型的指数增长方式发展，其主机数和联入网络数大约每6个月翻一番。我国的互联网起步于1986年，自1995年中国互联网接入和服务向全社会全面开放以来，其发展十分迅速。据中国互联网信息中心2006年1月22日公布的我国第十七次互联网发展统计报告，到2005年12月底，中国的网民总数已过亿。由此可见，在中国，互联网正日渐成为继报刊、广播、电视等传统大众传媒之后新兴的“第四媒体”，成为当代思想文化的一个日显突出的重要阵地，思想政治教育不能漠然视之，必须将其纳入自己的视野，尽快进入这一阵地，而以网络为思想政治教育载体就是其中的重大举措之一。

所谓网络载体，即“以网络为载体”之意，也就是通过互联网这一最先进的电子信息交换系统，向人们传播丰富、正确、生动的思想政治教育信息，以帮助人们形成时代发展所要求的思想观念、政治观点、道德规范以及健康的精神状态的过程。与传统的大众传媒如报纸、广播、电视等载体相比，网络载体传播信息具有以下优点：一是信息内容的海涵性。互联网不受版面、播出时段的限制，可同时覆盖遍及全球的用户，传播内容可涵盖人类所有认知领域，涉及人类活动的方方面面，在深度和广度上也都胜过传统媒体。二是传播方式的交互性与平等性。传统媒体是一种自上而下将思想信息传递给受众的媒体，传播者具有对信息资源的垄断优势，传受双方是不平等的。而网络载体既可采取“一对一”“一对多”的传播模式，也可采取“多对一”“多对多”的传播模式，还可以是四者的综合。这是一种双向、多向交流的互动传播方式，呈现出交互性的特征。互联网的双向传播，交互沟通及时反馈，传受的角色界限变得不再明显，二者之间充分体现出一种平等性。三是传播手段的兼容性。互联网是一种超媒体，它兼容了传统媒介的多种优势。如在信息符号上，互联网不仅具备电视的声、像、字合一和报纸的易保存性特点，而且用磁盘、光盘保存消息更节省空间；在使用感官上，互联网视觉、听觉、触觉等感官并用，比传统传媒更增加了人际交流成分；在采用技术上，互联网综合运用计算机、通信、音频视频等技术，将电子计算机与多种家电有机结合。这是网络媒体与传统媒体的最大区别。四是信息传播的时效性。互联网传播信息是一种超时空传播，不受时空限制，能有效地打破国家和地区之间的各种壁垒。任何人在他认为适当的时候，手指轻轻一点，世界即在眼前。网络的这些优点，为思想政治教育提供了更多的发展空间。

网络载体的劣势首先是真实性、权威性差。网络的快捷报道和海量信息，决定了网络载体不如传统载体严谨，重数量不重质量，在思想信息的导向上易失去控制。网络信息的发布具有很大的自由度，使得网上信息良莠不齐，真伪难辨，从而在很大程度上消解了网络信息的权威性。其次是网络安全得不到保障。网络病毒的感染和入侵非常严重。还有其他网络不道德行为的发生，使得强化网络伦理道德教育，加大对网络的监管力度已迫在眉睫。

要高度重视网络的负面作用，切实加强网络载体建设，牢牢把握网络思想政治教育主动权，主动占领网络思想政治教育的制高点。要有效整合网络资源，大力支持各类“红色网站”的建设发展，建设和完善“血铸中华”“民族魂”等一批融思想性、知识性、趣味性、服务性于一体的主题教育网站或网页，突出思想政治教育的主题，以网络道德问题辩论、网页和Flash制作竞赛等为手段，积极开展网络思想政治教育活动。要强化网络的服务功能，吸引凝聚网络用户，在服务中增强思想政治教育的实效性。要深入实施“网络文明工程”。加强政府、网站、网民的联系，加强网络队伍的素质建设和管理机制建设，形成健康向上的网络文化，倡导文明上网习惯，引导网民自觉遵守网络道德规范。加强网络信息管理，积极配合政府有关部门做好网上信息审查，及时过滤删除有害信息。

综合来看，利用大众传媒进行思想政治教育具有两大优点：一是能最大限度地扩大思想政治教育的覆盖面。它能广泛地作用于社会的各个阶级、各个阶层、各种利益群体乃至每一个人，使思想政治教育真正具有全面性。二是能增强思想政治教育的时效性。大众传媒与社会生活联系密切，它能迅速及时地反映社会生活。

充分运用这一载体进行思想政治教育是时代发展的需要。但是在运用这一载体时。应对传媒影响的复杂性问题予以特别注意。传媒所反映的内容及其对人的思想的影响是复杂的，既有积极的一面，又有消极的一面，不同的信息对大众传媒的教育作用可能出现相互抵制、相互干扰的矛盾现象，因此我们要不断加强对大众传媒的宏观管理和指导。

4. 管理载体

管理是遍及社会生活各个领域的基本活动。管理活动的基本内容是协调社会（组织）内部的人力、物力和环境之间的关系，其实质是调适人与人之间的关系，调动人的积极性，从而达到一定的目标。管理的普遍性特点和实质内容为思想政治教育的需求提供了内在依据和外在条件。运用管理载体做好思想政治教育，能够更好地把思想政治教育与经济和业务工作结合起来，有利于对人们进行深入细致的思想政治教育，把管理要求的规范内化为自觉的意识，及时发现、认真分析、妥善解决思想问题。

以管理为载体，就是将思想政治教育内容寓于管理活动之中并与管理手段相结合，通过运用一定的组织纪律、规章制度等来约束、规范和协调人们的行为，养成良好的思想品德和行为习惯，并达到提高人们的思想道德素质，调动人们的生产、工作、学习积极性的目的。以管理为载体，可以使思想政治教育更深入更贴近人们的思想实际，可以及时有效地解决人们的各种思想认识问题。人们在工作中产生的各种思想认识问题往往首先反映在管理的过程中，以管理为载体，就能及时发现各种思想认识问题，实事求是地分析它们产生的原因，并采取措施予以解决，从而提高人们的思想认识水平，提高人们的积极性。只有提高思想政治教育者对管理载体的认识及运用管理载体的自觉性，才能使管理载体得到普遍、恰当地运用。

管理载体的特征，一是强制性。大凡管理都要借助一定的权力来保证执行，如采取行政的、经济的、法纪的手段进行管理，一般都具有相当的严肃性，都对全体成员具有强制的约束力，人们必须依章办事，否则就要受到相应的惩罚。二是阶级性。在阶级社会里，管理的主体是人，管理者和被管理者都分属于不同的阶级和阶层；管理制度隐含着一定阶级内容，是统治阶级意志的表现；管理都是为实现一定的预期目标、为一定的阶级利益服务的。思想政治教育管理载体的阶级性尤其明显，思想政治教育实质上就是一种思想管理。三是组织性。思想政治教育以管理为载体，就是在实施思想政治教育过程中必须依托于一定的组织机构，遵循一定的规章制度，才能有效地对人力、物力、财力等思想政治教育资源进行优化配置，使人们从他律走向自律，最终实现提高人员素质的组织目标。没有一定的组织性，思想政治教育就无法实施，就会流于空谈。四是规范性。管理所依托的组织纪律、规章制度等，一般都通过文字以书面的、条文的形式表现出来。它们规定组织成员可做什么、不可做什么，应当做什么、不应当做什么，具有很强的规范性。

为了有效运用管理的载体，充分发挥管理载体在思想政治教育中的作用，首先，要提高思想政治教育者运用管理载体的自觉性，使其得到普遍、恰当地运用，发挥其承载和传递思想政治教育信息的作用。其次，提高管理人员的思想政治素质和思想政治意识，自觉地使管理的载体承担一部分思想政治教育的功能。在这方面，要克服把管理与思想政治教育割裂开来的倾向。最后，促进管理水平的提高，为思想政治教育创造良好的环境。科学规范的管理，可以起到理顺关系、化解矛盾、进入有序状态的作用，这本身就是思想政治教育需要的良好环境，有利于人们良好习惯的养成。从这个意义上说，科学、民主、公平、规范的管理，本身也是一种思想政治教育。思想政治教育工作者应该积极支持各级管理人员大胆管理，并主动参与管理过程，包括参与制定、宣传、督促执行规章制度，协调各种关系，努力促进管理水平的提高。只有这样，才能更好地利用管理的载体进行思想政治教育。

第三节　高校思想政治教育载体作用的发挥

要充分发挥思想政治教育载体作用，就必须正确地认识思想政治教育载体的定位，恰当地选择运用思想政治教育载体，还必须不断地更新观念，密切注视载体变化的走向，及时有效地开发利用新的载体。

一、思想政治教育载体的科学定位

（一）从思想政治教育体系的构成要素分析，思想政治教育载体是思想政治教育介体必不可少的组成部分

思想政治教育系统的构成要素，可分为思想政治教育主体、思想政治教育客体、思想政治教育介体和思想政治教育环体。其中，思想政治教育介体是思想政治教育主体和客体相互联系、相互作用的中介因素，包括思想政治教育内容、思想政治教育方法和思想政治教育载体。思想政治教育介体的这三个组成部分，在联系教育主客体方面分别发挥着不同的作用：思想政治教育内容是指教育主体向教育客体传递的信息，它在信息的传递与反馈中实现教育主客体的相互联系、相互作用；思想政治教育方法是教育主客体之间相互作用的一切手段的总和；思想政治教育载体承载传递思想教育内容，促进思想政治教育内容的传播与交流，促进主客体的相互作用。这三个方面既相互区别又相互联系，有机地统一为一体，共同承担思想政治教育中介的职能。缺少任何一个方面，都不能构成一个完整的思想政治教育中介体系。

（二）从思想政治教育的运行过程分析，思想政治教育载体是各要素相互联系的枢纽，是各要素相互作用实现的形式

思想政治教育的运行，是一个思想政治教育系统的诸多要素相互联系、相互作用的过程。在这一过程中，思想政治教育的各种要素只有通过一定的形式才能联结起来，载体就是各要素相互联系的枢纽，是各要素相互作用实现的形式。没有载体，各种要素就无法联结起来，更无法相互作用，思想政治教育过程也就不能成为现实的运动过程。例如，在商业职业道德教育中，教育的主体是商业企业组织以及思想政治工作者，教育的客体是商业企业的职工，教育的目标是提高职工的职业道德水平，教育的内容是职业道德意识、职业道德规范等，教育的方法是说服引导、榜样示范、自我教育等，要把这些要素联系起来，就必须依赖职业道德教育的一些具

体形式，即开会学习、企业文化建设、创建文明服务岗活动、严格的制度管理等教育载体。只有通过这些具体形式，才能使各种要素相互作用，形成合力，共同促进职业道德教育过程的顺利进行，完成职业道德教育任务。

在思想政治教育运行过程中，载体作为思想政治教育各种要素相互联系的枢纽，不仅能够促使各要素之间相互作用，而且能对各要素的协调一致产生直接影响和作用，进而产生较好的总体合力。各要素是否协调一致受着诸多相关因素的制约和影响，如教育者的思想政治素质和工作能力状况、受教育者的思想道德素质和接受教育的意愿、教育目的是否正确和明确、教育内容是否先进和合适、教育方法是否恰当、教育环境状况等。如果载体选择恰当，运用得较为合理，就能促使各要素同向互动，使思想政治教育产生更好的效益；反之，则会使各要素互相掣肘，互动紊乱，阻碍其作用的发挥。因此，在思想政治教育实践中，要充分考虑到思想政治教育诸要素的状况，恰当地选择运用教育载体，促使思想政治教育过程的各要素协调互动，使思想政治教育产生更大的效益。

（三）从思想政治教育的实施方面分析，思想政治教育载体是完成思想政治教育任务必不可少的活动形式

思想政治教育实施的中心工作就是组织好各种活动。教育客体的思想品德素质，是在活动过程中形成，又通过活动表现出来的，活动是教育客体思想品德形成的基础。这些活动是在教育者指导下开展起来的，是教育者根据思想政治教育目标和任务组织起来的具有正确的思想方向性的活动，是实现思想政治教育目标和任务必不可少的条件。思想政治教育主体正是通过这些活动形式即思想政治教育载体，向教育客体传递社会要求的思想观念、政治观点、道德规范，同时促使教育客体在活动过程中反复感受、体验、掌握这些观念和规范，形成符合社会要求的思想品德。离开思想政治教育载体，思想政治教育就无法实施，更不用说完成教育任务、实现教育目标了。

载体是完成思想政治教育任务必不可少的活动形式，并不是说完成某项任务只能选择一个载体。同一载体，可以为不同的教育任务服务。不同的载体，也可以为同一教育任务服务。所谓必不可少，意思是说思想政治教育载体是完成思想政治教育过程的不可或缺的具体的活动形式，不论思想政治教育任务如何，都必须借助一定的载体，通过具体的活动进行。

二、思想政治教育载体的选择利用

在社会主义市场经济条件下，一些传统载体的作用有所削弱，而一些新载体，如管理载体、活动载体、大众传媒载体则比较符合思想政治教育新的需求，其作用日益增强。根据思想政治教育的不同内容选择适当的载体，已成为加强和改进新时期思想政治教育的一个重要任务。

思想政治教育载体是不断变化发展的，它突出表现在两个方面：一是思想政治教育载体的形式呈现出由少到多、日益丰富的趋向。随着社会生活的发展和科学技术的进步，以及思想政治教育实践的发展，思想政治教育的载体日益丰富，可供选择的载体越来越多。过去，我们在进行思想政治教育时，较多地运用开会、办学习班、理论教育、文体活动、报刊等载体。现在除了继续运用这些载体以外，我们还大量地运用各种管理载体、文化载体、大众传播载体、活动载体等。二是许多思想政治教育载体的内涵也在丰富发展。例如，活动一直是思想政治教育的重要载体，但过去对活动方式的运用主要限于文体活动、读书活动、学习英雄模范人物活动等；而在新时期，思想政治教育对活动载体的运用有了很大的发展，除继续运用上述形式外，还创造了大量的新的群众性精神文明创建活动形式。由此可见，新时期思想政治教育的活动载体无论是内容还是形式都比过去有了很大的扩展。可以预见，在未来，更多更新的思想政治教育载体将会不断涌现，已有的载体也会不断丰富完善，为我们选择适当的思想政治教育载体提供更广阔的空间和更有利的条件。

不断丰富发展的思想政治教育载体，既为我们的选择提供了更广阔的空间，也增加了载体选择的难度。如果载体选择恰当并得到较好的运用，思想政治教育活动就能顺利展开，取得好的效果，推动思想政治教育实践不断向前发展；反之，就可能事倍功半，效果不佳，阻碍思想政治教育实践的发展。因此，我们要认真思考如何才能科学而正确地选择利用思想政治教育载体。

首先，必须紧紧围绕思想政治教育内容来选择载体，以实现内容与形式的统一。这是我们党进行思想政治教育的宝贵经验之一。比如第一次国内革命战争时期的思想政治教育，是围绕着党领导宣传、发动的反帝反封建的新民主主义革命这一任务展开的，当时的教育载体主要有：创办刊物；开办工人文化补习学校、农民夜校；开展工人、农民运动；组织各种集会；在黄埔军校则有政治教育课、报告会、讨论会，组织学生社团以宣传革命为内容的文艺演出等形式。这些教育形式，宣传了马克思主义和党的任务，在较大的范围内对于启发工人农民的政治觉悟，调动他们的革命积极性，进而掀起大革命高潮作出了贡献。革命战争年代的思想政治教育是紧密围绕着党的中心任务展开的，其载体的选择与运用与不同时期思想政治教育的具体任务相适应，并注意到与不同受教育者的经济、政治地位和思想实际相协调，因而其成效非常明显。社会主义现代化建设新时期，思想政治教育已经成为党和国家工作的重要领域。我们必须结合当前思想政治教育的内容，针对不同的教育群体选择利用恰当的思想政治教育载体，使教育形式更好地为教育内容服务，实现思想政治教育内容和形式的统一。

其次，必须正确把握各种载体的形式和特征，正确选择利用载体。正确选择利用载体，是建立在科学认识各种载体的形式和特征的基础上的。每一种载体都有其长处和不足，我们要全面而准确地掌握各种载体的特点和适用条件，具体问题具体分析，根据教育主体自身的特点、教育内容、受教育者的实际情况，突出重点，有针对性地选择运用思想政治教育载体。

最后，必须不断吸收新观念，增强及时发现、运用新载体的敏感性。对思想政治教育载体的选择不仅受制于其形式的性质和特征，也明显地受到人们的思想观念和认识水平的影响。比如管理活动一直都存在，但在很长时间里，管理和思想政治教育是相分离的，并没有为思想政治教育者自觉运用。直到20世纪80年代，人们认识到了把这两者结合起来的优越性，管理才进入了思想政治教育领域。到了90年代，人们进一步认识到通过管理进行思想政治教育具有独特的功能，管理才被人们作为思想政治教育的重要载体加以广泛的运用。再比如，互联网出现很长时间，都未进入思想政治教育的视野。后来思想政治教育者逐渐认识到互联网对人们的生活和思想的影响越来越大，思想政治教育不能等闲视之；同时认识到计算机网络符合作为思想政治教育的载体的要求，于是思想政治教育才开始进入网络，将其作为载体加以运用。这些事例都表明，人的认识能够影响思想政治教育载体的确定和运用，因而我们要不断吸收新观念，善于及时发现新载体，恰当运用新载体。

第四节　高校思想政治教育载体的创新

随着改革开放的不断深入，社会情况发生了复杂而深刻的变化。面对新形势、新问题，思想政治教育既需要内容和方法的创新，也需要载体的创新，下面就此谈一些初步看法。

一、新形势下思想政治教育载体创新的必要性

（一）社会信息化给思想政治教育载体提出了新挑战

随着信息时代的到来，社会信息化程度日益提高，带来了社会运作方式、观念形态、人们生活方式的一系列变化，也给传统的思想政治教育载体提出了新挑战。一是信息传播速度加快，使传统的思想教育载体形式显得滞后、低效而难以适应；二是信息渠道多、覆盖面广，使课堂教育中教育者和受教育者在很大程度上处于同一个“信息平台”，因而降低了教育者的权威性和影响力；三是信息网络空间良莠并存，多元文化观念充斥其间，其交互性、虚拟性和隐匿性，给思想政治教育提出了新的课题。

（二）教育改革给高校思想政治教育载体创新提出了新要求

近年来，高校开展了以内部管理体制和创新教育为核心的一系列改革与探索。改革中新事物不断出现，传统的思想政治教育，尤其是日常思想政治工作产生了不适应。一是实行学分制改革。无论是完全学分制，还是学年学分制，都是为了提高学生的综合素质，张扬学生的个性，拓宽其知识面。但伴随着选修课的增多，文理科之间的打通以及分级教学管理的出现，原有的班级管理模式被打破，致使思想政治教育功能被弱化，而且在教育时间和地点上很难同步；二是学生校外公寓园区的出现，打乱了学校原有的校、院（系）、班管理框架，学校的教育和管理由紧密型变成了松散型。这些新情况的出现，客观上要求我们对过去好的教育载体在继承的前提下进行优化，并不断探索新载体。

二、思想政治教育载体创新的原则

思想政治教育的载体不可能一成不变，必须随着历史条件的变化而变化，随着思想政治教育的发展而发展，与时俱进，优化创新。因此，思想政治教育载体的优化与创新不能随心所欲，应遵循以下原则。

（一）合理继承原则

创新是在传统继承基础上的创新。传统载体当中有些合理部分应该继承。就现实而言，传统载体只是出现了不适应或者不够用，稍加改造予以优化便可加以运用。从某种意义上讲，优化也是创新。有些载体，如政治学习、办学习班、开会、做报告、课堂灌输、党团活动等都应该合理继承，只是在安排的密度、运用的时间上要恰当、适时，同时要避免单调和重复。

（二）有利渗透原则

思想政治教育是一个“灌输”和“渗透”的过程。理性地灌输固然重要，但无形的渗透，从某种意义上讲也是不可或缺的，所谓“随风潜入夜，润物细无声”，就是渗透效果的形象写

照。载体的运用要有利于这种渗透。如社区文化、文化科技节活动、寝室文化建设、军训、劳动等都是一些好的载体，往往学生以主体身份参加，在其中无形地受到某种启迪和熏陶，强化了正确观念。

（三）便于吸引原则

增强思想政治教育的吸引力是教育者追求的目标之一，除了在内容上做文章以外，载体的吸引也是重要方面。青年学生一般有理想、有抱负，渴望成才，同时爱美、好动、参与性强、自主选择性强。因此在载体设计上要考虑多层次、全方位、立体型，以增强载体的吸引力。

（四）技术武装原则

随着科学技术的飞速发展，传统的思想政治教育载体特别是传播媒介的新知识、新科技含量越来越高。这就要求我们一方面要注重传统载体的现代化，对其“硬件”进行必要的投入和更新，另一方面，对思想政治工作者也要进行新知识、高科技的“武装”。例如，网络作为思想政治教育的现代化载体，教育者必须充分利用占领，但对遏制其负面影响方面目前却显得力不从心，因此，有必要花大力气研究过滤有害信息的软件，在技术上创新，从而提高其技术含量，从根本上解决网络的负面作用。

三、高校思想政治教育载体创新的重点

思想政治教育总是要通过一定的载体进行。载体承载思想政治教育的信息，是联系主客体的一种形式。目前，高校是思想政治教育的重要阵地，所以有必要研究一下高校思想政治教育载体的优化和创新。思想政治教育的载体可谓林林总总，应重点从以下五个方面进行优化和创新。

（一）优化管理载体，形成管理与思想政治教育的高度契合

管理载体，就是把教育内容与管理结合起来，渗透到广大师生员工的工作、学习、生活之中，从而达到提高思想政治道德素质，规范行为方式，调动积极性的目的。管理说到底就是执行某种规则。包括大政方针、人财物调配规则、道德行为规范、纪律约束规范等，向人们展示明确的条规，发出是与非、对与错的指令，从而调适人与人、人与社会之间的关系，调动人的积极性。思想政治教育的一个重要任务，就是要理顺人与人、人与社会之间的关系，思想政治教育的终极目的是调动人的积极性，在这一点上管理和思想政治教育达到了高度的契合。实践证明，没有管理的教育是空洞的教育，没有教育的管理是低层次的管理。这就要求思想政治教育者要主动意识到管理是教育的载体并有效地加以运用，管理工作者要学会遵循思想政治教育的规律从而提高管理水平。

（二）优化服务载体，架起学校与师生之间沟通的桥梁

高校的服务工作覆盖教学、科研、生活各个方面，它是联系沟通学校与师生情感的桥梁，是师生向心力、凝聚力、积极性的“发生器”，是思想政治教育的重要载体。目前，高校对师生的服务不尽如人意，有必要从三个方面加强：一是树立以教师为本，以学生为本的现代教育观念，把为群众服务办实事作为工作的出发点和归宿；二是改变机关工作作风，热心为基层办好每一件事情，克服“脸难看、事难办、话难听”的官僚作风，做到春风化雨，润物无声；三是

切实适应高校教学、科研和后勤服务体制改革后的新情况，建立完善的后勤服务、教学服务和科研服务体系，使师生的需求做到“登天有路，入地有门”。

（三）优化课堂载体，施行“文以载道”的渗透教育

课堂集教育、管理、服务、传道、授业、解惑多种功能于一体，是学生政治思想教育最正规的载体。“思政理论课”课堂是灌输马克思主义基本原理，强化行为规范，宣传大政方针，化解思想矛盾，培养科学的世界观、人生观、价值观的主渠道和主阵地。一般课堂除了传授知识的功能以外，也充满了“文以载道”式的渗透教育，如专业课程中的辩证法、人文精神、科学精神、创新思维的贯穿和渗透，教师人格言行的示范教育，等等。优化课堂载体，把教学与育人更加自觉地、有机地融合起来，是我们的重要职责，尤其是在学分制和学生住宿公寓化的条件下，更应如此。

（四）优化活动载体，实现教育与自我教育的有机统一

活动载体，是有意识地开展各种活动，将思想政治教育的内容寓于活动之中，使人们在活动的过程中受到教育，提高觉悟。高校的活动载体大致可分为校园文化活动、社区文化活动、社团活动、青年志愿者活动、社会实践活动、大学生科研活动、群众性精神文明创建活动等。这些活动都是适应高校形势的新变化的探索与创新。以活动为载体，有着其他思想政治教育手段所不及的独到之处：一是使思想政治教育内容为人们潜移默化地接受；二是能较好地实现教育与自我教育的统一。因此，活动载体必须大力倡导和扶植。

（五）优化传媒载体，拓展思想政治教育的新思路、新空间

高校的传媒，包括报纸杂志、宣传橱窗、广播电视、录音录像、校园网络等工具。以这些工具为载体，向师生传输思想政治教育内容，使之在接受广泛的社会信息的同时，接受思想政治教育。大众传媒载体在思想政治教育方面有极强的优势：一是传媒的渠道多，社会覆盖面广，因而影响大、效果好；二是适时、快捷，符合人们的现代生活节奏；三是能唱响主旋律，形成良好的舆论氛围。高校的大众传媒要真正发挥上述作用，必须坚持正确的导向，加强宏观调控，在内容上要围绕学校工作中心，在形式上要贴近学生心理、满足学生需求，以新的观点、新的思路、新的内容和形式，新的技术装备展现在广大师生面前，使之在加强思想政治教育中真正做到扩大覆盖面，增强针对性和实效性。

第十二章　“中国梦”与高校思想政治教育契合研究

第一节　“中国梦”基本理论综述

一、“中国梦”的科学内涵

对“中国梦”内涵的科学界定，是研究当代大学生“中国梦”教育的基本前提。党的十八大以来，学术界对“中国梦”内涵的研究十分广泛，但关于“中国梦”科学内涵的界定尚未形成统一的看法，概括起来主要有以下几种观点：

第一种，“二元论”。学者张维为认为，“国”和“家”是命运共同体，他把“中国梦”看作“国梦”与“家梦”的结合。有学者提出，“中国梦包括‘国家梦’和‘个人梦’两个层次的深刻内涵。‘国家梦’和‘个人梦’紧密相连，统一于建设中国特色社会主义的伟大实践。”学者邱德胜、王玉鹏则从“中国梦”对国内外人民贡献的角度理解“中国梦”的内涵，认为“中国梦的核心就是对内民众安居乐业，对外中国成为和平发展大国。”

第二种，“三位论”。学者叶再春提出，“中国梦是三位一体的复合梦。从个体看，它是中华儿女的富民梦；从集体看，它是强国梦；从民族看，它是有五千年文明史的中华民族复兴梦。”他认为“中国梦”的三种面相：富民梦、强国梦和复兴梦，既相互联系又互相区别，三者缺一不可。学者李泽泉则把“中国梦”定义为国家梦、人民梦和世界梦的结合。

第三种，“多维论”。学者汪金友从多重维度提出，“中国梦是复兴的梦、中国梦是时代的梦、中国梦是民族的梦、中国梦是人民的梦、中国梦是强国的梦、中国梦是富民的梦、中国梦是创新的梦、中国梦是攻坚的梦、中国梦是奋斗的梦、中国梦是出彩的梦。”另有学者将“中国梦”理解为美丽中国、幸福中国、富强中国、文明中国等多个方面的具体指向。

第四种，“人民主体论”。有学者认为，“中国梦反映在每一个中国人的生活中。实现中国梦，就是实现老百姓的梦，就是实现中国人民更加幸福美好的现实生活。”学者吴旭提出，“中国梦”的主体不是虚拟的国家，而是人，其内涵应超越强国梦之上，归根到底应是人民的梦。

第五种，“本意论”。学者们对“中国梦”本意内涵的认识大体分为两种：一种观点认为，习近平同志在参观“复兴之路”展览现场时提出的，“实现中华民族伟大复兴，就是中华民族近代以来最伟大的梦想”，这是“中国梦”的本意内涵；另一种观点认为，实现“国家富强、民族振兴、人民幸福”即为“中国梦”的本意内涵。

概括来说，学者们都紧紧围绕“中国梦”最基本的内核，从中外横向、历史纵向以及个体与群体同圆的角度对“中国梦”进行外延的拓展和深化。实现中华民族伟大复兴的“中国梦”

既是抽象的，又是具体的，它是中华民族长期以来的探索实践之梦，追求价值之梦，精神动力之梦。“中国梦”是实现民族独立、人民解放和国家富强、人民富裕的伟大实践；“中国梦”是凝聚中华民族优秀传统文化和民族精神的价值追求；“中国梦”是全面建成小康社会、实现社会主义现代化和中华民族伟大复兴的强大精神动力。“中国梦”的这三个向度相互影响、相互作用，统一于中国社会历史发展的主旋律之中。

二、“中国梦”的基本特征

（一）时代性

马克思和恩格斯曾指出：“意识一开始就是社会的产物，而且只要人们存在着，它就仍然是这种产物”。同样，作为意识形态的“中国梦”也是在中国现代社会背景之下产生的，反映着当前中国社会的主要矛盾和时代变化。“中国梦”的时代性主要体现在：

第一，“中国梦”的提出是对当前时代问题的回应。1931年美国学者亚当斯提出了以“只要努力，一切皆有可能”为核心的“美国梦”概念，在一定程度上促进了美国的迅速发展，但次贷危机的爆发让“美国梦”黯然失色。“二战”后，欧洲国家进行超国家共同体的探索，并催生出了“欧洲梦”，但在欧债危机的席卷下，“欧洲梦”遭到了世界人民的质疑。新中国成立后，中国人民通过艰苦奋斗，改变了一穷二白的面貌，走向了繁荣富强的新时代。但是，在中国经济实力、人民生活水平迅速提高的同时，也面临着诸多时代问题和矛盾，如腐败问题、民生问题、环境问题等。而“中国梦”的提出正是对当前的时代问题作出的强有力的回应。

第二，“中国梦”的内涵随着时代的发展不断丰富和完善。“中国梦”是结合中国历史和现实对马克思主义理论在继承基础上的不断创新。世界在发展，时代在变迁，现代化是一个变动的过程，其标准也会随着时代和世界的发展而变化，小康、富强、幸福等概念也会不断注入新的内涵。所以，“中国梦”不是静态的，而是动态的，它的基本内涵将随着时代和世界的发展而不断丰富深化。一方面，“中国梦”的基本内涵会随着时代和世界的发展更加深入人心，更加催人奋进；另一方面，“中国梦”的基本内涵也将随着中国社会发展目标的一步步实现得到新的诠释。

第三，“中国梦”的实现将与新时代改革开放和现代化建设的发展进程同步推进。“中国梦”的实现不会一蹴而就，也非一朝一夕。从新中国成立至今的社会发展经验来看，“中国梦”的实现必须分阶段、分步骤进行。新时期，党中央已根据国内外发展状况从历史纵向和社会横向的角度分别提出了“两个百年”和“五位一体”的目标。“中国梦”要成为现实必须与时代同步，做到宏观规划和具体实践的统一。时代性是“中国梦”的重要特点，“中国梦”的发展只有做到与时俱进，符合时代特征，才能在发展过程中永葆生机和活力。

（二）民族性

习近平同志对“中国梦”内涵的高度凝练，充分体现了“中国梦”具有的民族性特征。“中国梦”的民族性集中体现在以下几点：

第一，“中国梦”具有最广泛的民族共识。“中国梦”不属于某一个阶层、集团或政党，它是深藏在中华民族内心深处的一种集体意识、集体记忆、集体愿景，它不是某一个阶级的梦，不是某一个集团的梦，更不是某一个政党的梦，而是整个中华民族的梦，具有广泛的民族共识。

第二，“中国梦”具有最强烈的民族情怀。近代中国的艰难历程形成了中华民族共同的民族文化心理素质，促使中国人民朝着共同的价值目标——救亡图存和民族自强奋斗，激发了中华儿女强烈的要求民族崛起、民族复兴的民族情感和情怀。

第三，“中国梦”具有最彻底的民族信念。“中国梦”的萌芽、发展源于令中国人民耻深痛极的近代百年。实现国家富强、人民幸福和中华民族的繁荣复兴是中华民族历代以来坚持不懈、矢志不渝的坚定民族信念，且这一坚定信念已然深入人心、从未动摇。

（三）开放性

“中国梦”是吸纳、融合了古今中外优秀思想文化的丰富养分而生成的开放的思想理念，其开放性主要体现在：

第一，它是对中国优秀传统文化的开放。“今天的中国是历史的中国的一个发展；我们是马克思主义的历史主义者，我们不应当割断历史。从孔夫子到孙中山，我们应当给以总结，承接这一份珍贵的遗产”。“中国梦”继承了中国传统文化中以爱国主义为核心的民族精神，继承了中国传统价值中的整体主义思想，继承了中国传统思想中自强不息、厚德载物的进取精神。“中国梦”内聚的精神内涵是中华民族深厚历史文化的自然生成，与中华民族的发展历史、心理、精神、文化、品格等紧密相连。

第二，它是对中国革命和社会主义现代化建设实践的开放。近代以来，为了救亡图存，反抗列强侵略，中华民族从自在的民族实体发展为自为的民族实体，自尊自强，民族觉醒，魏源提出“师夷长技以制夷”，孙中山喊出了“振兴中华”的时代最强音，开启了中华民族复兴和追逐“中国梦”的历史征程；新中国成立以来，尤其是1978年以来，中国特色社会主义建设取得了举世瞩目的成就，GDP已居世界第二，在道路自信、理论自信、制度自信的基础上，我们可以自豪地描绘“两个百年”的圆梦蓝图。

第三，它是对世界一切文明成果的开放。当今世界是一个开放的世界，中国离不开世界，世界也离不开中国。2013年6月，习近平总书记与奥巴马总统会晤时也指出，“‘中国梦’的目标是实现国家富强、民族振兴、人民幸福。但‘中国梦’同时也是和平、互利、共生、发展、协作、共赢的梦。‘中国梦’与‘美国梦’以及其他国家人民的梦想是相通的。”“中国人做‘中国梦’不是关起大门、自己做，而是与世界合作、共同做。”“中国梦”的实现不仅需要借鉴继承中国优秀传统文化，还“应该大量吸收外国的进步文化，作为自己文化食粮的原料”。

结合中国国情来吸取、借鉴其他国家尤其是发达国家的崛起和发展的经验、启示，无疑会大大有益于“中国梦”目标的实现。

（四）实践性

实践是社会发展前进的基础。“中国梦”一刻也不能脱离实践，它是近代以来中国人民有意识的、自觉能动的对中国社会发展目标和现实路径的不懈探索。“中国梦”在历史的实践中逐步形成，又在现实的实践中不断丰富，并最终在人民群众的实践过程中成为现实，具有历史的、现实的、人民的实践特征。

第一，“中国梦”是历史的实践。“中国梦”是中国近现代史开篇的实践主题，它的提出并非简单的政治标榜或梦想口号。无论是洪秀全领导的太平天国农民运动，还是地主阶级先后以“自强”“求富”为口号开展的洋务运动；无论是资产阶级维新派推行的社会改良或革命派发动的辛亥革命，还是以无产阶级为代表的中国共产党人进行的新民主主义革命，都是为实现民族独立、人民解放的近代中国梦想而以社会改良或者暴力革命的方式进行的切实实践探索。

第二，“中国梦”是现实的实践。新中国成立，实现了民族独立、人民解放之梦，揭开了中华民族追求民族复兴之梦的新的实践目标。社会主义“三大改造”确立了社会主义的基本制度，从此中华民族的崛起和复兴之梦的践行有了可靠的制度基础。1978 年党的十一届三中全会的召开拉开了改革开放的序幕，全党的工作重心由以阶级斗争为纲转向了经济建设，从此践行“中国梦”开始了以物质生产和社会改革并存的实践方式一步步地推进。党的十八大以来，以习近平同志为代表的党中央依据世情、国情、党情提出了“两个百年”和“五位一体”的具体步骤，继续朝着中华民族伟大复兴之梦前进。

第三，“中国梦”是人民的实践。人民群众是历史的创造者，“历史活动是群众的事业”，决定历史发展的是“行动者的群众”。“中国梦”是国家的梦、民族的梦，更是每个中国人的梦，“实现中华民族伟大复兴是一项光荣而艰巨的事业，需要一代又一代中国人共同为之努力，空谈误国，实干兴邦”。民族复兴之梦的实现在于行动、在于实干、在于中华民族子子孙孙切实的实践。中国人民既是实现“中国梦”的“剧中人”，又是践行“中国梦”的“剧作者”。

第二节　高校“中国梦”教育的现实意义

“为实现中华民族伟大复兴的中国梦而奋斗，是中国青年运动的时代主题。”对当代大学生进行“中国梦”教育，引导大学生主动认知、理解、接受“中国梦”深刻的时代内涵和丰富的价值意蕴，既有利于促进大学生自身的全面健康发展，同时对推进“中国梦”的有效践行和顺利实现具有重要的现实意义。

一、提升民族认同感和民族凝聚力的需要

民族认同感是指“同一民族的人感觉到大家是同属于一个共同体的自己人的这种心理”。民族凝聚力是在历史发展的长河中形成的具有共同社会特征的民族群体成员为了本民族的共同利益而产生的维系整个民族生存和发展的一种内在力量。党的十八大之后，以习近平同志为代表的党中央从维系民族群体的共同利益入手，系统地提出了“中国梦”的伟大构想。“中国梦”成为提升中华民族认同感和民族凝聚力的新的伟大旗帜。“中国梦”凝聚着最广泛的民族共识，是中华民族群体利益的表述和体现。民族认同感和凝聚力的提升，从本质上看就是要实现民族共同体群体利益的一致性。一个由多民族组成的国家不可避免地存在着各民族在群体利益上的对立统一，各民族利益基本一致，则国家统一，民族繁荣；各民族利益严重对立，则国家动荡，民族涣散。各民族利益的对立与统一很大程度上影响着一个民族共同体的复兴与繁荣。对此，马克思也曾指出，“要使各民族真正团结起来，他们就必须要有共同的利益”。为了准确地把握各民族团体的群体利益，使中华民族的发展建立在稳固而现实的基础之上，党中央在提出“中国梦”中赋予其“实现中华民族伟大复兴”的思想，这一思想，凝聚着广泛的民族共识，为新时代下各民族团体之间群体利益的表述提出了科学的、系统的定义，在一定程度上强化了对民族团体群体利益表述的完整性和准确性，充分体现了各族人民群众实实在在的共同利益，对提升人们的民族认同感和民族凝聚力具有十分重要的作用。

“中国梦”蕴含着爱国主义与社会主义相统一的思想，是凝聚各族人民践行“中国梦”的精神力量。在中华民族悠久历史的形成和发展进程中，爱国主义与社会主义既是一个历史范畴，又是一个永恒的主题。它们长期以来都是凝聚中华民族民族意识和民族认同的核心。紧随时代发展，把握爱国主义与社会主义新的时代特征，就等同于找到提升民族认同感和民族凝聚力的基本着眼点。“中国梦”作为当代爱国主义与社会主义思想的时代体现，蕴藏着中华民族千百年来不懈探索的符合历史规律和民族根本利益的价值选择，凝聚着中华民族爱国传统和奋斗方向的精髓。爱国主义与社会主义在“中国梦”的思想内涵中体现出本质的统一性。社会主义为爱国主义提供了正确的价值导向和有力的政治保证；爱国主义为社会主义凝聚了深厚的群众力量和广泛的思想源泉。爱国主义需要在坚持社会主义的前提下才能拥有强大的生命力，而发展社会主义事业，实现中华民族伟大复兴又必须弘扬爱国主义精神。因此，“中国梦”蕴含的新时期爱国主义与社会主义相统一的思想，将成为凝聚各族人民为中华民族伟大复兴而奋斗的精神力量。

二、培育社会主义核心价值观的需要

社会主义核心价值观是当代大学生实现人生理想和社会理想的思想武器和行动指南。在我国当前所处的复杂的社会转型期下，社会整体的价值观还存在着很大的不稳定性。尤其是当代大学生正处在世界观、人生观、价值观形成的关键时期，他们接受新事物、新思想的能力很强，但鉴别能力较弱，幸而他们在各方面思想还未成型，依然具有很强的可塑性。因此，我们迫切需要找到新的突破口引导大学生树立社会主义核心价值观。

“中国梦”与社会主义核心价值观在本质上具有一致性。党的十八大报告中提出“三个倡导”，即“倡导富强、民主、文明、和谐，倡导自由、平等、公正、法治，倡导爱国、敬业、诚信、友善，积极培育社会主义核心价值观。”以“三个倡导”这24个字为主要内容的社会主义核心价值观分别从国家、社会、个人三个向度提出了具有中国特色、立足当下、指向未来的价值取向，它是实现个人理想和社会主义共同理想的强大思想武器和行动指南。而习近平同志在全国人大会议上关于“中国梦”本意内涵的揭示，正是从国家、民族、人民的三个视角阐明了“中国梦”的三大奋斗目标。由此可见，以所倡导的24个字为主要内容的社会主义核心价值观，既是“中国梦”所要追求的本质内容，也是践行“中国梦”的思想武器和目标指向。

“中国梦”教育是培育当代大学生社会主义核心价值观的有效切入点。社会主义核心价值观的培育既要全方位展开，又要主动寻找新的突破口。以“中国梦”为突破口培育社会主义核心价值观不仅在理论上有其合理性，在实践中也有其可行性。一方面，“中国梦”在时间上紧随社会主义核心价值观的“三个倡导”而提出，对其培育具有一定的巩固和强化作用。另一方面，“中国梦”从理想转化为现实的过程是社会主义核心价值观逐步深入人心的过程。“中国梦”的提出对培育社会主义核心价值观具有重要的推动作用。在这种思想大碰撞、精神大活跃、文化大融合的时代背景下，“中国梦”与社会主义核心价值观分别代表了中国特色社会主义社会的共同理想和主流价值，提供了建设和谐社会所需要的精神动力和价值认同，具有其他任何社会理想、价值体系不可替代的高度的凝聚力和感召力。“中国梦”从理想转化为现实的过程，也是社会主义核心价值观逐渐深入当代大学生的头脑，进而转化为实现社会和谐、民族复兴的强大动力的过程。

三、提高大学生思想政治教育实效性的需要

当前，复杂的国内外发展形势，使大学生思想政治教育既存在有利条件，又面临严峻挑战。

新形势下，大学生思想政治教育面临的严峻问题及主要挑战有：第一，各种错误思潮对当代大学生正确价值观的树立带来巨大冲击。随着市场经济的不断深入，网络信息的广泛传播，西方思想文化的一步步渗透以及利己主义、享乐主义、拜金主义等错误思潮的影响，一些大学生的社会主流价值观和马克思主义信仰遭到扭曲，部分大学生诚信意识缺乏、理想信念模糊、社会责任感薄弱、政治信仰迷茫。第二，当前大学生思想政治理论教育欠缺针对性和实效性。当前高校普遍存在思想政治理论教育陈旧，教育内容缺乏吸引力，不能全面合理地诠释当下社会出现的一些新问题，这使得一些大学生对许多问题的认识仅停留在表面，造成大学生群体出现一定程度的信仰危机。第三，思想政治教育方法和形式比较单一，缺乏灵活性和创新性。高校普遍存在的形式单一，简单强制性的灌输式教育方法，使得思想政治教育缺乏感染力和吸引力，容易使大学生产生逆反心理，难以发挥思想政治教育应有的引导作用。

“中国梦”为当代大学生思想政治教育带来了新的契机。第一，“中国梦”是大学生理想信念教育话语体系的重要创新，对当代大学生具有强烈的吸引力。理想信念教育是思想政治教育不可忽视的重要内容之一。但长期以来，高校在大学生理想信念教育效果欠佳。“中国梦”的提出则以新的话语体系吸引当代大学生，强化了他们对理想信念的认同，有效抵制了各种错误思潮对当代大学生的腐蚀。第二，“中国梦”是当代大学生思想政治教育的时代主题。思想政治教育不是固定不变的，它会随着时代的发展变化而变化，具有时代性、发展性特点。“中国梦”是时代发展的产物，也是思想政治教育的时代主题，为思想政治教育理论的创新提供了新契机，也为长期保持思想政治教育旺盛的生命力发挥积极作用。第三，“以梦育人”的方式，创新了大学生思想政治教育的新平台。“中国梦”教育摆脱了传统的以理论灌输教育为主的教育方法，采用形式多样的教育方式、教育载体调动当代大学生的筑梦热情，使大学生在感知“中国梦”独特魅力的同时，自觉树立实现伟大梦想的责任担当。

时代在发展，理论也需适时创新，高校必须把握时代发展趋势和方向，挖掘新思想、新理论，以提高思想政治理论教育的针对性和实效性。将“中国梦”融入大学教育，尤其是当代大学生思想政治教育，是时代发展的要求，是新形势下大学生思想政治教育在教育内容和教育形式上的重要创新，是摆脱当前大学生思想政治教育困境，有效实现思想政治教育效果的必然要求。

四、促进大学生成长成才的需要

“中国梦”指引当代大学生树立正确的理想信念，为其成长成才指明方向。“理想指引人生方向，信念决定事业成败。没有理想信念，就会导致精神上‘缺钙’。“中国梦”是全国各族人民的共同理想，也是青年一代应该牢固树立的远大理想。中国特色社会主义是我们党带领人民历经千辛万苦找到的实现“中国梦”的正确道路，也是广大青年应该牢固确立的人生信念。”“中国梦”作为一种理想信念，既是中华民族全体成员的集体理想，又是每一个民族成员奋斗的最终归宿。它为广大青年尤其是当代大学生指明了成长成才的正确方向。“中国梦”敦促当代大学生重构人生价值，为其成长成才净化思想。当代大学生正值梦想飞扬的时代，面对多元文化

的冲击和日趋激烈的竞争压力，一些大学生会走向人生迷茫，无法正确处理自我价值和社会价值的关系。自我价值主要表现在社会对自身生存和发展的满足上；社会价值则主要表现为个人的实践对社会和他人所做的贡献。“中国梦”从集体上来说，是国家富强之梦，民族振兴之梦；从个体上来说，是人民幸福之梦，人生出彩之梦。它一方面体现着“国家梦”和“个人梦”的统一，另一方面也体现着人生自我价值和社会价值的统一。“个人梦”的确立敦促大学生不断实现自我价值，它为“国家梦”的实现提供前提和条件；“国家梦”的确立激励大学生努力实现社会价值，它为“个人梦”的实现提供保障和基础。

“中国梦”激励当代大学生自觉担当历史使命，为其成长成才提供动力。“中国梦是我们的，更是你们青年一代的。中华民族伟大复兴终将在广大青年的接力奋斗中变为现实。”这是党和人民对当代青年大学生的殷切期盼和深情呼唤。“青年兴则国家兴，青年强则国家强”，大学生的“成才梦”与“中国梦”相互作用、相互影响。一方面，“成才梦“是“中国梦”的重要组成部分，推动着“中国梦”的实现；另一方面，“中国梦”激励大学生自觉担当历史使命，为大学生成长成才提供原动力。“中国梦”作为时代教育的主题，正以强大的“正能量”促进当代大学生成长成才。要实现以“中国梦”指引“成才梦”，以“成才梦”托起“中国梦”不仅责任重大，而且任重道远。

五、实现“中国梦”的需要

实现“中国梦”，就要让“中国梦”的理想信念深入人心。在当今的时代条件下，随着世界多极化、经济全球化的趋势深入发展，各国之间的联系愈加紧密，相互依存加深。一方面，各国之间互通有无，实现信息、资源流通和共享，这有利于我们借鉴、学习好的经验和方法，使我国经济水平得到了极大提高；另一方面，西方发达国家凭借其经济、科技方面的优势对我国实施西化、分化战略，对人们的思想价值观念造成了巨大冲击。各种思想文化交流交融更加频繁，不同领域、不同社会群体的思想观念、价值取向、道德规范及文化选择趋于多样化。同时，更带来了一系列迫切需要解决的矛盾和问题。所以，我们需要一面旗帜来引领我们走上正确的方向，引导我们抵御不良思想的影响，实现中华民族伟大复兴的目标。“中国梦”是当下提出的一个美好的梦想，是一种能够引领中华儿女完成我中华民族伟大复兴的理想信念。但是若要实现“中国梦”，就要让“中国梦”的理想信念深入人心，成为印在心底深处的不可摧折的坚定信念。因此，要在大学生的思想政治教育中，将“中国梦”与大学生的思想政治教育有机结合，对大学生进行“中国梦”教育。

通过思想政治教育，让“中国梦”的理想信念深入大学生的内心，使大学生认同这一理想信念，并为实现“中国梦”不断奋斗。思想政治教育是我党的优良传统，自新中国成立以来，我党在社会主义建设和改革的历程中，一直坚持“思想政治工作是一切工作的生命线”的原则。陈独秀在《敬告青年》一文中，满怀激情地讴歌：“青年如初春，如朝日，如百卉之萌动，如利刃之新发于硎，人生最宝贵之时期也。”学校是传播马列主义、毛泽东思想、中国特色社会主义理论体系，培养社会主义事业建设者和接班人的重要阵地，学校思想政治教育工作开展得如何，将会直接关系下一代的政治思想面貌，关系我国社会主义现代化建设事业，关系党和国家的前途和命运。邓小平曾说过：“学校教育工作搞不好，关系重大。”

所以，要实现“中国梦”，就要利用好思想政治教育这一环节，要把“中国梦”融入大学生的思想政治教育中，让大学生理解和认同实现中华民族伟大复兴的“中国梦”这一理想信念，从而吸引大学生成为为实现“中国梦”而奋斗的群体。

思想政治教育的使命因不同历史时期的具体奋斗目标不同，因不同教育对象的思想特点随着时代的变迁而改变，故而在不同的历史时期，思想政治教育也随着时代的变化而变化。时代是人类生存和活动的时间标尺，是对社会历史运动特定时态的确认。人和社会活动无不打上时代的烙印，即都具有时代性。时代性蕴含了历史发展的趋势，反映了社会经济、政治、文化的变化新格局，凝聚了文明进步的信息，展示出社会新风貌。因此，思想政治教育也会随着时代的发展而发展，它能敏锐地反映出时代的特点和面貌。思想政治教育的使命是随着社会的中心任务而变化的，因此，大学生思想政治教育也要跟上时代的步伐，要与当代社会的需要相一致。

当前我国社会的中心任务是：全面建成小康社会，实现中华民族伟大复兴。思想政治教育始终是围绕中心任务，为中心任务服务的。所以，当前思想政治教育的使命就是实现中华民族的伟大复兴，为中国特色社会主义建设而奋斗。而“中国梦”的实质就是实现中华民族伟大复兴，就是要实现国家富强、民族振兴、人民幸福。“中国梦”的实质与当前社会的中心任务是统一的，因此，从思想政治教育来看，思想政治教育是为中心任务服务的，为实现“中国梦”而奋斗是当前的中心任务，因此，要将“中国梦”融入大学生思想政治教育中。

第三节　高校“中国梦”教育的现状

“中国梦”自提出以来就受到广泛的关注和学习，尤其是高校，更是成为“中国梦”宣传教育的重要基地。

一、当代大学生“中国梦”教育取得的成绩

（一）提升了大学生对时事政治的关注和认知能力

“中国梦”是当前时代的主题，是时事政治的重要组成部分，对“中国梦”的有效宣传进一步提升了大学生对时事政治的关注和认知能力。

（二）增强了大学生的民族自豪感和自信心

对于提到“中国梦”与大学生个人的关系程度时，几乎所有的大学生认为“中国梦”与大学生密切相关。在提及对大学生开展“中国梦”教育的看法时，绝大多数大学生认为“中国梦”教育有必要，甚至非常有必要。由此可知，绝大部分大学生都能意识到“中国梦”对大学生的重要意义。而在提及开展“中国梦”教育对大学生的影响问题时，部分大学生认为“中国梦”教育激发了自己对祖国的热爱之情，也激励自己为社会和祖国作出贡献的决心。总体来看，大部分被调查者都认为，开展“中国梦”教育增强了自己的民族自豪感和自信心，更好地引导自己树立正确的奋斗目标和价值观念，推动自己为梦想前进。

（三）激发了大学生的时代责任感和使命感

责任感和使命感说到底是一种精神，是一种内化于心的社会性规则意识，具有主动性和自觉性的特点。一个人的责任感和使命感的形成和增强除了受社会文化环境和意识形态的影响以外，主要依靠教育。2009 年“五四”前夕，温家宝同志在清华大学毕业生座谈会上指出：“每一

个青年的前途离不开国家的前途，没有国家的前途也就没有青年的前途。同时，国家的前途也离不开青年的前途，一个国家的希望寄托在青年身上。没有青年的牺牲和奋斗精神，没有整个民族素质的提高，这个国家也是没有希望的。这两点互相联系，归根到底，就是青年人要把自己的命运和国家的命运连在一起。”

因此，青年人身上担负着艰巨的责任和沉重的历史使命。而“中国梦”作为当前时代教育的主题，正以一种强大的精神力量向世人昭示着实现中华民族伟大复兴的使命。“中国梦”就是青年人的梦，为实现“中国梦”而奋斗的青年人才是大有作为的青年人。高校在大学生中积极开展“中国梦”教育，用“以梦育人”的方式引导青年大学生敢于“做梦”，勇于“追梦”，激发了青年大学生为圆梦而努力奋斗的热情，也让他们意识到自己作为承载“中国梦”的中坚力量，身负的责任担当和历史重任。

二、当代大学生“中国梦”教育存在的问题

据了解，只有极少数的大学生认为“中国梦”教育效果非常好，有部分大学生认为教育效果比较好，剩余部分的大学生认为教育效果一般，更有个别的大学生认为教育没有效果，或者对开展“中国梦”教育是否能产生良好的效果处于模糊状态，他们表示不知道教育效果如何。由此可以看出，现阶段，虽然全国各大高校都在以各种形式或方法对大学生开展“中国梦”教育，而且也取得了一些成果，但是高校在对当代大学生进行“中国梦”教育上仍然存在着较多的问题，教育效果并不明显。

（一）教育内容界定模糊

当代大学生“中国梦”教育的内容是大学生“中国梦”教育目标的具体化。它是高校对当代大学生实施“中国梦”教育时在思想、政治、心理、价值观等诸方面的要求，是决定教育效果的重要方面。

相关资料表明，多数的大学生认为“中国梦”的含义就是“实现中华民族的伟大复兴”，这表明部分大学生对“中国梦”内涵的了解并不深入，还有一部分大学生对“中国梦”的含义有些模糊。另外，大学生关于“中国梦”教育内容的看法也多种多样，很难达成共识，甚至有不少大学生搞不清楚“中国梦”教育到底是要教育什么。由此看出，虽然全国各大高校都积极倡导、宣传“中国梦”，但有些没能依据社会和时代发展的要求以及大学生的特点有针对性地开展教育，也没有提出实质性的教育内容。这种广宣口号的教育方式，让“中国梦”显得大而空，虚而不实，一定程度上拉长了“中国梦”与大学生之间的距离，使大学生误认为“中国梦”看不见、摸不着，与己无关。这就影响了党和国家提出“中国梦”的应有之意。

（二）教育认同感不足

“意识形态的认同是个人认可、接受某种意识形态的观念、思想和价值规范，并将其纳入自己思想观念、价值体系，成为自己思想意识的有机组成部分，进而支配和控制自身行为使之符合该意识形态的要求的过程，对主流意识形态的认同是形成社会共同理想的基础，也是一个政党、国家、民族赖以存在和发展的基础”。

“中国梦”作为我国当前的主流意识形态，作为新时期中华民族方向性目标的一种价值观念，在未来社会发展过程中发挥重要的导向作用。而青年大学生作为践行“中国梦”的一支重

要力量，对“中国梦”的认同与否不仅关系着“中国梦”教育实效性的发挥，还在一定程度上决定着一个政党、国家、民族未来发展目标的实现程度。

但有些大学生对开展“中国梦”教育活动的参与度不高，由此也反映了大学生对“中国梦”及“中国梦”教育的认同感仍不足且存在着很大的差异性，亟待提高。

（三）教育形式相对单一

形式和方法是大学生“中国梦”教育过程不可或缺的重要因素。大学生“中国梦”教育要取得实际效果，就得讲究教育的形式和方法。形式多样，方法得当，可以使“中国梦”更具吸引力，“中国梦”的内容也可以更好地被大学生所接受；形式单一，方法不当，则会事倍功半，难以达成预期的教育效果。

不少高校是通过课堂传授向大学生进行教育，另外则主要通过开展主题讨论或演讲活动进行教育，选择观看视频的教育形式比例较低，还有一些其他教育形式。教育形式比较单一，部分高校并不重视，甚至没有开展任何形式的教育活动，还有相当大比例的大学生对学校是否开展过相关教育活动并不清楚。这种现象严重削弱了大学生对“中国梦”的学习和认知能力，进而阻碍了大学生“中国梦”教育实效性的发挥。

（四）教育缺乏长效机制

长效机制是指可以长期保障制度正常运行并发挥预期作用的制度体系。长效机制并非一成不变，它需要随着时间、条件的发展变化而不断丰富、发展和完善。

对于大学生“中国梦”教育问题，许多高校一直在开展讲座、举办演讲、组织讨论等活动上聚焦，并没有从当代大学生自身的心态和内心需求以及接受思想的方式等层面来进行保障。这就很难从根本上解决大学生“中国梦”教育的实质问题，归根结底，忽略了当代大学生自身的思想状况以及心理需求，造成缺乏长效机制一直都是制约大学生“中国梦”教育顺利开展的最大问题。现阶段，在中央的高度重视和教育部的积极引导下，不少高校的确针对大学生“中国梦”教育问题制定了不少相关的教育活动。一些大学也在看似响应国家的号召，积极动员，但是在对大学生开展“中国梦”教育的过程中基本上没有太大成效。高校很少有某一机构主动承担大学生“中国梦”教育这一重任，而某些高校或有宣传部愿意承担此重任，但对大学生进行“中国梦”教育也仅停留于表面，在时间上更是昙花一现。教育严重缺乏持久性和连续性，其教育效果也可想而知。另外，一些高校对大学生开展“中国梦”教育所实施的方法完全没有系统性和整体性。现行的教育方法也只是从表面上对大学生进行“中国梦”宣传，并没有整合起来。且这些对当代大学生开展“中国梦”教育的方式，也很少有某个机构来对它的有效性和实施效果进行调查反馈。鉴于此，高校在构建长期、持续、有效的大学生“中国梦”教育机制方面还存在明显的不足，“中国梦”教育严重缺乏长效机制，如动力机制、整合机制、实践机制等。

三、当代大学生“中国梦”教育问题产生的原因

对当代大学生进行“中国梦”教育实际上就是要引导大学生形成对“中国梦”的认知、理解、认同，并能够自觉、主动践行“中国梦”的目的。而大学生“中国梦”的理想信念形成过程实际上是在社会实践的基础上，在客观外界条件的影响与主观内部因素的交互作用、相互协

调和主体内在的知、情、信、意、行诸要素辩证运动、均衡发展的过程中产生、发展和变化的。由此可见，客观外在因素和主观内部因素是影响当代大学生"中国梦"教育顺利进行的主要原因。

(一) 社会因素

第一，经济全球化对当代大学生"中国梦"教育的影响。一方面，经济全球化使得民族国家之间的界限变得模糊，各国之间联系更加密切，国与国之间的"蝴蝶效应"也明显增强。国家之间出现了休戚相关、利益主导的现象。这易使部分思想并未走向成熟的当代大学生产生错误观念，认为国家对立不在，人类社会即将走向"大同"，进而放松了对西方错误价值观入侵的警觉，对"中国梦"的实现产生动摇，进而对其主动认知、理解、认同并践行"中国梦"产生一定的负面影响。另一方面，经济全球化也使那些有着不同文化背景、不同价值取向的民族国家互相交织、联系在一起，造成各种异质文明不断冲击我们固有的对民族崛起和民族复兴的强大心理认同，使得"中国梦"教育面临一定的阻力。一些大学生由于思想观念不够成熟，易被西方国家的暂时物质文明所吸引，而质疑"中国梦"伟大社会理想能否实现。这将严重影响大学生对"中国梦"的认知和认同，进而削弱其践行"中国梦"的心理基础和情感支撑。

第二，社会体制转型对当代大学生"中国梦"教育的冲击。当代大学生"中国梦"教育必然受大学生对于"中国梦"认同度的影响，而这一认同度的高低在很大程度上受社会体制转型速度的影响。社会体制转型的速度太快使得社会存在与社会意识产生一定程度的脱节，"中国梦"的统摄力和凝聚力也将在一定程度上被削弱，大学生可能难以形成认同、践行"中国梦"的高度一致性。另外，社会体制的快速转型也造成了贫富差距和公平失范等非常态现象，沉重的经济压力和强烈的自卑感使部分经济困难的大学生对"中国梦"和中国特色社会主义共同理想产生怀疑，进而影响"中国梦"的传播和践行。

第三，网络媒体环境对当代大学生"中国梦"教育的挑战。网络媒体环境对大学生"中国梦"教育而言是一把双刃剑。它既可以为我们开展"中国梦"教育搭建更加宽广的宣传教育平台，同时又为开展"中国梦"教育带来严峻挑战。网络媒体信息量大且杂，并具有很大的自主性、开放性和隐蔽性，这给一些喜于表现自我的大学生们提供了有力平台。一些大学生为了标新立异，获取更多的关注，便不加辨别地阅读、跟帖、转发不良信息，这将使得大学生对"中国梦"的认知造成误解，严重削弱他们对社会主流价值观的认同，进而对"中国梦"的学习、践行造成极大的负面作用。

(二) 学校因素

学校作为培育社会主义高素质人才的重要基地，也是大学生"中国梦"教育的主阵地。大学生的日常学习、生活大都是在学校进行，学校是大学生的第二生活家园。学校对大学生"中国梦"教育起着重要的导向、保证和激励作用，学校环境的好坏直接关系着大学生"中国梦"教育实效性的发挥。第一，教育工作者自身素质对大学生"中国梦"教育有着深远影响。一方面，一些教育工作者不能起到示范作用。高校教育工作者是组织大学生"中国梦"教育的主体，他们自身的学识、思想、行为会在"中国梦"教育与教学活动中对大学生产生重要影响。当前，高校的一些教育工作者却不能做到"自立""正己"的示范作用。他们在"中国梦"教育活动中，仅知道言教，不能做到身教。有些教育工作者对"中国梦"的认知不够深入，对"中国梦"

的实现也持怀疑态度，更无法起到示范作用。另一方面，一些教育工作者不能起到疏导和激励作用。要使“中国梦”教育活动针对性强并产生良好的教育效果，教育者必须善于疏导，让大学生愿意发表自己对“中国梦”的看法，从而弄清他们的真实思想，实现引导的目的。教育者在“中国梦”教育过程中还应不断加强激励，才能更好地引发大学生的政治热情和接受的积极性，使他们可以自觉主动地投入“中国梦”教育活动中来。

第二，学校宣传教育方式对大学生“中国梦”教育有着重要影响。“目前我们有些主旋律的思想宣传报道、理论文章、文艺作品之所以受欢迎的程度不高，主要是因为不同程度地存在着公式化、概念化、粗糙化、说教式的弊病。主流意识形态宣传的形象，依然存在着简单化的倾向。”许多高校在“中国梦”的宣传教育活动中只是一味地遵循党的路线、方针、政策和教育部的硬性要求采用讲座、报告等单向度的方式对大学生进行纯粹的理论灌输。他们不能将党和国家政策的要求和大学生的思想状况有效地结合起来，因人制宜、因材施教地设计出合理的“中国梦”教育计划，确定“中国梦”教育内容，引导大学生参与“中国梦”教育活动。另外，部分高校在“中国梦”宣传教育上理论教育过多，教育缺乏实践性。高校应在理论教育的基础上为大学生提供良好的社会实践平台，才能使大学生进一步了解社会，提高社会责任感，从而深化大学生对“中国梦”的认知，实现认识的飞跃，更好地践行“中国梦”。

第三，校园文化环境对大学生“中国梦”教育有着深远影响。校园文化环境主要包括校风、教风、学风、文化氛围、校园制度等，它是社会主义先进文化的重要组成部分。“大学校园文化对内构成学校发展的内在凝聚力，对外则担负着推动社会开放与发展的使命。”校园文化传递着学校的内在精神，对大学生的学习目的、学习态度、学习风气以及良好的思想品德的形成产生潜移默化的影响。校园文化环境的好坏也关系着高校能否培育出合格的社会主义事业的建设者和接班人，关系着中华民族伟大复兴能否顺利实现。而当前的一些高校，没有看到校园文化环境的重要育人作用，在校园文化建设方面也不够重视，这对大学生学习、践行“中国梦”无法起到推动作用。

（三）个体因素

第一，个体思想水平与政治觉悟的高低影响着大学生对“中国梦”的理解状况。一方面，当代大学生由于先天条件的不同，以及受后天环境和个人努力等因素的影响，导致个体思想水平的发展和政治觉悟的形成存在着较大的不平衡性。思想水平和政治觉悟较高的大学生对“中国梦”的学习和理解能力较强，反之较弱。

第二，个体价值观的正确与否影响着大学生对“中国梦”的认同程度。一方面，随着改革开放的不断深入，我国已经快速进入社会转型期，在西方社会思潮和多元社会文化的强烈冲击下，当代大学生的价值观也越来越个性化、复杂化、多元化。虽然从总体来看，他们的主流是积极向上的，但是也或多或少的充斥着个人主义、享乐主义和功利主义的错误价值取向。另一方面，当代大学生在价值观的形成上还存在着一些特点和不足，如重个性自由，轻社会规范；重才能，轻品德；重认知，轻实践等，这些特点与不足严重影响着当代大学生对“中国梦”的认同度。

第三，个体实践性的发挥影响着大学生对“中国梦”的践行水平。对大学生“中国梦”教育效果的评价，一定程度上取决于大学生对“中国梦”的践行水平。而践行水平的高低也在一定程度上取决于个体实践性的发挥。习近平同志指出：“实现中华民族伟大复兴是一项光荣而艰巨的事业，需要一代又一代中国人共同为之努力，空谈误国，实干兴邦”。大学生在接受“中国梦”的过程中，不能空谈远大理想，仅限于课本学习，而要着手行动，积极主动地将梦想付诸实践。

第四节　加强高校思想政治教育中的“中国梦”教育

一、“中国梦”融入大学生思想政治教育的原则

将“中国梦”融入大学生思想政治教育，引导大学生为实现“中国梦”而奋斗。首先要充分认识“中国梦”融入大学生思想政治教育的必要性，然后在实施中要把握好“中国梦”融入大学生思想政治教育的原则。“中国梦”融入大学生思想政治教育，要坚持“三贴近”原则，要把握“三进”方针，要注重与社会主义核心价值观教育相结合。

（一）坚持“三贴近”原则

中央16号文件（中发〔2004〕16号）对于“加强和改进大学生思想政治教育”作出了要求：进行大学生思想政治教育要“贴近实际、贴近生活、贴近学生，努力提高思想政治教育的针对性、实效性和吸引力、感染力”，“坚持政治理论教育与社会实践相结合”，“既重视课堂教育，又注重引导大学生深入社会、了解社会、服务社会”，高校思想政治理论课中要“把理论武装与实践育人结合起来，切实改革教学内容，改进教学方法，改善教学手段”。同样地，“中国梦”融入大学生思想政治教育也要坚持“贴近实际、贴近生活、贴近学生”的原则。贴近实际，即“中国梦”融入大学生思想政治教育要做到从大学生的实际出发，以大学生为主体。“‘中国梦’归根结底是人民的梦。实现幸福梦，必须紧紧依靠人民群众，并不断为人民造福。‘中国梦’不能脱离人民的梦想，一定要尊重人民群众的主体需要，最优化人民群众的利益和需求。在大学生思想政治教育之中，有机地融入‘中国梦’教育，必须坚持以人为本的基本原则。坚持以人为本是我们党的鲜明政治立场，是党的群众工作的重要方针，同样也适用于对待大学生的思想政治教育。在这里，以人为本就是以大学生为本”。而且，大学生的学术科研能力强，可以依靠自身优势为社会作贡献，用“中国梦”引导大学生，让大学生自觉地投身于实现“中国梦”的实践中，依靠其所具备的丰富知识和优秀才能服务于社会，为社会作出应有的贡献。在“中国梦”的实践过程中，可以提高大学生的认知能力、增强大学生的时代使命感，培养大学生的自强精神。这样才能使大学生的思想政治教育水平得到极大的提高，让大学生为实现中华民族伟大复兴、实现国家富强、人民幸福的伟大“中国梦”作出贡献。贴近生活，即“中国梦”融入大学生思想政治教育要做到内容生活化。陶行知“生活教育论”深刻指出，生活即教育，“教育要通过生活才能发出力量而成为真正的教育”，“没有生活做中心的教育是死教育”，“过什么生活便是受什么教育”，“过好的生活，便是受好的教育”，“过坏的生活，便是受坏的教育”。因此，大学生思想政治教育，尤其是大学生思想政治理论课课堂教学中，也要使教学内容生活化。要在教学过程中理论联系实际生活，才能使大学生深刻理解和感悟教学内容，才能让大学生觉得教学内容与实际相符而更容易吸收。最终实现“教学做合一”的目标，达到教学效果，

使其“内化于心，外践于行”。例如，进行理想信念教育时，最终就是要达到“在人生中能始终坚持理想、坚持信念”的目的；进行爱国主义教育时，最终就是要达到“在人生中能始终保持对祖国的热爱和忠诚”的目的。

贴近学生，即“中国梦”融入大学生思想政治教育要做到尊重大学生的特征和主体性，让“中国梦”走进大学生，让大学生成为主动为实现“中国梦”而努力奋斗的群体。首先，我们要根据大学生处于不同时期所具有的不同心理特征，加以分析和了解，对其进行教育，才能真正地把“中国梦”融入大学生思想政治教育这项工作做好。大学生从入学到毕业的这段时间，在不同的时期具有不同的心理特征和心理渴望。在这期间，我们要根据其实际情况和需要，对大学生进行相应的教育和理念指导。“大学生从入学到毕业所经历的过程大致可分为初期阶段、中期阶段和后期阶段。初期阶段，即大学生入学适应阶段，自豪感、新鲜感、轻松感等是他们的心理特点，应侧重进行角色转变教育、理想教育、成才意识教育、遵纪守法教育等。中期阶段，即打基础和发展提高阶段，适应感、优越感和随意感等是他们的心理特征，应该着重进行马克思主义基本理论和世界观、人生观、价值观教育。后期阶段，即毕业阶段，紧迫感、犹豫感、忧虑感是他们的心理特征，应注重理想目标教育、就业指导等”。其次，要尊重大学生的主体地位，高校所有工作的出发点和落脚点都应当是为学生的成长成才服务。我们要以尊重大学生主体地位、培养大学生主体意识为前提，以发展大学生主体能力、塑造大学生主体人格为目标，培育当代大学生的核心价值观，引导大学生在日常生活的细节中感知意义、体验崇高、增进认同。必须走进大学生的生活世界，把“中国梦”具体化为大学生的具体的梦想，具体化到大学生实际的梦想。

（二）把握“三进”方针

思想政治教育是教育者根据社会需要，有组织、有计划地对教育对象进行教育的过程，也是教育对象在感觉自身认知水平不够时主动要求进行一定程度的教育，自我教育的过程。“中国梦”融入大学生思想政治教育，就是在对大学生进行思想政治教育时，通过“中国梦”教育，让大学生理解和认同“中国梦”。那么，怎样才能让实现中华民族伟大复兴的中国梦深入大学生的内心，并让大学生为实现“中国梦”而奋斗呢？这就要求我们要让“中国梦”教育“进教材、进课堂、进头脑”。

“中国梦”教育进教材就是在对大学生进行思想政治教育时，要将“中国梦”的内涵、意义等融入大学生思想政治教育的教学内容中。经济全球化、知识经济化、市场一体化、信息高速网络化等多元的社会历史背景下，我国进入社会转型期，面临这一挑战，大学生思想政治教育在高校也存在着一定的压力。比如，高校在管理理念上存在相对滞后的现象，当今，大学生的被动接受变得比较勤奋自立了，完全依附变得较有个性张扬了。因此，新形势下，做好高校大学生的思想政治教育工作，就要创新思想政治教育理论的内容，使大学生思想政治教育的发展和社会发展相一致。“中国梦”是以一系列科学理论为基础，提出的符合中国国情的新思想。因此，要将中国梦的内涵、意义等内容融入大学生思想政治教育的教学内容中。

“中国梦”教育进课堂就是在对大学生进行思想政治教育时，要将“中国梦”的内涵、意义等融入大学生思想政治教育课堂教学中。当今大学生的特点及思想政治教育的发展，决定了对大学生进行思想政治教育必须随着社会的发展而创新，陈旧简单的思想政治教育方法会对大学生的思想政治教育的实效性大打折扣。高校思想政治理论课是大学生思想政治教育的主渠道，是大学生的必修课。自然，思想政治理论课课堂教学也是“中国梦”宣传教育的主渠道，将“中国梦”融入大学生的思想政治理论课课堂教学中，能使大学生更系统地学习“中国梦”的内涵和意义，有利于大学生增强对中国特色社会主义道路的信心，增强大学生的民族自信心和自豪感。使大学生自觉参与到为实现中华民族的富强而奋斗，使大学生为社会和国家的发展作出应有的贡献。

“中国梦”教育进头脑就是在对大学生进行思想政治教育时，要将“中国梦”的内涵、意义等内容深入大学生的头脑，使其内化于心。“中国梦”是当下提出的一种能够引领中华儿女完成我中华民族伟大复兴的理想信念。但是若要使这种理想信念深入人心，成为印在心底深处的不可摧折的坚定信念，就有必要进行“中国梦”教育。所以，“中国梦”融入大学生思想政治教育，要坚持“中国梦”教育“进头脑”，使“为实现中国梦而奋斗，以实现民族富强为己任”的观念深入大学生中去，让大学生从内心深处对“中国梦”的理想信念产生认同感。

（三）注重与社会主义核心价值观教育相结合

社会主义核心价值体系反映的是社会范围的价值观念，其价值观的实践主体是社会大众。社会主义核心价值体系的提出是以当前我国社会多样化的价值观念存在为前提的。这一价值体系最大限度地体现了社会多样诉求的“公约数”，是主导全社会思想和行为的价值体系，具有群众性和普遍性的特征。社会主义核心价值体系建设的最终目的是通过在全社会宣传推广，使这一价值体系为广大社会成员所感知、所认同、所接受、所掌握，最大限度地形成社会思想共识，形成全民族奋发向上的精神力量和团结和睦的精神纽带。

当代大学生，大部分是独生子女，这些学生利用新型网络技术，对科学的前沿和社会的思潮，了解较多，接触也比较频繁，思想观念自然而然开放起来，具有较强烈的自我保护意识，使得部分大学生奉行所谓“实用主义”多元化价值观。为此，必须在大学生全面发展的基础上，尽全力弘扬社会主义核心价值体系，自觉引导大学生在追求个人价值的同时，追求社会价值的实现，并将两者有机结合起来，将大学生融入中华民族复兴的中国梦之中。让大学生成为践行社会主义核心价值观的典范和楷模，使大学生学有榜样，行有示范，做一个德才兼备的人，在学校内外营造一种人人学先进、赶先进、做先进的良好氛围，在社会主义核心价值观实践活动中成长。将引导带领大学生全面健康成长成才与社会主义核心价值观实践活动有机结合起来，让中国梦真正融入每一个大学生的心坎。

“中国梦”根植于中国传统文化，是以儒学为中心的中国优秀的传统思想文化与社会主义现代化建设实践相结合的成果。中国传统思想文化为中华儿女提供了价值认同，激起了国人的家国情怀，是中华民族团结统一的精神纽带。“中国梦”教育会激发人们内心深处追逐梦想的精神，它能为学生学习具有中国特色的社会主义核心价值体系带来极大的帮助，从而使“中国梦”与社会主义核心价值体系教育融入其中。“中国梦”强调国家和个人命运休戚相关，能够使我中华儿女深切地体会到我国历代先贤为我中华民族崛起而不断奋斗和付出的艰辛，亦可以更深切地感受和激发我们当代以及后代中华儿女的不可推卸的责任，那就是为了人们的福祉、为了国家富强、民族的复兴而奋斗，实现中华民族伟大复兴的重任。把“中国梦”与社会主义核心价值教育相结合，有助于增强中国人民和中华民族的自豪感和凝聚力，坚定我们的信念，使为社会更加发展、国家更加富强而不断奋斗的信念深入人心，为实现中华民族伟大复兴增添源源不断的助力。

二、厘清当代大学生“中国梦”教育的主要内容

当代大学生“中国梦”教育的内容依据社会发展要求和大学生思想状况确定。它不仅体现大学生的特点，而且是实现“中国梦”教育目标与任务的重要保证。“中国梦”教育目标内在规定的丰富性以及对大学生素质发展的多方面要求的需要，决定了“中国梦”教育的具体内容也是广泛的、全面的、具体的。

（一）增进爱国主义教育，读懂“中国梦”

大学生“中国梦”教育的首要内容是读懂“中国梦”，这是将“中国梦”融入大学教育的基本前提。引导大学生读懂“中国梦”就是要通过对大学生爱国情操的陶冶，提高大学生的民族自尊心和自信心，从而自觉担当起实现中华民族伟大复兴的历史使命。

爱国主义是一个历史范畴，它是人民群众长期积累起来的对自己祖国的一种最深厚的感情和最崇高的精神。爱国主义在历史发展的不同阶段有着不同的内容。在当代中国，实现中华民族伟大复兴的“中国梦”是爱国主义的必由之路，是对爱国主义传统内容的进一步深化，是时代赋予的爱国主义教育内容的鲜明主题，是新时期爱国主义的集中体现。实现中华民族伟大复兴的“中国梦”是贯穿中国历史尤其是中国近现代史的一条基本线索，是20世纪以来时代发展的突出主题，是中国革命、建设、改革不懈追求的奋斗目标。

中华民族长期以来的寻梦之旅，是当代大学生最好的爱国主义教材。从中国历史的视角解读“中国梦”，引导当代大学生认知逐梦的重要性和必要性，让“中国梦”成为当代大学生自觉的价值追求。在增进大学生爱国主义教育过程中，引导大学生因辉煌悠久的中华文明而爱国，因饱经沧桑的祖国大地而爱国，因慷慨赴死的仁人志士而爱国，因肩负光荣的历史使命而爱国，最终将浓浓的爱国情化作推动社会发展，践行“中国梦”的强大精神力量。

读懂“中国梦”不仅要了解“中国梦”与中国的历史，还应了解“中国梦”与世界的情怀，应懂得当下的爱国主义需要担当更多的世界责任和世界道义，这是中华儿女爱国主义的新追求。与注重个人价值和个人利益的“美国梦”不同，“中国梦”则更加关注集体利益，是在追求本国利益的同时实现与世界共同发展、互利共赢的目标。1956年毛泽东曾在《纪念孙中山先生》一文中提出，“中国应当对于人类有较大的贡献。”“中国是世界人口大国，实现中华民族伟大复兴，可以从根本上改变十多亿人的面貌和命运，这本身就是对人类发展作出的一个巨大贡献。”中国是维护世界和平，促进共同发展的一支重要力量。中国发展越强大，世界和平越可靠；中外合作、中国制造、中国投资、中国援助等中国因素也将会极大地有益于世界的发展和稳定。让大学生读懂“中国梦”，必须引导当代大学生意识到，“中国梦”需要拥有世界的眼光，需要跨向世界的舞台，需要融合世界人民的共同夙愿。

（二）强化理想信念教育，构筑“中国梦”

理想信念是“理想”和“信念”的有机统一，理想是人们在实践中形成的对未来社会和自身发展的期盼和追求，是有可能实现的人生奋斗目标。信念是人们对某种思想见解、理论或美好未来的深信不疑，并能以之为准则身体力行付诸实践的一种持久稳定的精神状态。理想信念

是人们在实践中形成的对未来社会和个人的向往和追求，是人们世界观、人生观、价值观以及政治立场在奋斗目标上的集中反映。理想信念一旦融合就会成为支配人们行动的强大的精神动力，鼓舞斗志，激励人们为社会和个人的发展目标而奋斗。

当代大学生的个人理想与“中国梦”之间存在内在契合性。“中国梦”也是一种理想信念，它既是13亿中国人的集体理想，也是中华民族每一位民族成员奋斗的最终归宿。习近平同志关于“中国梦”理想信念的阐述是马克思主义理想信念同中国当代具体实际相结合的产物，是中国特色社会主义共同理想的新发展，体现了科学性、民族性和时代性的统一。“中国梦”所体现的内在价值观与大学生个人理想信念在世界观、人生观、价值观上存在着内在契合性。一方面，中国梦”体现着包括当代大学生在内的每一位中国人民的共同利益。“中国梦归根到底是人民的梦，必须仅仅依靠人民来实现，必须不断为人民造福。”另一方面，当代大学生是现代社会建设的生力军，是“中国梦”的实践主体。大学生是时代的主力军，是国家和民族未来发展的希望，中国每一位青年大学生个人理想的实现与“中国梦”能否实现密切相关。我国香港地区中文大学校长沈祖尧先生在大学生毕业致辞上曾说过，“每一个时代应该有它一个理想，由一批理想所需要的人物，来研究理想所需要的学术，干出理想所需要的事业，来领导此社会，此社会才能有进步”。强化对当代大学生的理想信念教育，就是要引导大学生认识到个人理想与“中国梦”这一时代理想的契合关系，认识到个人利益与国家、民族、集体利益休戚相关，增强大学生的社会责任感和历史使命感，引导大学生自觉把实现“中国梦”的理想信念构筑为个人理想，树立实现中华民族伟大复兴的目标并为之努力奋斗。

（三）深化实践能力教育，践行“中国梦”

实践是社会历史发展前进的动力。任何一项事业都要由人来担当，现实的人是实践“中国梦”的载体。马克思也曾指出：“思想根本不能实现什么东西。为了实现思想，就要有使用实践力量的人。”当代大学生是时代的主力军，也是践行“中国梦”的主体。大学生构筑“中国梦”的伟大理想若不投入实践，就如同空想。因此，要引导当代大学生追逐践行“中国梦”，就要求我们进一步深化当代大学生的实践能力教育。

深化当代大学生实践能力教育，要引导大学生认识到自身在践行“中国梦”中的主体地位。“中国梦”归根到底是人民的梦。当前“中国梦”在全国范围内进行广泛宣传的一个重要目的就在于，引导广大人民群众充分认识到自身在践行“中国梦”中的主体地位，凝聚全国人民实践“中国梦”的强大力量。大学生是人民群众的重要组成部分，确立当代大学生在践行“中国梦”中的主体地位是对大学生进行“中国梦”教育的应有之意。当代大学生是个人梦想的实践主体，也是实现“中国梦”的主体。一方面，大学生要想明确自身的主体地位，就必须将宏观的“中国梦”具体化为自己的个人梦，只有这样，才能为实现“中国梦”找到践行的着力点。另一方面，大学生也要在实践的过程中将个人梦融人“中国梦”中，这样才能深化大学生在践行“中国梦”中的主体地位。

深化当代大学生实践能力教育，要引导大学生注重自身创新能力的培养。创新能力是实践能力的重要组成部分。人类的文明进步史就是一部不断创新发展的历史。“创新是一个民族的灵魂，是一个国家兴旺发达不竭的动力”。创新能力的提出，反映了人类社会发展的客观规律，体现了新梦想时代对当代大学生培养的紧迫要求，同时也是推动大学生践行“中国梦”的内在需要。“中国梦”的实现只有勇于创新，才能有所突破。当前时代，更要继续弘扬以改革创新为核心的时代精神，将增强大学生的创新能力提高到关系中华民族伟大复兴的高度。培养大学生的创新能力，就是要在教育中注意开发大学生的创新思维，激发大学生的创新活力，提高大学生的创新热情，重视大学生的创新成果，为大学生践行“中国梦”打牢坚实的创新基础。

三、形成当代大学生对“中国梦”教育的认同

形成当代大学生对“中国梦”教育的认同是在“中国梦”教育过程中产生的一种对“中国梦”教育主客体、教育内容、教育价值等在情感和认知上带有肯定性的情感归属和心理判断。法国著名思想家托克维尔曾指出：“一个社会要是没有这样的信仰，就不会欣欣向荣；甚至可以说，一个没有共同信仰的社会，就根本无法存在，因为没有共同的思想，就不会有共同的行动。”

在当前的中国，这个信仰就是对实现“中国梦”的坚定信念与认同。加强和践行“中国梦”教育的前提是认同，认同的有效途径是使之具体化、形象化、生活化。本节从众多学者对“中国梦”教育的挖掘以及前期的相关调查，概括认为形成当代大学生对“中国梦”教育的认同应该包括以下几个层面：

（一）教育传授与反馈的认同

大学生“中国梦”教育的主客体是“中国梦”教育传授与反馈的基本载体，具有广义和狭义之分，就狭义而言，大学生“中国梦”教育主体是指从事“中国梦”教育活动的人，即教育者。大学生“中国梦”教育客体是相对主体而言，是指“中国梦”教育的接受者，即大学生。主客体是大学生“中国梦”教育活动的最基本因素，也是基本矛盾载体，在大学生“中国梦”教育体系中占据重要地位。“中国梦”教育活动目标，是通过教育客体对教育主体传授内容的接受和认同以及教育主体对教育客体反馈内容的分析与改进这一基本矛盾运动来实现。“中国梦”教育主客体传授与反馈的认同状况与教育效果和成功率成正比。大学生“中国梦”教育是一个复杂的系统工程，在这一系统工程中，每一个教育过程都可能存在着主客体传授与反馈的认同，且每一次传授与反馈的认同过程也不是简单地一次性活动，可能是一个多次循环往复的过程。构成大学生“中国梦”教育传授与反馈认同过程的因素主要有教育主体、教育客体、中介因素（主体传授媒介和客体反馈媒介）的有机运作来实现。如图 12-1 所示。

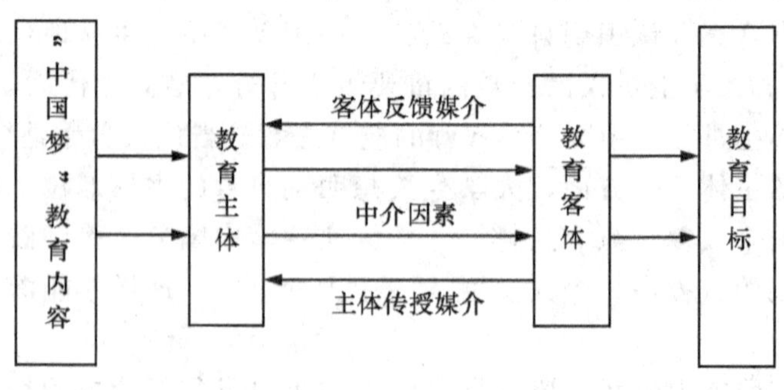

图 12-1

“中国梦”教育主体首先对教育内容进行分析、选择、处理，内化为主体意识，再通过传授媒介将主体意识传送给教育客体，客体通过学习、理解、吸收形成客体的思想行为，主体再经

过信息反馈媒介，了解客体的理解接受情况，再次加以分析、判断、选择教育内容通过传授媒介对客体施加影响。以此经过多次循环，直至教育客体将教育内容理解、接受并内化为个体意识，外化为良好行为，从而实现“中国梦”教育目标。

从大学生“中国梦”教育主客体传授与反馈认同过程的分析结果可以看出，要形成教育传授与反馈的认同必须做到以下几点，首先，发挥“中国梦”教育主体在主客体认同中的主导作用。“中国梦”教育主体在教育过程中担负着传导主流价值观、把握社会要求、对大学生进行教育的艰巨任务。主体的政治素养、思想水平、文化素质、心理情况、人格魅力等对教育客体的认同产生重要影响。其次，重视“中国梦”教育客体能动性作用的发挥。教育客体虽然有着自己的个性，在思想上也存在着不稳定性的特征，但是他们具有很强的可塑性，这一特点为“中国梦”教育工作提供了阵地，为“中国梦”教育被客体所认同提供了机遇和空间。最后，要重视中介因素在主客体认同中的作用。中介因素是沟通“中国梦”教育主客体之间的桥梁，是教育主体传授教育内容和教育客体反馈教育效果的重要载体。必须注重对主体传授媒介和客体反馈媒介的合理选择和有效运用。

（二）“三项教育”的认同

形成大学生对“中国梦”教育的认同，必须引导大学生形成对“中国梦”的内涵及“中国梦”教育内容的认同。从前文分析的关于大学生对“中国梦”认同度的调查结果可以看到，大学生对“中国梦”的认同情况存在很大差异性和层次性。部分大学生虽表示完全认同“中国梦”，但可能仅认同“中国梦”的语言表达形式。“中国梦”在一定意义上来说是中国特色社会主义理论在话语体系上的创新，这种语言表达方式更具亲和力和吸引力，容易被当代大学生所接受、认同。从总体来看，当前大学生思想政治教育的主导理论仍然是代表社会主义意识形态的马克思主义理论，但是还应看到部分大学生对这一理论的质疑与否定。因为时代条件不同，人们对马克思主义的认知和情感不同，“经历过新旧社会对比的人，容易从生活体验和朴素感情上接受马克思主义，经历革命战争洗礼的人，容易从实践经验和革命意志上认同马克思主义。……在今天，长期和平建设和不断扩大的对外开放的环境，使那种易于从情感上接受马克思主义的条件已不复存在”，也就是说，当代大学生可能因话语体系的吸引力接受认同“中国梦”，却并未真正读懂“中国梦”的真实内涵，他们对“中国梦”所蕴含的内在宏观与微观理论内涵的理性认知与把握不透彻、不完整。因此，要形成大学生对“中国梦”内涵的认同，必须进行教育。不仅要充分利用“中国梦”语言表达的优势，更要在此优势的基础上注重教育大学生对“中国梦”内在宏观与微观理论内涵的理性认知和把握。

“中国梦”教育还要在形成大学生对“中国梦”内涵认同的基础上，进一步形成大学生对“中国梦”教育内容的认同，即形成对爱国主义教育、理想信念教育和实践能力教育“三项教育”结合的认同。大学生“中国梦”教育的内容并不是由教育者随意厘定，而是依据历史和现实的发展要求及大学生的思想特点、社会地位、认知逻辑确立的。对大学生进行爱国主义教育是为了让大学生正确读懂“中国梦”，这是教育的初级阶段；对大学生开展理想信念教育在于科学构筑“中国梦”，这是教育的中级阶段；对大学生强化实践能力教育在于使大学生自觉践行“中国梦”，这是教育的主要目的，也是最终阶段，这三方面教育内容的确立，形成了大学生“中国梦”教育层层递进的三个阶段，使大学生真正能在逐梦过程中受教育、长才干、聚能量，最终实现“中国梦”。

（三）教育价值的认同

“教育的主要意义在于完成一种理性认知，但人民群众一般不是以一种理论思维，而是以一种价值满足的状态去完成对于某种意识形态的价值认同”。从哲学的角度来说，价值属于一种关系范畴，主要是指价值客体对价值主体的意义，即价值客体能否满足价值主体需要的关系。因此，当代大学生对“中国梦”教育价值的认同与否，一定程度上取决于他们是否能从“中国梦”教育中得到满足。而能否满足，又依赖于他们对“中国梦”教育的评价。当代大学生对“中国梦”教育的评价状况受内外诸多因素的影响。外部因素，如教育者的价值导向、网络媒体的舆论宣传以及各种社会思潮的冲击等；内部因素，主要是指大学生从自身的理论学习和实践体验中得出的对“中国梦”教育的评价结果。

内因是基础，是对事物的变化发展起主导作用的因素；外因是条件，是对事物的变化发展起着第二位作用的因素。因此，要引导当代大学生对“中国梦”教育的价值进行正确的评价，一个重要着力点应是深化大学生自身对“中国梦”的理论学习和实践体验。同时也不能忽视外部因素的重要影响。教育者不仅要适时向大学生传导主流意识形态的价值导向，还要深入分析鉴别网络媒体的舆论宣传，另外还要警惕各种错误社会思潮对当代大学生的腐蚀。只有结合内外因对大学生进行教育，才能形成大学生对“中国梦”教育价值的深入认同。

四、丰富当代大学生“中国梦”教育的形式

（一）将“中国梦”教育融入思想政治理论课主阵地

2013 年 4 月 8 日，刘云山在深化“中国梦”宣传教育座谈会上指出，“要把‘中国梦’的宣传教育融入各级各类学校教育教学之中，融入未成年人思想道德建设和大学生思想政治教育之中，融入校园文化建设之中，做到进教材、进课堂、进学生头脑。社科界要切实加强理论研究，深入阐释‘中国梦’的重大意义、精神实质和实践要求，为深化‘中国梦’的宣传教育、实现‘中国梦’的伟大实践提供有力支撑。”思想政治理论课是对当代大学生进行马克思主义中国化、大众化教育的主渠道，承担着对大学生进行马克思主义理论系统教育的艰巨任务。把“中国梦”教育融入大学生思想政治理论课中，推动“中国梦”进教材、进课堂、进头脑，是丰富“中国梦”教育形式，增强大学生“中国梦”教育实效性的必然要求。

首先，进教材：把“中国梦”的内容纳入思想政治理论课教材。在我国，思想政治理论课已成为全国高校的必修课程，主要课程包括：《马克思主义基本原理》简称“马原”、《毛泽东思想和中国特色社会主义理论体系概论》简称“概论”、《中国近现代史纲要》简称“纲要”和《思想道德修养与法律基础》简称“基础”。“中国梦”的内容与现有的四门必修课程有着内在的契合性。将“中国梦”的内容融入“马原”课教材中，夯实当代大学生理解“中国梦”的指导思想和理论根基；将“中国梦”的内容纳入“概论”课教材中，阐明中国特色社会主义道路是实现“中国梦”的必由之路；将“中国梦”的内容归入“纲要”课教材中，深化大学生对“中国梦”历史脉络的认知，凝聚中国精神；将“中国梦”的内容注入“基础”课教材中，激发和汇聚大学生践行“中国梦”的青春正能量。

其次，进课堂：在课堂教学中深化“中国梦”教育。将“中国梦”内容纳入四大基本思想政治理论课教材之中，可以体现出国家和理论界对“中国梦”内容的极大认同。但这只是教育

工作的第一步，第二步就是将“中国梦”教育融入课堂。“中国梦”教育进课堂，要做到第一课堂与第二课堂双管齐下。一方面，要发挥第一课堂体系渗透作用。“中国梦”教育第一课堂是依据“中国梦”教育教材及教学内容进行的课堂教学活动。教育者要以“中国梦”为切入点，把“中国梦”内容渗透到课堂教学中去。另一方面，要发挥第二课堂的辐射带动作用。“中国梦”教育不仅依靠第一课堂的理论传授，还需结合“中国梦”理论特点和大学生接受的不同层次，创新教育形式发挥第二课堂的促进补充作用。让大学生在第二课堂的探究活动及环境的交互作用中学习、理解、接受、践行“中国梦”。

最后，进头脑：教育主客体把“中国梦”思想植入头脑。将“中国梦”教育纳入思想理论课教材和两大课堂之中，目的是使“中国梦”能扎实进头脑。“中国梦”教育包含教育主体和教育客体两大基本要素，扎实进头脑，首先要进教育主体的头脑，教育主体要时刻关注并学习党的方针、政策和各项精神，深刻把握“中国梦”的内涵和要义，让“中国梦”扎实进头脑；另外，要进教育客体的头脑，教育客体相对主体而言，对知识的掌握具有一定的滞后性、不稳定性，这就需要教育主体在教育过程中，更具耐心，加强引导、反复教育，使“中国梦”尽快植入客体的头脑。

（二）搭建宣传平台，拓宽媒介宣传力度

充分发挥传统媒介传递正能量的作用。传统媒介主要包括书籍、期刊、报纸、杂志、广播、电视等。传统媒介的宣传优势在于内容相对严谨，宣传更有深度和一定的权威性。长期以来，传统媒介在高校宣传教育工作中一直发挥着主导作用。高校校刊、校报、广播等传统媒介承担着宣传党和国家的方针、政策、政治方向和社会主流价值观的重要使命。这是党和人民赋予高校培养“四有”新人的社会责任，高校要充分利用校园传统媒介传递正能量的巨大优势，做好“中国梦”的正面教育与引导，拨正舆论风向，发出校园好声音，弘扬中国精神。

有效利用新媒介拓宽宣传教育新阵地。新媒介主要包括数字报刊、数字广播、数字电视、移动网络、手机短信等。当前，新媒介的迅速崛起，使得话语权开始向普通大众转移，媒介传播也随之呈现出个性化、对象化、大众化趋势。新媒体具有覆盖面广、传递迅速、形式新颖、互动性强等特点，这为“中国梦”教育的宣传带来了新的契机。高校要接受并利用新媒介的传播优势，拓展青年大学生喜闻乐见、乐于参与的宣传教育新阵地，如微博、微信、微电影、QQ、论坛等，发挥新媒介的互动、沟通、反馈功能，实现大学生对“中国梦”的认知由浅显到深入、由差异到包容、由分歧到共识的飞跃和转化。

利用新旧媒介进行“中国梦”教育宣传时，还应看到新旧媒介宣传的局限性，努力消除媒介宣传带来的负面影响。传统媒介一方面由于时间和空间上的局限，容易导致传播的滞后性。另一方面，传统媒介属于单向度传播，宣传缺乏有效的互动和沟通，很难反馈出宣传教育的实际效果，从而不利于宣传教育的有效改进。新媒介由于信息源多且庞杂，传播内容欠缺深度和权威性，容易干扰大学生对传播内容的正确判断。因此，要对大学生“中国梦”教育进行快速有效的宣传，高校必须加强对各种传播媒介的管理和指导，努力控制并降低新旧传播媒介的负面影响，充分发挥不同传播媒介的优势互补作用，发挥多种媒介的综合效应，形成全方位宣传“中国梦”教育的态势。

（三）发挥组织优势，充实宣传教育活动

一是听，充分发挥高校院系团体的设计、组织、教育功能，开展“中国梦”主题宣讲活动。

以院系为桥梁，积极邀请“中国梦”问题的资深专家、学者、党政领导，借助讲堂、学堂、论坛等平台，围绕学习贯彻党的十八大、十八届三中全会和十八届四中全会精神，结合国家、地区和高校实际向当代大学生深入解读“中国梦”的历史源起和科学内涵，分析“中国梦”与当代大学生的紧密关系，使大学生听得到、听得懂“中国梦”。

二是写，动员各地区高校以征文的形式，组织开展“中国梦”主题征文比赛活动。各地区高校应积极动员大学生以国家梦、民族梦、社会梦或个体梦为主题，采用文字的形式，写出自己对“中国梦”的真实看法。通过邀请相关专家对参赛论文作专业、全面、客观的评析，提高活动的实效性，进而有效提升当代大学生对“中国梦”的认知和理解能力。

三是讲，高校可以结合大学生素质教育基地，有效组织开展“中国梦”主题演讲活动。以大学生为主体，开展如“中国梦，我的梦”等形式的主题演讲活动，激发大学生的逐梦热情，为大学生表达自己的梦想提供了广阔的舞台，让大学生敢于有梦、勇于追梦！

四是看，鼓励大学生走出校园，到农村中去，到基层中去，到社会中去。通过看，开阔大学生的眼界，感受时代的潮流，增强“中国梦”的现实感，让大学生亲身体验社会主义现代化建设取得的伟大成就，坚定实现“中国梦”的信念。

五是干，积极动员大学生主动参加学校或其他社会团体组织的走入乡镇、深入西部、踏入一线等社会实践活动。让大学生在基层中深入了解社会现实和基层发展需求，鼓励大学生将实现“中国梦”的宏伟目标自觉转化为个体的实际行动，从实践中进一步深化大学生对“中国梦”的理解和把握。

五、建立当代大学生“中国梦”教育的长效机制

高校作为大学生“中国梦”教育的主阵地，不但要成为深入学习和牢固把握“中国梦”的先行者，还要努力使“中国梦”深入大学生内心并转化为刻苦践行的自觉行为和努力拼搏的精神动力。这就要求高校积极探索并建构大学生“中国梦”教育的长效机制。

（一）动力机制

大学生“中国梦”教育的动力机制，是指推动大学生“中国梦”教育稳定向前的动力产生、发展过程中，各构成要素相互联系、相互影响、相互制约的过程和方式。大学生“中国梦”教育只有在具有适度动力时，才能保持长期、稳定、可持续的教育效果。因此，建立当代大学生“中国梦”教育动力机制是长效机制不可缺少的重要组成部分。

建立当代大学生“中国梦”教育的动力机制，主要要解决好以下两个方面问题：一是目标确立是否科学、合理。大学生“中国梦”教育的动力机制是为“中国梦”教育目标服务的。目标确立不合理，就失去了保证教育长久有效运行的功能。因此，高校必须将社会发展要求与大学生的不同思想状况结合起来，要深入实际，积极调查研究，准确把握大学生的思想特点；要整体规划，统筹安排，对不同层次的大学生确定不同的目标要求和内容；还要注意创造有利条件和适宜的氛围，满足不同大学生特长、个性的充分发展。

二是对大学生积极性的调动。大学生“中国梦”教育是属人系统，由人组织、引导并为人服务。因此“中国梦”教育运行的动力主要来自人本身，来自“中国梦”教育主体和教育客体自觉性和能动性的充分发挥。在具体的教育实践中，可以对“中国梦”教育主客体分别进行激

励，运用激励手段对教育主客体的行为及其动机进行调节，激励教育主客体为国家、民族、社会以及个人的共同利益与目标向着“中国梦”的实现奋斗。

（二）整合机制

大学生“中国梦”教育整合机制，是指大学生“中国梦”教育主体采取一定的方式和手段对“中国梦”教育力量、教育资源等进行优化配置，形成合力，以实现大学生“中国梦”教育的整体优化，从而最大限度地发挥其整体功能的过程和机理。

建立大学生“中国梦”教育的整合机制，一是要发挥大学生“中国梦”教育主体力量的优势互补。从广义上来看，大学生“中国梦”教育主体是指在“中国梦”教育过程中，履行了担任、设计、组织和实施大学生“中国梦”教育工作的个体和群体，既包括一线教师，也包括各种组织、团体、部门机构等群体施教者，此外，受教育者自身在一定程度上也是自我教育的主体。大学生“中国梦”教育要充分发挥一线教师在教育工作中的核心和骨干力量；要合理利用高校各大组织、团体、部门机构的教育安排、设计、组织和规划力量；还要有效调动和引导大学生个体充分发挥自我教育的力量，从整体上形成大学生“中国梦”教育的合力。

二是要优化社会、学校、网络的整体教育资源。大学生“中国梦”教育一方面受到社会、学校、网络环境的重要影响，另一方面也离不开社会、学校、网络等为大学生“中国梦”教育提供丰富的教育资源。优化社会资源，是推动大学生“中国梦”教育全面开展的重要内容。党、政府以及有关教育部门是社会资源优化的主体。社会资源的优化，要依靠政府行为和社会动员。学校资源对大学生“中国梦”教育有着深远影响，优化学校资源，一靠建设，二靠管理。高校要做到合理建设和有效管理，营造育人氛围，使学校真正成为大学生“中国梦”教育的主阵地。网络资源丰富多彩，高校既要学会开发利用，又要做到控制引导，使网络资源真正成为大学生“中国梦”教育的一支重要力量。最后，高校要将社会、学校、网络资源有效整合起来，齐抓共管，提高教育的实效性。大学生“中国梦”教育合力的形成是一个系统工程，既要有效发挥教育主体的各方力量，又必须合理优化社会、学校、网络资源，统一思想、明确目标，共同努力形成教育合力，圆满完成大学生“中国梦”教育的目标。

（三）实践机制

大学生“中国梦”教育的实践机制，是指大学生“中国梦”教育在实践运行过程中，各构成要素相互联系、相互影响、相互制约的过程和方式。良好的实践机制的建立对大学生开展“中国梦”教育实践活动能够起到切实的保障作用。

建立大学生“中国梦”教育的实践机制，一是要建立稳固的实践教育基地。当前的大学生“中国梦”教育实践常常面临无经费、无计划、无组织、无固定场所的困境，这种状态使得社会实践教育大多只是口头宣传，“雷声大、雨点小”，教育效果不理想。实践基地是开展大学生“中国梦”实践活动的重要平台和基础保障。因此，必须建立稳固的实践教育基地作为开展大学生“中国梦”教育实践的组织依托，改变以往实践教育不规范、虚而不实的恶劣现象。二是要把握实践运行的目标性或指向性。大学生“中国梦”教育的实践运行必须依据“中国梦”教育原有的目标或指向进行，防止实践教育的随意性。实践活动在开展的过程中，要依据教育目标进行适时引导，确保活动的正确指向，活动结束后，同样要开展对活动效果的调查，分析实践运行中取得的成就和存在的问题，取长补短，为下一次实践教育能够取得良好的效果作铺垫。

三是要将实践教育课程化。形式上，当前各大高校已基本将大学生实践教育纳入了教学计划。但与课堂教学相比，大学生实践教育还缺乏必要的教育计划、教育大纲和教育考评体系，教育主体在同等的工作量中却得不到与其他课程同等的工作待遇。这也导致教育主体对实践教育缺乏重视。大学生“中国梦”实践教育是一项特殊的课程，是学校与社会两个课堂的有机结合。要使“中国梦”实践教育保持长期性和有效性，必须将其纳入正规的实践教育课程体系之中，确立实践教育计划、大纲和考评体系，使实践教育课程化。

第十三章　社会主义核心价值观与高校思想政治教育契合研究

第一节　社会主义核心价值体系基本理论综述

社会主义核心价值体系是社会主义意识形态的本质表现，社会主义核心价值体系教育是现代思想政治教育工作的基本内容。用社会主义核心价值体系引领社会思潮，将社会主义核心价值体系转化为人民的自觉追求，是现代中国思想政治教育工作的目标。建设社会主义核心价值体系，增强社会主义意识形态的吸引力和凝聚力的过程，也就是现代思想政治教育根据时代的特点不断改革创新的过程。加强社会主义核心价值体系建设，反映了思想政治教育的根本要求，必须认真研究。

一、社会主义核心价值体系的内涵

“价值”一词作为语言学中的一个普通词汇，在世界各语种中几乎都占有一席之地。尽管在不同语种中，它的含义不尽相同，但都用于物本身，大体上指有用物对人的意义、重要性或人对有用物的估价、评价、珍视、尊重，等等。在我国现代汉语中，“价值”一词指事物的用途或积极意义。当代理论界所运用的“价值”一词是一个具有广泛社会意义的范畴，涉及经济学、哲学、美学、社会学、文学、伦理学等领域。从哲学的角度分析，价值是一个关系范畴，它是一个反映主体对客体的肯定与否定关系的范畴。主体是指人类以及一定社会的社会集团、个体成员。客体是相对主体的东西而言，是指自然界、人类社会和人类文化，包括自然物、物质财富、精神财富、社会制度以及相对主体而言的他人、集团、阶级、民族等。价值就是由主体的需要和客体的属性两者之间的关系构成的。

人们在生活实践中，对自我、他人和社会所产生的意义有了自觉的认识，从而形成了一定的价值观。而价值体系比价值观更高一个层次，它以多个相互联系的价值观为基础，集中地、全面地反映了一定社会意识形态的本质要求。在价值论的研究中，大多数学者都认为存在着价值体系。当然，对于价值体系的理解有广义和狭义两种。广义的理解认为，价值体系就是具有结构的价值形态的世界体系，而狭义的理解认为，价值体系就是建立在经济结构之上的“法律的和政治的上层建筑”和现实基础相适应的“一定的社会意识形态”。在一个社会中，既有主流的意识形态，又有非主流的意识形态，与此相适应的，既有核心价值体系，又有非核心价值体系。

马克思主义在其发展过程中，把建立社会主义制度下的核心价值体系作为自己的目标。马克思恩格斯的战友、德国工人阶级的杰出领袖奥古斯特·倍倍尔在19世纪末说过：“目睹资本主义条件下的种种丑恶现象，目睹宗教唯灵论和金钱拜物教对群众的腐蚀，我们痛心疾首。我们是多么渴望有朝一日在社会主义制度下逐步地、全面地、系统地实现我们的思想道德信念和核心价值！”以倍倍尔为代表的德国共产党人所追求的这一目标，在今天的社会主义中国变成了现实。

2006 年 10 月，中国共产党十六届六中全会审议并通过了《中共中央关于构建社会主义和谐社会若干重大问题的决定》（以下简称《决定》）。在该《决定》中，首次提出“社会主义核心价值体系”概念，并指出“社会主义核心价值体系是建设和谐文化的根本”。2007 年 10 月，党的十七大报告将“建设社会主义核心价值体系，增强社会主义意识形态的吸引力和凝聚力”作为“推动社会主义文化发展大繁荣”的首要之义，进一步肯定了社会主义核心价值体系在中国特色社会主义事业中的重要地位。

二、社会主义核心价值体系在文化发展中的重要地位

改革开放 30 多年来，中国的经济有了跨越式的发展，国民生产总值已进入了世界的前四位。经济发展推动了市场的繁荣，各种商品和服务的升级换代，比较充分地满足了人们的消费需求。美国著名经济学家罗斯托在论述经济增长的六个阶段时认为，“追求生活质量的阶段”是最高的阶段，即在“高额群众消费阶段”之后，人们将转向追求高层次的精神文化生活。这种追求的动力他称为“布登布洛克式的动力”。可见，所谓“布登布洛克式的动力”是人们在由追求物质消费上升到精神文化消费的内在驱动力的代名词。“布登布洛克式的动力”是个人追求精神文化生活的动力，也是社会文化发展的动力。在市场经济条件下，有文化消费需求，就必然有文化产业的市场，随着消费文化需求在整个消费需求中比例的增大，必然推动文化发展特别是文化产业的发展。

当代中国文化的大发展和大繁荣的推动力不仅在于经济生活，还在于建设资源节约型、环境友好型社会的客观需求。近几十年来，中国经济的发展与保护生态环境之间关系的矛盾日益突出。如何缓解它们之间的矛盾，减少经济发展对生态环境的压力，并使两者尽可能地统一起来，是实现人与自然和谐、落实科学发展观的重大课题。精神文化消费是一种资源占用少的消费方式，更多地满足广大人民群众精神文化消费的需求，既扩大了内需，拉动了经济，又有利于资源的节约和生态环境的保护。可见，要实现经济发展和保护环境的统一，落实科学发展观，必然要将推动文化的大发展和大繁荣作为其中的重要举措。

文化的大发展和大繁荣是一个客观的趋势，它使社会核心价值体系的建设成为一个迫切需要解决的重大课题。因为文化是一个充满丰富内涵的社会现象，在这一社会现象中，价值观念是其基本的、必不可少的内核，任何文化的发展都离不开价值观念及其体系的导向。当代中国的文化大发展和大繁荣是在中国特色社会主义旗帜下进行的，社会主义核心价值体系在其中占有重要地位。

（一）在文化多样化的当代中国，社会主义核心价值体系坚持中国特色社会主义的价值导向，巩固社会主义意识形态阵地

文化多样化是改革开放后中国社会的显著特征。这种多样化一方面来自国内经济体制的深刻变革，在经济成分、社会生活方式、经济利益、社会组织形式、就业岗位和就业方式等日益

多样化的情况下，当代中国的文化也必然形成多样化的特点。另一方面，随着中国改革开放的进程，中国与世界各国的交流日益发展。中国传统的文化与外来的文化互相激荡，文化多样化的特征更为明显。在多样化的文化发展中，必然要有核心价值体系指引、规定其发展的基本方向，才能使整个社会有良好的凝聚力，同时和谐文化的建设才有现实的基础。

社会主义核心价值体系是建设和谐文化的根本，是社会主义意识形态的本质体现。在建设中国特色社会主义的事业中，必须加强社会主义核心价值体系建设。马克思主义指导思想和中国特色社会主义共同理想是社会主义核心价值体系中的首要内容。在当代中国多样化文化发展中，各种社会思潮汇集到一点上，就是中国举什么旗、走什么路的问题。社会主义核心价值体系明确地回答了这一问题。中国特色社会主义的理论继承和发展了马克思主义，是马克思主义中国化的最新成果，同时反映了亿万中国人民的根本利益。高举中国特色社会主义旗帜，走中国特色社会主义道路，就能凝聚人心、凝聚力量。当然，社会主义核心价值体系作为主流意识形态，在文化发展中必须处理好它与非主流意识形态的关系。在和谐文化建设中，主流意识形态要发挥主导的作用，但也不能代替非主流意识形态的作用。主流意识形态和非主流意识形态要良性互动，共同发展。

（二）在传统文化与时代文化的冲撞中，社会主义核心价值体系将民族性与时代性结合起来，有益于文化的大发展和大繁荣

任何一个民族的文化都不是从天上掉下来的，都是在长期的历史发展过程中形成的。任何民族的文化都有历史的继承性，正如毛泽东在《新民主主义论》中所说：“我们必须尊重自己的历史，绝不能割断历史。”同时，任何文化都不是凝固不变的，在历史的发展过程中必然要吸收新的元素，使民族的文化在新的时期产生新的特点。一个民族在历史发展的重大转折关头，传统文化与时代文化的冲撞将会凸显出来。一百多年前，近代中国著名思想家严复提出了一个有深刻思想内涵的观点：“非新无以为进，非旧无以守；且守且进，此其国之所以骏发而又治安也。”这就是说，固守传统而不创新，一个民族就不能发展；全盘否定传统，一个民族就难以在世界中立足。在改革开放时代，如何正确认识中国传统文化的价值及其变革，是思想文化战线无法回避的重大课题。社会主义核心价值体系明确地提出，不仅要弘扬以爱国主义为核心的民族精神，而且要弘扬以改革创新为核心的时代精神，将民族性与时代性结合起来，为文化的大发展和大繁荣指出了正确的方向。

改革开放的30多年来，人们不断反思文化的民族性与时代性的关系问题。在20世纪80年代，民族虚无主义与全盘西化的思潮曾经在中国一度泛滥，造成了人们的思想混乱。一个没有民族自尊心和自豪感的民族难以在民族的发展中有所作为，像中国这样发展中的国家尤其如此。要建设中国特色的社会主义，必须正确对待传统文化，弘扬以爱国主义为核心的民族精神，才能增强凝聚力。当然，固守传统的观念而不思进取，又使人们缺乏改革创新的时代精神，难以改变中国的落后面貌。将民族精神与时代精神结合起来，是反思历史的必然结果，是当代中国文化发展的必由之路。

（三）在文化大发展中，社会主义核心价值体系推动经济效益和社会效益的统一

改革开放时代文化发展的显著特点是市场机制进入了文化建设，并随之带来了文化产业的兴起。为了适应和反映社会主义市场经济的需要，文化事业的体制和机制发生了根本性的变革，文化发展的活力大大增强。国家将“大力发展文化产业”作为社会发展的重大战略，努力发展文化生产力，繁荣文化市场，更好地满足人民群众的精神文化需要。但是，在文化发展中面临的突出问题是如何处理好经济效益与社会效益的关系问题。精神文化产品与一般的物质产品有着明显的不同，它在进入市场后，不仅具有商品的属性，而且具有意识形态的功能。不仅要实现其经济价值，而且要在精神文明建设中发挥作用。但在当前中国的文化生活中，许多精神文化产品虽然实现了其票房价值，获得了不错的经济效益，但格调低下，为了吸引眼球，甚至大打法律与道德的“擦边球”。社会主义荣辱观明确指出：“以见利忘义为耻”，强调在义利观上要坚持正确的方向。这就是说，在文化建设问题上要把社会效益放在首位，将社会效益和经济效益统一起来。社会主义核心价值体系推动经济效益和社会效益的统一有着重要意义。

第二节　高校学生价值观的特点分析

一、当代大学生价值观呈现的特点

当代大学生以“90后”为主体，他们思想独特、追求新潮，易于接受新事物，但又有强烈的反叛意识。加上他们各自的家庭背景、社会关系、教育经历、个人成长环境等不同，价值观呈现多样化趋势，并呈现出多元并存性、自主选择性、注重实用性及较强可塑性等特点。

（一）多元并存性

当前，我们正处于一个全球化的时代，生活在“地球村”上，各国思想的交流与融合不断加强，多元文化相互激荡与交融。当代大学生的价值取向除了主流价值的引导，还受到封建传统价值观、革命战争年代的价值观、西方资本主义价值观等的深远影响。加上改革开放的深入和市场经济的逐步完善，经济成分、利益分配、组织形式、就业方式等呈现多样化特点，带来了人们的思想观念、思维方式及价值取向的不同，在不同所有制基础上，我国出现了不同的利益群体，利益主体的分化导致了不同利益群体都以自身利益作为价值取向，因此，各种利益群体的价值评判与价值选择的标准不一，呈现多样化趋势。

当代大学生身处这样复杂多变的时代环境，其价值观必然受到多元文化背景的干扰。全球化的时代背景和市场经济体制的逐步完善，既促进我国经济的飞速发展和人民生活水平的极大改善，也带来了西方资本主义价值观中某些消极思想，如极端个人主义、消费主义、金钱至上、及时行乐等错误的价值导向。此外，当代大学生的认知水平存在差异，家庭环境、社会关系、教育经历等也有所不同，这就导致了他们分析问题、处理问题的能力也不尽相同。在面对多元化的价值取向时，大学生群体表现出价值分化、价值困惑，虽然主流是积极向上的，但也存在一些问题，呈现出良莠不齐的特点。总之，由于各种因素的交织与影响，当代大学生的价值观念表现为多元并存的复杂局面。

（二）自主选择性

改革开放以后，人们的受教育程度和科学文化水平不断提高，并且开始逐步深入探讨人生价值，人们的主体意识觉醒，批判思维日益发展。计划经济体制下集体主义至上的单一价值取向被社会主义市场经济体制多元的价值取向所取代，传统的重社会本位轻个人本位的价值观念受到质疑。市场经济体制的发展与完善，使得人们的自主意识不断增强，并且开始关注自我价值的实现。以“90后”为主体的大学生，绝大多数来自独生子女家庭，这种家庭结构使他们备受长辈们的关心，集“万千宠爱于一身”，更有甚者被养成娇惯成性、盲目攀比的坏习惯。而以自我为中心的人际交往模式在大学生群体间屡见不鲜，他们不屑他人的观点、意见和看法，为人处事特立独行，有强烈的主体意识。

大学生的自主性不仅表现在人际关系的处理上，更明显的是在就业择业的选择过程中。自1995年，国家开始逐步废除了对高校毕业生就业包分配的制度之后，大学生便开始自主择业，与用人单位“双向选择”。在激烈的社会竞争中，大学生意识到自身全面发展的重要性，规划着自己的职业方向，他们不断加入考研、考证的队伍中，积极主动参与校内外各种社会实践活动，全面锻炼自己，为日后的就业增加有利筹码。当代大学生在就业择业过程中，不仅关注薪金福利、工作环境、发展前景，而且更加注重专业对口、能否发挥自身特长，追求实现个人的人生价值。

随着大学生自我意识和独立意识的不断增强，他们追求社会对自我的肯定与满足，追求自我价值的实现，在价值观上表现出强烈的自主选择性。

（三）注重实用性

马克思说过：“历来为繁芜丛杂的意识形态所掩盖着的一个简单事实：人们首先必须吃、喝、住、穿，然后才能从事政治、科学、艺术、宗教等”“‘思想’一旦离开‘利益’，就一定会使自己出丑。由此可知，人具有“趋利避害”的本性，利益成为决定人们实践行动的关键因素。市场经济活动条件下，市场主体追逐的根本目标是利益的最大化，传统的重义轻利价值观已行渐远，取而代之的是功利主义、个人本位主义、实用主义等西方资本主义价值观的盛行。当代大学生生活的“象牙塔”在与社会接轨的过程中逐渐“崩塌”，理想主义价值观的旗帜不再飘扬，他们的价值取向趋向现实，在价值目标的选择、价值评价的标准及价值实现的手段上都呈现出务实的表征。

首先，在对待校内外社会实践的态度上，大学生积极参与，究其原因是在社会实践活动中，能全面锻炼自己，提升社会实践能力。其次，在择业过程中，大学生关注薪资待遇、工作环境、发展前景等现实条件，工作地点也热衷于条件较好的东部沿海大城市，而对于条件较差的西部地区及一些中小城市，表现出漠视冷淡。此外，动用家庭背景、社会关系等帮助大学生就业也成为时下最常见的手段，在他们看来，没“关系”、没“后门”的只能去条件较差的单位工作。以上种种，表明当代大学生的价值选择已由过去的理想主义投向现实，价值观念呈现出了注重实用性的特征。

（四）较强可塑性

大学生处于人生的关键时期，他们的主体意识、思维方式等都得到了发展和提高，思考问题、分析问题、解决问题的能力都在逐步加强，并且开始关注人生价值的实现。同时，大学阶段是他们人生发展的黄金时期，其人生价值观极易受到客观环境的影响，而大学生群体此时的心理成长发育还未健全、成熟，他们对新鲜的事物具有敏锐的“嗅觉”，乐于接受新思想、新观点。因此，用科学的思想观点来引导、塑造当代大学生，能够帮助他们培养积极的人生态度，树立正确的价值导向。从这个意义上来说，大学生的价值观仍具有较强的可塑性。另外，价值观一经形成便具有相对的稳定性，但这种稳定性不是一成不变的，会随着社会环境、人的阅历及受教育程度等的发展变化而不断在发展变化着。大学生在其人生的不同发展阶段上，随着阅历的增加、受教育程度的不断提高、心理发育的日趋成熟、辨别问题能力的发展等，他们原有的价值取向也会不断变化，并开始渴望实现人生价值。因此，高校思想政治工作者们可以对大学生的生活的环境施加影响，根据社会发展要求制定教育目标和教育方针，有计划、有目的、有组织地对大学生进行价值观教育，引导他们树立正确的价值导向，培育大学生的社会主义核心价值观。

鉴于大学生的价值观具有较强可塑性的特点，教育者们应因材施教，有的放矢，帮助他们正确认识错误的价值观念，加强社会主义核心价值观教育，弘扬社会主义核心价值体系。

二、当代大学生价值观出现的偏差

“天之骄子”的大学生在全球化、信息化、市场化的时代背景下，其价值观念受到西方大量社会思潮的冲击与影响，陷入“价值困境”。不可否认，当代大学生的价值观主流是积极向上的，但也存在一些问题和偏差，具体表现为：政治价值观淡漠、经济价值观功利、文化价值观多元、道德价值观“逆淘汰”等。

（一）政治价值观淡漠

习近平总书记在2013年的五四讲话中延伸引用了梁启超《少年中国说》中的名句，说道：“青年兴则国家兴，青年强则国家强。”同时指出党除了要代表青年、赢得青年，还要依靠青年。这表明青年的成长成才对于国家发展具有极大的重要性。青年大学生总体上关心国家，拥护党制定的各种方针、路线及政策，思想上要求进步，并且积极加入党组织。但是，仍有一些问题不容小觑。有调查显示，当代大学生认为政治与自己相隔甚远，是政治家的事情，参与政治的热情也逐渐消退，而大学开设思想政治理论课没有实际意义，只是“假、大、空”导致大学生政治价值观淡化的原因之一即是当前应试教育的大背景。高校对大学生开展马克思主义意识形态教育的主要方式是开设思想政治理论课，但鉴于应试教育的客观现实压力，对学生进行考核主渠道是考试。因此，只要在考试前死记硬背，即可轻松过关。至于学生对马克思主义理论的认同度、践行力等方面的考核，缺乏有效的估量方式，形成了学生对马克思主义理论和中国特色社会主义理论“了解但不理解，拥护但不维护”的局面。此外，高校的思想政治理论课教学方式单一，单纯的理论教学已不能满足大学生的多样需求，缺乏亲和力与说服力。同时继续以教师主讲、学生听讲的教育模式，教育主体间缺乏沟通与交流，使思想政治理论课被“束之高阁”，缺少人文关怀。最后，随着大量西方社会思潮的涌入，西方资本主义国家开始倾销其价值观念，特别注重对青年大学生意识形态的渗透，以美国为例，美国新闻署曾表示：“美国应向中国正在成长的年青一代灌输美国的基本价值观念，这是比传授科学知识本身更为重要的任务。”西方资本主义国家大肆宣扬人权、自由、民主，大喊“淡化意识形态”，其本质都是企图动摇马克思主义的主导地位，巩固资产阶级意识形态，弱化社会主义意识形态，进而达到和平演变的目的。

青年大学生由于人生经历比较纯粹、看问题的角度方法不够全面，感性大于理性。这都导致了他们在对待新问题时容易被表象迷惑，行动缺乏理智，没有坚定的理想信念。当代学生对政治生活缺乏全面系统的认识，政治参与意识还有待提高，政治价值观的淡漠是思想政治教育工作者们首先必须认真思考的重要课题。教育者们应结合一些重大时事的有利机遇，帮助大学生正确认识、分析我国的国情社情民情，培养他们的政治认识能力和选择能力，提高大学生的政治参与热情，树立正确的政治价值导向。

（二）经济价值观功利

随着我国社会的转型。市场经济的逐步确立及不断的发展完善，传统社会的重义轻利的价值观被市场化、全球化的经济浪潮所淹没，实用主义、功利主义逐渐“登上历史舞台”。当代大学生见证了我国经济体制转型所带来的巨大成果。也十分认可当前的所有制与分配制度，但同时也存在一些问题，如过分重视个人利益的得失、热衷于“花明天的钱，圆今天的梦”、喜欢攀比、功利化倾向严重等。

20 世纪 80 年代以前的大学生在计划经济体制影响下，价值选择上重“义”轻“利”，国家利益至上，个人利益服务于集体利益，只讲贡献，不求索取。而当代大学生生活的社会环境已经发生了巨大改变，大学生随着自我意识的觉醒，更加关注个人利益，注重社会对自我的尊重与满足，正如马克思说的“人们为之奋斗的一切，都同他们的利益有关。”大学生存在着的功利化倾向，一方面可以促使他们积极进取，激发他们在学习、工作、生活等方面的兴趣与热情，另一方面也可导致他们走向极端，如考名校、考研、考证等都是为了找一份好工作铺路搭桥，在评奖评优中弄虚作假，只求组织上入党不求思想上进步等，这些都反映出当代大学生过分看重物质利益，物质性的价值取向日趋严重。

当代大学生追求个人利益，“只讲索取，不谈贡献”的功利主义价值观，内在地受到社会主义市场经济体制及其运行机制不健全的影响，外在地遭到西方资本主义的消费主义、享乐主义、实用主义、功利主义等思想观点的干扰。在二者的共同作用下，部分大学生迷失自我，注重感官享乐，关注现实利益的衡量，在经济价值观方面呈现出功利化趋势。

（三）文化价值观多元

文化价值观的性质是由人们所生存的社会的文化性质决定的，不同性质的文化会形成不同的文化价值观，如传统文化价值观与现代文化价值观、封建主义文化价值观与资本主义文化价值观、社会主义文化价值观等。生活在同一文化性质下的人们，由于生活环境的不同也会形成不同层次的文化价值观，如草根文化价值观、大众文化价值观。而由于所处的社会地位及信息来源的不同等，人们接受的文化熏陶也各式各样。当代大学生在市场经济及全球化的冲击与影响下，加上传统文化价值观在其身上的烙印，其文化价值观呈现出了多元性、多层次性、多样性的特点。

当代大学生身处一个独特的文化背景之中，即多元文化相互交流与激荡碰撞。改革开放与全球化打破了紧锁的国门，带来了新兴的生活方式与消费方式，伴随着经济体制的改革与社会的不断发展，社会结构发生变化，出现了一批新兴社会阶层，如个体工商户、私营企业主、明星、农民工、外企工作者、民营企业家等。不同的利益主体造成了利益追逐的分化，新兴社会阶层对中国特色社会主义事业作出了巨大的贡献，但如何协调其与社会其他阶层之间的利益关系，成为一个极受重视的问题。利益主体的多元使得价值主体也崇尚多元的利益诉求，在市场经济条件下，多元的社会结构、多元的利益诉求必然带来了多元的文化价值倾向，这都会引起处于思想转型时期的大学生的关注。

大学生除了受到校园文化这种亚文化的熏陶，还会受到社会文化的影响，尤其是西方资本主义多姿多彩的文化及文化产品的传入，给大学生多元文化的体验。但是，有些西方国家别有用心地通过互联网等媒介对当代大学生进行文化渗透与侵蚀，传播各种非马克思主义甚至反马克思主义的思想观点，企图消解人们对我国主流文化价值观的认同感，达到“西化”“分化”中国的目的。多元文化在一定程度上促进了我国文化的繁荣发展，但是多元文化也影响了当代大学生的文化价值选择，大学生在文化价值观上表现出的多元化特征应该引起思想政治教育工作者们的高度重视。

（四）道德价值观“逆淘汰”

改革开放以前，我国都一直以集体主义、社会本位为主要道德价值观，在这种道德价值观的影响下，涌现了一批有代表性的人物，如古代有“先天下之忧而忧，后天下之乐而乐”的范仲淹、“精忠报国”的岳飞，近代有“苟利国家生死以，岂因祸福避趋之”的林则徐、“我自横刀向天笑，去留肝胆两昆仑”的谭嗣同等。改革开放后，以集体主义为价值取向，在基层敬业奉献的人物也比比皆是，如有“钉子精神、螺丝钉精神”的雷锋、被评为“全国敬业奉献模范”的沈浩等。但改革开放开阔了人们的视野，带来了西方多元的文化，人们的自主意识、竞争意识不断发展，价值取向由理想型向现实型转化，由社会本位向个人本位演变，注重自我成就感的满足。

站在时代前沿的当代大学生，大部分学生是关心国家的发展状况，关注人民的幸福生活，有着较强的社会责任意识，敢于身体力行践行社会主义道德，但是，在复杂的社会环境的影响下，少部分同学开始出现极端个人主义、功利主义倾向，注重知识的“工具价值”，注重金钱、实惠，注重物质利益。虽然大学生群体具有较高的道德认知水平，但是道德行为较之却相差甚远，甚至出现了败德、失德、缺德等道德滑坡、道德危机现象。

大学生群体在道德价值观层面呈现出的逆淘汰特点，既与市场经济、全球化的背景相关，也有学校道德教育缺位的原因，更有网络媒体不负责任、大肆“妖魔化”地宣传报道的后果。如何纠正这种道德“逆淘汰”现象，是当前社会教育、学校教育及家庭教育都应认真思考的问题。

三、影响当代大学生价值观教育的因素

大学生的价值观教育与多种因素相关，主要有多元文化与西方社会思潮涌入的冲击，社会主义市场经济的负面作用，网络信息时代大众传媒的消极影响，家庭教育、学校教育和社会教育的缺位及大学生自身存在的弱点等因素在困扰着价值观教育的实际效果。

（一）多元文化和社会思潮的冲击

随着改革开放与全球化进程的加快，国内与国外的交往日益密切，政治、经济、文化等的交往也日益密切。中国与法国、俄国、美国等都有“中国文化节”活动，国际之间文化交流的加强，直接促使了不同国别人员的文化交往。作为未来文化传承者的青少年，义不容辞地要承担起文化交流的历史重任，2013 年 8 月，北京举办的中国东盟青少年文化节进一步增进了东盟国家之间的青少年对彼此文化底蕴的感受与了解。而在东西方文化不断交锋中成长起来的当代

大学生，对此感受最为深刻，在校期间，他们能够直接接触到西方的书籍、影视作品及消费品。本科期间即开设了西方哲学史、西方政治思想史、逻辑学等课程，知晓了黑格尔的“绝对精神”、费尔巴哈的形而上学唯物主义、笛卡儿的“我思故我在”、卢梭的社会契约论、孟德斯鸠的三权分立思想、杰斐逊的人民主权说等。此外，大学生在校期间出国交流的机会也大大增加，笔者所在的陕西师范大学，每年的不同时段都为大学生提供出国或赴港澳台学习交流的机会，暑期甚至有带薪实习的项目。这些开阔了当代大学生的视野，促进了他们思想的解放，丰富了他们的知识结构。

但是，东西方文化交流的频繁，使得多元文化与社会思潮不断碰撞，对我国传统的文化价值观形成了一定的冲击。社会思潮，是指在某一时期内在某一阶段或阶层中反映当时社会政治情况而有较大影响的思想潮流，它是以一定的社会存在为基础，以相应的意识形态为理论核心，并与某种社会心理发生相互影响、相互制约、相互渗透作用的思想潮流。社会思潮中的积极合理部分对大学生的成长成才有积极作用，如生态社会主义思潮分析了环境资源与现代化发展之间的关系，有助于树立可持续发展的理念；而错误的、消极的社会思潮会引导大学生走上错误的道路，如极端个人主义易使大学生产生以自我为中心的思想、消费主义不利于大学生树立科学的消费观念、历史虚无主义会消解主流意识形态等。

当代大学生的自主意识、主体意识、合作意识、竞争意识等在市场经济与全球化的作用下不断觉醒，批判质疑精神不断发展，这使得他们不再盲从于某一特定的意识形态。西方敌对势力正是看到青年学生的这个特点，正通过各种形式途径加紧输入他们的意识形态，宣扬西方资本主义价值观是普世价值观，削弱马克思主义的认同度。因此，运用马克思主义理论对大学生进行主流意识形态教育，能够有效抵制西方资本主义的意识形态争夺企图，也是当前高校思想政治教育刻不容缓的紧要任务。

（二）市场经济的负面作用

改革开放的持续深入和市场经济的不断发展，给我国带来了经济上的腾飞，我国由计划经济体制向社会主义市场经济体制迈进，并且建立了与市场经济体制相适应的所有制结构和分配方式。社会主义市场经济的不断完善与发展，既促进了我国政治经济社会的进步，也使得人们的思想观念、思维方式发生了巨大改变，原有的价值观念体系被打破。

市场经济是一把“双刃剑”。一方面，市场经济必然要求建立与其相适应的价值观念体系，其倡导的竞争意识、创新意识、自由、平等、民主等科学观念，被广大大学生欣然接受，并在日常实践中践行，这对于培养大学生独立自强、勇于创造、敢于拼搏等品质有积极作用。另一方面，市场经济的利益原则也容易滋生拜金主义、极端个人主义、功利主义等思想倾向，这些消极的、腐朽的思想侵蚀着大学生的心灵，导致部分大学生出现将“利益至上”“一切向钱看”等错误价值观作为人生信条，进而走上歧途。在物欲横流的社会中，当代大学生存在着物质化倾向的价值选择，物质追求与精神追求严重失衡的现象，认为在市场经济条件下，只要“富了口袋就行，至于“穷了脑袋”无关紧要。因此，当代大学生中“精神营养不良”的学生大有人在。

此外，市场经济是以市场作为资源配置的基础性手段，市场要求生产者们改善经营管理，采用先进的科学技术，调节资源在各部门中的分配，促使生产者在竞争中优胜劣汰。但市场调节这只“看不见的手”也存在着一些缺陷，如自发性、盲目性、滞后性等，加上在利益原则与现实需要的驱使下，不良竞争者不惜采用非法途径走上致富道路。在市场经济条件下，一夜暴富、唯利是图、虚假宣传、制假售假、权钱交易、“拼爹”“拼叔”“拼丈母娘”等社会阴暗面不断浮现，社会分配不公现象导致贫富差距不断拉大，这些都使得部分大学生群体出现了否认自我努力，认为自身再优秀也不如“官二代”“富二代”的心理偏差，他们的社会责任意识逐渐流失，出现消极的思想趋势。市场经济对当代大学生的价值观形成了一定的负面冲击，如何以社会主义核心价值观教育扭转市场经济给大学生带来的消极作用，是高校思想政治工作者们的一个重大课题。

（三）网络信息时代大众传媒的消极影响

互联网是一个“舶来品”，始于1969年美国的因特网，作为大众传媒的一种新兴形式，互联网在我国也形成了一定规模。互联网的迅速发展使人们学习、工作、生活的方式发生了深刻改变。伴随着3G的问世、4G的到来，互联网产业正蓬勃向上发展着，为广大网民提供了丰富的信息、海量的资源，使得广大网民朋友“足不出户，亦可知天下事”。互联网以其开放性、及时性、丰富性、便捷性等特点为当代大学生提供了广阔的交流平台，如微博、QQ、BBS交流论坛等。作为网络生力军的大学生群体通过互联网，可以随时获取感兴趣的学习资料、新闻图片、影视作品等；可以随时与亲朋好友保持联系，互通消息；也可以查找用人单位招聘信息，投递求职简历；还可以实现随时随地网上购物。可以说，网络极大地改变了大学生学习、生活和工作的方式，为大学生在一定程度上解决了学习、工作中遇到的困难，拓展了大学生的视野，有助于培养大学生的平等观念和创造性思维。同时，互联网也成为高校开展大学生思想政治教育的新途径，能够扩大思想政治教育的覆盖范围，并通过图文并茂的形式将思想政治教育的内容渗透到大学生的日常学习生活中。但学生上网成瘾的案例近年来呈逐渐攀升的趋势，他们沉浸在网络世界里，疏离与他人的关系，人际交往淡化，极易形成孤僻冷漠的性格。网络游戏暴力、色情内容腐蚀大学生的“三观”，网聊网恋对大学生的恋爱婚姻观也有一定的负面效应。网络信息的烦冗复杂、良莠不齐使得当代大学生在筛选时无所适从，甚至出现网络道德观念，不惜铤而走险，走上违法犯罪的歧途。

此外，报纸、广播、电视等传统大众媒介以其丰富的经验和强大的资源等优势仍在人们的日常生活中发挥着重要作用。但是传统媒介与新兴媒介都对大学生具有舆论导向的作用，而不良的报道对大学生的价值观会产生消极作用。如今的新闻媒体为了吸引观众的“眼球”，采用“策划新闻”，使用敏感词汇的方式来提高收视率，其“妖魔化”的报道严重影响大学生的道德心理。大学生容易偏听偏信的特点被西方敌对分子牢牢把握，他们通过各种传播媒介对我国的青年大学生发布黑色信息，利用部分事件进行歪曲事实的报道，企图对我国正在成长的一代大学生进行意识形态渗透，实施政治鼓动，混淆大学生的是非观念和辨别真伪的能力，消磨大学生的价值观念，潜移默化地动摇主流意识形态。

（四）家庭教育、学校教育和社会教育的缺位

家庭在大学生成长成才过程中发挥着不可代替的作用，家庭教育是大学生社会化的起点。以“90后”为主体的大学生，由于受独生子女政策的影响，他们基本上都来自独生子女家庭，他们在成长过程中，备受父母及祖父母的宠爱，视为“掌上明珠”“小皇帝”。来自城市中的大学生，有着优越的生活环境，父母也多接受过高等教育，他们重视孩子的智力开发，竭尽全力送孩子进各种辅导班、兴趣班、特长班、贵族学校等，充分利用一切教育资源服务孩子的成长。然而，这种教育方式在开发了孩子智力的同时，也忽视了对孩子进行思想道德素质的培养，并使他们过早地接触竞争压力，对其心理健康造成不利影响。相对来说，农村出生的大学生的教育资源相对贫乏，在成长过程中，除了完成课业任务，回家也需从事一定的家务农活等。他们的父母为了改善生活条件而进城务工，农村家庭的大学生成为“留守”的一代，与父母相处时间少，缺乏父母的关爱与交流，易形成畸形人格。此外，近些年，中国的离婚率呈逐年递增趋势，父母离异给大学生的心理健康带来创伤，有时直接影响他们的婚恋观，造成“恐婚”“不婚”等社会现象。单亲家庭的不健全家庭结构对大学生的成长成才也有消极影响，因缺乏关爱与交流，他们可能会存在着自闭、自卑、妒忌、逆反等心理障碍，如果不进行正确引导与教育，其价值观会发生严重偏差。

学校是大学生社会化的最主要场所，对大学生的价值观起着最直接、最全面的影响。高校的思想政治理论课承担着大学生价值观教育的主要任务，在党中央的16号文件与24号文件的相继发布之后，高校已基本确立了一套思想政治工作管理体系域工作体系。但当前思想政治教育存在着一些弊端和问题。随着高校不断扩招，学生的数量急剧增加，这在一定程度上为高校思想政治工作的工作量、师资配备等都带来了挑战，而学生生源的不同为思想政治工作的开展增加了难度。

社会教育有广义和狭义之分，本文主要进述的是狭义的社会教育，是指出家庭教育与学校教育之外的文化机构或有关团体对社会成员开展的教育活动，如少年宫、博物馆、图书馆、革命纪念馆等。社会教育以社会的政治经济状况为背景，它比学校教育、家庭教育的影响面广、形式灵活多样，并且能够广泛吸收各种社会力量参与，在现代教育体系中发挥着不可替代的作用。社会教育鼓励大学生积极参与社会活动，拓展大学生的知识面，丰富大学生的知识结构，发展他们的兴趣、特长，为大学生的全方位成长成才提供新途径。但是，这些文化机构或团体组织在大学生价值观教育方面仍有不足之处，如社会责任意识淡漠，对其在大学生价值观教育中地位作用认识不清，由于缺少相应的监管力度和评估体系，社会教育在对大学生价值观教育的内容甄别上，可能会麻痹大意，被某些敌对分子利用，渗透了腐朽的思想内容，使得大学生价值观教育的效果大打折扣，相去甚远。

（五）大学生自身的缺陷

当代大学生有着丰富的想象力、强烈的求知欲、敏锐的观察力，他们乐于接受新事物、新思想。但是由于心理发育不健全、情绪波动大、知识结构不完整及社会阅历比较缺乏等特点，为高校思想政治工作带来一定的挑战。首先，来自独生子女家庭的当代大学生，生活自理自立能力差，不愿与人交往，性格孤僻，片面看待一些社会现象。同时，在溺爱中长大的他们，容易以自我为中心，并养成依赖长辈的习惯，在价值取向上容易急功近利。其次，大学生群体虽然接受了高水平的知识教育，但由于没有系统掌握马克思主义基本理论，缺少必要的辩证思维，看问题容易犯“一叶障目不见泰山”的错误，对社会主义核心价值观教育的内容存在全面认知的困难，更是很难做到知行合一。最后，大学生一直是在家庭与学校环境氛围中成长的，他们生活的环境比较单一，与社会接触少，社会经验缺乏，因此，对一些社会阴暗面的分析鉴别能力较低，对“一夜成名”的社会现象充满新鲜感、好奇感，他们渴望表现自己，甚至采用不正当途径走上“成功”的道路。正确认识到大学生自身存在的缺陷，帮助他们清晰分辨真、善、美与假、恶、丑，是引导大学生树立正确的价值观念的前提。

第三节　高校社会主义核心价值观教育的原则与方法

在已有的社会主义核心价值体系基础上概括出来的24字社会主义核心价值观，其形成过程不是一蹴而就的，而是经历了不断发展、完备、圆熟状态，最终达到通俗化、大众化、社会化。党的十八大报告在“扎实推进社会主义文化强国建设”方面，提出了“分别从国家层面的发展目标、社会层面的价值导向、个人层面的道德准则提出了反映现阶段全国人民‘最大公约数’的社会主义核心价值观。”正因为对多样化的社会思潮具有强大的引导力和整合力，社会主义核心价值观理应成为凝聚社会共识的主流价值导向，全面融入高校思想政治教育的全过程。而在开展大学生社会主义核心价值观教育的具体实践活动中，要讲究原则和方法艺术，不能让社会主义核心价值观教育表面化、浅显化，要结合大学生的思想特点，深化大学生对社会主义核心价值观的理论认同、价值认同，提高思想政治工作的实效性和针对性。

一、当代大学生社会主义核心价值观教育的原则

当代大学生群体有其自身独有的特点，决定了应结合他们的思想特点与实际需求进行社会主义核心价值观教育，而社会主义核心价值观教育作为高校思想政治工作的重要内容，要求当代大学生社会主义核心价值观教育遵循思想政治教育的基本原则。在实践过程中，当代大学生社会主义核心价值观教育应遵循方向性原则、主体性原则、求同存异原则、渗透性原则、“三贴近”原则等。

（一）方向性原则

方向性原则是指在社会主义核心价值观教育过程中，其教育活动要坚持社会主义主流意识形态，坚持以马克思主义理论为指导思想，要旗帜鲜明地体现党性，要有明确的目的性。在当代中国，对大学生进行社会主义核心价值观教育要坚持方向性原则，就是要坚持马克思主义的政治立场与政治方向不动摇，自觉将毛泽东思想与中国特色社会主义理论体系的科学思想理论观点作为根本指导。马克思主义理论之所以能成为我国的立党立国之本，是因为马克思主义是一个科学的理论体系，正确反映了人类社会的发展规律，是最广大人民根本利益的体现，有着强大的生命力。

当前，随着全球化进程的加快，社会主义市场经济深入发展，大量的西方社会思潮涌入中国，对我国的主流价值取向形成一定的冲击。而中国的迅速崛起，引起西方国家的敌视，他们大肆宣传中国“威胁论”“崩溃论”，认为中国共产党是“威权主义”领导，搞一党专政，人民缺乏民主、自由等人权。例如，美国《时代》周刊曾经预言到2020年中国将超过美国成为世界经济总额最大的国家，这为中国将改变现存的世界政治经济格局提供了有力的佐证。因此，西方国家提出“淡化意识形态”，倡导普世价值等，不断加强对我国的意识形态渗透，企图影响我国第二代、第三代青年的思想，达到颠覆我国国家政权，“和平演变”我国的社会主义性质的阴

险目的。

对当代大学生进行社会主义核心价值观教育具有鲜明的意识形态性，在教育过程中要坚持我国主流的意识形态，保持正确的政治方向，不断提高马克思主义理论的实践性品质。当代大学生是中国特色社会主义事业的中坚力量，是肩负着振兴中华，实现民族复兴的历史使命。因此，当代大学生要继承我国优秀的传统文化价值观，自觉抵制西方资产阶级腐朽思想的侵蚀、渗透，不断提高自身理论素养，提高明辨是非的能力。

（二）主体性原则

主体是相对于客体来说的，人在认识世界和改造世界的活动中，其对象性活动包含着主体与客体这一对关系范畴。在马克思看来，旧唯物主义的缺点在于“对对象、现实、感性，只是从客体的或者直观的形式去理解，而不是把它们当作人的感性活动、当作实践去理解，不是从主体方面去理解。”因此，马克思认为要重视发挥人的主体性和能动创造性在实践中的巨大作用。这一观点落实到思想政治教育活动中，就是既要体现教育者的主导作用，更要满足受教育者发展的需要，发挥教育者的主体能动作用，提高大学生自我教育的能力。

当代大学生的自我意识、创新意识都有所增长和发展，他们不再仅仅满足于传统的灌输，学会质疑、挑战、反思现存的观点、结论，不迷信权威。因此，在大学生社会主义核心价值观教育活动中，要充分考虑大学生的思想特点，树立“以人为本、以生为本”的教育理念，创造大学生社会主义核心价值观的“可接受”模式。当然，教育者的主导地位是不可动摇的，在大学生社会主义核心价值观教育中坚持主体性原则并不是要消解、取消教育者的主导作用。教育者在社会主义核心价值观教育过程中，既是教育活动的组织者和设计者，也是学生学习的指导者和引导者，能够引导学生思想行为的发展方向。因此，教育者主导作用的发挥程度，对大学生社会主义核心价值观的教育成效有着直接的影响。

主体性原则还要求在教育过程中，强调大学生主体地位与作用的发挥，充分尊重大学生的主体性，并注意发挥其能动创造性。传统的价值观教育强调单一的灌输，忽视了受教育者发展的需要，把受教育者看作简单地教育对象，这种单向教育模式不利于学生全面发展。当代大学生社会主义核心价值观教育是建立在现代教育基础上的“双向交流、平等对话”，要求根据大学生群体的特点和实际情况制定教育方针和教育目标，以思想政治教育螺旋上升规律为依据对学生进行社会主义核心价值观教育。通过社会主义核心价值观教育，提升大学生的主体意识，使其成为积极主动的自我学习者，增强他们的自我教育、自我完善的能力。坚持主体性原则就是要采取灵活多样的方式满足大学生的多种需求，尊重他们的主体性地位，使大学生对社会主义核心价值观真正做到入耳、入脑、入心，深化大学生对社会主义核心价值观的内心认同。

（三）求同存异原则

求同存异是1955年，周恩来在亚非万隆会议上提出来的外交方针政策，意为在处理矛盾时寻求共同利益、共同思想等，保留不同点、不同利益，坚持原则性与多样性相结合的原则。在大学生社会主义核心价值观教育中坚持求同存异原则，主要做到两个方面：一是教育内容上坚持“一元主导”与“多样并存”；二是要注意教育对象的层次性。

任何社会形态的统治阶级都会竭尽全力地维护本阶级的意识形态，正如马克思所说的，“统治阶级的思想在每一时代都是占统治地位的思想。”在多元文化背景下，党的十八大提出要积极培育社会主义核心价值观，“牢牢掌握意识形态工作领导权和主导权，坚持正确导向，提高引导能力，壮大主流思想舆论。”大学生作为中国特色社会主义事业建设的接班人，必然应当接受我国主流意识形态的教育，接受社会主义核心价值观内容的教育。坚持对大学生的主流价值取向教育并不是要抛弃、否认我国传统优良文化及人类文明的优秀成果对大学生成长成才的积极作用，而是要采取“尊重差异，包容多样”的策略，最大限度地形成思想共识。这就要求在对大学生进行社会主义核心价值观教育时，既要坚持我们的主流价值观教育，又要继承传统价值观的合理部分，吸收人类文明的积极成果，既不断发展完善我们的主流价值取向，又要“海纳百川”地面向世界。

坚持求同存异原则还要求要注意区分教育对象的层次性，要从受教育者的实际出发，根据他们的思想状况特点因材施教，有的放矢地开展社会主义核心价值观教育，以此提高教育的针对性和实效性。传统的价值观教育采取的是“求大同，灭小异”的思想，在实际教育过程中搞“一刀切”，忽视受教育者的个性发展需求，往往实际收效甚微。当代大学生的思想观念、思维方式、价值取向都呈现出多样化的趋势，他们的家庭背景、社会关系、教育经历、心理素质等有所不同，导致了大学生群体存在着差异性、层次性。因而在对当代大学生进行社会主义核心价值观教育时，要充分考虑大学生的思想特点与个性发展需求，尊重大学生主体的差异，区别对待不同层次的大学生群体，分门别类、有针对性地实施社会主义核心价值观教育，满足不同学生个体的价值取向需求。

坚持求同存异原则，就是要彰显社会主义核心价值观的亲和力与说服力，以开放包容的姿态吸纳一切积极因素，针对不同个体因材施教。如此的价值观教育，既能满足大学生个性发展的要求，也符合我国培养现代化建设事业接班人的需求。

（四）渗透性原则

渗透性原则，是指将教育内容贯穿到社会各项工作及日常生活中，通过间接、隐蔽的教育方式对人们的行为、思想进行引导，使其受到潜移默化的影响。渗透性原则遵循人的思想受“综合影响”与“渐次发展”的规律，并借助一定的环境载体对教育对象施加影响，使其在不知不觉中接受教育。对大学生进行社会主义核心价值观教育，遵循渗透性原则就是要求把社会主义核心价值观的具体内容渗透到大学生的学习、生活和工作的各个层面，动员全校各种力量，形成教育合力，为大学生创造一定的环境氛围，寓教于乐，提高社会主义核心价值观的实效性。高校的思想政治理论课是以一种显性的、直接的方式对大学生进行价值观的引导，这种显性教育有固定的教育内容、教师、学生及教育设施等，教育效果收效较高。但是随着当代大学生知识水平的不断提高，主体意识开始觉醒，批判思维进一步发展，他们不再满足于满堂灌的教育方式，其需求呈现出复杂性、多层次性等特点。因此，在大学生社会主义核心价值观教育过程中，采用隐性的、间接的方式，将社会主义核心价值观的教育内容渗透到大学生的日常生活中，能够消除大学生的逆反心理，使大学生自觉接受社会主义核心价值观教育。

渗透式的教育方式具有非强制性、无意识性、隐蔽性、多样性等特点，这使得教育内容可以借助一定的环境载体，在教育者的有意识暗示与受教育者的无意识接受中实现教育目标。而在大学生社会主义核心价值观教育的具体工作中，首先，要求教育者要有渗透意识，要自觉以社会主义核心价值观规范自己的言语行为，不断丰富自己的知识理论体系，能够因时因地地借助各种载体，融会贯通地对大学生进行社会主义核心价值观教育。教育者要真正做到“其身正，不令而行”，以自身的人格魅力、认识水平等影响大学生的价值观念。其次，借助环境载体，形成教育合力，营造社会主义核心价值观学习氛围。战国时期的荀子曾说：“蓬生麻中，不扶自直，白沙在涅，与之俱黑”，这说明了环境对一个人成长成才有巨大的影响。因此，开展大学生社会主义核心价值观教育，要根据大学生的实际特点，塑造良好的舆论环境、文化氛围、人际关系等，为大学生社会主义核心价值观提供全方位、全天候的覆盖空间，以此对大学生的思想观念和行为规范施加潜移默化的影响。

坚持社会主义核心价值观的渗透式教育，不是要否认高校思想政治理论课的显性教育作用，而是要将渗透式教育与其合理结合、形成合力，共同作用于大学生的日常生活，提高大学生对社会主义核心价值观的认同，并转化为他们的自觉行为。

（五）“三贴近”原则

首先，准确把握大学生的思想特点是有效开展思想政治教育工作的基础，这就要求社会主义核心价值观教育要贴近大学生的思想实际。在多元文化的时代环境下，当代大学生的思想有着显著的时代特征，呈现出共同的特点，如独立意识增强、个性化趋势明显等，但他们也有着强烈的爱国热情和社会责任感。例如，赴贫困山区支教、义务献血、为灾区募捐筹款等，积极参与各种公益性活动。但由于大学生的思辨能力欠缺，知识储备不完善，在认知方式还可能存在偏差，导致其看问题容易片面、极端，以“保卫钓鱼岛”事件为例，2012 年 9 月发生在全国各地的抗议日本购买钓鱼岛游行示威活动，不乏大学生的身影，在不法分子的诱导下，甚至会出现不理性的爱国行为。因此，高校应结合大学生思想实际的现实状况，有针对性地进行社会主义核心价值观教育活动，引导大学生理性分析社会问题，引领他们树立积极健康的价值取向。

其次，以大学生的现实需求为前提，开展大学生社会主义核心价值观教育活动。马斯洛的需要层次理论认为，人有五种需要，即生存的需要、安全的需要、情感和归属的需要、尊重的需要和自我实现的需要，这五种需要从最低层次到最高层次呈“金字塔”形逐级递升。随着大学生自我意识的增长，他们的现实需求逐渐往较高层次发展，渴望得到社会对自我的尊重与满足，实现自身的价值。因此，对大学生进行社会主义核心价值观教育，可以结合当前大学生现实需求，如考研、就业等与大学生有切身利益关系的实际问题，对这些问题的有效解决能够在很大程度上提高大学生对社会主义核心价值观的认同力与接受力，切实扩大社会主义核心价值观在全社会的影响度。

最后，以贴近大学生的精神需求的归宿，增强大学生社会主义核心价值观教育的理论魅力。儒家经典著作《大学》开篇说道：“大学之道，在明明德，在亲民，在止于至善”。这就告诉我们大学的教育不仅是知识的传授，更重要的是对大学生精神世界的塑造。中央 16 号文件对我国大学生的思想状况总体上予以肯定，认为主流是积极健康的，但认为也存在一些问题，如理想信念模糊、诚信意识欠缺、社会责任意识淡化、不能吃苦耐劳、心理承受力差等。社会主义核心价值观教育具体目标之一就是要强化大学生的精神品质，将当代大学生培养成为自立、自尊、自爱、自强、自律、自信的社会主义事业接班人。因此，开展大学生社会主义核心价值观教育要关注大学生精神诉求，服务于大学生全方位发展的需要。

二、当代大学生社会主义核心价值观教育的方法

进化论奠基人达尔文说过："最有价值的知识是关于方法的知识。"在教育思想指导下的教育方法，是实现教育目的的策略性途径。教育方法运用得是否得当，直接关系到教育工作的开展及教育的收效。因此，当代社会主义核心价值观教育，既要采用继承和发展传统的思想政治教育方法也要探索和创新形势下的教育方法，同时可以借鉴和吸收国外价值观教育工作中的有益方法。

（一）继承和发展传统价值观教育的方法

思想政治教育的一些方法常被运用于传统价值观教育中，主要是理论教育法、实践教育法和批评与自我批评等基本方法，此外还有疏导教育法、比较教育法、典型教育法、自我教育法等一般方法。思想政治教育的这些传统方法仍然被广泛运用于高校的思想政治工作，并发挥着主要作用。大学生社会主义核心价值观教育应根据时代的要求，继承和发展传统的思想政治教育方法，使其适应新时期大学生的思想变化的特点，切实发挥其主导作用。

（二）探索和运用当今时代价值观教育的方法

随着社会的发展和科学技术的进步，传统价值观教育的方法已不能满足大学生社会主义核心价值观教育的要求。因此，在新形势下，高校思想政治工作者们应该总结经验，运用现代科学技术不断努力创新，探索新时期大学生社会主义核心价值观的新方法、如网络教育法、多学科交叉渗透法、显性教育与隐性教育相结合的方法等。

现代社会是一个信息社会，互联网高速发展，网络极大地改变了当代大学生学习方式和生活方式。网络拥有着海量的信息资源、传播速度快、资源具有可共享性、参与人员众多，而且网络教育可以打破地域和时间的限制，人们可以随时随地地利用网络进行学习、生活。构建大学生社会主义核心价值观教育的网络平台，共享丰富的教育信息资源，使大学生主体自主学习社会主义核心价值观教育的内容，在网络空间中与他人平等交流探讨，也有助于教育者针对学生的个别问题，有针对性地进行辅导，提高社会主义核心价值观教育的有效性。但是，网络教育的无序性、无约束性，给网络教育管理增加了难度。因此，通过网络实施大学生社会主义核心价值观教育，首先要求网络教育的工作者们具有较高的理论知识功底和思想道德水平，能够应付、解决大学生在网络教学中遇到的实际问题。其次，积极与大学生群体开展交流，及时关注大学生的思想动态，避免错误的、消极的价值观点在网络教育中的扩散，正确引导网络舆论。最后，网络中的社会主义核心价值观教育要形式多样、丰富多彩，确实能够吸引大学生的"眼球"，避免大学生对其不闻不问，只点击不关注的现象。

采用多学科交叉渗透的方式，要求将进行社会主义核心价值观的具体内容渗透到大学生的各门学科之中，采用的是"化零为整"的方式达到教育目的。大学生在高校学习期间要学习几十门课程，这些学科都蕴含着丰富的教育资源，虽然每一门学科都有其相应领域的学科方法，但是学科之间并不是毫不相关的，学科之间的交叉领域增多，相互渗透的程度也不断增大。因此，各门学科的方法都可为大学生社会主义核心价值观教育提供借鉴和指导。将社会主义核心价值观教育的内容渗透到多门学科之中，有利于培养学生综合分析问题的能力，拓展学生的综合知识面，在整体上提高学生的综合素质。多学科交叉渗透法要求教育者要有广博的知识储备，

对社会主义核心价值观有全面的深层次的理解，并且根据学生的实际情况进行有效备课，在教学中做到“放收自如”，合理把握延伸社会主义核心价值观的“度”，使社会主义核心价值观“潜移暗化，自然似之”，大学生自觉接受认同其价值理念。同时，学科渗透法要求学校为各科教师提供丰富的教育资源，切实做好学科渗透的保障工作。

显性教育历来是我国教育的主体方式，这种教育方式具有明确的教育目标和教育内容，注重教育者的“教”，忽视受教育者的主动学习。而对大学生进行社会主义核心价值观教育的最终目的，主要是落实到能够调动大学生的主体性地位，使大学生能够自觉认同并践行社会主义核心价值观。单纯的显性教育已然不能满足大学生多样化的需求，不能完成大学生价值观教育的任务。将教育目的深藏于日常生活中的隐性教育，通过隐蔽的方式，使受教育者在无意识中接受教育。隐性教育相比显性教育而言，采用的迂回渗透的方式对大学生进行价值观引导，在一定程度上消解了大学生的逆反心理，以大学生喜闻乐见的形式在不知不觉中接受教育，其教育效果更加持久、有效。因此，高校在开展大学生社会主义核心价值观教育的过程中，要注重校园环境、校园文化、校园活动及教育者自身素质对大学生价值观的隐性教育作用，深度挖掘隐性教育资源，切实为大学生社会主义核心价值观教育提供保障。隐性教育可以弥补显性教育的不足，二者相互支撑，有机结合，共同实现大学生社会主义核心价值观的教育目标。

在新形势下，大学生社会主义核心价值观对新方法的探索与运用是在不断前进的，也会有大量新方法不断出现，更新当前的教育方法，促进大学生社会主义核心价值观教育效果的持久有效。

（三）吸收和借鉴国外价值观教育的方法

在我国，高校并没有专门开设价值观教育课程，主要是通过思想政治理论课对学生进行价值观的引导和道德的教育。而国外的价值观教育发展历史悠久，有许多合理的、有效的教育方法和经验值得借鉴，对当代大学生社会主义核心价值观教育有积极意义。以美国为例，虽然学校并不开设价值观教育的专门课程，但是价值观教育的内容几乎渗透到所有课程领域，其中开设较为普遍的是伦理道德课程，校园文化、社会实践活动等都隐藏着价值观教育的内容。此外，政府、团体、宗教、大众传媒等都成为其价值观教育的途径，形成了有较大影响力的价值观教育模式。其中，具有代表性的有杜威的实用主义教育方法、科尔伯格的道德认知发展理论、以路易斯为代表的价值澄清法以及班杜拉的社会学习方法四种模式。杜威作为美国实用主义的主要代表人，倡导“教育即生活，学校即社会”，他主张按照社会生活实际进行道德教育，批判传统灌输是一种脱离社会、脱离生活的知行脱节的教育方式，认为对学生进行道德教育应遵循其身心发展的规律，应结合课程教学和社会实践活动。在杜威看来，价值是在一定的情境中才会生成，并随着一定情境的发展变化而发展变化，道德教学并不是将价值作为知识传授给学生，而是应该启发学生自由发展价值观。杜威批评“传统教育”，提出“进步教育”的思想，注重学生的兴趣、需要，培养他们的个性，倡导探究讨论式、活动训练式等生动的教学方法，强调教育应关注现实需要，这些观点对我们开展大学生社会主义核心价值观教育有借鉴的价值。但是，实用主义教育方法是基于美国当时的国情的，总体上来说，杜威是一位唯心主义先验论者，过分夸大了教育的社会作用，忽视了社会对个人发展的影响，会陷入道德相对主义、主观主义泥潭，因此，在大学生社会主义核心价值观教育过程中，应辩证看待实用主义价值观，借鉴其合理积极部分。

科尔伯格的道德认知发展理论在国外价值观教育中具有较大的影响力，他继承和发展了社会学家皮亚杰的认知发展理论，认为道德认知是道德教育的核心，道德教育的目的是要培养学生道德认知能力，即促进学生道德判断和道德思维能力的发展。在具体的操作方法上，科尔伯格提出了道德两难故事讨论法和公正团体法。道德两难故事谈论法是通过设置道德困境，引发学生的道德冲突，进而进行道德讨论，其目的在于培养学生的道德认知能力和道德判断思维。公正团体法指的是通过创设民主公正氛围的团体，对学生进行团体教育，实现学生自我教育的目的，提高学生道德水平。科尔伯格的道德认知发展理论对于处于社会转型时期的当代大学生来说，有助于缓解大学生的价值冲突、价值困境，提高他们的道德认知能力，对大学生社会主义核心价值观教育有重要的参考意义。但在具体使用中，应注意选取适应学生思想特点、认知水平相适应的两难故事，并且有助于进一步提高学生的道德发展水平。

价值澄清法，是指使受教育者通过价值评价和选择的学习，获得最合适和清晰的个人价值观的一种道德教育方法。价值澄清理论主张教师不应该传授、灌输“正确”的价值观给学生，而是应该帮助学生澄清他们自身的价值观，引导学生学会分析问题、处理问题的能力。价值澄清模式重视引导和提高学生对自身价值的选择、评价能力，强调发挥主体间性在价值观教育中的重大作用，并且通过设计丰富多彩的校内外活动，激发学生的参与热情和学习兴趣，关注学生的现实生活。这些技巧和方法艺术，有助于启发当前我国大学生社会主义核心价值观教育工作拓展新的途径。但是，价值澄清法是以相对主义价值观作为方法论体系的基础，容易忽视价值观教育的具体内容，容易导致形式主义的错误。因此，大学生社会主义核心价值观教育在借鉴价值澄清法的过程中，应汲取精华，弃其糟粕，避免将大学生引向价值相对主义。

社会学习理论认为，不仅是外在的刺激物可以使个体产生或失去某种行为，观察、模仿别的社会化行为也能收到同样的效果。班杜拉认为，人的行为受到人的认知、行为、环境三者交互作用的共同影响，人的行为大多数是后天习得的，其中，观察学习是行为获得的基本方法。为此，班杜拉提出了社会学习的两个典型方法：示范榜样法和道德强化法。其中，榜样要能够激发学生的兴趣，与学生有着相同或相似的价值追求，并且榜样要真实可靠，其行为要切实可行性，如此才能使学生学习其行为具有可能性。学生在观察和学习了榜样的行为后，通过直接强化、间接强化、自我强化等手段，促使学生将良好的道德行为规范内化为道德认同并自觉践行。但是，社会学习理论存在着过分夸大环境和榜样的缺陷，对学生的认知因素重视不够。

当代大学生社会主义核心价值观教育，可以大胆吸收和借鉴国外价值观教育的成功经验和有益成果，但是也应吸取其不成功的教训，避免“重蹈覆辙”，使我国的社会主义核心价值观教育切实收到良好效果。

第四节　加强高校思想政治教育中的社会主义核心价值观教育

价值观教育是一项复杂的系统工程，整个教育过程是长期性和复杂性的统一，而作为受教育者的当代大学生由于认知水平、价值取向等的不同，其对社会主义核心价值观的接受程度和接受方式也呈现出差异性。因此，开展大学生社会主义核心价值观教育活动时，必须讲究策略方法，构建有效的具体路径，调动一切因素，增强高校大学生社会主义核心价值观教育工作的有效性。

一、当代大学生社会主义核心价值观教育的策略

策略，是从宏观层面整体上对大学生社会主义核心价值观教育的方式方法的把握，具体的策略有坚持以社会主义核心价值体系为指导，坚持党和国家的教育方针，更新教育理念，遵循思想政治教育规律等。

（一）坚持以社会主义核心价值体系为指导

自党的十六届六中全会明确提出社会主义核心价值体系的科学命题，社会主义核心价值体系并成为全党全国人民共同的思想基础。涵盖了四个层面内容的社会主义核心价值体系，一经提出，便在人民群众中激起了广泛讨论。而在社会主义核心价值体系基础上凝练的社会主义核心价值观，是又一次的理论创新，体现着我国的社会主义本质意识形态。坚持在社会主义核心价值体系指导下，开展大学生社会主义核心价值观教育，有利于从整体上全面构建价值教育体系。

“社会主义核心价值体系是社会主义意识形态的本质体现。要巩固马克思主义指导地位，坚持不懈地用马克思主义中国化最新成果武装全党、教育人民，用中国特色社会主义共同理想凝聚力量，用以爱国主义为核心的民族精神和以改革创新为核心的时代精神鼓舞斗志，用社会主义荣辱观引领风尚，巩固全党全国各族人民团结奋斗的共同思想基础。”由此可知，社会主义核心价值体系对整个社会具有政治导向和思想统摄的作用，是维系社会正常运行的精神依托。而大学生社会主义核心价值观教育作为社会主义核心价值体系教育的一个重要组成部分，必须坚持以社会主义核心价值体系为指导。这既有利于为中国特色社会主义事业培养全面合格的接班人，也有利于化解多元文化背景下大学生的价值冲突和价值困境，使高校的思想政治教育工作更好地完成其使命。

（二）坚持党和国家的教育方针

党的十八大报告对教育工作提出了新要求，即“努力办好人民满意的教育”，同时强调了“要坚持教育优先发展，全面贯彻党的教育方针，坚持教育为社会主义现代化服务的根本任务，培养德智体美全面发展的社会主义建设者和接班人。”新时期的教育方针是结合我国现阶段的基本国情提出的，是适应我国社会发展实际的教育要求，同时也为我国的教育事业指明了未来发展方向，其根本目的是要培养全面发展的人才为社会主义现代化事业奉献和服务。当前，我国正面临着复杂的国际国内环境，各种社会思潮涌动，多国文化碰撞交织，青年大学生在一切外在内在因素的影响下，其价值观念呈现出矛盾与冲突，如政治信仰迷惑，道德信仰迷失，人生信仰迷茫等。因此，新形势下，对当代大学生进行社会主义核心价值观教育时，要认真贯彻党和国家在新时期的教育方针，深化教育改革，提高教育质量，推进素质教育进程，牢固树立全面发展的教育理念，帮助广大大学生不只做“语言的巨人”，也成为行动的“巨人”，真正内心认同社会主义核心价值观，并以其作为自己行为规范，努力践行其价值要求。

（三）更新教育理念，遵循思想政治教育规律

教育理念是对教育工作的一种本质理解，是对教育发展的理性认识。教育理念是对教育现实的理性思考，同时又不等同于教育现实，它属于一种教育“应然”价值取向。科学的教育理念能正确反映教育的本质及其未来前进方向，是一种“真知灼见”“远见卓识”。因此，开展大

学生社会主义核心价值观教育活动，要树立科学的、正确的教育理念，使教育活动朝着正确的预期方向前进，更好地实现教育目标，提升教育的效果。如在当代大学生社会主义核心价值观教育中，树立以人为本教育理念、主体性教育理念，尊重大学生的主体性地位，满足其合理需求，调动其学习的积极性和主动性，调动大学生参与社会主义核心价值观教育活动的内驱力；树立全面发展教育理念、素质教育理念，关注大学生整体性发展的需求，全面培养其综合能力，帮助其从整体上认识社会主义核心价值观的重要作用；树立创造性理念、个体性理念，尊重大学生的个体差异，以平等、包容的心态对待每个学生发展的不同，正视学生的个性，并注重挖掘其潜在的创造性才能，为社会主义现代化事业培养创新型人才。

价值观教育历来是高校思想政治教育工作的重点内容，对大学生进行社会主义核心价值观教育，必然要求遵循思想政治教育过程规律和人的思想品德形成发展规律。思想政治教育的基本任务就是要解决受教育者的现实思想品德状况与社会发展要求相适应的思想道德状况之间的矛盾。因此，大学生社会主义核心价值观教育应该遵循思想政治教育的“适应超越律”，既要适应当前学生的思想道德状况，又要有提升其思想道德水平发展的空间，并且有大学生通过自身努力能够实现这种要求的可能。同时，大学生社会主义核心价值观教育要遵循教育与自我教育相统一的规律，既强调思想政治工作者们主导作用的发挥，也要尊重大学生的主体性地位，充分调动他们的自觉性和能动性，使教育者和受教育者在社会主义核心价值观的学习教育活动中共同进步。此外，“人的思想品德是在社会实践的基础上，在客观外界条件的影响与主观内部因素的相互作用、相互协调和主体内在的思想矛盾运动转化的过程中产生、发展和变化的。”由人的思想品德形成发展规律可知，对当代大学生进行社会主义核心价值观教育要充分发挥一切内外因素共同发生作用，特别要注意的是大学生主体因素，要根据大学生的思想道德实际特点进行社会主义核心价值观教育，在循环往复的教育中促进大学生的思想状况以螺旋上升式向前发展，自觉将社会主义核心价值观作为行为规范和价值取向。

二、当代大学生社会主义核心价值观教育的路径

路径，是从微观层面找寻当代大学生社会主义核心价值观教育的有效措施，在具体操作上，为大学生社会主义核心价值观教育的实效性和针对性探究切实可行的教育途径。在教育活动中，具体的路径包括：加强理论教育，开展社会实践活动，构建网络新平台，关注实际问题，注重人文关怀，实现家、学校、社会三位一体教育，引导大学生自我教育等。

（一）加强理论教育，坚持社会主义核心价值观的引导力

社会主义核心价值观作为我国的基本价值尺度和价值理念，涵盖了国家层面的发展目标、社会层面的价值导向以及个人层面的行为准则，囊括了政治、经济、文化、社会和道德等各方面的价值追求，直接反映了社会主义的本质内涵与要求。伟大先哲马克思说道：“统治阶级的思想在每一时代都是占统治地位的思想。”社会主义核心价值观在我国社会的价值观念中占据着统治地位，主导和支配整个社会基本价值走向。而当代大学生作为整个社会的优秀组成部分，他们身处国际意识形态领域斗争激烈的复杂环境中，加上市场经济的一些负面价值诱导等因素的影响，当代大学生在价值观层面出现诸多困惑和谜团，思想观念在不断裂变。因此，对大学生进行社会主义核心价值观理论教育，是我党赢得广大青年大学生的重要途径，是中国特色社会

主义事业发展的题中之意，也是当代大学生切实能够履行其历史使命，承担起历史重任的现实需要，客观上符合增强社会主义核心价值观引导力的现实需求。

大学生全面理解社会主义核心价值观的本质内涵，是开展大学生社会主义核心价值观教育的前提。这就必然要求高校思想政治工作者们应该高度重视研究社会主义核心价值观的理论实质，强化对马克思主义及其中国化理论成果的深入学习，融会贯通地阐释社会主义核心价值观的深刻内涵，使社会主义核心价值观在理论上“站住脚”，成为我国意识形态的主流价值取向，引导人们树立正确的价值观。因此，高校应该充分发挥其在哲学社会科学研究层面的优势，广泛吸纳一切古今中外的优秀价值观教育成果，通过资源整合，进一步加强社会主义核心价值观的理论凝练，成为社会主义核心价值观教育的“先锋”。同时，作为思想政治工作者，应该充分认识到大学生社会主义核心价值观教育的重大意义，努力提升自身的理论素养，深刻理解社会主义核心价值观的精神实质和本质内涵，争做社会主义核心价值观的积极宣传者和模范践行者，率先垂范，引导大学生群体对社会主义核心价值观形成正确的全面的理论认知。

（二）开展社会实践活动，提高社会主义核心价值观的影响力

“纸上得来终觉浅，绝知此事要躬行。”实践是检验认识正确与否的唯一途径。开展社会实践活动是有效地将社会主义核心价值观转化为当代大学生自身价值观的重要环节，也是检验其是否正确的试金石。社会实践活动是将学校的理论教育与社会的实践教育有机结合的一种教育形式，通过学生的广泛参与，使学生了解基层，了解国情，长知识，增才干，在实践中深刻理解我国社会主义事业的发展需要“什么样的人”，从而不断弥补自身的不足，努力全面提升自己的综合素质，成长为新型人才。

大学生社会实践活动作为高校人才培养与社会服务体系的重要组成部分，是学校课堂教育的延伸和补充，是高校实施素质教育的重要载体，也是大学生实现其社会化的平台之一。以社会主义核心价值观为主要内容，开展大学生社会实践活动，既拓展了大学生社会主义核心价值观教育的途径，也使广大大学生在实践中经受考验与锻炼，在实践中接受教育，深化对社会主义核心价值观的价值认同。同时，通过开展社会实践活动，在正确认知党的路线、方针、政策的基础上，当代大学生能够做到始终坚定自己的政治立场和政治方向。而且大学生通过实践活动与人民群众亲密接触，用自己所学的科学文化知识帮助人民群众解决一些实际问题，既能够学以致用，也能够增强“成就感”，肯定知识的重要性。此外，社会实践活动的开展，以灵活多样的形式加深了大学生对社会主义核心价值观基本内涵的理解，更加明确当代大学生肩负的历史使命，增强他们的社会责任感。社会实践活动，以其丰富多彩的内容吸引了大学生群体的广泛积极参与，大学生在实践中践行着社会主义核心价值观的具体要求，并不断身体力行地提高社会主义核心价值观在整个社会中的影响力。

（三）构建新媒体平台，增强社会主义核心价值观的渗透力

自20世纪90年代以来，科学技术的飞速发展，使得互联网、手机、数字点数等新兴大众媒介不断涌现，新媒体的发展使得人们的生活方式、交往方式和思维方式等都发生了改变。李开复说过：“一种传播媒体普及到5000万人，收音机用了38年，电视用了13年，互联网用了4年，而微博只用了14个月。”由此可见，新媒体传播信息的速度及其覆盖面是非常惊人的，当代大学生作为最早、最直接接触新媒体的群体，新媒体已然成为当代大学生不可或缺的学习、生活和交往方式之一，成为他们了解、知晓校外信息的“第三只眼”。因此，高校需要充分利用新兴媒介，打造新媒体平台，开拓途径，创造机遇，利用一切优势资源开展大学生社会主义核心价值观教育，使社会主义核心价值观的价值理念在大学生群体中不断渗透、升华。

创建新媒体平台服务于大学生社会主义核心价值观教育，首先，需要整合国家、社会、学校、家庭和大学生自身等各种资源，打造专题网站，以生动、形象的方式宣传社会主义核心价值观的理论内容，对大学生进行社会主义核心价值观渗透教育和自我教育。其次，通过在互联网、手机等平台及时发布社会主义核心价值观教育的最新成果及涌现的典型模范人物，大力宣传其先进事迹，牢牢占领网络思想阵地。再次，做好大学生社会主义核心价值观新媒体平台的信息监管工作，对于混淆视听、危害大学生健康成长成才的“黑色”“灰色”“黄色”信息要及时肃清，加大对信息的甄别能力，净化网络空间。最后，大学生在新媒体平台中要做到“慎独”，养成良好的网络道德品质，形成文明的上网习惯，合理利用网络的丰富信息资源，树立正确的网络价值观。

（四）关注实际问题，强化社会主义核心价值观的说服力

社会主义核心价值观之所以能够引起广大人民群众的积极认同，其根本原因是其价值内核兼具现实性与理想性。现实性指的是社会主义核心价值观以当前我国的基本国情为基础，并能够在很长一段时期内满足社会发展状况的需要，理想性指的是社会主义核心价值观能够引领我国未来社会的发展方向，成为人民群众的主流价值取向。而社会主义核心价值观要赢得青年大学生，同样要既能够适当满足大学生的物质需求，又能成为他们的精神支柱，即在社会主义核心价值观教育中，要关注大学生的现实，着力解决大学生面临的实际问题，使社会主义核心价值观不仅以理论魅力吸引人，还以实践魄力说服人。

高校在开展大学生社会主义核心价值观教育过程中，主要关注三个方面的实际问题：一是要优化大学生健康成长成才的客观现实环境，客观环境包括社会大环境和校园小环境，当代社会是一个政治多极化、经济全球化、文化多元化、社会信息化的复杂环境，而校园环境在其影响下，也不再是“象牙塔”，也呈现出日趋复杂的局面。因此，在进行大学生社会主义核心价值观教育时要重视客观环境的塑造，优化大学生学习社会主义核心价值观的氛围。二要结合大学生的思维发展的实际，当代大学生的思维灵活、思考问题比较全面，并且更加注重未来的发展方向，但辩证思维能力还比较欠缺，容易依赖直接的观察和生活经验。结合大学生思维实际，有的放矢地进行社会主义核心价值观教育，进而提高教育的效果。三是关注大学生发展过程中遇到的实际问题，主要是学业、生活及就业困难等现实问题。将社会主义核心价值观教育融入大学生的学业、生活和就业的过程中，不仅提高社会主义核心价值观能够切实解决现实问题说服力，而且能够促进大学生对社会主义核心价值观的内心认同、价值认同，从而将社会主义核心价值观作为自己的价值追求。

（五）注重人文关怀，提升社会主义核心价值观的亲和力

强化人文关怀在大学生思想政治教育中的重要地位和作用，突出“软管理”，是因为“硬管理”的教育方式已不能完全适应现代化教育的发展，权威性教育管理方式不仅束缚了大学生的全面发展，还易激起主体意识不断觉醒的大学生的反抗、叛逆。当代大学生在竞争激烈的社会中，具有了一定的竞争意识与进取精神，但是合作意识、奉献意识相对缺乏，个人主义倾向严重，人际交往出现障碍，学习就业压力较大，心理健康问题也日益突出。因此，以人文关怀塑造当代大学生健康的人格，成为高校思想政治工作实现育人目标的重要方式之一。

开展大学生社会主义核心价值观教育，运用注重人文关怀的方式来提高理论的亲和力，这就要求高校应在以下工作中做出努力：第一，树立和谐教育的理念，建立和谐的师生关系，使大学生与教育者能够平等对话，充分享受人格平等的权利，在轻松、愉悦的氛围中接受社会主义核心价值观教育；第二，在进行社会主义核心价值观教育时，要重视大学生的个性发展，注重结合其身心发展规律与特点开展教育活动，确实做到因材施教，有的放矢，提高教育的针对性；第三，重视大学生心理健康教育与心理疏导，教育者要学会倾听大学生的心声，了解他们的多方面需求，引导大学生以积极、乐观、正确的心态迎接生活。如此，才能把大学生置于社会主义核心价值观教育的核心地位，才能提升社会主义核心价值观对当代大学生的亲和力，也才能切实提高大学生社会主义核心价值观教育的实效性。

（六）家庭、学校、社会三位一体，形成社会主义核心价值观的统合力

大学生社会主义核心价值观教育应该是一个统合家庭、学校与社会全部教育力量的教育活动，不应是高校“一枝独秀”，家庭与社会“置身事外”，推卸教育责任的现象应该得到改善。因此，构建家庭、学校、社会三位一体的教育格局，形成大学生社会主义核心价值观教育的统合力，是改善现今教育现状的一个重要举措。

家庭教育作为学校教育的补充，其在大学生的价值观形成过程中发挥了重大作用。家庭教育的持久性是学校教育、社会教育无法比拟的，也不可代替的。因此，开展大学生社会主义核心价值观教育要求高校不断加强与家庭的联系，重视家庭教育的作用，学校可通过手机、短信、邮件等形式与家长保持沟通的顺畅，交流社会主义核心价值观；理论的重要性，探讨有效的教育形式。而家长也要转变教育理念，不能片面重视子女智育的发展，应该重视他们的全面发展，尤其要注重培养他们良好的思想道德品质，引导他们树立积极的人生态度和正确的价值观念。

学校教育是大学生社会主义核心价值观最直接的教育者，承担着教育的最重要任务。高校首先要发挥思想政治理论课在社会主义核心价值观教育的主渠道作用，在深入挖掘其内涵的基础上，全面提升思想政治工作者的业务素质，强化教育队伍的建设，以生活、活泼、形象的方式开展教育活动，使社会主义核心价值观进课堂、进脑袋、进内心。高校还要为大学生社会主义核心价值观教育创造尽可能多的社会实践机遇，重视实践育人作用的发挥，提升社会主义核心价值观的教育实效。最后，高校应优化校园环境，为社会主义核心价值观教育提供良好的物质环境与精神环境，配备网络、多媒体等硬件设施，营造全员参与、共同担当教育的软件氛围。

社会蕴含着丰富的教育资源，整合社会教育资源，动员社会各方面力量参与，有助于进一步拓展大学生社会主义核心价值观教育的路径渠道。其中，有两种社会教育力量在社会主义核心价值观教育中起着不可忽视的作用。一是党和政府应该制定合理的政策、规定，为大学生社会主义核心价值观教育提供制度保障，并且营造良好的社会教育风气；二是大众传媒要坚持正确的舆论导向，坚持社会主义核心价值观的正确宣传，渗透、感染当代大学生，引领他们能够坚持正确的价值取向。

（七）引导大学生自我教育，促进社会主义核心价值观的内化力

“授之以鱼不如授之以渔”，教育的最终目的是引导大学生学会自我教育。自我教育是促使大学生将社会主义核心价值观作为人生价值取向的内驱力。学校教育、家庭教育、社会教育等能使大学生对社会主义核心价值观形成“外化”，而自我教育则能促使社会主义核心价值观的“内化”，由内因是事物发展变化的根本依据的哲学原理可知，自我教育在大学生社会主义核心价值观中起着关键性作用。因此，引导大学生充分进行自我教育，提高他们自我教育的能力，能够促使社会主义核心价值观内化力的极大提升。

大学生自我教育的状况直接关系到高校思想政治教育工作的效果，影响着社会主义核心价值观教育的进程与实效。因此，高校应帮助大学生深化对自我的认知，培养大学生自我评价、自我调控和自我完善的能力，高校思想政治工作者不仅自身要有自我教育的理念，还应积极引导大学生进行自我教育。同时，高校应为大学生自我教育创造多种途径、渠道，如开辟网络空间，在加强网络监管的基础上，为大学生自主学习社会主义核心价值观提供大量的教育资源和信息；开展社会实践活动，使大学生在实践中亲身体验、感悟社会主义核心价值观的魅力等。另外，作为自我教育的主体——当代大学生，应该自觉学习社会主义核心价值观，加强自身的理论素养，提升思想道德品质，学会逐渐由“他律”转向“自律”，主动以社会主义核心价值观作为自身的价值规范，提高自身修养。

第十四章　中国精神与高校思想政治教育契合研究

第一节　中国精神基本理论综述

一、中国精神的理论来源

（一）中华民族优秀的传统文化

中国精神生发于中华文明传统，在源远流长的中华传统文化中孕育，并伴随着先人们改造客观世界的过程逐步形成并发挥强大的作用。中国精神是民族精神和时代精神融为一体的精神共同体。“民族精神是中华文明几千年历史沉淀的精华体现，是前辈先贤、仁人志士前赴后继、薪火相传的思想品格、价值取向和道德规范。”在悠久的历史发展中，中华民族形成了以爱国主义为核心的团结统一、爱好和平、勤劳勇敢、自强不息的民族精神。在五千年绵延不断的文明史上，中国在政治、哲学、宗教、文学艺术、建筑、医学、饮食、服饰等几乎人类知识的所有领域，都形成了丰富多彩、博大精深的文化体系。有“推天道以明人事”的哲学思想，治国平天下的政治智慧，历久弥新的古代文学，精彩纷呈的礼乐艺术，完备深刻的道德伦理，辉煌灿烂的古代科技等。春秋战国时期，是中国文化的轴心时代，此时的中国百花齐放、百家争鸣，形成了儒墨道法等思想纷呈的各家各派，中国文化空前繁荣。由孔子开创的儒家学派，以“仁”为学说核心，倡导中庸的思想方法，重视血亲人伦，倡导积极入世观念，推崇实践理性和道德修养，主张克己复礼，为仁由己，追求圣贤、君子人格，以实现修身、齐家、治国、平天下的理想目标。以老庄为代表的道家，是与儒家并驾齐驱的一大流派，道家向往自然、尊崇天道，倡导无为，具有超脱淡然的出世理念，道家认为天人合一、天人和谐是最高法则，追求道法自然，个人复归自然以寄托身心。法家主张强化法令刑律，主张“以法为教、以吏为师”，实行文化专制主义，法家思想经管仲到商鞅、韩非子之后建构了完备的法家理论，对中国历史发展产生重大影响。墨家学说强调物质生产劳动，主张“兼爱”“非攻”。春秋战国时期奠定了中华民族文化发展的基调，是中华文化发展的源泉，特别是自秦汉以后，儒学独尊，儒家文化成为社会的主流文化，中国传统文化的发展格局基本定型。中国五千年的文化发展，给后人留下了宝贵的精神财富，也是中华民族思想品格、道德规范、价值取向形成的根源。蕴含在传统文化当中的思维方式、价值观念和行为准则等具有强烈的历史性，产生于古代，同时又有很强的继承性，存在于现实生活当中，时时刻刻都影响着今天的国人。博大精深的中国传统文化，深深地熔化在中华民族的思想意识和行为规范当中，并且内化成中华儿女的文化心理和性格，深深地影响了社会政治经济生活特别是人们的精神生活，成为制约人们思想行为和日常生活的强大力量。

（二）中国共产党领导的革命、建设和改革的生动实践

近代中国，在西方列强的坚船利炮之下一步一步沦为半殖民地半封建社会，中华民族面临种族生存危机，无数仁人志士舍身忘我的苦苦探索救亡图存的道路，从“苟利国家生死以，岂因祸福避趋之”的林则徐到高呼振兴中华的革命先行者孙中山，一代又一代的爱国志士奉献生命于中华民族的复兴大业。但是他们由于自身的阶级局限性，最终都没有找到一条救国救民的光明大道。直到十月革命一声炮响，给中国送来了马克思主义。代表中国先进生产关系的工人阶级登上历史舞台，紧接而来的是工人阶级的代表在马克思主义的指导下成立了中国共产党，从此中国革命焕然一新。中国革命有了新的领导阶级、新的依靠力量和新的革命前途。以毛泽东同志为代表的中国共产党人，把马克思主义基本原理与中国革命的实际相结合，创造性提出“农场包围城市，武装夺取政权的”革命道路，经过艰苦卓绝的斗争，取得了新民主主义革命的胜利，建立了社会主义新中国。在中国革命和建设的实践中实现了马克思主义中国化的第一次飞跃，创立了毛泽东思想。毛泽东思想的形成与发展是在继承中华民族优秀传统文化的基础之上并结合时代特点和革命实践中的一系列经验而提出的理论思想和经验总结概括，是中国共产党第一代领导人集体智慧结晶。毛泽东思想深深影响了中国共产党人的革命、建设和改革进程，也深深影响了人们的世界观、人生观和价值观。实事求是、群众路线和独立自主是其活的灵魂，丰富了马克思列宁主义，为中国特色社会主义理论体系的形成奠定了坚实的理论基础。党的十一届三中全会以来，马克思主义基本原理与新时期中国改革开放和现代化建设的实际相结合，实现了马克思主义中国化的第二次飞跃，创立了包括邓小平理论、“三个代表”重要思想和科学发展观等重大战略思想在内的中国特色社会主义理论体系。这一理论体系与马克思主义和毛泽东思想是一脉相承的，中国共产党始终坚持从中国国情和实际出发来促进马克思主义的中国化、时代化和大众化，深刻地改变和塑造了中国的社会结构和国家命运。

马克思主义融入了中国传统的现代转化的同时，也与中国民族精神相互融合，深深地影响着一代又一代中国人为争取民族独立和解放、国家繁荣和富强奉献自己的青春和热血。历经战争血与火的洗礼，抗击百年来外敌侵略蹂躏，中国人民威武不屈，众志成城，舍生忘死，浴血奋战，赢得了民族的独立解放，铸就了不畏强暴，永不屈服，同仇敌忾，勇于胜利的伟大民族精神。百年沧桑磨砺形成的伟大的民族意志、气概和精神是实现中华民族伟大复兴的强大力量和宝贵财富。从民主革命时期的井冈山精神、长征精神、延安精神、西柏坡精神，到社会主义革命和建设时期的大庆精神、雷锋精神、“两弹一星”精神、抗洪精神特别是改革开放之后形成的小岗精神、深圳精神、载人航天精神、抗震救灾精神等，这些在追寻中华民族伟大复兴的不同时期的实践中凝聚的精神不断延续和丰富了中华民族精神，并形成了以改革创新为核心的时代精神，展现出中国人的精气神！

（三）借鉴和汲取人类优秀的文明成果

世界各国的文明从古至今都是互相影响、互相借鉴的。中华文明博大精深，从古代便开始向外传播，中国的传统文化深深影响着东亚、东南亚一些国家的文明的发展，中国的四大发明大大促进了西方国家的近代化进程。当然中国也借鉴吸收了外来文化，如中国佛教的发展便是深受印度佛教的影响，以及中国近代历史上的西学东渐也深深影响了中国的近现代进程的发展。文化需要交流与融合，这是其生命力延续所在。中华文化之所以源远流长，就在于它具有海纳百川的胸襟和博采众长的传统。中华文化在对外广泛传播的同时，也以开放包容的胸襟吸收外来优秀文化元素，不断实现对世界文化的深度融合和整合创新。

“19世纪中期以来，随着西方民族国家体系的建立，西方特别重视民族主义资源，强调通过国族的集聚与认同，实现社会与国民动员，并形成相应的国家精神，如英国精神、美国精神、法国精神、德国精神（诸国家精神都有相应的哲学思想传统，如经验主义、实用主义、启蒙思想以及德国古典哲学，显示国家精神相应的思想基础）。在西方现代化的过程中，民族主义或国族主义成为抑制一度泛滥的无政府主义及民粹主义的有益资源。”现代中国在建立过程中，也吸收了西方国家及其民族建构的经验。在全球化的今天，中国也要借鉴吸收西方国家有关国家精神建构的优秀经验，以便更好地建构我们的国家精神——中国精神。一个国家的国家精神支撑着国民的精神世界以及塑造着国民性格，是文明的精华部分的展现，具有很高的分享价值。比如，英国人具有一种强烈的实践精神，特别注重经验、利益和实效，德国精神主要体现在崇尚思辨与科学、纪律与秩序、严谨细致、信守承诺。“自由竞争、锐意进取、积极行动、注重实效”的美国精神以及实用主义成为美国工业文明的理论和精神支柱，深深影响了美国人的价值观念和行为取向。西方国家自由、民主、平等的思想深深地影响了全世界的价值追求，对中国的影响也很深刻。党的十八大报告所倡导的核心价值观的社会层面的价值取向便是：自由、平等、公正、法治。

对我们借鉴意义最大的莫过于我们的邻国日本，日本在战后迅速发展成为仅次于美国的第二大经济强国，其原因便是蕴含于大和民族的“日本精神”。日本人具有强烈的民族危机意识和集体主义行为准则，以提高人的素质为宗旨的实用性教育，日本形成了一种尊重知识、尊重人才的社会风气，能够调动起有知识的劳动者的积极性；兼容并蓄的拿来主义，日本近代历史上形成了一种民族精神，即虚心学习西方，谁先进就像谁学习的兼容并蓄的拿来主义。但日本人没有因此被全盘西化，而是很好地解决了东西方文化的矛盾，将他们融为一种独特的日本精神。这些对于我们培育与弘扬我们国家精神有很大的借鉴作用。我们应该秉持洋为中用，兼容并包的开放心态，借鉴和吸收人类优秀的文明成果，扬长避短、见贤思齐同时坚持本色。

二、中国精神的基本内涵

（一）以爱国主义为核心的民族精神

民族精神是中国精神的主要内容和重要组成部分。民族精神是一个民族在长期共同生活和社会实践中形成的，为本民族大多数成员所认同的价值取向、思维方式、道德规范、精神气质的总和，反映了一个民族的心理特征、文化传统和精神风貌，是一个民族赖以生存和发展的精神支柱。在五千年的发展历程中，中华民族形成了以爱国主义为核心的团结统一、爱好和平、勤劳勇敢、自强不息的伟大的民族精神。民族精神深深影响了一代又一代的中华儿女，是中华民族凝聚力、生命力、创造力的精神来源。

1. 爱国主义

爱国主义是民族精神的核心，而民族精神和时代精神是中国精神的核心，因此，可以说爱国主义是构成中国精神的核心部分。爱国主义是中华民族最深厚的思想传统，深深地融入了中华民族的民族意识、民族性格和民族气概，成为各族人民团结奋进的强大精神支柱。五千多年来，正是依靠爱国主义所激发出来的强大的凝聚力和战斗力，使得中华民族能够历经磨难、饱经风霜而顽强不屈。中国自古以来就有着爱国主义的优良传统，中国的社会结构是家国同构的模式，传统社会长幼有序，尊卑有别，君君臣臣父父子子的伦理纲常深入人心，因而忠孝自古以来就是传统社会倡导的主流价值，在家要孝顺父母，在上要忠于君王。天下是一家，我们既要热爱小家，也要热爱国家。这样的儒家文化塑造了许许多多可歌可泣的人格精神，涌现出一批又一批忠心为国的先贤志士。有"上下求索，虽九死而未悔"的屈原，有"鞠躬尽瘁，死而后已"的诸葛亮，有"先天下之忧而忧，后天下之乐而乐"的范仲淹，有"精忠报国"的岳飞，有"人生自古谁无死，留取丹心照汗青"的文天祥，有"天下兴亡，匹夫有责"的顾炎武，有"苟利国家生死以，岂因祸福避趋之"的林则徐等，爱国主义精神世代相传，到了血雨腥风的近代中国，为救亡图存而成立的中国共产党带领中国人民不畏强暴，不惧艰难险阻，争取民族独立和人民解放，在艰苦的斗争实践中形成了伟大的井冈山精神、延安精神、西柏坡精神等许多革命传统精神，在革命战争时期将爱国主义精神发扬光大。在改革和建设时期，中国人民继续保持一股精气神为建设社会主义新中国而努力奋斗，在追求国家富强人民幸福的进程中形成了抗美援朝精神、"两弹一星"精神、大庆精神、抗洪救灾精神等，这些精神是新时期爱国主义的精神的延续与发展。从爱国主义的历史发展中我们可以看出，不同时期的爱国主义有着不同的内容，但是其共同特点是把国家的命运和个人的价值、个人的生命和民族的兴衰融为一体。在当代中国，爱国主义和社会主义紧密地联系在一起，统一于建设中国特色社会主义，实现中华民族伟大复兴的历史进程中，是动员和鼓舞中国人民团结奋斗的一面旗帜，是整合民族精神资源、推动我国社会发展的巨大力量，是全国各族人民共同的精神支柱。

2. 团结统一

团结统一精神也是中华民族优秀的精神财富，它根植于中华大地，深刻地存在于中国人的民族意识中，是中华民族的立身之本。中华民族是一个多民族的国家，自古以来经历了分分合合的诸多磨难，但统一的时期多于分裂时期，究其原因就是因为中华民族具有高度一致的整体感、责任感和国家利益至上的价值取向。中华民族自古以来就不是一个只重个人利益的民族，无论是倡导天人合一的整体主义，还是注重血缘关系的宗族团体主义，自强不息的中华儿女都不仅仅是为了一己私利，而是追求修身、齐家、治国、平天下，个人修养的目标最终落在了家、国、天下至上。中国古人早已领悟到团结精神和国家利益的重要性，并逐渐演化为中国人行为方式的鲜明特征。荀子有言："和则一，则多力，力多则强，强则胜物。争则乱，离则弱，弱则不能胜物"，便是强调团结的重要性。中国人的团结精神有其深刻的思想基础，如"义利之辨""君子喻于义，小人喻于利"、经过历史上各家各派的长期争论，重义轻利的观念深入人心。"义"讲的是大义，指群体的公利，而利讲的是一己私利。中国人的团结是通过国之大义、公之大道来连接的，所谓"大道之行也，天下为公，选贤与能，讲信修睦。故人不独亲其亲，不独子其子，使老有所终，壮有所用，幼有所长，鳏、寡、孤、独、废疾者皆有所养……"。自古以来，中国人就明辨个人与集体的关系、小我与大我的关系，把集体利益、国家利益放在个人利益之上。这一精神在近现代中国表现得淋漓尽致，在民族危难的时刻，中华儿女紧密团结在一起救亡图存，置个人生死于度外，为国家的独立富强抛头颅洒热血，在二万五千里长征路上发挥善于团结、顾全大局的集体主义精神，突破万难，保证了革命事业从弱小到强大的精神力量。在新的历史时期，正是凭着这种团结精神，中国人克服了改革开放以来的各种艰难险阻，走上了一条具有中国特色的社会主义道路，也正是由于这种精神，我们成功抗击了各种自然灾害，形成了万众一心、众志成城、不怕困难、顽强拼搏、坚韧不拔、敢于胜利的抗洪精神，一方有难，八方支援的抗震救灾精神；我们成功举办了奥运会、世博会，集中力量办大事，充分显示出中国人民团结的力量。在实现中华民族伟大复兴的“中国梦”的征程上，只要中国人民同心同德，心往一处想，力往一处使，中国特色社会主义事业就必然能取得胜利。

3. 爱好和平

中华民族历来以爱好和平著称于世，素有“礼仪之邦”的美誉，自古以来，中国就有贵和尚中的传统，“和实生物，同则不继”，不同事物相配合而达到的平衡就叫作“和”。孔子继承了这种重和去同的思想，主张“礼之用和为贵”“君子和而不同，小人同而不和”。重和去同的思想是肯定事物是多样性的统一，主张兼容并蓄，海纳百川，有容乃大。正是这种胸怀，使得中国文化在各种不同价值系统的区域文化和民族文化的冲击碰撞下，逐步走向融合统一，并且以和而不同的态度对待外来文化，尊重差异，和谐共生。《中庸》说“万物并育而不相害，道并行而不悖”，和谐是一种整体、动态的和谐。

崇尚和谐的精神深深地融入了中国人的血液里，影响了人们生活的方方面面。首先，处理人与自然的关系时，崇尚天人合一，道法自然。人们在改造自然的过程中要尊重自然、顺应自然、保护自然、与自然和谐相处。党的十八大报告将四位一体的总体布局改进为五位一体的总体布局，提出建设美丽中国的目标，就是充分认识到人与自然和谐相处的重要性。其次，处理人与人之间的关系时，要以和为贵，以和谐为最高原则处理人与人的关系，团结友爱，诚信互助都是为了达到人际间和谐相处。所谓“天时不如地利，地利不如人和”。再次，处理人与社会关系时，提倡构建和谐社会。社会是由人组成，是人们生活的共同体，社会的和谐是由人与人、人与自然的和谐为基础的，社会和谐是人们幸福、国家富强的后盾。在新的时期社会的和谐还包括网络社区的和谐，文明上网，维持网络空间的公共秩序也是我们应该努力做到的。最后，处理国与国、民族与民族关系时，主张和谐共处，互相尊重。中国自古以来就是一个爱好和平的国家，不主张向外扩张，用武力征服其他国家和民族。我们的文化传统就是“修身、齐家、治国、平天下”，它以道德修养和教化为本，“圣人感人心而天下和平”，先治理好自己的国家和民族，并以此去感化其他国家和民族，以实现“协和万邦”“天下大同”的理想。在实现中华民族伟大复兴的征途中，提出和平崛起的发展战略，构建和谐世界，充分体现中华民族爱好和平的精神。但是需要指出的是，我们倡导和谐，绝不是无原则的妥协退让，更不是示弱，而是建立在国家的自立、自信与自强的基础之上。

4. 勤劳勇敢

中华民族历来把吃苦耐劳、勤俭节约、艰苦朴素、不畏强暴、英勇顽强视为优良品格，正是凭借着这种勤劳勇敢的精神，奠定了中华民族坚不可摧的立业根基。在中华文化中，勤劳和勇敢是紧密联系的，具有丰富的内涵。“克勤于俭，克俭于家”“业广惟勤”“天道酬勤”，强调了勤劳是持家立业的传家宝，是事业成功的保证，是立国兴邦之根本。“不畏强敌、勇者无惧”“勇于义而果于德，不以贫富贵贱死生动其心”，勇敢是备受推崇的美德，体现在人们面对险风恶浪、残暴权势时展现出的无所畏惧的精神，在追求真理和正义的道路上，置个人贫富、荣辱生死于度外的气魄。中国共产党人在自己长期奋斗的历程中，将勤劳勇敢精神发扬光大，使艰苦奋斗成为党的优良传统和作风，领导中国人民创造了一个又一个辉煌。

5. 自强不息

自强不息的进取精神是中国人民和中华民族所具有的独立自主、奋发向上、不断进取的精神品质，是中国精神的脊梁。自强不息的精神是贯穿于中国历史发展进程中，激励着中华民族不断勇敢前行，同时也展现出中国人民顽强不屈的意志品质和积极向上的人生态度。“天行健，君子以自强不息”，“刚健而文明，应乎天而顺乎人”，《易传》对于刚健有为、自强不息的思想的阐述深入人心，不仅对知识分子产生了深刻影响，也对一般民众产生了强烈的激励作用。在孟子看来，这种奋斗的精神是一种浩然之气，他认为“善养吾浩然之气”便能“富贵不能淫，贫贱不能移，威武不能屈”。这对后来的中国人养成刚健自强，不屈不挠的性格产生了深远影响。屈原的“路漫漫其修远兮，吾将上下而求索”的坚定信念、“愚公移山”吃苦耐劳与坚韧不拔，诸葛亮的“鞠躬尽瘁，死而后已”都是这种精神的生动解释。尤其是近代以来救亡图存的革命中自强不息精神得到了最广泛的传承，孙中山的“吾志所向，一往无前，越挫越勇，再接再厉”，周恩来的“为中华之崛起而读书”，到后来在抗战中形成的“独立自主、勇往直前”的长征精神，社会主义建设时期涌现出的“自力更生、艰苦奋斗、勇于攀登”的“两弹一星”精神，“艰苦奋斗，知难而进”的创业精神，“万众一心、不怕困难、顽强拼搏”的抗洪精神等是自强不息精神在不同时期的体现。自强不息精神是中华民族世代相传、生生不息的力量，是中国人民战胜各种苦难不断取得胜利的重要保证。正是依靠这种精神，中华民族才能够在落后就要挨打的情况下争取得民族的独立、人民的解放和国家的富强，特别是改革开放以来，中国经济有了突飞猛进的发展，取得了举世瞩目的成就。而未来我们也将依靠着这种精神凝聚力量、催人奋进以实现中华民族伟大复兴的“中国梦”。

（二）以改革创新为核心的时代精神

时代精神反映的是社会发展某一阶段的时代需求，是在社会实践过程中形成的为社会成员广泛认同的文化观念和价值追求，具有鲜明的时代特征和时代内涵，彰显了时代的主旋律，影响着社会发展的方向。改革开放以来，在建设中国特色社会主义现代化国家的伟大实践中，形成了以改革创新为核心的时代精神，它是中华民族精神的时代升华，为马克思主义理论注入了新的活力，其基本内容可以概括为，求真务实、改革创新、国富民强、以人为本四个方面，其中，前提是求真务实，核心是改革创新、现实追求是国富民强、实质是以人为本，四个方面统一于中华民族伟大复兴的实践过程中。

1. 求真务实

“求真务实是辩证唯物主义和历史唯物主义一以贯之的科学精神，是我们党的思想路线的核心内容，也是党的优良传统和共产党人应该具备的政治品格，是党的各项事业不断取得新胜利的根本保证。”求真务实的精神是促进民族发展的动力，能够升华我们国人的思想境界，加深我们对事物不断发展的认识，使我们多角度地考虑、看待和解决问题。所谓求真务实，就是指把握和遵循规律，真抓实干，务求实效。真，就是事物的发展要符合它的本来面貌。“求真”就是要避免个人的主观主义，并且从客观实际去认识事物的发展。尊重客观规律，尊重客观事实，不回避、不隐瞒、不造假”。务实，就是要从实际出发，用事实说话，“务得事实，每求真是也”。从古至今，中国传统文化在不断地发展当中具有浓厚的实践探索精神，整个中华民族在中国传统文化的熏陶下非常务实，不喜欢务虚。近代以来，随着马克思主义传入中国，马克思主义的优秀的精神品质被中国人民所接受，其中影响深刻的精神之一便是求真务实的精神。求真务实是实事求是思想路线的核心内容，将其作为时代精神是贯彻马克思主义科学世界观和方法论的本质要求，体现了马克思主义改造世界的科学精神和实践任务，坚持了理论联系实际、知与行的辩证统一。同时，将求真务实作为时代精神的基本内容还在于它是中国革命和建设经验的总结，我们党每一步的成长壮大和胜利的取得都离不开求真务实精神指导和践行。从民主革命的胜利到新中国的建立，从改革开放和现代化建设成就的取得到中国特色社会主义道路的开创等都得益于中国共产党人一直坚持和贯彻求真务实的作风。历史经验证明，求真务实是党的活力所在，是党和人民事业发展壮大的关键所在。新形势下，我们党领导全国人民完成建成小康社会，实现中华民族伟大复兴的中国梦，都必须要大力弘扬求真务实的精神、大兴求真务实之风。

2. 改革创新

中华民族是一个勇于创新、开拓进取的民族，在悠久的历史发展进程中，创造了灿烂的物质文明和精神文明。革故鼎新的精神是中华文化千年传承不断并始终保持强大生命力的关键所在，也是中华民族自强不息进取的结果。“穷则变、变则通、通则达”，中国古人早就认识到适应变化的重要性，“苟日新、日日新、又日新”，吐故纳新以应时之变。中国文化极为推崇日新之变，所谓“日新之谓盛德”。在中国思想宝库里，有关“通变”的思想源远流长，创新成为中国人的一种固有的精神。创新精神的形成与中国人开放博纳的胸怀密切相关，可以说中国文化就是在汲取儒、释、道三家思想的精髓基础上，并借鉴融合世界其他民族的优秀文化，不断调整和创新，才得以源远流长。佛教的传入及本土化过程便是很好的例子。如果中国文化抱守残缺，因循守旧而缺乏与时俱进的精神，便会失去生命力和活力，因故步自封而僵化。

近代历史上，我们也有过因为思想僵化，不图创新，最后导致落后挨打，丧权辱国的惨痛教训，近代以来的爱国救亡的仁人志士意识到这一问题之后，就开始睁眼看世界，认清现实，以革新求生存，积极向世界优秀的文化学习，并能结合中国的实际，实事求是，与时俱进。最具代表也是影响最为深远的便是马克思主义的传入中国及其中国化，在马克思主义的指导下，中国革命焕然一新。新民主主义革命所创造的“实事求是，敢创新路”的井冈山精神，独立自主，勇往直前的“长征精神”，“自力更生，艰苦奋斗，理论联系实际，与时俱进”的延安精神，在延安时期，马克思主义与中国革命实践相结合实现了马克思主义中国化第一次飞跃——毛泽东思想形成。1978年改革开放以后，党深刻地认识到当今时代的主题，把工作重心转移到经济建设上，重新确立了实事求是的思想路线，坚持与时俱进，不断解放思想、开拓创新，建设有中国特色的社会主义，社会主义事业取得巨大的成就，形成了以改革创新为核心的时代精神。改革开放的新风吹遍整个神州大地，亿万中国人民满腔热血参与到改革的事业当中，以不畏艰难，敢冒风险的精神探索了一系列制度创新和体制改革，从最初的农村联产承包责任制开始的经济体制改革到经济特区的改革实验，社会主义市场经济体制的建立，再到“一国两制”的成功实践，人们突破思想、理论、制度的束缚，借鉴他国经验，探索出符合中国实际的改革模式和中国特色社会主义道路。中国改革开放30多年的伟大成就证明只有改革才是真正出路，我们要坚持改革开放不动摇，绝不走封闭僵化的老路。李克强总理指出，改革是最大的红利，我们要继续深化改革，以使改革成果惠及更多的人民。中国目前正处于社会转型期、改革的攻坚期和矛盾凸显期，继续改革面临既得利益的阻挠等诸多阻力，但是我们坚持改革的决心不动摇。

党的十八届三中全会研究了全面深化改革的若干重大问题，取得了许多成果。全面深化改革涉及经济、政治、文化、社会、生态和党建等方方面面，改革涉及的领域之广决定了改革的阻力巨大，但是我们要坚定改革的决心不动摇，正确处理好改革、发展、稳定的关系，使得中国特色社会主义事业在改革的推动下可持续发展。改革是社会持续发展的动力，创新是民族进步的灵魂，是国家兴旺发达的不竭动力。在新的历史时期，我们要继承和弘扬改革创新精神，为实现中华民族伟大复兴的“中国梦”提供源源不断的动力支持。

3. 以人为本

最近，中央在全社会进行群众路线教育，坚持群众路线就是要坚持以人为本。所谓“以人为本”就是指坚持广大人民群众在建设中国特色社会主义事业中的主体地位，不断实现好、维护好、发展好最广大人民群众的根本利益，坚持发展为了人民，发展依靠人民，发展成果由人民共享。以人为本是中国特色社会主义的治国理念，是我们党既一脉相承又与时俱进的思想主张。马克思主义认为人是一切社会关系的总和，是人民群众创造了历史，决定了人类社会发展，所以马克思主义坚持历史唯物主义，把实现人的自由全面发展作为最终的社会理想。中国共产党人始终坚持马克思主义为指导，始终把人民群众看成创造历史的英雄，坚持人民群众的历史主体地位，全心全意为人民服务。以人为本的施政理念不仅仅是坚持马克思主义群众观的必然要求和共产党的党性和根本宗旨的体现，而且拥有深厚的历史渊源。在中国传统的治国之道中，民本思想占据着重要位置。“所谓民本思想，是指主张以民众为社稷之根本，并以民众为发政施治之基础与标准的思想。”民本思想在中国传统文化中可谓源远流长，从殷周时期《尚书》的“民为邦本”，先秦时期孔子提出的仁政、爱民思想，孟子的“民贵君轻”，荀子的“君舟民水”，到汉唐时期贾谊的“民为政本”，李世民的“国依于民”，一直到明清时期张居正的“知人安民”，康熙乾隆的“以足民为本”“以养民为本”等。民本思想在古代君王统治中占据着重要的地位，当然古代的这种民本思想与现代的以人为本是有本质区别的，因为古代的民本是建立在君的统治阶级的基础之上的，是“官本位”的变种，倡导以民为本也是为了维护封建统治阶级的统治地位，而新时代的以人为本则是坚持把人民群众的利益放在首位，体现了人民当家做主的历史地位并且强调人的社会价值和个人价值的统一，追求实现人的全面发展。因此，以人为本的理念，既是对古代民本思想的扬弃，也是马克思主义政党一贯坚持的治国理念，是中国精神这一国家精神的重要组成部分，符合历史发展规律和人民群众的意愿，将指导着中国人民走向幸福的未来。

4. 国富民强

国富民强作为中国精神，体现出中国精神作为国家精神所内含的国家政治色彩，国富与民强是一个统一体，二者相互依存，辩证统一于中国特色社会主义现代化进程当中，国富是民强的后盾和保障，而民强则是国富国强的前提和基础。将国富民强作为时代精神的重要内容，是因为国富民强自古以来就是中华民族的现实追求，国家富强、人民安居乐业是各个时期统治阶级致力于追求的事业，是国家层面的政治意图，也是社会和个人层面的一致追求；近代以来，为了实现国家富强、人民幸福展开了一系列艰苦卓绝的探索和奋斗，改革开放以来，我们成功探索出一条符合中国国情的中国特色社会主义道路，中国经济取得突飞猛进的发展，国家财富取得了巨大增长，民众的收入水平也在稳步上升，人民生活水平大幅度提高，但是“做大蛋糕”与“分好蛋糕”的矛盾日益凸显，即财富分配领域存在诸多分配不公问题，影响了社会的和谐和人民生活的幸福感，同时，可持续地“做大蛋糕”也面临许多严峻的挑战。如何处理好国富和民强的关系正考验着政府的智慧和决断，如何更好更快地实现国富民强是时代难题同时也是时代主旋律，影响着国家和人民生活的方方面面，因此，国富民强必然是时代精神的题中之意，也是中国精神的必然内涵。

国富民强最早出自汉代赵晔《吴越春秋》：“民富国强，众安道泰”。我国古代早就意识到了民富与国强的关系，管仲曾说：“善为国者，必先富民，然后治之”，荀子也提出：“田野荒而仓廪实，百姓虚而府库满，夫是之谓国蹶”，如果国家不藏富于民，这样的国家是要溃败的，秦朝横征暴敛，国强民弱则快速灭亡；康乾盛世削减赋税，藏富于民则出现一片繁荣，历史的经验教训证明了民富才能国强这一政治伦理的真理性。把财富集中在政府手里，国家是很难成为强国的，反而还会危机四伏，矛盾丛生，因为财富分配失衡，容易导致腐败滋长，贫富分化，社会不公，那么民众就会对政府失去信心，产生离心力，这样的发展是不可持续的，孟德斯鸠认为：“只有个人的富裕才能很快推动国家的富强”，国家的强大要以民众的富裕为基础。当然国家富强也是民富的基础和保障，当前综合国力的较量就包括国家财富硬实力的较量，有了国家的富强为后盾，才能有民众的安居乐业。我国政府已经意识到藏富于民才能真正成为强国，才能真正实现每个人自由而全面的发展。“不断满足人们日益增长的物质文化需要”就体现了政府重视民富。我国的经济总量已经超过日本成为世界第二大经济体，但是人均 GDP 排在了一百多位，基尼系数已经逼近警戒线，分配不公成为许多社会问题产生的根源，因此，深化分配体制改革迫在眉睫。走向国富民强之路要求我们继续深化改革开放，大力发展生产力，推动中国特色社会主义事业可持续发展，走科学发展和可持续发展之路，统筹城乡、区域协调发展，着力加强以改善民生为重点的社会建设，不断提高人民生活水平，“努力实现居民收入增长和经济发展同步、劳动报酬增长和劳动生产力提高同步”，要妥善处理好效率和公平的关系，初次分配和再次分配都要注重公平，“完善收入分配制度，合理调整国民收入分配格局，着力提高城乡中低收入居民收入，增强居民消费能力”，通过税收政策和货币政策等协调收入分配关系的合理发展，促进社会公平正义，让人民群众生活得更有尊严、更加幸福，唱响国富民强的时代主旋律。

三、中国精神的特征

（一）历史性与时代性的辩证统一

一定的精神的产生、形成、丰富和发展，总是历史的产物，并为新的历史演进提供材料、创造条件。中国精神的产生也是如此，中国精神是民族精神与时代精神的结合，既有深厚的历史底蕴，积淀于悠久的历史长河中，同时又在近代以来中国共产党领导的革命、建设和改革的实践当中得到培育和弘扬，赋予了中国精神鲜明的时代特色和时代内涵，从而使中国精神具有与时俱进的生命力和活力。中华民族精神博大精深、源远流长，是在漫长的历史进程当中，逐渐形成的为大多数民众所认同的价值观念、道德规范和精神气质，体现了中华民族的深厚历史底蕴；时代精神是中华民族精神的继承与创新，在传承民族精神的同时，结合时代实践特点，形成了体现时代特色的精气神。中国精神的形成过程便是民族精神与时代精神历史的现实的统一，具有历史性与时代性辩证统一的典型特征。

（二）民族性与世界性的辩证统一

任何时代精神都不是孤立的、抽象的存在，它都是经过历史积淀逐步凝聚而成的民族精神的当下体现。中国精神来源于中华民族传统文化，是中华民族传统文化的精华成分和优良传统，并在中国共产党人领导的中国革命和社会主义建设、改革的过程中进一步丰富和发展，体现了中华民族的精神特质和中国人民的精神风貌。中国精神是民族传统与时代背景、民族文化与时代实践相结合的产物，是民族千百年来历经变迁而积淀下来的优秀的民族精神在当代的传承和展开，必然具有鲜明的民族特色。同时，民族的也是世界的，中国精神是世界文明宝库中不可缺少的一部分。中国精神具有开放性和包容性，中国精神在形成过程中借鉴和吸收了外来优秀文明，在借鉴外来优秀文明的同时也积极向外传播中华优秀文明，影响了包括东亚、东南亚甚至欧洲等许多国家。中国精神的内涵不仅具有中国特色，其中许多价值观也是世界各国共同追求的价值取向。

（三）稳定性与发展性的辩证统一

中国精神是民族精神和时代精神的结合，民族精神具有相对稳定性，时代精神是不断发展的，其具体形态是不断变化发展的。首先，中国精神作为一种社会意识，具有相对独立性，形成之后在一定时期内具有稳定性，其基本内核不会随着时间发展而消逝，反而会随着时间的推移而沉淀。中国精神的形成是对中国的文化传统批判性的继承，以取其精华，去其糟粕的态度进行扬弃，是中国人民内心深处沉淀的民族品格和价值取向，深深地影响了一代又一代中华儿女，具有了强大的生命力。正确的社会意识对社会存在具有能动的反作用，中国精神将激励中华儿女为实现中华民族伟大复兴而奋斗。其次，中国精神的具体表现形态不是一成不变的，而是不断发展，与时俱进的。中国精神在不同的时代就表现为具体的时代精神，因为认识是无限发展的，时代精神会随着时代变迁而推陈出新，时代精神是不断发展的而不是永恒不变的，因为时代在不断的前行，社会是不断发展的，人们实践的对象和内容都在不断地革新，因而在实践基础之上形成的时代精神必然也会因时代不同而不断变化。中国精神的基本内核在不同的时代会有不同的体现和具体形态。中国精神是一个具有稳定内核而具体形态随时代不断发展的动态的理论体系。

（四）人民性与国家性的辩证统一

从中国精神的创造主体来看，中国精神的内涵是人民性与国家性的辩证统一。首先，中国精神是一种超脱个人的共同的社会意识，是人民群众普遍认同和接受的价值取向和思想观念，是多数人的理想和行动、情感和意志的统一。从历史唯物主义观点来看，中国精神在广大的人民群众的社会实践中积淀而成，中国精神创造的主体是广大的人民群众，人民群众是中国精神的创造者、践行者、传播者。同时，中国精神反作用于广大人民群众的思想和行为，激励人民群众推动社会的发展、时代的进步。其次，中国精神作为一种国家精神，政治属性突出，体现了国家的意志与意愿，在其弘扬与培育的过程中都体现了鲜明的国家意志，无论是以人为本、求真务实还是爱国主义、爱好和平等都体现了国家在顺应民意的基础上引导民众形成正确的价值取向和科学的实践方法，在全社会形成积极向上的正能量，弘扬主旋律，力求凝聚民心，形成最大社会合力，为实现中华民族伟大复兴凝聚伟大力量。中国精神代表了人民和国家的共同意志，顺应历史发展规律和政党执政规律，符合时代发展潮流，是全社会共同的精神力量和价值目标。

第二节　中国精神的在当今社会中的价值分析

党的十八大召开后，以习近平同志为总书记的党中央承前启后，继往开来，提出实现中华民族伟大复兴“中国梦”的奋斗目标，中国梦既是国家梦、民族梦，同时也是个人梦，具有强大的凝聚力。实现中华民族伟大复兴的中国梦，就是要实现国家富强、民族振兴、人民幸福，中国梦的实现是社会主义市场经济、民主政治、先进文化、和谐社会、生态文明等的全面的发展。改革开放以来，中国经济取得突飞猛进的发展，我们现在比任何时候都更接近梦想的实现，但经济继续发展也面临许多新矛盾、新问题、新挑战。如今中国进入社会转型期、改革攻坚期和矛盾凸显期，面对纷繁复杂的观念世界，“如何在多元中立主导，在多样中谋共识？面对艰巨繁重的改革发展任务，如何以更大智慧与勇气啃硬骨头、涉险滩？离梦想越近，就越需要不断增强团结一心的精神纽带，越需要持续激发自强不息的精神动力。”中国精神是凝心聚力的兴国之魂、强国之魂，是实现中国梦的力量源泉，实现中国梦必须弘扬中国精神。弘扬中国精神是实现中国梦的动力之源，具体表现在弘扬中国精神具有重要的思想价值、经济价值、政治价值、文化价值和国防价值。

一、思想价值

中国共产党是中国特色社会主义事业的领导核心，肩负着带领人民建成小康社会，实现中华民族伟大复兴的重任。“功崇惟志，业广惟勤。”只有党坚强有力的领导并且始终同人民保持血肉联系，国家才能繁荣富强，人民才能幸福安康。面对新形势、新任务、新挑战，我们党要以改革创新的精神全面加强党的建设。目前，党的建设目前也面临着许多问题和挑战，少数党员干部理想信念动摇、宗旨意识淡薄，形式主义、官僚主义问题突出，奢侈浪费现象严重；一些领域消极腐败现象频发易发，反腐败斗争形势依然严峻。“新形势下，党面临的执政考验、改革开放考验、市场经济考验、外部环境考验是长期的、复杂的、严峻的，精神懈怠危险、能力不足危险、脱离群众危险、消极腐败危险更加尖锐地摆在全党面前。”不断提高党的领导水平和执政水平、提高拒腐防变和抵御风险能力，是党巩固执政地位、实现执政使命必须解决好的重大课题。前文我们已经提到，中国精神既生发于中华民族优秀的传统文化，又积蕴于近现代革命传统精神，弘扬中国精神对于中国共产党及其党员来说是一次思想和精神教育和洗礼，对于新时期加强党的建设具有重要的价值。首先，弘扬中国精神，有利于保持党的先进性和纯洁性。弘扬中国精神，加强革命传统精神教育，可以进一步在全党进行党的宗旨教育和群众路线教育，使全党认识到中国共产党执政地位的取得来之不易，珍惜党的历史经验和教训，戒骄戒躁，树立全心全意为人民服务的意识，始终保持同人民群众的血肉联系，密切联系群众，改进工作作风，坚决反对形式主义、官僚主义、享乐主义和奢靡之风，赢得群众的信任和拥护，夯实党的执政基础。脚踏实地，始终坚持党的思想路线，解放思想、实事求是、与时俱进。其次，弘扬中国精神有利于增强党员干部的进取意识、机遇意识、责任意识，凝聚改革共识，以更大的勇气坚定不移地继续深化改革，释放改革红利，使全体社会成员都能共享改革成果。

总之，弘扬中国精神有利于提高党的创造力、凝聚力和战斗力，有利于加强党的思想建设、组织建设、作风建设、反腐倡廉建设和制度建设，增强自我净化、自我完善、自我革新和自我提高的能力，更好地应对党面临的“四大考验”和“四大风险”，不断提高党的领导水平和执政水平，提高党拒腐防变和抵御风险的能力。使我们党成为中国特色社会主义事业坚强的领导核心。

二、经济价值

弘扬中国精神能有效推动生产实践和经济发展，提高社会生产力。毛泽东指出：“代表先进阶级的正确思想一旦被群众掌握，就会变成改造社会、改造世界的物质力量。”物质变精神，精神也可以变物质，社会经济的发展，在很大程度上是人文动因和精神动力推动的结果。弘扬中国精神能有效推动经济发展表现在以下三个方面：

第一，弘扬中国精神可以促进生产力中人的素质的提高进而有效地推动社会生产力的发展。“生产力中人的因素包括智力因素和非智力因素。人的智力因素表现为人的经验、技能尤其是科技文化素质。人的非智力因素主要指人的非智力的精神因素，如思想觉悟、价值观念、劳动态度、意志毅力等。”在生产力中人的因素起决定作用，其中人的思想道德因素起主导作用。人的思想道德素质如何，精神状态和劳动态度如何，直接决定着人们自身素质的提高，影响着自身劳动能力和劳动生产效率。只有加强劳动者的思想道德素质和科学文化素质的提高，才能从根本上促进生产力的发展。中国精神在促进劳动者自觉提高思想道德素质和科学文化素质、大力发展生产力方面具有不可替代作用。弘扬中国精神，有利于发挥劳动者主观能动性和创造精神，提高全民族的素质，最大限度凝聚和动员全民族的智慧和力量，为我国经济发展和社会进步提供精神动力和智力支持。

第二，弘扬中国精神能够促进生产关系的变革与发展从而促进生产力的发展。生产关系的变革和发展既是由生产力发展所决定和引起的，又是由人来自觉实现的。人的精神动力对生产关系的变革和发展具有重要推动作用。“人的精神状态和思想观念如何，对生产关系的变革和发展具有重要的作用。换句话说，人们反映生产力发展要求的意识或精神一经形成，就会成为推动生产关系变革或发展的强大精神动力。当人的思想意识到生产关系与生产力的发展状况相适应时，就会促使人们自觉地坚持和维护这种生产关系。”因此，生产关系的变革和发展离不开精神动力的推动。社会主义生产关系的变革是社会主义经济制度的自我完善，它是由生产力的发展所引起、由生产实践的主体——人来实现的，经济体制改革是以人们思想观念的变革为先导的。

弘扬中国精神是继续深化改革的迫切需求。改革开放是决定当代中国命运的关键抉择，是发展中国特色社会主义、实现中国梦的必由之路。改革创新始终是激励我们在时代发展中与时俱进的精神力量。改革开放之后，中国经济取得了突飞猛进的发展，但是继续深化改革遇到了很大的阻力，既得利益的阻碍以及人们思想观念还没有完全转变，如今，改革进入攻坚期，解决目前存在的矛盾和问题的出路也在于继续深化改革，改革只有进行时，没有完成时，要进一步树立改革创新的意识。弘扬中国精神，有利于促进转变人们的观念，凝聚改革共识，以更大勇气和决心继续深化与推动社会主义经济体制、政治体制、文化体制等的改革与发展，使社会主义生产关系适应社会主义生产力的发展，弘扬中国精神有利于动员和激励全党全国人民为实现中国梦而攻坚克难、共同奋斗，不断推动中国特色社会主义事业取得新发展、新成就。

第三，弘扬中国精神有利于建立正常的经济秩序和良好的经济环境从而促进生产力的发展。

经济的健康发展离不开良好的经济秩序和经济环境。建立正常规范的社会主义市场经济秩序，创造良好的经济环境，既要靠经济、行政、法律等手段，又要靠思想政治教育。社会主义市场经济不仅是法治经济，也是道德经济。法律规范是外在的约束，依靠强制的手段对人们的经济行为和市场经济秩序进行规范，道德规范是内在的约束，依靠自觉的方式对人们的经济行为和市场秩序进行规范。社会主义市场经济秩序的建立离不开法律的制约，但归根到底要以人们对自身经济行为的内在自觉的约束为根本。但是现实生活中，各种失德的现象屡见不鲜，在官德、商德、医德、师德等领域都不同程度地存在道德滑坡问题，破坏了正常的经济秩序，只有在加强社会主义法治建设的同时，大力加强思想道德建设，使人们自觉内化和遵循社会主义市场经济的法律、法规和道德规范，形成爱岗敬业、诚实守信的职业道德，才能产生强大的精神动力，有力地推动社会主义市场经济秩序的建立和完善，改善经济环境，促进我国社会生产力的发展。

第四，弘扬中国精神有利于生态文明建设，推动经济的健康可持续发展。生态文明建设已经被纳入与经济建设、政治建设、文化建设和社会建设相统一的五位一体的发展格局当中，越来越受到人们的重视。以牺牲环境为代价的粗放式经济发展模式带来经济快速发展的同时也造成了严重的生态问题。面对资源约束趋紧、环境污染严重、生态系统退化的严峻形势，我们必须树立尊重自然、顺应自然、保护自然的生态文明理念，把生态文明建设放在突出地位，将其融入经济建设、政治建设、文化建设、社会建设各方面和全过程，努力构建资源节约型和环境友好型社会，建设美丽中国。中国精神中爱好和平、以人为本等精神对于生态文明建设，构建美丽中国具有重要的促进作用。弘扬中国精神有利于促进人们树立尊重自然、顺应自然、保护自然的意识和理念，正确处理经济发展与保护环境的关系，做到人与自然和谐相处。在全社会弘扬中国精神有利于增强全民节约意识、环保意识、生态意识，并将其内化为行为准则，从而外化为日常行为中保护环境的点点滴滴。坚持低碳生活理念，形成合理消费的社会风尚，营造爱护生态的良好风气。

三、政治价值

弘扬中国精神有利于促进政治协调和政治稳定，是进一步凝聚和团结全国人民为实现中国梦共同奋斗的现实需要。

第一，弘扬中国精神可以促进政治协调。政治所要处理的主要是国家生活的各种关系，包括阶级内部的关系、阶级之间的关系、民族关系以及国际关系。中国精神能够有效促进各种政治关系的协调。在我国社会主义条件下，政治生活的主题是正确处理人民内部矛盾，特别是党同人民群众的关系问题。党同人民群众的关系问题是我国最重要的政治关系。中国共产党是工人阶级的先锋队，始终代表着最广大人民的根本利益。党的性质和宗旨决定了党必须全心全意为人民服务，密切联系群众，而不能脱离群众。党如果脱离群众，“就有被群众抛弃的危险”，甚至逐渐变质，丧失执政地位。要协调我国社会的政治关系，最重要就是要协调党同人民群众的关系，而只有加强党的宗旨和群众路线的教育，才能增强广大党员特别是党员干部的党性观念和群众观念，形成强大的精神动力，推动广大党员、干部密切同人民群众的联系，改善党群关系、干群关系，从人民群众中汲取思想营养，增强党的生命力，促进党的事业的发展壮大。除了党同人民群众关系的密切与协调外，其他各种政治关系的协调，也需要中国精神的推动。如民族关系的协调，就需要加强马克思主义的民族理论和党的民族政策的教育，树立正确的民族观念，形成重要的精神动力，推动我国各民族的紧密团结和共同繁荣。因此，弘扬中国精神有利于调节和协调国家生活中的各种关系，推动政治协调发展。

第二，弘扬中国精神还可以维护政治稳定。政治稳定是经济发展和社会稳定进步的重要前提。政治稳定离不开社会的和谐、人心的安定。目前，我国发展面临复杂的国际国内环境，社会发展和政治稳定面临诸多不和谐因素。国际敌对势力不愿看到一个强大的社会主义中国和平崛起，四处挑起争端，处心积虑地遏制中国的发展；我国已进入社会转型期、改革攻坚期和矛盾凸显期，社会矛盾明显增多，教育、就业、社会保障、医疗、住房、生态环境、食品药品安全、安全生产、社会治安、执法司法等关系群众切身利益的问题较多，影响社会和谐。社会利益关系不平衡、不协调，思想观念、价值取向多样化，人心浮躁，部分领域道德滑坡现象日甚，网络信息消极影响日增，中华民族传统美德遭遇挑战，这些对和谐社会建设都是严峻的挑战，因此，如何凝聚和团结人心共同奋斗就更加需要正确思想和价值的引导，更加需要大力发挥中国精神凝心聚力的巨大作用。

首先，中国精神弘扬爱国主义、爱好和平、团结统一、自强不息的进取精神等，弘扬中国精神有利于加强各民族的精诚团结、广大群众的同心协力和全国人民的同心同德；有利于人们冲破思想差异的藩篱，超越具体利益关系的羁绊，找到价值认同上的最大公约数，从而正确处理人民内部的矛盾，最大限度增加和谐因素，培育理性平和积极进取的社会心态，增强社会的凝聚力和向心力。其次，中国精神倡导以人为本的人本精神，弘扬中国精神有助于保障和改善民生，彰显社会公平和正义。弘扬中国精神，有利于党和政府从维护最广大人民根本利益的高度想问题、办事情。多谋民生之利，多解民生之忧，解决好人民最关心、最直接、最现实的利益问题，如教育、医疗社会保障等方方面面，彰显社会公平和正义，确保人民安居乐业、社会和谐有序。最后，深化改革，加快发展，都离不开政治的稳定。中国精神弘扬改革创新精神，弘扬中国精神有利于引导人们树立政治变革意识，正确认识改革、发展、稳定的关系，树立稳定压倒一切的意识，才能形成政治稳定的思想共识和心理基础，产生强大的精神动力，推动人们自觉地维护社会安定团结的政治局面，保证国家的长治久安。

四、文化价值

文化是民族的血脉，是人民的精神家园，文化是民族凝聚力、向心力的源泉，一个国家没有人民精神世界的极大丰富和全民族精神力量的发挥，是不可能屹立于世界民族之林的，文化繁荣发展可以产生强大的精神动力，同时文化的发展也离不开精神动力的推动。中国精神可以有效地满足文化发展的动力需要，推动社会文化发展，因此，弘扬中国精神具有重要的文化价值。

第一，弘扬中国精神有利于践行和培育社会主义核心价值观。“民族的复兴从本原上说是文化的复兴，而文化的内核是核心价值观，是基于核心价值观所形成的民族精神。”中国精神是社会主义核心价值体系建设的重要内容，是社会主义核心价值观的精神支撑，弘扬中国精神有利于在全社会培育和践行社会主义核心价值观。在我国已经形成了富强、民主、文明、和谐；自由、平等、公正、法治；爱国、敬业、诚信、友善的社会主义核心价值观，社会主义核心价值观集中体现了中国精神的精神实质，中国精神是社会主义核心价值观的精神支撑。文化是价值观的载体，价值是文化的核心。在全社会积极践行和培育核心价值观有利于繁荣发展社会主义先进文化。我们要将社会主义核心价值观融入文化建设的各个方面，无论是科学、教育、文学、艺术、新闻、出版等社会文化建设，还是企业文化、校园文化、村镇文化、社区文化等基层文化建设，都要以价值观建设为核心导向，积极践行和培育社会主义核心价值观，通过对中国精神的传承、发展与弘扬，构建社会、民族的价值体系，增强民族共识和国家凝聚力，塑造全社会的精气神。

第二，弘扬中国精神是繁荣发展社会主义先进文化、提升文化软实力的关键。当今世界各种思想文化相互激荡，文化软实力已经成为综合国力竞争的重要内容，成为一个国家、一个民族是否兴旺发达的重要标志。弘扬中国精神是保证先进文化前进方向、推动社会主义先进文化大发展、大繁荣的关键，是提高文化软实力的必然要求。弘扬中国精神有利于提高人们价值判断和价值选择的能力，有利于优秀传统文化的传承和创新。

随着经济和科学技术的日益进步与发展，文化市场日益繁荣，人们多样化的文化需求日益得到满足，精神世界日益丰富，但是由于文化市场的自发性和传媒的商业性，文化市场也出现许多令人忧虑的问题。许多人缺乏辨别不同性质文化的眼力和抵御落后文化和腐朽文化的能力，以至于各种落后文化和腐朽文化大行其道，严重影响人们的价值判断和价值追求。腐朽和落后文化会腐蚀人们的精神世界、削弱民族精神、阻碍先进生产力发展从而危害到社会主义事业的可持续发展。弘扬中国精神有利于否定和限制这些消极思想对人们精神的侵蚀，提倡社会主流价值、弘扬社会主流道德观念，维护社会主导意识形态，抵制腐朽文化的侵袭，净化人们的思想和灵魂，提高人的道德文化素质。弘扬中国精神有利于促进人们进行正确的文化选择，有利于提高人们辨别不同性质文化的能力，积极自觉地批判和抵制落后腐朽文化的影响，坚持社会主义先进文化的价值取向，弘扬中华民族优秀传统文化，维护社会主义文化的安全。

中国精神是中华民族在长期的历史发展中逐步形成、发展和丰富的共同精神，是民族传统、文化、心理、素质的集中体现。中国精神体现了优秀传统文化的精髓，弘扬中国精神有利于中华优秀传统文化的传承，有利于推动人们正确认识和处理我国优秀传统文化与现实文化的关系，认识和处理中国文化与外来文化的关系，有利于促进对中华民族优秀传统文化进行批判性继承并在继承的基础上进行文化创新。人们通过对中国精神的学习和感悟体验到中华文化的博大精深和源远流长，从而促进了文化自觉、增强了文化自信和民族自信。每个人由于其文化背景和知识层次以及思维方式的不同，在接受学习和践行中国精神的双向互动过程中，对于接收到的内容会产生不同的理解与创造，一千个读者就有一千个哈姆雷特，不同的人在践行中国精神的同时，不仅仅接受了所传播的文化，同时在传承的基础上也创造了新的文化，而且在各种思想道德文化和价值观念的冲突与融合中，会容易碰撞出文化的新火种。文化在继承中创新，在人们的社会实践中得到创新。在当代中国，进行文化创新，就是要创造反映建设有中国特色社会主义伟大实践的本质需要和时代特征的崭新文化。进行这种文化创新，就要有文化创新的意识或精神。没有文化创新意识，就容易思想僵化，行动保守。弘扬中国精神，有利于人们克服保守思想，树立文化创新意识，促进人们创造性地发展先进文化。

五、国防价值

精神动力的价值在战争中往往得到最充分的体现。战争是政治的继续，是实现一定国家、阶级、集团政治目的的重要方式和手段。不管人们喜欢与否，战争都构成了人类历史画卷，并且仍会继续发生。战争的胜利，高度依赖战争中的精神力量。弘扬中国精神，有利于增强军队的精神力量，提高战斗力。

首先，精神的力量能把精神因素转化为战争要素，弘扬中国精神能鼓舞斗志，增强勇气和战斗力量，极大地提高战斗力。世界著名的军事理论家、德国的克劳塞维茨认为，战争是充满危险的领域，因此勇气是军人应该具有的首要品质。军人的爱国心、荣誉心和其他激情可以产生勇气，而军队的勇气又可以有效地转化为战斗力。孙中山也强调了正确的人生观特别是生死观，可激发军人的勇气，提高战斗力。军人的爱国精神、勇敢精神、武德等精神因素，之所以重要，就在于其能转化为强大的精神力量，有效地增强部队的战斗力。中国精神的弘扬有助于帮助军人树立正确的世界观、人生观和价值观，培育优良的军队作风，培养军人的爱国精神和勇敢品质，从而提高军队的士气和战斗力。

其次，弘扬中国精神，可以促进人对智力、物力、军力的掌握和运用，增强综合战斗力，间接提高战斗力。正如毛泽东在《论持久战》中分析的那样，“武器是战争的重要的因素，但不是决定的因素，决定的因素是人不是物。力量对比不但是军力和经济力的对比，而且是人力和人心的对比。军力和经济力是要人去掌握的。”军力、物力、人力构成了战争的综合力量。人力又受人的心力驱动。人力和人心不仅是战争力量的重要组成部分，而且人的心力可以驱使和支配人去正确地掌握和运用智力、军力和物力，实现人力、物力、军力的最佳配合与配置，形成强大的、综合的战斗力，夺取战争的胜利，因此，精神动力即人的心力，可以充分激发战争中的军事能量，有效增强战斗力，满足战争胜利的需要。这也是弘扬中国精神的国防价值之所在。即使在现代高科技战争的条件下，仍然要靠人来创造、掌握和运用高科技武器，仍然要靠心力掌握、运用智力，因而需要在军队中高度重视和大力弘扬中国精神。

第三节　弘扬中国精神的思想政治教育意义探讨

中国精神是社会主义核心价值体系的精髓，是中华民族奋斗不息的精神动力。高校具有人才培养、科学研究、社会服务和文化传承创新的功能，是国家知识创新和技术创新的重要基地。中国作为后发国家，正处于发展的爬坡阶段，在要素驱动已经过时、创新驱动进度缓慢的情况下，中国要“后发赶超”实现民族复兴，必须在高校中大力弘扬中国精神。

在国家层面，实现中国梦必须有科学合理的理性支撑，中国精神为实现中国梦提供了价值理性和工具理性。在个人层面，实现中国梦必须有足够的人才支撑，高校作为国家主要研究机构，是产生和储备人才的重要场所，在大学中弘扬中国精神是促进大学生成长成才的必然要求，是为实现中国梦培育人才的重要途径。

一、弘扬中国精神，为中华民族伟大复兴提供理性支撑

中国精神博大精深，是历史积淀的产物，包含价值理性和工具理性两个方面的内容。习近平总书记曾经指出，“实现中国梦必须弘扬中国精神”。弘扬中国精神实现中国梦是一个合目的性和合规律性辩证统一过程，中国精神在中国梦的实现中起着价值理性和工具理性的双重作用。

（一）爱国主义为中华民族伟大复兴提供价值理论

中国是一个拥有13亿人口和56个民族的泱泱大国，中国梦的实现是一个群策群力的系统工

程。“中国梦的实现需要价值观的引领，中国精神是实现中国梦的核心价值。”爱国主义是民族精神的核心，是中国精神的“道”，是中国精神中的价值理性范畴的内容，其对实现中国梦的作用主要通过价值理性表现出来。价值理性是“通过有意识地对一个特定的行为——伦理的、美学的、宗教的或作任何其他阐释的——无条件的固有价值的纯粹信仰，不管是否取得成就”。爱国主义在一般层次上是一种价值目标追求，在更高的层次上则是一种价值信仰。爱国主义将中国梦内化为大学生的自觉追求，其所产生的价值理性具有规范、导向和激励功能，是凝聚中国力量的关键，实现中华民族的伟大复兴必须要发挥爱国主义的价值理性作用。大学生是社会的知识分子阶层，是社会文明和社会发展的重要标志。大学生是否能够全身心地投入中华民族的复兴大业，一定意义上决定着中国梦实现的速度和程度。价值是客体对于主体需要满足的关系，它所反映的是人类对客体所要求的内容和程度。人类是理性的动物，所有行动必然出于某种目的，支配目的的则是需要，而由于影响需要生成的主要因素是价值观，因此，激发大学生投入复兴伟业的关键是形成正确合理的价值观。爱国主义为中华民族复兴大业提供价值支撑，只有在高校大学中大力弘扬民族精神才能形成以爱国主义为核心的价值理性，最终使大学生形成正确合理的价值观。而“文化的核心是由价值观构成的”，既然文化传承功能是大学的基本功能，那么核心价值传承和引领也是大学的重要职责。

因此，大学是文化和价值观传承和弘扬的策源地和主阵地，在大学中弘扬爱国主义精神，优化大学生的核心价值是当代大学的历史使命。大学对于爱国主义价值理性的弘扬会促进中国精神的弘扬，而大学对于中国精神的弘扬必然会迅速辐射到社会的各个领域，对各个领域的精神面貌起到引导和示范作用。不管是基于“明星效应”，还是从众心理，社会各个领域对于爱国主义精神的态度也必然受到大学对爱国主义态度的广泛而深刻的影响。因此，在大学中大力弘扬中国精神，就抓住了弘扬中国精神的主要矛盾和矛盾的主要方面，必能产生事半功倍的效果。

（二）改革创新为中华民族伟大复兴提供工具理性

“广义的工具理性包括任何一种把交往对象当作实现某种现实目标的工具和手段的思维方式”。改革创新是中国精神工具理性范畴的内容，是中国精神的“器”，是一个民族屹立于世界舞台的核心竞争力，是实现中国梦的基本路径。中国梦的实现要靠中国精神来转变发展方式，实现中国梦的关键在于改革创新。“实现中国梦必须弘扬中国精神”，而以“改革创新为核心的时代精神”则是中国精神的精髓，改革创新则是这一精髓的核心。2013 年 7 月 17 日习近平在中国科学院考察工作时强调，“增强科技创新活力，集中力量推进科技创新，真正把创新驱动发展战略落到实处。”高校是改革创新的生力军，是国家富强的“智囊团”。高等教育担负着“人才培养”“科学研究”和“服务社会”的职能，即高等教育通过“人才培养”和“科学研究”来“服务社会”。高校一方面通过“人才培养”来提供创新型人才，另一方面通过“科学研究”直接产出创新型知识。面对世界各国都在大力推进创新驱动的今天，中国大学的改革创新却显露出不足之处。2005 年，温家宝在看望著名物理学家钱学森时，钱学森感叹我们的高校总是培养不出创新人才。2007 年 9 月，国务院学位委员会、教育部、人事部决定在全国所有博士生培养单位和部分用人单位开展博士质量调查工作。调查结果显示，创新能力不足，特别是原始创新不足，是我国博士培养工作所面临的突出问题。“目前中国自主的科技创新成果产生规模效益的仅占 10％～15％，自主的高新创新成果对经济增长的贡献率仅为 20％左右，远远低于发达国家

60%以上的水平。”创新能力的不足导致的是我国核心竞争力的不足。我们的经济仍旧过多依赖投资驱动和要素驱动。“逆水行舟，不进则退”，改革创新已经到了刻不容缓的地步。大学生是未来中国特色社会主义事业的建设者和接班人，是未来中国社会发展由要素驱动转向创新驱动的主力军。中国社会发展能否顺利由要素驱动向投资驱动转变，关键在于能否使时代精神深入人心，特别是能否转化为大学生的自觉追求。

二、弘扬中国精神，为中华民族伟大复兴提供人才支撑

中国精神是大学生成长成才的精神支撑，对大学生的全面发展起着十分重要的作用。缺少了民族精神，大学生就失去了奋斗的精神支柱，难以产生持久而伟大的动力。缺少了时代精神，大学生就失去了前进的方向标。两者的统一使得价值导向和功利趋向方向一致地作用于大学生的成长，两者的统一使得大学生在智商和情商上获得积极而高速的发展。

（一）民族精神是提升大学生情商的“激发器”

在思想多元化和文化多元化的情况下，支撑大学生奋发进取的精神品质必然是多样化的，但是各种精神品质所产生的影响力则是各不相同的。中国精神是中华民族的精神财富，也是属于全人类的精神宝库。关注、理解和弘扬中国精神，既为现实所需，也具有深远意义。中国精神是高瞻远瞩、坚持不懈的历史主动性，是众志成城、共克时艰的强大凝聚力，是迎难而上、自强不息的英雄气概，是把握未来、锐意进取的坚定意志，是豁达开放、担当责任的宽广胸襟。作为当代的大学生没有“为中华之崛起而读书”的民族精神是不可能产生持久而伟大的进取动力的。历史上，无数仁人志士之所以“在顺境中保持，在逆境中坚持”，“不受宠而欢，不为苦而悲”，无论环境发生如何变化而始终不易其志，不改其性，最终做出一份惊天动地的大事业而永留青史，就是因为他们“先天下之忧而忧，后天下之乐而乐”的民族精神。大学生民族精神的缺失，会对其成长成才产生极为不利的影响。有些大学生生活奢靡，只图享受，不愿奋斗；有些大学生责任意识淡漠，道德品质滑坡；有些大学生以自我为中心，自私自利，只讲个人利益，不管国家利益和集体利益；有些大学生主观上积极进取，但客观又被“惰性”所控制而举步维艰；有些大学生产生了其他诸如前途渺茫、生活空虚等思想和心理问题，更有甚者，有些大学生为了个人利益不惜损害国家利益。所有这些问题的产生都是由于民族精神上的缺失造成的。失去了民族精神，就失去了自我发展更崇高的人生境界，必然会受外在的诱惑或压力的影响，改变自己的志向，而处于摇摆不定的状态。因此，民族精神是大学生顺利成长的必备品质，在大学中弘扬民族精神是由大学生自身身心发展规律的特点所决定的。

（二）时代精神是提升大学生智商的“动力机”

改革创新对于大学生发展具有极其重要的作用。人类之所以能够不断突破前人的成就，将自身发展推向更高的成就，原因就在于人类不仅继承前人的优秀文明成果，更重要的是能够以此为基础而不断改革创新。作为个体的发展而言，不论是生理上还是心理上，都是一种不断改革创新的过程。大学生的个体发展是一种不断突破的改革创新，而不是墨守成规的自我复制。大学是人生的重要阶段，这一阶段不但是人类发展的关键期，而且是加速成长的重要时刻。在大学这一阶段，着力践行时代精神，有助于加快自身成长，打牢今后进一步发展的坚实基础。当今社会是一个竞争激烈的社会，大学生立足于社会的关键在于能否不断改革创新。当一个社

会只有通过改革创新才能保持发展活力时，它就迫切需要处于这个社会的人具有改革创新精神，改革创新精神就必然会成为衡量个人水平的重要标志。在高等教育的大众化背景下，大学生就业难已经是一个世界性问题了。大学生走向社会第一诉求便是经济独立，而能否找到工作的关键在于是否具有核心竞争力。社会对于改革创新的需要，必然会完全地反映到用人单位的用人理念中去，具体表现是各用人单位越来越重视人才的改革创新精神。因此，大学生走出社会所面临的第一关考验中，改革创新是考验标准中的核心要素之一。高校是反映社会变化的“晴雨表”，改革创新的社会需求会在第一时间投射到高校之中，即高校已经将改革创新作为衡量学业水准的重要依据。大学生要想提升自己的学业成绩，必然也必须要将时代精神融入自己的日常学习中去。时代精神的缺失会带来严重的后果，如效率低下、发展停止不前导致大学生自信心下降等，极易扭曲其健康人格，产生严重的心理问题。在高校中弘扬中国精神，是大学生身心发展的必然要求。

第四节　加强高校思想政治教育中的中国精神教育

一、完善教育机制

弘扬中国精神，要将中国精神纳入国民教育体系，国民教育包括全民教育和全程教育，包括学校教育、家庭教育和社会教育三个部分，把中国精神弘扬纳入国民教育全过程包括这三个基本途径。弘扬中国精神需结合家庭、学校和社会三者的力量，形成教育强大合力，完善学校、家庭、社会三结合教育网络，有利于保证教育影响一致性和连贯性，巩固教育效果。

（一）完善学校教育机制

国民教育的宗旨在于全面提高国民素质，学校是国民教育的主体，弘扬中国精神要从学校抓起。学校是对青少年和大学生进行中国精神教育的主渠道，要把中国精神教育贯穿到基础教育、高等教育、职业技术教育、成人教育各领域，落实到教育教学和管理服务各环节，覆盖到所有的学校和受教育者。根据不同类型学校的特点，适应不同教育对象的心理特征和知识水平，有针对性地规划出各级各类学校中国精神教育的内容和目标，再分解贯穿到学校德育教育的始终，融于学校各门学科的课堂教学之中，构建大中小学有效衔接的德育课程体系和教材体系，创新中小学德育课和高校思想政治理论课教育教学，推动中国精神进教材、进课堂、进头脑。此外，要重视课外活动、社会实践，充分发挥第二课堂潜移默化的隐性熏陶作用，形成良好的中国精神教育氛围。建设一支师德高尚、业务精湛的高素质教师队伍，引导广大教师自觉增强教书育人的责任感和荣誉感，在学校和生活各方面积极起到榜样带头作用，言传身教。

1. 重视以思想政治教育理论课为核心的课堂教育

思想政治教育是我们党一贯的政治优势和政治传统，思想政治教育课是对青少年、大学生进行思想政治教育的主渠道，弘扬中国精神，我们要切实发挥思想政治教育的作用，将中国精神教育融入思想政治教育理论课的课堂教育当中。基础教育阶段要重视思想品德课和思想政治课等相关德育课程的课堂教学，让青少年在德育课堂中感受到中国精神的丰富内涵和精神动力；高等教育阶段要重视公共政治课的课堂教学，将中国精神融入马克思主义基本原理、毛泽东思想和中国特色社会主义体系概论、近现代史研究以及思想道德修养与法律基础等公共政治课程的课堂教学，通过这些课程对同学们进行中国精神的教育，使高校学生对中国精神有更深层次的认知与理解，从而积极践行中国精神，将中国精神继续发扬光大。当然，当前的思想政治课程由于种种原因并未能取得令人满意的效果，因此，要加大相关课程实效性研究，并进行相关课程改革，改进教学方法和授课方式等增强德育实效。除了思想政治教育课程的主阵地之外，还应将中国精神渗透到其他科目的教学当中，以更加隐蔽的方式感染学生，形成教育合力。通过课堂教学，引导学生形成正确的世界观、人生观、价值观，引导他们正确对待历史文化传统和外来文化，继承中华民族优良传统，特别是党的优良传统，自觉改造封建落后思想、抵制资产阶级腐朽思想，将个人命运与国家命运紧密联系起来，增强中华民族伟大复兴的使命感和责任感，使中国精神薪火相传。

2. 要培养一支高素质的教师队伍

发挥思想政治教育的作用还需要建设一支师德高尚、业务精湛的师资队伍。教师是承担教书育人的重任，是教学的主力军。学高为师、身正为范。教书先育人，首先，要加强教师职业道德建设，坚持师德为上，以身作则，为学生树立良好的榜样。教师要深刻把握中国精神的内涵，将其内化为自己的思想素质和精神品格，率先垂范、言传身教，以良好的思想道德和人格品质潜移默化地影响学生。完善教师职业道德规范，健全教师任职资格准入制度，将师德表现作为教师聘任、考核的首要内容。其次，学高为师，教师应加强专业学习，夯实专业基础，掌握教学技能，积极结合课程挖掘中国精神的教育资源，改进教学方法，增强思想政治课堂教学实效性。把中国精神融入学生学习的各个环节，渗透到教学、科研和社会服务的各个方面。

3. 充分发挥第二课堂的隐性熏陶作用

加强思想政治教育的作用除了要高度重视课堂教学的主导作用之外，还应该把目光延伸到课堂之外的第二课堂。发挥课外活动、社会实践的潜移默化的熏陶作用。注重发挥社会实践养成作用，完善实践教学教育体系，开发实践课程，加强实践育人基地建设，打造大学生校外实践教育基地、高职实训基地、青少年社会实践活动基地，组织青少年参加力所能及的生产劳动和爱心公益活动、益德益智的科研发明和创新创造活动、形式多样的志愿服务和勤工俭学活动。拓展中国精神教育的空间，不定期带领学生到教育基地参观学习，实地感受中华民族自强不息的奋斗精神，定期办宣传板报、图片展、知识竞赛、专家讲座、参观访问等，通过这些课外实践活动，将中国精神教育延伸至社会，使课堂教育与第二课堂的实践活动紧密结合，营造浓郁的学习和践行中国精神的氛围，相互补充、相互促进，取得相得益彰的教育效果。

（二）完善家庭教育机制

家庭教育在中国精神教育中起着启蒙和熏陶作用，家庭对于个人成长来说起着不可替代的重要作用，个人的思想、品德和精神面貌深受家庭环境和家庭教育的影响，父母是孩子的第一任教师，父母的言行举止深刻地影响着孩子的思考和行为习惯。因此，弘扬中国精神，需要构建重德善教、温馨和睦的家庭教育环境。家庭是传承和传播中华民族优秀传统文化的重要场所，良好的家庭教育既是给孩子以潜移默化的熏陶，又是对学校教育的巩固和补充，而不良的家庭教育，则会削弱学校教育的影响，甚至影响孩子正确的认知，将孩子引向错误的方向。因此，要在全社会引导良好家庭教育的构建，将中华民族传统美德以言传身教的方式进行代际传递，

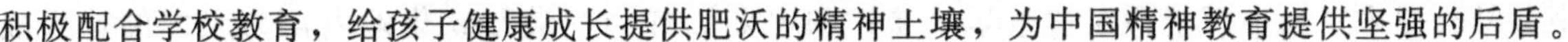

积极配合学校教育，给孩子健康成长提供肥沃的精神土壤，为中国精神教育提供坚强的后盾。

（三）完善社会教育机制

社会教育是国民教育的重要组成部分。中国精神教育是一个庞大的社会系统工程，需要在全社会进行，需要全社会的支持。要实现把弘扬中国精神纳入国民教育的全过程，就必须把中国精神教育贯穿到机关、企事业单位、街道、社区和广大农村社会教育中去，将学校教育和社会教育结合起来，使中国精神教育覆盖全体国民。政府要创造一个有利于弘扬中国精神的良好的社会环境，制订弘扬中国精神计划，采取切实有效的措施，充分发掘和利用各种社会教育资源，大力加强社会教育基地建设，着力发挥各种社会教育基地在弘扬中国精神中的作用。我们要着力挖掘利用优秀社会教育基地，如延安革命纪念馆、井冈山革命博物馆等，同时，我们还可以利用风景名胜、革命圣地、历史遗迹等大力发展红色旅游，寓教于游、寓教于乐，在潜移默化中使人们受到教育和熏陶。社会舆论、大众传媒要积极为弘扬中国精神营造氛围；通过完善相关法律法规、制定相关经济政策和社会政策为弘扬中国精神提供有力保障，全方位保障弘扬中国精神工作落到实处。

二、建立激励机制

激励机制是指思想政治教育工作的某些方法所具有的激发动机，鼓励行为，调动积极性的内在机制。将激励机制运用于中国精神的教育工作，可以调动大学生的积极性、主动性和创造性。我们要建立一套完善的弘扬中国精神的激励机制，为中国精神的教育提供动力支持。

（一）建立健全榜样激励机制

“榜样是在一定历史时期内，集中体现一定的阶级政党或社会群体的道德规范和价值取向，并因其所蕴含的思想境界、道德情操和所外显的行为实践对他人具有示范和激励价值的个人或群体。”“近朱者赤、近墨者黑”，榜样的力量是伟大的。榜样激励就是用榜样激励、感染、影响受教育者，使之形成优良品德的一种方法，“见贤思齐”。榜样激励机制是培养广大学生自觉遵守道德规范，自觉践行中国精神的重要方法和有效手段。运用榜样激励的关键是选好榜样，弘扬中国精神，要围绕中国精神的实践，在各行各业中树立体现真善美、能对学生起引导、示范作用的榜样，选择榜样要强调榜样的时代性、真实性、可接受性和感染性。通过真实可信有感染力的榜样对学生进行熏陶教育，促进大学生在学习榜样的同时进行自我教育和强化。深化学雷锋志愿服务活动，大力弘扬雷锋精神，广泛开展形式多样的学雷锋实践活动，推动学雷锋活动常态化。对身边涌现出的优秀人物要及时宣传学习，推动学习宣传道德模范等常态化，使良好的社会风气在社会中得到弘扬。

在建立健全榜样激励机制的同时要建立志愿者激励服务机制，在全社会弘扬助人为乐，无私奉献精神，鼓励大家在为社会服务的实践中，培养使命意识、奉献意识、协作意识和服务意识。鼓励组建志愿团体，对志愿者志愿服务以精神激励为主，激发他们内在的服务热情，在帮助他人的实践中感受到价值和快乐，在社会上传递正能量。“以城乡社区为重点，以互助互爱、服务社会为主题，围绕扶贫济困、应急救援、大型活动、环境保护等方面，围绕空巢老人、留守妇女儿童、困难职工、残疾人等群体，组织开展各类形式的志愿服务活动，形成我为人人，人人为我的社会风气。”将志愿服务活动做到基层、做到社区、做进家庭。将榜样激励机制与志愿服务结合起来，使中国精神在学生学习榜样与志愿服务当中潜移默化地内化为人们的行为准则和价值取向。

（二）建立奖励激励机制

“奖励激励主要是发挥管理中的正强化功能，即通过对大学生中的优秀者、先进者某种积极向上行为的肯定、奖赏等外在因素的刺激，以进一步鼓励、激发、调动其内在的积极因素，使其完成目标的行为总是处于积极的状态，达到鼓励先进、鞭策后进，引导共同进步的目的”，弘扬中国精神，可以运用多种形式进行奖励，如授予荣誉称号、颁发奖状、证书、通报及口头表扬或发放奖品、奖金等。在对于大众传媒，也要建立奖励激励制度，对于积极宣传和弘扬中国精神，传递正能量的优秀传媒要给予表扬和奖励，在全社会营造一种积极践行中国精神的氛围，培养大学生践行中国精神的责任感和荣誉感，从而有效地推动中国精神的弘扬。

三、健全保障机制

中国精神的教育，要建立健全一套完备的保障服务体系，中国精神的教育是一项长期而艰巨的任务，需要从物质、思想、人才队伍、制度和法律等方面提供全方位的保障。

（一）健全物质保障

中国精神教育，离不开物质方面的有力保障。无论是进行中国精神的宣传教育还是社会实践都离不开资金的支持。国家要重视硬件的投人，提高文化支出占财政支出的比例。资金投人不足长期以来是制约文化发展的一个重要因素，要逐步形成精神文明建设多渠道投入的体制，拓宽资金筹备的渠道，支持学校兴办公益性文化事业，政府经费的投入范围，不仅应包括经常性的思想理论教育经费、大型宣传教育活动经费、高校及专家组织理论研究和实践调研的经费，还应包括相关基础设施所需经费，确保各项工作顺利开展。

（二）加强思想保障

思想保障是先导。要高举中国特色社会主义伟大旗帜，以邓小平理论、“三个代表”重要思想、科学发展观为指导，深入学习贯彻党的十八大精神和习近平同志系列讲话精神，紧紧围绕坚持和发展中国特色社会主义这一主题，紧紧围绕实现中华民族伟大复兴中国梦这一目标，用“三个倡导”社会主义核心价值观引领社会思潮、凝聚社会共识，引导学生树立正确世界观、人生观、价值观。在新的历史条件下，只有让学生有了正确的思想指导，坚持正确的导向，中国精神的弘扬才有牢固的根基和深厚的土壤，学生才能更自觉地将中国精神与自己的生活实践相结合，自觉做到爱国、敬业、诚信、友善。将个人的梦想融入民族梦、国家梦的实现当中，共同为实现中国梦而努力奋斗。

（三）加强队伍保障

建立一支政治强、业务精、作风正的队伍是弘扬中国精神的必要条件。人才是第一资源，因此，需要加快德才兼备、具有创新能力的人才队伍建设。制定严格的人才选拔制度，合理的规划文化队伍的建设和培养机制，制定多种政策吸引更多优秀的人才加入队伍；同时，在人才的培养和选拔的时候也要注重思想道德、作风建设和自身修养的考察，引导优秀人才积极践行中国精神，发挥模范带头作用，传递正能量。

四、完善宣传机制

中国精神教育，要充分发挥现代传媒的作用。宣传思想工作是党的一项极其重要的工作，新形势下，做好宣传思想工作需要创新传播理念，完善宣传手段，突出典型报道，弘扬主旋律，传递正能量，为中国精神的教育营造良好的舆论氛围和环境。

（一）创新传播理念，完善宣传手段

传媒的力量是中国精神教育中一个不可或缺的因素。大众传媒不仅可以传播信息，而且也可以是学生认识事物的纽带和交流的平台，也是形成、复制、扩散和放大社会舆论的社会工具。习近平总书记在全国宣传思想工作会议上就明确指出，只有重点抓好理念创新、手段创新、基层工作创新，才能做好宣传思想工作创新，使得在思想认识上达到质的飞跃。“做好宣传思想工作必须全党动手”，“要树立大宣传的工作理念，动员各条战线各个部门一起来做”。大众传媒掌握着大众传播的话语权，大众传媒在弘扬主旋律、传递正能量方面发挥着不可替代的重要作用。随着现代传播的发展，新兴媒体的出现，传统的传播主体发生了很大的变化，受众从原来传播活动的接受者转变为传播活动的主体，他们已经参与到信息传播过程中来，并影响着传播的效果。因此，为了使大学生成为传播活动的主角，充分发挥受众主体性作用，就需要我们不断创新传播理念和传播模式，不断满足其心理的需求，紧密地把媒体和大学生联系起来。弘扬中国精神，注重在新闻报道中改变报道的视角和新闻作品的文风，少作玄奥的解释、理论的推演和硬性的灌输，多作具体的描述、形象的体验和日常的感知。将更多的科技手段应用到对大学生的宣传报道中去，增强媒体服务大学生的能力。新闻媒体多走基层，多报道贴近人民生活，传递社会正能量的新闻事件，将基层作为创新的源头。

（二）突出典型报道

典型报道一直是党的新闻宣传工作的重要舆论手段。从解放初期的孟泰、王崇伦、史来贺，到20世纪60年代的雷锋、焦裕禄、王进喜，90年代的孔繁森、李素丽、徐虎到21世纪的许振超、李斌、任长霞等先进人物都是通过典型报道进行宣传，成为深入人心的学习榜样的。新时期，我们要围绕中国精神的弘扬继续突出典型报道，通过对体现中国精神的先进人物和先进集体的宣传推广来引导人、教育人、鼓舞人。也要通过树立反面典型以警示和教育大学生，通过对正反典型的宣传报道来给其以正确的价值导向，凝聚共识，壮大主流思想舆论，激浊扬清，不断激发全社会团结奋进的强大力量。深入实际才能鲜活生动，贴近大学生才能打动人心，要使典型能让大学生产生共鸣，发挥激励人的作用就要注意进行典型宣传时要多挖掘那些富有时代气息、代表社会主流观点、具有广泛认同的人和事，多用通俗易懂的、大学生喜闻乐见的方式讲故事、讲道理，切忌居高临下的态度、照搬照抄的空洞说教以及生硬刻板的语言、套路，也要杜绝过度包装的虚假典型。

（三）营造良好的舆论氛围

习近平总书记在全国思想宣传工作会议上强调：“宣传思想工作一定要把围绕中心、服务大局作为基本职责，胸怀大局、把握大势、着眼大事，找准工作切入点和着力点，做到因势而谋、应势而动、顺势而为；宣传思想部门承担着十分重要的职责，必须守土有责、守土负责、守土尽责。”我们要利用一切宣传手段，做好中国精神的教育工作，为中国精神的教育营造良好的舆

论氛围。传播社会主流价值需要新闻媒体的大力支持。新闻媒体要以马克思主义为原则，在日常的生活和宣传中把中国精神以正面的能量传递给社会，弘扬中国精神的主旋律，形成正确的舆论，在社会上形成一种积极向上的主流思想。不同的新闻媒体之间应该相互沟通、交流与合作，在我们的周围形成多功能、高效率、多方面的舆论引导格局。我们要不断改进新闻宣传工作，不断提高舆论引导水平，新闻宣传必须坚持党性和人民性，坚持正确的创作方向和政治立场，坚持“三贴近”原则，引导社会热点、难点问题的舆论走向，对大学生关注和感到困惑的问题及时利用科学为其解疑释惑，澄清事实，稳定民心，凝聚共识。做好重大突发事件新闻报道，完善新闻发布制度，健全应急报道和舆论引导机制，提高新闻时效性，增加社会透明度。强化媒介管理，规范网络秩序，倡导文明上网，不造谣、不传谣，不为错误观点提供传播渠道。新闻出版单位和从业人员要强化行业自律，坚守职业道德，真实准确地传播新闻信息，切实增强弘扬中国精神的责任感和使命感。

第十五章　就业指导与高校思想政治教育契合研究

第一节　高校就业指导工作中思想政治教育的基本理论概述

习近平指出，就业是民生之本，解决就业问题的根本要靠发展。要切实做好以高校毕业生为重点的青年就业工作。他勉励当代大学生志存高远、脚踏实地，转变择业观念，坚持从实际出发，勇于到基层一线和艰苦地方去，把人生的路一步步走稳走实，善于在平凡岗位上创造不平凡的业绩。他要求有关部门加大对高校毕业生自主创业支持力度，对就业困难毕业生进行帮扶，增强学生就业、创业和职业转换能力。

一、人生观、世界观、价值观教育

人生观是指关于人生的各种目的、态度、理想及价值的根本观点。它主要回答人生是什么，人生有何意义，如何实现人生价值等一系列问题。人生观指的是一定社会或阶级的意识形态，是一定社会关系和社会历史条件的发展产物。人生观的形成是在人类的实际生产、生活过程中逐步形成和不断发展的、受人的世界观的制约的，不同的社会、不同的阶级的人们存在不同的人生观。世界观是指人们对世界的总体认识看法。世界观最基本的问题是精神与物质、思维与存在等关系方面的问题，根据对其关系研究出的不同答案，划分出两种互相对立的唯心主义和唯物主义两种类型世界观。世界观是社会历史发展的产物，是对社会存在的反映，任何世界观的形成确立都需要利用历史遗留下来的思想素材。新旧世界观之间存在着某种历史的继承与发展的关系。人类认识和改造世界所具有的态度和方法最终是由世界观来决定的。正确科学的世界观可以为人类认识和改造世界活动提供正确的方法，错误的世界观会给人类的实践生活等方面活动带来方法上的失误。

价值观是指人类对社会存在的各种反映。人类所处的各类环境，包括人的社会地位、物质生活条件等，都决定着其价值观。相同环境中的人们，一般会形成基本相同的价值观念，社会存在着多数人大都共同认可的比较普遍的价值认识标准，从而发现普遍一致的思想定式，也可以说是一种社会行为模式。价值观念是后天社会逐步培养形成的。家庭、学校、社会对人的价值观念的形成有非常重要的作用。个人的价值观形成有一个自然过程，并随着生活经验的积累和增长慢慢确立起来的。个人的价值观具有相对的稳定性，不易改变。就社会不同群体来而言，人员变化更替，社会群体的价值观也发展变化。传统社会价值观不断地受到新价值观的挑战冲突，后者取代前者是大势所趋。价值观变化是社会发展改革的前提动力，还会成为社会改革发展的必然结果。价值观是社会成员用来评价自身行为、周边事物以及人生目标选择的标准和准则。价值观通过人类的行为取向、对事物的评价反映出来，是世界观的核心，也是驱使人们行为产生发展的内部动力。

人生观、价值观、世界观教育是思想政治教育的基本内容，也是就业指导中思想政治教育的重要内容，人生观、价值观、就业观教育直接影响决定大学生的就业观，有什么样的人生观、价值观、世界观就有什么样的就业观、择业观和创业观，大学生只有树立了正确的就业观、择业观和创业观才能实现顺利就业。因此，人生观、世界观和价值观教育是大学生就业指导中的思想政治教育的基本内容。

二、就业观、择业观、创业观教育

就业观教育主要是对大学生进行积极正确的职业观教育，促使他们正确地处理国家与个人、地位与金钱、奉献与索取的关系，正确评价衡量自身的能力水平特点，参照自身兴趣、爱好及优点，选择一个能使自己的知识能力水平得到充分施展发挥，并尽可能为社会作出大的贡献的职业岗位。就业观的正确与否，与当今社会就业形势发展、时代要求密不可分。就业观教育内容也随着社会时代的发展、人们思想观念的变化而逐步发展变化。应大力加强大学生就业观的引导教育，引导大学生转变就业观念，树立科学就业观。

择业观教育主要是对青年学生进行以崇高的职业理想、人生价值的实现为内容的选择职业基本观念的教育。职业活动是人谋生的方式和手段，是人们奉献社会、完善自身的必要条件。大学生择业观应教育青年学生不应单纯地把就业看成谋生的手段，更要把就业视为一生所追求的、为社会服务的事业，引导大学生重视人生价值的实现。创业观教育主要是教育引导大学生有积极的思想准备去创业，择业是起点，创业是追求。创业是拓展职业生活的关键环节，具备强烈的创业意识，有充分的思想准备，就可能获得更多的发展机会，促进社会就业。当今社会中出现的新职业，既体现了社会新需要，又体现了创业者的智慧和贡献。要培养大学生有敢于创业的勇气。创业过程是艰苦充满磨难的。仅有创业的思想准备是不够的，还需要有创业勇气。勇于创业已经成为高校培养人才的目标。培养学生的创业技能和主动精神，破除大学生的依赖心理和胆怯心理，使之勇敢地接受创业的挑战，是解决社会就业难的途径之一。就业观、择业观和创业观教育是大学生就业指导中的思想政治教育内容的重要组成部分，是和大学生就业直接相关的思想教育，也是最能有效指导大学生就业的思想教育，因此，大学生就业观、择业观和创业观教育是大学生就业指导中思想政治教育的重要内容。

三、心理道德品质素质教育

大学生心理道德品质素质教育是指对大学生的心理素质、道德素质、基本品质等健康教育。大学生心理道德品质素质教育是大学生就业指导中的思想政治教育的重要内容，只有大力加强大学生的心理道德品质素质教育，才能有效解决大学生就业过程中出现的各类心理问题，减轻大学毕业生就业压力，有效促进大学生就业难问题的解决。中共中央、国务院《关于进一步加强和改进大学生思想政治教育的意见》中明确指出："要开展深入细致的思想政治工作和心理健康教育，要结合大学生实际，广泛深入开展谈心活动，有针对性地帮助大学生处理好学习成才、择业交友、健康生活等方面的具体问题，提高思想认识和精神境界。"大学生是人才资源中最活跃的群体，他们思想开放、年轻活跃、容易接受新事物、价值取向多元化。但同时，他们也容易受各种不利因素条件的影响，容易出现心理波动、自卑、孤僻、适应性差等心理问题，尤其是在大学生就业过程中不能正确认识自我、评价自我、不能正确面对挫折失败，引起的思想波动，更易走向自负、自卑、厌世的极端。这就要求高校大力加强大学生就业心理道德健康教育，积极采取有效措施对大学生进行“润物细无声”式的就业心理教育疏导，帮助其正视自身的优缺点，客观分析理想与现实距离，引导他们坦然面对自我、面对社会，促使大学生人格健全，提高社会适应能力，明辨是非能力，处理好各种关系，形成高尚、健康、良好的就业心理品质。主要需做好以下几种基本的心理道德品质素质储备。

第一是忠实。忠实不但是对别人交办的事情尽心尽力，而且对自己从事的工作要竭尽全力，不浮躁应付，“忠于自己的事业”是一种美德。俗话说：“态度决定一切”。本着忠实的态度做好方方面面的工作，必然会取得成功。忠实是大学毕业生应有的基本品质。

第二是诚信。诚信是待人接物的根本要素，也是职业上不可缺少的德行。“诚信”二字所涵盖的内容，不是短时间内能够做到的，俗话讲：“百年言论，千年诚信”。大学生就业诚信观应是经过长时间的笃行才能实现的。

第三是勤劳。无论公事大小、事情简繁，做事要勤勤恳恳，切切实实，一丝不苟。能吃苦，善做事，不偷懒，不躲避，不推诿。勤劳是大学毕业生最起码的素质。

第四是谦卑。无论在社会生活中，还是在日常工作中，必须做到富贵不骄，贫寒不贱，用心做事，谦卑待人。谦卑是大学毕业生踏入社会应该具备的基本品质。

第五是戒贪欲。古人语：“利令智昏。”孔子说：“见小利则大事不成。”初出世事的大学生，必须牢记“不义之财不可取”的古训。

第六是知识。大学生要课内外结合，博览群书。大学生的学习不仅是课堂上所学，而要广泛涉猎，筑牢基础，以便工作时触类旁通、游刃有余。免得参加工作后，受知识浅薄贫乏的困扰。

四、就业政策形势国情教育

（一）全面了解就业政策

从1993年国务院提出改革大学生“统包统配和包当干部”的就业制度开始，到现在大学毕业生就业制度改革、就业政策制定，本身就是深化就业体制改革的重要内容。目前，我国高校毕业生就业制度改革正朝着适应社会主义市场经济需要的良好方向发展。但国家就业政策制度改革相对滞后，处于不断完善改革阶段，户籍问题还是制约毕业学生就业市场化发展的瓶颈，人事档案管理制度还一直是影响人才合理流动的障碍，人力资源社会保障、教育等部门还存在就业主管部门职责不清，职能交叉矛盾等不良现象。在新形势下，熟悉了解国家政策是大学生就业指导的需要，也是大学生就业指导中思想政治教育的重要内容。就业指导中的思想政治教育工作者要及时掌握国家最新的法律、政策、制度、规定，为学生提供最准确的信息政策服务指导。毕业生需要随时掌握国家、地方、学校等有关的就业政策，并对政策更新发展及时关注，这样会使自己在就业过程中少走弯路，又能促进自己实现顺利就业。

（二）准确把握就业形势

随着高等教育大众化的转变，每年毕业生数量的不断增加，就业形势也随之迅速变化。每年几十万的新增毕业生数量，远远大于社会对大学毕业生需求增加数量，很多专业的大学毕业生就业由卖方市场过渡到买方市场，毕业生就业的竞争日趋激烈，毕业生供需结构还很不平衡，整体就业形势越来越严峻。具体分析来看，毕业生就业形势既有有利的一面，也有不利的一面。有利方面如大学毕业生需求整体上还是供不应求，总体来讲国家还是人才缺乏；非公有制经济单位对毕业生的需求量急剧增加；高新技术企业对各类高新技术人才需求量非常大；毕业生就业市场逐渐规范；西部大开发和发展新农村的政策为毕业生就业提供了新的广阔舞台等。不利方面如传统就业主渠道对毕业生吸纳能力下降；学历层次的需求越来越高；地区间经济发展不平衡状况直接影响到当地毕业生的需求结构；不同专业社会需求的不平衡直接影响非热门专业毕业生的就业；毕业生的能力素质与用人单位的要求存在一定距离；毕业生的就业期望与现实的差距仍然是造成高校毕业生就业难的原因之一等。毕业生要结合社会经济发展，准确把握就业形势，就业指导中的思想政治教育工作者要结合学校、专业、学生能力特点等对就业形势进行科学正确的分析判断，给学生最准确的教育指导。就业形势教育是大学毕业生就业观念转变的直接原因，也是大学生就业指导中的思想政治教育必不可少的基本内容。

（三）重视相关法律法规

社会主义市场经济体制下，自主择业的就业方式把大学毕业生推向主体位置，开始走向人才市场双向选择，大学生如何积极求职择业，如何签订就业协议，如何签订劳动合同，如何在就业过程中维护自己的权利和义务，如何应用法律维护自己的权益等一系列问题，急需对毕业生开展必要的、实用的就业法律法规指导，提高毕业生就业能力，规范毕业生就业行为等来解决。就业指导中的思想政治教育法律法规教育工作主要有四个方面：一是关于就业协议、劳动合同，如两者的内容、作用、相互区别、鉴定注意事项等；二是现行社会保障政策制度的有关知识；三是关于劳动争议问题的处理，指导学生要维护自己的合法权益，更要以诚信为前提，履行自己的义务；四是帮助学生处理就业过程中的法律问题，维护学生权利，保护学生利益。用人单位违规用人，损害了毕业生的利益，助长了就业难趋势，增添了大学生顺利就业的不利因素，就业相关法律法规知识教育，是保护大学生自身利益的重要措施。

（四）发挥政府部门作用

政府就业主管部门在大学生就业指导中的思想政治教育工作中有着非常重要的作用。政府就业主管部门掌握国家的就业政策，负有大学生就业服务的重要职能，全面了解国家的就业形势发展变化，是大学生就业指导工作机构的重要行政资源，国家、社会一定要充分发挥人力资源社会保障、教育、团委、妇联、工会等相关职能部门团体的职能作用，真正为大学生就业提供切实有效的服务和帮助。现在大学生就业指导政府主要职能工作部门以人力资源社会保障和教育为主，学校是教育部门所属事业单位，是现在承担就业指导的主要实施机构。但是人社、教育行政部门在这方面的工作做得不够，还仅是举办人才市场、举行人才招聘会等活动，管理观念较重，服务意识缺乏，还没有发挥其重要的就业指导作用，还没有充分调动所属事业单位、所业务指导的社会团体组织在就业指导工作方面的积极性，更谈不上这些政府部门及所属单位发挥就业指导中的思想政治教育的作用。今后，政府就业主管部门一定要强化服务意识，深入学校班级，深入学生中去，宣传就业政策，举办知识讲座，发挥政府部门在大学生就业指导中的思想政治教育服务作用。

第二节　高校就业指导工作中思想政治教育的现状

一、大学生就业指导中的思想政治教育存在一些问题

（一）内容缺乏针对性

现在大学生就业指导中的思想政治教育课程内容，虽然在一定程度上结合了学生就业难问题的现实实际，但教育内容不够全面，缺乏针对性。大学生就业指导中的思想政治教育内容针对性的缺乏，直接导致其他很多问题，如只注重毕业阶段突击，忽视了大学生各阶段性教育，缺乏职业规划，重视技巧教育，放松根本观点教育，人生观、价值观教育缺乏，思想理论政治课与大学生就业指导的结合不够，大学生就业指导中思想政治理论课教材内容滞后，实践操作性不强，思想政治课与大学生思想特点、社会形势结合不够，也没有注重学生的自我主体性教育。大学生就业指导中的思想政治教育课程还缺乏有针对性、系统性的教材，导致课程开设时间较短，经常受到其他学科或活动冲击和干扰，学生不愿听，教师很难讲。现在，有的高校大学生就业指导中的思想政治教育课大多在毕业最后一年甚至最后一学期开设，甚至举办几场临时性讲座，内容单调，多是推荐书撰写、面试技巧指导，就业形势、就业观教育反而泛泛而谈，缺乏针对性，有的教师授课时，仅限概念理论，不调查了解学生思想实际，不紧密联系实际，对社会形势、热点、难点了解学习不够，导致教育内容空洞，实用性、针对性不强。

（二）观念不够与时俱进

大学生就业指导中的思想政治教育要取得实际效果，应当认真研究社会对人才的整体需求，准确掌握大学生就业的心理状态，加强新情况、新形势、新观念教育。现实却相反，一些高校所开展的大学生就业指导中思想政治教育跟不上形势的发展，甚至与现实情况脱轨，不能与时俱进，不能把以人为本、人文关怀、科学发展和心理疏导等观念运用到大学生就业指导中的思想政治教育之中。在开展大学生就业指导中的思想政治教育过程中，没有充分尊重新形势下大学生的世界观、人生观、价值观的重点教育，没有与时俱进地将社会主义核心价值体系，特别是科学发展观教育不能有效地落实到大学生就业指导中的思想政治教育活动中去。大学生就业指导中的思想政治教育教材缺乏对近年来出现的新情况、新问题的研究，缺乏学科前沿的新理论、新观点以及出台的新政策、新举措。

（三）方法单一缺乏创新

随着我国高等教育改革，社会的快速发展，经济的飞速进步，社会出现了发展中的新问题，成长中的新烦恼，大学生就业难等就是其中之一。大学生就业难问题，给大学生就业指导提出了新要求，给大学生思想政治教育提出了新挑战。全面系统科学的大学生就业指导中的思想政治教育更加迫切地提上工作日程，学校、家庭和社会都极为关注，迫切需要。目前，大学生就业指导中的思想政治教育方法仍然比较单一，内容比较陈旧，缺乏对大学生的吸引力，而且效果不明显。一是学生数量规模增大，个性层次多样化，而思想政治教育方法单一，在大学生就业指导中多采用集体教育方式，有的是上课，有的是听报告，习惯于运用论坛、讲座、报告会等方式进行，没有针对不同个性、不同层次学生进行分类指导。二是影响大学生就业思想的环

境形势日益变化，而具体实施大学生就业指导方法仍然单一陈旧，缺乏现代信息教育引导技术的运用，而大学生就业指导的方式方法没有根本变化，仍旧是“你讲我听”的单项被动式教育；多单向信息交流，少双向信息互动；多讲大道理，少结合就业实际问题，没有充分利用现代通信传媒和互联网在大学生中展开有声有色的就业指导中的思想政治教育。

（四）存在临时突击现象

大学生就业指导中的思想政治教育工作是一项长期的复杂的系统工程。大学生就业指导和思想政治教育两者作为大的研究领域，虽然各有侧重，各具针对性。但是两者在教育过程中是相互渗透，相互辅助，贯穿教育始终的。大学生就业指导中的思想政治教育是一项全程化、系统化、整体性的教育，各项要素不可能在前期教育没做的情况下单独发挥作用，也不可能单独孤立地存在。大学生就业指导中的思想政治教育是一种软指标，在促进大学生就业方面，要比训练求职技巧所花费的时间长，平时效果也不是立竿见影。在现阶段，一些高校往往是临近毕业阶段才开展就业观念、就业技巧、职业理想、职业道德以及诚信就业意识的教育，为了避免大学生就业过程中出现失误，很多高校采取突击式的，近乎灭火式的教育方式，这种临时性突击开展教育实际上是弱化了大学生就业指导中的思想政治教育职能，也违背和扭曲了大学生就业指导中的思想政治教育的本质作用，结果也肯定是事与愿违，适得其反。

（五）就业指导与思想政治教育相互脱节

目前，我国高校的就业指导中的思想政治教育工作主要在于就业政策的宣传，就业信息的收集发布、基本思想教育等事务性工作，很少涉及对大学生系统的思想政治教育，对学生在就业中的困惑和迷茫不能给予正确的引导。而大学生就业指导中的思想政治教育教师往往又缺乏对就业指导知识的学习和了解，不能真正帮助学生解决实际困难，很大程度上影响了就业指导工作中思想政治教育的效果。这就造成我国高校大学生就业指导与思想政治教育工作未能密切交织，融会贯通，而是相互脱节。

大学生就业指导与思想政治教育脱节现象主要表现在：一是大学生就业指导中的思想政治教育滞后于就业制度的改革。我国是在1993年中共中央、国务院颁发了《中国教育改革和发展纲要》，毕业生就业制度改革才拉开了帷幕。就业制度的改革冲击了大学生毕业即有铁饭碗的传统思想，这就要求大学生就业指导中思想政治教育工作必须与时俱进，以适应就业制度改革的需要。面对新情况的出现，传统落后的观念难以适应市场经济的需要。在社会主义市场经济和新就业制度条件下，学生的自立意识、竞争意识、民主意识等增强，大学生思想行为的方式多样化，学生价值取向多元化，而我们的教育方法仍然是以理论说教为主，落后于学生思想发展的需要。二是大学生就业指导中的思想政治教育时间滞后。人的思想的形成要经历一个缓慢的过程，不可能一节课就能提高，也不是一蹴而就的，大学生就业指导中思想政治教育过程是一个长期的、反复的过程，大学生就业价值观的确立、就业能力的培养、综合素质的提高、择业心理以及择业价值取向的调整，也是一个长期的过程，所以，大学生就业指导中思想政治教育要及早进行。

二、大学生就业指导中的思想政治教育存在问题的原因分析

（一）认识看法片面

大学生思想活跃，观念新颖，高校教育系统严谨，管理完善。但有些新的学科，如大学生

就业指导中的思想政治教育尚有急功近利，不能结合当前就业实际，进行有针对性的教育工作，在提高大学生思想境界、认知水平和就业能力等方面认识片面，看法偏激。有的大学生对老师就业指导中的思想政治教育活动深感枯燥乏味，不但很不重视，甚至还存在逆反或抵触情绪；有的大学生总认为最实惠的是解决就业岗位、提供市场需求信息、积极向用人单位推荐就业，关键就是落实到工作单位，总感觉只要找到了工作单位才是就业指导中的思想政治教育的最好体现，把就业指导中的思想政治教育看成搞形式主义，对个人收效不大。当前高校就业压力大，有的学校领导认为思想政治教育可以代替大学生就业指导，片面夸大思想政治教育的作用，认为做好了思想政治工作就能解决好大学生就业问题，没有看到就业指导与思想政治教育存在的共性；也有一些高校从一个极端走向了另外一个极端，认为就业指导可以代替思想政治教育，忽视思想政治教育在学生就业指导中的作用。由于认识上不同角度、不同层面、不同程度地存在偏差，从而出现了教育观念不能与时俱进、教育内容不够丰富、教育手段单一等问题，总之，片面的认识导致了大学生就业指导中的思想政治教育工作开展过程中出现种种问题。

（二）理论研究缺乏

本来大学生就业指导工作在我国起步就比较晚，实践经验比少，大学生就业指导中的思想政治教育开始得更晚，更缺乏深入研究。虽然近年来高校就业指导工作已逐步得到重视，大学生就业指导中的思想政治教育也开始起步，越来越多的工作人员、学者投入就业指导中的思想政治教育研究之中，但和工作实践相结合的理论研究成果还比较少。大学生就业指导思想政治教育理论如何联系实际，如何准确反映不断变化的就业形势，如何把握大学生择业观念和心态，是大学生就业指导中的思想政治教育迫在眉睫的问题。高等教育从精英教育迈向大众化教育，大学生数量不断增多，大学生就业问题成为社会关心的热点，大学生就业工作甚至成了“一把手工程”，就业指导工作被高度重视，思想政治教育在就业指导中的地位逐步强化，人们也逐渐认识到思想政治教育在就业指导中的作用，但就业指导如何融入思想政治教育工作实践，还需大力探索。由于目前大学生就业指导课随意性较强，课程得不到保障，内容单一，实践经验少，理论研究不够，对问题的认识不到位，给就业指导中的思想政治教育带来极大负面影响。我国大学生就业指导中的思想政治教育工作是在高校教育体制改革中应运而生的，种种原因导致本领域的教育资源还有欠缺。近年来大学生就业指导中的思想政治教育工作虽然已受到社会的普遍关注，但仍尚处于探索阶段，理论研究缺乏，研究还不够深入和完善。我国正处在建设有中国特色的社会主义新时期，所处特殊国情要求我们绝不能完全照搬国外就业指导和公民教育等工作的理论经验。我们必须探索行之有效的、适合我国国情的大学生就业指导中的思想政治教育工作方法途径，现阶段关于思想政治教育在大学生就业指导中的作用的研究比较贫乏，系统的理论还未形成，大学生就业指导中思想政治教育各要素之间还不能协调一致、有效运行。缺少理论指导的实践必然会变得更加盲目，因此导致大学生就业指导中的思想政治教育先进理论研究缺乏，不能很快形成有效的运行机制也在所难免。

（三）实践探索不够

近年来，人们也逐渐认识到思想政治教育在大学生就业指导工作中的作用，但在思想政治教育如何融入就业指导过程中等问题上，大多数学校还没有积累多少工作经验，也不能够为该项工作的实际操作提供很好的办法。这也使得高校对许多问题和关系认识不到位，导致就业指导中思想政治教育针对性不强，方法单一等问题，好在现在不少高校正在逐步完善思想政治教育在大学生就业指导工作中的有效运行机制。但在大学生就业指导过程中如何融入思想政治教育因素，如何更好地使思想政治教育各构成要素有机结合、协调一致地发展，使思想政治教育机制有效地运行，方法得到有效创新，环境得到不断改善和优化等，大多数学校还正处在探索中。目前思想政治教育与大学生就业指导的紧密结合的实践还处于初始阶段，对很多关系处理不到位的现象也比较普遍，这都是大学生就业指导中思想政治教育工作实践探索不够，内容针对性不强、方法陈旧、单一等一系列问题的主要原因。只有加强大学生就业指导中的思想政治教育工作的实践摸索，才能解决如上所述一系列的问题。

（四）体制没有形成

大学生就业指导中思想政治教育是家庭、学校、社会教育三者之间的联动教育，只有当学校、社会与家庭形成相互配合的教育联动体制，才能取得大学生就业指导中的思想政治教育的更大实效。目前这种学校、家庭、社会三方面联动的教育体制还未形成，大学生就业指导中的思想政治教育主要是在学校中进行的，可是在当前教育环境中，社会大环境和家庭小环境正越来越强地全方位影响着高校大学生的思想观念、就业趋向和行为选择。因此，一定要综合家庭、学校、社会等各方面的教育作用，形成社会各方面理念统一、齐抓共管的联动教育体制，才能切实做好大学生就业指导中的思想政治教育工作。

第三节　思想政治教育在高校就业中的作用

思想政治教育是高等学校思想政治工作的重要组成部分，是大学生就业教育的重要环节，对培养适应社会需要的高素质人才、维护高校的稳定和促进社会的和谐意义深远。此外，思想政治教育是高素质人才培养战略的核心环节，是大学生就业的基础，对于帮助大学生全面了解就业形势就业政策、树立正确的择业观、就业观和做好就业的心理调适具有重要作用。

一、思想政治教育在大学生就业中的重要意义

（一）有利于培养适应社会需要的高素质人才

随着全球经济一体化和高等教育的大众化，各类新思想、新观念融入高等院校之中，大学生群体的思想观念和价值取向不断多元化，高校的人才培养模式也趋于多样化。思想政治教育必须适应当前形势和社会的需求，积极应对高校思想政治教育中所面临的巨大挑战，要坚持继续加强大学生政治思想教育，积极拓展大学生思想政治教育的新局面，培养出更多适应社会需要的高素质人才。

加强思想政治教育有利于提升大学生的思想政治素养。思想政治素养是决定人才成长方向和政治前途的重要因素，是高素质人才必不可少的优秀品质，是大学生就业素质的重要组成部分。同时，思想政治素质的作用是潜在的，良好的思想政治素质为形成正确的世界观、人生观和价值观奠定了基础。思想政治教育作为社会主义教育的重要组成部分，对提高人的综合素质、促进人的全面而自由的发展，起着十分重要的作用。它可以全方位、多层次地提升当代大学生的思想政治素养，使大学生真正做到精神、智能、心理等全方面发展，真正成为适应社会需要

的高素质人才。

加强思想政治教育有利于大学生社会实践能力的提升。“要促进学生全面发展，优化知识结构，丰富社会实践，加强劳动教育，着力提高学习能力、实践能力、创新能力，提高综合素质，加快改变学生创新能力培养不足状况。”一般而言，大学生们对于一些理论知识的接受与理解能力还是相当强的，但是要将这些理论化知识真正转化成社会实践能力，还必须通过更加符合实际的实践性活动才能实现。思想政治教育工作应当结合当代大学生一直是从学校到学校，缺乏对社会深刻认识、缺少在艰苦环境下磨炼、实际动手能力与解决问题能力偏差等现实状况，强化对高校学生社会实践活动的积极引导。由于大学生社会实践是一种综合性的教育活动，对于提升大学生群体的德、智、体等全面发展具有十分重要的作用，因此，通过参加各类实践性活动，能够加深青年学生对于党的路线、方针、政策等的了解，从而更多地了解到我国的国情，理解广大人民群众的思想感情，从而树立起为了建设现代化强国而勇于奉献的理想信念，树立起根植于广大人民群众之中的思想。

加强思想政治教育有利于大学生制定更符合社会需求的职业生涯规划。随着人们对就业问题的逐步重视，职业生涯理论已不再是陌生的概念，从职业人到大学生都在考虑对自己进行科学的职业生涯规划与设计，但是大多数人并不清楚，究竟什么是职业生涯规划，职业生涯规划理论来自何方，将有哪些发展，该如何指定适合自己发展的职业生涯规划。很多大学生想要设计自己的职业生涯规划，但是对自己没有准确的定位，不清楚自己适合什么职业，不了解职业，没有职业目标。进一步加强思想政治教育，开展职业生涯规划教育，运用职业生涯理论知识，通过模拟、讨论、沟通等方式寓教于乐，帮助大学生了解自己的职业兴趣、性格、价值观、职业技能，潜移默化地使学生掌握职业生涯规划的基本常识，并内化为自觉的意识。同时，通过思想政治教育加强学生对职业世界的了解，激发学习的兴趣和动力，帮助大学生掌握特定职业范围内知识、技能的信息，鼓励大学生制定职业生涯规划，建立职业生涯意识，从自身实际情况出发，有目的地提高自己的能力，实现职业目标，成为符合社会主义现代化建设需求的高素质人才。

（二）有利于维护高校的稳定

稳定是改革和发展的前提，而高校稳定的基本前提则是教育的改革和发展，这也是国家政治、经济和社会稳定的重要方面。思想政治教育是维护高校稳定的重要手段，它主要是通过教师与学生之间稳定的思想，确保正确的发展方向和凝聚学校师生的共识来实现的，同时思想政治教育通过激发教师和学生在教学、科研、管理、学习、就业中的积极性和创造性来实现在维护高校稳定上的效应。大学生就业是关系到千家万户的民生问题，是毕业生从大学校园走向社会的重要一步，毕业生在面对就业压力时，难免会出现这样那样的心理不适，为避免突发事件的发生，也为了维护高校的稳定发展，越是在就业形势严峻的时候，高校就更加重视加强对毕业生的思想政治教育，思想政治教育是维护毕业生思想稳定的主要手段。为此，思想政治教育者主要开展以下工作：一是结合当前就业形势积极开展就业指导服务活动，加强对毕业生的就业心理辅导和思想政治教育，引导学生理性、客观、辩证地认识当前的就业形势，了解毕业生的就业意向和思想动态，帮助他们答疑解惑，稳定毕业生就业心态。二是引导毕业生进一步转变就业观念，客观评价自己，合理定位，调整自己的就业期望值，积极主动地就业。三是引导毕业生树立“先就业后择业”的就业观，鼓励他们到西部、到基层、到祖国最需要的地方建功立业。四是教育毕业生注意防范招聘欺诈和传销陷阱，在应聘过程中注意自身财产安全和人身安全。五是针对就业困难的学生建立就业台账，重点关注、重点帮扶、重点推荐。

从事就业工作的思想政治教育工作者们要把思想政治教育工作结合毕业生实际，帮助毕业生认清形势，树立信心，帮助他们解决实际困难和问题。通过这些实实在在的工作，确保就业安全和校园稳定。

（三）有利于促进社会的和谐

大学生就业关系到千家万户，关系着社会的和谐与稳定，是天大的事。而把思想政治教育渗透到大学生就业的全过程，切实解决好就业问题对构建社会主义和谐社会就显得至关重要。

在大学生就业中加强思想政治教育，是体现以人为本、促进社会和谐的必然要求。

大学生充分就业是和谐社会发展的重要基础，也是构建社会主义和谐社会的具体体现。社会主义和谐社会应该是实现了充分就业的社会，大学毕业生的充分就业对构建和谐社会起着不可忽视的作用。从本质上讲，大学生就业与社会和谐发展的要求是完全一致的，是整个社会和谐发展的一个重要的不可或缺的环节。大学生是未来祖国建设的中坚力量，肩负实现中华民族伟大复兴的历史重任。大学生就业问题解决不好，科教兴国战略和全面建设小康社会就难以实现。而在就业过程中，由于大学生受到就业政策、就业形势、自身评估、外部环境等多种因素的影响，可能在人生观、世界观和价值观的树立、合理处理个人与国家、个人与社会的错综复杂的关系时会产生一些偏差，甚至做出一些过激行为，给毕业生本人、家人和学校均带来一些不和谐音符和消极影响，也严重影响和谐社会的构建。因此，加强大学生就业中的思想政治教育工作，不是一个简单的教育管理工作，而是一项事关全局的政治问题，对于维护改革发展稳定大局具有重要意义。大学生就业要坚持以人为本必须加强思想政治教育，这也是构建和谐社会的一个重要内容。以人为本，就是要求我们在大学生就业工作中进一步加强和改进思想政治教育工作的方式方法，充分了解学生的想法，从他们自身的实际和需要出发，指导他们制定切实可行的职业规划和择业目标，帮助他们顺利就业。因此，重视大学生就业问题，是体现以人为本、促进社会和谐的必然选择。

在大学生就业中加强思想政治教育是消除各种不和谐因素、促进社会和谐的重要举措。

对高校毕业生而言，他们是一群较为敏感的群体，一方面他们思想独立，比起其他的学生群体更具有自己的想法；另一方面他们又是社会阅历浅，心智尚未成熟的一群，在心理承受能力、遇事理智分析方面还有所欠缺，情绪很不稳定。在他们毕业之际，能有一份让他们学有所用的满意工作，使他们心情舒畅，各得其所，消除躁动情绪，就会为全社会的和谐创造有利的气氛和条件。相反，如果大学生在面对巨大的就业困境时，当期望与现实存在巨大反差之时，当屡试屡败的情况多次出现时，部分心理素质低的毕业生容易心理受挫，意志消沉，有的可能经常喝酒、打架、赌博，有的可能把自己的情绪转化为对政府和社会不满，发表不负责任的言论，有的可能甚至会产生绝望轻生的念头，这些均会引发很多的不和谐因素和安全隐患，不利于社会的长治久安。在就业中加强思想政治教育，就是要及时了解和掌握学生的思想状况，把控和分析毕业生在就业中的不健康心理和不正确的认识，通过集体辅导、个别谈心、心理咨询等方式细致入微地引导学生正确面对就业形势，了解国家的就业政策和促进就业的举措，客观认识自己，合理制定个人的职业规划，特别是对就业困难的学生要通过学校、学院、任课老师、校友等多方面给予帮助，逐渐消除他们在就业中的畏难心理和不满情绪，树立积极主动、健康向上的精神面貌。

在大学生就业中加强思想政治教育是保证家庭和谐的重要手段。家庭和谐是社会主义和谐社会的主要体现，而大学生就业对家庭和谐至关重要。目前，很多家庭仍然把培养子女上大学，毕业后找份好工作作为改变子女和家庭命运的唯一途径或重要途径。大学生如若不能实现顺利就业，可能会直接破灭掉全家人的希望，沉重打击他们的生活热情，也可能会使更多的家庭相信“知识无用论”，对子女以后的事情不管不问，任其发展，非常不利于子女的成长、家庭的和睦。因此，在大学生就业中加强思想政治教育，就是要以学生为中心，通过学校教育、家庭教育、社会教育多种方式，积极筹措，拓宽就业渠道，切实帮助毕业生实现顺利就业，促进家庭和社会的和谐。

二、思想政治教育在大学生就业中的作用

（一）帮助大学生树立正确的择业观和就业观

近年来，受各种因素的影响，大学生的就业思想观念发生很大的变化，在就业工作中，作者发现有的大学生缺乏正确的社会认知，对社会生活的认识比较简单或片面；有的大学生的择业期望值过高，把世界500强企业、国有企业、事业单位等作为自己理想的择业目标，不愿意下基层、到民营或私营工作；有的大学生只愿意选择大城市，不愿意到中小城市服务。他们更多的是强调自身价值，一味追求个人利益，轻奉献，缺少艰苦奋斗的精神和强烈的责任感。他们“这山望着那山高”，不能及时调整就业期望值，以致后来处于高不成、低不就的尴尬局面。大学培养人的根本目的是服务社会。而只有把个人的理想和追求同国家和民族的命运结合在一起才能实现人生的价值。就业中的思想政治教育能够帮助大学生树立正确的择业观和就业观。

思想政治教育帮助大学生树立“行行建功，处处立业”的观念，鼓励大学生到基层就业。一是高校加大舆论宣传力度，唱响到基层、到西部、到祖国最需要的地方建功立业的主旋律，在校园内形成良好的舆论导向。二是通过进一步加强大学生就业中的思想政治教育，帮助大学生在社会实践（实习）、社会活动的参与、专题活动开展等过程中充分了解社会、了解国情，清醒认识就业形势，积极踊跃到基层锻炼。三是积极宣传“大学生志愿服务西部计划”“三支一扶”计划等相关政策，使大学生了解基层对人才的需求，了解基层的现状，充分认识到基层广阔的个人发展空间及存在的各种有利条件，自愿选择到基层就业。

思想政治教育帮助大学生树立“先就业后择业”的观念，打破过去一步到位，从一而终的旧观念。中国教育模式和社会实际需求存在距离，也是导致中国大学生就业难的原因，“先就业后择业”可以让大学生在具体的工作过程中，通过实习、实训解决理论联系实际的问题，增强大学生对社会的认知，了解行业特点、岗位需求，为实现自己的职业目标作出有价值的人生规划。

（二）帮助大学生全面了解就业形势和就业政策

党的十八大报告突出了新形势下的就业要求：“鼓励多渠道多形式就业，促进创业带动就业，做好以高校毕业生为重点的青年就业工作和农村转移劳动力、城镇困难人员、退役军人就业工作。”我国高校毕业生就业制度改革正处于关键阶段。随着知识经济的到来，面对竞争日趋

激烈的就业市场，高校毕业生的就业形势出现了新特点，遇到了一些新局面和新挑战。这就要求高校在加强大学生思想政治教育的过程中突出大学生的就业指导工作，帮助大学生全面了解就业形势和就业政策，帮助大学生从容应对就业形势的新挑战。

中国大学生就业制度与我们国家政治经济体制的改革相适应，也不断地调整和变化，特别是我国确立了社会主义市场经济体制后，中国大学生就业制度也相应地发生了革命性的变迁。同时，我国的高等教育经过改革开放30多年的高速发展，人才的存量资源已经大大增加，连续的扩招也给国家的就业带来很大的压力，再加上国外人才市场的冲击，我国的就业方针、就业制度也随之不断地更新变化。新中国成立之初，我国实行权力高度集中的计划经济体制，即一切社会资源都要按国家统一计划实行计划分配，国家成为社会资源配置的唯一主体，当时的大学生毕业分配制度也因此形成了单一的统包统配模式，大学生也主要分配在教育行政和人事部门。随着我国经济体制改革的不断深入，特别是社会主义市场经济体制的建立，高校毕业生就业制度也进行了相应的改革。自1997年全国高等学校招生不再划分国家任务生、委托培养生、自费生等形式，全部实行“并轨”招生以后，高校毕业生就业也开始实行统一的分配制度，即“双向选择，自主择业”，教育部为完善大学毕业生就业制度，进一步制定了当前大学毕业生就业方针及其相关政策，大学毕业生就业的总方针是“统筹安排，合理使用，加强重点，兼顾一般，面向基层，充实生产、科研、教学第一线，力争做到学以致用，人尽其才。”

当前，国家对大学毕业生就业方针、政策还在不断地调整和完善，与此同时，在劳动人事制度、户籍制度方面也在进行深入的改革。

这就要求高校在加强思想政治教育的同时着重加大对大学生的就业指导力度，帮助大学生了解国家的就业制度、就业方针，在学生就业指导中开展思想政治教育，帮助大学生了解国家的就业方针、就业形势和就业制度，使大学生对当前的就业形势和发展趋势有一个较为全面的了解和认识，以利于今后顺利就业。帮助大学生能够根据当前的就业形势和就业政策，抓住机遇、应对挑战，适当调整自己的就业观念，激发大学生的就业紧迫感和竞争意识，掌握就业渠道与途径，科学地分析机遇与挑战，纵观就业局势，将个人利益和国家利益有效结合起来，调整就业期望值，消除不良就业观念的影响。思想政治教育可以使大学生在就业过程中积极贯彻党的路线、方针、政策，认清国家现行就业制度和方针，了解就业制度改革的方向，及时解决大学生在就业政策认识上的困惑，为大学毕业生就业创造必要的、有利的条件。

（三）帮助大学生正确地进行自我评估，准确定位

每年秋季开学后，各高校都会举办大大小小的招聘会，为毕业生提供就业的机会，用人单位也会在这个时间段到各高校进行校园招聘，为公司、企业招兵买马，充实新鲜血液。而这段时间的毕业生们也是忙于应聘，为自己的将来作选择。在长期的就业工作中，作者发现大学生在求职过程中经常出现这样的情况：有的毕业生能在短时间内找到自己心仪的单位，但有的毕业生的应聘经历比较曲折，甚至可能屡战屡败，到毕业前都找不到自己理想的单位，甚至从学校毕业后的一段时间内，还在选择、还在犹豫。究其原因，作者发现并不是这些大学生的素质差、能力低，而是在应聘时面对用人单位、面对就业岗位无所适从，不知道自己究竟应该选择什么样的用人单位，也不清楚什么样的工作岗位更适合自己，究其深层次原因还是在于当代大学生缺乏对自己的正确评估，缺乏对自己进行合理的定位，职业生涯规划的意识单薄，缺乏对自己的人生规划。有的大学生几经碰壁，还没清晰地认识到问题所在，痴心不改。由此可见，大学生就业难，不单单是社会客观原因造成的，最重要的还在于个人自我认识、自我定位。

就业中思想政治教育不仅在教育过程中，可以帮助大学生树立正确的人生观、价值观，引导大学生明确个人兴趣和志向，更重要的是能正确引导大学生进行自我评估，并准确定位。一是可以帮助大学生明确自身优势和不足。自我分析是职业生涯规划的基础，也是职业定位的第一步。可以通过专业的职业测评系统，对自己进行全面的分析，重点是分析自己的需要、性格、兴趣、天赋能力和素质。性格是职业选择的前提，兴趣是工作的动力；而分析特长则主要是分析自己的能力与潜力，分析需求则主要是分析自己的职业价值观。认识自己的优势和不足，通过自己的长处解决“我能干什么”的问题，结合实际有的放矢。正视自己的不足，认真对待，尽量寻找弥补、克服的方法。二是通过自我分析认识，明确自己该选择什么样的职业方向，解决“我选择干什么”的问题。本着择己所爱的原则、择己所长的原则、择世所需的原则、择己所利的原则，选择适合自己、有发展前景的职业。

（四）帮助大学生做好就业的心理调适

就业是大学生人生发展中的重大转折点，是大学生从“自然人”向“社会人”过渡的重要阶段。面对当前严峻的就业形势和日益激烈的就业竞争，大学生们在就业过程中会面临一系列的问题，由此不少大学生产生了急躁、焦虑、怯懦、自卑、依赖等方面的心理问题。这就需要加强大学生就业过程中的思想政治教育，帮助大学生做好就业过程中的心理调适。

①思想政治教育帮助大学生树立自信心。自信心是大学生成功就业的前提。在就业工作中，作者发现具备自信能使大学生在求职应聘的过程中表现出良好的精神面貌和坚定的态度，从而能够赢得主考官的青睐和认可。诚然，具备自信心的前提是大学生具备良好的综合素养。因此，思想政治教育在新生入学开始，就可以结合专业教育，逐步教育他们爱校、爱学院、爱专业，激发他们学习专业的兴趣，增强对未来就业的信心，合理规划自己的大学生活，在这样有目标、有规划的大学生活中成长，大学生自身的综合素养一定会得到不断提高。

②思想政治教育帮助大学生提高承受挫折的能力，培养坚韧不拔的进取心。面对当前的就业形势，大学生在就业过程中遭遇失败和挫折在所难免。面对这些失败和挫折，很多大学生自怨自艾，一蹶不振。就业中的思想政治教育可以通过加强国情教育和就业形势教育，提前给大学生打“预防针”，让他们从心理上作好充分的准备，明确在就业中遇到挫折和失败的必然性；另外，也可以通过开展专题讲座、模拟招聘、实习实训等活动，逐步培养大学生乐观、独立、进取的性格和坚韧不拔的毅力，让他们适应这个竞争日益激烈的社会。

③思想政治教育帮助大学生掌握心理调适的方法，增强主动适应环境的能力。就业中的思想政治教育通过课堂教授、实践锻炼等方式，教育大学生掌握科学的心理调适方法，学会自我缓解异常心理现象，消除就业心理障碍，保持一个健康的就业心理状态。另外，通过引导大学生加强对社会的了解，弄清楚社会对人才的要求，查漏补缺，进而培养自己各方面的能力和素质适应社会的发展，在进入新环境时，能尽快找准努力方向。

（五）帮助大学生把握就业机会，主动就业

伴随扩招以及我国目前严峻的就业形势，大学生在就业的时候更多的是需要依靠自己的力量。因此在思想政治教育中，必须帮助学生对自身进行正确的评估，帮助学生树立正确的就业目标，并对就业政策有明确的认识并使其具有根据国家政策的颁布作出相应职业规划调整的能力，从而帮助他们把握就业机会、主动就业。

①思想政治教育培养大学生的主动意识。结合就业工作实际，我们发现一些大学生进入大学之后，失去了学习的动力和目标，不安心在课堂上课，打游戏，谈恋爱，忙着到各地玩，等到大学四年玩够了，毕业就失业的现状让他们开始抱怨，抱怨政府、抱怨学校、抱怨家长，往往没反省自己，并未认识到自己在大学期间缺少主动学习、主动实践、主动参与的主动意识。就业中的思想政治教育就是从大学一年级开始帮助大学生培养危机意识、主动学习、锻炼能力的意识，培养分析问题、解决问题的能力，合理规划自己的大学生活，为将来的就业作好充分的准备。当面对就业问题时，大学生能承认自己的现状，扬长避短，成功择业。

②思想政治教育帮助大学生把握就业中的机遇。在求职这一过程中，就业机遇对于每一个人来说是均等的，就看毕业生如何把握。在用人单位招聘的高峰期，各种招聘人才的信息经过各种渠道铺天盖地的发布、传递时，求职者抓住了，这个机会就归你所有；如果你错过了，那么“过了这村就没这店”，机会也就溜走了。因此，当有价值的招聘信息、适合的就业岗位出现的时候，必须主动出击，以最快的方式向招聘方做出反应，让对方知道你、了解你，才有可能选中你。就业中的思想政治教育引导大学生一是注意多收集有关的职业信息，多参加一些招聘会，并根据已定的择业标准进行选择。二是注意工作的好坏是相对的，对别人合适的不一定适合自己，一定不能随大溜，要树立适合自己的才是最好的思想。三是要注意就业机遇的时效性。这就要求毕业生要了解自己，合理定位，短时间面对就业抉择时能作出正确的决定。

③思想政治教育引导大学生开拓进取，勇于创业。大学生自主创业是大学生主动就业的一种选择，是值得鼓励和肯定的，当前的大学生创业中也有一些相当成功的案例。但大多数的大学生有自主创业的热情和冲动，但当在创业初期遇到困难和挫折时就容易退缩、放弃。因此，受多种因素的影响，大学生认为自主创业是高不可攀的。就业中的思想政治教育就是帮助大学生树立正确的创业观，引导大学生正确认识自我，打好专业知识学习基础，对自己合理的规划和定位，在此基础上认识创业的内涵，培养主动创业的能力，成熟地思考自身的创业条件，确定创业思路，为创业的成功奠定基础。

第四节　加强高校思想政治教育中的就业指导

一、深化对大学生就业指导中思想政治教育的正确认识

（一）树立核心地位意识

思想政治教育是大学生就业指导教育的实质核心，是大学生就业指导的灵魂。就业指导中的思想政治教育对提高大学生综合素质，促进大学生顺利就业，起着至关重要的作用。目前，在大学生就业指导中的思想政治教育，流于形式，简单片面，仅是对大学生进行就业技巧、就业信息的指导，总是以就业指导代替思想政治教育，忽视大学生就业指导中思想政治教育帮助大学生树立正确的世界观、人生观、价值观，忽视帮助大学生形成良好的道德品质、树立良好的就业观念的作用。同时，大学生就业指导中的思想政治教育也能帮助开发大学生潜能、培养

提高就业心理素质，激发大学生开拓创新意识，帮助理解就业政策和就业形势。思想政治教育的目标就是育人，而大学生就业指导中的思想政治教育宗旨也是服务于学生，实际教育工作中，针对大学生在就业中存在的困惑心理、交际压力、诚信缺失等，正是思想政治教育能够解决的问题，发挥在大学生就业指导中思想政治教育的服务育人、鞭策激励、生涯指导、心理调节作用也正是思想政治教育在就业指导中核心地位的体现。

（二）树立全程教育理念

思想是行为的先导，要使大学生尽快适应当前就业状况，尽快适应高等教育“大众化”的要求，就要将大学生就业指导中的思想政治教育工作贯穿整个大学生涯，从新生人校到大学毕业，分时期、分阶段地对大学生进行成才教育、职业意识培养、职业道德和职业知识的教育、就业观和就业能力教育，使具体的个性化求职指导和就业技巧等相互贯通，层层递进，有机连接，形成较为完善的全程化的大学生就业指导中的思想政治教育工作体系。从内容上，将就业服务工作的针对性、有效性作为判断依据，注重学生的意见征集和反馈，根据学生的就业求职需求确定具体就业指导的内容和形式，将大学生就业情况调查作为一项常规工作制度，如对每次就业报告、就业知识讲座、就业课程结束后，都要进行讲座效果的问卷调查，以此保证大学生就业指导中的思想政治教育工作全面覆盖到大学生学习教育活动的不同层面。同时，将服务工作理念体现在尊重差异性上，在做好普通学生就业指导中的思想政治教育工作的同时，还关注特殊群体的就业指导中的思想政治教育服务需求，讲求就业指导中的思想政治教育的公平性，为残疾、心理障碍等学生提供专门就业指导中的思想政治教育服务。

（三）树立全方位教育理念

随着我国高等教育改革的不断深化，高等教育逐步由精英化教育转向大众化教育，从当前来看，高等教育规模发展快于社会经济发展速度，大学毕业生数量激增与社会转型期就业接受能力不均衡发生矛盾，大学生就业难的严峻形势可能在一定时期内长期存在，而大学生就业是关系到国计民生的大事，关系到社会可持续发展和民族的兴旺发达的大事，面对就业新情况、新问题，从上到下、从中央到地方、从社会到学校、从个人到家庭都要站在社会全局高度，深刻认识到国家兴旺、民族富强、单位发展离不开人才，人才来源的主渠道是大学生，大学生是推进社会进步、加快改革开放进程的年轻生力军，各级政府、各级组织要高度重视，不能出现“上级部门喊得凶、下级部门抓得松”，克服“高等学校扎实干、地方部门站着看”现象，要把大学生就业指导中的思想政治教育工作上升到战略高度，政府部门、高校、社会共同关注，真正树立大学生就业指导思想政治教育全程化理念。大学生就业观念不是一朝一夕形成的，对职业和社会的了解需要逐步发展的过程，就业指导中的思想政治教育不局限于学校一方面，政府、家庭、社会等全方位力量都要纳入大学生就业指导中的思想政治教育工作者范畴，开展全方位的大学生就业指导中的思想政治教育。

（四）树立以学生为本理念

2015 年 1 月 19 日，中共中央办公厅、国务院办公厅印发《关于进一步加强和改进新形势下高校宣传思想工作的意见》，以下简称《意见》。《意见》强调指出，立足学生全面发展，努力构建全员全过程全方位育人格局，形成教书育人、实践育人、科研育人、管理育人、服务育人长效机制，增强学生社会责任感、创新精神和实践能力，全面落实立德树人根本任务，努力办好人民满意教育。在大学生就业指导中的思想政治教育工作中，要坚持“以学生为本”的教育理念，强化教育者的尊重意识，尊重大学生的人格尊严、切身利益，提升毕业生就业积极性、主动性和创造性，使每一位大学生将自我教育、自我管理和自我发展作为人生教育主题；同时，要解决好大学生就业活动中产生的思想问题，解决好大学生在就业过程中遇到的实际困难，把重视好、维护好、发展好广大学生的根本利益作为开展就业指导中的思想政治教育工作的出发点和着眼点；从大学生就业指导过程中遇到学生思想实际出发，把思想政治教育做深、做细、做实，让广大学生感受到党和国家的关心和温暖；紧密结合构建社会主义和谐社会的目标，结合新形势对大学生提出的新要求，引导大学生认清社会形势与自身学习、主观选择与客观需要、个人合法利益与国家集体利益之间的辩证关系，树立正确的世界观、人生观、价值观、就业观、成才观、创业观；不断强化服务意识，让大学生真正感受到教育工作者所做的一切，都是为促进青年学生就业而服务，都与他们顺利及时充分就业这一切身利益密切相关，从而使其自觉地接受教育，实现以学生为本的就业指导中的思想政治教育。

二、创新大学生就业指导中思想政治教育的方法手段

（一）普通大众教育与个体分类教育相结合

现行大学生就业指导中的思想政治教育还是以传统的教育模式为主，是以院系、年级、班为单位，采取集中专题讲座、座谈会、模拟招聘等形式，就大学生在择业过程中共同存在的、比较普遍的问题进行教育。大众化教育具有普遍性，覆盖面广，对大多数学生中都存在的问题进行集中解决比较有效。针对大学生个体，他们都有独立的思想，面对社会和就业岗位会有不同的认识，针对不同的大学生就业中产生的不同思想问题和存在的不同心理特点，就得采取个别分类施教，采取不同的方式，进行单独的个性化教育。结合当今社会形势背景，针对不同学生不同的就业问题，就要采取大众集中教育和分类个别教育相结合方式，因地制宜，因材施教。在具体教育对象中，既要分清教育内容的差异性和针对性，又要注意教育方式的灵活性和多样性，并且注意教育主体的适应性，注意教育者与受教育者之间的态度，做到坦诚相待，善于抓住教育时机，确保教育方法的适用和教育效果明显，实现大众化教育与分类个体教育的有效结合。

（二）全程常规教育与阶段专题教育相结合

在大学生就业指导中的思想政治教育过程中，常规教育就是指高校从新生入学开始，把大学生就业教育的内容渗透到思想政治理论课和专业课教学中，渗透到学生校园文化生活中，渗透到大学生素质拓展、社会实践、社会调查和教育教学实习中，形成全方位联动、立体式的教育氛围；专题教育是指分阶段、分时期、分内容的教育。大一新生主要进行认识自我、适应环境的心理指导，使学生较快由中学到大学的角色转换，认识所学专业发展以及专业适应的职业岗位，并进行人生观、价值观、成才观的教育。针对学生不同特点进行全面测试，引导学生根据自身的特点初步设计职业规划。对大二的学生，从学生综合能力角度，主要针对学生普遍应用的计算机应用能力、文秘写作能力、组织管理能力等许多方面进行培养，使学生深刻认识到自身综合素质对今后择业以及人生前途道路上的发展所起的重要作用，从而增强其危机感和紧迫感，并进一步确认职业目标。对大三的学生，主要是开阔眼界，提供更多的社会实践平台，

使学生在具体实践岗位上理解理论，帮助学生个体认清自身专业所适应的工作领域，培养和发展与自己职业目标相适应的素质优势；对毕业阶段的学生进行针对性地开展专题就业常识教育。专题教育主要从就业政策、就业形势、就业信息、就业技巧等方面下功夫，教育学生慎重就业、合理流动，干一行、爱一行、专一行，树立敬业、乐业、立业的职业观念，从思想、心理、技能、信息等各个方面为就业作好充分准备。大学生就业指导中的思想政治教育要做到全程常规教育和阶段专题教育相结合。

（三）单向灌输教育与多向渗透教育相结合

大学生就业指导中的思想政治教育极为常用的教育方式，就是教育者利用思想政治理论课或报告等方式向受教育者单向鼓动灌输。随着信息技术的不断发展，教育方式发生重大变化的情况下，单向鼓动灌输教育方法占据的主导地位也在变化。我们应当清楚认识到，随着社会的变化，教育媒介不仅是课堂、活动、书本，更多的是被信息网络、通信工具所占有，信息技术和市场多样化的自主性特点，不断强化着新时期大学生的自主性意识，大学生强烈的自主性意识对外在的被动的单向鼓动灌输产生了一种前所未有的排斥，甚至出现逆反心理，使单向灌输教育受到各种环境、时间、地点等诸多方面因素的制约，所应取得的实际效果明显削弱。要让大学生就业指导中思想政治教育深入人心，促使教育寓教于知、寓教于乐，使学生受益匪浅，就需要将大学生就业指导中思想政治教育渗透到学生课堂教学、课外活动、学生公寓等每个生活领域，同时链接到社会、家庭等生活领域。大学生就业指导中的思想政治教育从教育者与受教育单向链接、单向灌输，发展到以学生为中心，多向度结合，多面体链接，多角度渗透。

（四）家庭、社会、学校多方教育相结合

大学生就业指导中思想政治教育是一个复杂、系统的工程，不但是学校、政府的责任，也是包括家庭等在内全社会、多方面的责任，特别是学校教育、家庭教育、社会教育都是就业指导中思想政治教育的重要环节，大学生就业指导中的思想政治教育的效果要达到最优化目的，就必须采取学校教育、家庭教育、社会教育三位一体的联动教育体制，最终实现大学生就业指导中的思想政治教育的最大合力。

家庭教育在大学生就业指导中的思想政治教育中发挥着基础性作用。每个学生家庭是大学生自身受到教育的首要场所，家庭经济状况、家庭成员的素质、家庭的教育方式等都对大学生的职业意识、择业观产生重大的影响。因为我国儒家思想影响严重，很多大学生在择业时都要考虑服从或尊重家长的意愿。家长一般都会帮助子女规划其人生，帮助孩子作出人生的重大选择，帮助子女了解就业形势，督促子女调整就业期望值，作好方方面面的就业准备。

社会要为大学生提供就业岗位和实习机会，尊重知识，尊重人才。社会思想舆论也能起到对学生思想进行教育作用，工作单位的用人理念、用人导向对学生就业也有很大的影响。

学校是大学生就业指导中的思想政治教育的基地，家庭和社会是大学生就业指导中的思想政治教育的重要阵地。学校还要广泛主动地和各用人单位及有关部门强强联合，广泛收集就业用人信息，建立人才需求信息库，与用人单位建立良好的供求关系。学校还要经常与家长保持沟通联系，向家长、社会宣传当前的就业形势和就业观念，与家长、社会共同做好大学生就业指导中的思想政治教育工作。

（五）充分利用现代化信息技术教育手段

我国现阶段教育事业发展有两大趋势：一是发展素质教育，二是发展信息化教育。

信息化教育给高校大学生就业指导中的思想政治教育提出了新的命题和要求。运用现代信息技术进行教育是现代教育区别于传统教育手段的标志。高校大学生就业指导中的思想政治教育的对象是乐于追赶信息化潮流的知识青年，大学生就业指导中的思想政治教育必须贴近大学生的新特点，大胆借鉴和吸纳现代科技成果，大胆利用新的教育方式方法，努力更新教育手段，积极拓展教育渠道途径，利用教育的现代化手段，改变落后的“粉笔加黑板”的单一、僵化的教育工具。大学生就业指导中的思想政治教育要主动抓住当今世界科学技术快速发展的良好时机，借助通信和传媒技术，充分依靠科学技术来提高教育效率，要充分利用形象快捷、传播面广的大众传媒来扩大教育覆盖面，要在大学生的各个层面、各个角落、各个具体环节，要充分利用可视、可感的教育现代化教育技术，吸引受教育者的兴趣，使大学生就业指导中的思想政治教育方式更加贴近学生身心特点，使大学生就业指导中的思想政治教育内容更加贴近学生的实际需要。

大学生就业信息网络是大学生实现就业的重要无形市场，随着我国信息化技术的发展，计算机已经深入大学生的生活以及社会的各个领域，大学生和用人单位通过网络信息平台实现就业链接，已经成为一种发展趋势。计算机科技是现代社会的高科技技术，网络信息的传播方式比传统信息传播方式更具有开放性、快捷性、虚拟性、隐蔽性等特殊属性。但网络技术的应用也有不少负面效应，特别是匿名性使有些信息缺乏真实性，有些个别不讲诚信不负责任的信息影响网络健康真实，引起接受者的思想波动，给大学生就业指导中的思想政治教育带来不良影响。当今时代，网络信息传媒生机无限，极具活力，发展迅速，尤其是年轻人甚至已经到了难以离开的地步，他们了解党和国家就业的政策、收集用人单位求才信息、发布个人求职简历、进行网上面试、交流求职心得等都是最大限度地利用它。大学生就业指导中的思想政治教育就要充分利用计算机网络，建立科学有效地进行信息获取、分析、处理、反馈等先进技术。互联网可作为大学生就业指导中的思想政治教育工作的重要阵地，通过互联网来拓展大学生就业指导中的思想政治教育的方式方法空间渠道。要通过这一新的有效载体，使大学生就业指导中的思想政治教育信息大容量的、有针对性的迅速传播，并通过全社会的沟通与配合，实现网上资源共享，形成网络宣传教育合力，提高教育效果。

三、构建大学生就业指导中的思想政治教育工作体制

（一）加强大学生就业指导中的思想政治教育课程体系研究

1. 要系统研究，全面指导

大学生就业指导中的思想政治教育是方方面面有机联系的整体性教育活动，必须注意发挥其整体功能和优势，建立一个系统的教育体系。要注重就业指导中的思想政治教育整体性、连续性，处理好整体与部分之间的关系，做到“齐抓共管”“综合治理”，还要注意大学生就业指导中的思想政治教育内容的完备性，改变仅仅进行择业指导的现状；要注重教育对象的全面性，不能只对毕业生进行就业指导，还要对低年级学生进行就业指导；要发挥就业实施主体的全员化，改变高校目前只是就业指导中心的工作人员才从事大学生就业指导的现象，要切实创造一

个人人参与、人人关心就业指导的良好局面。另外，大学生就业指导中的思想政治教育工作者必须掌握就业指导和思想政治教育各方面的知识、技术与技能，在高校教育期间循序渐进系统地培养学生自我规划、自我完善、自我学习、自主就业的意识，因此，大学生就业指导中的思想政治教育是一个完整的教育体系，需要做好系统研究和全面指导。

2. 要统一规划，分步实施

以大学生就业指导中的思想政治教育在国外发展得比较成熟，但在我国还是近年来才出现的新事物。我国要想做好大学生就业指导中的思想政治教育工作，必须有一个统一的规划。要充分认识大学生就业指导中的思想政治教育在高校就业工作中的重要作用，牢固树立重视大学生就业指导中的思想政治教育的意识，主动吸收国外关于大学生业指导中的思想政治教育的先进理念和做法，组织制定大学生就业指导中的思想政治教育细致发展规划、课程建设规划、教材建设规划等系列规划，通过规划引导高校大学生就业指导中的思想政治教育走向正确的发展方向。另外，这项工作不是短时间内就可以完成的，必须分步实施，结合我国就业环境和条件限制，坚持在工作实践中边探索边完善，采取分步实施的办法，先在部分学校部分院系试点，取得成功经验后，在全国高校全面铺开，确保高校就业指导中的思想政治教育工作从无到有，从小到大，平稳过渡，有序开展。

3. 要有时效性，全程化指导

大学生就业指导中的思想政治教育要有时效性，必须紧跟大学生的就业实际，做到及时、有效地全程化指导。要切实解决学生的实际就业问题，必须讲求工作实效，做到尊重学生的成长规律，针对大学毕业生面临的就业工作实际，实施及时有效全程指导。大学生就业指导中的思想政治教育讲求时效性，就要分阶段、分年级、按内容进行有效的指导教育。从教育对象角度讲，不仅要对毕业生进行就业指导，还要把四个年级的在校大学生都纳入系统的就业教育中来；从教育时间上讲，应该把大学生的就业指导延伸到大学生思想政治教育的全过程，贯穿于大学生生活的始终；在教育内容上讲，应拓展到每个大学的人生理想、世界观、人生观、价值观等所有思想观念中去。

4. 要有针对性，分阶段进行

大学生就业指导中的思想政治教育具有明显的阶段性，而且各阶段的内容和要求也有所有侧重，前一阶段是后一阶段的基础。从整个培养和就业过程来看，就业指导中的思想政治教育内容是渐进的、连续的，其目的是相通的。大学生就业指导中的思想政治教育还要针对不同层次、不同年级、不同环境的大学生进行分阶段教育。针对不同年级的大学生要结合本专业的特点，在内容、方法上进行不同的教育，不能用同一套就业教育内容进行不同年级、不同专业学生的就业指导教育。就业指导中的思想政治课是一个与时俱进、常讲常新的课程，要根据就业政策、形势的发展变化，就业指导中的思想政治教育的内容方式方法也要跟着变化，只有具有针对性的指导才是有效果的，在学生中才能有作用，才容易被学生接受。

（二）加强大学生就业指导中的思想政治教育工作者队伍建设

1. 提高大学生就业指导中的思想政治教育工作者的知识素养

当今世界是知识爆炸的时代，是信息化的时代，科学技术日新月异，边缘科相互交叉渗透，大学生求知欲强烈，探索精神高涨，大学生就业指导中的思想政治教育工作者必须不断提高自己的知识素养，以适应工作的需要。大学生就业指导中的思想政治教育工作者需要通过学习和锻炼，掌握丰富的知识，达到较高的知识素养。一是大学生就业指导中的思想政治教育工作者要牢固掌握马克思主义基础知识，学习马克思主义关于思想政治教育的一系列论述。马克思主义是思想政治教育工作者进行思想政治教育工作的理论基础，思想政治教育工作者理论水平的高低，将直接影响导思想政治教育工作的效果。二是大学生就业指导中的思想政治教育工作者要具备扎实的思想政治教育专业知识，包括思想政治教育的基本理论、方式方法和其他相关知识。三是高校大学生就业指导中的思想政治教育工作者还要具备就业指导、思想政治教育相关的学科知识，包括教育学、心理学、伦理学、社会学等方面的知识。四是高校大学就业指导中的思想政治教育工作者还要科学地分析和认识大学生就业中出现的思想和行为问题，有效地帮助大学生解决就业中的思想困惑，端正就业中的观念态度，帮助大学生树立正确的就业观和择业观，促进大学生顺利就业。

2. 提高大学生就业指导中的思想政治教育工作者的品德素质

大学生就业指导中的思想政治教育工作者要有较高的道德水准，高尚的道德素质，他们的品德素质如何，直接关系到教育效果。教育工作者自身要有高尚的人格，其一言一行都会给学生现身说法，都是学生学习的榜样、仿效的榜样。大学生就业指导思想政治教育工作者的自身品格人格具有巨大的教育影响学生的价值，在培养学生思想道德品德素质，塑造学生灵魂方面所起的作用中是其他方面的影响所难以比拟的，也是其他教育方式手段难以替代的。苏联教育家申比廖夫就曾说过："没有教师对学生直接的人格影响。就不可能有真正的教育工作。"马卡连柯也说："教师的个人榜样，乃是使青年心灵开拓结果的阳光"。因此，大学生就业指导思想政治教育工作者要时刻注意自身的修养，一点一滴都要严于律己，无论在思想品德、学识才能、生活习惯、言语方式心腹举止风度等方面都要以自己的良好形象来教育和感化学生。加强大学生就业指导中的思想政治教育工作者自身思想品德素质的培养、敬业精神的塑造是至关重要的。大学生就业指导思想政治教育工作者要树立全心全意为学生服务的思想，要热爱社会主义高等教育事业，要有高度的责任感，教书育人、为人师表，献身教育，乐为人梯，作社会主义精神文明建设的表率。在改革大潮中，抵制市场经济的负面效应和影响，忠诚于人民的教育事业，提高"爱国守法、明礼诚信、团结友善、勤俭自强、敬业奉献"的觉悟，用自身高尚的精神来塑造学生，用自己的浩然正气影响学生，做好青年学生学习的典范。

3. 提高大学生就业指导中思想政治教育工作者的工作能力素质

大学生就业指导思想政治教育工作者要在大学生就业指导和思想政治教育工作两方面都有很强的工作能力。大学生就业指导中的思想政治教育工作者既要有思想政治教育者所具备的能力素质，又要具备就业指导人员所具备的能力素质。从事大学生就业指导中思想政治教育不仅要求工作人员具有深厚的政治理论水平，同时还要有较强的就业指导理论知识。要掌握大学生就业指导中的思想政治教育方式方法，熟悉有关就业指导及思想政治教育方面专业基础知识等。要提高大学生就业指导中的思想政治教育工作者的组织管理能力。只有做好学生的组织管理工作才能做好就业指导中的思想政治教育工作，一定要选拔培养组织管理能力强的专业教师作为大学生就业指导中的思想政治教育教师骨干；要提高大学生就业指导中的思想政治教育工作者的分析预测能力。大学生就业指导中的思想政治教育工作者要善于接触学生、观察学生、了解学生，善于举办座谈会、个别谈话等，掌握学生就业现状的第一手资料和数据，作出详尽的分析，并从中发现大学生的成长规律；要善于针对学生思想心理实际，进行个别谈心；要有善于根据党的方针、政策，结合学生特点，正确处理各种复杂问题；要有撰写情况汇报、调查报告和专题研究报告等积极写作的能力等。大学生就业指导中的思想政治教育工作者应该积极地、主动地加强学习，反复实践，努力提高自己开展大学生就业指导中思想政治教育工作所需要的各方面的能力。要调查研究，总结工作，针对大学生在就业过程中出现的思想和心理问题开展对大学生就业指导中的思想政治教育各项工作。

4. 提高大学生就业指导思想政治教育工作者的服务和创新教育意识

首先，要提高大学生就业指导中的思想政治教育工作者以学生为本的服务意识。做好大学生就业指导中的思想政治教育工作，必须具备热情的服务意识。只有确立以学生为本的服务理念和服务意识，才能调动和激发起大学生参与接受教育指导的积极性和主动性。大学生就业指导中的思想政治教育工作要把是否有利于学生的全面成长、是否有利于学生的顺利就业作为工作的出发点和落脚点。在教育指导工作中要有诚心、有耐心，工作要有热情，服务周到，积极主动。要从大学生实际出发，从大学生的就业需要出发，深入课堂宿舍学生的全部生活，了解大学生思想观念变化，了解大学生在就业过程中遇到的各种心理问题。要找准指导和教育工作切入点和突破口，重点解决学生最关心、最需要、最有用的实际问题。引导大学生正确看待就业压力，找出顺利就业的有效途径，发挥大学生就业指导中思想政治教育作用，帮助大学生顺利就业。

其次，要提高大学生就业指导中的思想政治教育工作者的创新意识。要创新地开展教育工作，不仅要创新教育内容、形式，也需要思想理念的创新、指导思想的创新。大学生就业指导中的思想政治教育工作者是广大教师队伍的重要组成部分，一定要树立他们的创新教育理念和意识，完善自身的知识结构，以自身的知识修养激发学生的求知欲，塑造学生创新意识；通过对前沿知识和科学动态的广泛了解，形成全面的知识结构，还要具备较高的人文、艺术素养。在教育方法上要有所创新，要与时俱进，要利用多种教育媒体，采取互动式教育教学方式，等等。只有大学生就业指导中的思想政治教育工作者提高了自己的创新意识和创新能力，用新理念新思想管理教育影响学生，帮助大学生解决深层次的思想认识问题，才能科学、合理、创新地开展大学生就业指导中的思想政治教育，并最终达到教育的效果和目的。

（三）构建科学的大学生就业指导中的思想政治教育工作体制

大学生就业指导中的思想政治教育工作是一项思想性、政策性、实用性很强的综合性工作，要做好这项工作，就要建立完整的课程体系，建设一支专业的工作队伍，最终构建起科学的大学生就业指导中的思想政治教育工作体制。要加强大学就业指导中的思想政治教育科研工作，通过广泛深入的研究，凭借学校、家庭等长期的工作实践经验积累，逐步建立起越来越完善的大学生就业指导中的思想政治教育课程体系。国家要加大投入和重视程度，强化大学生就业指导中的思想政治教育工作者的教育培训力度，逐步培养成一支专业化、职业化的专家队伍，使大学生就业指导中的思想政治教育形成一种专门职业。大学生就业指导中的思想政治教育专业化、职业化提法绝不是一般意义上的号召或空洞的口号，而是包含着责任、义务、观念、意识等的一系列实际内容。建立由专任教师、成长导师、辅导员、班主任、专职院系书记和就业主管人员组成的大学生就业指导中思想政治教育的专家队伍，充分发挥各自在教育教学和管理服务中的优势。专职教师应该是就业指导中思想政治教育理论教学的主要力量，要把他们打造成一支专家队伍。大学生在求职择业过程中表现出的许多思想问题正是应该通过专职教育给予指导，将思想政治教育与就业指导相结合，既可以实现思想教育的主动性、针对性、实效性，又能使就业指导教育在思想政治教育理论指导下取得良好的效果。辅导员、班主任、院系专职负责者要对学生进行经常性的职业指导和心理咨询，指导学生作好就业准备，及时解决学生中出现的心理问题，将思想政治教育工作落到就业问题实处。政府就业主管部门负责政策指导、提供就业信息、帮助推荐就业，开展招聘活动，为学生择业提供服务。同时加强就业观念、择业心理、职业道德等各方面的教育，引导大学生认清当前的就业形势，及时调整就业期望值。聘请心理专家、教授对学生进行较系统的心理教育指导，帮助学生自我认识、发现自我、开发自我，从更高层次解决大学生的在就业过程中出现的思想和心理问题。社会力量也可参与进来，进行市场化运作。凭借完善的大学生就业指导中的思想政治教育课程体系，依靠专业化、专家化和职业化的大学生就业指导思想政治教育工作队伍，构建起科学的大学生就业指导中的思想政治教育工作体制。

第十六章　心理健康教育与思想政治教育契合研究

第一节　心理健康教育与思想政治教育契合的必要性

随着社会的不断发展变化，大学生的心理问题不断增多，如何将心理健康教育与大学生思想政治教育进行有效契合，增强大学生思想政治教育的针对性，成为时代发展的潮流和必然趋势。但是由于二者的契合尚停留在理论探索层面，实际操作层面尽管已有体现，但未被真正认识和接受：要探索出一条适合我国国情的本土化教育操作模式，尚有许多理论和实践问题需要探索、积累、总结、提高和完善。为此，我们必须借鉴相关教育理论和实践，不断对二者的契合问题进行更深入和多角度的研究。

促进心理健康教育与大学生思想政治教育的契合，形成“以心理健康教育为基础，思想教育为先导，政治教育为核心，道德教育为重点，促使大学生的心理品质与思想、政治、道德品质协同发展和成长”的育人模式，不仅有利于切实解决大学生实际问题，帮助其健康成长和全面发展，也有利于增强思想政治教育的实效性、针对性、吸引力和感染力，拓展、完善思想政治教育内容、手段和方法，把思想政治教育真正贯彻到学生日常生活中，从而达到思想政治教育应有的效果和目的。

一、当代大学生因思想认识而引发的心理问题突出

改革开放以后，我国由计划经济体制向市场经济体制转变，社会经济快速发展，尤其在加入 WTO 以后，随着国际一体化的加剧，东西经济板块不断碰撞，各种西方思潮相继涌入我国，打破了我国传统的文化意识形态领域，给人们的思想认识、价值观念造成很大影响。大学生正处于青春躁动期，还未形成稳定的价值观，面对如此复杂的社会新环境，他们的思想认识很容易出现偏差和困惑。思想和心理是紧密相关的，思想认识上的不足必然会对大学生的心理产生影响，不利于大学生的心理健康。

（一）大学生情感丰富，但情绪波动性大

当代大学生处于青春躁动期，主流是积极向上的，思想比较单纯，他们热情、大方，富有同情心，敢爱敢恨，爱憎分明，当代大学生本身是非常善良、单纯、热情的。然而大学生的思想认知毕竟还不成熟，他们对事物的认识和态度往往处于感性认识阶段，极易受到外部不良因素的影响，造成理想信念的淡化。同时，由于缺乏积极、稳定的世界观、人生观、价值观，大学生在面对生活中的挫折、困难和压力时，在思想上不能对其作出全面、客观的分析和判断，思想的盲目很容易引发负面情绪，有的可以积极面对，也有部分同学不能很好地处理这种负面情绪，有些大学生经常处于消极悲观、郁闷无聊和烦躁压抑的情绪之中，可能会乱发脾气、冲动行事，容易引起其他方面的矛盾，亲情、爱情和友情都可能因此受到影响，从而引发一些心

理健康问题；

（二）大学生求知欲强，但功利化趋势较明显

进入大学以后，面对一个新环境，很多方面的因素会刺激大学生的求知欲。比如，面对来自五湖四海的大学生，以前学习拔尖的学生优势不再存在，地位的落差激发大学生的学习动力；对一些经济困难的大学生来讲，巨大的经济压力促使他们刻苦学习，所以在考虑择业标准时，工资福利也在大学生考虑的前三位；与此同时，很多的大学生对自己的就业前景很担忧，可见在国家“自主择业、竞争上岗、择优录用”的就业机制下，巨大的就业压力也刺激了大学生强烈的求知欲。然而，这些因素在刺激大学生求知欲的同时也给大学生造成严重的心理负担，增加了他们的学习压力，并且共同引发大学生的心理问题。大学生出现心理问题的原因与他们的功利化思想认识有一定关系，当代大学生学习的主要动机更多是为了自身的更好发展，动机的功利化直接决定了学习目的的功利和务实性。在功利化思想的引导下，大学生往往急功近利，为自己树立的志向与抱负很可能超过自己的实际能力，拉大了期望与结果的落差，一旦付出努力后达不到预期的结果，便容易产生一些负面情绪和行为，如自信心下降、逃课、自卑，甚至自闭，从而引发心理健康方面的问题。

（三）大学生渴望交往，又存在封闭心理

人的本质并不是单个人所固有的抽象物，在其现实性上，它是一切社会关系的总和。人是历史的范畴，社会性决定了其交往的需求，大学生进入大学后大部分是住在学生宿舍，离开了亲人，身在异地的他们渴望交流和沟通，人际交往是日常生活的重要内容。当代大学生整体上人际关系处于和谐状态，但也有一些问题值得注意：首先，高校扩招以后，大学生的地域范围扩大，层次性加大，在生活习惯、文化背景、身心素质、行为方式等方面有很大的不同，增加了交往的困难；其次，中学时代忙于学习的大学生缺乏一定的交往经验和技巧；再次，现在的大学生很多都是独生子女，往往以自我为中心，平时习惯了被关心、被照顾，很少去关心别人，给人际交往造成障碍；最后，处于青年期的大学生往往存在害羞、闭锁心理，特别是在异性间的交往方面。宿舍的人际关系是大学生人际交往中的重要部分，很多大学生在处理人际矛盾时是抱着息事宁人的态度，不愿意发生正面的冲突，这与宿舍同学之间的亲密程度有关，也与缺乏对人际交往正确的思想认识有关，这种做法或许会维持宿舍表面的和谐，但也可能会使误会和矛盾加深，造成同学之间更大的隔阂。人际交往是大学生生活中的重要方面，高校应该在思想政治教育过程中重视对大学生人际交往方面的引导，使他们对人际关系形成正确的思想认识，更好地处理人际关系，减少因人际交往引发的心理问题。

（四）大学生渴望独立，却又存在依赖性

大学生这个年龄阶段，自我意识强烈，成人感急剧膨胀。大学生进入大学以后，摆脱了父母和老师的管教与束缚，独立意识得以显现。大学生总想独立安排自己的学习和生活，不喜欢别人说自己幼稚或不成熟，希望以一种成人的姿态得到平等的待遇；他们喜欢独立思考、发表自己的言论，并期望得到别人的认同。大学生独立自主固然是好的，也是值得提倡的，然而在现实生活中一部分大学生也表现出很大的依赖性。现在的大学生很多都是独生子女，家里的“心肝宝贝”，大学以前的生活都是父母在打理，进入大学以后，缺乏独立的生活自理能力，经济尚不能独立，加上生活阅历简单，缺乏社会实践经验，思维方式不成熟，遇到问题表现出没主见、冲动、恐慌等症状，使他们的独立变成一纸空谈。大学生的独立只是相对的“独立”，他们的独立意识和依赖性的矛盾很容易引发心理健康问题。

二、心理健康教育与大学生思想政治教育契合的必要性分析

高校思想政治教育的主体是大学生，它的一切工作都应该围绕大学生的全面发展展开。由前文的论述可知，现代社会大学生心理问题不断加剧，传统思想政治教育那种把所有问题都思想化、政治化的做法，已经不能解决大学生现在所出现的问题，阻碍了大学生的成长和发展。要想更好地解决大学生的思想和心理问题，高校思想政治教育必须与心理健康教育相结合。心理健康教育作为一种提升大学生心理健康水平、培养良好心理素质的教育活动，能更有针对性地处理学生的心理困惑。因此，新时期把心理健康教育融入大学生思想政治教育是一种必然选择，二者的契合可以弥补思想政治教育工作的不足，提高思想政治教育工作的针对性、科学性和实效性，更好地为大学生的全面发展服务。

（一）二者契合是凸显思想政治教育内在价值的需要

所谓价值，是主客体之间一种满足与被满足的关系，人是价值的本体，人的发展是内在矛盾与外在矛盾的统一，即人的个人价值与社会价值的统一，因此，价值的本质内涵是人，是具有主体性的自由人。任何一门学科的存在都离不开价值，包括内在价值和外在价值。思想政治教育作为人文社会科学，其内在价值是指思想政治教育理论本身所具有的与其他知识体系不同的能够满足时代和社会发展一定需要的内在价值特质，而“思想政治教育外在价值，也可以称之为目的——手段工具价值，它是指思想政治教育理论所具有的能够满足时代和社会发展一定需要的效用”，它们都是为思想政治教育的价值主体——“现实的人”服务的。

思想政治教育的主体是“现实的人”，人的独立存在和发展才是思想政治教育的内在价值。传统的思想政治教育从宏观的层面体现出社会价值，但是社会的发展归根结底还是依靠人的发展，人才是推动社会不断发展进步的动力。思想政治教育只有实现从社会本位到以人为本的转变，以人为中心，使人成为真正的富有主体性的独立的活动主体，才能实现思想政治教育真正的价值。高校思想政治教育主要从事对大学生的政治教育和道德教育，是一种从社会到个人，从外到内的教育模式，往往关注社会对个人道德的要求，忽视大学生的心理需求，或者把大学生的心理问题思想化、政治化。而心理健康教育不同于思想政治教育，它是一种从个人到集体、社会，从内及外的教育活动，它的价值在于满足价值主体的内在需求。心理健康教育首先关注的是大学生个人的发展，培养大学生健康的心理素质，增强心理调控能力，解决大学生各种由心理问题而引发的思想认知问题。心理素质是综合素质的基础，良好的心理素质有利于大学生将社会要求的道德规范、思想观念内化为个人自觉的行为，有助于思想政治教育的基本矛盾的解决。

将心理健康教育融入大学生思想政治教育中，在社会的宏观层面上融入微观的视角，使其价值主体回归到大学生本身，关注大学生的本质需求，更好地解决个人发展需求与社会要求之间的冲突和矛盾，使二者协调统一，使思想政治教育的价值主体和客体形成和谐关系。从这个意义上讲，大学生思想政治教育体现了其作为一种教育活动的本质，即“教育为了谁”的问题，其内在价值得到真正的实现和彰显，更坚定了大学生思想政治教育工作在社会主义和谐社会建

设过程中的地位和作用。

（二）二者契合是丰富思想政治教育内容的需要

思想政治教育的内容体系是一个复杂的、动态的系统，它随着思想政治教育目的和任务的变化而变化，并结合教育对象的思想特点来确定其要素构成。大学生思想政治教育目的和任务的确定首先要遵循教育的终极目标，即育人这个大的目标体系，同时还要紧密结合时代的特色和要求，这样才能做到有的放矢，增强思想政治教育的针对性和实效性，使教育对象的思想品德水平与一定社会的要求相一致。同时，思想政治教育的内容体系必须充分考虑到教育对象的思想品德形成和发展的规律，根据教育对象的多样性和思想的复杂性确定、实施不同的教育内容，虽然思想往往是复杂多变的，任何一种教育要素都不能解决思想的全部问题，但也正是因为这样，我们才必须不断丰富思想政治教育的内容，争取更有效地提高教育对象的思想素质。

然而在长期的思想政治教育实践中，为了培养与社会思想品德需求相一致的有理想、有道德、有文化、有纪律的“四有”新人，把政治说教当成思想政治教育的主要内容，偏重于高层次的理想信念教育，忽视了低层次的心理需要和道德情感教育，这种做法忽略人的思想品德的形成和发展过程，导致教育内容常常与大学生的身心特点相脱离，使思想政治教育工作显得枯燥乏味、单薄无力。心理健康教育是根据人的心理活动规律，有计划、有目的、有组织地开展的一项教育活动，偏重于人的心理方面，培养人良好的心理素质和社会适应能力。教育部《关于加强普通高等学校大学生心理健康教育工作的意见》（教社政〔2001〕号）指出：“高等学校大学生心理健康教育工作的主要内容是：宣传普及心理健康知识，使大学生认识自身，了解心理健康对成才的重要意义，树立心理健康意识；介绍增进心理健康的途径，使大学生掌握科学、有效的学习方法，养成良好的学习习惯，自觉地开发智力潜能，培养创新精神和实践能力；传授心理调适的方法，使大学生学会自我心理调适，有效消除心理困惑，自觉培养坚韧不拔的意志品质和艰苦奋斗的精神，提高承受和应对挫折的能力，以及社会生活的适应能力；解析心理异常现象，使大学生了解常见心理问题产生的原因及主要表现，以科学的态度对待各种心理问题。”可见，心理健康教育的内容包括让大学生养成良好的自我意识，开发大学生的潜能，学会管理自己的情绪，建立良好的人际关系等，充分满足了大学生的心理和情感需求，有利于大学生心理问题的解决。

思想政治教育内容侧重于大学生的思想道德方面等高层次的教育，心理健康教育侧重于大学生的心理需要和情感需求等较低层次的教育，把心理健康教育的内容合理融入思想政治教育中，可以弥补思想政治教育的不足，使思想政治教育的内容充分遵循层次性原则，做到按照大学生的思想品德形成和发展规律循序渐进地实施教育，不仅关注大学生基本的人格塑造和养成等心理素质问题，也关注大学生的理想信念等思想品德问题，实现从低层次教育向高层次教育的完美过渡，促进大学生健康成长成才。

（三）二者契合是创新思想政治教育工作方法的需要

方法，是人们为了认识世界和改造世界、达到一定目的所采取的活动方式、程序和手段的总和。因此，思想政治教育的方法制定和使用是否恰当、正确对思想政治教育的工作效果非常重要。大学生思想政治教育的方法主要服务于培养全面发展的大学生这个教育目标，同时作为一种中介工具，连接教育者和教育对象，方法的选择应该符合当代大学生的身心发展规律和特点，这样教育主体和客体才能和谐互动。

目前，思想政治教育主要是通过思想政治教育理论课教学、报告讲座等集体教育形式，采取说服教育、榜样示范、比较鉴别、实践锻炼等教育方法，看似方法多样，其实存在很多弊端。一些思想政治教育工作者对思想政治教育方法照搬照抄，不求甚解，甚至扭曲了原来的意义，如理论灌输法中“灌输”原本是这种方法的本质特征，不是一种具体的手段形式，在现在的教育方法中异化成为“我说你听、我打你通”的简单、粗俗的强制性教育方式；还有一些思想政治教育者过多地考虑教育方法表面的形式和花样，强调社会外在的要求，忽略了教育对象的思想和心理实际，为了完成任务而敷衍了事，使思想政治教育方法流于形式主义。心理健康教育主要依靠心理学的基本知识对大学生的心理问题进行疏导和沟通，和思想政治教育在方法上正好相反，思想政治教育以集体教育为主，心理健康教育除了集体教育形式，主要以个别教育为主，主要有心理测验、精神分析、个别会谈、心理咨询等方法。心理健康教育关注的是人的心理问题，人的心理是极其敏感和脆弱的，因此不能采取思想政治教育那种自上而下的强制的教育方式和方法，它更注重学生的主动和自愿，采取一种人性化的平等的交流方式帮助大学生解决心理问题。心理健康教育主要依据对象的心理发展特点和规律进行引导，其方法主要是以“听”为主，用换位思考去体会教育对象此刻的心情并诱导他发泄出来，通过平等的交流对其进行正确的疏导，达到情感的共鸣，而这些方法正是思想政治教育工作中所欠缺的。因此，大学生思想政治教育要想取得更好的成绩，应该在工作中适当地运用心理健康教育的方法，从大学生的思想和心理特点出发，把育“德”与育“心”更好地结合，做到软硬兼施。

总之，大学生思想政治教育中融入心理健康教育的方法，使得思想政治教育工作更加人性化，增强了思想政治教育的科学性，促进思想政治教育不断改革和创新。

(四) 二者契合是拓展思想政治教育新载体的需要

思想政治教育目标的实现、任务的完成、内容的实施都离不开思想政治教育的载体，“概括地说，思想政治教育载体是指承载、传导思想政治教育因素，能为思想政治教育主体所运用且主客体可借此相互作用的一种思想政治教育活动形式。”近年来，随着现代科技的迅速发展、信息化社会的到来，思想政治教育除了原本的管理载体、文化载体和活动载体外，继报纸、广播、电视之后被称为“第四媒体”的网络发展成为思想政治教育的新载体，网络为思想政治教育提供了更加丰富的信息资源和传播形式，如电子邮件、微博、论坛等都可以随时随地传播思想政治教育信息，扩大了思想政治教育的覆盖面，增强了吸引力。我国互联网网民总数不断攀升。其中大学生已成为网络运用的最重要群体之一。面对大量的大学生网民，思想政治教育作为培养大学生思想道德的直接教育活动，必须充分利用网络，大力发展和不断创新思想政治教育。

依靠网络作为载体进行思想政治教育工作顺应了时代发展的要求，使大学生思想政治教育取得了一些创新，然而任何事物都不会是完美的，都是具有两面性的，网络也不例外。网络作为现代科技的产物也是一把“双刃剑”，它在带给人们方便的同时也引发了很多新问题，其中网络心理问题就是在大学生中最普遍的一个现象，网络心理问题造成大学生在学习、交际、情绪、人格等方面的严重障碍。对于大学生出现的网络性心理障碍，单靠思想政治教育是行不通的，我们必须用心理健康教育这种专业的教育活动来解决，而且要立足于网络平台，不断丰富心理健康教育的途径，实现心理健康教育在网络环境下的创新，才能更好地解决大学生的网络性心理障碍。

面对大学生因为网络而引发的心理问题，思想政治教育只有立足于网络环境，紧密地结合心理健康教育才能不断丰富资源，创新方式方法，最终找到解决大学生网络心理问题的最佳方案。

第二节　心理健康教育与思想政治教育契合的可行性

当前大学生自身的思想和心理特点，以及思想政治教育本身的局限性，使心理健康教育和大学生思想政治教育的契合成为一种必然。然而，二者的契合并不是被迫的，思想政治教育和心理健康教育本身就具有历史同源性，存在内在的联系和一致性，二者是相辅相成、相互渗透、相互促进的，这些共同点使得二者的契合变得顺理成章。

一、理论基础上，二者具有共同的理论渊源

思想政治教育之所以能够成为一门独立的科学，离不开它坚实的理论基础，即马克思主义，正是在这一基础之上思想政治教育学科才能不断建设和发展。心理健康教育属于心理学理论体系，主要以心理学的相关学科知识作为理论依据，但是思想政治教育和心理健康教育作为德育的重要组成部分，它们的任务始终是为我国培养全面发展的“四有”新人，这个目标和任务决定了二者有着共同的理论渊源，即马克思主义关于人的全面发展的理论。马克思主义关于“人的全面发展理论”是马克思主义理论体系的重要组成部分，在整个理论体系中占有相当重要的地位。马克思、恩格斯在《德意志意识形态》一书中正式提出了“个人全面发展”的概念，所谓人的全面发展，是“人以一种全面的方式，也就是说，作为一个完整的人，占有自己的全面的本质”，包括人的需要的满足、能力的提升、人际关系的丰富、个性的发展等。关于马克思主义的“个人全面发展”学说在理论界有多种阐述，其中一些观点认为马克思的个人全面发展和个人片面发展是相对而言的，在社会生产过程中人的德、智、体、美等诸方面充分地、自由地、和谐地发展，最终使人们成为“各方面都有能力的人，即能通晓整个生产系统的人”。思想政治教育和心理健康教育都是以人为中心开展工作，它们的一切工作都离不开马克思主义的指导，都应建立在马克思主义关于人的全面发展的学说的基础上，把实现每一个人的自由全面发展作为最高价值目标。马克思主义关于人的全面发展学说一再强调了人的主体性的重要，在现代大学生思想政治教育和心理健康教育中要使大学生的主体性得到发挥就需要坚持以人为本的原则。以人为本是科学发展观的核心内容，就是把满足人的全面需求和促进人的全面发展作为经济社会发展的根本目的，是对马克思主义人的全面发展理论的继承和创新。大学生思想政治教育和心理健康教育应该坚持以人为本，充分从大学生的角度思考问题、制订工作方案和选择教育方法，始终以大学生的思想实际和自身需要为主，使他们的主体性得到充分发挥。马克思主义关于人的全面发展学说为满足人的全面需求和实现人的全面发展指明了方向，大学生思想政治教育和心理健康教育应该紧紧围绕并不断丰富和创新人的全面发展学说，共同为大学生的全面发展服务。

二、学科体系上，二者存在一定的互补性

任何一门科学都是在不断吸收和借鉴很多相关学科的研究成果的基础上逐渐丰富、发展和完善的。思想政治教育学作为研究人的思想品德形成和发展规律的一门科学，其对象是“现实的人”，人的思想政治观点的形成、发展、变化是由许多复杂因素交互作用构成，因此，在研究此类问题和现象时，必然涉及很多的变量作为参考标准，如社会因素、心理因素、自然环境等，这都使得思想政治教育学表现出综合性特征。

思想政治教育学作为一门综合性和交叉性比较强的科学，其学科体系涉及哲学、社会学、教育学、伦理学、统计学、管理学、心理学等学科领域。思想政治教育心理学从心理学角度揭示思想政治教育的规律，主要是研究思想政治教育过程中与人的思想政治观点有关的心理机制、过程及心理素质的养成等问题。从思想政治教育学内容体系的丰富性可以看出，思想政治教育学必须在坚持马克思主义基本理论的前提下，充分地借鉴和融合上述相关掌科的理论和实践知识才得以使其内容体系不断充实，与时俱进。心理学作为一门自然科学，主要研究人们的心理过程和心理特征，它的一些理论和方法能够为思想政治教育提供借鉴和应用。思想政治教育在研究人的思想品德形成和发展规律时，整个过程都贯穿了人的心理活动，也可以说，任何人思想品德的形成和发展，其实就是一种心理活动过程。思想和心理作为人的精神现象，相互影响、相互制约，思想问题和心理问题很多时候是交叉存在的，往往容易混淆，所以思想政治教育在研究和解决大学生思想问题时，潜在地要求思想政治教育工作者对教育对象进行心理分析，只有在教育过程中遵循大学生的心理发展规律，才能使思想政治教育达到预期的效果。从此种意义上讲，心理学作为研究人们心理发展规律的科学，是思想政治教育学一个重要的理论来源，对其有着深刻的启示与借鉴作用，心理健康教育作为一种培养人们良好心理品质和健康人格的活动，其主要理论依据是心理学，除此之外还包括教育学、伦理学等。心理健康教育运用这些心理学理论和技术对大学生进行情绪调适、人际关系、职业选择、心理障碍等问题的教育引导。心理和思想既然是不可分割的两种精神现象，思想问题的解决需要对教育对象进行心理疏导，那么心理问题的出现自然也伴随着会有思想问题，解决心理问题也需要有正确的思想为指导，帮助大学生树立正确的世界观、人生观、价值观是解决心理问题的前提，如果指导方向不正确，那么心理健康教育也不会达到其应有的目标。因此，心理健康教育虽然其理论依据为心理学，但也要遵循教育学、伦理学原理，并且都需要以马克思主义基本理论为指导，学习马克思主义的基本理论体系和相关学科知识，树立正确的思想观念和坚定的政治立场，这样才能坚持我国社会主义道路，不至于迷失方向，最终才能实现对我国大学生良好心理品质和健康人格的培养目标。

思想政治教育和心理健康教育虽然各自都有自己不同的理论依据和来源，但这些理论来源存在着不同程度的交叉和重叠，其各自学科体系相互支撑、相互补充。作为素质教育的一部分，二者都是做人的工作，都必须以马克思主义基本原理及其辩证唯物主义和历史唯物主义为共同的指导思想，所以思想政治教育和心理健康教育的契合是完全可行的，有了心理健康教育的融入，大学生思想政治教育工作将得到更大更好的发挥。

三、教育层次上，二者存在一定的连续性

思想和心理作为人的精神现象共同影响和支配着人的行为。思想是人们在对客观事物感性认识的基础上，经过概念、判断、推理等一系列思维活动产生的一次认识上的质的飞跃，最后形成的理性认识就称之为思想。思想属于人的意识活动领域，它是客观存在的反映，客观存在的事物影响和制约着人们思想的形成和发展，思想又反过来指导人们去实践，只有不断地实践才能形成正确的指导思想。心理作为人脑的机能，是对客观现实的主观能动反映人的心理包括意识和潜意识两种不同的形式，但主要是潜意识部分，潜意识属于低层次现象，经过转化成为意识。总而言之，和思想相比，心理属于人的精神领域的低层次现象，思想属于高层次现象，心理是思想的基础，思想是心理的升华，思想的发展受心理的影响和制约，心理的变化受思想的指导和支配，二者共同支配着人的行为。

思想政治教育主管育“德”，主要关注人的思想方面的问题，它注重用政治因素来使人们形成符合社会标准的正确的世界观、人生观、价值观，解决了大学生在政治立场、道德观念、价值选择等高层次方面的问题，而忽略了一些低层次的问题。心理健康教育主要解决人们感性阶段的认识问题，目的是增进人们的心理健康水平和社会适应能力，如情绪调节、人际交往、职业选择等个人最基本的问题。只有健康的心理才能形成健全的人格，思想才会不断地升华。心理健康教育和思想政治教育主要解决的是教育不同层次的问题，少了任何一个教育活动都是不完整的，心理健康教育活动的开展，解决大学生感性认识阶段的问题，使其潜意识结构方向正确，而后才会上升到一种理性认识，即个人正确世界观、人生观、价值观的形成。思想政治教育以马克思列宁主义、毛泽东思想、邓小平理论和“三个代表”重要思想为指导，引导大学生形成正确的社会主义核心价值观，正是在这种正确的价值观的指导下，大学生心理健康教育才会有正确的教育方向，使人的心理和思想趋于一致。

思想政治教育和心理健康教育作为培养大学生良好道德、健康人格的教育活动，分别承载着不同的教育目标和任务，思想政治教育主要侧重于培养人良好的思想品德来指导人的行为，心理健康教育主要通过塑造人健全的人格来影响人的行为，两种教育活动最终都是使人形成正确的行为，达到知行统一。思想和心理作为人的意识和无意识现象共同作用于两种教育活动，只有二者紧密契合才能构成完整的教育活动，达到教育的最终目的。

四、教育内容上，二者具有很大的相融性

大学生思想政治教育是通过培养大学生的思想道德品质，促进大学生全面发展的一种教育活动，大学生的全面发展实质上也是健康人格的养成过程，此种教育活动过程中必然涉及大学生的心理活动和思想意识活动。不论是大学生思想品德的养成还是健康人格的塑造，都离不开知、情、意、行等过程，二者不断完善的过程也是知、情、意、行实现不断统一的过程，当知行统一时，对大学生思想品德的培养和健康人格的塑造活动便成功实现了。完整的思想品德结构主要是以世界观为核心，包括心理、思想和行为三个方面的内容，心理又包括认识、情感、意志、信念等因素，心理是思想和行为的基础。首先，心理是思想品德的基础，任何人的思想品德都是建立在一定的心理基础上的，一个人思想品德的形成都是从知、情、意、信的运动变化开始的，也就是说，人的心理活动变化是引起思想品德变化和形成的根源，经过复杂的变化

最终达到知行统一；其次，人的行为的产生总是由一定的动机引起，而动机的产生是由人的需要所引发，在这一系列的过程中，人的知、情、意、信等心理因素发挥着重要的作用，特别是当认知、情感、意志已经上升为信念时，它就成为深刻的思想品德认知、炽热的思想品德情感和坚定的思想品德意志的统一体，思想品德信念是连接认知和行为的中心枢纽，是动机的直接体现，它的正确与否决定了人们需要的方向和动机的性质，所以坚持正确的思想信念、政治信念、道德信念才能形成良好的心理品质，为崇高的思想品德的形成提供心理动因；最后，思想品德的形成发展过程是主客观因素相互作用的产物，除了外界客观因素的影响外，主观因素中人自身的性格、气质、态度等心理因素也对思想品德的形成和发展产生着不同程度的影响，这些个性心理特征构成了影响思想品德的心理能力，一个人具备良好的思想品德心理能力，能对自己的实践活动进行一定程度的预测和评估，在遇到挫折和困难时，具备一定的心理承受和调节能力，并且有利于把社会要求的思想、政治、道德规范内化为个人的思想品德，对他人的行为能进行是非善恶的判断，最终外化为自觉的行为和实践，实现思想品德的完整的形成和发展过程。

认知、情感、意志、信念这四种心理因素贯穿思想品德形成发展的全过程，最终外化为行为习惯，达到知、情、意、行的有机统一，它们相互影响、相互制约、相互促进。在思想品德形成的同时，认知、情感、意志、信念等协同作用也有助于人格的形成和发展。总之，不论是思想品德发展还是人格的完善都是知、情、意、行等心理因素相互作用的结果。因此，将心理健康教育与思想政治教育相契合成为可能，而且二者的结合更加凸显心理子系统在思想品德结构中的基础作用，符合人的思想品德发展规律，良好的心理品质的形成有助于思想政治教育活动由强调社会外在要求的“他律”规范到大学生外化为自觉行为实践的“自律”活动的转化，使思想政治教育活动由经验型走向科学型，不断提高其教育效果。

五、教育本质上，二者根本目标是一致的

随着现代社会竞争的不断加剧，21 世纪各国的竞争说到底是人才的竞争，各国对人才素质的要求不断提高，大学生作为国家未来的合格建设者和可靠接班人，其综合素质的高低对国家未来的发展起着重大的作用，《教育部关于加强普通高等学校大学生心理健康教育的意见》（教社政〔2001〕1 号）指出：“高等学校培养出来的大学生不仅要有良好的思想道德素质、文化素质、专业素质和身体素质，而且要有良好的心理素质。”可见，不断提升大学生的综合素质，帮助他们克服成长成才过程中的各种困难，使其全面发展成为高校教育的终极目标，思想道德素质和心理素质作为大学生综合素质的两项重要内容，决定了大学生思想政治教育工作和心理健康教育存在的重要意义。

思想政治教育工作的主体始终是人，其目的和任务也是紧紧围绕主体的人来进行的，它作为高校德育的重要组成部分，对大学生思想道德品质的培养发挥着极其重要的作用。思想政治教育是指社会或社会群体用一定的思想观念、政治观点、道德规范对其成员施加有目的、有计划、有组织的影响，使他们形成符合一定社会、一定阶级所需要的思想品德的社会实践活动。也就是说，思想政治教育是一项使人的思想实际与社会发展、阶级需要相协调的活动，直接目标是培养人形成正确、良好的思想品德，而思想政治品德是指人们在一定社会一定阶级的思想体系指导下，按照一定的言行规范行动时，集中表现在个人身上的相对稳定的心理特点、思想倾向和行为习惯的总和。由此可

见，思想品德不仅包括了一个人的思想和行为，还包括了人的心理，思想政治教育作为培养大学生思想道德的活动，它除了帮助大学生树立正确的世界观、积极的人生观和崇高的价值观，使大学生的思想朝着社会主义发展要求的方向发展，也包括了对大学生心理的培养。大学生心理健康教育的直接目标是根据大学生的身心发展特点，运用心理学的相关知识和技术，解决大学生心理问题，帮助大学生形成良好心理素质，促进大学生德智体美全面发展。心理健康是良好心理素质的前提，个体只有保持一种内部自洽、外部相融的和谐状态，保持一种积极、乐观的心理态势，才能使自己的身心达到最佳功能状态，良好的心理素质才会形成。

心理健康教育注重培养大学生的心理健康意识，优化心理品质，提高心理健康水平，它所关注的是大学生日常生活中的个人基本问题这些微观层面的事情，工作性质比较细腻，心理作为思想的基础，对思想起着协调作用，只有具备健康的心理素质作为前提，大学生才能形成良好的思想道德素质。思想政治教育侧重于从社会宏观角度来进行工作，它注重大学生思想品德的培养。帮助大学生解决其社会倾向问题，培养他们树立正确的世界观、人生观和价值观。只有以正确的价值观作指导，大学生心理才能朝着正确的方向发展，增进心理健康水平。虽然思想政治教育和心理健康教育各自具体的目标和出发点是不同的，但是它们的本质都是育人活动，都是以人为主体，为了培养人、塑造人、成就人，它们的终极目标都是为了培养全面发展的高素质人才，为社会主义建设提供源源不断的人才资源，只有二者相互配合，做到“你中有我，我中有你”，才能更好地培养出为社会服务的栋梁，离开其中任何一种教育活动，素质教育都不可能完整，我国大学生的成长成才都可能会出现偏差。

第三节　心理健康教育与思想政治教育契合存在的问题及原因

作为一种适合中国大学教育的本土化探索，心理健康教育与大学生思想政治教育的契合符合多方面的要求：首先，对于大学生思想政治教育工作本身而言，二者的契合为思想政治教育提供了必要的心理条件和心理基础，丰富了思想政治教育的内涵和内容，拓宽了思想政治教育的方式和方法，增强了思想政治教育的预见性和科学性，有助于思想政治教育效果的提升；其次，二者的契合对于大学生自身来讲，更有利于解决大学生存在的思想和心理方面的问题，使高等教育更加关注人的发展，始终坚持以人为本，促进大学生的成长成才；再次，二者的契合符合我国的教育政策，是构建社会主义和谐社会的要求，使大学生不仅做到自身的和谐发展，也能实现与社会的和谐发展；最后，二者的契合同样是心理健康教育在我国本土化发展的要求，心理问题也要求世界观、人生观、价值观的指导，建立在这样一种更高层次上的心理健康教育模式，才能对大学生产生更为广阔、更为深刻、更为有效的影响，这也应该是我国心理健康教育的未来发展趋势。然而，由于心理健康教育和思想政治教育以前一直是独立的两个学科，理论上二者的契合会产生“1+1≥2”的效果，但在实践契合过程中遇到很多问题，造成这些问题的原因很多，我们要解决这些问题，首先必须要敢于面对这些问题。

一、心理健康教育与思想政治教育契合存在的问题

（一）思想政治教育教学过程中缺乏心理健康知识的渗透

高校思想政治教育课教学是大学生思想政治教育的一项重要内容，其理论的传授主要通过

教学活动进行。在高校思想政治教育课教学中，主要对学生进行马克思主义理论的灌输，使学生学会运用马克思主义的世界观和方法论去认识和改造世界，树立共产主义远大理想和辩证唯物主义价值观。然而，据笔者调查显示，在思想政治教育相关课程教学中单纯地注重马克思主义这种形而上的意识形态领域的教育，很少对大学生进行基本心理健康知识的渗透，教学内容脱离学生实际，导致很多学生在面对实际问题时，如人际关系问题、应对挫折问题、情绪管理问题等，根本不知道如何运用抽象的马克思主义的世界观和方法论去处理和应对。心理健康教育作为一项综合性和运用性极强的教育活动应该渗透到任何一门课程教学中，然而就和心理健康教育联系密切的思想政治教育课都没有教学传授心理健康的知识，不能从综合素质的培养角度去教育学生如何处理日常生活中和自身息息相关的问题，忽视了心理素质的培养，和心理健康教育严重脱节，造成思想政治教育课的“假、大、空”，学生心理素质低，环境适应能力差，看待问题理想化，处理问题简单化，理论和现实的差距导致学生产生各种各样的心理问题仍然得不到解决。

（二）日常思想政治教育工作关照学生实际需求不够

思想政治教育作为最贴近学生的一项教育活动，其根本出发点和落脚点必须以学生为中心，随着社会的发展，学生的思想和心理发生着深刻的变化，思想政治教育也应该随着大学生的思想和心理的现实需求而不断改进。思想政治教育除了课堂教学外，应该深入学生的生活中去，真正地关心他们的衣食住行等基本问题，这样才能充分了解实际生活中的大学生真正的思想和心理状态，所以日常思想政治教育工作就显得十分重要。承担日常思想政治教育的主要是辅导员、班主任等，大部分高校提倡辅导员住学生公寓就是为了加深对学生的了解，便于更早地发现问题、解决问题。然而，目前高校做日常思想政治教育工作的一些工作人员在平时并没有做到真正地深入学生，和学生进行真诚的交流，了解学生日常生活的方方面面；也没有对学生的心理和思想作充分的调查研究：这样导致在处理大学生思想和心理问题时往往采取“头痛医头，脚痛医脚”的做法，不能解决产生问题的根源。大学生普遍认为目前思想政治教育最应该加强深入了解学生实际方面的工作，可见学生对思想政治教育者关心学生这方面的工作并不满意，并且也反映出大学生渴望被关心、被了解的心态。

（三）思想政治教育忽视学生主体性，以人为本思想欠缺

高校思想政治教育工作的对象是大学生，其所有工作环节的开展都应该紧紧围绕大学生，但实际工作中总是事倍功半，缺乏针对性，往往不能取得预期的结果。大学生并不否认思想政治教育本身的作用，只是不喜欢我们的思想政治教育方式。高校思想政治教育工作的制定和实施，往往忽视了大学生的思想状态和心理需求，完全按照教育者的思维进行，容易引起学生的被动和反感，面对这样的情况，教育者经常采取强硬的态度，让学生在权威下被迫接受，长时间的压抑、被动、反感很容易导致大学生的心理问题加剧。近年来，思想政治教育者也意识到这一点，为了引起大学生的兴趣，不断丰富其方式和方法，但是这些花哨的形式并没有改变其核心问题，传统的“我说你听，我打你通”的单向强迫灌输仍然存在，大学生仍然只能作为教育和管理的客体，主体性得不到发挥，思想和心理的实际需求得不到满足。思想政治教育本身是一种最贴近学生的教育活动，只有贴近学生的实际，帮助学生解决实际问题才是王道。现实生活中，教育者这种在以人为本的口号下，把思想政治教育的求是原则、民主原则、主体原则

等置之书外的做法，没有把理论运用于实践，实践缺乏导致理论得不到创新，造成理论和实践的恶性循环，影响大学生综合素质的培养。

（四）网络在心理健康教育和思想政治教育契合中没有得到合理利用

网络作为现代社会的一种新的大众传媒方式，为人们提供了很多便利，高校网络的覆盖为思想政治教育和心理健康教育的契合提供了一个新的平台，然而，在二者实际结合的过程中，并没有使网络的作用得到很好的发挥。首先，现代社会是一个信息化的时代，网络就是一个“信息仓库”，通过网络可以了解更多的关于思想政治教育和心理健康教育的信息。很多高校都设立了专门的思想政治教育网站，希望通过网络能够把思想政治教育与心理健康教育结合得更好，网站的管理者除了老师大部分是学生，他们本身对思想政治教育和心理健康教育的了解不够深入和全面，面对网络的海量化信息，筛选能力不足，造成网站内容逻辑性、层次性和针对性不高，缺乏创新，对学生没有太大的吸引力，加上宣传力度不够，导致网站形同虚设，可见高校应该加强和创新网络思想政治教育。其次，大学生作为网络的热衷群体，他们通过网络可以任意搜索信息和资料，而老师往往没有他们这样的热情，在这种情况下，课堂上老师讲授的知识就显得很狭窄。以前老师是学生主要知识的传授者，现在学生可以通过网络获得所学知识，甚至还可以知道老师讲授以外的知识，从知识的获取来说，教育者和大学生处于平等的地位，教育者的权威地位就在无形中被削弱了。面对权威的丧失，一贯高高在上的以教育主体身份出现的教育者本身心理准备不足，也会造成自身的紧张和混乱，急于恢复自己在学生中的权威和主体地位，在这种情况下他们会根据自身的心理需求告诉大学生更多网络的负面影响，歪曲网络在心理健康教育与大学生思想政治教育结合过程中的积极作用。再次，网络作为一把“双刃剑”，在给人们带来方便的同时也不免会产生很多负面影响，大学生的网络心理健康问题也是值得关注的一个重要内容，这个问题的产生主要还是高校思想政治教育工作者平时没有及时发现大学生在上网过程中出现的一些思想和心理障碍，没有积极做好预防机制和应对措施，才导致大学生网络心理问题出现的。

二、心理健康教育与大学生思想政治教育契合不足的原因

（一）二者的契合没有紧跟时代步伐

早在革命时期，毛泽东就在《中国农村的社会主义高潮》一书中深刻地指出：“思想政治工作是一切经济工作的生命线”，高校思想政治教育工作必须紧密结合社会经济和时代的要求才能保持政治优势，其工作应该紧密结合市场经济的要求，与之保持步调一致，实现经济基础和主流意识的和谐。然而，事实情况并不乐观。我国实行市场经济体制以来，高校思想政治教育工作并没有及时跟上市场经济的步伐，仍然按照计划经济体制下的传统思想政治教育工作方式进行，加上新时期人们的利益化倾向增加，思想政治教育的主流意识形态教育功能弱化。虽然心理健康教育被纳入高校德育体系，与思想政治教育一起为培养大学生服务，但改变不了根本问题，传统思想政治教育理念和方式没有根本性的改变，心理健康教育不能及时探索出适合我国国情的本土化发展模式，高校教师自身也面临着思想和心理的矛盾，他们本身的理论水平和社会意识没有得到更新，传授给学生的政治理论和道德观点自然也存在很多问题，造成大学生的意识形态与当代社会的经济体制不吻合；或者一些高校教师本身已经受到市场经济物质利益的

诱惑，他们的工作重心已经不在教师这个身份上，对教学工作倦怠，甚至将自己的一些不正确的价值观灌输给学生，是非判断能力还不成熟的学生也容易受到影响。大学生思想政治教育作为一种意识形态教育，与现在社会的经济体制和时代变化不协调，心理健康教育模式与我国大学生心理问题不吻合，二者不能实事求是、与时俱进，使教育工作缺乏针对性。

（二）二者的契合理论和实践脱节

思想政治教育和心理健康教育本身是两种不同的学科体系，施教手段和方法也不完全相同，二者的契合是根据目前我国大学生的思想和心理现状提出的一条本土化探索模式，有利于增强大学生思想政治教育工作的科学性和实效性。然而，由于思想和心理问题在很多情况下难以区分，在以往的结合过程中，常常将思想问题心理化或者心理问题思想化，造成二者工作的混乱。

目前，我国很多学者和工作人员已经认识到上述两种问题，他们尽力研究心理健康教育与思想政治教育契合的正确方法，但是主要还是停留在理论研究和分析论证上，在实践层面还存在很多困难得不到解决。理论上，我们从各种角度探究心理健康教育和思想政治教育的共同点和不同点，为二者的契合提供坚实的理论基础，但是理论是形而上的东西，我们的理论必须运用于实践才能发挥理论的指导作用。在研究中，我们从二者的教育目标、教育方法、教育内容、教育本质等很多方面进行了契合的研究，但是这些研究只是笼统地阐述了二者契合的理想状态，具体到实践操作层面，并没有提出具体的契合方案。例如，我们如何把思想政治教育的被动原则和心理健康教育的主动原则协调一致，如何平衡个体教育和群体教育等。实践和理论不同，一次实践活动必须具体到每一个细节才能很好地完成，包括理论指导、方案设计、具体行动、活动评价等，目前我们的研究卡在理论到实践的转化方案上，单凭想象根本不可能把每一个具体的细节都想完善，只有实践才能知道问题出在哪里。所以，目前关于心理健康教育与思想政治教育的契合问题关键和难点主要是实践层面的技术性问题，要解决这个问题必须有理论的指导，包括对二者融合的更深层次、更多角度的研究及探索出解决二者在契合问题上各自的弊端和困难的方法和途径，打破学科间的壁垒，只有这样才不会造成二者的契合问题变成机械的相加或者“两张皮”现象。

（三）二者契合过程中各自存在着弊端和问题

心理健康教育与思想政治教育作为两种不同教育活动的结合，其结果应该是二者相互借鉴、相互补充，发挥更大的作用，但是在实际契合过程中，由于二者各自都存在弊端和问题，影响了契合的最终目的。

不可否认，大学生思想政治教育作为高校德育的一项重要内容对大学生的培养起了重大的作用，但是随着时代和社会的发展，大学生思想政治教育本身也存在着一些弊端，阻碍了其自身的发展，对大学生综合素质的培养造成一些困扰。首先，思想政治教育工作更多地考虑了政治目标，忽视了作为其主体的人。传统思想政治教育工作主要是培养大学生的政治素质、道德素质，忽视了心理素质的培养，考虑问题总是从社会和国家的宏观层面进行，要求大学生的思想道德与社会道德标准相一致，却忽视了大学生的道德品质也需要与其自身的实际需求相符合，不从大学生自身的实际需求出发，思想政治教育便失去了针对性，很容易给人造成空洞的印象。其次，思想政治教育工作忽视了大学生的主体性。传统思想政治教育工作把教育主体和教育客体同化为老师和学生，他们之间的关系只能是管理者和被管理者、教育者和被教育者的关系，老师凭借其权威和主导地位对学生进行单向式灌输教育，学生只能被动地接受，至于能不能真正内化为学生的自觉认知这个问题老师考虑得很少，受应试教育的影响，教师关注的更多的是学生在考试时候能不能把这些理论背下来，考出高分数。这样的强迫式教育方式违背了思想政治教育原本作为一种互动性教育活动的本质，忽视学生的主体性，只会造成学生的反抗心理，根本得不到应有的效果。再次，思想政治教育的工作方法和内容缺乏创新。思想政治教育作为马克思主义学科下的二级学科，以马克思主义为指导，应该坚持马克思主义与时俱进的品格，但是在具体的工作过程中，思想政治教育工作者并没有紧密结合时代和大学生实际需求不断更新教育内容和方法，面对新情况、新问题也没有及时对工作内容和方法作出调整。教育内容陈旧、教育方法单一，导致思想政治教育工作本身得不到创新，失去了不断进步的动力。最后，思想政治教育工作队伍的综合素质有待提高。具备良好素质的思想政治教育工作队伍是做好思想政治教育工作的关键，只有身心素质健康、高尚的教育工作者才能对学生起到榜样作用，对学生进行积极、正确的引导和教育。目前，思想政治教育队伍参差不齐，有的工作人员本身道德素质不高，有的业务能力和专业水平有限，还有很大部分的高校辅导员是刚毕业的学生，缺乏经验。总之，我们必须不断提高思想政治教育队伍的综合素质才能把思想政治教育工作做到更好。

心理健康教育虽然从进入高校以后，确实取得了一些成绩，为大学生的心理问题的解决作出很大贡献，但是从我国高校心理健康教育的现状来看，还是存在一些问题有待解决。首先，心理健康教育缺乏渗透性。对大学生的心理健康教育应该是以隐性教育为主，应该渗透到各门学科中。但是目前很多高校都把心理健康教育单独作为一门课程，和其他课程一样对学生进行“填鸭式”的灌输，这样的灌输就和别的学科没有区别，对学生心理起到的教育作用并不是很理想。其次，心理健康教育师资力量不足。目前，高校的心理健康教育工作者很多是由辅导员、班主任、思想政治教育工作者担任，专业的心理健康教育老师很少，这些工作人员由于缺乏心理学专业知识和心理健康教育的专业技能，在做心理健康教育工作时往往得不到预期的效果，甚至出现背道而驰的结果。正因如此，学校的心理咨询室经常处于被动局面，前来咨询的大学生不多，门庭冷落，最终流于形式。再次，心理健康教育的工作重点没理清楚。心理健康教育本身是提高学生心理素质的一种教育活动，它是以对学生心理问题的及早发现和预防为主，心理治疗为辅，但高校心理咨询往往以严重的障碍性心理问题为主，造成大学生对心理问题的误解，为了避免尴尬，大家一般不去心理咨询。

(四) 二者的契合缺乏有利的环境和条件支撑

心理健康教育与大学生思想政治教育的契合是一项浩大的工程，它们的融合将会带来很多方面的积极影响，国家、社会、高校、大学生、父母等都会成为受益人，所以它们二者的融合也同样需要社会各方面的支持作为保障。

在实际生活中，社会各界的支撑和保障并没有真正落到实处。首先，从社会环境方面来讲，受到市场经济的影响，人们的功利化倾向严重，社会道德感下降，人与人之间的“冷漠”现象加剧。“小悦悦”事件路人的冷漠，直接叩问当前社会公民的道德困境，是对道德沦丧的强烈批判及对社会良知的急切呼唤，引起社会的巨大轰动。试问在这样的道德观下，人们精神需求变得淡薄，自身素质下降，更多关注自己的利益得失，怎么还会去监督、评断别人的思想是否高尚、心理是否健康？没有一个好的影响环境，思想政治教育和心理健康教育如何能发展下去？其次，从高校方面来讲，很多高校口头上响应国家号召，加强心理健康教育和思想政治教育工作，但实际上并没有提供相应的条件保障，他们更多地把资金投入高校评估、提升高校名气显著的项目上。心理健康教育和思想政治教育工作并不能产生对高校声誉立竿见影的效果，所以面对的是资金缺乏、教师队伍缺乏培训、教师地位得不到重视等不利的条件，二者的工作都被架在空处，严重影响了二者的工作成效。再次，大学生自我认知有待提高。“大学之道，在明明德，在亲民，在止于至善”，大学教育应该是先教会大学生如何做人，然后才是如何成才的问题。然而在现代大学教育中都以智育为先，在应试教育、高校现有奖惩机制和社会大环境的影响下，大学生自身功利性和现实性增强，他们更关注对自身前途有利的方面，忽视道德品质和心理素质的提升，自我认知出现偏差，很难把思想道德和心理健康作为关注的重点。

第四节　心理健康教育与思想政治教育契合的主要路径

我们的一切教育都是为了人，人是教育的出发点，也是教育的落脚点，实现人的全面发展才是我们教育的真正价值所在。思想政治教育和心理健康教育都是直接围绕“现实的人”开展的教育活动，它们的终极价值目标也是为了培养全面发展的人。为了更好地实现大学生的全面发展，心理健康教育与思想政治教育的契合作为一条适合中国大学生发展的本土化道路正在积极探索中，虽然在契合的过程中遇到很多的问题，但是我们不应该因为前进道路中的曲折和反复就否定这条道路的正确性，我们应该认识到二者的契合不仅是一种可能，更是不断发展和完善大学生思想政治教育工作的必然选择。为此，对于心理健康教育与大学生思想政治教育契合过程中出现的问题和不足，我们要不断研究和探索适合二者契合的有效路径。

一、始终坚持以人为本的教育理念

坚持以人为本，就是要从“现实的人”出发，切实从每个人的实际情况考虑他在社会中生活的一切需求，不管是基本的物质生存条件，还是高层次的精神和心理需求，都与他所处的社会背景、身份地位、社会角色、年龄阶段等息息相关。以人为本具体来讲是以“现实的人”为根本，以人的需要为出发点和归宿，充分地尊重人、理解人、肯定人、丰富人、发展人、完善人，尊重人的主体地位和个性需求，培养人的自主意识和主观能动性，促进人的健康成长和全面发展。高校作为马克思主义理论的阵地，应该始终坚持以人为本的教育理念，围绕大学生展开各项教育工作，做到以大学生为本，不断促进我国高等教育事业的发展。

（一）坚持主体性原则

思想政治教育从本质上讲，是一种培养人、塑造人、发展人、成就人的教育活动，以马克思主义作为其指导思想和理论基础，具有浓厚的人文色彩和人文关怀的内涵。人们作为社会关系的总和相互交往、相互关心、相互理解、相互尊重，只有这样才能构建和谐的社会关系，并且相互之间保持各自的主体性。传统的思想政治教育偏离了其本质，教育者和教育对象的相互关系过多地体现为一种上下级关系，教育者就是权威和主体的象征，教育对象只能接受和服从，单向式的思想政治教育方式造成对大学生的一种强迫式灌输，极少地考虑大学生的心理需求和主观能动性，使大学生成为“机械人”，失去了体现其本质的主体性。在这样的双方处于不平等地位的条件下，思想政治教育忽略了原本体现其价值的主体，缺乏针对性。新时期，要改进和加强大学生思想政治教育，就应该正视自身的不足，彻底转变传统思想政治教育活动中正面的、强制的灌输方式，充分尊重大学生的个体需求，提升他们的主体地位。在马斯洛的需要层次理论中，个人的需求属于较高层次的需求，是人的精神需求，思想政治教育作为一种意识教育，只有在精神上征服学生才能达到其教育的目的。因此，在实际的思想政治教育活动中，应该加强对大学生的人文关怀，思想政治教育工作者应该摘掉权威的“皇冠”，和大学生处于一种朋友式的平等地位，充分尊重大学生的个体需求，和他们交流、谈心，不断进行心理疏导，发扬其优点，指出其不足，互相学习，共同进步，实现思想政治教育方式的人性化转变，使主体间性得到彰显。

苏霍姆林斯基说：我们应当“善于在每一个学生面前，甚至是最平庸的、在智力发展上最有困难的学生面前，为他打开精神发展的领域，使他能在这个领域里达到顶点，显示自己，宣告大写的‘我’的存在，从人的自尊感的泉源中吸取力量，感到自己并不低人一等，而是精神丰富的人。这个领域就是道德发展。在这里，通往顶点的道路对任何人都没有封锁，这里有真正的毫无限制的平等，这里每一个人都可以成为伟大的、独一无二的人”。思想政治教育作为德育的重要方面，应该充分尊重每个学生的主体性，使他们的精神不断丰富，道德品质不断提升，每个学生都成为独立的个体，最终实现真正的自我。

（二）坚持共情原则

大学生正处于年少气盛的年纪，情感丰富而强烈，并且带有极端性，思想政治教育工作者必须用真诚的感情去对待这群内心丰富多彩的大学生才能取得应有的效果。然而，传统思想政治教育过程中，单向式的教育模式使得这种本该贯穿教育活动始终的情感互动也变成消极的单向模式，教育者忽视大学生的内心感受，只是单向地机械地付出自己的情感，这种虚假的敷衍的情感没有得到教育对象的情感回应，不能引起积极的情感共鸣，把思想政治教育变成一种强加给学生的、肤浅的、外在的教育，使思想政治教育失去教育的本质，仅仅变成一种外在的教育形式而已。针对我国的这种教育情况，我国一位著名教育家曾说过一段十分形象的话：“学校教育到了现在，真正空虚极了。单从外形的制度上，方法上，走马灯似的变更迎合，而于教育的生命的某物，从未闻有人培养顾及。好像掘池，有人说四方形好，有人又说圆形好，朝三暮四地改个不休，而于池的所以为池的要素，反无人注意。教育上的水是什么？就是情，就是爱。教育没有情爱，就成了无水的池，任你四方形也罢，圆形也罢，总逃不了一个空虚。”

因此，思想政治教育要摆脱这种空虚的状态，就需要运用心理健康教育的共情原则。共情也称为共感，就是说一个人能设身处地地为别人考虑，体会他们的内心世界，站在他人的角度看待问题就更容易理解他人的感受，也更容易体会到别人为什么会做出那样的情感反应。思想政治教育要想回归到其育“德”的实质，首先必须做到爱的教育，使情爱贯穿始终。思想政治教育工作者应该用真诚的心去对待大学生，从大学生的角度看待自己的教育工作才能找出不足。在教育过程中，始终保持对工作的热爱，对大学生的关爱，体会他们的内心感受，注意他们的情感反馈，这样不断地交流和换位思考，才能找到教育者和教育对象的情感共同点，从而达到情感共鸣，消除大学生的抵触情绪和反抗心理。所以，思想政治教育只有真正做到教育者爱学生、学生爱教育者的积极情感互动，才算是一种真正的教育，不只是一种华而不实的教育形式而已。

（三）坚持解决问题原则

人是思想政治教育的中心环节，我们在开展思想政治教育活动时要时时刻刻围绕人的发展进行，这就要求我们在考虑、解决问题时必须从活生生的、具体的、现实的人出发，而现实的人都离不开社会，都是生活着的人，离开生活去谈论人，就把人空洞化、抽象化了。英国著名哲学家怀特海曾经说过："教育只有一种材料，那就是生活的一切方面。"因此，思想政治教育要关注人，就是关注人的生活的一切方面，离开生活，离开实际，思想政治教育就是空谈。

大学生思想政治教育如何把以人为本从口号落实到实处，成为一个值得思考的难题，要解决这个难题关键还是要抓住思想政治教育的主体，全面关注大学生的生活实际。传统的思想政治教育往往还不能摆脱计划经济体制下的教育模式，想当然地以过去的成就掩盖新时期面对新情况、新问题出现的不足，使思想政治教育处于疲软状态。改革开放以来，社会各方面都在发生着巨大而深刻的变化，大学生面对新旧体制、理论、观念的碰撞必然会出现思想和心态上的除旧布新，高校思想政治教育应该正视这些变化，以积极的姿态去了解、适应这些新情况，贴近生活、贴近实际、不断关注和了解大学生的思想和心理动态，想学生之所想、急学生之所急，切实帮助大学生解决生活实际问题。例如，随着社会就业机制、分配方式等的变化，大学生的功利性思想增强，思想政治教育应该高度关注和大学生利益相关的热点问题，真诚地和他们展开交流，倾听他们的想法和观点，对错误的思想进行引导和纠正，逐渐使他们形成正确的价值观和利益观。面对学生出现的思想和心理问题，不能单纯地靠思想教育、政治教育这些生硬的正面的教育方式对这些问题简单看待，应该认识到人们思想和心理问题的产生都是源于生活，应该通过多种方式旁敲侧击地了解这些问题背后的原因，只有了解了实际情况，才能对症下药，帮助大学生更好地解放思想和心理问题。

大学生思想政治教育工作只有不断维护好、发展好大学生的切身利益，才能切实做到以人为本，实现与心理健康教育的有机结合。只有大学生的实际问题得到有效解决，才能显示出思想政治教育本身作为一种最贴近学生的教育活动的功效，使大学生保持积极乐观的心态，主动成为思想政治教育的接受者和拥护者，并积极参与到思想政治教育活动中。生活即教育，教育即生活，主体地融入与回归，让思想政治教育工作与心理健康教育的契合更进一步，感染力和号召力不断增强。

二、坚持理论创新与实践体验相结合的教育方式

在我国目前高校的教育体系中，要想实现心理健康教育与思想政治教育的有效契合，必须坚持理论和实践的共同创新，理论指导实践，实践检验理论，只有这样，才能使二者契合的有效性不断提高。

（一）增强心理健康知识在思想政治教育中的渗透性

心理健康教育本来就是一项运用性和渗透性极强的教育活动，目前，一些高校虽然开设了心理健康教育方面的课程，但在课程设置方面存在一些问题，如单纯注重知识的灌输忽视实践的运用，把心理健康教育与思想政治教育模糊化，过分注重形式而忽略了其核心本质等，使得

心理健康教育课程演变成另一种“填鸭式”的理论灌输，失去了设立这门课程的初衷。而思想政治教育理论课教学作为高校德育的主要途径，其正面的理论灌输教育方式往往会引起大学生的反感，正如苏联教育家苏霍姆林斯基曾说：“造成青少年困难的最重要的原因在于，教育实践在他们面前以赤裸裸的形式进行，而处于这种年龄的人按其本性来说是不愿意感到有人在教育他”，所以针对心理健康教育课程和思想政治教育教学各自的不足，应该加强心理健康知识在思想政治教育教学中的渗透，不仅可以弥补二者的不足，还能促进二者的契合。首先，在思想政治课教学中，应该多注意一些隐性的与大学生心理相融合的教育因素，如友好的师生关系、融洽的课堂气氛、巧妙的教学设计、灵活的教学方式、高尚的人格魅力等心理健康教育方面的环境设计，可以激发大学生的兴趣，调动大学生的积极性，间接地对大学生的心理和思想产生影响。其次，在思想政治教育课教学过程中应该对大学生进行层次性分类，针对不同年级大学生的实际情况渗透不同的心理健康教育内容，对大一新生应该在《思想道德修养与法律基础》课教学中多渗透一些基本的心理健康知识，让他们对心理健康有所了解，对心理问题的预防有一定的帮助：大二、大三的学生主要是在考研、学习、恋爱等方面容易出现问题，在相关的思想政治教育课教学中应该加强对这些方面知识的讲解和心理辅导，对学生的心理困惑和矛盾的解决具有积极影响；大四的学生面对的主要是工作问题，那么在教学过程中应该多加强就业心理和择业指导。通过心理健康知识在思想政治教育课中的渗透，使思想政治教育更贴近学生实际，满足大学生的思想和心理需求，增强大学生的思想道德素质和心理素质。

（二）倡导发展性价值取向的心理咨询

我国高校为了表示对心理健康教育的重视，几乎都设立了心理咨询机构，但很多情况下，这些心理咨询机构都是冷冷清清，前来咨询的学生寥寥无几，使这个机构形同虚设，造成资源的浪费。究其原因，主要包括三个方面：一是大学生对心理问题的误解；二是心理咨询机构的专业人员素质与能力不足；三是心理咨询机构的侧重点存在偏差，忽视发展性心理咨询。

在高校大学生遇到的心理问题中，大部分是源于日常生活中与自身更好发展相关的问题，如学习、恋爱、就业、人际交往等都可能引起心理问题，严重的障碍性心理问题只是少数，所以，高校心理咨询应该扩大范围，面向广大学生，倡导发展性心理咨询。为此，应该做以下几方面的努力：首先，让大家对心理问题有正确的认识。通常大家都把心理问题狭隘化，把它等同于心理疾病、心理异常等，其实心理问题是个相当广泛的范畴，人们日常生活中因为工作、学习、恋爱等各方面产生的心理困惑、心理矛盾都属于心理问题，而且还是心理问题的主要方面。可以说心理问题几乎无时无刻不存在，每个人都会或多或少存在一些心理问题，有心理问题并不是一件见不得人的事情，相反，懂得七情六欲、喜怒哀乐的人才是正常的人。所以，出现心理问题并不可怕也不可耻，大家应该对心理问题有正确的认识，心理咨询只是帮助你消除暂时的苦闷和困惑的一种手段而已，即使你已经出现障碍性心理问题，心理咨询也会帮助你恢复到健康的心理状态。只有对心理问题有了正确的认识，大学生才会乐于接受心理咨询。其次，不断提高心理咨询人员的技术水平。心理健康教育作为一门新科目，研究的深度不够，心理咨询专业人员的缺乏使得心理咨询没有发挥出应有的作用，咨询效果不明显，所以，作为心理咨询人员，应该不断丰富自己的理论知识，并且多方面学习咨询经验和技术，特别是在咨询过程中应该坚持价值参与原则。一般情况下，心理咨询不会涉及“价值”，因为心理咨询是从西方传入我国的，在个人主义至上的资本主义国家心理咨询一直坚持价值中立原则，不会对被咨询者的价值观进行干预。但是按照我国的文化传统，人们具有对权威的依赖、尊重、服从心理，再加上我国大学生在改革开放大潮中表现出来的价值矛盾和困惑，正是价值观的迷茫导致他们出现更多的心理问题，所以，高校心理咨询人员在咨询过程中应该充分结合我国大学生的实际情况，在充分尊重大学生的前提下，对他们表现出来的偏离社会规范的价值观进行适度的引导和干预，使大学生重新树立正确的价值观。共同的价值观引导，正是心理健康教育和思想政治教育契合的可行性之一，正确的价值观有助于心理健康的形成。

（三）加强大学生的实践体验

社会实践是思想政治教育的一种重要方法，根据马克思主义学说，理论对实践有指导作用，反过来，实践是正确理论不断形成的源泉，也是检验理论正确与否的唯一标准，所以，心理健康教育与思想政治教育契合问题的研究要想得到不断的发展和创新，就需要不断加强实践，在实践过程中使大学生的思想和心理不断发展，并且探索心理健康教育与思想政治教育契合的着力点。

在加强大学生实践体验的过程中应该注意几个问题：第一，要根据教育目的和大学生实际选择合适的实践锻炼方式。实践锻炼有很多种方法，我们应该根据具体的教育目的采取有针对性的实践方法，同时在制订实践方案时，应该把大学生的年级、性别、专业等都考虑进去，这样才有助于根据大学生具体的思想和心理实际选择合适的实践方法。第二，建立一些稳定的实践基地。稳定的实践基地可以使实践更具有长期性、系统性、固定性，有助于大学生在这种循序渐进的实践中形成稳定的思想和心理，如一些红色革命基地、博物馆等，高校都可以尽力和这些地方的领导进行协商，通过历史传统文化对大学生的思想和心理进行感染和熏陶，有助于他们树立坚定的马克思主义信念，形成正确的世界观、人生观和价值观，有助于心理健康水平的提升。第三，要持之以恒。实践要对大学生的思想和心理产生影响，只靠一次两次的偶然是不行的，只有在经常性的、反复的实践中大学生的思想品德和心理素质才能不断得到提升。因此，我国高校应该不断加强大学生实践，使大学生在实践过程中思想素质和心理素质不断强化，并且把理论转化为行为，做到言行一致，这样思想政治教育的效果才能得到显现并不断巩固。

三、强化思想政治工作人员心理健康方面的知识

思想政治教育工作者在传统的教育过程中要求具备相应的政治素质、思想素质、道德素质、业务素质等，却没有把具备一定的心理素质纳入其中。当前大学生日益突出的心理问题使得思想政治教育工作者必须结合心理健康教育的知识才能更好地完成工作。现实中虽然高校大都设立了心理健康教育机构，但大部分工作人员都是由思想政治教育工作者兼任，专业的心理健康教育人员很少，所以思想政治教育和心理健康教育的工作人员很多是交叉和重复的，而且大部分思想政治教育工作人员并没有系统学习过心理学知识。正是由于这样的矛盾，才导致思想政治教育出现漏洞。一方面，由于对心理学知识不了解，一些思想政治教育者自身心理素质不高，对心理健康教育也没引起足够的重视，仍然按照传统的思想教育和政治教育模式去看待、处理学生的心理问题，导致大学生四象政治教育盲目化；另一方面，一些思想先进的思想政治教育者意识到学生心理问题的存在，试图用自己所了解的心理学知识去引导学生，却因为对心理健

康教育了解不系统、不深入，在处理学生思想和心理问题时，很容易将二者混淆，甚至得到事与愿违的结果。

因此，为了更好地解决大学生存在的问题，帮助他们更好地发展，思想政治教育者必须不断更新自身的理论知识，提升综合素质，尤其是心理健康教育方面的知识，高校也应该提供各种条件来保障思想政治教育工作队伍素质的提升。首先，高校应该认识到心理健康教育的重要性，并成立专门的心理健康教育工作部门，由相关学校领导统一带领，定期组织其成员系统学习心理健康教育方面的知识，有条件的还可以请一些专业的心理学人士进行培训和讲课。尤其高校辅导员和班主任队伍是和学生最贴近的群体，他们不仅要在学生日常思想政治教育工作中发挥作用，还包括对学生心理素质的培养，而且现在大部分辅导员都是刚毕业的年轻学生，他们热情很高，但理论不足、经验缺乏，有机会参与专门的心理健康教育知识的培训，对他们以后的工作有很大的帮助。其次，加强思想政治教育工作人员与心理健康教育部门人员的交流与沟通，二者由于工作方法不同，看待学生问题的角度自然不同，定期的相互交流可以对学生有更全面的了解，并在交流经验的过程中不断丰富各自的工作方法，促进两个部门之间的协调，便于管理。最后，从各个高校搜集一些思想政治教育工作成功的案例让相关人员共同学习，并且从案例中总结出一些宝贵的经验，从实践中总结出来的理论更具有说服力和感染力。

通过对心理健康知识的学习，在做好思想政治教育工作的同时，不断增强工作队伍的心理素质，有效地提升教育工作队伍的能力，使思想政治教育者能更好地解决大学生的思想和心理问题。

四、加强学生骨干队伍的培养

思想政治教育要管理和培养人数众多的大学生，必须要有一支素质过硬、结构合理的队伍，除了专业思想政治教育工作者，还应该培养一批精炼的学生骨干队伍，帮助思想政治教育工作者一起完成工作任务。学生骨干队伍是多种角色的综合体，他们既是教育对象，也是教育者，还是连接思想政治教育工作者和大学生的桥梁，一方面，作为教育工作者的“眼睛”，可以帮助工作繁忙的专业工作人员更多地了解学生思想和心理状况，便于辅导员或者班主任更好地管理和处理学生的思想和心理问题；另一方面，他们是大学生朋辈咨询的重要途径，学生平时遇到的一些小矛盾、小困惑可以通过他们的帮助得以解决，或者一些内向的学生平时不习惯和老师进行交流，可以通过学生骨干力量帮助他们；同时，学生骨干队伍在帮助辅导员或者班主任处理日常学生事务的过程中自身思想和心理素质也得到了提高，并积累了不少的学生工作经验，很可能成为日后辅导员队伍的中坚力量。

学生骨干作为辅导员队伍的工作助手和培养对象，在选拔时也需要有一定的标准：首先，应该具备良好的道德品质。思想政治教育作为一项德育活动，其工作就是对大学生思想品德的培养，学生骨干作为班级的表率，必须为别的同学做出榜样，服务意识强、为人正直、团队合作能力好、表里如一等都应该作为选拔的标准。其次，应该具备良好的心理素质。学生骨干要帮助别的学生解决心理问题，自己必须具备良好的心理品质，只有具备作为教育者应有的心理素质，才能对别的学生进行正确的价值引导，帮助他们解决心理问题。再次，应该具备发展潜力。大学生身心发展尚不成熟，可塑性很高，辅导员应该多留意学生的发展潜力，选拔一些具备成才要素的学生加以锻炼。最后，应该具备一定的工作能力。学生工作本来就是比较烦琐的，经常性的突发情况使得工作人员应该具备较好的应变能力和工作能力。此外，还应该考虑该学生的群众关系、领导能力、创新意识等。总之，学生骨干的选拔不是随意的，辅导员应该以公平、公正、自愿的原则对学生进行挑选，并且多给他们实践的机会，对他们进行指导和培训，并制定一套比较完善的激励机制，不断增强他们的自信心和对工作的热情。

学生骨干的培养，是一个一举多得的好方法，方便了思想政治教育者的工作，促进了学生骨干队伍自身身心素质的提高，有利于大学生整体思想和心理问题的解决，为心理健康教育与思想政治教育的契合提供了有效的途径。

五、将心理健康教育知识充分融入网络思想政治教育载体

我们应该认识到网络的发展是世界的潮流，大学生作为网络的主力军，已经把网络融入了日常生活，思想政治教育和心理健康教育作为培养大学生综合素质的重要途径，应该充分利用网络资源，积极建设有利于思想政治教育与心理健康教育的网络环境，实现思想政治教育与心理健康教育资源的有效整合。

网络是一把“双刃剑”，一方面对传统的思想政治教育提出挑战，另一方面为思想政治教育提供了新的载体和工具，促进思想政治教育的创新。目前部分高校已经建立了相应的思想政治教育网站，但是这些网站大多仍然是单纯宣传思想政治教育理论，并没有将心理健康方面的知识融入进来，对解决大学生思想和心理的实际问题并没有太大的帮助，所以，我们要不断优化和创新网络思想政治教育环境，使其成为思想政治教育的有效载体，首先，要不断丰富网络思想政治教育者的知识结构，特别是心理健康方面的知识。怎样利用好网络关键在于人，网络只是一种方便人们的工具而已。高校网络思想政治教育工作者要想充分利用好网络这个新载体，应该紧跟时代步伐，不断更新思想政治教育及其相关理论知识，对网络进行积极了解，学习网络的有关知识，严格遵守网络道德，特别是要加强心理健康方面知识的学习，只有网络思想政治教育者对思想政治教育、心理健康教育、网络方面的知识都有所了解，才能在网络环境下更好地实现心理健康教育与大学生思想政治教育的契合，增强大学生思想道德和心理素质的培养。其次，网络思想政治教育内容要切实帮助大学生解决实际问题。网络思想政治教育的发展是为大学生的成长成才服务，只有坚持贴近学生、贴近实际、贴近生活的原则，切实帮助大学生解决实际问题，才能实现网络思想政治教育的作用。教育部《关于加强高等学校思想政治教育网络工作的若干意见》（教社政〔2000〕10号）强调指出：“要利用校园网为大学生学习、生活提供服务，对大学生进行教育和引导，不断拓展大学生思想政治教育的渠道和空间。”高校网络思想政治教育必须融入心理健康方面的知识，这样才更有利于解决大学生日常生活中遇到的人际交往、恋爱、情绪调节、就业等方面的问题，才能显示出网络环境下思想政治教育的强大生命力。再次，网络思想政治教育要不断创新内容和形式。传统的思想政治教育方式和方法单一、枯燥、生硬，即使借助网络，如果不创新网络思想政治教育的形式，仍然沿用传统的方式也不能吸引大学生的注意。高校思想政治教育应该借助互联网这种新科技，结合心理健康教育的方法，采取形式多样、生动有趣的形式把思想政治教育的内容展现出来。比如，通过BBS和大学生讨论他们比较关心的热门话题，通过在线心理咨询解放思想和心理困惑，通过电子邮件和学生进行私下沟通，通过微博、微信等方式及时分享同学和老师的感受、体验和心情等，这些都有助于及时、全面了解大学生的思想和心理动态，可以帮助大学生更好地解放思想和心理问题。

最后，网络思想政治教育建设需要各方面人才的加入，要想把高校网络思想政治教育建设得有声有色，单纯依赖思想政治教育者是行不通的，思想政治教育者本身工作就很烦琐，没有太多的时间学习，对各方面知识不可能面面俱到，所以需要心理健康教育人员、网络技术人员等方面人才的加入，才能把网络思想政治教育从内容到形式都打理得井然有序。

心理健康知识的融入，对优化和创新大学生网络思想政治教育的整体环境具有重要的意义，高校不仅要注重心理健康教育与思想政治教育在现实中的契合，更不能忽略二者在网络环境下的契合。

六、有效推进思想政治教育与心理健康教育环境建设

“加强和改进大学生思政教育是一项系统工程，必须把全社会各方面的力量动员起来，把社会各方面的资源整合起来，使他们发挥作用，密切配合，积极营造大学生健康成长的良好的社会环境。”

（一）和谐家庭环境

家庭是大学生出生后接触的第一场所，对大学生思想品质和心理素质的养成有着深远的影响，健康、积极、温暖的家庭环境有利于大学生缓解心理压力，增进心理健康，提高思想道德品质；反之，则会增加大学生的心理压力，降低大学生的思想素质，对大学生的成长成才造成障碍。所以，积极营造一个良好的家庭环境是大学生思想政治教育的基础保障。

健康家庭环境的营造应该注意以下几个方面：首先，父母要不断提高自身的思想道德素质和心理健康水平。父母是孩子的启蒙老师，对于模仿能力极强的孩子来说，父母是孩子第一个接触的人，他们是孩子最早的榜样，父母的言行举止都会给孩子留下印象并做出模仿行为。同时，父母的世界观、人生观、价值观也会在日常生活中不知不觉渗透到孩子的思想和行为中。恩格斯曾经对资本主义的家庭教育作出描述：“忽视一切家庭义务，特别是忽视对孩子的义务，在英国工人中是太平常了，而这主要是现代社会制度促成的。对于这种在伤风败俗的环境中——他们的父母往往就是这环境中的一部分——像野草一样成长起来的孩子，还能希望他们的后代成为道德高尚的人?”所以，父母的思想道德素质和心理素质如何，对子女的思想和心理有非常大的影响，父母应该意识到这一点，并且不断加强思想素质和心理素质的培养。其次，父母要遵循孩子的思想和心理发展规律。在教育子女时，父母不要把自己的想法完全强加给孩子，应该遵循孩子的身心发展规律，多和孩子进行交流和沟通，并从孩子的角度看待问题，试着体会他们的内心感受，这样才有利于孩子的思想和心理循序渐进的健康发展。最后，注意家庭日常生活。家庭环境的影响不仅体现在家庭教育中，更体现在日常生活中，如家庭氛围、家庭成员的关系、生活习惯等都在无形中对大学生的思想和心理起着潜移默化的渗透作用。所以，融洽的家庭关系、温暖的家庭氛围、良好的日常习惯都是可以对大学生的意识产生积极影响的，我们应该尽量注意一些日常生活的细节，养成良好的生活习惯。

（二）优化学校环境

学校是高校教育的主要场所，学校环境对心理健康教育与思想政治教育的契合起着举足轻重的作用，二者契合的有效性取决于学校环境的支持力度及对大学生成长成才的重视程度，因此，高校应该积极营造优良的校园环境，促进心理健康教育与思想政治教育的有机契合，不断

提升大学生的综合素质。

环境具有整体性，各种环境因素之间不是孤立的存在，而是相互之间有机联系与统一，共同对大学生产生影响。所以，要不断强化高校环境，加强心理健康教育与思想政治教育的契合，应该做到：第一，提供足够的财力、物力、人力支持。心理健康教育和思想政治教育相契合能否真正落实关键是高校的资金保证，只有具备充足的资金来源，才能加大对工作队伍的培训力度，提高工作队伍的素质；才能不断提升思想政治教育人员的福利待遇和社会地位，增加他们的工作效率；才能购买先进的仪器和设备等硬件设施，更好地为大学生解决思想和心理问题；才能说明领导对大学生思想政治教育的重视并不是一句空话，而是实实在在地为大学生的切身利益考虑。第二，加强校园文化环境建设。校园文化是以教职员工为主导，以大学生为主体，以校园精神为核心，反映高校师生员工的思想、价值取向和行为方式的社会亚文化。加强校园文化建设，营造一个积极、健康、向上的校园环境和文化氛围，对于大学生的健康成长具有潜移默化的影响，包括校风、学风建设，宿舍文化建设和开展丰富多彩的校园文化活动等。第三，加强校园自然环境及周边环境的治理。“蓬生麻中，不扶而直；白沙在涅，与之俱黑”，营造优美的校园自然环境，带给大学生视觉享受的同时也不断刺激着他们的意识反映，身心舒畅思想和心理自然变得积极起来。此外，校园周边的环境治理也不容忽视，如对周边居民的素质培养、网吧等娱乐场所要经常进行整治，对大学生健康成长的不利因素要积极防御，并制定相关的规章制度进行管理。第四，不断强化高校工作人员的服务育人意识。除了教育工作者，高校的所有工作人员都与大学生日常生活息息相关，包括后勤人员、管理和行政人员等，他们的工作态度好坏从侧面反映着高校的服务育人宗旨的落实程度，不仅影响大学生对高校的印象和评价，而且影响大学生的思想和心理状况，如果这些工作人员做得不好，没有良好的工作态度与服务意识，会导致大学生对高校思想政治教育的反感，对高校及教师的失望和不信任，不仅造成思想政治教育工作的失效，也对高校的声誉产生很大的影响，对大学生的思想品质和心理品质的培养造成消极作用，不利于大学生的成长成才。

（三）净化社会环境

社会环境对大学生的影响是显而易见的，正是在社会的经济、政治、文化环境的变革中，大学生的世界观、人生观、价值观发生了很大变化，既有积极方面，也有消极方面，其中大学生心理问题的日益增多就是社会变革的一个负面产物。大学生肩负着祖国未来建设的重任，帮助他们健康成长是全社会的责任，所以我们要齐心协力配合高校思想政治教育 T 作，充分利用各种社会资源为大学生的全面发展创造有利的环境保障，促进大学生综合素质的全面提高。要净化社会环境，首先，优化道德环境。国家及社会应该努力抵制西方的错误价值观，有效地利用电视、报刊、网络等大众传播媒介弘扬社会主义主旋律，积极倡导我国优良的道德作风，加大对社会道德模范的宣传和奖励，鼓励人们学习优秀的传统文化，大力发扬雷锋精神，并对破坏社会道德的行为严惩不贷。其次，净化经济环境。我们应该制定严格的法律法规，坚持反腐倡廉，加大干部队伍思想道德建设，促进廉政建设进校园工作，让大学生树立正确的物质观和金钱观，坚决抵制“我爸是李刚”“我爸是李双江”等“拼爹”现象，明白靠自己的劳动取得正当的物质利益才是正确的选择。再次，优化文化环境。文化对人的影响是潜移默化的，加强心理健康教育与大学生思想政治教育的契合，最根本的是在整个社会的文化建设中坚持社会主义核心价值体系，始终保持正确的指导方向，并大力倡导传统文化的学习，不断完善各种文化设施的建设和管理，建立健全文化市场的管理制度，大力推进社会主义精神文明建设，实现社会文化环境的优化。

（四）实现家庭、学校、社会环境的有机统一

家庭、学校、社会环境作为影响大学生思想和心理状况的一个整体应该是相互联系、有机统一的。学校加强与家庭的联系，一方面可以对大学生进行更全面的了解，有利于综合分析大学生产生思想和心理问题的根源，促进大学生思想和心理问题的解决；另一方面也便于父母对大学生在校情况的了解，对大学生出现的思想和心理问题有一定的帮助。社会加强与学校的联系，可以为高校提供正确的价值导向，帮助高校提供有力的人力、物质、财力等条件保障，促进心理健康教育与大学生思想政治教育的契合。社会与家庭的联系，可以帮助一些大学生解决实际困难，如帮助经济上有困难的学生，提供更多的优惠政策等。总之，促进家庭环境、学校环境、社会环境“三位一体”的有机联系，积极营造和优化整体环境，对心理健康教育与大学生思想政治教育的契合具有重大的积极影响，为大学生的全面发展提供了有力的环境保障。

新时期，面对社会各方面的大变革及大学生出现的思想和心理问题，高校传统思想政治教育工作已经处于疲软状态，积极探索并不断创新思想政治教育工作的内容、方式和方法，是顺应时代潮流发展、满足社会新需求、提升大学生综合素质的必然选择，整个社会都有责任为思想政治教育的发展提供有利的环境和条件保障。心理健康教育与大学生思想政治教育的契合是新时期适合我国教育发展的一条本土化探索新模式，二者的契合不仅有利于心理健康教育的发展，更为思想政治教育工作的发展注入了新的内涵和活力，提高了思想政治教育的科学性、针对性和实效性，增强了思想政治教育的感染力和说服力，为培养大学生高尚的道德品质和健康的人格提供了有力的保障。

第十七章　高校学生社团德育功能研究

第一节　高校学生社团发展的历程、类型及其重要性

一、高校学生社团的定义

在高校，学生社团是新时期大学生参与度最高、影响力最大的德育有效载体，发挥着隐性德育的积极作用，是高校德育的重要方法、手段和途径。高校学生社团的德育功能有利于弥补高校学生社团德育理论上的不足，完善和丰富高校学生社团德育研究理论体系；有利于增强其德育的吸引力和凝聚力，提高高校德育工作的实效性和针对性。

社团即社会团体的简称，本身有着悠久的历史。在西方，它是伴随着中世纪大学一同兴起，为维护学生的合法权利起到组织保障作用，对学生个人的道德社会化与全面发展起到不可磨灭的作用。在我国，学子结社的思想可以追溯到先秦时期，著名的“子产不毁乡校”就出现在这个时期。但真正意义上的现代高校学生社团则产生于20世纪初，并具有明显的时代特征，“爱国主义”是其诞生并得以蓬勃发展的主线。根据《学生社团工作意见》中的定义“大学生社团是由高校学生依据兴趣爱好自愿组成，按照章程自主开展活动的学生组织。高校学生社团活动是实施素质教育的重要途径和有效方式，在加强校园文化建设、提高学生综合素质、引导学生适应社会、促进学生成才就业等方面发挥着重要作用，是新形势下有效凝聚学生、开展思想政治教育的重要组织动员方式，是以班级年级为主开展学生思想政治教育的重要补充”。

二、高校学生社团的三次发展浪潮

在清朝的校规和监规中，是明确禁止学生结社的。有史料记载，清顺治皇帝曾为国子监开列八条监规，其中第八条就是禁止生员结社的要求：“生员不许纠党多人，立盟结社，把持官府，武断乡曲，所作文字，不许妄行刊刻，违者，听提调官治罪。”由此可以看出，清代统治者为了加强其封建专制主义的统治，既要学生“忠厚正直”，又剥夺他们有思想、言论、出版自由的权利。所以，我国高校学生社团的第一次浪潮是清末民初时期，中国留学生在外国组成的学生社团，其类型基本上以爱国政治斗争类为主，尤其以留日学生社团最为兴盛，绝大多数留学生在社团中认清了清政府的卖国本质，进而走上革命道路。最早的留学生社团是1900年在日本东京建立的励志会，冯自由称其为“此会实为留学界创设团体之先河”，它以“联络感情，策励志节”为宗旨，发刊《译书汇编》，专译欧美资产阶级启蒙名著，宣传资产阶级民主思想。励志会的建立，激发了广大留日学生的爱国热情，他们纷纷组织爱国团体同乡会，从事反清爱国的斗争。1901年，冯斯架、郑贯一发起组织了“广东独立协会”，主张广东独立自保，他们的行动得到了孙中山的赞助。1903年，还组织了规模巨大、影响深远的“拒法”和“拒俄”爱国运动。

同年4月，五百余名留日学生组成了一支由黄兴、陈天华领导的“拒俄义勇队”，后因清政府的镇压，义勇队被迫解散，时有评论“学生之卑怯者，以畏惧政府干涉，不敢再与闻政治运动”。这些政治类社团的存在，为日后大型统一的革命团体同盟会的成立提供了坚实的政治同盟情谊，特别是许多留日学生中途或利用假期回国，把革命思想洒向全国，传播革命火种，领导革命斗争。

国内最早的学生社团是由京师大学堂学生丁开嶂和张榕为反对列强侵略于1904年成立的抗俄铁血会。五四运动前后，一大批具有现代意义的学生社团在各高校中风起云涌，这是新文化运动和民主爱国运动相融合的直接产物，掀起了我国高校学生社团发展的第二次浪潮。

1916年，蔡元培入掌北京大学，“扶植社团”成为他改革北大的重要举措之一。在他的提倡和整顿下，各个学术团体异常活跃，使校园里的学术研究氛围空前浓厚。1918年年末，傅斯年、罗家伦等在蔡元培、陈独秀、胡适、李大钊等的直接指导与帮助下，成立了北京大学第一个学生社团——“新潮社”，创刊《新潮》，与《新青年》同声相应，提倡民主与科学，为五四思想的传播打下了坚实的基础。

五四运动时期，广大青年学生多是通过参加学生社团来实现自己的政治诉求，其中最具代表的有觉悟社和北京大学马克思学说研究会。1919年，天津学生联合会和天津女界爱国同志会的20名男女进步青年，组成了革命团体觉悟社，该社是“天津学界中最优秀、纯洁、奋斗、觉悟的青年结合的小团体”。主要做一些社会科学和新思潮的研究，成员们常在一起议论研究新思潮，打破封建习俗，在交流中探索真理，并出版了名为《觉悟》的革命刊物。1920年，李大钊在北京大学组织了第一个传播马克思主义的进步学生理论社团“马克思学说研究会”，在北大、女子师大、北京师大等学校开设了一系列宣传马克思主义的课程，以马克思主义为指导研究中国的问题，培养了一批马克思主义信仰者。除此之外，有较大影响力的学生社团还有国民杂志社、北京大学平民教育演讲团等，这些学生社团为中国近代革命和新中国的建设和发展培养了大批的爱国知识分子。

改革开放以来，随着高校教育教学体制改革的深入和高校在校学生规模的剧增，高校学生社团迎来其第三次发展浪潮。大学生在学生社团中把自身关注的兴趣焦点同新时代和新社会发展的主题紧紧联系在一起。随着国家对素质教育重视程度的不断加深，高校学生社团成为大学生在学习、生活中发展个人兴趣爱好以及培养良好品德的有效载体，其类型不再局限在政治参与方面，而是涵盖了理论学习型、学术科技型、公益实践型、文体娱乐型等多个方面，种类、作用、活动形式及内容也与时俱进。高校学生社团组织的学术水平、管理方式、社会公益服务能力等都得到全面的提高。

以在全国高校中拥有学生社团数量和种类最多的北京大学为例，早在1998年，注册的学生社团就达到了86家，此时的北大社团文化就以“百团大战”而扬名于各大高校，截至2009年，全校共有261家学生社团，学生年参与活动达40%以上。学生社团类型可以分为八大类：政治理论、学术科创、公益志愿、实践促进、合作交流、地域文化、文化艺术、体育健身，可见，学生社团的活动内容涉及了社会生活的方方面面，满足了当代大学生对自身自由全面发展的现实需要，并且涌现出大量的具有现代意义的优秀学生社团，如使理论知识不浮于在“掉书袋”表面的“青年马克思主义研究会”、我国第一家由学生自发成立的志愿者服务社团“爱心社”、萌发著名导演英达艺术梦想的“北大话剧社”等，学生社团的德育功能在生动有趣的活动中得到极大的发挥，对落实高校大学生素质教育、增强高校德育的实效性等方面，发挥着其他教育途径和方法无法替代的作用。

三、高校学生社团的基本类型

（一）理论学习型社团

理论学习型社团主要是以学习和研究马克思主义理论、中国特色社会主义理论和党的路线方针政策等为主，坚持理论与实践相结合，以提高大学生理论素养为主的理论学习型学生社团组织。其根本宗旨是学习马列原著、研究中国国情、调查社会热点、践行科学发展观，要求成员必须具有鲜明的政治方向，其政治观点和政治态度大致处在同一水平。该类型学生社团采取各种方式组织社团活动，主要是在于为大学生提供理论学习和时事研讨的平台，使不同年级的学生有交流彼此心得和看法的机会，促进在政治理论水平和时事理性评价上共同进步、共同深入。这样的德育形式有利于党的先进理论进课堂、进教材、进头脑，有利于配合学校德育工作的开展，有利于提升学生的政治信仰和追求，有利于提升大学生对中国特色社会主义理论体系的修养水平。在一般情况下，理论学习型社团数量较少，活动面也不广泛。但此类型学生社团聚集了大量品学兼优且有明确政治追求的大学生，成为培育青年先进分子的摇篮，是对大学生世界观、人生观、价值观进行有效教育的重要德育载体。

（二）学术科技型社团

学术科技型社团主要是指以满足成员对科技文化知识的需求为基础，以提高学术水平和实践能力为共同目的而建立起来的，与专业学习、学术研究结合紧密的带有专业实践性质和多学科交叉的学术科技研究型学生组织。包括两种类型：一是专业学习型社团。这类社团是为了巩固和扩充本专业学术领域知识，紧紧围绕专业知识开展学术探讨、学术交流和学术咨询。例如，心理健康协会、法律协会、外语协会、生物学协会等。二是专业研究型社团。这类社团是为了促进不同专业学术交流，开拓学生视野而结成的跨学科的学术型社团。其方式主要是通过理论研讨、模型研究、实验分析、竞技比赛、创办刊物等对一些学术问题进行探讨，如生物基因机器研究会、现代化管理爱好者协会等。学术科技型学生社团的成员大部分是专业能力强、创造能力强、实践能力强的学生，这类社团容易得到学校和社会在人、财、物等方面的支持，是提升大学生的实证精神和科学素养、增强专业修养和人文素质、培养优良学风和高尚学术道德的有效载体。

（三）公益实践型社团

公益实践型社团是指成员秉承热心服务、积极奉献的理念，运用自己掌握的知识和技能进行社会公益服务和社会实践活动，以检验所学知识和技能，培养综合能力为主要目的的公益实践型学生组织。主要有两种类型：第一，劳动服务型社团。这类学生社团主要是组织大学生利用课余或节假日开展各种形式的勤工助学行动，为社会提供服务，如商场营业员、支农服务、企业服务等。这类社团组织所从事的服务又分为有偿服务和无偿服务。第二，专业技术服务型。这类学生社团组织大学生在课余和闲暇时间利用智力优势为社会提供服务，如家教服务、法律援助、文化科技服务、医疗服务等。公益实践型社团的办社宗旨是对大学生进行社会公德、职业道德和个人品德的教育，使其在活动中认识到自己的社会责任，做到“知行合一”。有利于大学生树立为人民服务的思想，培养助人为乐的精神，增强社会责任感，在社会公益实践中展现当代大学生的精神风貌。

（四）文体娱乐型社团

文体娱乐型社团以成员的体育艺术特长、爱好为基础，为满足其成员的特长发展需要而建立的非专业化的文体艺术方面的文体娱乐型学生组织。此类型学生社团是繁荣校园文化和构建和谐校园的重要参与力量和有效载体，活动形式多样、名目繁多，以举办技艺讲座、排演节目、举办竞技比赛和定期集中训练为主。这类社团因没有专业上的限制，脱掉了学业的包袱，所以深受学生的喜爱。主要划分为两个类型：第一，体育竞技类。这类学生社团主要是结合全民健身运动的开展，寓竞技和娱乐为一体，组织大学生参加各项竞技比赛。不仅满足了大学生强身、健身、防身的需要，而且，还让其在竞技比赛中深刻体会体育奋发拼搏的精神，如足球协会、健美操协会、棋牌协会等。第二，文学艺术类。这类学生社团以提高大学生艺术修养和培养其艺术才能为目的，使他们有机会充分展示自己的艺术才华，社团成员既大众化又带有专业成分，可以将自己的兴趣爱好充分融入社团活动中，如话剧社、曲艺协会、文学社等，都是大学生首选的学生社团。

四、高校学生社团德育功能的重要性

（一）有利于弥补第一课堂教育的不足

我国高校传统德育的主要渠道是马克思主义理论课和思想政治教育课，主导的理论知识教育方式都是在第一课堂中进行，一直得到高校的积极支持，不断地提高教学质量和改进教学效果，并且形成了相对科学的教学体系。它的作用是明显的，但也存在一定局限，那就是它难以覆盖大学生学习之外的时空，德育和知识实践的真空则易由此产生。因为理论课教育主要有两部分：一部分是理论教育，主要是向学生传授和灌输马克思主义的世界观、人生观和价值观；另一部分是品德教育，主要是指导和规范学生的道德实践及日常生活行为。这两部分在教授上基本是脱节的，从而使理论教育与品德教育相分离，理论教育的效果在学生的道德实践和日常行为中难以得到验证。而高校学生社团可以在学校团委的正确领导下，鼓励各个社团有意识、有计划、有目的地开展高品位、高质量、高效率的学生主题活动，调动大学生的主动性、积极性和创造性，将德育工作无声而有效地覆盖到其课堂之外的生活空间。曾任北京大学党委书记的任彦申就认为："德育的一条重要原则就是防微杜渐，见微知著，防患于未然，不要等问题成了堆、矛盾爆发了才集中加以解决。"学生社团能在多种多样的活动中使大学生受到潜移默化的德育感染。比如，以法律系学生为主导的法学社、以热心公益事业为主旨的爱心社、以弘扬传统文化为己任的京剧昆曲爱好者协会等。同时，社团组织开展的理想信念活动也较之传统的党团组织教育，更具有趣味性和亲和力。这都使得大学生不仅可以有机会深化第一课堂理论知识、实践课堂理论中的观点，而且实现自我追求，加强自身的思想政治素养，促进个人道德社会化，从而有效地弥补第一课堂德育功能的不足。

（二）有利于落实"立德树人"的教育理念

党的十八报告中首次将"立德树人"确立为我国教育的根本任务。立德树人，即教育事业不仅要传授给学生知识、培养其能力，还要把社会主义核心价值体系融入国民教育体系之中，引导学生树立正确的世界观、人生观、价值观。这里讲的“德”，当然包括学生的道德操守、独立人格、健全心理等传统内容，但更重要的是人的精神追求和政治灵魂，是对马克思主义的忠诚信仰，对社会主义和共产主义的坚定信念，对中国特色社会主义理论体系的真心领会。在进入大学之前，我国学生多是生活在“育分”比“育人”更重要更功利的中学教育环境中，“成绩好”似乎已成为教师和学生潜意识中“优秀学生”的标准。传统教育中对学生德育重视程度不够使得学生进入社会以后，在遇到复杂的社会百态、善恶美丑时，找不到正确的处理方式，容易造成个人道德信仰的迷失，个人主义、现实主义、实用主义哲学大行其道。相比传统教育“以分度人”刚性的评估机制，学生社团中育人效果评估机制就更趋于柔性和人性化，对“失败”的评价标准以及“失败”的原因分析更趋于多样化——对成功的理解也更多元化，个人精神信仰、综合能力、心理素质和道德操守等都是衡量大学生在学生社团中是否优秀的标准，并不是单一的“以分度人”。比如，在理论学习型社团中，个人对社会主义和共产主义理论的见解和深入程度，个人对身边同学的带动辐射度，是对其精神信仰和个人感染力的考察；在体育类协会中，对个人坚强意志的要求更重于对身体素质的要求，这也磨炼了大学生的品质和毅力。所以，高校德育工作在学生社团里开展，通过有目的的引导，把社会主义理念融合在活动开展中，更有利于“以德树人”的教育理念，在活动开展中对大学生的精神世界进行有效的关照和指引，促进“立德”和“树人”的结合，将德育工作落到实处。

（三）有利于营造“以人为本”的德育环境

周先进认为高校德育环境是指影响和制约大学生成长及其思想品德形成、发展以及影响高校德育活动开展的一切内外因素的总和，包括外部社会环境、家庭环境和学校内部环境。和谐的德育环境对大学生个人品德的养成起着至关重要的作用，现在每个高校校园里都有几十甚至上百个学生社团，极大地丰富了大学生们的校园生活空间，它们的存在与不断发展是营造这种和谐德育环境必不可少的因素。著名教育学家陶行知认为：“没有生活的教育是死教育。”极力主张行大于知、知行合一的教育理念。大学生可以在学生社团的活动中将理论进行实践，开展以自身追求为主的活动来丰富校园文化，实现个人理想。并且当代大学生主要是“90后”，在人口学上被称为“独生子女的一代”“月光族”“啃老族”“草莓族”的日渐增多更是反映出这一代人既独立又脆弱的一面，在大学这样一个比中学生活更开放、更自由的环境里，如果课余生活长期得不到正确的引导就容易造成一些潜隐性心理问题的产生。高校学生社团是一个同辈群体性质的学生组织，这样的同辈群体是由个人自由选择结成的非正式群体，一般有较强的权威性的核心人物，成员之间基本上是平等关系，交流、交往的内容十分广泛，有自己的社团文化。大学生如果能参加到这样具有强大感召力的学生社团活动中，那么同龄人之间的“认同感”将取代独生子女的“孤独感”、活动开展时的“成就感”将取代课业压力中的“失落感”、与人交流时的“协作感”将取代小集体中的“自我感”，大学生将会在学生社团受到潜移默化的德育影响，在不知不觉中受到正确的世界观、人生观、价值观的熏染，培养积极的心理品质。这样的德育方式有别于课堂教育中的理论灌输，更从关怀学生个人需求的角度出发，富有人文主义情怀，更有利于营造“以人为本”的德育环境，增强德育工作的亲切感，抓住问题关键解决问题。

（四）有利于增强现代德育的实效性

随着当今社会的变迁和高等教育的改革，大学生的个体需求结构有了较大的变化，传统德育方式的重要载体就是班团组织和团委学生会，方式多以课堂教育、理论讲座为主，具有很强的灌输性。但是这些传统德育载体和德育方式在不同程度上满足不了当今大学生的德育要求，凝聚力和动员力远不如前。一方面，传统德育方式的载体得不到大学生的广泛自主参与。班级组织是依照专业划分，由学校直接安排的学生组织，虽然与学生日常生活息息相关，但是难以考虑到学生的兴趣爱好和个人性格，学生在班级生活中更多的是配合和服从，少有机会拓展自身的兴趣爱好。团委学生会是在学校团委和学工部管理下配合其学生工作开展的学生干部组织，身在其中的学生干部固然能通过工作得到自身素质的提高，也从工作认可中获得自信，但是“高门槛”准入条件、政治教育模式化、“官僚化”思想严重等现象也使得大部分的学生对其存在一定的排斥心理，不愿意主动参加并且能参加的学生也只是“少数”，这给学生一种只有“有心仕途”的人才能进入团委、学生会的错觉。而由学生自身根据兴趣爱好自发组织的高校学生社团组织，以开放的“低门槛”准入条件、自主度极高的组织形式、生活化的活动主题获得了大部分学生的青睐，让他们在学生社团的活动中交流、切磋、成长，极大程度地增强了现代德育的实效性，成为高校德育的重要平台和有效途径。另一方面，素质教育中最强调的就是培养学生的实践能力和创新精神，据美国卡内基教育基金会对美国大学生的调查结果表明，大学教育的效果与学生在校园里度过的时间及学生参加各项活动的质量联系在一起。高校学生社团作为第一课堂的重要延伸和补充，是一种不可或缺的课外德育资源。因为高校学生社团活动是以学生为主体的实践性、亲历性、体验性活动，并且作为一种以兴趣爱好为纽带自发组织的校园群体活动，对于学生的社会化技能培养具有不可或缺的作用，能够积极有效地培养学生的人际交往能力与组织领导能力，所以更具有弥补传统德育方式不足的功效，增强了现代教育的实效性和针对性。

第二节　高校学生社团的德育功能及其特点

一、德育及学生社团德育的内涵

在实际运用中，德育的概念一般分为两类，狭义的德育是指以品德为重点的道德教育（伦理学意义上的）；广义的德育，我国的学者对其理解各有所持。胡守棻对德育的概念持如下观点：“德育即是将一定社会或阶级的思想观点、政治准则、道德规范转化为个体思想品德的教育活动。”周先进对德育概念的理解是“德育即是指教育者按照本阶级的要求和社会的发展变化，通过一定的途径、方式和载体帮助受教育者提高自身思想道德素质的教育过程，主要包括思想教育、政治教育、品德教育，同时，还包括德育主体（教育者和受教育者双向主体）的思想素质、政治素质和道德素质的拓展和提高”。而檀传宝则认为“德育是教育工作者组织适合德育对象品德成长的价值环境，促进他们在道德认知、情感和实践能力等方面不断建构和提升的教育活动”。学者们对于德育内容的观点无不都包括了对受教育者的思想、政治、道德进行提高的要求。综上，我们可以认为德育是当代学校教育的重要组成部分，高校教育工作者必须做到“育人为本，德育为先”，把德育置在为先、为首的地位。对于德育的定义将采用广义德育的概念，即教育者按照阶级和社会的时代要求，通过一定的有效载体，运用合理的、符合受教育者特点的方法和途径，对其进行思想教育、政治教育和品德教育，促进受教育者个人道德社会化、心理素质健康化和自由全面发展的教育过程。所以，高校学生社团的德育内涵应是高校德育工作者按照社会主义办学要求，灵活运用高校学生社团这一有效德育载体，引导开展符合大学生发展需求的社团活动，将德育目的寓于活动之中，在潜移默化中促进大学生个人道德社会化、心理素质健康化和自由全面发展。

二、高校学生社团的主要德育功能

（一）教育承载功能

教育承载功能是指在德育过程中，一些手段、方式或者组织能够被教育者所灵活运用，承载一定的德育内容或信息，起到促使被教育者在这类手段、方式和组织中接受德育内容或信息的作用。高校学生社团具有的教育承载功能是由于它是有效的德育载体所决定的。所谓德育载体是指承载、传导德育因素，能为德育主体所灵活运用，且主客体间可以相互作用的一种德育活动形式。由此定义可以看出，要成为德育载体必须满足两个基本要求：一是必须能够承载德育的目的、任务、原则以及内容等信息，并能够被德育者所操作；二是必须是能够联系德育主客体的一种形式，使二者可以得到有效的互动。高校学生社团本身的内在特质和外在表征都可以表明，完全能满足作为德育载体的两个基本要求，成为高校德育的重要载体，发挥教育承载功能。

一方面，高校学生社团是在学校团委指导下开展校园文化活动的学生非正式组织，其存在数量之大、内容之丰富、各层次学生覆盖面之广远远高于班级和学生会。在加强校园文化建设、提高学生综合素质、引导学生适应社会、促进学生成才就业等方面发挥着重要作用。学校完全可以借助学生社团本身的组织特点，运用这个德育载体，对活动的开展进行有意识的正确有效的引导，将德育目的、任务、原则和内容慢慢渗透给大学生，巩固和扩展课堂德育的效果，变显性德育为隐性德育，达到“润物细无声”的目的。比如，学校团委可以组织开展学生社团主题学习活动月，鼓励各个学生社团根据本社团的特色或者和其他社团进行紧密合作开展与主题相呼应的社团活动，不仅使大学生主动地学习主题理论知识，还使主题内容通过大学生们的亲身实践渗透到他们的个人思想意识中。另一方面，高校学生社团是联系学校德育工作者和大学生（德育主体和德育客体）之间的桥梁，双方都可以借助其进行互动。随着大学生的主体意识和参与意识越来越强，对个人发展的要求也越来越高，单一的课堂教育满足不了他们对知识形势变化的热烈渴望，但在学生社团的活动中可以找到他们理想的天地。在活动开展中，大学生会主动寻求学校的指导和支持，与德育工作者进行频繁的互动。与此同时，高校德育工作者又可以借助学生社团这个载体，充分地了解到在大学生课外生活中的思想状况和理想追求，及时调整德育方式、制订德育计划，增强德育实效性。

（二）价值导向功能

价值导向功能是指在具体的历史环境和社会发展条件下运用启发、动员、监督、评判等德育方式，引导德育客体将责任心和进取心转化为具体的奋斗目标、人生追求和行为准则，形成自己的精神支柱和精神动力，塑造正确的世界观、人生观、价值观，进而为社会主义事业努力奋斗。高校学生社团具有很好的价值导向功能，可以让大学生在丰富多彩的社团德育环境里，得到平等的锻炼和培养自身综合素质的机会。通过对社团规章制度的执行、对社团活动宗旨的追求、与同辈理念的交流中潜移默化地受到正确的引导，提高自己的道德修养，形成良好的道德品质及正确的价值观，成为社会主义“四有新人”。

大学生对集体主义和服务奉献的认同度是非常高的，而学生社团灵活的组织方式、自由的表达方式和深入的学习方式对于大学生来说具有强大的向心力和引导力。不仅如此，在这个改革的时代，人们的价值理念呈现出多元化的趋势，高校已不再是传统意义上的“象牙塔”，而是社会变动的“晴雨表”，大学生主动关心国内外政治事件，求新意识强烈。但是在理想和信念的问题上存在很多盲点和模糊的认识，传统德育课堂上的刚性灌输不能满足大学生的求知欲，反而会在一定程度上给学生以十分刻板、专断的形象。而大学生在理论学习型社团中，通过主动对理论专著的深入学习和讨论，得到指导老师或者其他社团成员在政治意识上的引导，使得其既具有对现存政治体制的理解、认同能力，也培养其养成理性思考和评判的能力，从而树立正确的政治观。比如，在公益实践型社团中，大学生通过自己的亲身参与，与需要帮助的人一起相处，为他们奉献出自己的力量和爱心，真切地感受助人为乐的道理，传递正能量。这样的实践活动本身就可以对社会上急功近利、自私自利的思想意识进行有力地抨击，同时又能有效地调节社会现实、学生思想实际同德育目标之间的矛盾，成功地引导大学生形成正确的价值观念。最后，高校学生社团的规章制度规定了学生社团的性质、任务、活动内容及发展方向，其鲜明的导向性对社团成员的价值观有着直接的影响。并且，学生社团所形成的整体德育环境在一定程度上也为成员规定了价值观目标，当大学生的思想行为与大环境不一致时，可以通过在社团活动中的自主性选择让其有比较、分析、体验、评价的一个过程，在潜移默化中引导大学生们达到自我教育和相互教育的目的。

（三）凝聚激励功能

凝聚激励功能是指通过道德教育凝聚人们的思想、情感和力量，以形成强大的、具有同一作用方向的精神信仰力量，促使拥有相近精神信仰力量的人更加凝聚，并通过各种形式的、合理的外部刺激，使人们被这种奋发进取、积极向上、朝气蓬勃的精神效用所激励，形成强烈的使命感和持久的驱策力，从而实现个人全面道德素质提升的作用。高校学生社团本身就是大学生为了发展和完善自身的理想追求和兴趣爱好所自主组织在一起的共同体，它能充分激发社团成员积极向上的热情，鼓励相互团结合作的精神，传递勤奋钻研、不断创新的正能量，以此来培养大学生的个人竞争意识、协同合作精神和团队生活责任感。这样看来，学生社团具有很强的号召力和向心力，从而也就具有了凝聚激励功能。

大学生在学生社团的活动实践中，一方面，在社团的办社宗旨、规章制度和传统精神潜移默化的熏陶下，可以在心理上以情感人、以情动人、以情育人，使得大学生为了社团的发展和个人素质的提升，形成大家都共同认可的符合社团宗旨的价值观，产生一种精神黏合剂。社团成员的思想和力量都牢牢地凝聚融合在一起，激发他们为共同目标奋发进取的使命感和驱策力，使每一位成员都强烈感受和认识到自己在社团建设中的重要性和主人翁地位，并且社团成员在相互的交往中，也不断地增进彼此之间的友谊，从而产生对学生社团的归属感、荣誉感和责任感，这样的精神黏合剂，对大学生具有不可低估的凝聚力和感召力。另一方面，学生社团的凝聚激励功能还体现在对大学生精神的激励方面，它分为榜样激励和情感激励。一个优质的学生社团必定拥有综合素质高且个人魅力十足的灵魂人物，他（她）对社团成员起着无穷的榜样作用，能够促使成员对照先进找差距，激励成员奋发向上。通过榜样的导向作用，使大学生们赶有目标，学有榜样，形成浓厚的“学先进、赶先进、比先进”的思想政治教育氛围。就像在海岸、河道和港口中为船只指引前进方向的灯塔一样，榜样也是指引大学生前进的“灯塔”。从精神激励来看，高校学生社团文化以其自主、开放的浓厚气氛，充分培养和激发学生的好奇心、求知欲和进取欲。促使他们主动学习、独立思考，增强探索和创新精神。比如，公益实践型社团，学生就可以在活动中，寻找到适合自己的社会工作岗位，在顺利完成学业的同时做到以自己的专业知识获得勤工助学的机会，这就既锻炼自己的社会能力又得到相应的劳动报酬，从而大大激励了学生刻苦学习、脚踏实地的良好品德。

（四）心理调节功能

心理调节功能是指通过民主的、说服教育的、相互沟通的方式，进行对人的情绪调控、心理调适和人际关系调整，从而达到提高人的思想觉悟、建立新型的人际关系的目的，保持和促进社会的稳定与发展。根据《关于进一步加强和改进大学生心理健康教育的意见》要求，“要把心理健康教育融入思想政治教育中，开展深入细致的思想教育活动，做到‘一把钥匙开一把锁’，化解矛盾，润物无声。要组织并引导大学生参加丰富多彩、形式多样的校园文化和社会实践活动，陶冶大学生高尚情操、促进其全面发展。通过各种活动，加强大学生思想、感情上的交流与沟通，努力营造有利于大学生健康成长的良好氛围”。高校学生社团在校园文化中扮演重要的角色，也是大学生开展实践活动的主要阵地，要营造有利于大学生健康成长的良好氛围，必须充分发挥其心理调节功能。

正处于社会转型期的大学生，既接受着中华传统美德和文化的滋育和熏陶，也接受着西方思潮和流行文化的侵染与影响。随着传统社会的父母模范文化的衰微，权威文化、一统文化的空间日渐狭小；非正统、疯狂、张扬、叛逆等文化表现纷纷登堂入室，扮演着越来越令人瞩目的社会角色。大学生正处于心理延缓偿付期，成人身份与经济、社会地位的不匹配使大学生产生心理成长困惑，学生社团活动在预防和改善学生的心理问题及促进学生心理发展的过程中能发挥重要作用。首先，社团的活动内容多种多样、趣味性强，大学生在活动中少了传统理论课堂教学的刚性束缚，可以更加民主地表达自己的情感、诉求与压力。其次，学生社团具有民主性，社团成员之间具有平等性、爱好趋同性，极易形成和谐的团队气氛和建立良好的人际关系。使得大学生在学生社团中通过与同辈的相处，在交流中相互可以建立起安全感和归属感，当遇到心理困惑和难以启齿的负面情绪时便有个倾诉的对象，避免自我封闭和自我压抑。此外，大学生在社团活动开展中通过充分展示自己的才能和提升自己的综合素质，增强自信心，有利于那些具有自卑心理或游离于班集体的大学生找到心理归属感和安全感，找到为之努力和奋斗的目标，从而提升自我价值感、存在感和责任感，进而促进心理健康和人格健全。因此，学生社团对提升大学生的品德素质、调节心理素质、拓展专业素质、增强创新能力等均具有重要的调节功能和指导价值。

（五）自教自律功能

“德育的本真状态就是自教自律。”自教自律功能是指受教育者在相应的教育环境中理解并认同教育理念和宗旨，体验并遵循社会交际中的道德规范，自觉地将外在接受的政治理念、思想观念、道德规范内化为自己的行为准则和道德责任，指导自身的思想和行为，做到知行合一，形成自我监督的良性循环和机制，最后发挥对个体整体道德修养提升的作用。古代学校教育中非常重视对学生修己立身的培养，这是道德教育的基础。学生社团的自教自律功能可以促使大学生加强对修己立身的培养，这既是手段又是目的。一方面，自教自律是个体自我施压、自我控制、自我修养、自我约束的一种方式；另一方面，自教自律又是个体提高自我、顺利发展的目的和体现。使大学生思想和行为遵循一定的规则，也是一种自觉自愿的积极判断和行为，从而达到“从心所欲不逾矩”。达到主观与客观、主体与客体、目的与手段的统一，赋予自教自律自主性、进取性、发展性和创造性，使大学生的思想和行动更富有生机与活力。

学生社团的自教自律功能对大学生道德的培养具体体现在“软”“硬”两种约束力中。从“硬约束”力来讲，明确的道德目标和规范是自教自律的前提条件，因为这种“硬约束”不是静态性自约，而是人们朝向一定目标、遵循一定规范的动态性规约，而高校学生社团的规章制度就是全体成员共同认可、制定并须遵守的目标和规范，是一种准则和集体观念，表现为一定的规范性和纪律性，对社团成员的行为具有一定的规范和约束作用，同时也赋予大学生个人一种责任感。学生社团的规章制度在社团生活中，如果成员的行为符合规范，就将得到肯定和鼓励；要是行为违反了规范，则会受到大家的责备。因此，为了维护所在社团的荣誉以及自身的尊严，大学生会在社团生活中自觉自愿地学习和遵守社团的规章制度，促使其道德行为向好的方向转变，使得道德水准得到有效提升。比这种强制性的“硬约束”更能从本质上教化大学生行为规范的是学生社团自教自律功能所具有的那种非强制性的约束力量，也就是“软约束”。这种“软约束”能使大学生在学生社团的活动中把正确的理想信念、社会道德观以及学校精神在心灵深处形成一种心理定式，构造出一种响应机制，当外部发出诱导信号时，就会得到内部心理的积极响应，并迅速地转化为预期行为。大学生在社团活动中受到这样的“软约束”的感染和熏陶，使他们在活动目标的感召下，能自觉地认同学校德育的教育目标、教育思想和行为准则，从而把自己的思想、行为以及价值取向都渐渐地与学校德育工作保持一致。因此，学生社团的自教自律功能可以“软”“硬”兼施，同时有效地引导大学生对自己的思想和行为进行自我教育、自我约束、自我管理，养成良好的道德品质。

第三节　高校学生社团的德育特点

一、育人对象的主体性

人的主体性是人的生存方式和发展方式，主体性关注的是对人自身发展的追求，探讨的是如何使人成为一个现实的人、一个完整的人。传统课堂教育中的育人方式多是以老师教授、学生接受为主的单向教学，老师成为课堂中的主导，而学生在教学过程中更多是成为接受知识的被动参与者，具有一定程度上的客体性。相反，大学生在学生社团的活动中，从策划、组织、开展都是主导，对社团的事务拥有充分的选择权和自主权，他们关系平等、沟通民主、交流自由，而老师处于相对指导性的位置，大学生可以自主、自为和自由地分析、选择和追求自己的兴趣理想，从而达到主体性和创造性的平衡发展，这就使得高校学生社团在德育对象上具有主体性的特点。这不仅表现在大学生加入学生社团时有很大的自主选择空间，还表现在学生社团的成立、活动的组织开展等方面。在开展学生社团活动时，社团不仅仅是一个“兴趣共同体”

或者“事业共同体”，还是一个“同辈情感共同体”。大学生在社团活动中，相互学习，碰撞出思想的火花，从同辈的身上看到自己的不足，学习对方的闪光点，完善自身的发展，而不是被动地从老师的教育中接受长辈的思想观念。这是一种学生占绝对主导地位的主动互动学习过程。

二、育人方式的潜隐性

荀子在《劝学》中指出：“蓬生麻中，不扶而直”，就是指环境对人有潜移默化的陶冶作用。现代心理学也指出，人的潜意识中具有较强的吸纳环境信息的敏锐性。根据教育管理学中的潜在课堂理论，高校学生社团无疑是一个接受度最高的潜在课堂，大学生在这个课堂环境里，既是教育者又是受教育者。高校学生社团育人方式的潜隐性不是通过向大学生直接灌输道理，而是在日常的社团生活中，借助各种人文环境因素，间接地对大学生进行道德教育，让其通过在实际情境中的亲身经历和体验，正确认识并确立自己的价值观，自觉地接受教育内容，减少逆反排斥感。在活动开展的过程中，社团成员之间相互交流想法、平等直接地讲出自己的思路、共同协作地找出最佳解决方法、主动自觉地维护活动成果、真情实感地体会活动意义，这个过程与世界500强外企的工作管理方法中的“workshop”（研习会）模式极为相近，讨论不是为了争吵而是为了更好的合作，而学生自身道德素养的提高和相互之间合作关系的融洽不是来源于学校有组织的强势压力，而是自发产生的一种内聚力。所以，大学生在社团中通过亲历的活动能够产生直接、深刻的情感体验，这种情感体验会与他们相伴相生，不仅使大学生增加道德认知，同时也具有情感熏陶的作用，这种情感熏陶反过来又促进着道德认知的内化。

三、育人内容的全面性

在我国高校学生社团发展的第三次浪潮中，其类型涵盖了理论学习型、学术科技型、公益实践型、文体娱乐型等多个方面，活动的形式和内容兼顾到了大学生对自身自由全面发展要求的方方面面。尽管传统德育课堂的教学课程中的内容更为严谨、系统，但是刚性的课程设置也使得教师在育人过程中思维和方式受到局限，学生在受教过程中难以挖掘出内在的潜力。因此，高校学生社团的开放性和多元化便成为其德育的独特优势，其育人内容不仅仅是简单地向大学生传播知识，而是要通过其广泛革新的跨学科领域引导学生增强认识的深度和广度，以使其具备能够应对现实生活挑战的能力。不论是在学生自主选择受教育形式上，还是在教育内容的多样选择和生动趣味上，学生社团都能有效地对教学内容进行巩固和加深，合理地引导大学生对非教学内容的探索和涉足，在育人内容方面对传统第一课堂教育起着积极有效的补充和促进作用。

四、育人效果的针对性

在中国，德育实效低下和针对性不强的局面一直无法改变的主要原因之一是德育的强制灌输模式。通过这种教育传授给大学生的思想观念、政治观点、道德规范在现实社会生活中往往得不到正面强化，致使大学生的道德认知与道德行为相脱节。而大学生在组织策划以及开展社团活动的过程中，其道德认识、道德情感、道德意志和道德行为都在活动中得到均衡和辩证的融合和发展，实现德育的知行合一，切实有效地影响其在以后相应的情景环境中进行合理的思考和做出正确的行为。所以高校德育工作者，对当代大学生不能只进行简单的德育说教与灌输，要多为大学生创造丰富的课外活动实践机会，只有通过与他人建立良好的合作与配合关系，才能真正理解和形成正确的道德观念。此外，学生社团的活动往往都围绕着明确的主题开展，有一定的针对性，这不仅能强化显性德育所传授给大学生的正面价值，还能进一步促使大学生将道德认知与道德行为统一起来，而不是道德观念的单项接受，在客观上也拓展了高校德育的方式和途径，能更好地增强了高校德育的针对性和实效性。

第四节　切实发挥高校学生社团德育功能的有效途径

一、影响高校学生社团德育功能发挥的突出矛盾

（一）内部管理自主性与整体发展规范性的矛盾

高校学生社团的自主性是其主要特性，赋予大学生更加宽阔的追求个人自由全面发展的空间，但带来的负面影响是容易造成学生社团内部管理自主性与其整体发展需要管理规范性之间的矛盾。这是因为任何一个取得不断发展的组织都需要有科学规范的管理制度作为基本保障。而从调查问卷的数据中不难看出，这种矛盾具体体现在“制度未落实”“人治化严重”“活动开展缺乏计划性”等方面。

首先，“制度未落实”的问题。其实每个学生社团在成立之初都会按照规定制定与其发展和特点相符的规章制度，但是在具体落实中往往存在打折扣的现象，使规章制度沦为摆设，有部分社团成员从入社到出社就从没学习过本社团的规章制度，以为就是大家一起听社团管理层的安排就行，随意性非常大。其次，“人治化严重”问题。虽然“能人治社”是高校学生社团治理结构中一个突出的现象，也不能否认出色的管理层人员会给予大学生自我发展和自我意识的正能量，但是一旦片面地依赖“能人治社”，就容易出现“一言堂”式不民主、“一山不容二虎”式社团分裂、“人一走茶就凉”式社团优秀文化断层问题，不利于其整体发展的良性循环。最后，“活动开展缺乏计划性”问题。因为前两个因素的干扰，大部分社团活动策划流程拖沓，可变性大，往往在活动申请和开展时才发现场地、时间、资金难以配合，造成活动开展不顺利，大学生参与度低的局面。有制度不能落实加上社团内部管理“人治化”“一言堂”，活动策划不能得到集体智慧的力量，使得内容“假、大、空”，开展时没有合理的计划安排和大学生积极的响应，这样的恶性循环直接导致内部管理自主性越高的学生社团越不能得到顺利的发展，而内部管理越规范的越能不断壮大、充满前景，逐步出现高校学生社团整体发展的不平衡，部分社团虎头蛇尾、“昙花一现”的局面。

（二）发展资源的需求性与学校资源供给不足的矛盾

高校学生社团发展资源需求分为实体资源和智力资源，前者是指活动开展所需的资金、场地等实体资源，后者是指学校和指导老师给予的支持等智力、奖励资源。调查的数据显示，这两项资源都没有得到充足的支持，需求和供给之间存在很大的悬殊。

首先，高校学生社团普遍面临经费欠缺、场地难以租借的需求难题。社团的活动经费来源主要有三条渠道：学校社团管理部门经费支持；社团成员交纳的会费；社会企事业单位对某些社团活动的赞助。第一，由于现实环境的限制，只有会费是比较稳定的资金来源，其他两个渠

道可争取到的资金和机会处于很不稳定的状态，但是会费每年只收取一次，且数额大多是 10 元到 20 元之间，有些学生社团为了争取会员还以免费入会为吸引条件。而活动开展时策划费用、人力费用、布置费用和奖励费用都是不可避免的支出。第二，学校所能提供的固定活动场地有限，配套设施不齐全也是社团活动难以顺利开展的原因。一是由于学生社团数量众多，学校难以安排相应数量的社团活动场地，导致很多社团共用一个活动场地。各自社团的活动展板、用品常常无处存放，社团之间如果沟通不及时还会引起冲突。二是由于活动形式比较雷同，适合的场地就显得尤为珍贵，当活动时间和地点有冲突时，往往是院级让校级、学生社团让学生会、小型让大型，长久以往，只差“临门一脚”的失落感更加打击大学生参社、办社的积极性。资金和场地的紧张，导致高校学生社团常处于“巧妇难为无米之炊”的忧郁和困扰中。

其次，学校和指导老师给予的支持等智力、奖励资源得不到有力的保障。第一，学校对高校学生社团的关注一般停留在“管理得多”而“指导、支持得少”层面。传统上认为谁管理谁指导，而实际上学生社团虽然是由学校团委统一管理，但是由于各个社团的不同特色、不同需求往往不是学校团委可以一力承担的。另外，一些社团的指导需要较高的学术性和专业性支持，也导致了学校团委在指导上的力不从心，这都需要学校各个部门的鼎力配合，辅助高校学生社团的成长。第二，缺乏社团指导老师的关注与支持，这也是导致高校学生社团内部管理随意性严重的主要原因，缺乏指导老师的支持和监督，大学生仅凭一腔热血组织社团、开展活动，难以把握活动意义、不了解学校相关制度规定、缺乏专业性的指点，更容易导致活动内容层次低、学术性少，如“群龙无首”般盲目发展。

（三）活动内容低端化与大学生需求品位高端化的矛盾

改革开放以来，高校学生社团的数量可谓是百花齐放，涌现出的优秀社团成为校园生活的亮点，引领着学生社团向高水平、高层次迈进。但是在调查中，学生社团活动吸引力不强是导致学生参团率不高的主要原因，逐渐形成活动内容低端化和大学生需求品位高端化之间的矛盾。

首先，学生社团活动低端化表现为形式化、商业化、单一化和功利化。形式化和单一化常常是“为了开展活动而开展活动”，大部分的高校对学生社团的管理实行“末位淘汰制”，为了避免淘汰，应付考核，凑足活动数量，营造社团活跃的假现象，每个学期都会开展缺乏实际意义和策划的简单、潦草的活动，只注重开展过程的轰轰烈烈，不注重活动意义和效果。又由于缺乏对社团专业领域知识的深入了解、自身管理技能的完善和物质保障，活动形式往往只有讲座、谈论会、小型比赛等传统单一形式，要不就是“炒剩饭”，缺乏新意，年年开展同一类型的活动，长此以往，难以对大学生形成吸引力；商业化和功利化常常是“泡沫效应”，看起来美丽绚烂，实则一碰即碎。为了缓解活动资金上的困境，大部分学生社团都会寻求外部赞助，这本是锻炼大学生社会实践能力的大好机会，也是让活动开展精致化的好途径。可一旦把握不好，只片面追求活动噱头、攀比排场、宣传是否轰动，就会使社团活动偏离德育的主航道，被外部资助者利用变成他们的产品商业宣传会，使部分社团活动拉来了赞助，失去了赞扬。所以，高校学生社团活动拉赞助应把握好一个度，一方面需要高校加强对学生社团的建设和管理，另一方面也有赖于学生社团自身的规范和约束。

其次，大学生需求品位高端化表现为追求内容的新颖化、多元化、实用化。当代大学生对自身综合素质的要求日益增高，不仅拒绝知识层面的一知半解，也拒绝填鸭式的灌输式德育方式，他们渴望在实践中提升自我价值，在互动中获得新的知识养分，期望以一种最轻松快乐的方式达到学习成效的最大化。如果学生社团的活动不能带给他们实际积极意义或者内容十分滞后和呆板，只会使大学生的参与热情荡然无存，高校学生社团成为德育摆设。

二、制约高校学生社团德育功能发挥的主要原因

（一）多元文化思潮的碰撞

文化思潮作为社会意识的表现形式，是社会存在的反映。多元化的文化思潮是全球利益格局多元化在现实生活中的真实反映。正如《中共中央关于深化文化体制改革推动社会主义文化大发展大繁荣若干重大问题的决定》所提到的："当今世界正处在大发展大变革大调整时期，世界多极化、经济全球化深入发展，科学技术日新月异，各种思想文化交流交融交锋更加频繁，文化在综合国力竞争中的地位和作用更加凸显，维护国家文化安全任务更加艰巨。"多元文化思潮的碰撞，一方面，给大学生带来更为广阔的视野天地，在学生社团开展活动的内容选择上有更丰富的选择和交流，增强活动内容的多样性、多元性、时代感和新鲜感。另一方面，也容易让分辨能力本就不强的大学生思想越来越复杂或者偏激，使少数学生社团在组织活动时混淆主导方向，只为追求活动对大学生的吸引力，特立独行，有时甚至偏离社会主导价值方向。这就给高校德育工作带来更棘手的挑战，既不能强制性地阻止大学生接触多元文化思潮，限制他们在社团活动开展中适量地融入多元文化元素，又要注意保持大学生自身对社会主义核心价值体系的认同和维护，在活动内容的制定上不偏离社会主义方向。这就要求深入推进马克思主义理论研究和建设工程，推动中国特色社会主义理论体系进教材、进课堂、进头脑，加强和改进学校思想政治教育。所以，学生社团活动在开展过程中，不仅需要高校德育工作者引领学生接触多元文化思潮，避免活动内容的单调性，拓展学生在活动中的文化视野，丰富学生社团活动的多样性；又要对多元文化思潮进行认真、辩证的筛选，对于阻碍国家建设利益，损害人民群众利益、荣辱不分、唯利是图的文化观念要坚决进行抵制和批判，以社会主义核心价值体系引领多元文化思潮，以保证学生社团的健康发展。

（二）多重道德价值观的冲击

一直以来，高等学校都是各种社会道德价值观交锋的前沿，同时也是各种政治思想势力争相抢夺的聚集地。特别是我国改革开放以来，以美国为首的西方国家更是抓紧时机，通过各种渠道推行其思想道德价值观，学生社团就是其经常会选择的宣传载体。虽然这样的道德价值观有先进、有益的一面，如对自身理想的追求、团队合作精神等，在一定程度上有利于学生社团的整体发展。但是，我们要意识到，德育虽有普适性的一面，更具有民族性和阶级性的一面。因此，不能忽视西方资本主义一些思想道德价值观中有会腐蚀和瓦解社会主义道德价值观的危机，特别是西方资本主义意识形态中的"享乐主义"和"功利主义"无时无刻地试图在高校大学生生活中渗透、蔓延和滋长，企图攻击社会主义思想道德价值观的思潮从未停止过。少数学生社团在活动开展的过程中就抱以"娱乐至上"的态度，无任何德育意义地组织联谊 party，只为挥霍青春。在美国高校中就有，如哥伦比亚大学的"斧头协会""棺柩协会"等行为光怪陆离的秘密社团，引起学校、家长和社会舆论的反感。并且，在信息全球化的今天，大学生获取信息的方式更加快捷，但是内容也更加复杂，网络文化的交汇、多重道德价值观的撞击，直接影

响高校学生社团德育功能的发挥。现实生活中的道德价值观还能得到一定程度严谨的筛选，而在虚拟世界中，经常充斥着鱼龙混杂的声音，一些别有用心的人甚至不惜编造虚假消息来混淆大学生的视听，也有部分不辨真假的大学生在网络中发出声音、推波助澜，把真假不分的舆论带到社团活动中，鼓动更多社团成员参与其中。这更加强调，学生社团在多重道德价值观的冲击下，活动开展需要保持清醒和冷静的思考，在面对多重道德价值观时，学会辨别是非，去伪存真。在社团活动开展中，以社会主义道德价值观来明确主题，增强自身德育功能作用，利用德育载体优势向大学生传播正确的道德价值观。与此同时，德育要正确处理市场体制和经济全球化与国家政治主导、对外开放和多元文化激荡与民族文化主导、科技发展和社会信息化与人本主导、社会多样化发展以及学生个性化发展与核心价值主导等诸多方面的辩证关系。

（三）学校对学生社团德育功能作用的忽视

美国当代著名教育家德里克·博克认为，大学教育的重点应着重培养学生独立思考能力、分析能力、批评能力和解决问题的能力。他曾经指出："迅速增长的信息和知识对各级教育都有影响。在大学，最明显的需要是停止对传授固定知识的强调，转而强调培养学生不断获取知识和理解知识的能力。"高校学生社团不仅能有效培养大学生独立思考问题的能力，其德育功能还能在潜移默化中促进大学生树立正确的道德感和价值观，和学生会、各班级团组织一起成为高校德育工作的有效载体。但是在实际工作操作中，其德育功能所发挥的重大作用往往被高校德育工作者所忽视，在管理扶持待遇上也较之稍弱。高校学生会和各班级团组织与高校学生社团所具备的德育功能作用之间的关系，在高校德育工作者的观念里，学生会和各班级团组织就像是"正规军"，而学生社团就是"游击队"，明显可以看出学校对学生社团德育功能作用的忽视。此外，虽然不少高校都采用"一体两翼"的工作模式，成立了大学生社团联合会。但是，大学生社团联合会与学生会这"两翼"并没有达到平衡发展。大学生社团在活动指导、场地提供、经费支持等诸多方面都不太能享受与学生会同等待遇，为数不少的优秀学生社团会员因此放弃在协会继续发展，导致优秀成员的流失。

（四）优秀学生社团精神传承的不足

尽管各地高校学生社团的数量不断增加，新型社团也层出不穷，可几乎每所高校每年都有一部分学生社团"昙花一现"，因萎缩或消亡而退出校园舞台。产生这种现象的原因从高校学生社团内部来说就是因为其优秀社团精神传承的不足。主要有两个原因：第一，优秀管理层人员"社龄"短暂。因为轻视新老成员的衔接和传统的承袭，有时是谁愿意干谁就接任，不考虑其自身是否具备这样的管理能力，更有新一届的管理人员是"空降部队"，对原社团的情况一无所知。新进的社团管理层人员未厘清管理头绪就要急匆匆走马上任，导致当一个优秀社团核心成员离职之后，社团活动很难得到突破，内容浮于表面，"假、大、空"，从此一蹶不振。第二，大学生自身价值取向的偏差。毕竟大学生还处于价值观成长期，急需得到他们肯定的目光，这就导致少数学生参团是动机不端正，办社目的就局限于得到学校老师的赏识和学生的推崇，创造属于自己的辉煌。所以，部分社团的学生管理层一旦任职，就急于推行自己的新理念、新做法，只求独特性地推翻上一届管理层的优秀理念，而不是加以巩固，形成的好传统得不到传承，每一届工作都得步入重新探索的恶性循环。

探索发挥高校学生社团德育功能的有效途径，可以为大学生德育顺利地开展增加活动、提供动力。切实发挥高校学生社团的德育功能需要从三个途径入手，一是要不断完善德育理论体系，给予德育功能发挥的方向性指导；二是要不断创新德育载体管理的方式，巩固德育功能成效；三是持续优化德育载体，增强德育功能的实效性。

三、确保其德育功能的方向性

（一）学生社团必须坚持社会主义方向

在当今社会多元文化思潮的碰撞和多重道德价值观的冲击下，大学生在办社过程中对方向的可选性变得越来越多样，特别是有些社团为了达到出位效果而不惜另辟蹊径，以偏离社会主义方向的主题开展活动。所以，学生社团活动越多样，越复杂，就越需要唱响主旋律，坚持社会主义方向。形成正确的舆论氛围和导向，坚持“立德树人”的教育理念，用中国特色社会主义理论武装大学生思想，用社会主义核心价值体系引领大学生思潮。学校德育工作者要做到以理想信念为核心内容，以科学的理论武装人，以正确的舆论引导人，以高尚的精神塑造人，以优秀的作品鼓舞人，坚持不懈地用马克思主义、毛泽东思想和中国特色社会主义理论体系来引导和教育大学生，帮助他们树立起正确的世界观、人生观和价值观。在社团活动开展中培养大学生对社会主义和共产主义的坚定信念，对中国特色社会主义理论体系的切实领会，只有确保学生社团的社会主义方向，才能培养出更为优秀的、真正认同社会主义核心价值体系的建设者和接班人。

（二）学生社团必须符合高校办学要求

高校的办学宗旨就是培养德、智、体、美全面发展的建设者和接班人，因此，在高校办社团也一定不能偏离办学方向。学生社团在活动组织和开展的形式上表现出十足的自主性和灵活性，这是其生命力所在。但是，在实际中部分学生社团为了吸引大学生的注意，提高社团活动参与率，往往在活动开展时，会有内容粗糙、偏离学校主导方向的情况发生。这就要求学校在管理学生社团时帮助其树立正确的办社理念和科学的活动原则，使学生社团活动具有自身社团特色的同时也符合学校的办学要求，做到“活而不乱，管而不死”。第一，学校在指导学生社团德育工作时要高度明确办学要求。在满足大学生多方面发展要求的同时，确保活动主旨不偏离、不背离办学要求。这也可以促进本校学生社团特色化的形成，避免每所高校同一类型的学生社团呈现出千篇一律的状态，表现出各自学校独特的风格。第二，对不符合学校办学要求的社团活动坚决予以制止。当代大学生是追求个性的一代，他们渴望创造属于自身的光彩和成功，这就难免在寻求成功的过程中会出现少数另辟蹊径的做法。比如，为了增加活动的影响力和宣传力，与其他社团活动相互攀比，讲排场、比人气，会在活动策划通过之后为了拿到更高额的商业赞助，不按照原定策划要求，加大活动的商业化气息，做出不符合学校办学要求的学生活动。学校对这样的情况，除了要及时予以制止，还要给予合理的教育和引导，切不能粗暴地打断活动进程，打击学生办社团的积极性。

（三）学生社团必须贴近学生自由全面发展的要求

实现人的自由全面发展是马克思、恩格斯为社会主义社会所确立的根本目标，是社会主义的本质体现，是社会主义国家德育的根本任务。因此，我国高校德育工作的根本任务，就是为建设中国特色社会主义事业服务，促进学生的自由全面发展，培养出信念执着、品德优良、知识丰富、本领过硬的高素质专门人才和拔尖创新人才。由于在我国中学的教育体制中长期存在应试教育的观念，多数在强调学生的学习成绩，“以分度人”，忽视其他能力的培养，在未进入大学之前，容易形成学生创新能力不足和心理素质不强等缺点。而学生社团以其多种多样的兴趣爱好选择磁石一样吸引着大学生的注意，鼓励其参团，正是实现大学生自由全面发展的好机会。学校在开展学生社团德育工作时要创新德育理念，不能单一以指导班团组织或学生会的方式来指导学生社团开展活动，在注重政治导向的同时更要注重贴近学生自由全面发展的要求。对学生社团活动的主题不能抓得太死也不能任意放流，要坚持以“尊重、支持、服务、引导”的理念来管理。从宏观上指导各式各样的学生社团开展丰富多彩的社团活动，满足学生自由全面发展的需求；从微观上细致拿捏社团活动的内容，确保活动开展的方向性，不能只要是学生需求的都批准通过，而是从需求中找到合理的方向，引导学生社团在健康的轨道上发展，使大学生得到更全面的发展。

（四）学生社团必须体现多样化特性

改革开放以来，高校学生社团的第三次发展高潮是以学生自由全面发展为主，以各类型兴趣爱好为组社基础，把大学生号召在一起共同为理想而奋斗，在社团活动中提升自身综合素质。所以，学校应重视学生社团的均衡发展，尽力让每一个类型的社团都得到良好、合理的成长，对大学生参团热情高的学生社团进行积极的引导，使其发挥出最大的德育功效；对大学生参团热情较低的学生社团进行合理的分析和重组，找出其难以发展的原因，及时制定符合大学生需求的发展路线，发挥独有的魅力。这样才更能符合百花齐放、百家争鸣的原则，体现学生社团多样化特性，弥补传统德育学生组织单一的不是。学校应抓住各类社团的优势，努力提升社团活动品味。正如《关于加强和改进大学生社团工作的意见》中提到的要“大力扶持理论学习型社团，热情鼓励学术科技型社团，正确引导兴趣爱好型社团，积极倡导社会公益性社团”。在制定主题活动时，充分利用学生社团多样化特性，做到“一个主题，多种活动形式”，用各种不同的活动形式，把德育目标潜移默化地渗入大学生的意识形态中。

四、创新学生社团管理方式，巩固其德育活动成效

（一）切实加强对学生社团的管理

对高校学生社团的管理重点应该放在对学生管理层的管理上，只有把“火车头”管理好，才能带动“火车”在正确的轨道上行驶得顺利、安全。因为学生管理层是一个社团是否有战斗力和生命力的主导，尤其拥有一批综合素质高、管理能力强、扎实肯干的骨干队伍，经过时间的磨炼所形成的优秀社团精神是高校学生社团德育工作的宝贵财富。以往在学生干部换届选举过程中，由于学生社团的数量是学生会的几十倍之多，专职管理老师精力有限，只能是“重学生会”“轻学生社团”，这更加重了换届过程中的随意性。要切实加强对学生社团的管理，学校团委就要积极改变管理方式，客观分析、主动引导，把换届准备工作做在前面。

第一，转变对学生社团换届“放任自流”的管理方式。针对学生社团干部流动大、交替快的特点，把社团干部的梯队建设作为重要工作来抓，认真做好“传、帮、带”工作，加强对社团新干部和后备干部的培训，不仅让他们在思想和业务上能胜任社团的管理工作，还要提升其创新能力，使之能适应社团可持续发展的需要。同时，按照专业和类型的不同，给予深层次、

高级别的管理能力培训和锻炼。第二，引导学生社团重视对社团档案资料的管理。社团档案资料不仅是最原始、最客观的发展记录，还是社团工作评价的基本依据。特别是对优秀活动的归档工作，其活动策划、活动纪实和活动总结，都是下一届管理人员可“温故而知新”的宝贵借鉴资料。

（二）积极探索学生社团的发展机制

从某种意义上来讲，管理制度比人本身更加可靠，一旦制度落实到位就会具有相当稳定的特性，进而成为对组织成员的一种重要外部约束力量。这对高校学生社团自身可持续发展具有重要的保障作用，也是保持其平稳进步的力量之源。

一方面，努力从“依人治社”转变为“依法治社”。首先，“以人为本”的治社原则绝不等于“依人治社”，并不代表社团的运行完全依照大学生的个人意识，也不代表社团的繁荣仅依赖大学生个人魅力的凸显，出现“一言堂”式不民主、“一山不容二虎”式不团结、“人一走茶就凉”式不持续的负面影响。学校团委应该积极引导高校学生社团形成良好的传承机制，避免换届时出现社团管理层能力和社团活动质量“青黄不接”的尴尬局面，沉淀优秀精神底蕴。其次，依“法”治社要建立在“以人为本”原则的基础之上，制定适应本社团办社特色和提升社团成员自身道德水平的内部管理规章制度，并严格执行。制定的规章制度要与国家法律、校规相符合，明确社团性质、宗旨、任务、成员的权利与义务、奖惩条例及领导机构职责分担等内容。

另一方面，积极探索学生社团社会化路径。随着时代的进步，学校与社会的联系和沟通越来越频繁，社会对高校大学生的需求不再局限于学历和文化水平，实践能力和合作精神受到用人单位的广泛关注。并且，当代大学生对自身发展需求的多样化、价值取向的多元化也对学生社团未来的发展道路提出了新的目标：必须面向社会、动员社会、依靠社会和服务社会。所以，学校在指导学生社团工作时应当适当地调动一切合理的社会人力和财力资源，遵循“源于社会、服务社会”的原则，弥补学生社团活动开展时人力和财力资源上的短缺。使大学生通过学生社团这个载体与社会进行接触，学校在旁加以教育和引导，促进大学生思想道德社会化、培养其社会角色和责任意识，引导学生社团在发展中投身社会、适应社会，以青年志愿者活动为“领头羊”，逐步扩大学生社团参与范围，为学生社团社会化创造良好的机会。

（三）落实指导老师管理规范机制

高校学生社团活动内容想要高雅出色，与其社团指导老师的正确引导密不可分。一个优秀负责的社团指导老师，可以起到对学生社团不正之风“防患于未然”的作用，也起到对其德育功能实效性的发挥“起效于微步”的作用。

完善高校社团指导老师管理机制，第一，要落实社团指导老师工作量。目前，社团指导老师基本上靠责任和使命指导学生社团，带有义务性。这种义务性短期尚可，长期不行。因此，应根据其指导社团时间多少、效果好坏，核算成一定量的课时，如此才能调动指导老师的积极性，形成长效机制。对于工作特别突出的指导老师，应给予相应奖励。第二，要落实指导老师的工作考核与激励机制。减少指导老师“挂名”现象，每年度学校团委要严格对其指导资格的审查，对指导时间不够、专业技能不过硬、指导态度不端正的老师，在年度教师绩效考核时要酌情予以惩戒；对责任感强、切实做到“立德树人”、指导社团取得成效的老师，酌情予以物质或荣誉上的奖励，在晋升职务时予以优先考虑。第三，有条件地启用离退休老师指导管理机制。

在专业、情感、威望和时间上离退休老师都比青年老师更具优势，更能从宏观上给予学生社团发挥其德育功能方向性的指引，学校应该充分利用老教师资源优势，有条件地聘用老教师做社团指导老师，明确其权利与义务。有了指导老师的认真引导，社团活动质量和效果才能得到有效把控，不至于过于娱乐化和商业化。

（四）充分发挥精品社团的示范性作用

在新的形势下，学生社团已成为高校德育的一个新亮点，其德育功能得到教育界的广泛承认。学生社团德育功能发挥的最大特点就是以学生来影响学生、以学生来带动学生，把学生对德育的排斥心理减少到最低。因此，高校在创新学生社团管理方式上应该充分重视精品社团的作用和地位，充分发挥其示范性作用，以精品社团来带动普通社团的发展、以精品社团来影响普通社团，以此来加强对学生社团的有效管理。首先，可以在巩固现有社团的基础上，打造一批精品学生社团，努力构建学生社团新型活动体系。以先进带动后进，给后进社团在管理上有可以参照的优秀对象，从模仿中找到属于和适合自身发展的管理方式。其次，学校可以引导各个学生社团结合自身实际，加强借鉴和吸收国内外高校学生社团的先进经验，不断加强自身的创新能力。学校还要促进各个社团之间的交流，强调精品社团的示范作用，每年组织学习“全国高校社团会长年会暨新青年领袖论坛”的新理念，把优秀的管理经验共同分享，降低发展不平衡性，形成学生社团整体发展的良性循环。最后，学校可以把精品社团的人力和物力资源进行整合，定时定期地开展社团经验交流活动，保持精品社团优秀办社精神的传承。

五、优化学生社团发展，增强其德育功能的实效性

（一）始终坚持学生社团学生办的原则

高校学生社团是大学生自我教育、自我管理、自我服务的最佳组织，必须充分尊重学生管理社团的主体性，只有在这个前提下，学生社团才能得到健康、协调和持续的发展。所以学校在优化社团发展时，一定要坚持学生社团学生办的原则，“以学生为本”，这就要求在指导社团工作和发挥其德育功能时，要从大学生的实际需要出发，以促进其自由全面发展为目的，最大限度地满足大学生的根本利益。对学生社团的发展做到及时有效的引导，而不是笼统专制的干预。要把学生社团作为实现其德育目标的最佳载体，而不是实现德育工作政绩的工具。社团活动的开展要贴近实际、贴近生活、贴近学生，要把大学生实际的呼声和要求作为德育工作开展的第一信号，把学生的满意作为第一目标，把实现其德育价值作为第一追求，要努力做到尊重学生、理解学生、爱护学生和关心学生。

（二）切实加强对学生社团的保障条件

一场意义明确、内容精致、影响力大的学生社团活动一定是人员、资金和场地等各方面得到保障并且积极配合的成果。

首先，社团活动人力资源不仅限于思维灵活、创意不断的优秀学生社团管理层和积极配合的社团成员，还包括能带来影响力的指导老师和嘉宾。学校应该看到每个活动优秀人力资源之间的相互联系，以“统筹规划”的眼光，从看似“各自为政”的单个社团活动找到其中的共同点，运用自身权力整合人力资源力量“化整为零”。例如，南宁市经济管理类社团是跨校组建成的“大学生经济管理专业社团群”，该社团集中各校的零散资源，共同聘请知名学者、企业家作

为社团的指导者，参与社团群的各个学校“轮流主办”高水平、高品质的讲座、沙龙等大型活动，这样不仅改善了单个小社团“小打小闹”无法形成品牌、效率不高的活动现状，还可以从城市全局整合各校资源，避免社团重复建设造成的资源浪费。

其次，由于学校经费和公共场地紧张的现状，往往数量繁多的学生社团活动会难以分到“一杯羹”，在活动开展中“捉襟见肘”或者由于同时间和更高层次活动造成冲突而面临“一刀切”的困窘。要解决这一问题，第一，学校可以鼓励和支持学生社团自己去寻求外界商业赞助，但是要给予及时的指导，既让大学生在实践中接触社会规则，又让其学会把握尺度，在谈判过程中保持清醒，牢记活动开展的宗旨、意义和初衷，避免商业化炒作。第二，学校团委应要求各个学生社团在每个学期初期就提交本学期的活动策划书，从审查通过的策划中统一根据其活动的时间、地点，尽可能地与学校其他组织的活动进行宏观协调。这样做，不仅可以锻炼学生社团组织者自身的策划能力和协调能力，还可以减少因场地而导致活动中断而挫败学生社团组织的积极性的情况发生。

（三）努力营造“以人为本”的校园环境

大学生的思想品德是在社会实践活动的基础上，在主客体因素相互作用、相互协调和主体内在的思想矛盾运动转化的过程中产生、发展和变化的。这是大学生思想道德形成和发展的基本规律。这说明，大学生思想道德形成发展过程就是在一定的教育和外界环境的相互影响下，其内在道德情感、道德认识、道德意志和道德行为诸要素辩证运动、均衡发展的过程。要想使高校学生社团发挥出最大的德育功能，必须切实优化学校德育环境，让大环境带动小环境的转变，小环境促进大环境的发展。

当前，高校德育环境主要包括校园物质环境、人文环境、人际环境和制度环境四个方面。学生社团在其发展过程中必然会受四大环境尤其是制度环境和人文环境的影响和制约。所以，在优化工作中，要创建人性化的校园物质环境、健康向上的人文环境、和谐温暖的人际环境和严谨严明的制度环境，四大环境相互配合、相互促进，才能使学生社团在和谐的环境中健康发展，真正做到如苏霍姆林斯基所期望的那样：“学校应当像一块磁石，以自己有趣而丰富的生活吸引学生。”这种“有趣而丰富的生活”在很大程度上是由学生社团组织承担和承载的。因此，要充分发挥学生社团的德育功能，必须努力营造社团可持续发展的校园环境。

（四）充分利用新媒体探索学生社团德育新功能

当代大学生是被称为“网络的一代”，由于互联网技术的兴起和广泛运用，对大学生的思维、行为和生活方式都产生重大而深远的影响。网络信息的便捷和丰富，给大学生带来更多对未知世界的强烈的探索欲望。新词汇“宅男”“宅女”的主要特征就是依赖电脑、依赖网络。所以要想充分发挥高校学生社团德育功能作用，必须与时俱进地运用网络新载体，把握好网络“双刃剑”的作用，努力净化和创造充满更多能量的网络德育环境，让网络不再成为“任人随意打扮的小姑娘”。

第一，主动占领网络德育宣传阵地。因为网络宣传信息具有匿名性的特点，使得网络德育环境正负能量交织，在一些敏感时期甚至充斥着歪曲事实、打击信心的负能量信息。这更要求高校学生社团在学校团委的指导下，运用网络多种传播方式，如QQ、微博、微信、手机信息等形式，宣传本社团的办社精神和活动内容，最大限度地扩大宣传范围，降低宣传成本，创新宣传方式，扩大社团影响面和知名度。第二，重视网络交流的民主性。在现实生活中，有一些性格内向或交流内容十分隐晦的大学生往往会选择在网络上发表自己的困惑或者抱怨，这也是网络负能量的来源之一。高校学生社团可以抓住这一问题，利用网络，充分发挥心理调节功能，以同辈人的视角在网络这个平等的环境里，用自己的网络身份进行交流。不仅可以使成员放下身份等级的包袱，放心大胆地说出对办社的新要求和新理念，还可以解决大学生的心理困惑和压力，转负能量为正能量，就如有时一条简单的正能量事件在微博中却能在短时间得到上万的转发量，这体现了大学生对正能量的渴望和青睐。总之，网络这个新平台和载体有力地推进高校学生社团德育方式的现代化，极大地增加了思想道德价值观正能量在大学生中的辐射力和感染力。我们必须充分认识和利用好网络这一新型载体，不断创新学生社团运行和管理机制，不断增强学生社团德育功能的实效性、时效性、针对性和吸引力，为高校德育工作的创新提供有益的借鉴，开辟新的载体和途径。

第十八章　高校传媒环境思想政治教育功能研究

第一节　高校传媒的内涵、主要内容及其特点

如今，校园传媒在随着现代传媒技术的不断发展而迅速更新，高校校园传媒是校园内部及学校与社会进行交流、传播信息的工具，是广大师生学习、工作、生活的重要部分和高校宣传舆论工作的重要载体，对高校大学生的价值取向、行为模式、政治态度、心理发展、道德观念都能够产生重大的影响。充分认识、深入研究传媒载体在高校思想政治教育中的重要作用，有效利用、引导和整合各种传媒，对于做好思想政治教育显得十分重要。大学生身处高校传媒环境中，只有优化和创新高校传媒环境，让高校的传媒环境变得更加有利于大学生的成长，才能有益于在新形势下更好地开展大学生思想政治教育工作。

一、高校传媒的内涵

传播媒介简称为传媒，即定义媒介是传播学的范畴。换言之，传播媒介是合成词，其由“传播”与“媒介”复合而成。传播学中的传播媒介是指人类在传播过程中承载和传送信息的物体，它是把传受两方连接起来的媒介。它是开放性传播媒介，是面向社会公众进行的，如书籍、杂志、报纸、电视、广播和电影等。所以传媒一词主要包含两层含义：第一，指能够运载信息传播的物体，包括杂志、报纸、电视和广播等；第二，指对信息进行采集、加工、制作和传播的一种社会组织，即传媒机构，包括报社、广播台和电视台等。

高校传媒就是高校传播媒介，是指能够向广大师生员工传播信息的媒介组织或机构和信息载体；指在高校特定的范围内，利用一定的传播手段，通过一定的介质和传播渠道，向师生员工传递和表达一定的思想观念、价值倾向、社会意识、政治观点等，从而不断提升师生员工的思想觉悟、政策水平、道德素质、法纪观念、政治素养等的组织机构和载体，也是师生员工之间进行相互交流的工具和载体。高校传媒有着得天独厚的育人功能，能够帮助大学生形成正确的世界观、人生观和价值观，为他们提供健康向上的精神食粮，使之成为大学生人生的向导、学习的工具、课余的伴侣、沟通信息的桥梁和施展才华的园地。

二、高校传媒环境的内涵

人的繁衍生息与外界环境发生着密切联系。在《辞海》里，环境一是指环绕所辖的区域，二是指围绕着人类的外部世界。可以看出，环境的含义有广义和狭义之分：从广义上讲，它主要是指主体周围包括人在内的一切事物；从狭义上来说，它是指专门以人为主体的外部的客观存在。高校传媒环境，则是指高校思想政治工作者以专业化的媒介组织和信息载体，运用先进的传播技术和产业化手段，以大学生为对象而进行的大规模的信息生产和传播活动的总和，即

高校在思想政治教育过程中，利用现有的传播媒介，开展信息生产和传播活动所形成的交流环境。

当下，大众传媒不仅丰富了人民群众的精神生活，满足人们对信息的需求，同时对校园政治、经济乃至人的生活方式、行为规范、思想观念产生了深刻而广泛的影响。高校大众传媒融入大学生生活的每一个角落，尤其是飞速发达的网络更满足了当今大学生对多元文化的强烈需求，所以很受众多大学生的喜欢和热爱。高校大众传媒的环境也在不断地发展变化，这就帮助高校德育工作者开创了新的思路，开创了新的载体和表现形式，同时也值得警惕。高校大众传媒环境的发展变化，其显著作用主要表现在丰富学生校园文化生活、开拓学生视野、解放学生思维和张扬学生个性等方面。为大学生提供一种全新的学习模式、社会生活和价值观，但同时也会对大学生的身心健康和道德观造成负面的影响。高校大众传媒可以营造具有渗透性和辐射力的舆论环境，这种环境对高校师生的行为模式、文化生活、思想观念和心理状态等也会产生很大的影响，从而对高校德育教育与德育工作者造成很大的影响并带来严峻的挑战。

三、高校传媒的主要内容、特征与作用

高校传播媒介可分为两类，即传统传播媒介与现代传播媒介。按照其基本组成可以将高校传播媒介分为以下几种类型，即印刷性传播媒介，主要包括报纸、书籍、杂志以及各类文件性材料等；电子性传播媒介，主要包括电影、广播、电脑、手机、电视以及光盘等；张贴性传播媒介，主要包括横幅、彩喷、宣传橱窗以及宣传栏等；网络性传播媒介，主要包括政府门户网站、QQ群、非政府组织网站、电子报刊、手机媒体以及校园网等；组织性传播媒介，主要包括出版社、期刊社、报社、电视台、电台、网络信息中心、学术团体以及各种社团组织等。其中，在高校校园环境中，高校校报、广播、电视和网络成为几种主要的传播媒介。

（一）高校校报

高校校报是高校党委和行政的机关报，是高校校园内占主导地位的媒体。我国最早的高校校报诞生于晚清。一部高校校报的发展史，也同时可以说是中国高等教育的发展史。

校报通过把文字和图片等符号印刷在纸张上进行信息传递，它具有“白纸黑字”的特性，因此保存和携带比较方便，也不受时空的制约，可以进行反复的阅读和较为深入的研究。常见的高校校报新闻体裁有通信、新闻述评、消息、调查报告、新闻特写和访谈等。此外，许多高校校报还设置了副刊，主要刊登散文、小说和诗歌等作品。高校校报贴近学校生活，因此更受师生员工的关注，校报在学校内部和学校之间进行传播，直接对象就是师生员工，迎合了师生员工接近性的心理需求，因此能引起师生员工的高度关注。

高校校报拥有新闻的真实性特点，是校园内传播信息的一种流畅的沟通渠道，并能迅速、精确、生动地传播重要真实的新闻或者有价值的信息，是使师生员工认清客观事物的最基本资料，利用有说服力与针对性的言论和评论对读阅者进行思想引导，从而使高校校报的思想政治工作真实可靠，并具有说服力、感染力、吸引力等。

（二）校园广播

校园广播是高校重要的宣传手段之一，是校园信息传播不可缺少的载体，也是校园舆论宣传的重要组成部分。校园广播在高校进行思想政治教育工作方面与新闻宣传工作开展方面等具

有极其重要的作用。第一，利用广播进行宣传和鼓动，广大师生员工可以迅速掌握与领悟学校各种会议的精神实质，主动参加，相互协调配合，齐心协力，使全体师生员工为实现学校的快速发展而努力拼搏奋斗，尽可能地打造良好的舆论环境。第二，校报可以对正负两方面的新闻都进行报道，如此一来能够在学生思想当中起立正纠偏的作用。第三，校园广播具有较强的参与性，利用拨打热线电话等方法，能够很好地实现听众与节目主持人之间的互动。

在思想政治教育功能上，广播与高校校报又存在着不同之处，高校校报不具有的作用高校广播也具有，那就是为广大师生员工提供娱乐文化的作用。娱乐功能是广播有别于其他新闻媒体的明显标志之一，是一项极为重要的为人民服务的功能。通过广播传播知识。与此同时，可以把知识寓于娱乐趣味之中从而使听众更有兴趣去学习。倡导广播寓教于乐，使广大听众在娱乐之中受到思想上的启迪，在全校范围内，结合其他文化设施，校园广播可以利用自己的节目营造一种浓郁的文化氛围，并产生文化效应，陶冶学生情操，娱乐学生身心，培养学生审美观，从而达到教育学生的目标。

（三）校园电视

校园电视传播的信息具有有血有肉、有声有色且直观的特点，因此可以较容易地给校园观众带来较强烈的冲击和感染。校园电视在高校对大学生进行思想政治教育中也发挥着极其重要的作用。第一，立体式、全方位的舆论导向和激励鼓舞作用。学习和理解党的重要文件精神是高校学生思想政治工作中一项较为重要的内容。第二，对校园文化进行驾驭的作用。校园电视能够成为校园文化的创新者，通过校园电视可以对学校内各种社团策划组织的各文化活动，学校里出现的新闻新人新气象等营造出一种特殊的文化氛围。校园电视也可以通过举办各种活动，使校园文化更加繁荣，从而使在校大学生的个人素质和文化品位得到提升。

电视台作为高校主要传媒手段之一，其传播具有受众集中、针对性强和非商业化运作等特征。校园电视覆盖面比较大，信息传播速度快，视听合一，形象生动，广大学生都非常喜欢。它能够利用专访、宣传典型、座谈和辩论等方式，多角度、全方位且生动形象地向全体学生进行以集体主义、爱国主义和社会主义为主要内容的思想政治教育，使他们正确的社会道德观得到增强，从而树立正确的人生观和价值观。通过对与学生相关的社团、教学和社会实践等活动进行跟踪报道，有助于他们从心理上正确地选择和判断美丑和是非，主动追求高格调和高品位的生活方式。在符合校园文化建设的前提下，电视台能够利用开办的积极向上健康的有关节目宣传党和国家的方针政策和学校的策略政令等，对学校教学、人才培养和科研等方面进行及时报道，提高大学生思想政治和道德等素质，为学校的快速发展提供思想基础并营造较好的舆论环境。

（四）校园网络

校园网络是新经济的非常重要的载体，在大学生的生活、学习和行为甚至思想观念方面，都起着极为重要的影响。

20 世纪末，国内一些知名院校如清华大学和北京大学等率先建成了自己的校园网，这是中国网络发展的领跑者，同时也是高校校园网络的发展先锋。网络具有快速、成本低、实时、形式灵活、操作容易和交互性强等优点，因此校园网发展非常迅速。截至目前，国内所有高校都建立了独立的校园网络，大部分高校都建有新闻子网。校园网不受时空限制，是校园信息进行传递和交流的重要途径。校园网也在很大程度上拓宽了校园媒体的受众领域，其信息的传播已不受校园高墙的制约，而是向外界世界进行延伸。基于校园网络平台，校内外信息可方便快捷地进行沟通。因此，校园网已发展成为一种助推器，它能促进高等学校的信息流动和学校影响力的提升。它自出现以来，就得到各高校广大师生的喜爱和青睐，其在广大师生中的影响也在不断增强。

网络技术的进步为进行大学生思想政治教育提供了机遇。同时社会的网络化也使大学生思想政治工作遇到了重大挑战，这些都已经过实践的证明。然而对新技术存在畏惧的心态，不属于马克思主义者的态度。事实上，网络给大学生思想政治教育工作带来的既有挑战同时也有机遇。第一，网络技术的进步与人类社会的网络化一定会使高校思想政治教育工作的内容更加充实。马列主义、毛泽东思想、邓小平理论是高校思想政治工作的理论基础，而推动其理论的不断发展则正是科学技术和社会实践的发展。科学技术是第一生产力，计算机网络技术的不断发展，将为我们党提供更新更多的事实材料和知识，从而在进行思想政治教育过程中不断充实和丰富新的思想理论内容。

第二，社会的网络化必然会使人们的观念与思想更为先进。网络技术一定会促使人们思想的大解放。以目前最为盛行的 Internet 为例，它使人们的眼界大为开阔，使人们的思想变得更加活跃，使人们的思想得到更新，这为思想政治工作的顺利开展打下了良好的基础，同时也是思想政治教育的目标之一。

第二节　高校传媒的思想政治教育功能

高校传媒具有极其重要的思想政治教育功能，不仅能丰富思想政治教育的内涵和外延，增强思想政治教育的手段和途径，而且给思想政治教育工作增添了新的活力，使思想政治教育的时效性、吸引力和凝聚力、感染力都越来越强。

一、导向功能

（一）坚定理想信念

目前青年大学生的理想信念还在不断的成长，人生观、世界观和价值观还不成熟，不知如何应对各种社会思潮的影响。作为学校党委的“喉舌”，高校新闻传媒应当担起重任，用科学理论对大学生的头脑进行武装，新闻网站和高校的校报经常在头版头条发表党和国家的重大路线、方针和政策，开展重要思想理论的研讨和征文等活动，激发全校广大师生员工对学习理论的热情。媒体如电视台和广播等也开展了专题理论讲座、播发理论专家的辅导报告等，这些活动的开展使广大青年大学生对建设社会主义的理想信念更加坚定，也使努力学习最终报效祖国的重大理想更加坚定，也使科学理论在广大青年学生的心目中更加深入。

（二）把握正确导向

我们党对新闻宣传工作的一贯要求就是对人民群众进行正确的舆论引导，同时这也是社会主义传媒应尽的责任和应该遵守的准则。高校新闻传媒也必须对这些精神进行落实和贯彻，通过新闻舆论的引导作用，调动一切积极因素，尽可能地团结力量，在最大程度上动员和激励广大师生员工积极投身于学校的发展和改革中去。第一，高校新闻传媒应该对高校扩招后的管理、教学和教学质量、教职工福利待遇和学生就业等师生们重视的问题进行密切关注，答疑解惑，提高对工作的认识，多进行一些凝聚人心和统一思想的工作。第二，高校新闻传媒要对典型做好宣传的工作。高校新闻传媒思想政治教育功能主要体现在充分利用典型的示范、引导和鼓励作用。第三，高校新闻传媒要对热点问题进行舆论监督和正确的引导。高校新闻传媒应围绕高校党委的行政工作展开，对广大师生员工都关心的问题进行关注，并展开深入的调查和采访，说事实、讲道理。新闻传媒要敢于揭露和批判违反学校纪律、损坏学生利益和学校利益的人和事，公之于众，激浊扬清。

（三）坚持正面导向

媒介本身是文化表现形式之一。大众传媒是面向世界、面向现代化与面向未来的视窗，是思想文化的重要传播载体。思想政治工作是党要求应进行的工作，必然代表先进文化的前进方向，所以应该研究如何充分利用传媒来提高对文化的控制能力与导向力。通过传媒社会主义的主流文化进行倡导。在社会中处于主导位置的文化是主流文化，它对社会文化的面貌与性质进行了表现，对社会成员的行为进行了限制，主导社会文化的进程。通过传媒对主流文化进行提倡，最根本的就是坚持党在社会主义初级阶段的基本路线不动摇，不断对我国社会主义的主流文化进行坚持和倡导。任何一种思想观念的发展都与媒体的塑造、传播与凝聚密切相关。德国新闻学者道比法特在《新闻学》中提出，报纸对公众的意见进行宣布、反映、传播与承担。在一定情景下，报纸还创造性地促使了对公众意见的形成。这段话生动精确地对大众传媒对思想的传播与引导功能进行了说明。

大众传媒大力提倡娱乐影视作品所蕴含的时代精神，可以较好地对青年的思想进行有效的整合，对青年的价值取向与行为方式产生影响，从而激发青年的集体主义、爱国主义和社会主义热情。因为大众传媒在提倡主流文化方面具有极其重要的作用和地位，所以必须通过大众传媒对青年思想进行整合，从心理上促进他们对主流文化的认同。

二、载体功能

社会学家戴维·波谱诺提出，在现代社会中，除了影响人们社会化的家庭、同龄群体和学校教育，大众传媒已成为第四个重要的因素。为更好地进行思想政治教育，当代大众传媒为其提供了高水平的物质基础和技术条件；尤其是其中的网络媒介和电子媒介，为思想政治教育和学习搭建了一个数字化、网络化和智能化的平台。网络化是指利用通信手段把分布在不同地理位置的计算机连接成为一个计算机的集合体，主要是指广域网和局域网的充分互联。互联网高度整合局域网上的各种教育和科研上的资源以及整个社会的知识资源，是一个超越时空限制并且完全开放的教育和学习平台。

数字化是指利用现代科技信息技术将图像、文本、声音与动画等物理信息以某种数字格式进行录入与存储并进行传播。那些充分共享的数字资源发展成为全社会进行教育和学习的共同拥有的知识财富。智能化是指包含超媒体、人工智能、多媒体与知识库等都在内的信息技术，与计算机网络进行统一，从而能够更有效地使用数字资源，进而创造出一种具备智能化的思想政治教育系统和环境。在如今的大众传媒当中，互联网络、杂志报纸和电视广播都能够对时代发展脉搏进行反映，能够转载很多关于思想政治教育的信息，同教育对象紧密联系在一起，具备操作容易与互动性强等特点，都是极其有效的思想政治教育媒介。如今大众传媒的快速发展也要求思想政治教育必须以此为载体，充分发挥大众传媒的优势，从而增强思想政治教育的时代感。

三、渗透功能

由于校园网和校报、广播、校园电视等融合在一起，因此信息传播的结构在发生巨大改变。长期以来，交互性目标是高校传媒一直求而未得的目标，然而校园网的出现实现了这一目标。目前，校园网络已遍布校园文化政治生活的各个角落，高校传媒利用校园网这一途径可以使受众便利地对各种新闻、观点和主题自主地表达意见和评论，即使这种自由评述是在虚拟的背景下进行的，而且完全有别于实际生活当中的自由对话，然而它与具有无形特征的文化、思想和意识形态有吻合之处，会对人的言行造成或多或少的影响。所以在受众面对众多选择的同时，高校传媒的文化与意识形态领域的渗透方式更加潜移默化、令人难以觉察。高校传媒利用这种潜移默化的渗透方式改变受众的观念、思想和舆论，功能发挥的方式更具有隐蔽性，在渗透中可以实现教育功能。

四、评价功能

大众传媒的道德评价功能是指大众传媒作为一种社会力量，能够衡量、评价人的观念、行为是否符合社会道德要求的功用和效用。同样，高校校园传媒对评价和衡量高校学生是否符合社会道德的标准，具有一定的评价功能。

道德是对社会生活和经济基础的反映，由于社会不是静止不变的而是处在不断发展变化中，因此道德不是静止抽象的教条，当代道德也正经历着一个转型和重新构建的过程。道德在转型过程中，不可避免地会出现价值观念的碰撞和道德冲突等社会伦理问题。在这种充斥着冲突且无序的道德混乱中，作为道德教育对象的个体往往感觉无所适从，从而无法进行准确的价值判断，严重影响了个体的道德选择问题。

在处理这个问题上高校传媒具有独具一格的效果。大众传播的内容主要是反映社会生活的现实，然而高校传媒对外部世界的报道是一种有目的的，可进行选择取舍的活动，而不是简单的、直接的反映。媒介组织针对社会道德现象和问题会依据一定的报道方针和价值观取向，对现实生活进行选择从而凝练出能集中反映道德矛盾和问题的典型事件，为受众作出解释且这种解释符合社会的道德要求，或者利用赞扬道德行为和道观念去抨击不道德的行为方式，从而对相关模糊认识进行澄清。以校园广播创作的《道德与法》栏目为例，节目开始给大家陈述当下影响度较高的典型案例，主持人通过对这个案例的层层分析，最后提炼出自己的观点，对此事件中的人或物进行明确的赞扬或是批评，以此来引导大学生对某些事物能够保持清醒的认识，帮助大学生形成自身的正确的思想观念和价值取向。因此，高校校园传媒的评价功能在规范大学生的道德认识、匡正模糊道德观念方面起的作用是非常重要的。

第三节　高校传媒环境存在的问题以及原因

一、高校传媒环境存在的问题

对于思想政治教育活动来说，高校校园传媒具有不可比拟的优势，但是在发挥思想政治教育功能时，因为受到内外多方因素的影响和制约，并没有百分之百切实地表现出其对大学生的思想政治教育影响和优势，存在着很多的问题，尤其表现在发挥教育人、引导人的功能上。

（一）功能发挥过程中呈现出的问题

第一，对高校校园传媒的思想政治教育功能重视不够。高校普遍没有足够的关注校园传媒的思想政治教育功能，放弃了这个受学生欢迎的思想政治教育阵地，即校园传媒。其原因主要是存在着一种认识上的误区，即认为利用传媒进行的教育是不真实的，效果不能立竿见影。无论学校如何对其标榜，在潜意识里仍然看重师生直接面对面进行思想政治教育的方式，与一般课程相比把校报和校园网络等媒体看得不那么重要，没有积极主动地对媒体思想政治教育的功能进行开发。大多数情况下，校园传媒只是一项形象工程，或者只是充当反映学校日常工作的工具，校园媒体中的校园广播和校园网等仅仅局限于校园“娱乐活动”中的一个角色。如此一来，一段时间后许多媒体的思想政治教育功能将趋于萎缩。对于教育者来说，应当精心选择校园传媒的思想政治教育内容，努力设计教育内容的传递方式。当然这是一种理想的状态，目前高校校园传媒的大多数思想政治教育不能达到如此的高水准，其中一个重要原因就是对其重视程度不够。

第二，宣传教育领域的局限性。随着自身的不断发展进步，高校校园传媒慢慢具备了走出校园的条件，宣传教育的领域得到扩大。新闻出版总署于 1998 年下发了《关于设立高校校报类报纸刊号系列的通知》，从此高校校报正式取得了国内统一的刊号，并有权在国内公开出版发行。网络既无形又无界限。校园网络沟通也没有极限，融合并传递纷繁复杂的信息，把不同的人群联系起来。但是很多高校校园传媒的范围仍然局限在高校内部领域、教育范畴和高校之间领域，有些高校的传媒范围仅仅涉及本校校园内部的信息传播与交流，高校之间的传媒以及高校校园内部的传媒还未与社会大众传媒正式接轨。从而只是校园传媒的信息源非常有限，也没有办法提高信息的质量，不能很好地迎合大学生对信息的需求和求知的欲望。

第三，重视教学、科研和管理工作宣传，忽视思想政治教育影响。高校校园传媒立足于校园，以对师生进行服务和对高等教育事业进行服务为宗旨，所以，校园传媒应当播报最近技术信息、学术论点与学校的管理工作动态等。然而若倾向于此，校园媒体在定位上就表现得比较狭隘。现在，很多院校的媒体栏目比较少且内容较单一，关于工作动态与会议的消息很多，并未足够重视校园传媒对大学生思想政治教育工作的价值，而且对校园传媒思想政治教育功能所进行的研究与开发工作做得并不到位。即便意识到校园传媒是进行大学生思想政治教育非常重要的平台，然而在具体操作过程中也往往容易表现出“泛政治化”的倾向，简单生硬毫无生机地进行政治理论灌输，未充分发挥出校园媒体所具备的舆论性、思想性与导向性等特殊优势。

第四，歌功颂德多，揭露曝光少。一直以来，为了营造校园环境的纯洁与稳定，高校校园传媒都积极主动对“正面宣传为主”的方针进行贯彻落实，倾向于歌功颂德，往往对问题不进行报道，总是尽量闪过有时甚至尽力回避社会的阴暗面。其一，它没有体现校园媒体信息真实性的特点，没有发挥其应有的监督功能，这也是对不正当的风气和错误行为的纵容。其二，因为文化层次较高且善于理性思考的学生和教师是校园媒体的主要受众，校园传媒这种“歌功颂德”式的舆论导向很容易致使他们缺乏对校园媒体的信任，进而阻碍校园传媒思想政治教育功能的充分发挥。而媒体本来就应该驾客观之舟，掌公正之舵，摇责任之橹，扬理性之帆，鞭挞假恶丑，大力弘扬真善美，教导学生向善从善。

（二）认可度不高，影响力不够

高校校园传媒立足于校园、针对大学生，对大学生应该有很大的吸引力，也是大学生获得信息的重要途径。但是与此相反，校园媒体的影响力以及当代大学生对其的接受度并不令人满意。校报的影响日渐衰减。虽然高校校报具有悠久的历史，然而在当代大学生中校报的影响力却日渐衰减。

校园广播和校园电视沦为可无可有的“鸡肋”。校园广播具有短、平、快的明显优势，是高校校园主导的媒体之一。但由于受各种因素的制约，无法展现校园广播的优势，在部分高校，校园广播成了学生自由发挥的平台，节目种类单一且质量不高，变成了“音乐播放器”。校园电视是生动形象的立体信息传播系统，冲击力与影响力非常强大。然而目前由于受播出场所和时间的限制且节目内容形式单一，因此广大师生对观看校园电视并没有太大的兴趣。部分高校的校园电视确实变成了可无可有的“鸡肋”。校园网络开始发展迅猛，但宣传教育效果却不好。大学生网民平均上网的时间很长，但是对校园网的使用时间却非常少。校园网上最受欢迎和青睐的是校园论坛和影视资源。一些走在前列的国内高校建立了进行思想政治教育的专门网站，如北京大学开通了“红旗在线”，清华大学建立了“学生红色网站”，天津大学有“天外天”等。这些红色网站一般都设有政治理论学习、网上党校和时政要闻等栏目。学生可以利用这些网站及时全面掌握国内外发生的大事，对马克思主义基本理论以及中国共产党革命和建设的历史进行学习，学习先锋模范党员的感人事迹等。然而事实上许多高校的红色网站点击率却很低，有变成“死站”“空站”的趋势。而与此同时，大学生们则在网络上对其他良莠不齐的信息进行浏览，思想政治教育错失良机。

（三）忽视传媒效能的评估与反馈

思想政治教育活动是依据一定的教育目标和教育对象，选择相关的教学内容和教学方法并有计划、有组织地实施教育的过程。评价与反馈机制在思想政治教育活动中起着承上启下的作用，它既关系到对前一个思想政治教育工作方案的执行效果的评价以及经验教训的总结，又关系到下一轮思想政治教育工作方案在制订过程中的目标确定以及所要解决的问题。及时地了解教育对象的思想品德素质状况、掌握思想政治教育活动的落实情况和结果，是高校科学开展思想政治教育活动的保证。没有足够、及时、准确的评价与反馈信息，就难以保证思想政治教育决策的科学性，也就难以保证思想政治教育活动科学地进行。

目前，高校在通过校园传媒所进行的思想政治教育活动中往往忽视了反馈和评估环节。常常忽视系统地总结与归纳思想政治教育功能发挥状况如何，有没有达到预想的教育效果。在高校校园传媒工作的队伍中，专职进行思想政治教育工作的数量非常少，大多只片面地刊登出党和国家的理论、方针和政策，在校电视台对一个模范人物的事迹进行播放，专门做一个红色网站，就完成了思想政治教育工作，而没有考虑有多少人理解了党的理论，又有多少人对模范人物的事迹产生了共鸣，又有多少人对红色网站进行了点击。思想政治教育活动完全局限于形式，缺乏评估反馈的机制，使校园传媒思想政治教育功能的切实发挥受到很大的制约。另外，传统思想政治教育工作中，“主体—客体”的关系是相对稳固的，思想政治教育信息反馈较为容易，真实性也较高。校园传媒是个多渠道的立体传播系统，其思想政治教育的对象是不固定的，受众未选择接触传媒，同时该传媒未设置受众反馈途径等因素，制约和弱化了思想政治教育信息在校园传媒进行思想政治教育活动过程中的反馈，使得教育者得不到完整的、真实的思想政治教育信息，也就无法掌握教育活动的效果。

（四）大众传媒负面信息的影响

第一，社会大众传媒与高校校园传媒相比，具有天然优势。社会大众传媒的技术水平层次和传播范围要远远优于高校校园传媒。大众传媒在传播信息的同时也能够产生可观的经济效益，这促使他们有充足的经费来完善自身的各项硬件设施。同时，社会大众传媒工作者都是经过激烈竞争选拔出来的具备较强业务能力素质和现代传播技能的专业技术人员，由于传媒技术发展的日新月异，社会大众传媒工作者也能够接受经常性的专业知识和技能的培训。因此，社会大众传媒工作人员的素质和能力优于高校校园传媒工作者。

第二，在市场经济条件下，社会大众传媒实施市场化运作，引入竞争机制，使得大众传媒在信息化条件下能够不断完善传播途径，根据大众需求提供更好的服务，向广大群众提供能够满足他们各方面需求的信息，社会大众传媒在与高校校园传媒的竞争中处于绝对的优势地位。

第三，在社会大众传媒与高校校园传媒的市场争夺战中，校园传媒由于传播的范围和途径的局限性，无法满足广大学生的多方面需求，自然无法与社会大众传媒相抗衡，胜利的那一方自然属于社会大众传媒，因此，社会大众传媒也成了当代大学生获取最新信息、掌握社会最新动态的第一选择。但是，随着传媒技术的快速发展，大众传媒的信息是广泛而且带有很强的地域性、区域性，这些信息有些可以产生积极的作用，也有一些信息存在很多消极影响。在高校校园传媒的大环境中，校园传媒向大学生传播和提供有益信息的同时，也混杂着消极庸俗甚至是反动的信息，如网络传媒中的一些信息，企图利用当代大学生是非分辨能力欠缺，抵御不良思想侵蚀的能力不强的特点，对当代大学生进行意识形态领域方面的影响。这对高校校园传媒发挥符合社会主义核心价值体系，以帮助当代大学生树立正确的世界观、人生观、价值观的思想政治教育提出了挑战。处于弱势地位的高校校园传媒虽然努力想要消解社会大众传媒带来的不良影响，用符合我国高等教育价值取向的思想政治教育方式对学生进行引导和教育，但是这种效果并不是很好。

（五）弱化传统思想政治教育的价值

由于对传统的思想政治教育进行干扰的信息少，教育者可以迅速精确地评价受教育者的外化行为，然而在当今的传媒环境中，因为交流存在着多项性，所以就使得教育者与受教育者之间进行交流的效果降低，因而致使教育者很难准确把握受教育者的思想状况，并对此进行正确的评价，因此致使传统思想政治教育的主导地位弱化。在传统思想政治教育过程中教育者一直处于主导的地位，掌握着受教育者接受教育的具体内容、方法与途径。而现代高校传媒使信息传播的途径更加宽阔，在很大程度上改善了思想政治教育的方法，导致教育者在对受教育者进行教育的过程中很难掌握信息的走向与过程，从而丧失了思想政治教育的主导地位，直接对思想政治教育的效果造成了影响。

二、影响高校校园传媒思想政治教育功能的成因

高校校园传媒的思想政治教育功能具有现实意义，对于培养当代大学生的道德品质、心理素质、完善人格等方面具有重要作用，但是高校校园传媒的思想政治教育工作还存在一些问题，这些问题的产生有其特殊的原因，要加强大学生思想政治教育，就必须全面分析这些原因，只有这样我们的高校校园传媒才能充分发挥其在大学生思想政治教育方面的积极作用。

（一）高校校园传媒自身因素

高校校园传媒的信息传播对当代大学生思想政治教育起着重要的作用。在教育学原理中，我们知道，教育有主体和客体之分，高校校园传媒扮演的是教育者的角色，教育者素质的高低，直接关系到思想政治教育功能的实现，影响着思想政治教育的效果。在对大学生的思想政治教育中，高校校园传媒占据着主导地位。而广大大学生是教育的客体，是思想政治教育工作的对象，思想政治教育的对象对教育者的接受和认可也在一定程度上影响着教育主体作用的发挥。

第一，基础设施不完善。

一是经费有限。学校划拨的经费是高校校园传媒运行的基本资金来源，但是校园传媒更新发展速度快，而高校投入校园传媒中的经费有限，如此一来就使得校园媒体难以拥有现代化高水平的设施设备。例如，学校电视台有限的自己制作的节目数量，有限的播放时间，而且大多数高校还没有条件对校园有线电视系统进行建立，只在公共场所如食堂、教室等地方放置电视。因此，大多数学校自己制作的节目很多学生是看不到的。

二是校园网络不稳定，速度慢。由于校园网络在技术水平等方面还存在着缺陷，在资源共享和速度等方面也存在着许多不足，致使很多的学生为了享受互联网世界给他们带来的享受和乐趣，他们不愿意使用校园网络而更愿意花钱安装宽带网络。

三是硬件设施不完善。高校校园传媒在配套设施方面还有很多欠缺。比如，缺乏基本的硬件设施、技术人员水平有待提高等。高校校园传媒的工作条件较差，校园网络的入网、交费、开通等程序还相对烦琐，工作效率有待提高。物质条件的欠缺，导致高校校园传媒的信息产品得不到及时更新与传递，信息质量得不到保证。

第二，工作人员素质欠缺。高校校园传媒仅仅是传播各种信息的载体，其核心和灵魂应该是使用和操作媒体的人。高校校园传媒工作者在业务能力和技术水平等方面的欠缺制约了高校校园传媒的思想政治教育功能的有效发挥。

一是思想政治教育功能意识淡薄。目前，高校校园传媒管理者、领导者和工作人员中通常存在这样一种现象，即没有足够认识到校园传媒对大学生思想政治教育工作所能起到的作用和所产生的积极影响。有些高校只是把校园传媒工作队伍的建设和设施的完善看作一项形象工程，没有重视和利用校园传媒的积极作用。在这样管理理念下，校园传媒仅仅是一种形式，而没有发挥它应当起到的积极作用，更谈不上传播及时有效的思想政治教育观念。这些管理者和工作者在思想意识方面的局限性制约了校园传媒思想政治教育功能的发挥。

二是思想政治素质欠缺。由于缺乏系统的培训，再加之工作内容的不完善，很多校园传媒工作者的思想道德修养不高，缺乏应有的政治敏锐性，理论水平也不高，不能够很好地履行校园传媒工作应该起到的作用。

三是专业素质和技能欠缺。很多校园传媒工作人员未接受过系统的新闻传播专业方面的专业训练和业务培训，专业知识水平不高，也没有熟练掌握相关的采、写、编、播、导等技能。随着科技的发展和现代传播技术和手段的不断更新与完善，这些校园工作者在一定程度上不适应校园传播媒介的发展需求。而目前部分高校校园传媒工作的主力是在校大学生，虽然他们有足够的干劲和热情，对校园传播媒介的途径试图进行拓展，使校园传媒的内容趋于完善，然而由于受知识水平、能力、经验、人生阅历和综合素质等因素的限制，他们所发挥出的作用也是有限的，这对校园传播媒体的思想政治教育效果产生了严重的影响。

（二）管理和运行机制不完善

第一，各校园传媒缺乏合力。高校校园媒体的形式与内容日益丰富，拓宽了广大大学生的信息获取渠道。各校园媒体之间本应扬长避短、相互配合、充分发挥资源共享的优势。但由于校园传媒环境存在管理混乱、机制不健全等问题，它们之间并未形成资源共享、相互学习、相互提高的共同发展的良好局面，校园思想政治教育的作用受到一定限制。

第二，运行机制不完善。在高校内，不同的部门分别主管着校园媒体，如有党委宣传部门进行主管的媒体，有学校团委主管的媒体，还有学生工作部门主管的媒体。例如，武汉大学党委宣传部包含了武汉大学学报、洛伽之声广播台、武汉大学电视台和校园新闻网等校园媒体；武汉大学团委筹建并主管武汉大学青年传媒集团的运作，它涵盖了洛伽青年报、未来演播室和未来网三大品牌传媒；武汉大学学生工作部负责主管自强网。各个传播媒体的常常是各司其职，具有相对独立的运作体系，都拥有自己独立的记者与编辑队伍，分别编写自己的稿件，分别进行编辑、出版与制作、播出，熟悉校园传媒工作的专业人士可能认识到这种局面对于整合校内校外资源，通过各种传播媒体传递及时信息是极为不利的，可能会出现同一个信息出现不同版本的情况，这不利于大学生对信息的有效接受和正确理解，不利于统筹规划和信息资源优化配置，媒体之间也容易相互“撞车”。分散和削弱校园媒体的引导力、影响力和公信力，不利于高校思想政治教育正常、有效的开展。

（三）受众因素的影响

受传者即受众，指的是接受信息的人，它是整个传播活动产生动因的重要方面，也是传播的中心环节之一。大众传播的受众者是社会全体大众人群，这个群体包含各种报纸、杂志的读者，广播电台的听众以及电视、电影的观众，还有网络等其他媒体传播的信息的接受者。一般来说，受众者最明显的特点是范围广泛、数量大且分散，所有的社会组成人员都可称为受众。此外，受众作为传播媒体发展的标尺还具有其他几个方面的重要特征。从被动接受大众传媒转向主动掌握大众传媒，受众开始有选择性地接受他们自己喜欢的能够引起他们兴趣的信息。

受众会对接受的各种媒体信息进行加工整理，有些信息可能马上就要投入使用，而有的信息会储存起来以备后用。例如，我们在搞调查研究的过程中，从各个方面收集到的很多信息和资料有些马上就可以使用，而有些是在以后的调查研究报告中使用的。

在受众接受各种媒体信息后，他们不会对这种信息进行隐藏，而是会与其他受众者分享并交换这些信息或者会把反馈的一些信息传递给传播者。所以受众者不只是被动接受各种媒体信息，而是积极主动地对信息进行选择和接受，是有理智、有情感、有动机、有思想的社会人，仍是积极主动地参与整个传播过程。

高校的广大师生员工是高校校园媒体信息的主要接受者，其中大多数仍是在校大学生。校园传媒传播的各类信息中只有他们喜欢的能够引起吸引他们兴趣的、符合他们需求的才会被他们关注，被他们所接受并利用。也就是说，在高校进行思想政治教育工作过程中，作为教育对象的大学生受众只有愿意接受各种传媒传播的思想政治观念、伦理道德规范等，高校校园传媒的思想政治教育的作用才能收到预期的效果，思想政治教育功能才算是真正发挥出来了。高校校园传媒传播的思想政治教育信息，如果没有被大学生受众所理解和接受，没有让受众有所领悟，有所触动，有所收获并有所行动，我们的思想政治教育工作便不能说是有所进展。

当代大学生对新知识、新的科技发展的关注度很高，对于资讯的需求也很强烈，实用性、有效性、可读性、多元化的传媒信息是当代大学生的信息需求取向。与校外大众传媒相比，校园传媒由于硬件设施、信息平台的完善与更新、传播手段等方面的欠缺，使得校园传媒的信息单一、滞后，这使得大学生对校园传媒的认可度普遍不高，他们宁愿选择使用社会大众传媒去获取各类及时的、完善的信息。校园传媒的这些局限性不能调动广大大学生的主动性和积极性，导致受众的大学生缺乏对校园传媒的兴趣，无法对校园传媒传播的各种信息进行主动的关注，这种缺乏了受众参与的思想政治教育过程只能算是无意义的、单向的符号传递，这样一来，原本具有教育意义思想政治教育活动也一定会失去意义。

另外，大学生对信息的选择、分辨和使用能力有限。大学生还没有形成成熟的世界观、人生观和价值观，并且人生阅历和社会经验很有限，在如今信息时代高速发展的背景下面临各式各样纷繁复杂的传媒信息时，他们常常会在信息的海洋里迷失自己，不进行选择和辨别就接受，成为传媒带来的有毒信息的受害者，这也使使用校园传媒作为工作载体的思想政治教育工作者面临挑战。

高校校园传媒与主要受众——当代大学生之间的关系，是校园传媒信息的传播过程中以及网络思想政治教育工作过程中最重要的关系。它是校园传媒信息对大学生进行思想政治教育引导，提高其思想政治素质、道德素质、心理品质和科学文化素质的前提和基础。

如前所述，高校校园传媒由于在硬件设施方面的落后以及信息的滞后性导致当前高校校园传媒与受众大学生之间的关系并不协调。因此，高校校园媒体与受众之间的互动和了解不够。首先，广大传媒工作者没有全面深入地关注和反映学生的思想政治状况、心理状况以及广大学生的迫切需求，没有根据实际情况进行恰当的引导与教育，缺乏对学生了解掌握和接受信息以及思想政治教育效果的了解，单纯地认为信息传递出去了就实现了思想政治教育目标；其次，当代大学生具有非常鲜明的时代特征，他们敏感，容易接受新鲜事物，对自己要求严格同时也会有很多困惑，对于他们所需要的传媒信息，他们有自己的一套标准和想法，但是很少与校园传媒工作者进行沟通与交流。在双方沟通不良与互动贫乏的情况下，校园传媒信息的传播过程以及所期望达到的思想政治教育效果变成单向的信息传递过程和无意义的、空洞的思想政治教育，阻碍了校园传媒在大学生思想政治教育工作方面的积极作用，不利于改进和完善传媒的思想政治教育活动，抑制了高校校园传媒的思想政治教育优势。

第四节　高校传媒环境的优化思路

一、坚持马克思主义指导思想不动摇

对大学生进行马克思主义科学理论教育，充分利用高校新闻传媒对大学生坚定理想信念进行教育。当代大学生理想信念还处于成长阶段，其人生观、世界观和价值观还不成熟，各种社会思潮对他们影响较大，往往使他们不知所措。作为学校党委的“喉舌”，高校新闻传媒应该担当起使当代大学生掌握科学理论的重大责任，高校的新闻网站和校报往往在头版头条刊登我国的重大路线、方针和政策，开创邓小平理论、“三个代表”重要思想和“科学发展观”等研究专栏，开展征文大赛、辩论赛和理论讨论等活动，鼓舞广大师生加强对重要思想理论的学习。电视台媒体和广播媒体等也通过开展播报专家的培训报告和专题理论讲座等活动使当代大学生建设社会主义的理想信念更加坚定，使努力学习、为祖国奉献终身的人生理想更加坚定，也使得当代大学生对科学理论掌握得更加深入。

二、把握正确的宣传舆论导向

把握正确的宣传舆论导向，坚持稳定、团结、鼓励和正面的宣传内容。对人民群众进行正确的舆论引导，是我国规定的新闻宣传工作必须坚持的原则，也是社会主义传媒的职责。高校新闻传媒也必须对这一原则进行贯彻和落实，通过新闻舆论引导，调动所有积极因素，团结所有力量，尽可能地鼓舞和动员全体师生员工为学校的改革和发展贡献自己的一份力量。第一，高校新闻发挥应该对高校扩招后的以下师生关注的问题进行高度重视，如管理、教学和教学质量、教职工福利和学生就业等，能够答疑解惑，增强对工作的认识，尽力多做使广大师生员工思想统一和增强凝聚力的工作。第二，高校校园新闻传媒应对典型事件做好宣传的工作。充分利用典型诸如鼓励、示范和引导的功能，这是高校新闻发挥传媒思想政治教育功能的重要表现。第三，高校新闻传媒也应做好对舆论的监督和对热点问题的引导等工作。高校新闻传媒立足于高校党委的行政工作，对广大师生员工都重视的问题进行关注，通过调查采访，摆道理、讲事实。新闻传媒要敢于曝光和批判违反校园纪律、破坏学生和学校利益的人和事，告知大众，坚决惩处。

三、加强传媒信息的监控

如今伴随着高速发展的科学技术，校园传媒也逐渐变得多样化。不但学校负责和管理校园媒体，而且学生也自主创办了报刊和网站，如果学校对这些学生监管不严，那么它将会变成传播有害信息的基地。由于在西方所谓的新闻自由影响下，有些学生想任意妄为地发表意见，甚至想通过校园新闻媒体对有害的信息进行传播。所以高校必须对这些所谓自由的媒体进行监管。可以对网络新闻和出版物等进行预先的检查，当然，为了不损害新闻的实效性，可以委托媒体负责人进行自查，明确责任，如果出现问题，必须对其进行严厉的处罚。

营造积极向上、健康、高雅的校园文化氛围。作为高校进行思想宣传的非常重要的平台，高校新闻传媒要勇于承担起对社会主义先进文化进行弘扬的重任，努力营造健康、高雅、向上

的校园文化氛围。新闻宣传时，传统美德和五千年来中华民族的文化积淀应引起高校新闻传媒的高度关注，在广大师生员工中，开展辩论、征文和论坛等活动对中华民族传统文化进行大力弘扬，鼓励他们为社会主义建设作贡献；同时，要开展对人文主题进行讨论的活动，及时迅速报道校园里的各种文学、科技创新和艺术等活动，营造良好的舆论氛围，在广大师生员工中对人文素质精神和科学精神进行大力提倡，创造浓厚的文化氛围。在高校校园里，通常作者群和受众群都具有较高的文化素养，因此就会出现很多优秀的作品。高校新闻传媒应积极引导广大师生员工多出优秀的作品，坚持“双百”方针、“二为”方向，走近师生，尽力为广大师生员工提供更好的精神食粮，使优秀作品的观赏性、艺术性和思想性进行有机结合，促使高校校园文化向健康、高雅的方向发展。

四、加强高校传媒队伍的建设

首先，应该建立培养培训机制。伴随着快速发展的现代传媒，这就要求高校应该具备专业化和职业化工作团队，他们应该掌握现代的传媒技术又应该掌握思想政治教育艺术。高校应根据现实和发展的需要制定相应的规划对工作团队进行建设和培养，合理调配工作力量，招纳专兼职人员，建立各方配合、统一指导、优势互补和责任明确的高校传媒宣传、高校传媒舆论引导、高校传媒监管和信息员团队等工作团队体系。同时，还应该加大对工作团队的培训力度，使工作团队的业务水平和政治理论素质不断提升，有效利用信息网络技术进行工作，发挥现代传媒的交互性和实时性等特点，努力使思想政治工作获得良好的效果。其次，应该建立激励考核机制。高校应该建立比较完善的目标激励机制和绩效考核机制，如可通过精神和物质奖励、表扬优秀人才、对优秀人才进行继续深造等措施，激发高校思想政治工作队伍的潜力和激情，使他们做好思想政治工作教育和掌握现代传媒技术，倡导他们通过建立各种积极向上的博客、QQ群和个人品牌网站等平台使思想政治教育工作的空间和阵地更加多样化。

五、加强大学生媒介素养教育

媒体素养是在传统素养（听、说、读、写）能力基础上进行的拓展和延伸，它包括人们解读各类媒介信息的能力，除具有传统素养外，还具有收听、观看并解读与评论报纸、网络、广播、影视、杂志和广告等媒介传播各类信息的能力。在大众传媒时期，媒体素养教育是一种教育方法和教育思想，它是基于各类媒介对人的影响的基础上提出的。第一，由于目前大众传媒飞速发展，出现了各类纷繁复杂的信息，这就要求人民提升自身的媒介素养，对负面信息进行过滤和消除，充分利用大众传媒的积极方面，消除消极负面的影响，尽力做到使自己健康成长，同时也要有利于社会的发展。第二，教师应不断增强运用传媒技术和传媒资源的能力，并有效地把它与教学统一起来。公共政治理授课教师更应该对现代传媒信息资源进行充分的利用和掌握，通过传媒的优势使单调枯燥的政治理论课生动变得更加活泼。在对技术进行掌握的同时，还需要充分发挥杂志、报纸、电视、广播、电影等，尤其是网络等的资源优势进行课堂教学。第三，使学生参加对学校思想政治教育网页和网站的建设活动。网站服务的对象重点是学生，因此应该坚持学生是网站管理和建设的主要工作团体。通过建立BBS校园网上论坛等平台来吸引学生广泛参与，使学生能够进行自我管理、服务和教育等。第四，我们还应该对学校既有的现代传媒进行充分的利用和调动，对所有可利用的现代传媒资源进行立体化、全面和全方位的有效利用。当然，节目、栏目的内容应来源于学生，并与学生密切相关，应该利用青年人喜欢的方式对内容进行编排，从而做到寓教于乐。

六、整合媒体资源，发挥整体效能

当前，高校不同部门对传媒进行的管理，要求其充分整合并有效利用校园媒体，扬长避短，发挥整体作用，保证德育的效果。使高校传媒各类要素都具有自身的优势。例如，报纸的优势在于深度报道，校园电视台的优势在于创作生动形象经典的精品节目；校园新闻网的优势在于可以及时迅速地向校园、社会传播校园新闻，而且形式具有活力，包含容量也很多，能够增加校园与社会之间的互动与交流。为此，高校应整合和联动传媒资源，使资源充分共享，优势互补，有效利用传媒资源的各种作用，利用不同的方式把采集的信息转变成为不同媒体都能进行报道的形式，相互协调，充分调动各类媒体之间的作用，从而使新闻报道的深度更加深化、报道的广度更加广阔，形成立体化进行舆论报道的形式，从而使营造优良的思想政治教育环境的最佳目标得以实现。

第十九章　高校思想政治教育辅导员队伍职业化建设问题研究

第一节　高校思想政治教育队伍建设的基本内容和意义

事在人为。大学生思想政治教育之“事”要由大学生思想政治教育者组成的队伍去“为”。这支队伍的状况如何，直接关系到大学生思想政治教育目标的实现。研究大学生思想政治教育队伍建设的规律，研究这支队伍的结构、职能和培养、选拔、管理，是全面提高大学生思想政治教育者的素质，搞好大学生思想政治教育的组织保证。

一、大学生思想政治教育队伍的结构和职能

要建设好大学生思想政治教育这支队伍，需要研究大学生思想政治教育队伍的结构和功能，明了大学生思想政治教育队伍建设的意义。

（一）大学生思想政治教育队伍的结构

结构，是构成整体的各个部分及其结合方式。大学生思想政治教育队伍的结构，是指大学生思想政治教育队伍这个整体是由哪些部分构成的以及构成的方式。结构决定功能，有什么样的结构，就会产生什么样的功能，好的结构必然产生好的功能。按照系统论的观点，一个系统能否产生好的功能，取决于两个基本要素：一是构成系统各要素的质量；二是系统内各要素之间的组合方式，即系统的结构。因此，要研究大学生思想政治教育队伍的职能，就必须先研究大学生思想政治教育队伍的结构。

大学生思想政治教育队伍的结构，按照不同的标准，可以划分为以下几种类型：

1. 人员结构

大学生思想政治教育队伍的人员结构，是指这支队伍中人员的构成状况。大学生思想政治教育队伍中人员的构成状况，直接关系到大学生思想政治教育的效果。大学生思想政治教育队伍主体是学校有关的党政干部和共青团干部，思想政治理论课和哲学社会科学课教师，辅导员和班主任。目前，我国大学生思想政治教育队伍由两个部分人员构成：

一是专职人员，包括学校分管学生思想政治教育工作的党委副书记，专职的思想政治理论课教师和哲学社会科学课教师，学生工作部（处）从事学生思想政治教育工作的人员，学校团委干部，院（系）党委（总支负）负责学生思想政治教育工作的副书记、分团委书记（团总支书记），学生政治辅导员等。尽管他们人数不多，但却是大学生思想政治教育的中坚力量，在教育活动中起着主要的作用，决定着整个大学生思想政治教育队伍功能的强弱。搞好这专职队伍的建设，是加强大学生思想政治教育的关键。大学生思想政治教育是一项科学性、实践性很强

的工作。要搞好这项工作，必须按照中央有关文件的要求，建设好专职队伍，使这支队伍具有良好的马克思主义理论修养和奉献精神，有较高的业务水平，懂得大学生思想政治教育专业知识和相关学科知识，有较强的工作能力和研究能力，使这支队伍专业化和职业化，使越来越多的专职人员成为大学生思想政治教育的专家、学者和教授。

二是兼职人员，是指那些既担负着其他业务工作，又担负着大学生思想政治教育任务的人员。它有狭义和广义之分。作为狭义的兼职人员，包括思想政治理论课兼职教师、兼职辅导员、兼职学生班主任和学生助管等。尽管他们只是用部分精力和时间来从事大学生思想政治教育工作，但他们却是这支队伍中的重要力量。

作为广义的兼职人员，它包括专职大学生思想政治教育人员之外的大学其他人员和社会上与大学生思想政治教育有关的人员。由于大学生思想政治教育是一项与业务工作紧密结合的群众性工作，所以，应把教书育人、管理育人、服务育人的全员育人理念和原则贯彻落实到大学生思想政治教育队伍的建设中去。贯彻落实“全员育人”理念和原则，既有利于调动广大教职工和学校各个职能部门来关心和参与大学生思想政治教育工作，更有利于大学生思想政治教育与业务工作相结合。过去长期的实践证明，这样做的作用是独特的，在许多方面，能起专职人员起不到的作用。另外，由于大学生思想政治教育是社会性很强的工作，除了发挥本校教育力量的作用之外，还应发挥社会各条战线、各个部门的教育力量，特别是新闻出版、影视部门的力量。大学可以有目的有计划地聘请一批校外人员来做大学生思想政治教育工作，使他们成为兼职队伍的一部分。实际上，已经有不少大学已经这样做了，并且取得了良好的教育效果。社区的优秀退休人员也可以成为大学生思想政治教育的力量。各地的爱国主义教育基地，革命历史纪念馆等都能起到教员的作用。因此，从广义上理解，兼职人员具有广泛的社会性。大学生思想政治教育要依靠大家来做，全社会都应关心大学生思想政治教育工作。

大学生思想政治教育队伍的人员结构的基本要求是：以专为主，专兼结合，功能互补。

2. 知识能力结构

知识能力结构是指大学生思想政治教育队伍的知识和能力的构成。

首先，大学生思想政治教育队伍要有合理的知识结构。一般而言，大学生思想政治教育队伍的成员都应有广博的知识结构，其中主要是有扎实的马克思主义理论知识，大学生思想政治教育的专门知识，以及相关学科的知识。根据不同大学的性质和情况，以及不同专业学生的情况，大学生思想政治教育队伍的成员还应有各自不同的知识构成。例如，法学类专业的学生辅导员与文学类专业的学生辅导员相比，前者就应当比后者具有较多的法学知识，而后者就应该比前者具有较多的文学知识。在一支具体的大学生思想政治教育队伍中，各成员的知识结构是有所不同的。对队伍成员应有共性的知识结构要求，也应鼓励成员之间围绕工作的需要具有知识结构的个性和知识专长，以形成队伍内部成员之间知识互补。

其次，大学生思想政治教育队伍还应当具有相应的能力结构。知识和能力紧密相关。知识是能力形成和发展的前提和基础，能力是在掌握和运用知识的过程中产生和发展起来的。如果没有相应的知识，大学生思想政治教育者的能力就不能得以形成和发展。实践充分证明，知识的多寡、深厚和完善程度影响大学生思想政治教育者能力活动的广度、深度以及分析问题和解决问题水平的高度。大学生思想政治教育者的能力只有在学习和运用相关知识的过程中才能得以形成，只有随着相关知识的获取和运用，才能促使其能力不断提高。另外，大学生思想政治教育者的能力又是获取、运用和创造相关知识的前提。能力的大小、强弱，往往会制约着大学生思想政治教育者掌握相关知识的深浅、快慢、难易和巩固程度，制约着相关知识的运用和创造。因此，知识不等于能力，能力也不等于知识。知识多的人并不等于能力强。学到了知识，并不等于具备了应用这些知识的能力。知识，只有经过理解，融会贯通，联系实际运用，才能促进能力的发展。好的知识结构可以形成和发展好的能力结构，但好的知识结构并不一定会有好的能力结构。因此，大学生思想政治教育队伍不仅要有好的知识结构，还应当有好的能力结构，主要包括大学生思想政治教育信息的整体获取能力、大学生思想政治教育信息的整体分析能力、大学生思想政治教育整体预测与决策能力、组织与实施能力、宣传能力、组织协调能力、创新能力、运用现代化教育手段的能力、科研能力等。

队伍的知识能力结构与队伍的学历层次结构密切相关。大学生思想政治教育队伍应由多层次学历结构的人员组成。学校类别不同，这支队伍的学历结构可以有所不同。例如，高职类大学与“985”类大学，前者的队伍的学历结构可以低一些，后者可以适当高一些。一所大学的大学生思想政治教育队伍学历结构是以专科学历为主，还是以本科学历为主，还是以硕士学历为主，应视这所学校的具体情况而定，不能一概而论。一般而言，层次高的大学，其大学生思想政治教育队伍的学历结构层次相应要高一些。

3. 年龄性别结构

年龄性别结构包括年龄结构与性别结构。大学生思想政治教育队伍的年龄结构是指大学生思想政治教育队伍中不同年龄段成员的构成比例。年龄不仅是一个人的身心功能的标志，而且也是知识、经验多少和能力强弱的重要参数。一般而言，随着年龄的增长，人的知识、能力、经验会随之增长。一支年龄结构合理的大学生思想政治教育队伍，应由不同年龄阶段的成员按一定比例组合而成。大学生专职思想政治教育队伍由思想政治理论课教师队伍和辅导员队伍这两支队伍组成。一般而言，大学生思想政治教育队伍应由老中青三部分组成，但“老”和“中”在这两支队伍中的含义是不同的。由于这两支队伍所承担的教育任务性质的不同，其年龄结构要求也应有所不同。前者承担的是思想政治理论课程的教学任务，队伍成员年龄的上限是正常退休年龄，其“老”和“中”年龄与其他教师是一个意思。后者承担的是大学生日常的思想政治教育与管理，由于其工作的特殊性，年龄一般在 20 岁到 40 岁之间，以 20 岁到 30 岁者居多，而且，40 多岁的就为“老”，30 多岁的就为“中”。由于老中青人员在队伍中的比例不同，大学生思想政治教育队伍的年龄结构一般有三种模式。第一种是正三角形模式，即青年人多于中年人，中年人多于老年人。这种结构既有利于发挥老中青各自的优势和作用，也有利于不断地培养接班人。由于这种结构模式在现实工作中效率高，又有助于队伍的正常发展，所以称它为前进型。第二种是橄榄型模式，即两头小、中间大。这种年龄结构因“中间大”而有利于眼前工作的开展，不利于队伍未来的发展，因而这种年龄结构模式又称为静止型。第三种是倒三角形模式，老年人多于中年人，中年人多于青年人。这种结构问题比较多：一是因老年人太多，难以胜任繁重的工作，且容易因循守旧，排斥创新；二是青年人太少，会使队伍缺乏生气和开拓精神；三是不利于接班人的培养。故这种模式又叫衰退型。在大学生思想政治教育队伍的建设中，我们所需要的是前进型，要避免的和要改造的是静止型和衰退型。

在大学生思想政治教育队伍建设中，除了要有合理的年龄结构，还应有合理的性别结构。

大学生中有男有女，有些工作比较适合女成员做，有些工作则比较适合男成员做，因此，队伍中男女成员都应占有一定的比例。如果性别构成单一，不利于性别上发挥互补效应。一般而言，男大学生多的学校，队伍中男性成员的比例就应大一些；女大学生多的学校，队伍中女性成员的比例就应大一些。

以上三种结构，在大学生思想政治教育队伍的构成中是比较重要的，只要其中一个结构的比例失调，就会影响队伍整体教育功能的发挥。因此，在大学生思想政治教育队伍建设过程中，应尽量将三方面的结构调整到最佳状态。

（二）大学生思想政治教育队伍的职能

大学生思想政治教育队伍的职能，即大学生思想政治教育队伍的职责和功能。研究其职能，对于发挥大学生思想政治教育队伍的作用和加强其建设，具有重要意义。

1. 组织职能

大学生思想政治教育队伍的组织职能表现在两个方面：一是将队伍本身组织好。具体主要工作为：协助学校组织部、人事处做好队伍的进人、选人、调配工作，建立健全辅导员和政治理论课两支队伍的组织机构；制定、健全、完善岗位责任制度等有关工作制度。通过这些工作，保证队伍所有成员都能各司其职，各尽其责。二是组织大学生接受教育。将不同层次的大学生组织起来完成思想政治教育规定的任务。

2. 育人职能

育人职能是大学生思想政治教育队伍的一项基本职能。育人职能体现在两个基本方面：一是培养大学生思想政治教育者，通过大学生思想政治教育的实践和大学生思想政治教育队伍的建设，提高队伍成员的整体素质和工作水平。二是通过对大学生开展的教育实践活动，实现对大学生的德育目标。

3. 宣传职能

大学生思想政治教育队伍的宣传职能，主要表现在以下几个方面：一是及时宣传党和国家的路线、方针、政策；二是宣传省高校工委和学校的有关决定；三是宣传中国特色社会主义建设的新成就和社会的新风尚；四是宣传国内外的重大事件、学校的大事和中心工作，了解中国特色社会主义的建设情况和学校的发展情况；五是宣传大学生思想政治教育的成绩经验和队伍建设的重要意义。通过这些宣传工作，让大学生及时了解党和国家的路线、方针、政策和上级的决策，使大学生与党同心同德，与学校同心协力，共同致力于中国特色社会主义的建设和学校的发展。

4. 信息处理职能

这一职能是保证大学生思想政治教育队伍能否正常发挥作用的重要职能。这一职能主要体现在以下三个方面：一是队伍内部下级对上级组织的指令性信息的处理（贯彻落实）和上级对下级的反馈信息的处理（例如，辅导员和思想政治理论课教师对中央、省、学校和院系的指令性信息的处理）；二是大学生思想政治教育队伍与学校其他部门之间的信息沟通和处理；三是大学生思想政治教育队伍与大学生的信息交流与处理。通过这些信息的处理，大学生思想政治教育的信息畅通了，既可以为领导者作决策和实施领导决策提供依据，又可以使下级及时获得上级的领导和指导，因而就能保证大学生思想政治教育队伍作用的正常发挥。

二、大学生思想政治教育队伍建设的基本内容和意义

（一）大学生思想政治教育队伍建设的基本内容

大学生思想政治教育队伍建设包括以下基本内容：

1. 政治建设

政治建设是大学生思想政治教育队伍建设的首要内容，这是由这支队伍的性质所决定的。政治建设的主要内容有：第一，要使队伍全体成员树立科学的世界观，树立中国特色社会主义的共同理想和共产主义的远大理想，在政治上与党中央保持一致，全心全意为大学生服务，为实现党的基本路线、为将来实现共产主义而奋斗。第二，要使队伍全体成员能结合实际，坚定不移地贯彻党的路线、方针、政策。第三，要使队伍全体成员有坚定的政治立场，能坚决维护党和国家的利益，维护大学生的利益，全心全意为大学生服务，敢于同一切错误倾向作斗争。

2. 思想建设

思想建设是大学生思想政治教育队伍建设的重要内容。思想建设的具体内容有：第一，要使队伍全体成员学习、掌握马克思主义、毛泽东思想、邓小平理论、“三个代表”重要思想、科学发展观，党的十八大和十八届二中、三中全会精神以及习近平总书记系列重要讲话精神，并以此作为一切工作的指导。第二，要使队伍全体成员具有一切从实际出发，实事求是的思想作风。第三，要使队伍全体成员树立群众观点和“以人为本”的思想。

3. 组织建设

组织建设是大学生思想政治教育队伍政治建设、思想建设的保证。组织建设的内容有：第一，建立、健全大学生思想政治教育的组织机构，充分发挥这些机构的作用。第二，选拔、配备、培养好大学生思想政治教育人员，要按照专兼结合，以专为主，政治素质过硬，业务精湛，知识广博专深的要求，建立起一支能适应大学生思想政治教育发展需要的、使党放心和大学生满意的、高素质的大学生思想政治教育队伍。第三，建立、健全各项规章制度。大学生思想政治教育队伍的管理要科学化，必须以规章制度作为保证。

大学生思想政治教育队伍建设的三项基本内容是相互联系、相互影响而构成的一个有机整体。这三者缺一不可，我们必须同时抓好这三方面的建设。

（二）大学生思想政治教育队伍建设的意义

努力建设好大学生思想政治教育队伍，具有十分重要的意义。其意义主要体现在以下几个方面：

1. 是大学生思想政治教育地位到位的需要

如前所述，从党和国家的宏伟事业上看，大学生思想政治教育具有战略性地位；从人才思想政治素质培养的具体过程上看，大学生思想政治教育具有基础性地位；从科学的角度上看，大学生思想政治教育具有科学性地位。但是，大学生思想政治教育地位的到位是两个方面共同作用的结果：一是党和国家以及学校的高度重视，二是大学生思想政治教育队伍的工作是否“有为”。如果大学生思想政治教育队伍的工作不能到位，就不能实现“有为”。但是，事在人为。大学生思想政治教育之“事”，必须靠大学生思想政治教育队伍去“为”。如果这支队伍建设得不好，人员素质低，就不可能做到真正“有为”，大学生思想政治教育的地位就不可能真正

到位。因此，要使大学生思想政治教育的地位到位，就必须把大学生思想政治教育队伍建设好。

2. 是实现大学生思想政治教育功能的需要

如前所述，大学生思想政治教育具有诸多的功能，如育人功能、导向功能、保证功能、凝聚功能等。例如，通过大学生思想政治教育，就能帮助大学生确立成人成才的正确政治方向，养成良好的政治素质，培养大学生良好的思想素质、道德素质、法纪素质，积极帮助大学生改变原有的思想观念，把大学生的思想观念引导、转变到正确的轨道上来，以实现大学生思想政治教育的育人功能。再如，通过大学生思想政治教育，大学生思想政治教育者运用启发、动员、教育、监督、批评等方式，就能把大学生的思想和行为引导到符合我国社会发展要求的正确方向上来，就可以实现大学生思想政治教育的引导功能。复如，通过大学生思想政治教育，就能保证党的路线、方针、政策在学校和大学生中得到贯彻落实，促使大学生自觉遵守学校规章制度，促进大学生的精神文明建设，使大学生思想政治教育的保证功能得以实现。复如，通过大学生思想政治教育，就能把从表面上看是分散的、千差万别的大学生个体凝聚成一股强大的、具有同一作用方向的力量，为建设中国特色社会主义服务，使大学生思想政治教育的凝聚功能得以实现。大学生思想政治教育所有功能的实现，无一例外地要通过大学生思想政治教育队伍卓有成效的工作才能得到实现。如果大学生思想政治教育队伍没有建设好，思想政治素质低，业务能力水平低，就不可能实现大学生思想政治教育的功能。因此，要发挥好大学生思想政治教育的功能，就必须把大学生思想政治教育队伍建设好。

3. 是不断开拓大学生思想政治教育新局面的需要

在建设中国特色社会主义，实现党提出的新的奋斗目标的征途上，大学生思想政治教育会不断面临新的情况、新的形势、新的问题、新的任务，大学生思想政治教育不断会有新的机遇和挑战。因此，只有大力加强大学生思想政治教育队伍的建设，及时转变大学生思想政治教育者的思想观念，研究新情况，解决新问题，总结新经验，发现新规律，才能适应大学生思想政治教育发展的客观需要，完成好大学生思想政治教育的任务，不断开拓大学生思想政治教育的新局面。

4. 是实现队伍建设目标的需要

大学生思想政治教育队伍建设的总目标是让党放心，让大学生满意。由于这支队伍内部分工的不同，对组成这支队伍的不同部分，其建设目标相应会有所不同。例如，辅导员队伍的建设目标与思想政治理论课队伍的建设目标就有所不同。

第二节　当前辅导员队伍建设的重要性和迫切性

随着我国经济发展和高等教育的深化改革，学校教育强化了“育人为本，德育为先”的办学宗旨，德育成为学校“培养什么人，如何培养人”的首要环节。在我国高校，大学生思想政治教育者主要囊括三支主体队伍：学校党政干部和共青团、思想政治理论课和哲学社会科学课教师、辅导员和班主任。学校党政干部主要负责学生思想政治教育的组织、协调、实施；思想政治理论课和哲学社会科学课教师主要对学生进行思想理论教育、思想品德教育和人文素质教育；在实践中，由于辅导员和班主任所承担的职责和工作内容大致趋于相同，许多高校辅导员兼任班级班主任，主要对学生进行日常思想政治教育、管理、服务。

辅导员是大学生思想政治教育的骨干力量，位于学生工作的第一线，承担着培养社会主义合格建设者和可靠接班人的重要职责，是高校教师队伍的重要组成部分。辅导员队伍水平的高低、工作成效的好坏直接影响大学生能否健康成长、人才培养目标的实现。建设一支信念坚定、业务精湛、结构优良的专业化辅导员队伍对于维护高校和社会的和谐稳定、小康社会的全面建设和社会主义现代化宏伟目标的基本实现，使我国在激烈的国际竞争环境中屹立于民族之林具有举足轻重的作用。

一、辅导员队伍建设的重要性

根据我国国情和社会需要，我们国家一贯重视高校学生思想政治教育，加强辅导员队伍建设成为党组织的一项重要任务。从新中国成立初设立政治辅导员开始，经历了我国社会主义改造、全面建设社会主义、改革开放与社会主义现代化建设 60 年的发展历程，回顾辅导员队伍建设的过程演变、把握党和国家政策可以明晰辅导员在高校的重要地位，明确思想政治教育队伍建设的重要性。

（一）政治辅导员在高校的萌芽

新中国成立之初，中国共产党由伟大的革命党变成执政党，为了巩固新生的人民民主政权，党和政府进一步加强了对高等学校的政治领导。1952 年 10 月 28 日，教育部发布《关于在高等学校有重点地试行政治工作制度的指示》，在高校设立政治辅导处并配备政治辅导员，其主要任务是，在政治辅导处主任领导下辅导一个系或几个系学生的政治学习和社会活动；组织和推动教职员政治理论学习和社会活动，这一重要指示的贯彻落实，对当时开展的“革命的政治教育、肃清封建的买办的法西斯主义的思想、发展为人民服务的思想”起了重要的组织保证作用，奠定了政治辅导员在高校最初的工作格局，标志着高校辅导员的萌芽。政治辅导员制度在高校经过试行并逐步推广，1953 年，清华大学向高等教育部、人事部申请设立学生政治辅导员，开创了工科高校的先例。

1954 年 10 月 8 日，中共中央宣传部就武汉大学要求撤销“政治辅导处”问题发出通知，指出在高校主要部门都已配备较强党员干部的情况下，“已有条件直接从健全行政和党的工作机构着手加强全校的政治思想指导”，“可以考虑撤销政治辅导处”。但通知又指出，政治辅导员是深入学生群众进行政治思想工作的基本力量，可以根据工作需要酌量保留全部或一部分，在教务处或系主任领导下进行工作。高校学生辅导员队伍建设随着人民政权建设发展而发展，虽然以行政和党务机构代替政治辅导处，但政治辅导员制度一直被沿袭下来，在高校学生辅导员政治引路人角色从萌芽至今都没有发生变化。

（二）辅导员队伍建设的雏形

进入全面建设社会主义时期，国家经济和高教事业蓬勃发展，学生政治辅导员队伍进一步加强。1964 年 6 月 10 日，中共中央批转高等教育部党组《关于加强高等学校政治工作和建立政治工作机构试点问题的报告》（以下简称《报告》）。《报告》提出，在直属高校设立政治部作为党委的工作机构，并要求在两三年内配齐班级的专职政治工作干部，其编制为平均每 100 名学生至少配备一人；干部的来源主要是从高校毕业生中选留解决。“文革”后十年，社会建设各领域步入正轨，辅导员开始发挥共青团和学生会等组织形式，辅导员学历、人员结构和主要专业来源等得以详细阐明，构成了当今学生辅导员队伍结构的雏形。1981 年教育部召开全国学校思想政治教育会议，强调必须加强和改进学校党委（或支部）的领导，建设一支精干的政治工作队伍。同时，还着重说明：学校政工干部同教师一样，都是教育工作者，都是学生的老师。他们同样可以当得起人类灵魂工程师的光荣称号。而且特别指出，学生思想政治教育也是一门科学，需要不断积累和总结经验，探索客观规律，因此很有必要设专职人员从事这方面的工作。1986 年原国家教委发出《选配品学兼优的应届毕业生充实高等学校思想政治教育工作队伍的通知》《在高校学生思想政治教育专职人员中聘任教师职务的实施意见》。在这些文件的指导下，高校逐步形成了一支专兼相结合的学生辅导员队伍，增设了思想政治教育本科专业和硕士点，为稳定和培养学生辅导员队伍打下了良好的基础。1987 年中共中央《关于改进和加强高等学校思想政治工作的决定》指出，要求各高校重视专职学生思想政治教育队伍的建设，建立兼职班主任和导师制，形成一支少数专职、多数兼职、专兼结合的学生辅导员队伍。

（三）辅导员结构体制的完善

随着经济体制改革的展开和深入，党的十三大把政治体制改革提到议事日程，改革的关键是党政分开。按照党政分开的原则，高校实行党委领导下的校长负责制，发挥行政组织在学生思想政治教育中的领导职能和育人功能，克服学生思想政治教育与教学、行政工作相脱离的“两张皮”现象。与此同时，国家教委关于“在高等学校学生思想政治教育专职人员中聘任教师职务的实施意见”中明确规定学生辅导员，无论专职或兼职人员，都列入教师编制，实行教师职务聘任制。为了改进与加强学生思想政治教育工作，不少高校党委设专职副书记兼行政副校长，主管全校学生思想政治教育工作与辅导员队伍的建设。系里由党总支副书记兼副系主任主管学生工作，大多数高校成立了学生思想政治教育领导小组（或学生工作指导委员会），由学校党委专管书记负责，并且把学校的党委宣传部、学生工作部、马列主义教研室、德育研究室、团委、教务处、总务处、保卫处以及各学院系党总支、系行政等各方面力量统一协调起来，齐抓共管搞好学生思想政治教育工作。清华大学等高校坚持一贯由从事业务工作的青年教师兼做学生辅导员，一边搞教学、科研、行政工作，一边做学生思想政治教育工作，人们称为“双肩挑”，在学生思想政治教育实践中也取得了明显的成效。

以邓小平 1992 年年初重要谈话和党的十四大为标志，我国改革开放和社会主义现代化建设事业进入一个新的发展阶段。为适应深化改革，扩大开放和加快社会主义现代化建设步伐的新形势的要求，1994 年 8 月 31 日中共中央发出《关于进一步加强和改进学校德育工作的若干意见》，1995 年 11 月 23 日国家教委正式颁布试行《中国普通高等学校德育大纲》，都对学生辅导员队伍建设提出了明确的要求。在此基础上，教育部又制定了《关于加强党务和思想政治工作队伍建设的若干意见》，具体规划了高校学生辅导员队伍建设的目标、原则、素质要求、岗位培训、职称评定、严格管理等方面的问题，并要求全国各高校结合自身实际，制定贯彻落实的具体实施细则。

至此，高校学生辅导员地位得以彰显，他们既是学生专职思想政治教育工作者，又是教育工作者，享受教师职称聘任待遇，他们与其他教育者只是工作内容不同，而工作目的是相同的。同时高校学生辅导员队伍建设的行业规划、政策依据和法规保障都有一定体系。这些文件和政策促进高校学生辅导员队伍安心工作，后继有人、整体素质和工作水平的不断提高。

（四）辅导员重要地位的不断强化和提高

在社会主义现代化建设新时期，市场经济体制逐步完善，为全面实施科教兴国和人才强国战略，确保我国在激烈的竞争环境中立于不败之地，2004 年 10 月中共中央、国务院颁发《关于进一步加强和改进大学生思想政治教育的意见》（中央 16 号文件），将大学生思想政治教育提到战略高度，把大学生思想政治教育工作作为对高等学校办学质量和水平评估考核的重要指标。思想政治教育工作队伍是加强和改进大学生思想政治教育的组织保证，“要完善大学生思想政治教育工作队伍的选拔、培养和管理机制”，“要采取有力措施，按照政治强、业务精、纪律严、作风正的要求”，建立完善思政专职队伍的激励和保障机制，“解决好他们的教师职务聘任问题”，鼓励他们“成为思想政治教育方面的专家”。“要采取有力措施，着力建设一支高水平的辅导员、班主任队伍”，在政策和待遇方面给予适当倾斜。2006 年 4 月 27 日至 28 日在上海召开新中国成立以来第一次专题会议——“全国高校辅导员队伍建设工作会议”，会议系统阐明新时期辅导员队伍建设的意义、角色定位、队伍建设的体制和机制、队伍领导等。这次会议是继续推动中央 16 号文件贯彻落实的一次再动员会议，切实加大了辅导员队伍建设力度。近期，胡锦涛总书记针对辅导员建设作出重要批示，指出必须从思想认识、体制机制、明确政策、培养人才等方面采取有力措施，调动广大辅导员的积极性，提高辅导员工作的水平。教育部针对辅导员队伍建设中存在的突出问题，提出解决问题的思路和方法，制定了《普通高等学校辅导队伍建设规定》。规定进一步详细指出辅导员队伍的要求与职责、配备与选聘、培养与发展、管理与考核。同时从指导思想、培训原则、培训目标、主要任务、保障措施等制定《2006—2010 年普通高等学校辅导培训计划》近 5 年辅导员队伍建设具体规划。之后中共教育部党组又印发了《普通高等学校辅导员培训规划（2013—2017 年）》。

适应市场经济和时代需要，国家在给予辅导员物质保证基础上，让其安心工作，在思想认识、体制导向、工作内容以及职业发展规划上形成成套科学体系，在政策方针上给予较大程度倾斜和关注，辅导员队伍建设的重要地位不断加强和提高。同时对辅导员队伍作出更高要求，队伍专业化建设和职业化提升不仅是辅导员职业生涯深入发展的必须，而且是其被赋予的重大职责和在高校重要地位所使然。

二、高校辅导员队伍建设的迫切性

当前，固然思想政治教育队伍继承保持着优良传统，拥有自身优势，但国际背景错综复杂、社会主义市场经济体制发展和高教改革的深化，思想政治教育外部、内部面临许多新的矛盾和新的问题，呈现出许多新的需求和新的特点，高校学生辅导员队伍建设势在必行。

（一）纷繁复杂的国际、国内环境给思想政治教育工作带来压力

新世纪新时代，世界多极化和经济全球化趋势日趋深入，科技进步日新月异，和平、发展、合作成为时代主流。同时，国际环境复杂多变，综合国力竞争日趋激烈，影响和平与发展的不稳定不确定因素增多，特别是某些霸权大国在意识形态领域打着“民主自由化”的旗号，推行全球统一的文化价值理念，实际上是霸权主义与强权政治的异化和延伸，这必然是对思想政治教育者立场、素质的重大考验，给思想政治工作的开展带来挑战。我国仍将长期面对发达国家在经济科技等方面占优势的压力。特别是现代计算机科学技术的发展，互联网的开放性和平等性使得信息获得方便简易，但同时网上信息五花八门、良莠不齐，一些西方敌对势力利用计算机手段技术搞西化渗透，在现在科技控制有限的情况下，给思想政治教育工作带来压力，思想政治教育工作者在巨大国际压力下能否保持清醒和紧迫感，识破霸权主义和大国主义的险恶用心，抵制西化，关系到民族凝聚力的强弱，民族是否生存发展。

在国内，进入改革发展的关键时期，社会主义市场经济体制日趋完善，社会主义物质文明、政治文明、精神文明、社会文明建设和党的建设不断加强，人民生活水平显著提高，社会政治保持稳定，综合国力大幅度提高。但随着我国改革开放不断推进和经济体制深刻变革，社会结构发生深刻变动，社会主义组织形式、就业方式、利益关系和分配方式呈现多样化，特别是我国进入加快推进社会主义现代化新阶段，全面建设小康社会成为举国上下巨大而复杂的社会系统工程，深层次的改革必然会带来多方利益的调整和多种矛盾的冲突，体现在大学生思想政治教育中的矛盾和问题主要有：社会价值取向多元化与思想政治教育方向一元化之间的严重冲突；社会观念的加速更新与思想政治教育内容相对滞后之间的明显矛盾，这些必然对思想政治教育的说服力和有效性造成较大的冲击。

市场经济体制取代计划经济体制后，国家指定工作计划名额、包办大学生职业未来已经不复存在，大学生在市场环境中可以根据自身意愿和能力双向选择，大大增加了学生自由自主性，但市场的竞争激烈与残酷无情是市场经济正常运转的特征之一，于是大学生就业再就业问题必然凸显，许多大学生因就业压力过大而无法保持正常的心态，出现思想焦虑和不同程度的心理障碍，因这些心理障碍而引发的各种显性和隐性问题，已经对高校学生工作产生了不容忽视的影响，增加了学校学生工作新的难度，高校学生工作面临新的挑战。

（二）辅导员队伍内部现状成因挑战队伍建设

第一，市场经济是一把双刃剑，市场经济所产生的负面效应是拜金主义盛行，享乐主义抬头，个人主义膨胀。受市场经济的影响，一些辅导员认为自己的价值实现主要应体现在事业有成和收入丰厚上。但在实际生活中，现实与他们的期望值反差甚大，而且社会中存在一种偏见，认为辅导员是耍耍嘴皮子、做做杂事的代名词，这些偏见打击部分辅导员积极性，于是部分信仰不坚定、自我认同感不强者，在物质诱惑和精神需求得不到满足的状态下，往往会选择跳槽或出国等其他渠道或道路。

第二，辅导员队伍成员呈年轻化特点，这给思想政治工作带来机遇和挑战。近年，在上海市 20 所高校的调查表明：辅导员队伍中 40 岁以下基本占了 76%，年轻的辅导员队伍大多是刚毕业的研究生或本科生。他们思想活跃，态度亲和，易与学生打成一片；接受能力强，具有创新与开拓精神，善于吸收新知识、新思路。年轻既是资本，同时也带来不足。由于工作时间短、阅历浅，工作中部分辅导员出现“三个”偏低：理论水平偏低、实践经验偏少、业务能力偏低。在开展工作时，易流于形式和表面，成为上级文件和政策的“传话筒”，陷入基层烦琐事务性工作中。

第三，辅导员自身定位偏低、管理理念较弱、科研水平不高。现在许多辅导员缺乏对自己的身份认同感，对自身工作认可度不高。他们自认所从事的学生管理工作烦琐，缺乏创造性，职业角色充其量只是高级保姆，与专业教师的研究作用悬殊。而且，辅导员在实际工作中容易陷入事务性工作误区。因此，辅导员在工作定位、管理理念和工作方式上需要与国际接轨并根据实际革新，提高辅导员专业化水平、加强职业化建设学生事务性工作繁重，岗位职责不明，难以深入细致地创造性开展学生思想政治工作，没有足够的时间和精力对学生思想道德状况进行研究分析，学习新的理论对策，科学研究工作往往被搁浅。

第四，学校内部管理体制不够健全造成辅导员职责不明。一些对学生学习、生活、活动场所等管理职能部门不能充分履行管理学生事务职责，辅导员成为学生工作的“代职者”，这易使辅导员工作职责不同程度存在模糊和越位，客观上造成“眉毛胡子一把抓”，看上去辅导员整天忙忙碌碌，但实际上无法深入开展属于自己本职工作的思想政治教育，这些状况不利于辅导员自身知识素养能力的提高、职业生涯的规划发展、专业化能力的提升，也不利于大学生思想政治教育活动的有效开展。

（三）当代大学生思想道德政治状况加大思想政治教育难度

首先，大学生作为高校辅导员工作的主要对象，具有独特属性。大学生处在人生中独特的青年阶段，无论是生理特点、心理特点以及社会行为表现等方面，相比其他阶段都有明显差异。青年处于儿童和成年人的边际，国外学者称之为“边际人”。边际人继承了儿童的幼稚性，同时兼具成年人的成熟性，是矛盾冲突的集合体，具有明显的转型期特征：不安定，行为复杂，变化迅速，同时表现出自主性、自觉性和创造性的欲望。我国当代大学生处在社会转型与角色转型双重矛盾中，具有积极心理与消极心理并存的二重性，性格特征主要表现为接受能力强、思维独立、能力突出，具有平等意识、自我保护意识和法律维权意识，热心社会活动、广泛的兴趣爱好等，但也凸显出较难悦纳他人、判断是非能力不强、自制能力差、受挫能力弱等方面人格发展缺陷。思想政治教育工作者越来越重视大学生非智力性发展，将心理健康教育作为德育的重要组成部分，显然思想政治教育工作的难度明显加大，提出从传统的单一经验型政治教育向多纬度人性化思想政治教育转变的要求。

其次，每一代大学生的价值系统和人生定位都打上了时代和社会烙印。一方面当代大学生在社会主义市场经济背景下，政治道德状况的主流是积极、健康、向上的，有较强的独立意识、自主意识、竞争意识和参与意识，但另一方面一些大学生在市场经济条件下道德操守失范、理想信念虚无、爱国主义淡薄、诚实信用缺失；受世俗享乐主义和消费主义影响，部分学生技术崇拜，实用主义、功利主义思想浓厚，重眼前利益轻长远利益，缺乏奉献精神，艰苦奋斗的作风淡化。这必将违背“爱国守法，明礼诚信，团结友善，勤俭自强，敬业奉献”公民基本道德规范，忽视践行“八荣八耻”思想政治道德行为标准，弱化大学生思想道德素质、科学文化素质、健康素质的全面协调发展，危急培养勤于学习、善于创造、甘于奉献、有理想、有道德、有文化、有纪律的社会主义新人。

第三节　高校思想政治教育辅导员队伍的素质要求

素质有三层含义：一是指事物的本来性质；二是从心理学上指人的神经系统和感觉器官上的先天的特点；三是指素养。前两种解释阐释客观条件如遗传、社会条件是素质形成的基础和前提，是不以人的主观能动性为转移的。第三种解释说明个人通过后天努力和良好教育，政治、思想、道德、能力等方面的素质可以得以改造和提升。

思想政治教育者素质是辅导员队伍建设的核心。一批好教师造就一所好的学校，一个好辅导员影响一批学生的未来。2014 年 9 月 9 日习近平同北京师范大学师生代表座谈时的讲话指出，百年大计，教育为本。教育大计，教师为本。努力培养造就一大批一流教师，不断提高教师队伍整体素质，是当前和今后一段时间我国教育事业发展的紧迫任务。

一、思想政治素质

思想政治教育是党的事业的重要组成部分，是实现党的基本路线、纲领的一种实践活动，具有强烈的政治性。因此，对学生辅导员来说，首要的是必须具有良好的政治素质，这主要包括以下几个方面的要求。

（一）政治方向明确

学生辅导员作为学校党委行政委派工作于第一线的人员，要使学生掌握和运用马克思主义科学理论，首先自己必须树立社会主义思想意识，掌握丰富的马克思主义理论体系内容，同时在思想意识形态领域坚持马克思主义指导思想，抵制各种错误思想意识的影响。由于辅导员承担着培养社会主义事业建设者和接班人的艰巨使命，因此坚持社会主义的方向是学生辅导员政治素质的核心。学生辅导员应向学生灌输社会主义思想意识，以激励未来国家栋梁为实现中国特色社会主义共同理想的伟大目标而奋斗。

（二）思想方法科学，政治品质优秀

学生辅导员要掌握辩证唯物主义的基本观点，树立科学的世界观和方法论。在实际工作中，端正思想方法和工作方法，提高自己的认识能力和辨别重大是非的能力，使自己的主观认识符合客观事物的规律，并善于运用马克思立场、观点和方法分析周围环境和学生的思想，坚持解决实际问题与思想问题相结合。学生辅导员的政治品质首先要忠于社会主义祖国，体现以爱国主义为核心的民族精神。在生活中，能自觉践行和宣传以“八荣八耻”为主要内容的社会主义荣辱观，做到襟怀坦荡，表里如一，言行一致。

（三）较高的政策水平和法治理念

政策和策略是党的生命，学生辅导员要做好党的助手，扮好党政后备干部角色，必须善于掌握、理解党的方针政策，科学执行党的理论政策。只有自己正确地掌握了党的路线、方针、政策，才能通过思想政治教育对学生进行教育和引导，教育学生认真贯彻党的政策，并在实际工作中，在原则性和灵活性的前提下，创造性地有效做好思想政治教育工作。在以改革创新为核心的市场经济时代，要求辅导员具有正确的法治意识，丰富的法治知识，从而有效实现新时期学生在法治理念上的教育。这不仅是贯彻中央依法治国的题中之意，也是建设和谐社会、和谐校园的保证。

二、道德素质

学生思想政治教育工作的一个重要任务即提高学生道德认识和道德行为能力，培养学生社会公德、职业道德、家庭伦理美德、荣辱观、社会主义和共产主义道德品质。因此，作为学生的引路人，学生辅导员需具备较高的道德素质要求。

（一）科学的道德认识

科学的道德认识是道德行为和道德习惯的先导，是形成道德品质最基本的条件，在辅导员道德品质形成中具有特殊的作用。学生辅导者要有较高的道德境界，首先要有科学的道德认识，正确理解道德在社会生活中的重要意义，在了解和掌握社会主义道德关系理论、原则和规范的基础上，重视建立社会主义道德关系。

（二）高尚的道德信念

道德信念比起道德认识、道德情感和道德意识，具有综合性、稳定性和持久性的特点，它在辅导员的道德品质形成中居于主导地位，是道德认识转化为道德行为的重要精神力量。学生辅导员高尚的道德信念不仅是个人优秀素养的体现，同时在潜移默化中为学生树立榜样，使他们形成科学的世界观、人生观。

（三）优秀的道德品质

道德品质亦称“品德”。它是道德认识、道德情感、道德意志、道德信念、道德行为的集合体。道德品质是学生辅导员处理个人与他人、个人与社会的利益关系时的行为习惯，是个人在一系列的道德行为中所表现出来的比较稳定的、一贯的特征和倾向。学生辅导员道德品质受到社会政治、经济、文化发展的影响和制约，随个体的发展而发展。作为育人之人，优秀的道德品质是学生行为的标杆、方向和榜样。

三、能力素质

能力既是个人素质的内在因素，又是素质的外在表现。思想政治教育作为一门操作性极强的应用性实践活动，能力素质成为开展思想政治教育的重要依托，辅导员需掌握多种能力素质，逐步夯实实际工作能力。

（一）组织管理能力

思想政治教育是社会性的教育活动，同时它的教育对象又是以群体和个体形式出现的人，在思想政治教育过程中，既需要组织各种教育力量发挥教育合力的作用，又需要进行个别教育，深入细致地开展谈心活动，以取得良好的效果。因此，学生辅导员要有较高的组织管理能力，它主要包括：协调各方面的力量开展思想政治教育工作；能够在收集、整理各种思想信息的基础上，制订计划，并选择时机实施计划，既有较高的决策能力；能够熟练自如地独立组织各种思想政治教育的活动，如报告会、学习会、讨论会、总结会等；能够耐心地、深入细致地开展个别谈心活动，实施面对教育，包括主动接近学生，创造良好的谈心气氛，掌握谈心技巧，运用谈心心理的各方面能力；能够运用各种措施，通过民主管理激励学生的积极性，实现思想矛盾转换的组织活动能力等。

（二）分析研究能力

思想政治教育是一个社会系统工程，人的思想问题的解决涉及社会的各方面的因素。因此，学生辅导员要有较强的调查分析能力，善于接触、观察、了解、分析教育对象和社会环境，并作出正确的决断；要有较高的理论研究能力，善于结合实际运用马克思主义关于思想政治教育的基本理论；要有较强的逻辑分析能力，能够运用演绎法、归纳法及科学的思想方法对思考问题进行综合分析，从中得出正确的结论，并及时上升为理论，指导思想政治教育的实践活动。

（三）语言表达能力

语言表达能力是实现思想政治教育的重要手段，没有语言的沟通和联系，也就没有思想政治教育的活动。通常说，语言表达能力包括文字表达能力、口头语言表达能力和身体语言表达能力三个方面。文字表达能力，即写作能力，指能够把教育内容见诸文字，写出文理通顺、思路清晰、生动活泼、情文并茂的广播稿、演讲稿、壁报、黑板报及报纸杂志文章、总结报告等，还可以通过大众传播媒介扩大宣传影响。口头语言表达能力即谈话的艺术，具备吐字清晰，言辞明白，幽默动听，符合逻辑的口才，通过报告讲授、座谈、个别谈心等方式循循善诱地说服教育对象。身体动作也是一种语言，能够使一些不便用口头和文字表达的内容生动形象地传递给受教育者，并能抓住受教育对象的心理，进行示范、引导，增强说服教育的效果。学生辅导员善于根据不同的场合和不同的对象，巧妙地运用身体语言，如手势、眼神、面部表情，向学生暗示或阐明自己的思想。

此外，思想政治教育还应具备较高的创造能力、社会交往能力、应变能力等，这些也是他们开展思想政治教育所要掌握的本领和基本技巧。

四、知识素养

思想政治教育是一门专业性、知识性很强的应用学科，从事这一项工作的每一个思想教育者，都需要通过学习和锻炼，掌握丰富的知识，达到较高的知识水平。因此，学生辅导员必须具备合理的知识结构。

（一）牢固的马克思主义基础理论知识

马克思主义是思想政治教育的科学理论基础，辅导员的理论水平的高低，将直接影响到思想政治教育工作的客观效果。思想政治教育是一门教育人、引导人的学问，而教育者要教育好别人，首先必须教育好自己。学生辅导员的首要职责，是向学生宣传、灌输马克思主义基本理论，而在这一宣传、灌输过程中，马克思基本理论能够指导人们形成科学的世界观与方法论，马克思主义理论的内容是非常丰富的科学体系，学生辅导员除了掌握哲学、政治经济学、科学社会主义三个组成部分的基本理论外，还应该学习和掌握马克思主义关于思想政治教育的一系列论述以及毛泽东、邓小平等老一辈无产阶级革命家关于思想政治教育的科学论述和光辉实践。当前，特别要把握社会主义核心价值体系，以此构建青年学生的精神支柱。

（二）扎实的思想政治教育专业知识

思想政治教育是做人的思想政治工作。辅导员的专业知识，突出表现为党的思想政治教育的基本理论和各种业务方面的知识，包括党的思想政治教育的传统经验、思想政治教育原理、方法论、思想政治教育发展史等各门学科的知识。扎实的专业知识是提高辅导员业务能力和专业水平的基础，精湛的思政教育专业功底使辅导员在实际工作中灵活运用、游刃有余而非生搬硬套。

（三）专业的心理学、管理学、教育学

随着辅导员队伍专业化、职业化方向在高校的初步尝试，国家相关方针重视辅导员相应知识储备并制定具体培训政策，部分辅导员将被挑选发展成一方面的学生工作专家，学生辅导员需持大学生心理咨询师、职业生涯规划师、园区管理员等证上岗。因此，心理学、教育学和管理学等专业学科知识是辅导员基本知识构成之一。掌握心理学知识，了解辅导对象心理个性特征，掌握教育的基本原理、规律和方法，掌握管理学的基本原理和方法是辅导员带好一个团队，游刃有余开展工作的前提和基础。

(四) 基本的信息网络知识

互联网、计算机新兴技术、新兴工具的出现，大学生群体在以往按班级年级、专业、社团等方式分类的传统群体外产生了新的特定意义的“虚拟”群体。社科院 2005 年调查表明：中国互联网的用户已达到 1 亿，网民总数仅次于美国。在 16～24 岁的受访人群中，网民达 87.8%；在校学生的上网率达到了 89.1%。作为 21 世纪的大学生思想政治工作者必须坚守住互联网这块重要阵地，作为开展思想政治工作的有效手段。优秀的信息网络知识包括敏锐的信息网络意识、崇高的信息网络道德和较强的信息网络运用能力。

(五) 广博的相关学科知识

辅导员工作具有复杂艰巨性，学生辅导员需要广泛吸收充实与学生工作有密切联系的社会学、伦理学、政治学、人文自然学科知识等相关学科知识，这些知识是高校加强学生综合素质教育，培养学生的创新精神和实践能力对辅导员的基本要求。同时，辅导员还要熟悉和了解与学生工作有关的一些辅助知识，如社会科学中的经济学、法学、历史学、美学等，或是与学生工作发生间接联系的思维科学中的语言学、逻辑学。社会科学中的民族学、宗教学、文学艺术以及自然科学当中的数学、统计学等知识。

五、心理素质

思想政治教育通过人的心理活动实现，受人的心理特征、心理过程制约，这不仅决定学生辅导员要了解学生的心理特征，而且自身从事这项工作时，也要有健康的心理状态和较强的心理素质。提高自己的心理承受能力，遵循心理活动的科学规律，自觉地发展积极的个性心理，养成身心愉快、情绪热烈、气质优良、性格稳定、意志坚决、动机正确、行为端正的心理品质。具体地说，学生辅导员应该具备的良好的心理素质，包括以下几个方面：

(一) 坚忍的意志品格

意志作为人的心理品质，是指人们以既定目的来支配、调节自身的力量去克服困难。作为学生辅导员，其意志品格表现为必须具有强烈的事业心和进取心，对学生辅导员工作要有高度的热情和主动负责精神，有强烈的责任心和荣誉感，只有这样，才能产生克服困难的勇气，在困难面前，具有坚忍的忍耐力和坚定的毅力，面对成功与失败，顺境与逆境，都能沉着稳定，善于控制自己的情绪，保持冷静。

(二) 开放稳定的性格特征

性格是人表现在态度和行为中相对稳定的个性特征，具体表现在对现实稳固的态度以及与之相适应的行为方式。辅导员的性格对沟通教育者与教育对象的思想感情有直接的关系，所以，学生辅导员要培养具有开放性、稳定而富有吸引力的性格特征，在工作中做到一丝不苟，踏实认真，在待人处事中要开朗热情，诚恳友善，风趣幽默，宽容大度，平和端庄，豪爽助人，严于律己，宽以待人。

（三）良好的心境

心境是一种比较持久的、稳定的、影响人的整个精神活动的情绪状态，对人的生活和工作有很大的影响。一般来说，积极、良好的心境有助于充分发挥自己的积极性与创造性，提高工作效率，顺利克服遇到的困难。学生辅导员应当学会做心境的主人，使自己经常保持良好舒畅、乐观开朗的心境，以利于有效地开展学生思想政治教育工作。

（四）广泛的兴趣爱好

思想政治教育是一门艺术，寓教于乐能提高思想政治教育的吸引力和感染力。因而要求学生辅导员具有广泛的兴趣爱好，以便在工作中与学生打成一片，寓教于中，使思想性、教育性与娱乐性融为一体，通过健康活泼的活动，提高学生的思想政治觉悟。

第四节　辅导员队伍职业化建设现状与职业化的基本条件

一、辅导员队伍职业化建设现状

欧美、日本等国的大学普遍配有一些经验丰富的学生事务工作者，承担着对学生提供专业和心理咨询与辅导的任务。美国辅导员制度至今大约有100年的历史。具有“辅导之父”的美国著名心理学家帕森斯于1908年在波士顿成立了美国也是世界第一家辅导中心，专门辅导青年去认识自己的志向、能力和兴趣，以便寻求适合自己的工作。后来，学校心理辅导工作在发达国家和地区迅速兴起和发展，欧美各国高校都建立了完整的辅导体系，辅导工作成了高等教育的重要组成部分，并逐渐获得了与学术教育相对等的地位。各高校设置“学生人事服务处”或者“心理辅导中心”，由受过专业训练的辅导员为学生的个人成长提供测评和咨询服务。随着高等教育的发展和社会的进步，辅导工作的目标逐渐从矫正和治疗有心理问题的学生向促进学生的全面发展转变，辅导的内容逐渐从纯心理领域拓展到学生的学习、生活和职业生涯规划领域，辅导的本质也从心理工作转变为一项学校育人工作。我国高校设立辅导员已有50多年历史。1952年10月28日，教育部发出了《关于在高等学校有重点的试行政治工作制度的指示》，要求在高校设立政治辅导处并配备辅导员，其主要任务是在政治辅导处主任领导下辅导一个或几个系的学生的政治学习和社会活动，以组织和推动教职员工的政治理论学习和社会活动。1953年，为了响应教育部的号召和加强大学生的思想政治教育工作，时任清华大学的校长、著名教育家蒋南翔同志提出并首次在清华大学建立起学生政治辅导员制度，即从高年级（三年级以上）学生中选拔思想政治素质高、业务素质好、表率作用强的同学，“半脱产”从事大学生思想政治教育工作。时称“双肩挑”学生辅导员，即一肩挑业务学习，一肩挑思想政治教育。半个多世纪以来，清华涌现出了三千多个“双肩挑”人员，选拔、培养和锻炼了一大批思想政治素质好、业务能力强的又红又专的人才，他们绝大部分成了学术大师、兴业之将和治国之才，为中华民族的伟大复兴和社会主义现代化建设作出了卓越的贡献。

时至今日，每所高校都建立起了辅导员制度，基本模式有四种：“专职辅导员＋班主任”

“专职辅导员＋学生助理＋班主任”“专职辅导员＋导师＋学生助理”“双肩挑教师＋学生助理”。不管哪一种模式，对于贯彻党的教育方针，坚持社会主义办学方向，全面做好大学生的思想政治教育工作和日常管理服务工作，保持学校的安全稳定和促进学生全面成长成才等，都作出了重要贡献，是一个成功的举措。据统计，目前全国各高校以从事大学生思想政治教育工作为主的专职辅导员有近 20 万人，他们承担着大学生全面成长成才的一切不为人们所深知的“琐碎事情”，成天就如同消防队员一样地生活、工作在学生之中。学生工作严格说就是高校德育工作。它是一门科学，科学的东西只能以科学的态度去对待、去研究，不是一蹴而就、立竿见影的。因此，建立起一支专业化、职业化、专家化的高素质的“资深”辅导员队伍势在必行。

二、辅导员队伍职业化的基本条件

高校辅导员队伍职业化是指高校辅导员工作成为一种专门职业，有自身不可替代的职业要求和职业特点，有相应的职业培养机构和职业标准保障制度，有相应的社会地位和经济地位。具体而言，实现高校辅导员队伍职业化需要具备如下基本条件：

（一）稳定的专业化人员

主要指拥有一支稳定的、专家型的辅导员队伍。所有成员都应受过专门的职业教育或培训，愿意长期从事辅导员工作，并达到基本的职业要求。他们不仅要具有扎实的思想政治教育、心理学、管理学等学科的知识和理论，而且还应具备较高的宣传鼓动能力、心理沟通能力和组织协调能力，能够运用自己的专业、技能、经验为学生提供指导，并能为学生所接受。是学生思想政治工作、教育管理工作、心理咨询、就业指导等方面的专家。

（二）独立的专业知识

主要指辅导员在长期的工作中，要潜心研究适用于学生特点的工作技术和工作方法，形成专业的知识经验系统，从而对自己的专业有较大的自主性和权威性，如哲学知识、教育学知识、心理学知识、管理学知识、法律法规知识、党的基本知识等。能够坚持理论联系实践，并运用理论指导实践。能够指导一批新手尽快适应工作，缩短过长的自我积累时间。

（三）规范的从业标准

主要指辅导员工作成为一种具有专业技术要求的专门化职业，社会对从事辅导员岗位的从业人员应具备的基本知识、业务能力及职业精神等有比较清晰的标准和要求，而且能够通过实际的考评发现从业人员是否合格。

（四）良好的职业环境

主要指辅导员工作作为一种职业得到社会的认可，具有相对独立的经济、社会地位。辅导员享受最低工资政策的保护，能够维护自己的劳动权益。有系统的法规、政策和健全的规章制度对其专业边界保护，其学术地位和社会地位不断提高，在社会上享有专业声誉。

（五）健全的保障体系

一是指机构健全，即有独立的辅导员工作机构，不仅负责学生日常事务的管理，还负责辅导员的培训、管理、评聘、晋升、考核、激励、监督、科研等工作，一般为学生工作部或学生事务管理委员会；二是制度健全，即有一整套完善的辅导员职责、选拔、使用、培养、晋升制度，使辅导员工作岗位职责明确，并且无后顾之忧，愿意终身从事此项工作。

第五节　辅导员队伍选拔机制与建设机制研究

一、辅导员选拔机制问题研究

根据我们的研究发现，目前我省高校选拔辅导员的程序主要有三种：

一是公选制，即学校组成有学工、人事、组织等部门联合参与的面向社会公开选拔学生辅导员。基本程序是面向社会广泛发布信息，包括岗位设置、人员数量、职绩要求、任职资格等准入标准和要求，然后参加国家公务员考试或学校单独组织考试，从上线人员中按 3：1 比例确定面试对象进入面试。面试的方式是成立专家组对面试对象单独考核，考核内容包括公共必答题目和个人才艺表现、能力展示等，然后再进行组织考察。整套程序均公开进行。

二是考核制，即采用发布信息、个人报名、组织考察确定人员。

三是内定制，即学校根据自身发展要求，直接由学工部门或学工与人事部门单独确定考察人选和对象，这种方式主要是只注重选拔本校优秀毕业生。

从发展趋势看，第一种模式是最好的，也是今后人才选拔和进一步完善辅导员队伍职业化、专家化和专业化的最佳途径和方法。

二、辅导员职业化建设机制研究

中央 16 号文件明确指出，辅导员是大学生思想政治教育工作队伍的主体之一，是开展大学生思想政治教育的骨干力量，要采取有力措施，着力建设一支高水平的辅导员队伍。据此，课题组成员经过调查研究认为，高校要建设一支专业化、职业化的高水平辅导员队伍，必须强化五项具体措施。

（一）严格标准，坚持准入机制

辅导员是高校教师队伍的重要组成部分，是开展大学生思想政治教育工作的骨干力量，是大学生健康成长的指导者和引路人。因此，切实加强辅导员队伍建设，首先必须严格坚持准入机制。

应按照政治强、业务精、纪律严、作风正的要求和坚持公平、公正、公开的原则，从品学兼优的毕业生、优秀青年教师和党政干部中，认真选拔辅导员，以保证大学生思想政治教育工作队伍的高素质。要求辅导员必须坚决执行党的教育方针，具有坚定正确的政治方向，敏锐的政治洞察力、政治鉴别力和政治敏锐性。专职辅导员和共青团干部必须是中共党员。应严格按照在校全日制本专科学生人数 200：1 或按照研究生 300：1 的比例标准配备专职辅导员。研究生辅导员必须由具有硕士以上学历或具有副高以上职称的中青年教师或优秀博士生担任。同时，对于人数不足 200 人的院系，必须保证有一名专职辅导员。兼职辅导员是专职辅导员的得力助手和后备人才队伍，应按照专职辅导员的标准和要求从专业教师和品学兼优的研究生、高年级学生中选配。

综合性重点大学都应从优秀硕士生、博士生中选拔专职辅导员，其他高校则从具有本科以上学历的优秀毕业生中选拔专职辅导员。随着我国高等教育大众化的发展，今后5～10年将是研究生教育大发展的关键时期，大量研究生毕业以后将面临就业择业问题，很多哲学社会科学类，如哲学类、教育类、法学类、管理类等方面的研究生的择业方向是高等院校或社会组织机构、党群部门，而在精简机构、裁减行政管理人员的现实条件下，高校就成了他们的首选目标。所以，高校选拔辅导员不存在资源问题，而是如何坚持标准和保证质量问题。

（二）提升素质，强化培养机制

从选拔辅导员到其成为一名称职、合格，甚至优秀的职业化辅导员，还有诸多工作要做，其中辅导员的培养就是一个重要的程序和机制问题。

中央16号文件明确规定：要实施大学生思想政治教育队伍人才培养建设工程，建立思想政治教育人才培养基地。选拔推荐一批从事思想政治教育的骨干进一步深造，攻读思想政治教育相关专业的硕士、博士学位，学成以后专职从事学生思想政治教育工作。要采取有效措施，组织辅导员参加社会实践、挂职锻炼、学习考察等活动，不断提高他们的工作能力和水平。中央的决策深谋远虑、高瞻远瞩，为高校辅导员队伍的建设和职业化推进工作指明了方向，定了格。高校党委行政必须按照中央精神要求，结合各自实际，认真做好辅导员队伍的培养工作。有条件的高校应根据工作要求，在本校推荐免试在职攻读硕士、博士学位。其他不具备条件的高校应积极创造条件和机会，推荐或保送优秀辅导员攻读相关专业研究生，学成以后回校专职从事大学生思想政治教育工作。

首先，要积极有效地推进岗位培训，促进大学生思想政治教育工作队伍的可持续发展。各高校要建立分层次、分类别、多形式和重实效的辅导员队伍培训体系，坚持先培训后上岗的持证上岗制度，坚持岗前培训、日常培训、在岗培训、骨干培训和脱产培训相结合的培训机制。其次，省教育工委应充分利用思想政治教育与学生事务管理人才培训基地，切实加强全省辅导员队伍岗前和在岗培训，选送优秀辅导员到上级受训部门参训或出国进修，力争用30年时间培养一大批业务精、能力强、素质优、品德高的专职辅导员。

（三）优化出路，拓宽发展机制

2003年11月15日，时任团中央书记处书记的杨岳同志，在清华大学“双肩挑”辅导员制度50周年纪念座谈会上说：“双肩挑”辅导员制度是锻炼学生做人、做事、做学问的很好的途径之一。辅导员工作更多的是一种学生工作，更重要的是一种服务性工作。它是一种宝贵的人生财富，让人一辈子享用不尽。这充分说明，辅导员与同龄人相比在资历、能力、综合素质、敏锐性等方面都可能更胜一筹，在工作中他们更能担大任、更善担大任也更敢担大任，所以，如何拓宽辅导员的发展空间就显得特别重要。要通过采取“专、转、提、派”措施，广开“优出”渠道，为辅导员的发展拓展出路。这里的“专”即选派骨干留用，成为一支职业化队伍；“转”即推荐愿意从事教学科研工作的辅导员参加国内外学术进修；“提”即选拔那些能力强、业绩突出、政治素质高的人员到党政管理岗位；“派”即学校优先推荐辅导员到校外挂职锻炼一段时间，之后或留校外工作，或回学校任职。

因此，在辅导员发展出路上，我们认为，一是要鼓励和支持一批热心、志向于从事大学生思想政治教育工作的骨干长期从事辅导员工作，向职业化、专家化方向发展。二是将专职辅导员队伍作为党政后备干部培养和选拔的重要资源，选拔一部分优秀辅导员担任学校各级各部门的领导职务。根据工作需要，鼓励和支持一部分优秀辅导员报考地厅级、处科级干部或报考国家公务员，积极向地方组织部门推荐优秀辅导员。上海市明确规定：有高校辅导员经历“将作为选拔干部的一个重要条件加以考虑!”这是值得借鉴的。三是根据本人志向、条件和要求，向教学、科研工作岗位输送。

（四）注重激励，健全考评机制

高校党委行政要统筹规划辅导员队伍的建设，将队伍建设纳入党委行政重要议事日程和领导干部任期目标责任考核范围。高校应切实加强对辅导员的考核和管理，建立健全符合大学生思想政治教育工作和日常事务工作要求的工作考核评估体系，进一步规范和完善辅导员的工作职责和考评制度，将考核结果与续聘、调配、培训、待聘、调资、职务升降、职称评聘、奖惩等密切挂钩。

（五）创造条件，建立保障机制

和科研人员相比，辅导员的工作实践性强、事务性多、任务繁重，无暇从事专门研究，也很难申请和主持到省厅级科研课题，所发表的论文大部分也是以实际工作研究为主，学术水平难以达到专家要求。如果按照专业教师和专职科研人员的要求来衡量辅导员申报职称的标准是行不通的，因此，必须建立一套行之有效的辅导员的职称申报体系和评聘办法。

此外，必须进一步完善学生辅导员工作的有关待遇。学生辅导员“两眼一睁，忙到熄灯，整天劳累，身心疲惫”的顺口溜是其日常性事务工作繁忙的形象而真实的写照。其工作的难度、强度是可想而知的。因此，如何提高他们的物质生活待遇问题，必须提到学校党委行政的重要议事日程。一些高校的有益尝试，值得借鉴和推广，如中南大学为辅导员按月设立岗位津贴，中南林业科技大学、上海财经大学等高校实行的“二五八”或“三六九”干部选拔任用机制，湖南农业大学规定辅导员不仅享受学院教师同等待遇，而且学校还单独为辅导员补助手机费，发放业务学习补助费，为住学生公寓的辅导员发放加班补助费等。除此之外，学校在科学研究、住房条件、子女升学就业等方面应给予同等待遇并有所倾斜。

第二十章　高校思想政治教育效果的评估

第一节　高校思想政治教育效果评估的含义与内容

《中国教育改革和发展纲要》明确规定："建立各级各类教育的质量标准和评估指标体系，各地教育部门要把检查评估学校教育质量作为一项经常性的任务。"

大学生思想政治教育的评估主要是解决大学生思想政治教育做得怎样的问题，这就要关注教育的实效，注重过程监控和管理，以使大学生思想政治教育的各项措施落到实处。大学生思想政治教育的评估是大学生思想政治教育的一个重要环节，是整个大学生教育过程的有机组成部分。做好评估工作，使评估工作科学化，既是大学生思想政治教育过程的必然要求，也是提高大学生思想政治教育质量的重要途径。

一、大学生思想政治教育评估的特点和意义

（一）大学生思想政治教育评估的概念

大学生思想政治教育的评估，是根据大学生思想政治教育目的的要求，按照一定原则，运用一定的评估指标体系和评估方法，检查和评定大学生思想政治教育过程和效果的活动。

大学生思想政治教育的评估，从组织评估的机构看，有教育部对部属高校的评估，省、自治区、直辖市教育主管部门对所管辖高校的评估，中央军委有关部门对军队院校的评估和高校内部思想政治教育主管部门对各院系的评估。从评估的对象上看，有对大学生思想政治教育工作部门的评估（如对与大学生思想政治教育相关的学校各级党组织、共青团组织、学校行政组织的评估），对大学生思想政治教育队伍的评估（如对大学生日常思想政治教育队伍的评估，思想政治理论课队伍的评估，大学生思想政治教育工作者的评估等），对大学生思想政治教育效果的评估（如日常大学生思想政治教育效果和思想政治理论课教学效果的评估等）和对大学生思想政治素质的评估。大学生思想政治教育评估的直接目的，主要是解决被评估者的大学生思想政治教育工作做得怎样的问题，进一步的目的是通过总结经验教训，为后续的大学生思想政治教育活动提供反馈信息和决策依据，以加强和改进大学生思想政治教育，不断提高教育水平。

（二）大学生思想政治教育评估的特点

大学生思想政治教育评估，至少具有以下特点：

评估具有价值判断性。大学生思想政治教育的评估，实际上是对大学生思想政治教育活动的价值判断过程。这种价值判断，是评估者关于受评对象所开展的大学生思想政治教育的效果有无价值，有什么价值，有多大价值的断定；是对大学生思想政治品德素质是否形成和发展，在多大程度上形成和发展的判断。

这种价值判断，实际上是一种社会价值的判断。大学生思想政治教育作为一种实践活动，它要服从和服务于中国特色社会主义建设事业发展的需要，要为培养中国特色社会主义事业的建设者和接班人作贡献，这就是大学生思想政治教育的社会价值。大学生思想政治教育评估，就是对这一社会价值作出评判，即评判大学生思想政治教育活动实现社会价值的方向和程度。

大学生思想政治教育的社会价值，是通过大学生思想政治教育的实际效果体现出来的。实际效果的好坏和大小，反映了教育价值的取向和程度。所以，大学生思想政治教育的评估，其实质是对其教育实际效果的评估。

评估具有复杂性。大学生思想政治教育评估是对教育过程各要素、各环节和教育效果各方面的评估，既要评估受教育者，又要评估教育者；既要评估教育目标、内容、形式和方法，又要评估教育环境；既要评估单个因素，其中主要的是对教育效果的评估。大学生思想政治教育评估，不仅要对某个单因素进行评估，又要评估综合因素；既要评估教育过程，又要评估教育实效。可见其评估具有复杂性。

评估的结果具有相对性。大学生思想政治教育评估是通过系统收集、分析各种大学生思想政治教育的反馈信息，从而评价被评估者的工作或思想是否发生了变化，在哪些方面发生了变化，在多大程度上发生了变化。但这种评价的结果只是相对的。之所以是相对的，是因为：第一，由于某种或某些原因的存在，这种评价所依据的反馈信息并不一定都是真实可靠的，如果所依据的反馈信息有虚假成分，评价的结果就会出现偏差；第二，评价的结果往往是通过相对比较得出的，如将大学生思想政治教育的现状与大学生思想政治教育所要达到的目标相比较，教育的效果与评估的标准相比较，大学生思想政治教育的现在与过去、将来相比较，此评估对象与彼评估对象相比较，由于比较的相对性，决定了比较所产生的结果的相对性；第三，大学生思想政治教育的效果本身是复杂的，它有当时效果和以后效果之分，有显效果与潜效果之分，有一时效果和长久效果之分，也有浅表效果和深远效果之分，等等。大学生思想政治教育的效果往往不能一下子就能表现出来，它实现的周期比较长。例如，评价某门思想政治理论课教学效果好，我们既可以评价其课堂教学效果好，也可以以这门课学生考试成绩好为依据评价其教学效果好，但真正的教学效果是要通过这门课的教学看学生的与此相关的行为表现所体现的素质是否真正有所形成，并且在长期的实践中能经受住考验。因此，大学生思想政治教育评估的结果往往具有相对性。

评估的作用具有导向性。大学生思想政治教育评估的标准、指标体系和评估的结果，具有明确的导向作用。评估的标准、指标体系会明确地引导被评估者按照评估的标准和指标体系进行自我评估。评估过程既是评估者的价值判断过程，也是被评估者的价值判断过程。评估的标准、指标体系会明确地告诉被评估者今后该怎么做。例如，是不是要转变思想观念，改变工作思路，改善教育工作方法，哪些方面需要发扬光大，哪些方面是薄弱环节需要加以改进，等等。可见，大学生思想政治教育评估具有明显的导向性。因此，评估工作应十分慎重，力求科学化、规范化，应对受评者发挥正面的、积极的导向作用。

评估具有诊断性。大学生思想政治教育的评估过程，也是对大学生思想政治教育实践活动进行分析的过程，具有诊断的作用。经过评估，就能诊断思想政治教育活动是否存在问题，如大学生思想政治教育活动是否达到了教育目标的要求，哪些工作做得好，哪些地方还存在着问题，哪些方面应当改进，等等。通过评估，诊断问题的症结所在，并及时地给予纠正和改进，这将使大学生思想政治教育更具有针对性、有效性。

评估形式具有多样性。从时间上讲，大学生思想政治教育的评估可以是定期评估，也可以是不定期评估；可以是经常性评估，也可以是阶段性评估。从评估主体上看，有上级组织对下级组织和组织对个人的评估，管理部门与社会力量结合的评估，群众性的民主评估，同行评估，自我评估等。

（三）大学生思想政治教育评估的意义

正确认识评估工作的意义，是搞好评估工作的基本前提。大学生思想政治教育评估的意义主要体现在以下几个方面：

第一，评估是大学生思想政治教育的一个基本环节。大学生思想政治教育活动过程包括目标决策，实施决策，总结经验，反馈评估等基本环节，因此，对评估环节必须予以高度的重视。这是因为：其一，评估是正确决策的基础。其二，评估是大学生思想政治教育实施有效管理的关键。决策之后，就要按照决策方案和计划予以实施，对实施过程进行管理，使实施过程的各个方面、各个环节都符合大学生思想政治教育目标。而评估在这一管理过程中起着重大作用，它能通过管理信息的反馈与调节，使实施过程与教育目标统一起来，从而增强大学生思想政治教育的调控机能。其三，评估是大学生思想政治教育全面总结的依据。大学生思想政治教育评估，是一个具体教育过程的终点，只有以评估的客观效果为依据，才能全面地总结大学生思想政治教育的成败得失。没有客观而科学的评估，总结的客观性和科学性就会受到影响，也会影响到今后教育工作的正确开展。可见，大学生思想政治教育评估既是一个具体教育活动的终端，又是另一个具体教育活动的起点。评估是大学生思想政治教育承上启下、客观存在的一个基本环节，它在大学生思想政治教育活动中具有重要地位。大学生思想政治教育评估活动与大学生思想政治教育活动互相渗透、互相影响、互相促进，形成一个不可分割的整体，评估本身也是思想政治教育。

第二，评估是加强和改进大学生思想政治教育工作的重要途径。通过对被评者成绩、经验的肯定性评价，能够有效巩固、拓展、深化教育成果，激励被评者工作的积极性和创造性；通过对被评者教育失误、教训的否定性评价，能帮助被评者发现工作中存在的问题，能够引起被评者的思想震动，或反思或检讨，能够有效制止、克服教育的不良后果，激发被评者长善救失，吸取教训，避免重犯错误，朝着正确的方向努力工作。因此，评估能够促进被评者加强和改进大学生思想政治教育工作。

第三，评估是领导者加强和改进大学生思想政治教育工作的重要措施。上级对下级的评估，实际上也是对上级领导者的教育决策是否正确和组织领导工作是否有力的检验。评估有利于上级领导者认识大学生思想政治教育的有利和不利条件，发现薄弱环节，掌握新的情况和问题，并为新的教育决策提供实际材料，能够为今后进一步加强和改进领导工作创造条件。

第四，评估可以促进大学生思想政治教育评估工作科学化。大学生思想政治教育的评估应当具有自身完善的理论体系。通过评估的实践，有利于发现、矫正评估工作中的问题，有利于促进评估的原理和方法的研究，从而能够加强和改进今后的评估工作，促进大学生思想政治教育评估工作的科学化。另外，建立科学的大学生思想政治教育的评估体系对推动大学生思想政治教育理论体系的建立、完善和发展也具有积极作用。

二、大学生思想政治教育评估的原则

在大学生思想政治教育评估工作中，评估者应遵循一定的原则，才能保证评估活动的正确进行。

（一）方向性原则

按照什么样的目标和价值取向开展评估工作，这都将直接影响评估的发展方向和被评估对象今后的工作取向，这是评估工作的根本问题。如果评估工作的评价标准和根本要求出现了方向性的错误，这种评估就会把大学生思想政治教育引入歧途，背离社会发展的期待与要求，背离评估的根本目的。因此，评估工作必须始终坚持方向性原则。

方向性原则是决定并保证大学生思想政治教育评估活动朝着正确方向发展的准则。它要求评估者在大学生思想政治教育评估工作中，必须以马克思主义为指导，特别是以中国特色社会主义理论为指导，以大学生思想政治教育目标为根据，确保大学生思想政治教育评估的正确导向。如果在评估工作中，无视教育方针的贯彻与否和大学生德育基本目标是否实现，只就操行而论操行，则势必会使评估工作走偏方向。

（二）客观性原则

客观性原则是用实事求是规范大学生思想政治教育评估活动的基本准则。它要求评估者在大学生思想政治教育评估工作中，应坚持实事求是的态度，不能主观臆断或掺杂个人感情，要对大学生思想政治素质的状况、大学生思想政治教育机构、大学生思想政治教育者、教育过程和实际效果做真实全面的评估。坚持客观性原则，对保证大学生思想政治教育评估的准确性和有效性具有重要意义。遵循客观原则，评估结果就能使被评估者接受、信服，就能调动被评者的积极性，推进大学生思想政治教育的发展。如果违背客观原则，就会影响大学生思想政治教育评估的有效性和可信度，挫伤被评估者的积极性，妨害大学生思想政治教育的发展。

（三）全面性原则

全面性原则是指对大学生思想政治教育的全过程及其效果要作全面的评估，要防止片面性。它要求评估者在评估中，要坚持评估标准的全面性和评估因素的全面性，既不能片面地强调某个评估指标，也不能遗漏与评估有关的任一重要因素，要克服和防止“只见树木，不见森林”或“只见森林，不见树木”的形而上学倾向。因为，大学生思想政治教育是一项系统工程，而系统是由多种因素构成的，大学生思想政治教育的实效正是这些因素共同作用的结果。如果过分地强调某一因素，忽视另一因素，评估的结果就必然失真。贯彻全面性评估原则，就是要在评估中，要从大学生思想政治教育的性质、特点、规律和实际情况出发，正确把握效果的整体性和关联性。

（四）实效性原则

对大学生思想政治教育评估的基本点是看它的实际效果。对实际效果的评估，可以从大学生知与行和德与才两个方面的统一上进行操作。

大学生思想政治教育的直接目的。是要使大学生“知”其教育内容。“知”的状况如何，是真知、假知、不知还是一知半解，是衡量大学生思想政治教育效果的一个重要方面。但更重要的是要考查大学生“行”的状况。知是行的手段，行是知的目的。大学生“知”的状况，思想道德素质的高低，归根到底必须通过其行为表现出来。因此，在评估过程中，必须把大学生在思想政治方面的知与行统一起来考查，既要评估大学生思想、政治、道德、法纪、心理等方面“知”的水平，又要评估其行为表现。要在对“行”的考查为主的基础上，把知与行的考查统一起来。

不仅如此，在评估工作中，还要考查大学生德与才是否兼备。大学生思想政治教育的根本任务是促进大学生素质的全面提高，不仅要提高大学生德（思想政治）的素质，也要提高大学生才（学习能力、实践能力等）的素质，使这两方面的素质互相促进。大学生思想政治教育是否有效，也就是主要看大学生思想政治素质是否真正得到了提高，是否促进了大学生学习能力、实践能力的提高。因此，在评估中，要用“德”与“才”两把“尺子”结合起来衡量，要把大学生在思想政治方面（德的方面）和学习实践能力方面（才的方面）的表现综合起来考查，要反对和防止以德代才和以才代德，割裂德才统一的错误做法。

（五）科学性原则

科学性原则是评估工作应遵循的重要的原则。科学性是指评估指标体系要有科学依据，评估指标有准确的含义，评估的手段和方法正确，评估者有严谨的科学态度等。这一原则主要体现在后面将要论述的建立大学生思想政治教育评估指标体系的要求和评估过程的方法上，这里不再赘述。

第二节　高校思想政治教育评估指标体系的构建与程序

一、大学生思想政治教育评估指标是一个分层次的系统

大学生思想政治教育是由若干基本要素构成的一个系统。每一个要素又由若干子要素构成。例如，大学生思想政治教育的教育者这一要素主要由学生工作系列教育者、思想政治理论课系列教育者、大学生思想政治教育的领导者等子要素构成。根据大学“全员育人”的办学理念，以及“教书育人、管理育人、服务育人”的要求，在“教育者”这一要素还包括与大学生思想政治教育相关的其他教师、管理者、服务者。正是这些要素的有机结合才会产生大学生思想政治教育这一实践活动，才会产生大学生思想政治教育的过程，正是这种活动和活动过程才会产生一定的活动后果（效果）。因此，我们可以按照这些要素及其组合而产生的效果（后果），或者按照大学生思想政治教育的过程及其效果，来构建大学生思想政治教育的评估指标体系。如果是实行全面评估，按照大学生思想政治教育的基本要素，或按照大学生思想政治教育的教育过程及效果来构建的指标体系，称为一级指标体系；按照基本要素的子要素，或按照教育过程及其效果的子要素而构建的指标体系，称为二级指标体系。如有必要，依次还可以继续建立三级指标体系和四级指标体系。如果是对大学生思想政治教育的某一要素或者是对大学生思想政治教育过程的某一阶段、某一环节进行评估，则这一要素或这一阶段、环节就是一级指标，其下依次可分解出二级、三级指标。

可见，大学生思想政治教育评估指标体系，既是一个系统概念，又是一个层次概念。

二、构建大学生思想政治教育评估指标体系的要求

大学生思想政治教育评估指标，即大学生思想政治教育总目标的具体化。在大学生思想政治教育实践中，用笼统、抽象的总目标直接对评估对象进行价值判断是很困难的，这就需要将总目标分解成具有可操作性并且具有一定内部组织结构与层次的子目标。大学生思想政治教育评估指标体系就是总目标分解的一系列子目标相互联系、相互制约而构成的整体系统。科学的评估指标体系能多层次、多侧面反映大学生思想政治教育的过程和效益。

要建立好大学生思想政治教育评估指标体系应遵循以下具体要求：

（一）各项评估指标必须与大学生思想政治教育目标相一致

评估指标作为教育目标的反映，必须与教育目标保持一致，必须能够充分地反映教育目标。若两者不一致，就会把评估工作引入歧途。这种一致性，具体地表现为两个方面：一是评估所设计的指标的要求和方向必须与教育目标的要求和方向相一致，不能出现与目标相悖的指标；二是各指标间也应保持一致性，不能把两项相互冲突的指标放在同一评估系统中。如果指标体系内有两项指标相互冲突，那么其中必有一项是不符合目标要求的，在实践操作时，它必然会引起评估混乱，使评估者无所适从。

（二）各评估指标应具有相对的独立性

指标系统内的各项指标之间都应有自己的特定内涵，明确的外延，相互独立，互不包含。因为，其一，指标若是不独立，存在两项或更多项重复的指标，那么在实际操作中，就会出现重复操作，增加评估的工作量，造成不必要的时间、精力和人力、物力方面的浪费。其二，指标若是不独立，按重复的指标进行分项评分，就会加大该指标的权重，这势必会影响评估工作的科学性。

（三）评估指标体系应具有完备性

设计的指标体系必须能完整地反映大学生思想政治教育目标。因为每个评估指标都是教育目标的一个方面的反映，指标完整才能全面反映大学生思想政治教育的目标。因此，在设计指标前，必须对指标的内涵与外延有一个透彻的理解和把握，使指标的设计不出现遗漏和欠缺，这样才能完整地反映教育目标。

（四）评估指标应具有可测性和可比性

评估指标所规定的内容能够通过实际观察或测量的方法，获得确切的反馈信息，经过分析，得出明确结论。测量的结果可以进行科学的比较。

（五）评估指标应具有可接受性

所设立的指标应当符合受评者实际状况，能为受评者所接受。如果指标脱离实际，就不能起到评估的导向、鉴别作用。

三、大学生思想政治教育评估指标体系构建的程序

评估指标是对评估对象进行评估的内容和依据，因而提出的评估指标要概念清楚，表达规范，言简意明，便于操作，评估者和受评者都能理解和把握。

大学生思想政治教育评估指标体系构建大致可按以下步骤进行：

（一）提出评估的一级指标

如果是全面评估，则根据大学生思想政治教育整体目标的要求和受评对象的整体实际，提出全面评估的一级指标系统；如果是单项评估，则根据大学生思想政治教育的某一个方面、某一阶段、某一环节提出评估的一级指标系统。

（二）分解一级指标，使评估指标系统化、具体化

这是把大学生思想政治教育整体目标的要求和受评对象的整体实际进行分解，使之逐步具体化的过程。换言之，这一过程是把一级指标项目逐一分解为二级指标项目，再把各二级指标项目分解为三级指标项目等。经过这样的分解，就会产生一个比较复杂的评估指标层级体系。

经过这样的分解，指标体系内各项目、分项目的内容具有较强的系统性和层次性，项目、分项目之间又保持相对的独立性。可见，指标体系的结构要素、分类项目和分项目是多重分解、逐步深化的，一直到可满足评估的要求为止。但是指标体系的分解不是无限的，指标体系应本着繁简适度的原则进行分解，如果分解太多、太细，反而会变得难以操作。

（三）确定权重系数

衡量评估指标重要程度的数据叫权重系数。权重系数能区分各指标在评估中的主次差别。权重系数的确定，既要根据大学生思想政治教育目标的要求，保证重点，又要兼顾一般，还要从实际出发，从已经变化了的情况出发，进行必要的调整。例如，假定在一定时期和一定条件下，对辅导员素质进行评估时，在一级指标中确定道德素质的权重系数为0.2，如果条件发生变化，辅导员普遍对这一素质修养不大重视而成为突出问题时，确定权重系数时，可适当调高其权重系数（如调至0.15）。所以，确定权重系数，增加或降低某项指标的权重系数，关系到大学生思想政治教育的价值导向，一定要科学合理。

（四）设立评估指标等级

指标等级是对受评对象进行评估的衡量尺度，用以检测受评对象对指标要求达到的程度。评估指标等级的设立，可分为奇数制和偶数制两种，奇数制有三级制和五级制，偶数制一般是二级制和四级制。例如，四级制可设为优、良、合格、不合格；五级制可设为优、良、中、合格、不合格。评估时应根据实际情况来确定哪一种等级制。另外，每一等级都应规定可操作的标准。标准不可太高太严以免挫伤受评者的积极性，也不可过低而使评估流于形式。

（五）进行试评，检验评估方案

评估指标体系、权重系数、指标等级确定以后，为了验证是否切实可行，有必要进行试评。试评可在小范围内进行，也可抽样进行。经过试评，如果发现指标体系有问题，难以操作，结果也不符合实际，就应及时对评估方案进行适当调整。

经过以上步骤，评估方案就可以确定下来。下一步就是依据方案，制订和实施评估计划，正式展开评估工作了。

第三节　高校思想政治教育评估的类型与方法

一、大学生思想政治教育的评估类型

为达成评估目的，可以从不同角度和按不同标准对大学生思想政治教育进行评估。评估的类型不同，评估所产生的作用也会有所不同，但评估的类型必须服从评估目的。基于目前对大学生思想政治教育的评估，可以依据一定的标准划分为以下类型：

（一）宏观评估和微观评估

依据评估对象的不同可以分为宏观评估和微观评估。宏观评估是以全国或某个地区或一所大学为对象，评估其大学生思想政治教育的整体效应。微观评估是以一所大学的某一单位，或某一个人或某一特定教育活动为对象所进行的评估。宏观评估的目的是获得关于大学生思想政治教育的整体、概括性的认识；微观评估的目的是获得关于大学生思想政治教育效果的具体的、个别的认识。

（二）动态评估和静态评估

依据大学生思想政治教育状态的不同，可以分为动态评估和静态评估。前者是对大学生思想政治教育的过程和大学生的思想政治素质变化的状况所进行的评估，后者是对大学生思想政治教育已经取得的成效和大学生思想政治素质已经达到的水平所进行的评估。大学生思想政治教育是一个不断发展的实践过程，其效果的体现也是一个动态的过程，因此，应对大学生思想政治教育进行动态的评估。但大学生思想政治教育也有相对静止的一面。大学生思想政治教育的静态评估，就是以大学生思想政治教育相对静止状态为依据所进行的评估。动态评估和静态评估不可偏废，应当结合进行，只有这样才能真正把握大学生思想政治教育的规律性，符合评估科学性的要求。

（三）单项评估和综合评估

依据大学生思想政治教育评估内容的不同，可以分为单项评估和综合评估。单项评估是对大学生思想政治教育活动的某一个方面、某一项指标或某一个环节所进行的评估。单项评估是综合评估的基础，它的准确性影响综合评估的准确性。综合评估是从整体上对大学生思想政治教育所进行的评估，包括对大学生思想政治教育的主体、内容、过程及效果所进行的综合考评。

（四）失误性评估和成功性评估

依据大学生思想政治教育后果的不同，可以分为失误性评估和成功性评估。大学生思想政治教育的后果大致可以分为两个方面：一是失误（或失效）的后果，二是成功的后果。失误性评估重在查找问题、分析失误（或失效）的原因，目的在于从失误（或失效）中吸取教训，从失误中探索大学生思想政治教育的规律与正确的方法。成功性评估是对大学生思想政治教育活动中取得成绩与成功经验所进行的评估，目的在于从成功中总结经验，探索大学生思想政治教育的规律，推广先进经验。

另外，还可以依一定标准分为定期评估与不定期评估，事先评估、中间评估、事后评估，要素评估、过程评估、效果评估，实地评估与通信评估，诊断性评估、形成性评估和总结性评估，绝对评估、相对评估等。

二、大学生思想政治教育评估的方法

评估的原则和类型，实际上也是评估的方法，即原则性方法和类型性方法。但有这些方法是不够的，还要有具体的操作方法，下面简要介绍几种主要的具体操作方法。

（一）调查评估法

调查评估法是通过观察、访问、问卷、量表等综合手段对大学生思想政治教育进行评估的一种方法。这种评估方法注重对评估对象的调查研究，是一种具有调查特色的评估方法。调查评估实施的具体形式和方法有：

实地考察。这是一种较为直观、比较注重感受性的评估方法。评估者直接深入大学生思想政治教育第一线，对大学生思想政治教育过程和效果的诸要素、诸环节进行实际考察和调查研究，详细了解教育主客体的思想、工作、学习和生活情况，从而获得对评估对象的直观感性认识。实地考察时通常使用的方法有观察法、体验法、听取汇报法、访问法、座谈法等，通过看、听、问等形式从不同侧面了解评估对象，获得关于评估对象的第一手材料和信息。

抽样调查。这是一种能适用于较大范围评估对象的一种评估方法。该方法是先从评估对象的总体中抽取一部分作为样本，然后通过对样本的分析研究来推论总体状况的一种调查方法。它一般采取随机抽样的方法确定调查对象，并通过问卷、量表等技术手段详细收集样本资料，借助统计科学对样本资料进行科学定量分析。

追踪调查。追踪，指按着踪迹去追赶或根据线索去追寻。追踪调查是一种动态评估方法。它通过对评估对象过去的情况进行纵向比较，从而对评估对象作出动态评估。

以上形式和方法在调查评估中往往与纵横比较法结合起来使用。

（二）纵横比较评估法

纵横比较评估法即纵向比较评估法和横向比较评估法的统称。纵向比较评估法是对大学生思想政治教育的评估对象进行历史和现实的比较，以判断一个单位或个人在纵向上是进步了还是退步了，是加强了还是减弱了，效果是增强了还是削弱了。

横向比较评估法是将多个评估对象放在一起进行相互比较，以判断各个单位或个人相对水平的高低和效果的差异。这种方法常用在系统或单位内部评选先进。在评选时，一般按一定的比例分配给下属指标，各单位只能按指标数在内部通过相互比较进行评选。

纵向比较评估法和横向比较评估法通常结合起来运用。

（三）自我评估法与他人评估法

大学生思想政治教育自我评估，是指评估对象在大学生思想政治教育过程中，特别是在教育活动告一阶段后，就自身的行为及其效果所进行的评估。例如，学校自身教育水平的自评、教育者自评、学生自评等。自我评估也表现为一种自我总结。这种总结既可以是个人，也可以是单位的，既可以是口头的，也可以是书面的。

与自我评估相对应的是大学生思想政治教育的他人评估，如上级对下级的检查评估，督导系统的督导评估，还有专家、同行（同事）的评估等。

自我评估法和他人评估法应结合运用。

（四）定性评估法和定量评估法

定性评估法，是对大学生思想政治教育各要素的性质进行分析与综合，最后作出结论性评价的方法。定性评估只能对大学生思想政治教育各要素的性质的状态作出原则的、大致的、趋向性的判断。定性评估主要形式是鉴定和评语。

运用定性评估法应注意以下几点：一是评估指标要切实可行，否则会影响定性的评语或鉴定的恰当可靠；二是要客观，评估者不能带任何感情色彩；三是要对评估对象情况的掌握要全面；四是要一分为二，既肯定成绩，又指出问题；五是鉴定或评语的用词要准确。定量评估法是对大学生思想政治教育以及教育对象各种数量进行收集、整理和分析，最后作出结论性评价的方法。由于大学生思想政治教育的指标量化具有相对性和一定的模糊性，因此，定量评估法对大学生思想政治教育和大学生的思想状况也只能作量的相对判断。定性评估法和定量评估法要结合运用。首先，评估者要对大学生思想政治教育的概况作出初步的定性评价，它为定量评估规定了方向和范围。接着，要对大学生思想政治教育的各种量的关系进行比较和分析，相对把握评估对象的度。然后还要对定量评估进行归类综合，找出规律性的结论，即作更高层次的定性评估。在这一评估的过程中，大学生思想政治教育的质量辩证原理对其评估方法具有特别重要的方法论意义。

随着电子计算机广泛运用，量化方法越来越受到重视。数学图表法、概率统计法、模糊数学以及矩阵方法在大学生思想政治教育评估中都得到了运用。

模糊数学与矩阵综合评估法简单明了，所建立的数学模型可重复使用，计算机程序设计简单，通用性好。此方法将定性评估与定量评估结合起来，是大学生思想政治教育评估经常采用的方法。在大学生思想政治教育评估中，往往要对单个的评估方法进行整合，对评估方法区分出主次。具体而言，就是要求以动态评估为主，使动态评估与静态评估相结合；以定性评估为主，使定性评估与定量评估相结合；以肯定性评估为主，使肯定性评估与否定性评估相结合；以全面评估为主，使全面评估与重点评估相结合；以上级评估为主，使上级评估与自我评估、自我教育相结合。

不论采用何种方法，对方法进行何种整合，都不能偏离评估教育的正确目的，要将评估结果与有效推动今后的大学生思想政治教育工作紧密结合起来，真正起到评估的教育、导向、激励作用。

另外，需要特别指出的是，为了适应大学生思想政治教育评估工作发展的需要，需要对大学生思想政治教育评估进行创新，这种创新既有评估理论的创新，也有评估内容、评估方法和评估机制的创新。为此，有必要加强这方面的理论研究和实践探索。

第四节　高校思想政治教育评估手段的创新

一、思想政治教育评价方法创新的当代价值

思想政治教育评价活动既是思想政治教育过程的一个基本环节，又是思想政治教育信息反馈的基本方式之一，其方法的改进对于整个思想政治教育工作都有重要的意义。现代思想政治

教育的评价方法，就是根据社会对思想政治教育的要求，以及思想政治教育评估对象的实际，通过运用测量与统计分析的方法，对思想政治教育的过程和效果进行实事求是的分析，作出定性评述和定量估价的活动。

（一）提高思想政治教育实效性是思想政治教育评价方法创新的基本要求

当前思想政治教育效能不高很重要的一方面就是没有搞好思想政治教育的评价工作，没有充分发挥评价工作的指挥棒作用。在评价过程中主要表现以下状况：第一，忽视了受教育者的心理状态，把思想政治教育的目标当作了唯一的指标。思想政治教育指标体系的确立应该包括两个维度：国家的思想政治教育目标和受教育者已有的心理特点，这两个方面是缺一不可的。目前，影响受教育者思想行为发展变化的因素是复杂的、综合的，受教育者需求和心理发展存在很大的差异性。然而在评价过程中却采取单一的社会定位，强调统一的标准和单一的评价，无法调动受教育者的积极性和参与热情，影响到评价的可信度，影响到下阶段有针对性的思想政治教育；第二，视受教育者是单纯的接受评价者。评价的主体是教育者、教育主管部门或专家；第三，思想政治教育的泛政治化倾向严重。评价的内容主要是对思想道德素质的评价，缺乏对受教育者各类实践成果和情感因素的考虑。

（二）当前学科的综合化趋势为思想政治教育评价方法的创新提供了科学方法

现代社会条件下，随着科技的迅速发展和人的社会化程度的不断提高，自然科学、社会科学、思维科学相互交叉与综合的趋势更加明显，各个领域的相互渗透与融合更加深入。系统论、控制论、信息论、突变论、协同论、耗散结构论等科学方法不断向社会科学方法渗透。现代思想政治教育应该适应这种整合发展的趋势，多兵团作战，多方法配合，以系统科学的思维方式构建思想政治教育方法，强化方法的系统运作、整体协调，形成教育评价的合力和综合优势，不断增强方法运用的有效性。

（三）现代科学技术成果为思想政治教育评价方法的创新提供了现实条件

思想政治教育评价方法不仅需要马克思主义理论的指导，也需要哲学、心理学、教育学、管理学和数学等学科理论为基础，这就需要在方法创新中综合运用这些相关学科所取得的新的研究成果。21 世纪，自然科学飞速发展，概率论、模糊数学、离散数学等适合研究社会历史现象的新的数学门类科学得到发展，推动了评估技术的发展，使我们对于复杂的思想政治教育现象加以描述、测量、分析成为可能。在思想政治教育过程中，要做到有理有据、使人心服口服，就应该按照一定的法则，用数字来量化受教育者思想的各种关系，并据此作出分析和评价。

（四）传统思想政治教育评价方法存在的问题为思想政治教育评价创新提供了必要性

古代的德育是与伦理、政治相结合的，是为统治阶级服务的，评价的方式也是统治阶级根据自己的需要制定的，大多采用定性的评价；近代关于思想政治教育的评价则受到西方科学精神的影响，过度强调科学的方法在评价中的作用，注重量化和数据的统计，多采用定量的方法。新形势下传统的思想政治教育评价方法主要体现为一元化的评价方式。例如，评价者的一元化评价方法：单纯的领导部门评价方法、教育者评价方法等；被评价者的一元化单纯对受教育者的评价，或者是单纯对某一阶段教育效果的评价等；评价方式的一元化：要么是定性的评价，要么是定量的评价；评价内容的一元化：单纯对政治教育和思想教育的评价等。

二、现代科学方法创新思想政治教育评价方法的原则

（一）科学性与人文性的统一

思想政治教育学是一门学科，以马克思主义理论为基石，应借鉴自然科学、社会科学和思维科学等人类文明的优秀成果，把握思想政治教育自身规律和运行机制，根据评价对象的特点，运用科学的方法分析其内在的组成要素及相互关系，将自然科学的方法与社会科学的方法结合起来，体现其科学性。同时，也应该看到科学方法存在标准化、集权化、理性化的特点，缺乏人文关怀的纬度，容易引发重视科技至上主义而失去人的意义和精神关照，引发道德危机。在对思想政治教育进行评价时要注意借鉴科学方法的理性纬度，应结合受教育者的思想道德形成、发展规律，既要考虑到被评价者的基本需求，又要引导被评价者担当评价的主体，体现人文性。

（二）整体性与层次性的统一

思想政治教育评价是一个复杂的系统，下面又有不同的子系统。在创新方法时既要看到作为一个子系统的整体性，根据特殊的地位引入科学方法，提高思想政治教育的实效性；又要根据不同的要素，坚持层次性的原则。思想政治教育评价方法的创新所具有的层次性主要体现在人的心理发展的阶段性和思想政治教育目标的差异性，不能采用“一刀切”“一锅煮”的固化模式。这样才能在方法改进过程中，做到不同需求的满足，发挥组成要素的有效性，提高思想政治教育的实效性。

（三）改革与稳定相统一

当前思想政治教育评价模式与教育发展以及人们对于科学方法需求之间的矛盾比较突出，这要求进一步转变观念、解放思想，加大改革的力度，充分实现科学方法向人文方法的转移，积极推进评价方式的改革与创新。同时也应该意识到思想政治教育评价系统是整个高校教育系统的一个小系统，受多重因素的制约，评价方法的改进应考虑到各因素的关系，不能孤立地进行。反之，即使方法再先进也不能促进思想政治教育工作，反而给整个思想政治教育带来不稳定因素。

（四）定性分析与定量分析相结合的原则

定性分析与定量分析相结合的原则广泛运用于自然科学和社会科学的研究中。所谓定性分析就是通过对受评对象的整体性质进行综合的鉴定和判断，得出整个思想政治教育活动方向的方法。这种方法是大致的，对教育过程中具体要素评价存在局限性。定量分析是运用数据的形式，把教育效果表现为一些量的关系加以整理分析，从而从整体上以数量关系的形式作出判断的方法。这种方法可以客观、公正地得出某一阶段教育影响的程度和深度，这种分析比较直观，容易接受。这两种原则的有效结合可以弥补彼此的不足，给具体方法的改进提供指导。

三、思想政治教育评价方法创新的途径

（一）系统分析的评价方法

所谓系统分析的评价方法，就是运用系统论的原理，采用系统分析技术，把思想政治教育看作一个有不同要素组成的系统，充分了解要素与要素、要素与系统、系统与环境相互作用和

变化的规律，并对其作出价值判断的方法。这种方法看到了思想政治教育的系统性、整体性、层次性和动态性。著名的高等教育专家薛天祥教授指出，高等教育的改革与发展如果缺乏系统的思想和方法，往往会带来失误。在思想政治教育评价方法中运用系统论的原理是必要的。

系统分析评价方法的特点主要有：第一，整体性。研究一个系统，首先按照其特征实事求是地研究该系统以及相关系统的限制表象；其次找出这些系统的一般方面、一致性和同态性。运用系统分析的方法来评价和检验思想政治教育工作，就是将思想政治教育看作一个有机的整体，从系统整体的角度来检验和评价。第二，层次性。每一个复杂的系统，都是有一定的层次结构的，每一层次结构都要自己的特点和功能。思想政治教育系统也不例外，由不同层次的部分构成，其整体的效果是由不同层次部分功能的发挥来实现的。在进行评价时坚持层次性的原则，分析每一环节、每一方面，考察每一部门、思想工作者自己的功能和职责。第三，动态性。思想政治教育是一项育人的工作，人的思想在变化，思想政治教育也在无时无刻不再发生着变化。因而在对这些要素评价时要坚持动态性原则。同时我们也应该看到系统整体方法的相对静止性。每一个时期阶段都有固定的目标和任务，每一个思想政治教育的要素都有存在的时间和空间，所以说评价的方法又具有静态性。第四，最优化。系统是由诸多部分和要素组成的有机整体，系统地整体性来自各部分和要素的相互作用，系统的整体功能也是各部分要素的有机结合、相互协调，达到了整体功能大于部分之和。对思想政治教育的评价应先从整体出发，通过整体来分析部分与部分间的关系，再通过对部分的分析达到对整体的最优化。

（二）信息引导的评价方法

所谓信息引导的评价方法，就是运用信息论的原理，把思想政治教育过程看作信息的收集、传递、加工整理的过程，并对其进行价值判断的方法。思想政治教育过程就是教育者把整个教育系统看作信息的收集、传递、加工和处理的过程。任何组织之所以能够保持自身的内在稳定性，是由于它有取得、使用、保持和传递信息的方法。我们采用信息引导的评价方法，就是对信息传递过程的一种评价。首先是对收集到的教育信息进行评价，运用定性或者定量的方法，对所收集到的材料进行分析。其次对信息的传播途径和方法进行有效的评价，选择合适的传递途径。最后通过对各阶段的信息进行整合和处理，达到一个总的评价。这种信息引导的评价方法是伴随着思想政治教育过程开展的，是一种比较简捷的方法。

（三）信息控制的评价方法

所谓信息控制的评价方法，是运用控制论的基本原理，对思想政治教育过程的一种评价方法。控制论是现代科学技术的一个新的边缘学科，是研究各类系统的调节和控制规律的科学。从一定意义上说，思想政治评价工作也是一种系统的控制过程，即由思想政治教育评价工作系统对被评价者的思想信息接收、选择、处理、输出，进行控制调整的过程。正如古典学者法约尔所说：控制是为了确保实际工作是同计划规定的工作相符合，一切都应该受控制，控制在每件事、每个人、每个行动上都起作用。实施控制的有效与否直接影响到教育过程的目的与质量。信息控制评价方法主要有以下几种：首先，事先控制的评价方法。所谓事先控制评价法是指在思想政治教育正式开始之前对思想政治教育各要素的总体评价。在控制论中，信息方法是把研究对象看作一个信息系统，通过分析系统的信息流程来把握事物规律的方法。按照这一方法，要保证思想政治教育评价的效果，就要最大限度地接收评价对象的思想信息，紧密结合其个性、爱好、家庭、工作环境、生活环境、社会关系等方面的因素，进行全方位的观察，并将观察到的能够不同程度地反映工作对象不同侧面的思想信息，进行定性定量分析，从而准确预测和把握评价对象的思想动态及发展态势，为下一步思想政治教育的开展创造条件。其次，过程评价方法。这种评价就是对教育过程的科学管理，可以针对出现的问题进行及时解决。最后，反馈控制评价方法。反馈是控制论的核心问题，反馈对系统的控制和稳定起着决定性作用。所谓反馈控制评价，就是根据思想政治教育效果与思想政治教育目标的比较发现偏差，通过分析，采取相应措施纠正偏差的评价。思想政治教育评价的对象主要是人。一方面，由于每个人心理活动方面的控制支配机能不同，直接表露出来的思想行为特征也不同。这就要求思想政治工作因人而异，针对不同工作对象，采取相应的工作方式，并通过工作对象信息的变换和反馈。有针对性地调整方法。另一方面，各人的思想会因时、因事和因涉世阅历的不同而变化，这就要求思想政治工作控制系统抓好反馈调节工作。通过反馈、调节，再反馈、再调节，将工作做实、做细、做活。这种方法是通过对思想政治教育过程中各种信息的反馈，来了解情况，对前一阶段的教育效果进行的价值判断。

参考文献

[1] 崔晓东．论高校思想政治教育工作中的“以人为本”[J]．戏剧之家，2014.
[2] 谢霄男．《高校思想政治理论课实践教学研究》评析[J]．文化学刊，2014.
[3] 郭圣鹏．高校思想政治教育中要加强心理教育[J]．法制博览，2015.
[4] 李艳．高校思想政治教育的中国文化自觉[D]．长春：东北师范大学，2015.
[5] 罗昊宇．高校思想政治教育环境影响因素分析与优化研究[D]．北京：中国矿业大学，2013.
[6] 季海菊．新媒体时代高校思想政治教育研究[D]．南京：南京师范大学，2013.
[7] 宋振超．信息化视阈下高校思想政治教育有效性研究[D]．苏州：苏州大学，2012.
[8] 彭建国．增强高校思想政治教育吸引力问题研究[D]．长沙：湖南师范大学，2011.
[9] 王志远．新媒体视域下高校思想政治教育研究[D]．昆明：云南财经大学，2015.
[10] 高萌．大众文化背景下高校思想政治教育研究[D]．石家庄：河北师范大学，2015.
[11] 高岫．高校新媒体思想政治教育研究[D]．四平：吉林师范大学，2015.
[12] 高建英．思想政治教育视野下的大学生就业观教育研究[D]．兰州：西北师范大学，2015.
[13] 吴京玲．高校思想政治教育主体建设研究[D]．大连：辽宁师范大学，2015.
[14] 关旭．我国高校思想道德教育课程现状及优化路径探析[D]．长春：长春工业大学，2014.
[15] 王开荣．学生社团在高校思想政治教育的价值及实现研究[D]．南宁：广西民族大学，2014.
[16] 王蓉．社会主义核心价值体系融入高校思想政治教育研究[D]．北京：北京交通大学，2014.
[17] 李恺．高校思想政治教育培养大学生积极心理品质研究[D]．太原：中北大学，2015.
[18] 王艳．高校思想政治教育的转型研究[D]．洛阳：河南科技大学，2013.
[19] 乐洁．高校思想政治教育科学化研究[D]．长沙：湖南师范大学，2014.
[20] 韩爱妮．和谐文化视野下的高校思想政治教育研究[D]．南京：南京师范大学，2012.
[21] 徐国亮．思想政治教育[M]．济南：山东大学出版社，2007.
[22] 宋元林．网络时代大学生思想政治教育导论[M]．长沙：湖南人民出版社，2002.
[23] 张耀灿．思想政治教育学原理[M]．武汉：华中师范大学出版社，1988.
[24] 孙正林．当代大学生主题教育研究[M]．北京：人民出版社，2014.
[25] 艾四林．中国梦与大学生思想政治教育[M]．北京：中国文史出版社，2014.
[26] 王蕊．当代大学生思想政治教育研究[M]．北京：中国农业科学技术出版社，2012.
[27] 熊建生．思想政治教育内容结构论[M]．北京：中国社会科学出版社，2012.

[28] 祖嘉合．思想政治教育方法教程［M］．北京：北京大学出版社，2003.
[29] 董娅．当代思想政治教育方法发展新论［M］．北京：中国社会科学出版社，2012.
[30] 张秀荣，韦磊．高校思想政治教育研究热点问题［M］．北京：北京师范大学出版集团，2010.